Atlas de anatomía

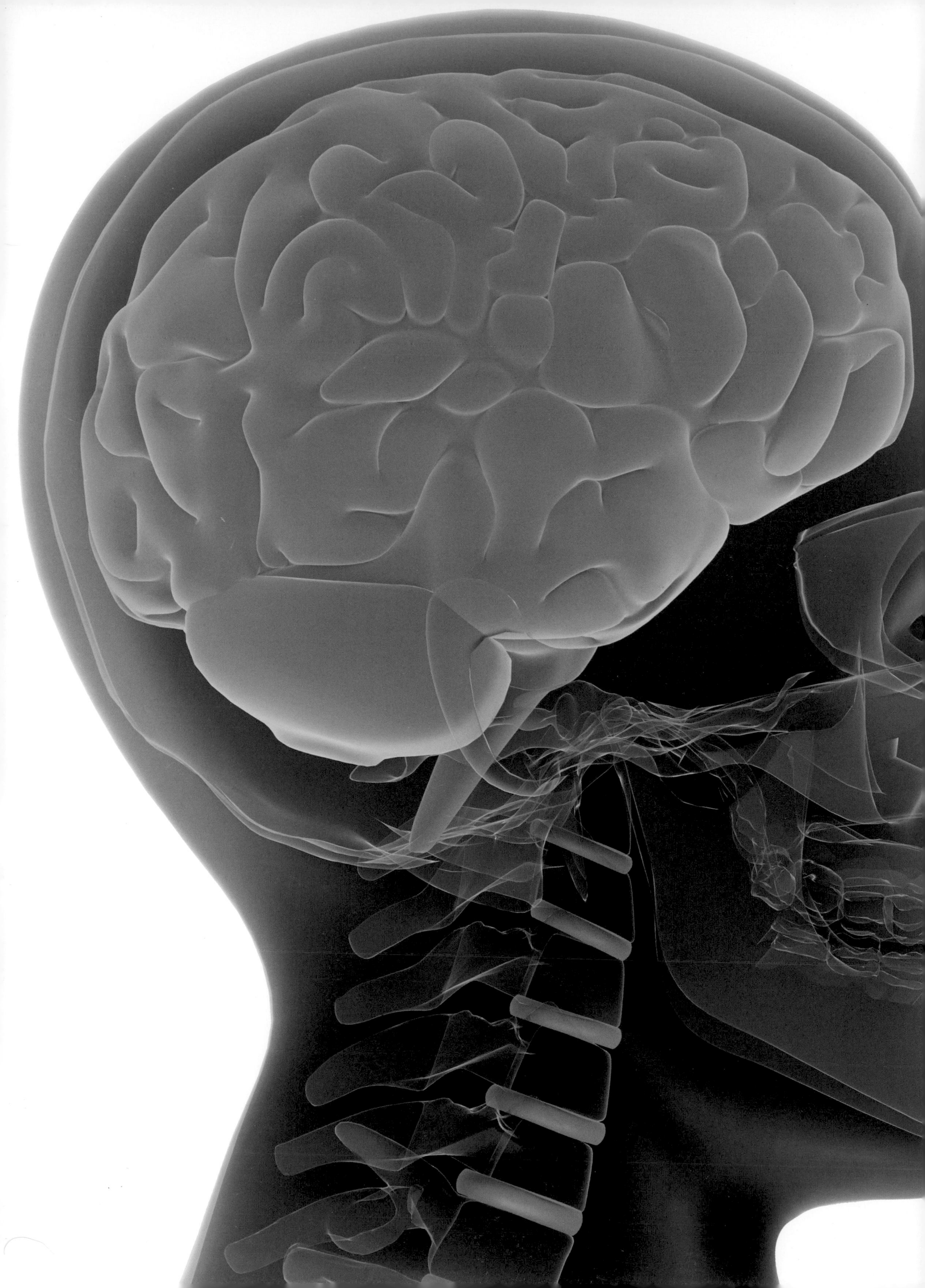

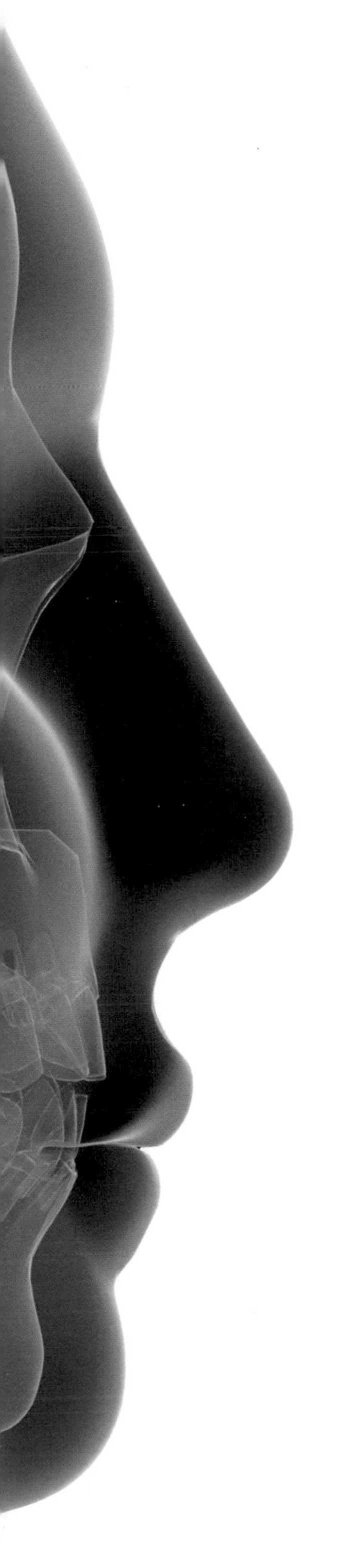

Atlas de anatomía

El cuerpo humano y sus funciones en más de 600 ilustraciones

Publicado por
Michael Schuler y Werner Waldmann

En colaboración con las
Clínicas Kempten-Oberallgäu

Nota de la editorial

La información que contiene este libro se ha preparado con gran rigor. No obstante, ni el autor, ni el lector ni la editorial pueden garantizar ni asumir responsabilidad alguna en relación a la actualidad, corrección, integridad o calidad de los datos. Lo mismo es válido para los posibles daños personales, materiales o pérdidas que se deriven de la utilización de este libro. Cualquier uso de la información contenida en este libro se realiza bajo propia responsabilidad. La información médica de este libro no sustituye en ningún caso el consejo de un médico o de cualquier otro personal sanitario. No debe aplicarse en el diagnóstico o el tratamiento de un problema de salud o médico. Dado que con el tiempo la información puede quedar obsoleta, es imprescindible buscar siempre el consejo de un médico o un farmacéutico.

Editores: Michael Schuler y Werner Waldmann
Autores y asesoramiento científico: Dr. med. Baschar Al-Khalaf, Dr. med. Wolfgang Angeli, Prof. Dr. med. Andrik Aschoff, Prof. Dr. med. Ricardo Felberbaum, Dr. med. Wolfgang Frei, Dr. med. Rudolf Gumpinger, Dr. med. Manfred Held, Dr. med. Adalbert Huber, Dr. med. Alfred Huber, Dr. med. Stephan Luda, Dr. med. Max Markmiller, Dr. med. Herbert Müller, Priv.-Doz. Dr. med. Otto Prümmer, Dr. med. Klaus Rosskopf, Dr. med. Friedrich Seidel, Prof. Dr. med. Dr. h. c. Peter Sterk, Dr. med. Dr. med. dent. Robert Wiedenmann
Ilustraciones: Thomson Digital, Noida
Director artístico: Dr. Magda Antonic
Redacción: Simone Harland
Investigación: Ulrike Hammer
Concepto/Realización: MediText Dr. Antonic, Ostfildern

La anatomía como arte y conocimiento médico básico

El término «anatomía» proviene del griego *anatemnein*, que se refiere a la actividad de desmembrar, cortar o dividir. A lo largo de la historia, la anatomía y los conocimientos sobre el cuerpo humano han ido aumentando: los anatomistas estudiaban los cadáveres para descubrir la estructura y forma del cuerpo y de sus órganos y describirla con todo lujo de detalles. De esta manera, con el paso de los años, se ha ido comprendiendo su funcionamiento: ¿cómo funcionan el corazón y la circulación sanguínea?, ¿en qué consiste el proceso de la respiración?, ¿cómo se digieren los alimentos?

El hombre ha sentido curiosidad por la estructura del cuerpo animal y humano desde tiempos ancestrales. Los primeros indicios de este interés por la anatomía se hallan en los motivos de las pinturas rupestres pertenecientes a la prehistoria. Sin embargo, en aquella época los artistas no estaban nada interesados en los conocimientos médicos, sino que simplemente les movía una difusa curiosidad por lo que se esconde tras un organismo que está vivo y su funcionamiento.

Inicios de la anatomía moderna

En el antiguo Egipto, en la ciudad portuaria de Alejandría, se desarrolló una cultura del conocimiento y la investigación única hasta el momento. La metrópoli poseía la biblioteca más completa de la antigüedad, que contenía la increíble cifra para la época de 700 000 rollos manuscritos. Esta biblioteca también era el centro de la escuela alejandrina, la cual formó a importantes filósofos y científicos como Herón, Ptolomeo y Euclides. No es de extrañar que Alejandría atrajese a artistas y a científicos de todo el mundo, entre los que se encontraba Claudius Galenus de Pergamón (conocido entre nosotros como Galeno). Él fue un excelente médico y anatomista que reunió sistemáticamente los conocimientos médicos de su época en más de 400 escritos, además de hacer numerosas aportaciones. Su obra está llena de vanidad y polémica con otros médicos. Solo Hipócrates le admitió a su lado. Sin embargo, su presuntuoso discurso de infalibilidad consiguió detener el desarrollo de la medicina mucho tiempo.

Durante 300 años, los conocimientos sobre medicina y anatomía no sufrieron ningún avance que pudiera ser considerado destacable. Se apelaba a los escritos de Galeno. Solo el Renacimiento trajo nuevos aires. Andreas Vesalius fue quien cuestionó los dogmas incuestionables durante siglos de Galeno. Revolucionó la medicina de su época y estableció las bases de la anatomía moderna.

En aquellos tiempos, sorprendentemente, no eran los médicos sino los pintores los que realmente se interesaban por la anatomía. Famosos maestros como Miguel Ángel, Rafael, Durero y Leonardo estudiaron el cuerpo humano y animal.

Sin un análisis detallado del esqueleto óseo y de la musculatura, artistas como Luca Signorelli, Domenico Veneziano o Miguel Ángel no hubieran podido conseguir figuras humanas tan fascinantes y realistas para los templos de Dios. Naturalmente, sus clientes eclesiásticos sabían de qué manera obtenían los artistas sus conocimientos anatómicos: estudiaban el esqueleto y los músculos en cadáveres. Solo Leonardo da Vinci pretendía sobrepasar los límites en todo aquello que emprendía. Él quería llevar a la práctica el funcionamiento interno del cuerpo (cómo funcionaban el corazón, el cerebro y los órganos reproductores), pero para el clero estas prácticas constituían una profanación del cadáver y eran tabú.

No obstante, esto no había sido siempre así. Hacia el siglo XIII, los médicos de Federico Hohenstaufen pidieron poder estudiar anatomía durante un año, diseccionando para ello cadáveres. Sobre todo por presiones de la Iglesia, solo podían utilizar cadáveres de personas que habían ido sin lugar a dudas al Infierno, es decir, criminales y, curiosamente también, verdugos. Aquel que diseccionara el cadáver de un cristiano corría el riesgo de ser excomulgado. E incluso aunque nadie llegara a enterarse, desde entonces

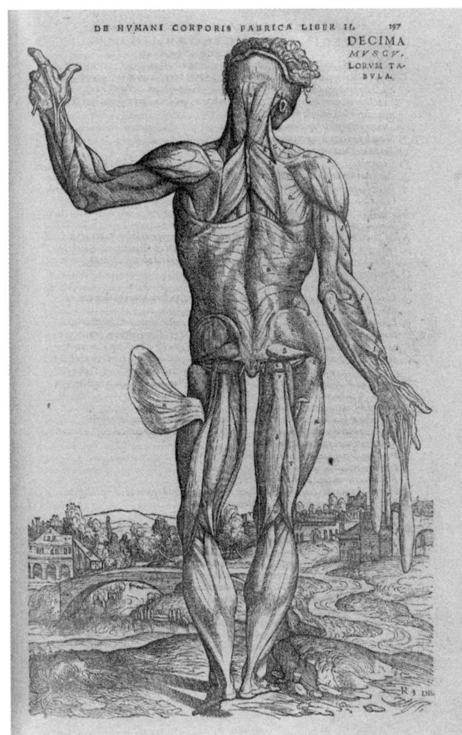
DE HVMANI CORPORIS FABRICA LIBER II.
DECIMA MVSCV- LORVM TA- BVLA.

Andreas Vesalius:
De corporis humani fabrica libri septem

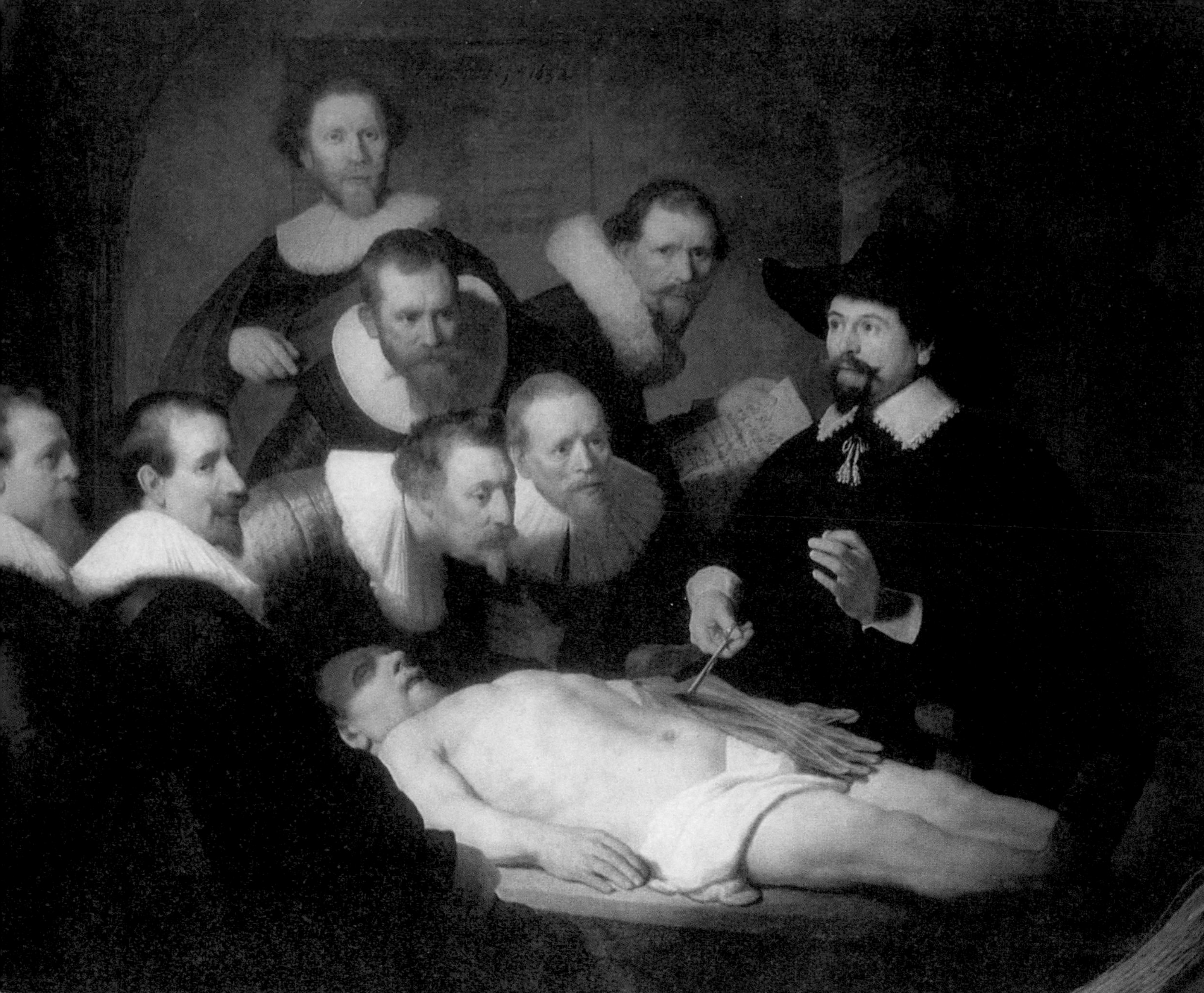

Lección de anatomía del doctor Nicoales Tulp, Rembrandt van Rijn, 1632 (óleo sobre lienzo)

estos osados vivían con el temor de acabar en el Infierno por toda la eternidad después de su muerte.

Leonardo no se dejaba amedrentar por estos miedos y restricciones. En 1507, en el hospital Santa Maria Nuova de Florencia, se le ofreció la oportunidad de diseccionar cadáveres de todas las procedencias. Incluso los médicos del hospital realizaban, en algunos casos, autopsias, y el propio Leonardo (que mostró su agradecimiento y donó algunas de sus obras al hospital) era capaz de realizar una disección incluso en los cuchitriles más oscuros y mohosos. Él aprovechó esta oportunidad y de esta manera amplió sus conocimientos anatómicos, los cuales detalló metódicamente en sus libros de notas.

En el periodo de la Ilustración, los teatros anatómicos se pusieron de moda, estando al servicio tanto del interés científico como del entretenimiento morboso. El teatro anatómico era una especie de auditorio para las lecciones y prácticas anatómicas. La disposición de las butacas era característica: en círculo, alrededor de un «escenario» con una mesa donde los cadáveres eran diseccionados, las filas de butacas para los espectadores ascendían a modo de anfiteatro. Y hasta allí no solo se acercaban estudiantes de medicina, sino que también acudía público lego en la materia que con frecuencia disfrutaba sobremanera de este tipo de espectáculo.

Análisis hasta el más mínimo detalle

La anatomía describe en primer lugar la forma del cuerpo humano y después la desglosa en detalle, es decir, define la estructura interna del órgano. Describe sus partes macroscópicamente y después, en unidades cada vez más pequeñas, microscópicamente, hasta llegar al nivel molecular. Solo cuando se ha ocupado de las estructuras más finas puede entenderse el funcionamiento del órgano. Son estos conocimientos los que permiten al médico detectar las alteraciones patológicas, reconocer su naturaleza y a partir de estos datos tratar la enfermedad.

Así pues, la anatomía no es de ninguna manera una ciencia árida y aburrida, sino la base de cualquier actuación médica. Tomemos el ejemplo de un cirujano: sin los conocimientos más sutiles del cuerpo humano no sería capaz de detectar un defecto del organismo, eliminarlo con el bisturí y de esta manera restablecer el funcionamiento de un órgano. Asimismo, la realización de procedimientos de diagnóstico por la imagen como la radiografía, la ecografía, la tomografía computarizada o la resonancia magnética no sería útil sin el conocimiento preciso de los detalles anatómicos.

La anatomía se divide en tres partes básicas. La primera es la anatomía macroscópica: describe todo aquello de un tamaño superior a 1 mm, es decir, visible a simple vista o con una lente de aumento. Tal y como su nombre indica, la anatomía microscópica utiliza el microscopio y estudia las estructuras de menos de 1 mm de tamaño. La anatomía microscópica incluye también la histología (el estudio de los tejidos) y la citología, la cual se encarga de la estructura y la función de las células. El microscopio electrónico, gracias a su enorme capacidad de resolución, permite el análisis de la ultraestructura de las estructuras celulares y subcelulares. Por último, la anatomía molecular llega a los últimos límites y describe la estructura molecular de la célula, algo que es posible gracias a los conocimientos de la bioquímica y la biología celular.

Otras disciplinas de la anatomía incluyen la anatomía comparativa y la anatomía sistemática. La primera compara a los animales con los seres humanos. La anatomía sistemática divide las estructuras corporales en órganos y sistemas orgánicos, es decir, aparato locomotor, sistema nervioso, sistema cardiovascular, sistema respiratorio, sistema digestivo, sistema urogenital, etc.

El lenguaje de la anatomía

La anatomía utiliza un lenguaje propio: la nomenclatura anatómica. Pero este no se utiliza únicamente en anatomía, sino también en la práctica médica. El lenguaje anatómico utilizado hoy en día es de 1998, podría decirse que es relativamente reciente. A lo largo de los años, sin embargo, va variando mucho. Así, de vez en cuando se constituyen comisiones que modifican los términos especializados. Esto explica por qué en la práctica clínica con frecuencia se emplean términos que antiguamente eran muy utilizados pero que en la actualidad no se corresponden con la nomenclatura oficial.

La presente obra abarca todo el cuerpo humano. Se ha intentado representar la estructura del cuerpo y cada uno de sus sistemas sin descuidar su función, motivo por el cual a veces son inevitables las repeticiones. Así, por ejemplo, la lengua entra dentro del tracto digestivo pero al mismo tiempo es uno de los órgano de los sentidos, ya que con la lengua saboreamos los alimentos y las bebidas.

En esta obra la anatomía es entendida como una disciplina médica. Las ilustraciones sirven para comprender los cuadros patológicos. En ciertos casos se representan también las alteraciones anatómicas en caso de enfermedad, así como métodos terapéuticos. Nuestro objetivo es proporcionar una primera información general para principiantes en el estudio de la medicina, pero sobre todo para todos aquellos interesados en el conocimiento del organismo humano: las funciones corporales y sus órganos y las interacciones entre ellos.

Agradecemos a los médicos de las Clínicas Kempten-Oberallgäu su valiosa colaboración, su asesoramiento especializado y sus correcciones. De esta manera, este libro ha surgido de la práctica clínica diaria y tiene en cuenta el deseo de conocimientos de los pacientes.

Michael Schuler y Werner Waldmann

ÍNDICE

Capítulo 1 – ESTRUCTURA DEL CUERPO

Capítulo 2 – ESQUELETO, MÚSCULOS Y ARTICULACIONES

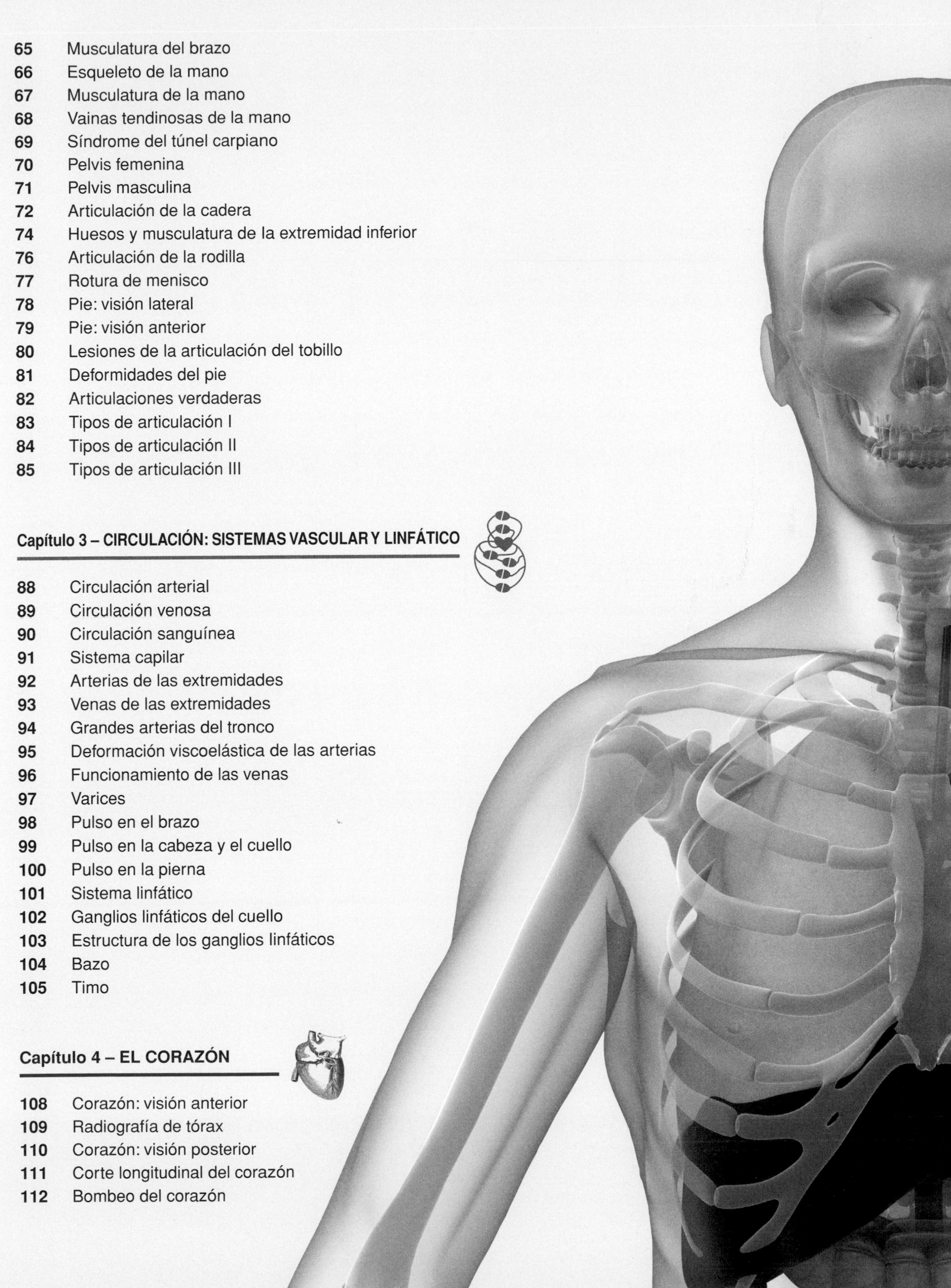

Capítulo 3 – CIRCULACIÓN: SISTEMAS VASCULAR Y LINFÁTICO

Capítulo 4 – EL CORAZÓN

Capítulo 7 – EL SISTEMA HORMONAL

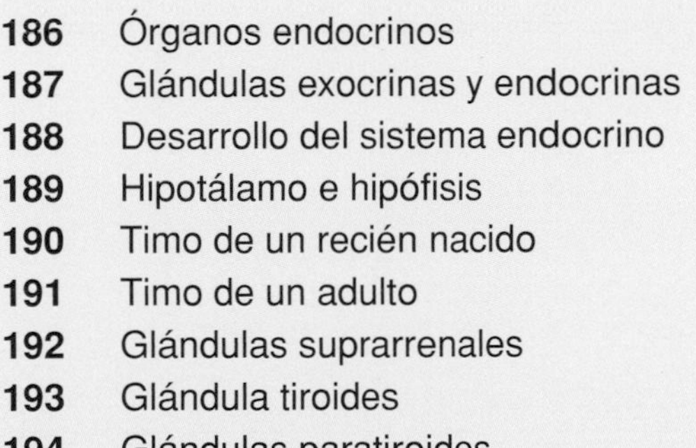

Capítulo 8 – ENCÉFALO Y SISTEMA NERVIOSO

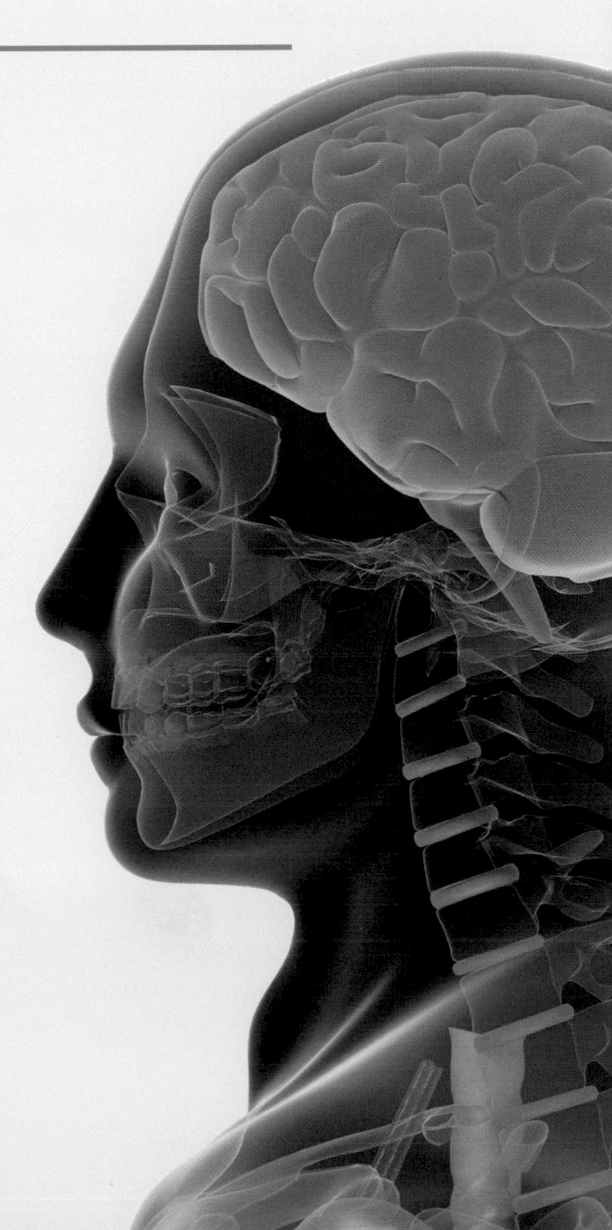

Capítulo 9 – ÓRGANOS SEXUALES

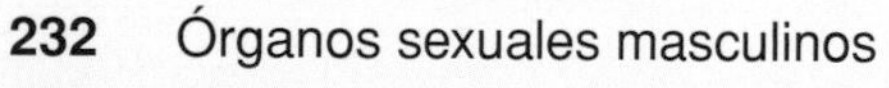

Capítulo 10 – LA PIEL

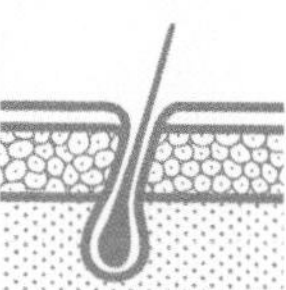

Capítulo 11 – ÓRGANOS DE LOS SENTIDOS

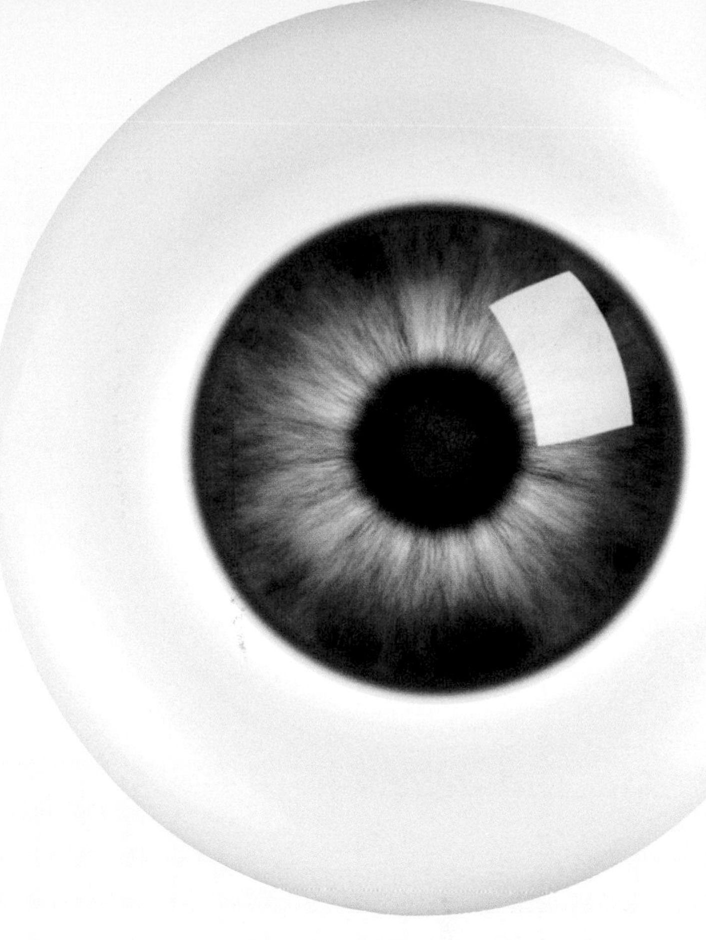

Capítulo 12 – EL SISTEMA URINARIO

ANEXO

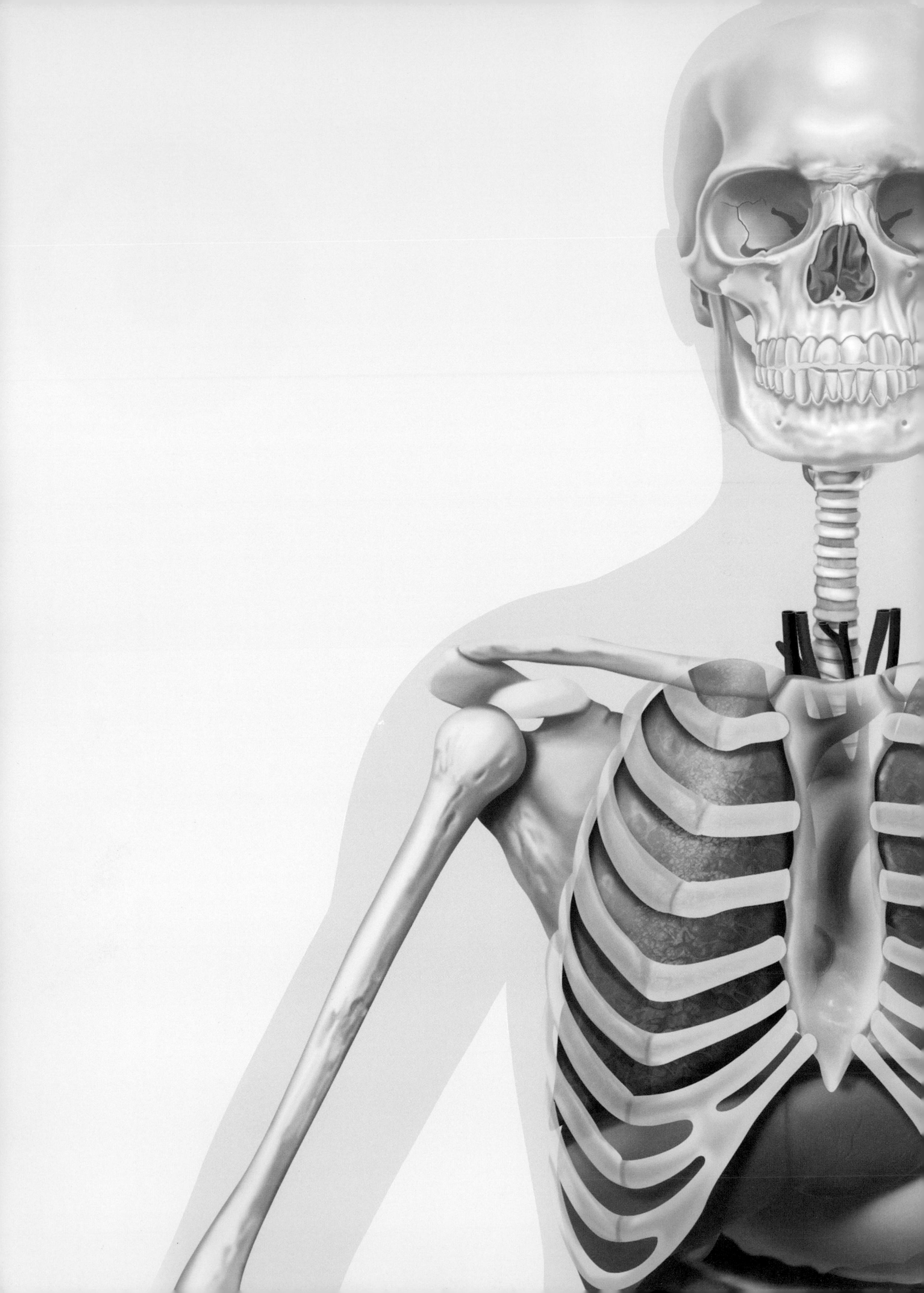

Capítulo 1
Estructura del cuerpo

El cuerpo humano es un organismo perfectamente estructurado que se forma, crece y modifica a partir de sí mismo. Los órganos del cuerpo forman un total de diez sistemas, los cuales, además de necesitarse el uno al otro para funcionar correctamente, se influyen entre sí. Por ejemplo, el sistema respiratorio depende del sistema circulatorio, ya que este es el que se encarga de distribuir por todo el organismo la sangre cargada de oxígeno, además de transportar la sangre cargada de dióxido de carbono hasta los pulmones, donde lo elimina. Para que el cuerpo pueda funcionar correctamente y mantenerse sano, todos los sistemas deben funcionar a la perfección y al unísono.

Denominación de direcciones y situaciones del cuerpo

Para biólogos humanos y médicos, el conocimiento exacto de la anatomía del cuerpo humano es muy importante. Así, para comunicarse con otros científicos es imprescindible utilizar una terminología precisa sobre la **dirección** y la **situación** de las estructuras anatómicas. Este es uno de los motivos por los que se idearon, por ejemplo, **líneas de orientación** como la **línea mediana anterior**, la cual recorre perpendicularmente la parte anterior del cuerpo humano exactamente por el centro. En contraposición existe la **línea mediana posterior**, la cual recorre la parte posterior del cuerpo desde el vértice (el punto más alto del cráneo) hasta las piernas. Otras líneas como la **línea esternal** (una línea perpendicular en la zona del esternón) sirven para que el médico pueda precisar con exactitud el lugar donde se localiza un determinado proceso patológico.
Además de las líneas de orientación existen numerosos términos de dirección y situación: así, por ejemplo, **distal** significa alejado del centro del cuerpo y **proximal**, dirigido hacia el centro del cuerpo.

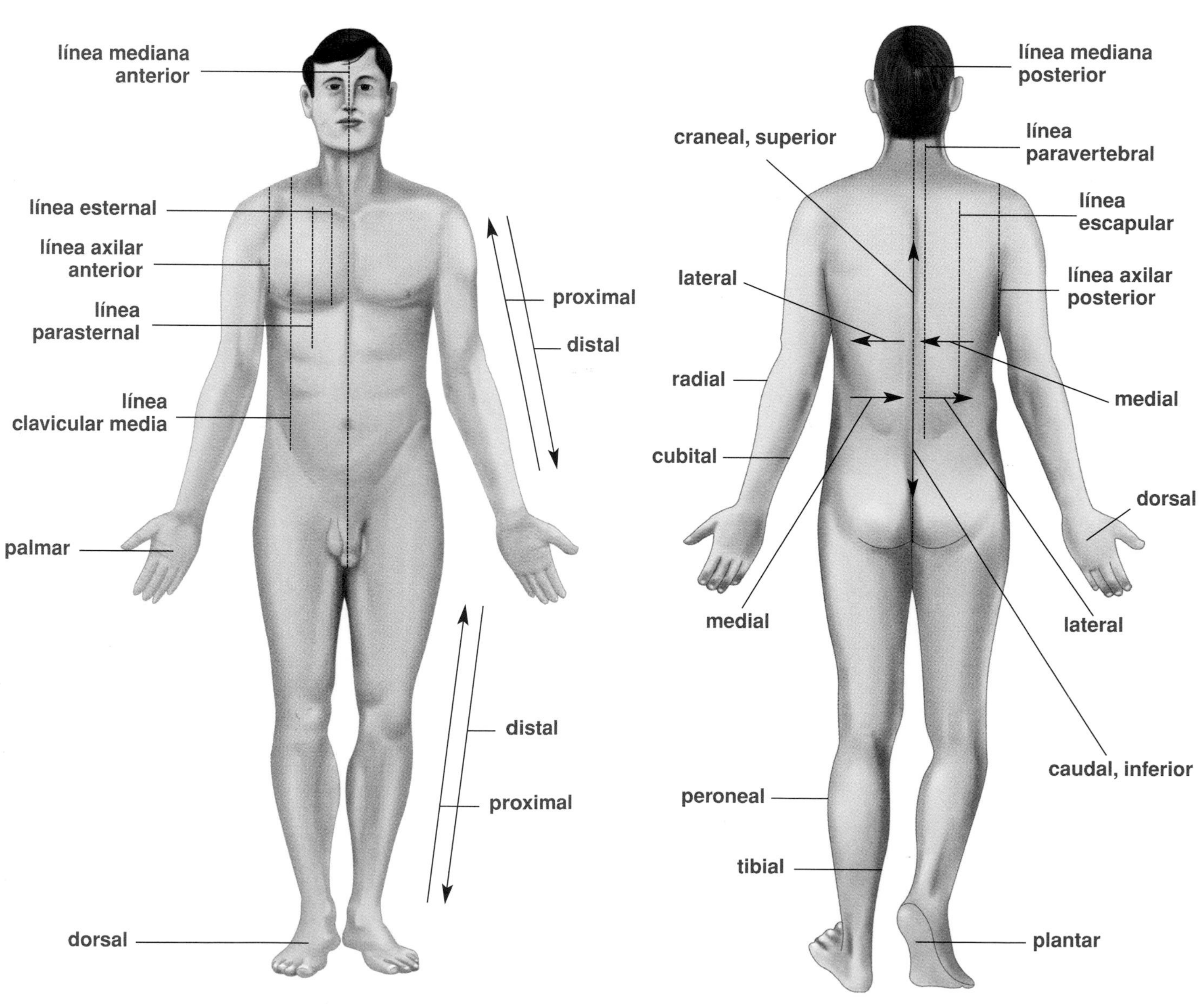
línea mediana anterior
línea esternal
línea axilar anterior
línea parasternal
línea clavicular media
palmar
dorsal
proximal
distal
distal
proximal
línea mediana posterior
craneal, superior
línea paravertebral
línea escapular
lateral
línea axilar posterior
radial
medial
cubital
dorsal
medial
lateral
caudal, inferior
peroneal
tibial
plantar

Denominación de direcciones y situaciones

Término anatómico	*Significado*
General	
lateral	*lateral, desde el plano medio*
medial	*dirigido hacia el plano medio*
mediano	*en el plano medio*
dorsal; posterior, -us	*posterior, detrás*
ventral; anterior, -us	*anterior, delante*
craneal; superior, -us	*dirigido hacia la cabeza, arriba*
caudal; inferior, -us	*dirigido hacia el extremo del cóccix, debajo*
internus	*situado en la parte interna*
externus	*situado en la parte externa*
sinister	*izquierdo*
dexter	*derecho*
superficialis, -e	*superficial*
profundus, -a, -um	*profundo, situado profundamente*
Cabeza	
rostral (utilizado para el encéfalo)	*anterior*
frontal	*dirigido hacia la frente*
nasal	*dirigido hacia la nariz*
occipital	*dirigido hacia el occipucio*
basal	*dirigido hacia la base del cráneo*
mediano	*en el plano medio*
Extremidades	
proximal	*dirigido hacia el tronco*
distal	*alejado del tronco*
Extremidades superiores	
radial	*en dirección al radio (lado del pulgar)*
cubital	*en dirección al cúbito (lado del meñique)*
palmar	*hacia la palma de la mano*
dorsal	*hacia el dorso de la mano*
Extremidades inferiores	
tibial	*en dirección a la tibia (lado del dedo gordo del pie)*
fibular	*en dirección al peroné (lado del dedo pequeño del pie)*
plantar	*hacia la planta del pie*
dorsal	*hacia el dorso del pie*

Ejes y planos del cuerpo

La anatomía divide el cuerpo humano en distintos **planos** y **ejes**, principalmente para establecer una relación respecto a la situación de los órganos. Por ejemplo, el cuerpo es atravesado a la altura del ombligo por el **plano horizontal** que divide la parte superior del cuerpo de la inferior. El **plano sagital** atraviesa el cuerpo perpendicularmente (vertical) de delante a atrás y el **plano frontal** lo divide por el centro, paralelo a la frente, perpendicularmente de derecha a izquierda. Los **ejes del cuerpo** muestran la dirección del movimiento, de manera que se habla, por ejemplo, del **eje sagital**, el cual atraviesa el cuerpo de delante hacia atrás. Estos ejes tienen especial importancia para indicar la dirección: **dorsal** significa hacia la espalda, **ventral** hacia el abdomen, **medial** hacia el centro y **lateral** hacia el lado. De la misma manera, **caudal** indica en dirección al cóccix y **craneal** en dirección al cráneo.

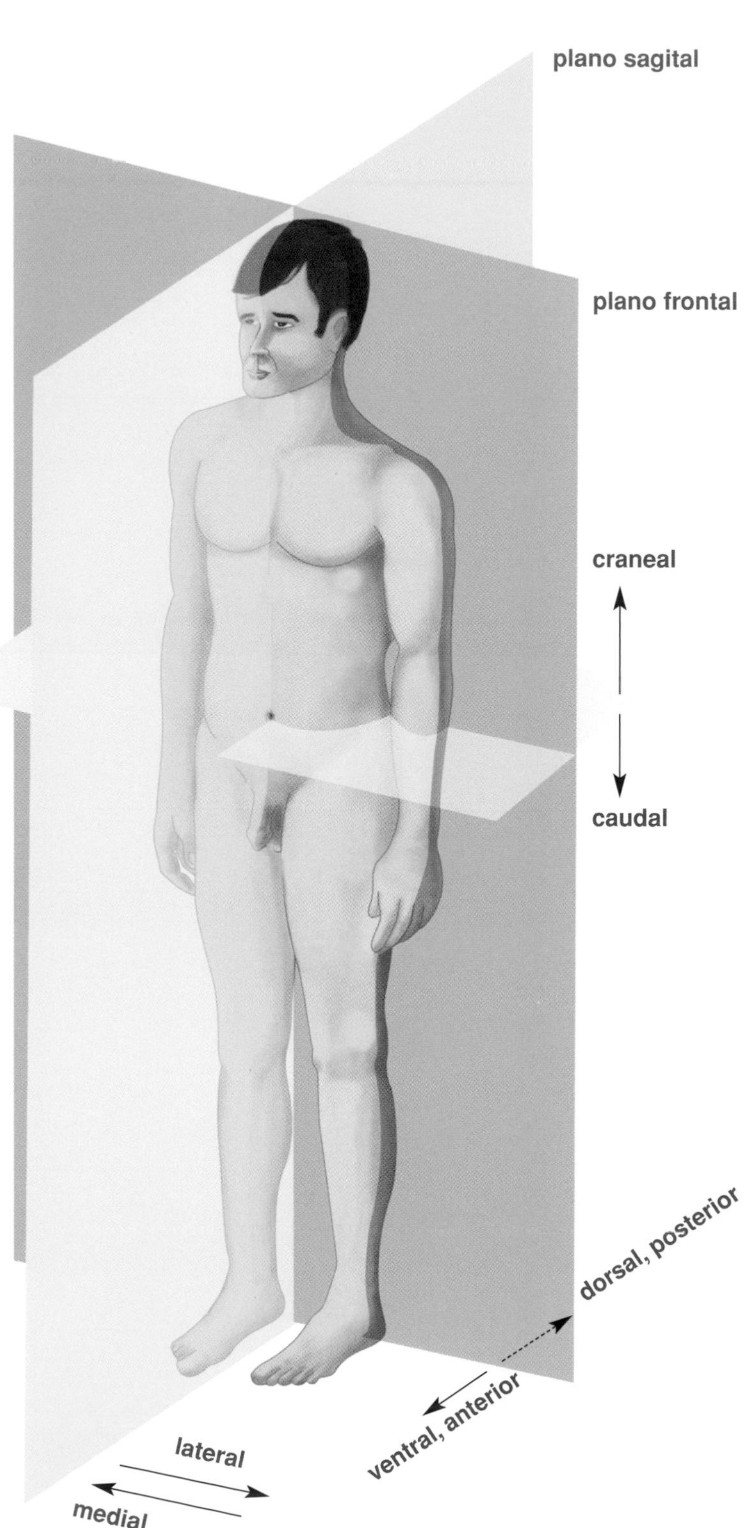
plano sagital
plano frontal
craneal
caudal
plano horizontal
dorsal, posterior
ventral, anterior
lateral
medial

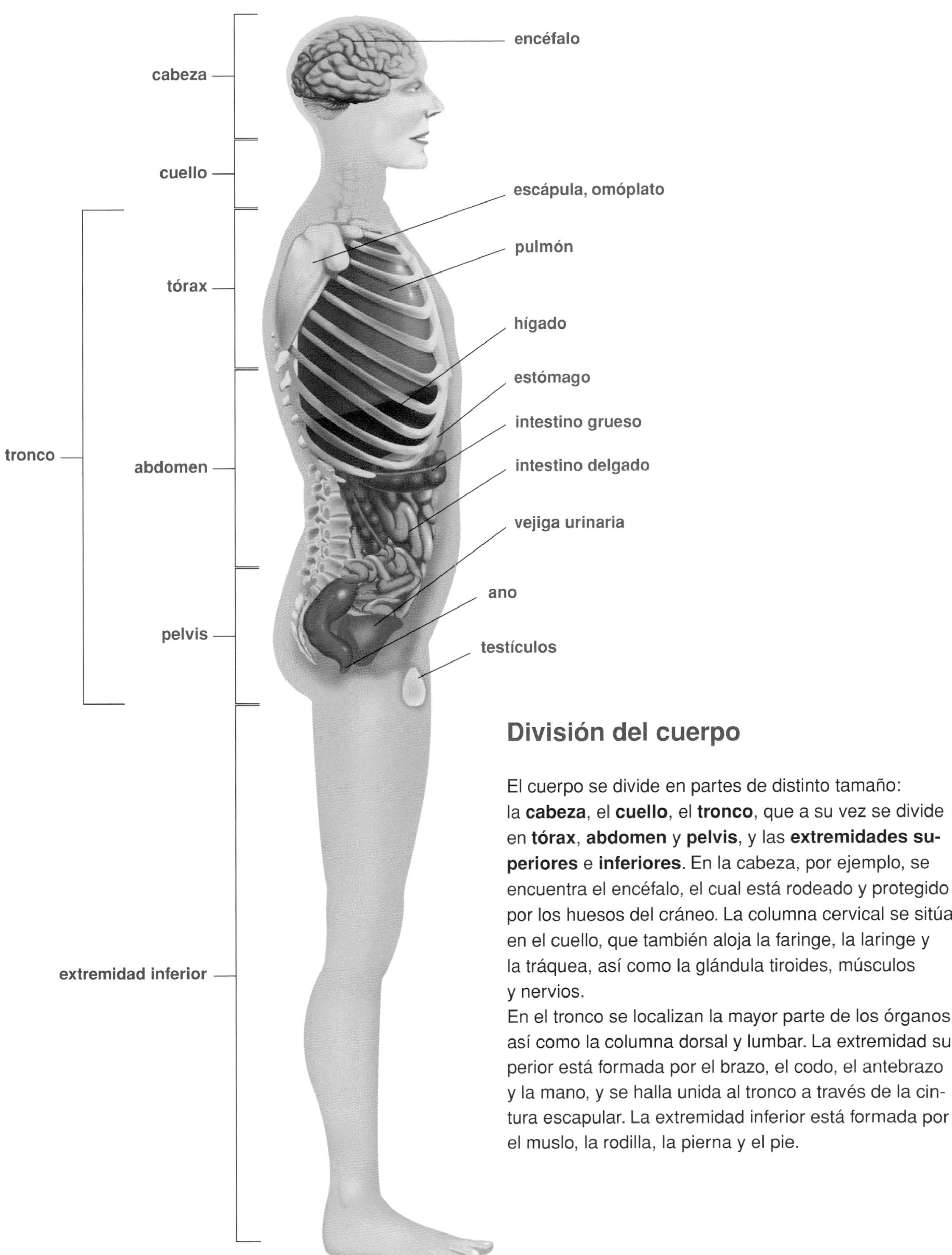
cabeza
cuello
tórax
tronco
abdomen
pelvis
extremidad inferior
encéfalo
escápula, omóplato
pulmón
hígado
estómago
intestino grueso
intestino delgado
vejiga urinaria
ano
testículos

División del cuerpo

El cuerpo se divide en partes de distinto tamaño: la **cabeza**, el **cuello**, el **tronco**, que a su vez se divide en **tórax**, **abdomen** y **pelvis**, y las **extremidades superiores** e **inferiores**. En la cabeza, por ejemplo, se encuentra el encéfalo, el cual está rodeado y protegido por los huesos del cráneo. La columna cervical se sitúa en el cuello, que también aloja la faringe, la laringe y la tráquea, así como la glándula tiroides, músculos y nervios.
En el tronco se localizan la mayor parte de los órganos, así como la columna dorsal y lumbar. La extremidad superior está formada por el brazo, el codo, el antebrazo y la mano, y se halla unida al tronco a través de la cintura escapular. La extremidad inferior está formada por el muslo, la rodilla, la pierna y el pie.

Sistemas corporales I

El cuerpo humano está formado por distintos sistemas: el **sistema esquelético**, formado por huesos, cartílagos y articulaciones, que protege y sostiene el cuerpo y participa en el movimiento; la **musculatura**, encargada básicamente de los movimientos corporales; la **piel** (junto con el pelo y las uñas), que recubre el cuerpo, lo protege y, entre otras funciones, desempeña un importante papel en el aporte de oxígeno; el **sistema nervioso**, con el encéfalo y la médula espinal, que regula todos los procesos del organismo; las **glándulas**, las cuales bajo la dirección del sistema nervioso regulan también los procesos del organismo, y el **sistema linfático**, el cual, entre otras funciones, es el encargado de la defensa frente a las enfermedades.

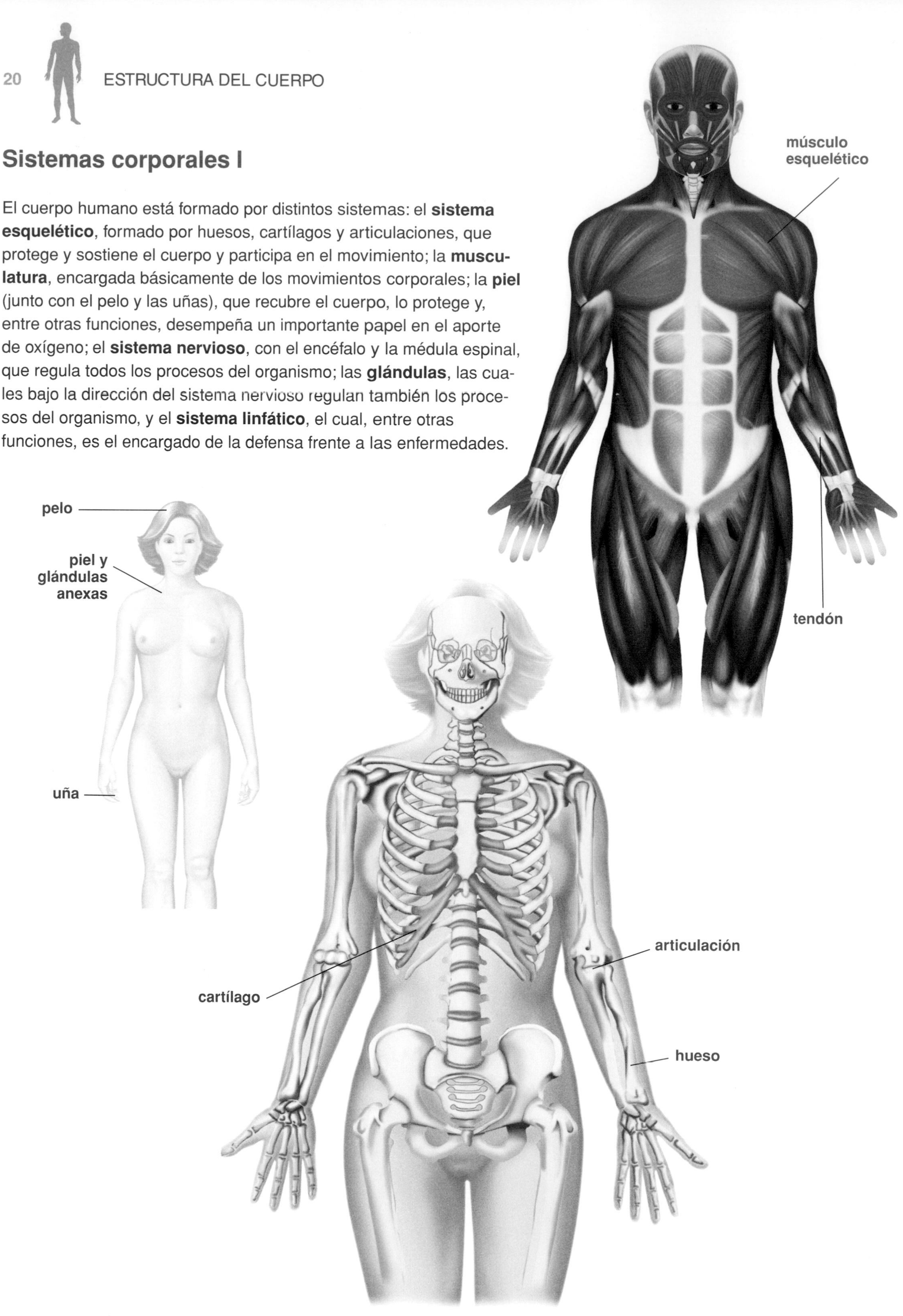
músculo esquelético
tendón
pelo
piel y glándulas anexas
uña
articulación
cartílago
hueso

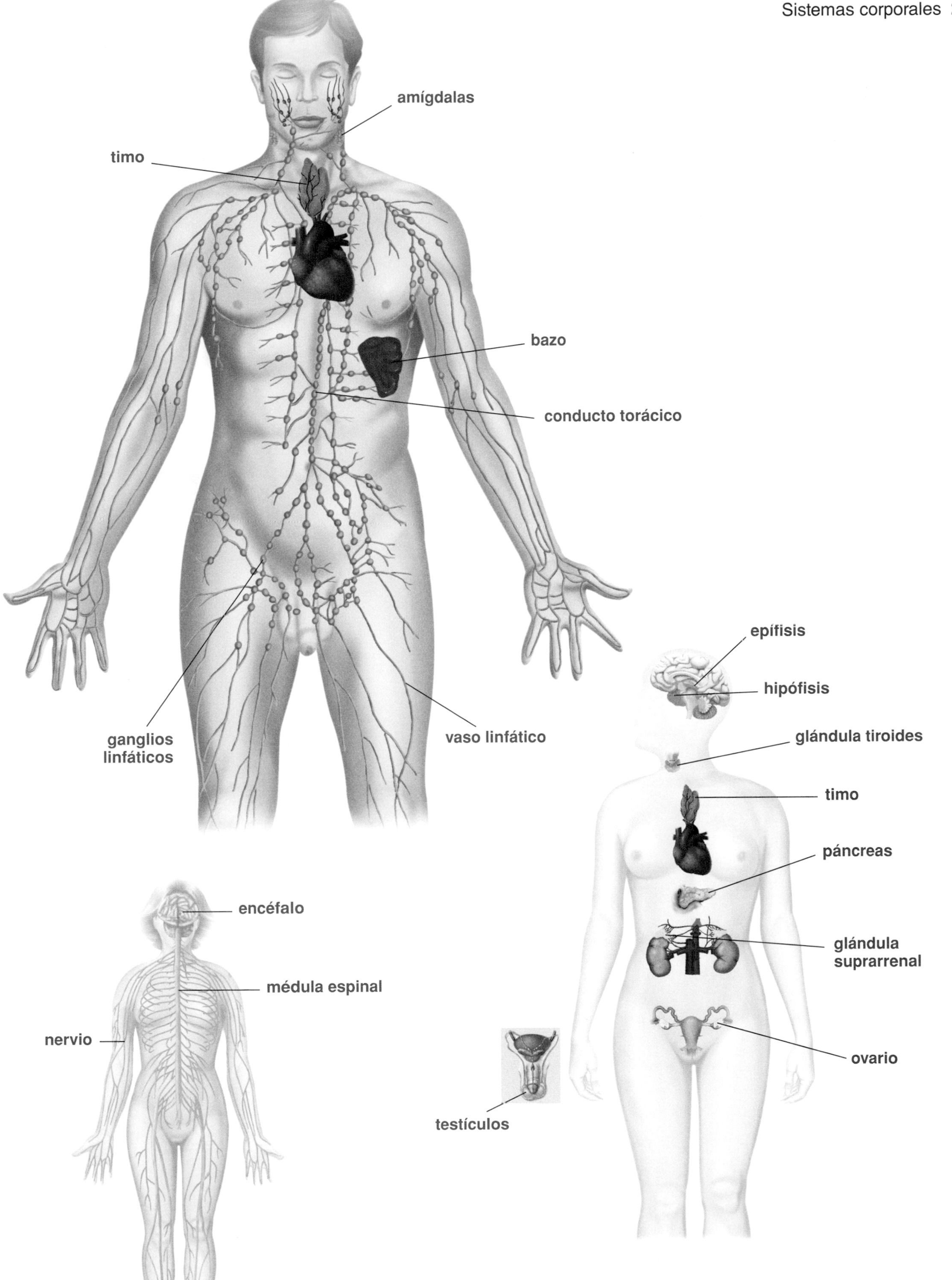
amígdalas
timo
bazo
conducto torácico
ganglios
linfáticos
vaso linfático
epífisis
hipófisis
glándula tiroides
timo
páncreas
glándula
suprarrenal
ovario
testículos
encéfalo
médula espinal
nervio

Sistemas corporales II

La **circulación sanguínea** lleva el oxígeno y los nutrientes a todas las células del cuerpo. El **aparato respiratorio**, con la tráquea, los pulmones y los bronquios, tiene como función captar el oxígeno del aire y transportarlo posteriormente a la sangre. La función del **tracto digestivo** es la ingestión de los nutrientes, su procesamiento y su traslado al torrente sanguíneo, y de esta manera aporta la energía que el cuerpo necesita para el mantenimiento de los sistemas. El **tracto genitourinario**, con los riñones, los uréteres, la vejiga urinaria y la uretra por una parte, encargados de la eliminación del exceso de líquido y de las sustancias nocivas para el organismo, y por otra parte los **órganos reproductores**, como el útero y los ovarios en la mujer y los testículos en el hombre, son imprescindibles para la supervivencia de la especie.

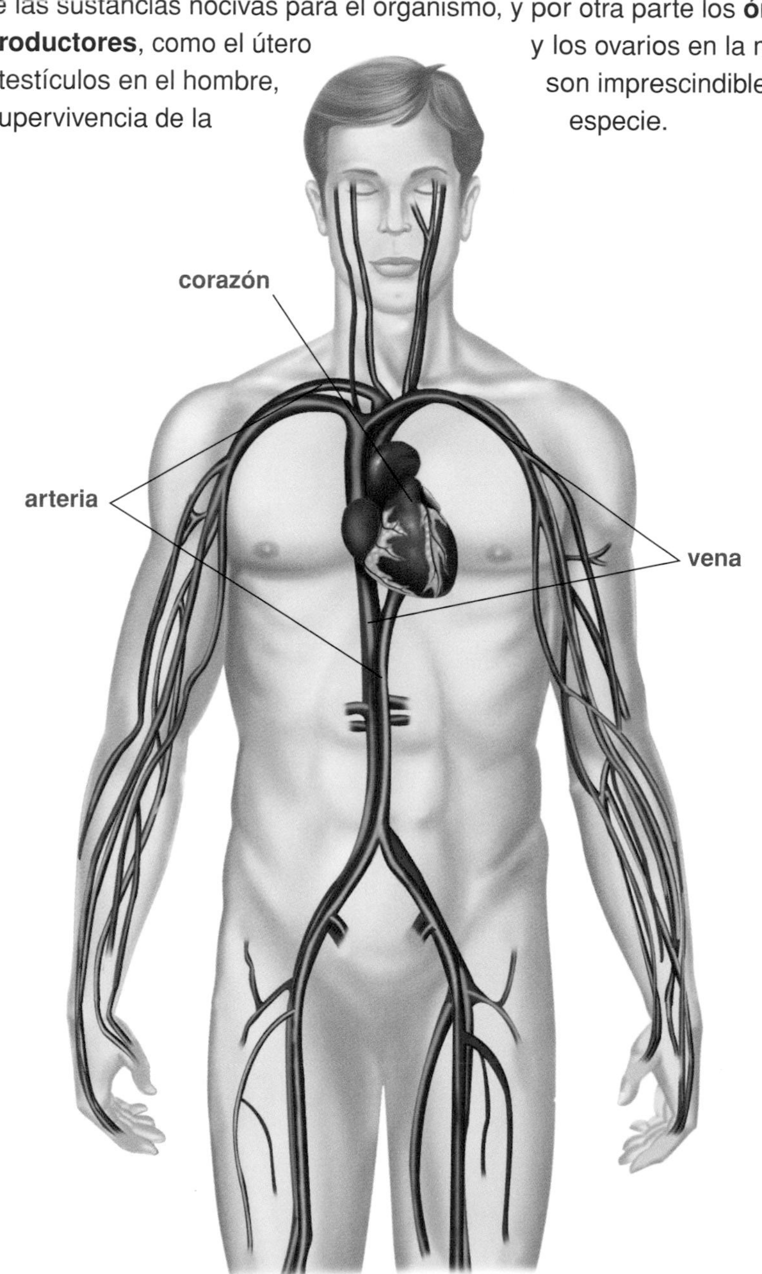
corazón
arteria
vena

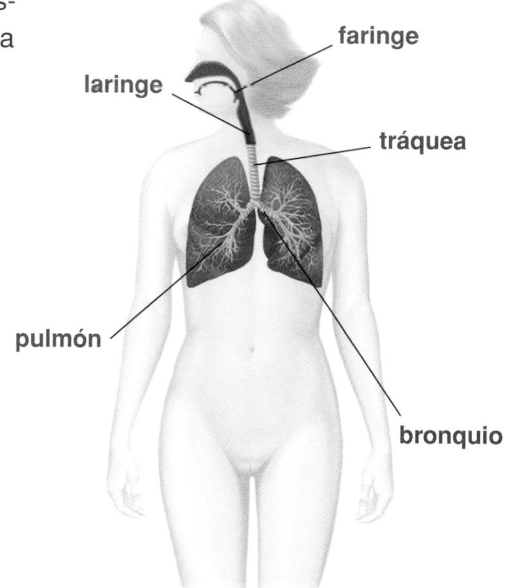
faringe
laringe
tráquea
pulmón
bronquio

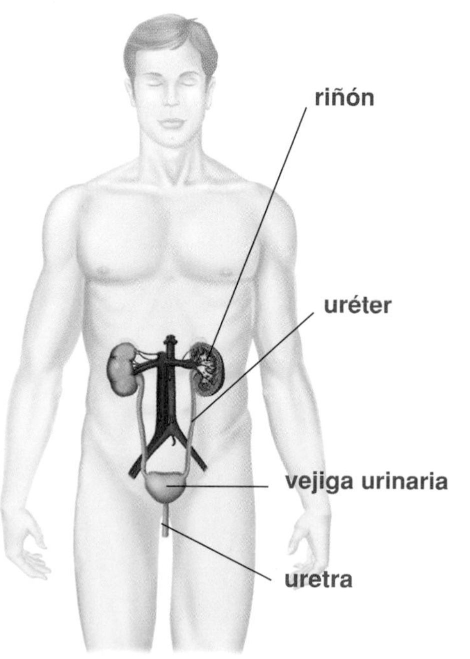
riñón
uréter
vejiga urinaria
uretra

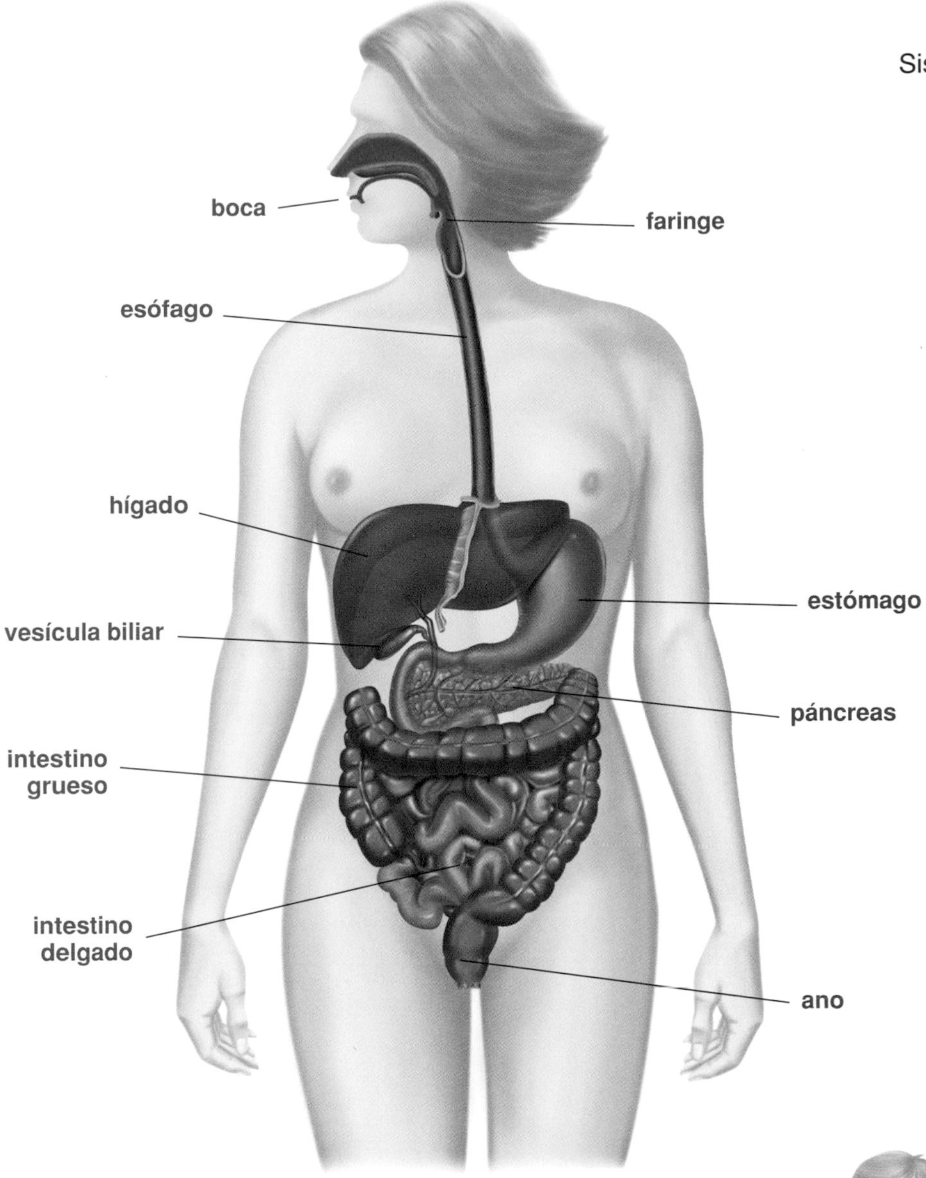

boca
faringe
esófago
hígado
estómago
vesícula biliar
páncreas
intestino grueso
intestino delgado
ano

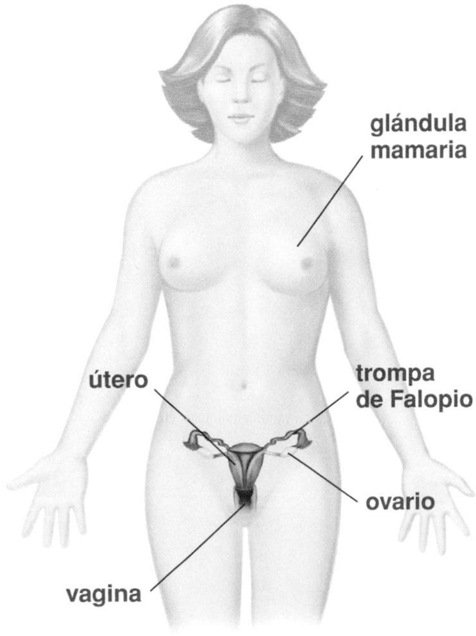

glándula mamaria
útero
trompa de Falopio
ovario
vagina

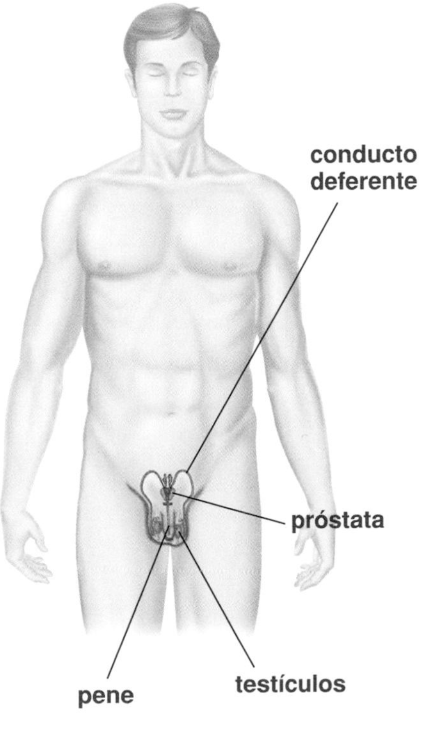

conducto deferente
próstata
pene
testículos

Órganos torácicos y abdominales: visión anterior

El **tronco** es la parte más grande del cuerpo y alberga la mayoría de órganos. Desde el cuello, la **tráquea** penetra en el tórax y acaba desembocando en los **pulmones**, derecho e izquierdo. El **esófago** discurre asimismo por el cuello y la caja torácica hasta desembocar en el **estómago**, situado en el abdomen. El **diafragma** sostiene el esófago y contribuye al cierre del estómago, de manera que en las personas sanas el contenido del estómago no retrocede hacia el esófago. Los órganos situados en la cavidad abdominal son, además del estómago, el **bazo**, el **hígado**, el **duodeno**, la primera porción del **intestino delgado**, el **intestino grueso**, el **páncreas**, la **vesícula biliar**, los **riñones**, derecho e izquierdo, y las **glándulas suprarrenales** situadas encima de ellos.

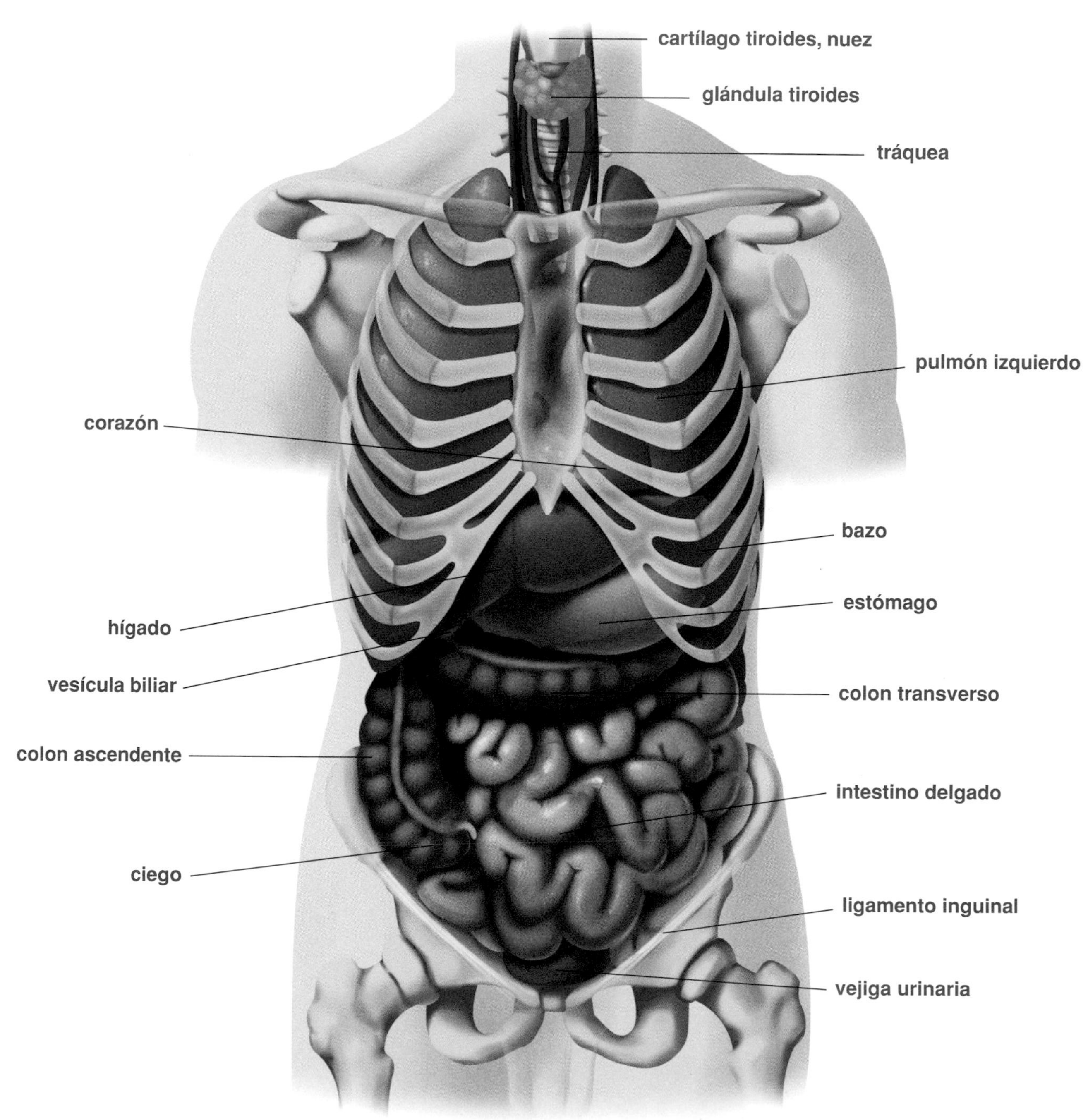
cartílago tiroides, nuez
glándula tiroides
tráquea
pulmón izquierdo
corazón
bazo
hígado
estómago
vesícula biliar
colon transverso
colon ascendente
intestino delgado
ciego
ligamento inguinal
vejiga urinaria

Órganos torácicos y abdominales: visión posterior

La cavidad abdominal se prolonga hacia abajo en la cavidad pélvica, donde se localizan el **recto**, la **vejiga urinaria** y los **órganos sexuales** (aquí no representados). En la vejiga urinaria desembocan los **uréteres**, procedentes de los riñones, los cuales conducen hasta la vejiga la orina producida en ellos. Una gran parte de la cavidad abdominal está ocupada por el **intestino delgado** y **grueso**. En el lado derecho, el intestino delgado desemboca en el colon ascendente, el cual a su vez se transforma en el colon tranverso y, por último, en el lado izquierdo, en el colon descendente, el cual finalmente desemboca en el colon sigmoide (con forma de S) en el **recto**. El **ciego** y su **apéndice vermiforme**, cuya inflamación provoca apendicitis, también forman parte del intestino grueso.

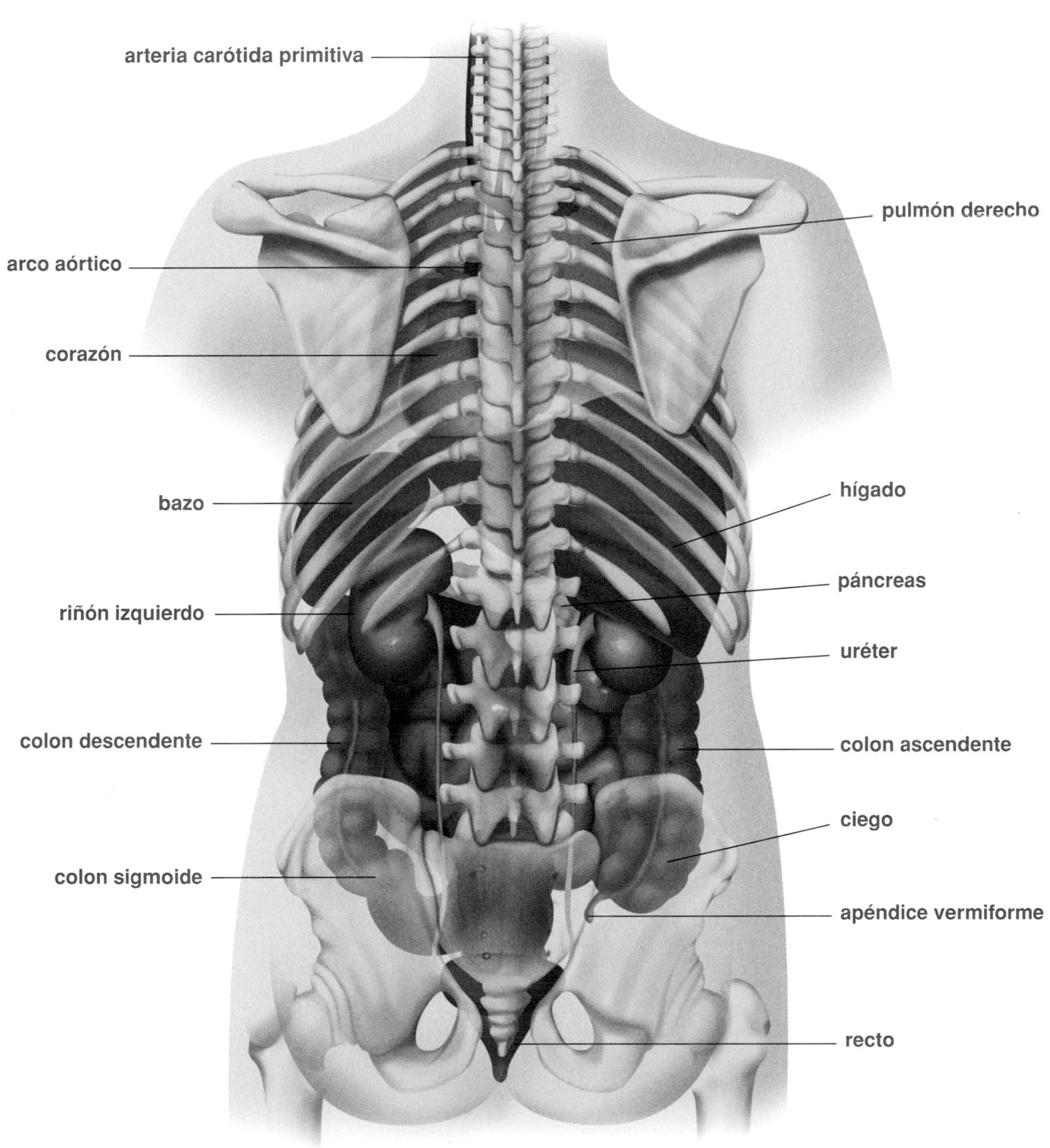
arteria carótida primitiva
pulmón derecho
arco aórtico
corazón
bazo
hígado
páncreas
riñón izquierdo
uréter
colon descendente
colon ascendente
ciego
colon sigmoide
apéndice vermiforme
recto

Órganos torácicos y abdominales: visión lateral derecha

En la visión lateral derecha del cuerpo humano pueden reconocerse muy bien las primeras porciones del **intestino grueso**. El **ciego** es la primera porción del intestino grueso y, como su nombre indica, acaba en un extremo ciego dentro de la cavidad abdominal. Está separado del **intestino delgado** por una válvula, la cual solo se abre en dirección al ciego y no a la inversa. De esta manera se evita que el contenido y las bacterias del intestino grueso pasen al intestino delgado. El **riñón** derecho se localiza a la derecha de la columna vertebral y por debajo del **diafragma**. Por encima del riñón se encuentra el **hígado**, el cual lo cubre parcialmente. Dado que el hígado ocupa mucho espacio en el lado derecho de la cavidad abdominal, el riñón derecho está situado ligeramente más abajo que el izquierdo.

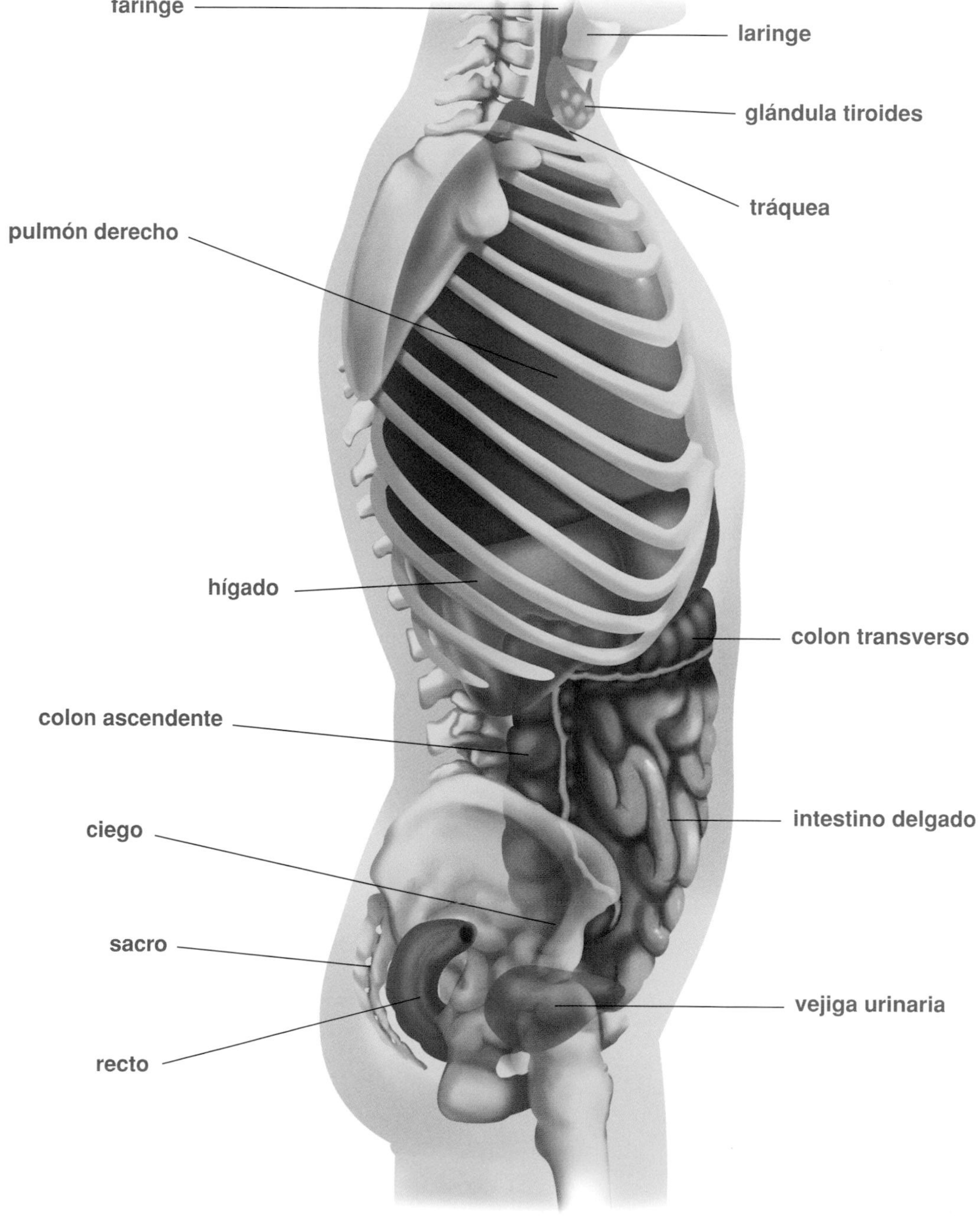
faringe
laringe
glándula tiroides
tráquea
pulmón derecho
hígado
colon transverso
colon ascendente
intestino delgado
ciego
sacro
vejiga urinaria
recto

Órganos torácicos y abdominales: visión lateral izquierda

Una gran parte de la cavidad torácica izquierda está ocupada por el **corazón** (aquí tapado por el pulmón izquierdo), el cual lleva la sangre a todos los órganos. Asimismo, en el lado izquierdo del cuerpo, por debajo del diafragma y por encima del riñón izquierdo, se encuentra el **bazo**, el cual pertenece al sistema linfático y, entre otras funciones, desempeña un papel importante en la defensa frente a los agentes patógenos. El **riñón** izquierdo no solo se sitúa en inmediata vecindad con el bazo, sino también del **estómago**, el colon transverso y el descendente, el cual se transforma en colon sigmoide, la porción final del **intestino grueso**. El intestino grueso desemboca en el **recto**, que acaba en el esfínter anal.

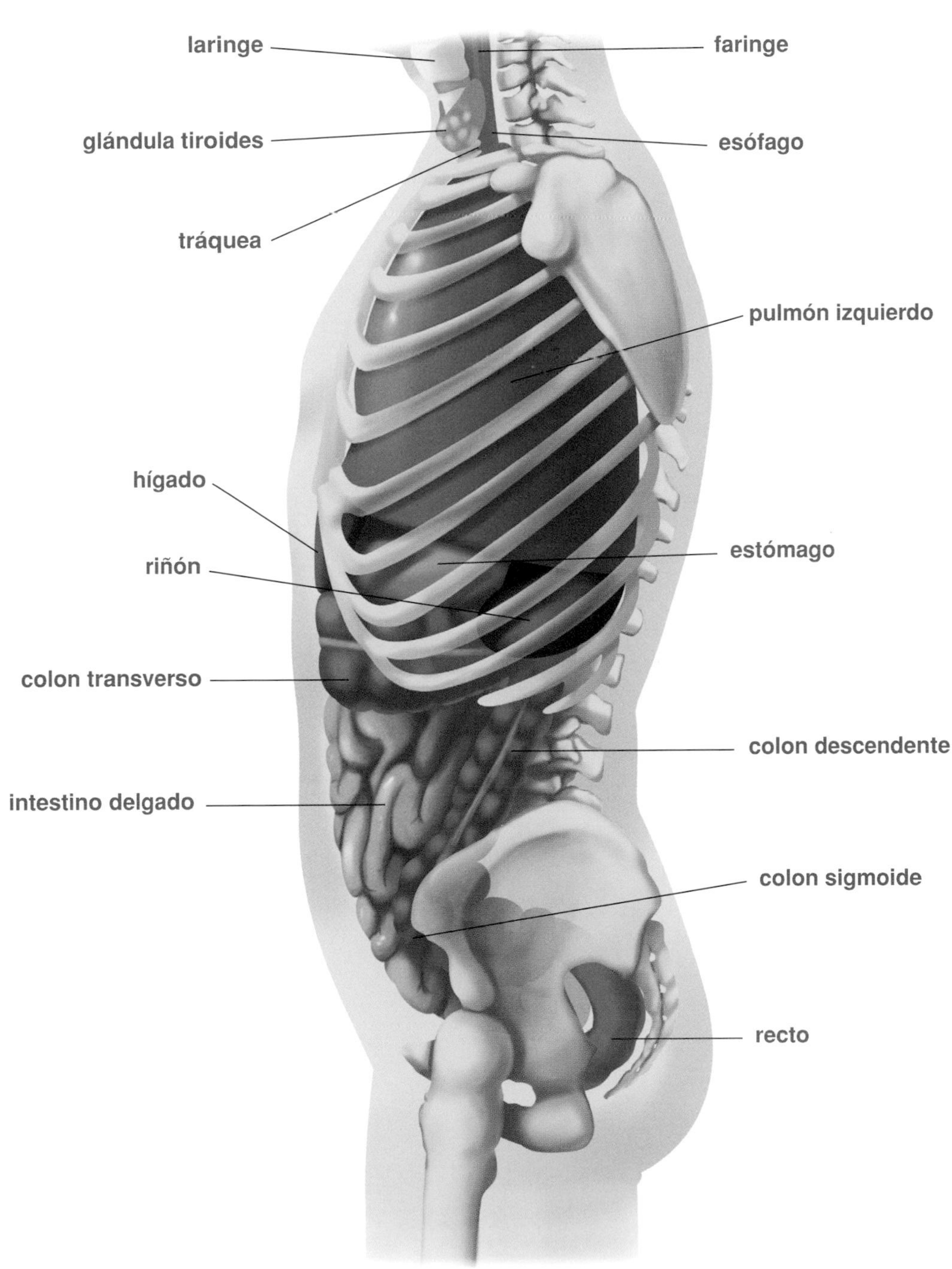
laringe
faringe
glándula tiroides
esófago
tráquea
pulmón izquierdo
hígado
riñón
estómago
colon transverso
colon descendente
intestino delgado
colon sigmoide
recto

Esqueleto y musculatura: visión anterior

La figura muestra en el lado izquierdo los principales músculos, nervios y vasos superficiales, y en el lado derecho los vasos y nervios profundos.

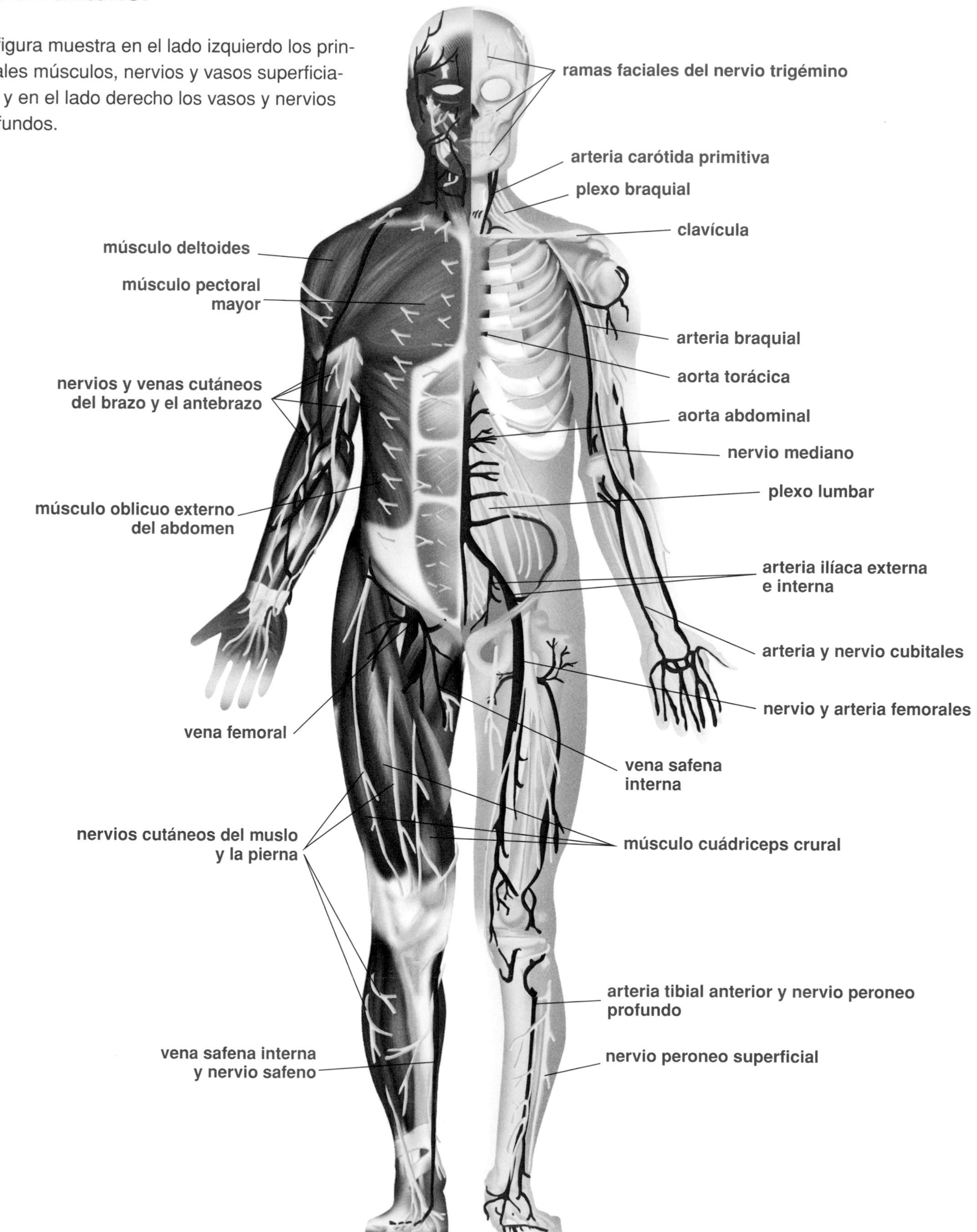
ramas faciales del nervio trigémino
arteria carótida primitiva
plexo braquial
clavícula
músculo deltoides
músculo pectoral mayor
arteria braquial
aorta torácica
nervios y venas cutáneos del brazo y el antebrazo
aorta abdominal
nervio mediano
plexo lumbar
músculo oblicuo externo del abdomen
arteria ilíaca externa e interna
arteria y nervio cubitales
nervio y arteria femorales
vena femoral
vena safena interna
nervios cutáneos del muslo y la pierna
músculo cuádriceps crural
arteria tibial anterior y nervio peroneo profundo
nervio peroneo superficial
vena safena interna y nervio safeno

Esqueleto y musculatura: visión posterior

La figura muestra en el lado izquierdo los nervios y vasos sanguíneos profundos más importantes, y en el lado derecho los músculos, vasos y nervios más importantes.

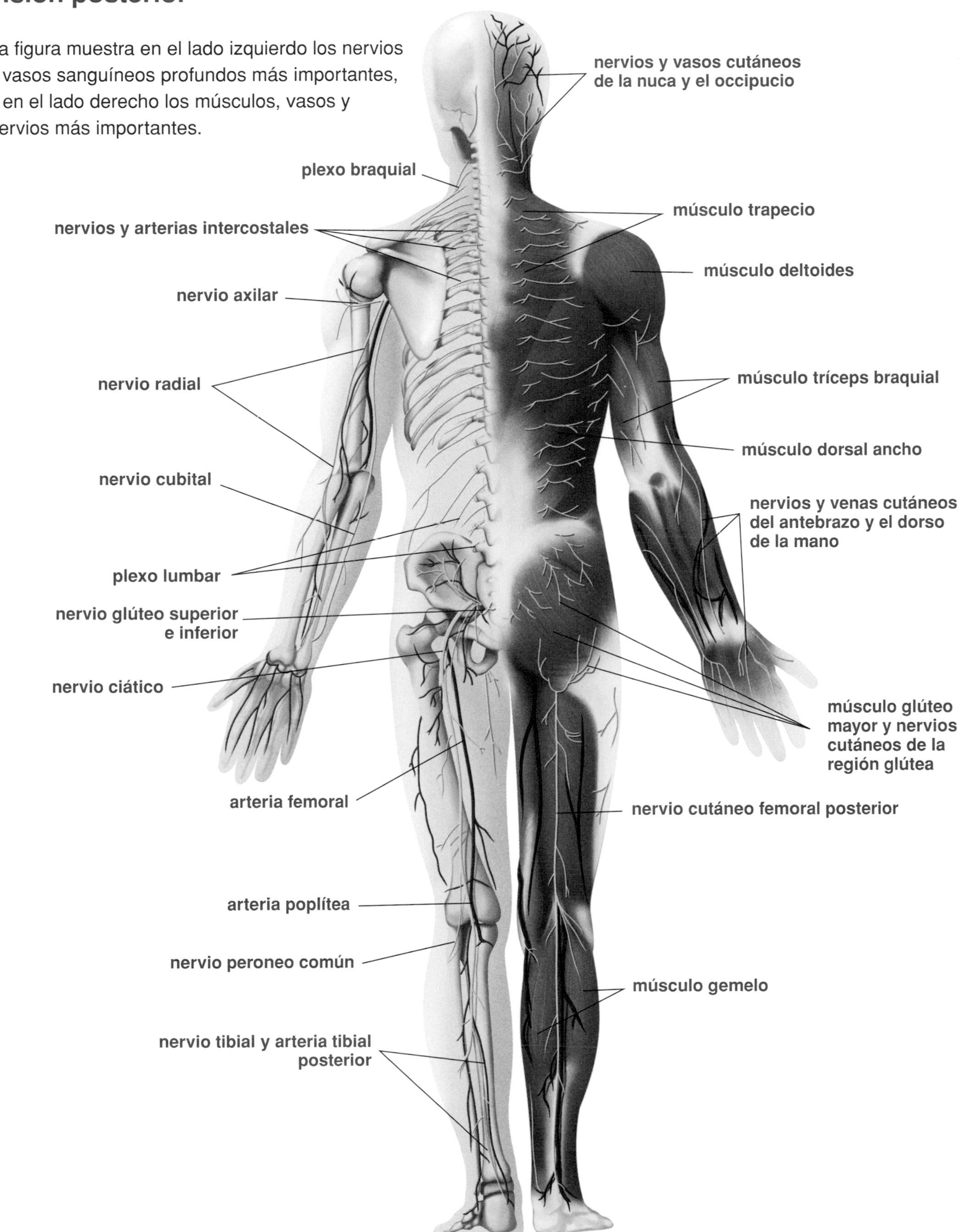
nervios y vasos cutáneos de la nuca y el occipucio
plexo braquial
músculo trapecio
nervios y arterias intercostales
músculo deltoides
nervio axilar
nervio radial
músculo tríceps braquial
músculo dorsal ancho
nervio cubital
nervios y venas cutáneos del antebrazo y el dorso de la mano
plexo lumbar
nervio glúteo superior e inferior
nervio ciático
músculo glúteo mayor y nervios cutáneos de la región glútea
arteria femoral
nervio cutáneo femoral posterior
arteria poplítea
nervio peroneo común
músculo gemelo
nervio tibial y arteria tibial posterior

Radiografía

Los métodos de diagnóstico por la imagen permiten la visión del cuerpo humano. Entre los métodos más importantes tanto en el pasado como en la actualidad se encuentra el diagnóstico radiográfico. En la radiografía convencional, el tubo de rayos X envía **rayos X**, los cuales son absorbidos en mayor o menor grado dependiendo de la densidad de los distintos tejidos del cuerpo. Mientras que el aire que se encuentra en el interior del cuerpo humano no absorbe la radiación, y en la placa radiográfica estas partes aparecen negras; los huesos, por ejemplo, absorben muy bien la radiación, por lo que en la placa aparecen de color blanco. La imagen obtenida es captada por un material sensible a la radiación, lo que permite que esta pueda valorarse en cualquier momento.
Para que la zona determinada que quiere explorarse radiográficamente se vea mejor, en ocasiones se inyecta al paciente un **medio de contraste** antes de realizar la radiografía. Este absorbe prácticamente por completo la radiación. De esta manera, también pueden observarse radiográficamente, por ejemplo, los vasos sanguíneos. El procedimiento recibe el nombre de radiología de contraste.

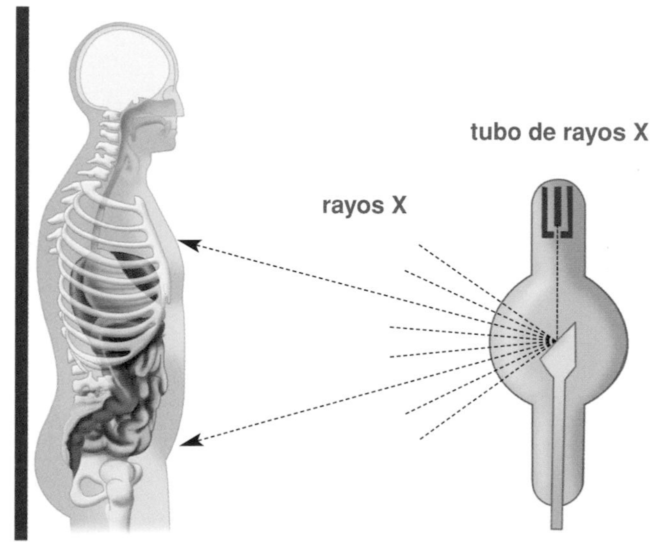
placa radiográfica
tubo de rayos X
rayos X

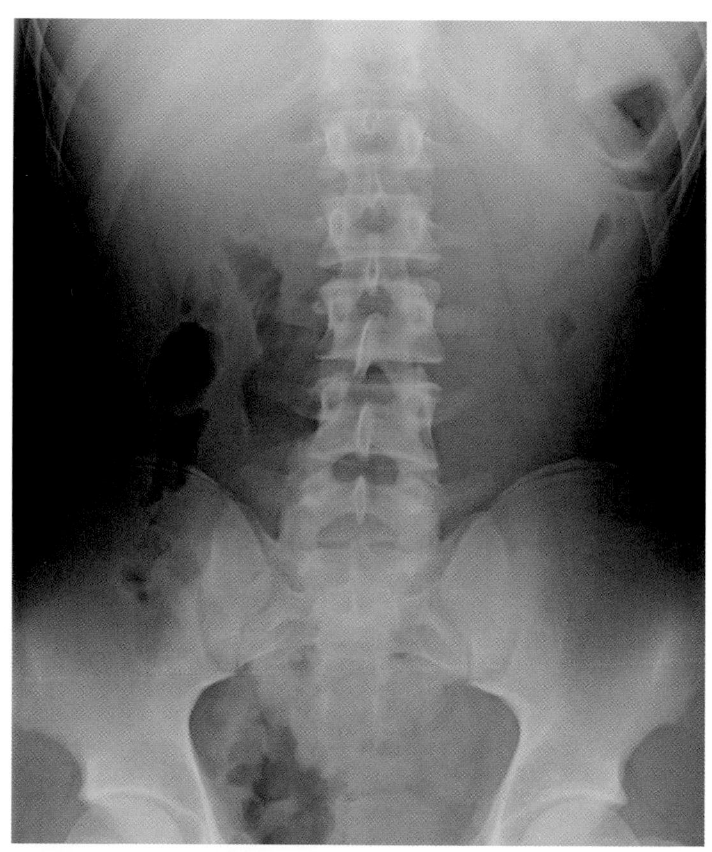

Radiografía abdominal

Tomografía axial computarizada (TAC)

La TAC también es un procedimiento radiográfico, pero en él, a diferencia de la radiografía convencional, se realizan **muchas radiografías distintas** del cuerpo desde diferentes direcciones. Para llevar a cabo esta técnica, el paciente yace dentro de un aparato en forma de cilindro que contiene un tubo de rayos X y un detector de radiación. Tanto el tubo de rayos X como el detector rotan sobre el eje longitudinal del cuerpo del paciente a explorar. Los datos así obtenidos son transferidos a un ordenador, a partir de los cuales forma **imágenes tomográficas** del cuerpo. También es posible una imagen tridimensional del órgano en estudio. Gracias a la TAC pueden detectarse alteraciones patológicas en la mayoría de los tejidos corporales.

tubo de rayos X

movimiento del tubo de rayos X

movimiento del detector

detector

ordenador

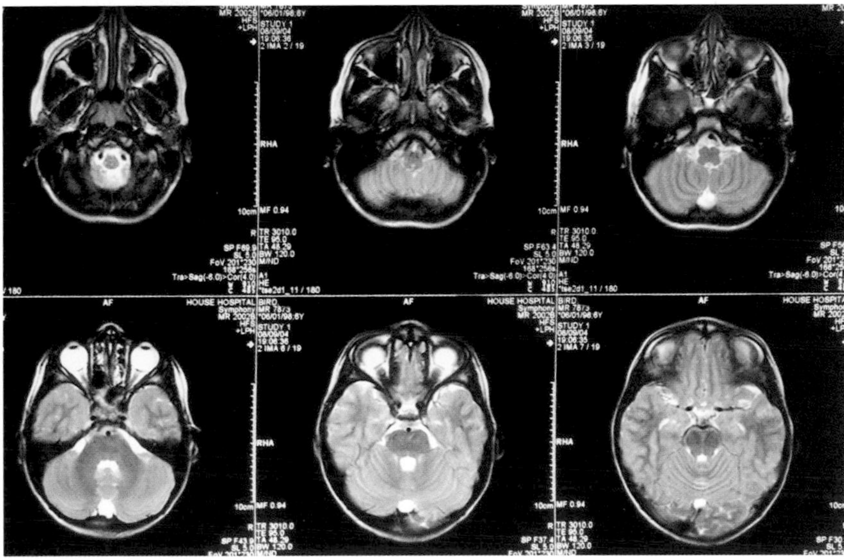

TAC cerebral

Resonancia magnética (RM)

La RM es un procedimiento con el que se obtienen imágenes tomográficas del cuerpo humano, es decir, de sus tejidos en todos los planos, y con el que puede valorarse bien si existe alguna alteración patológica. Gracias a **imanes** muy potentes, en la RM se alinean los núcleos atómicos del cuerpo. Mediante impulsos magnéticos adicionales, estos empiezan a rotar alrededor de su propio eje, lo que se conoce como **espín nuclear**. Seguidamente, se mide la señal que envían los núcleos cuando regresan a su estado inicial. Esta señal es distinta para cada tejido, de manera que un ordenador es capaz de formar imágenes a partir de dichas señales. Durante la exploración, como en el caso de la TAC, el paciente es introducido en un aparato en forma de tubo.

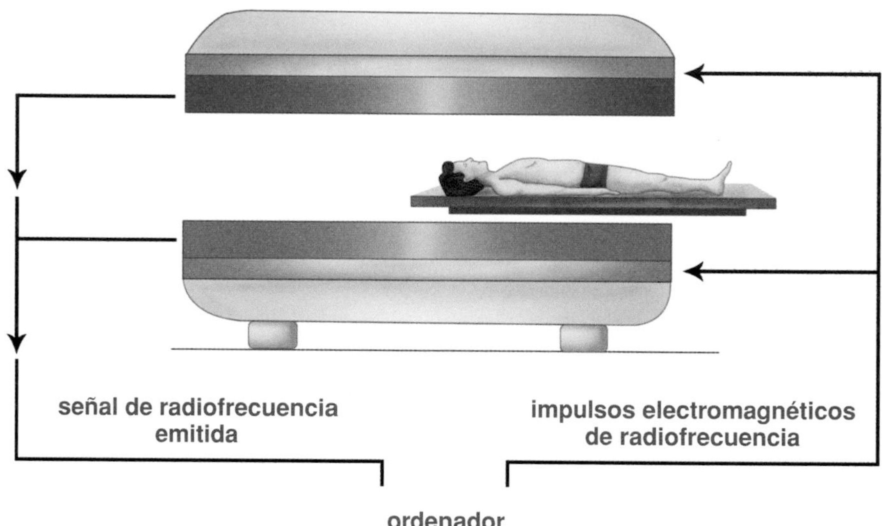
señal de radiofrecuencia emitida
impulsos electromagnéticos de radiofrecuencia
ordenador

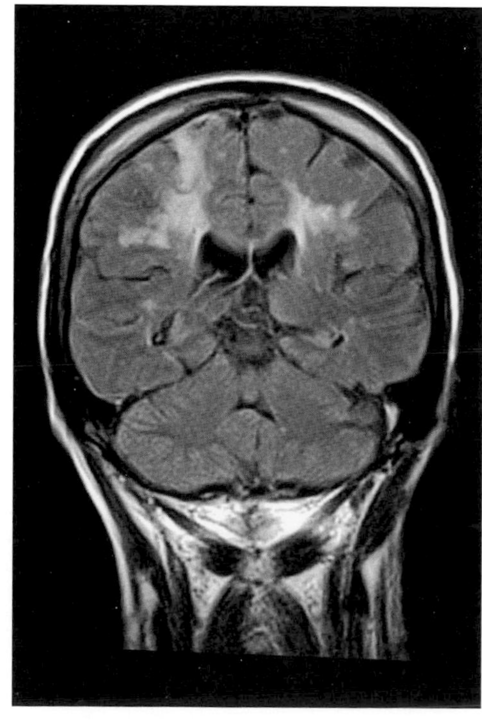

RM de la cabeza

Ecografía

La ecografía es una exploración en la que se dirigen hacia el órgano que se desea explorar **ondas de ultrasonidos** que el ser humano no es capaz de percibir. Los distintos tejidos devuelven estas ondas de ultrasonidos con diferente intensidad. Las señales así obtenidas son recogidas y transformadas en imágenes. Gracias a la ecografía pueden explorarse muy bien básicamente los órganos abdominales como el hígado y los riñones, además de ciertas alteraciones patológicas. Así pues, la ecografía tiene un importante papel diagnóstico sin ningún perjuicio para la salud del paciente, al contrario que la exploración radiográfica, cuya radiación puede dañar las células del cuerpo.

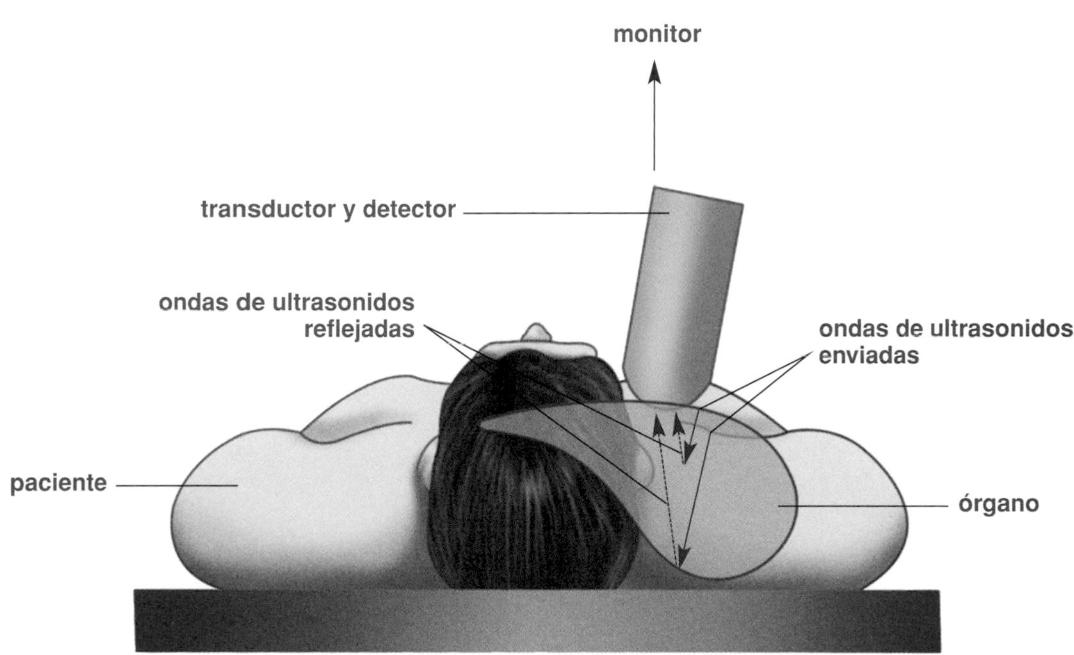
monitor
transductor y detector
ondas de ultrasonidos reflejadas
ondas de ultrasonidos enviadas
paciente
órgano

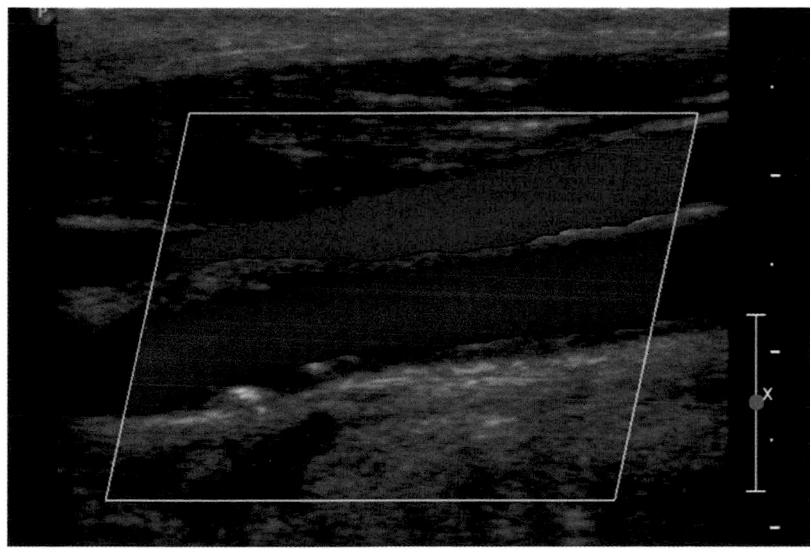

Ecografía de la arteria carótida

Gammagrafía

La gammagrafía es un procedimiento de diagnóstico por imagen que se sirve de **sustancias ligeramente radiactivas**. Estas emiten rayos gamma, que pueden captarse mediante una gammacámara. Este procedimiento se utiliza básicamente para la exploración de la **glándula tiroides**. Para ello, se inyecta una sustancia radiactiva al paciente, que las células tiroideas captan con distinta intensidad. La radiación emitida es transformada en una imagen de la glándula tiroides en la que puede observarse con precisión qué partes de la glándula han captado una mayor cantidad de sustancia radiactiva y cuáles no. Asimismo, la gammagrafía es útil para la detección de tumores óseos malignos.

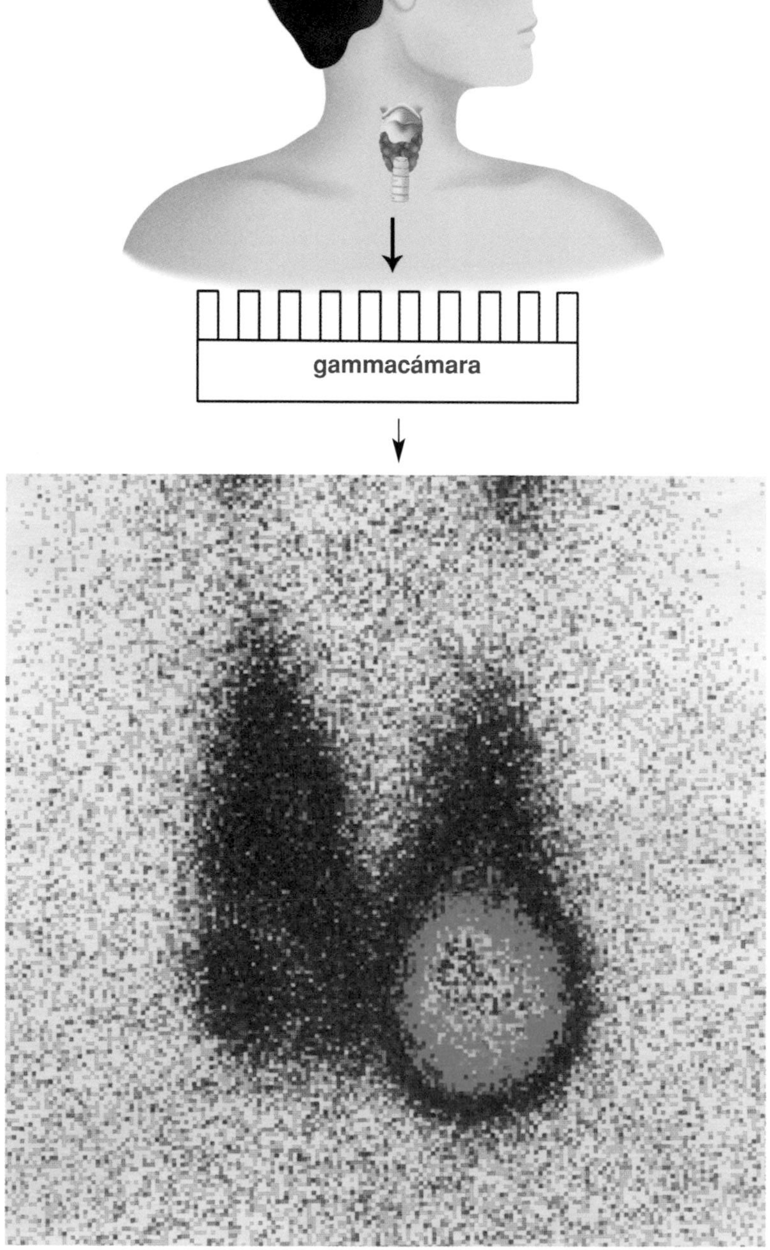
gammacámara

Gammagrafía de la glándula tiroides

Tomografía por emisión de positrones (TEP)

Al igual que la gammagrafía, la TEP se sirve de **sustancias ligeramente radiactivas**. Gracias a ellas pueden obtenerse imágenes tomográficas del cuerpo humano después de inyectar al paciente una sustancia ligeramente radiactiva, que libera positrones. Estos reaccionan en el organismo con los electrones y emiten fotones, los cuales son captados por una cámara especial y transformados en imágenes mediante un ordenador. La PET se realiza solo ante la sospecha de algunas enfermedades (p. ej., ciertas formas de cáncer) y generalmente solo cuando otros procedimientos no han sido suficientemente determinantes.

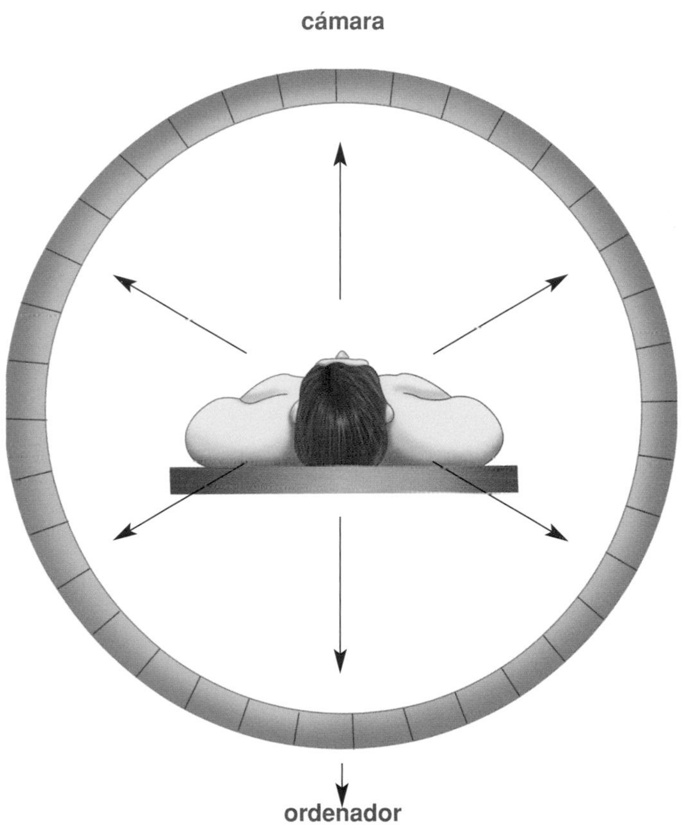
cámara
ordenador

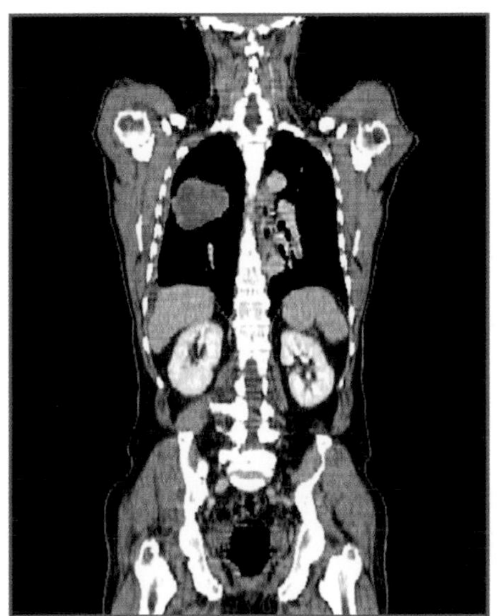

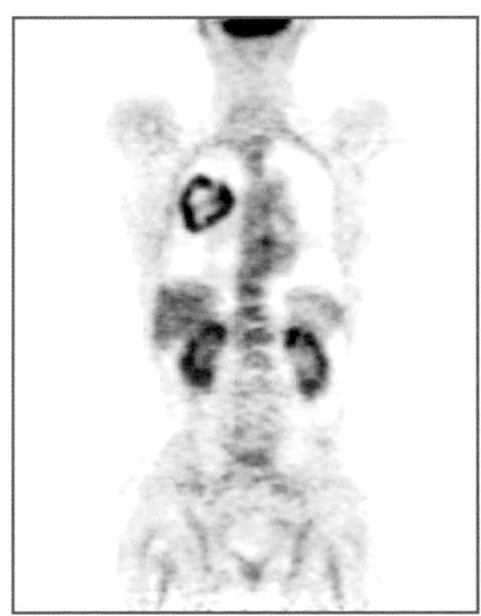

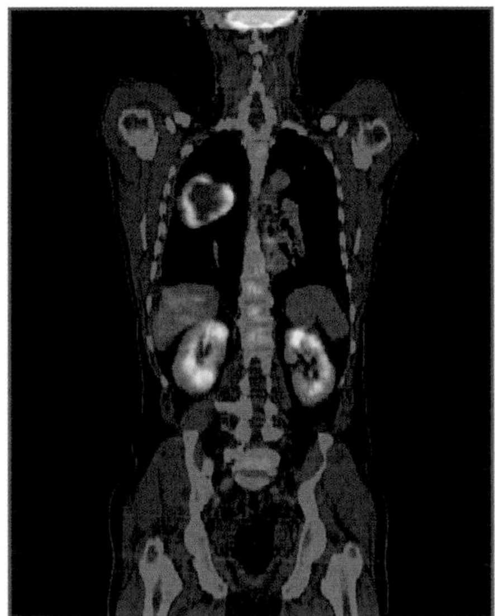

TEP del tronco

Capítulo 2

Esqueleto, músculos y articulaciones

Los músculos y los huesos, junto con los cartílagos y los tendones conforman la estructura corporal y el aparato locomotor. Más de 200 huesos y de 100 articulaciones mantienen nuestro cuerpo erguido. La forma y el tamaño de los distintos huesos y articulaciones están perfectamente adaptados a su función. Por otra parte, la manera en que un hueso está unido a otro varía según las circunstancias. Todos los movimientos que nuestro cuerpo es capaz de realizar se deben a la fuerza muscular. Entre los aproximadamente 640 músculos del cuerpo, el glúteo mayor, con un peso de al menos 1 kg, es el más grande. El músculo esternocleidomastoideo, situado lateralmente en el cuello, se considera el más variable.

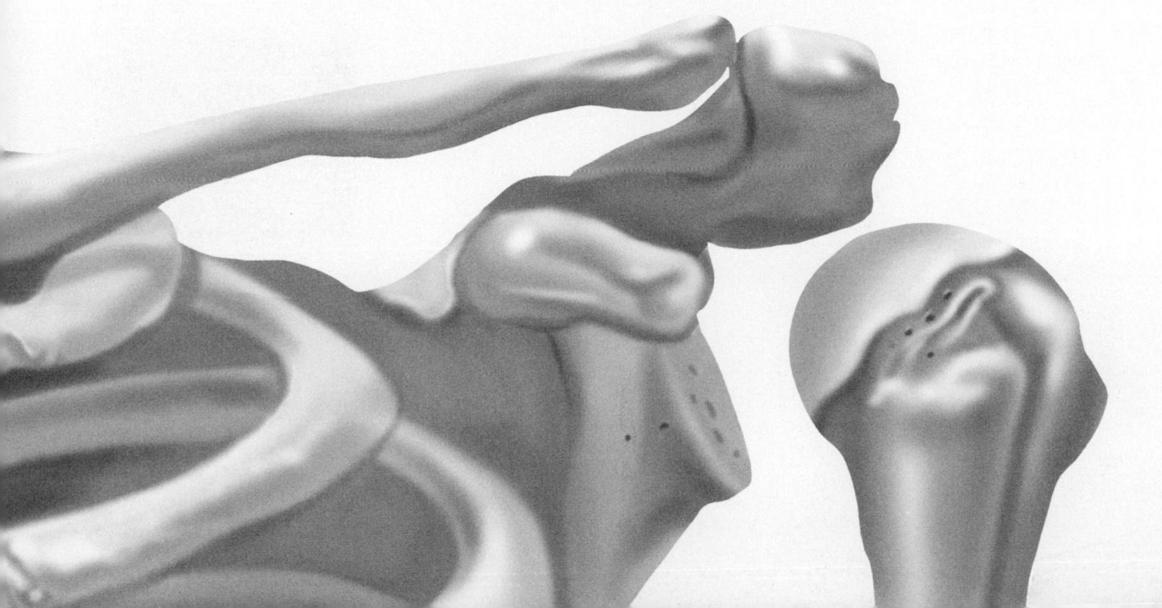

Esqueleto

Un **adulto** tiene 206 huesos mientras que un **niño** puede llegar a los 300, ya que durante el crecimiento se van soldando algunos espacios entre los huesos. El miembro superior, compuesto por la mano, el antebrazo, el brazo y la cintura escapular, tiene un total de 32 huesos. En un adulto de 50 kg de peso, 8 kg corresponden al esqueleto.

cráneo
órbita
maxilar superior
mandíbula
clavícula
escápula
brazo
húmero
articulación radiocubital proximal
antebrazo
cúbito
radio
articulación radiocubital distal
mano
carpo
metacarpo
falanges
sacro
cóccix
sínfisis púbica
articulación temporomandibular
acromion
troquín
troquiter
manubrio esternal
cuerpo del esternón
apéndice xifoides
esternón
articulación sacroilíaca
hueso ilíaco
pubis
hueso isquion
hueso coxal
articulación radiocarpiana
articulación mediocarpiana
articulación metacarpofalángica
articulación interfalángica proximal
articulación interfalángica distal
muslo
fémur
articulación femoropatelar
rótula
tuberosidad tibial
peroné
tibia
pierna
astrágalo
hueso escafoides
huesos cuneiformes
hueso cuboides
1.er metatarsiano
falange proximal
falange media
falange distal
tarso
metatarso
falanges
pie

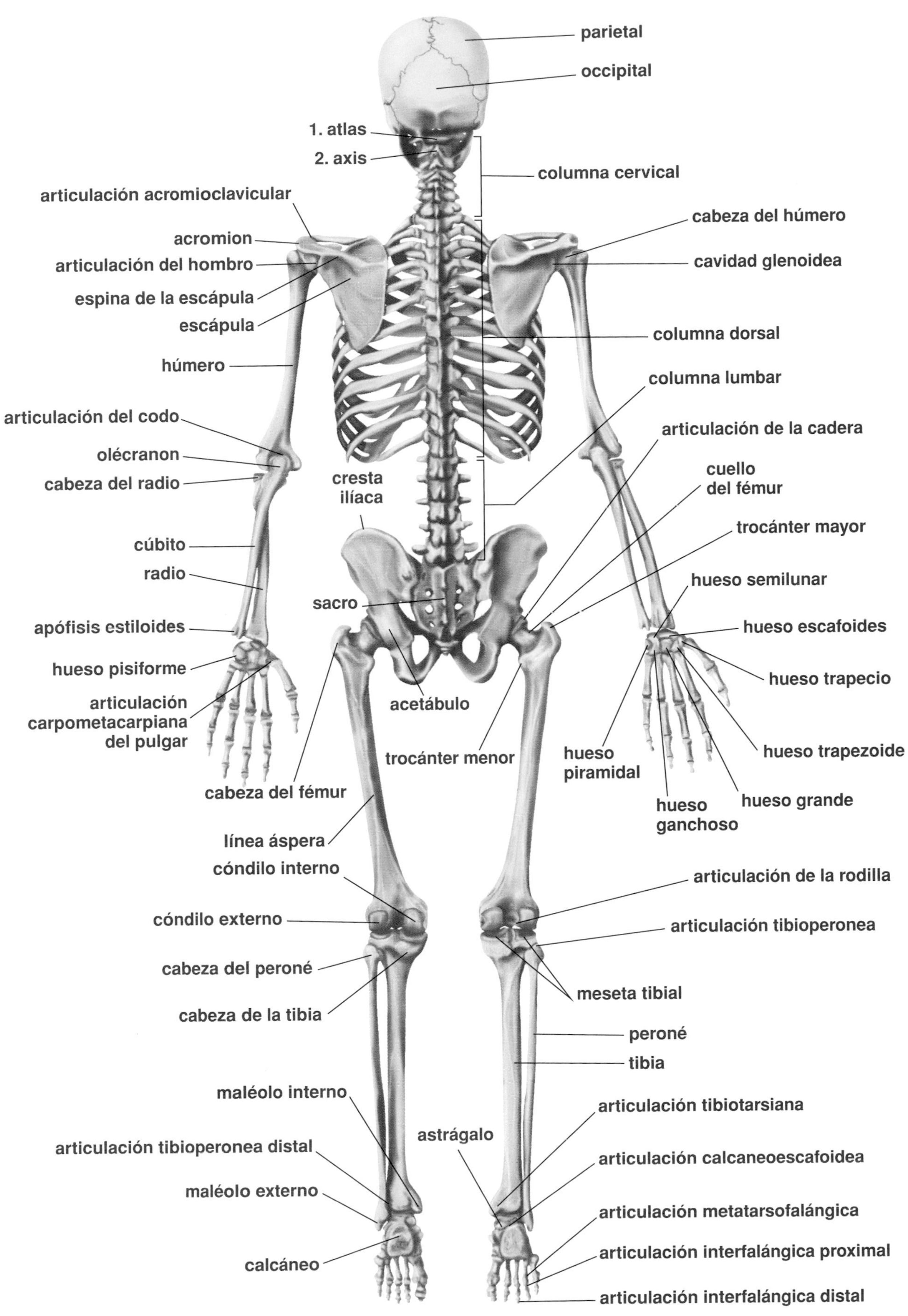
parietal
occipital
1. atlas
2. axis
columna cervical
articulación acromioclavicular
cabeza del húmero
acromion
articulación del hombro
cavidad glenoidea
espina de la escápula
escápula
columna dorsal
húmero
columna lumbar
articulación del codo
articulación de la cadera
olécranon
cuello
del fémur
cabeza del radio
cresta
ilíaca
trocánter mayor
cúbito
radio
hueso semilunar
sacro
apófisis estiloides
hueso escafoides
hueso pisiforme
hueso trapecio
articulación
carpometacarpiana
del pulgar
acetábulo
trocánter menor
hueso
piramidal
hueso trapezoide
cabeza del fémur
hueso
ganchoso
hueso grande
línea áspera
cóndilo interno
articulación de la rodilla
cóndilo externo
articulación tibioperonea
cabeza del peroné
meseta tibial
cabeza de la tibia
peroné
tibia
maléolo interno
articulación tibiotarsiana
astrágalo
articulación tibioperonea distal
articulación calcaneoescafoidea
maléolo externo
articulación metatarsofalángica
calcáneo
articulación interfalángica proximal
articulación interfalángica distal

Musculatura esquelética: visión anterior

Los músculos esqueléticos son básicamente responsables de los movimientos voluntarios del esqueleto óseo. Así por ejemplo, el **músculo recto del abdomen** se encarga de mover la parte superior del cuerpo mientras que el **músculo deltoides** estabiliza la articulación del hombro y contribuye a la elevación del brazo. Asimismo, el **músculo pectoral mayor** es importante para el movimiento del brazo, ya que, por ejemplo, permite el movimiento de acercar el brazo al cuerpo. El músculo **serrato anterior** contribuye a la rotación de la escápula y a la elevación del brazo en un ángulo de 90°. El **músculo sartorio**, perteneciente a la musculatura de la pierna, hace posible, entre otras funciones, la flexión de la rodilla y de la cadera. El **músculo sóleo** junto con los músculos **peroneo largo y corto** son los responsables, por ejemplo, de que el pie se mueva para que la persona pueda correr de puntillas.

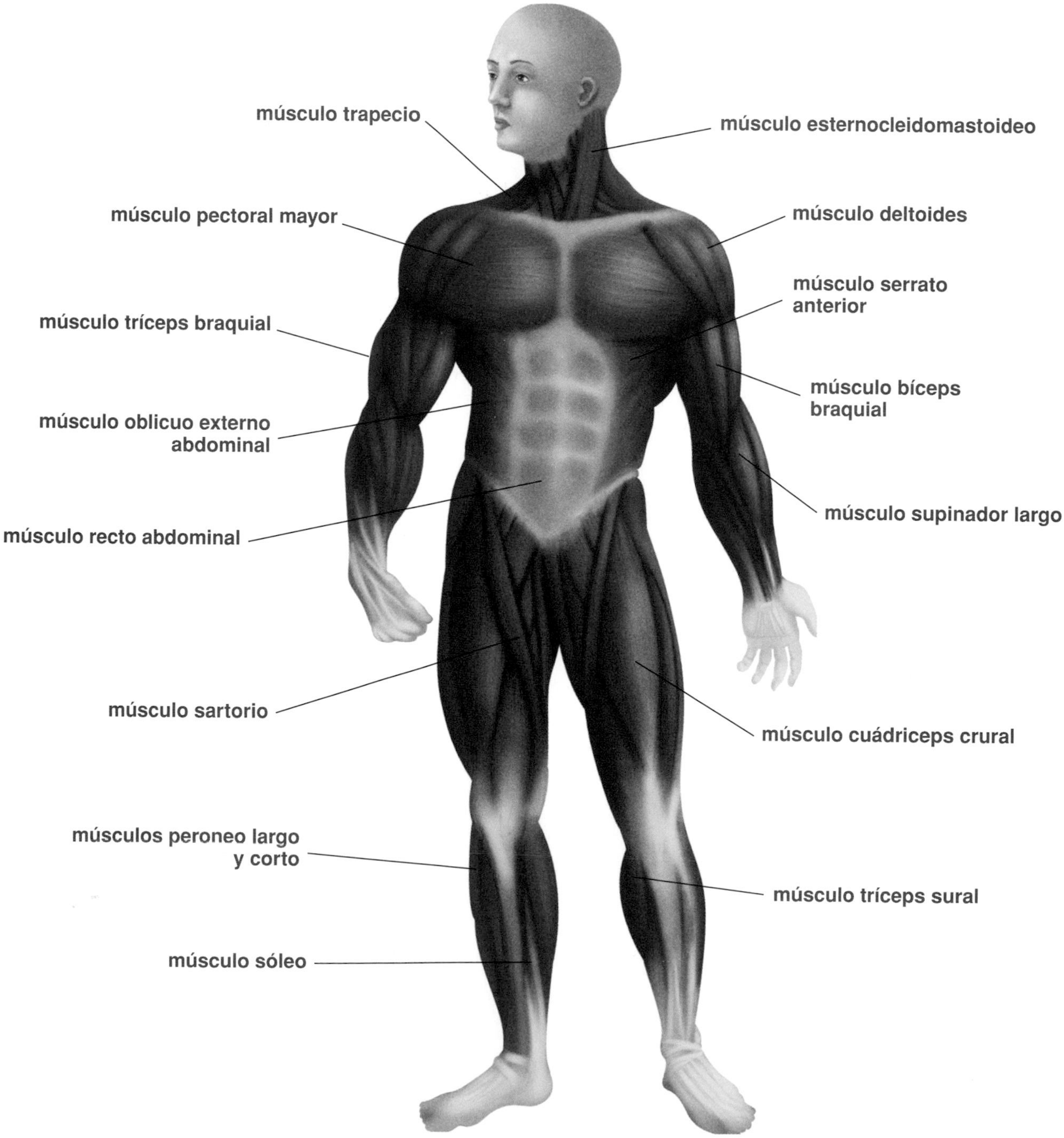

músculo trapecio
músculo esternocleidomastoideo
músculo pectoral mayor
músculo deltoides
músculo serrato anterior
músculo tríceps braquial
músculo bíceps braquial
músculo oblicuo externo abdominal
músculo supinador largo
músculo recto abdominal
músculo sartorio
músculo cuádriceps crural
músculos peroneo largo y corto
músculo tríceps sural
músculo sóleo

Musculatura esquelética: visión posterior

Muchos músculos esqueléticos no se limitan al abdomen o la espalda o a la cara anterior o posterior de las extremidades, sino que se extienden de delante a atrás o viceversa, como por ejemplo el **músculo deltoides**. Sin embargo, el **músculo infraespinoso**, perteneciente al grupo de músculos del hombro y el brazo, forma parte de los músculos que únicamente son visibles en la visión posterior. Es imprescindible para que el brazo pueda realizar la rotación externa, y, junto a otros músculos, es el responsable de que el húmero no se salga de la cavidad glenoidea. El **músculo dorsal ancho** tiene su origen por debajo del hombro y se extiende hasta la pelvis. Es necesario para mover el brazo hacia atrás sobre la espalda. Además, baja el brazo levantado y permite el movimiento de elevación de todo el cuerpo.

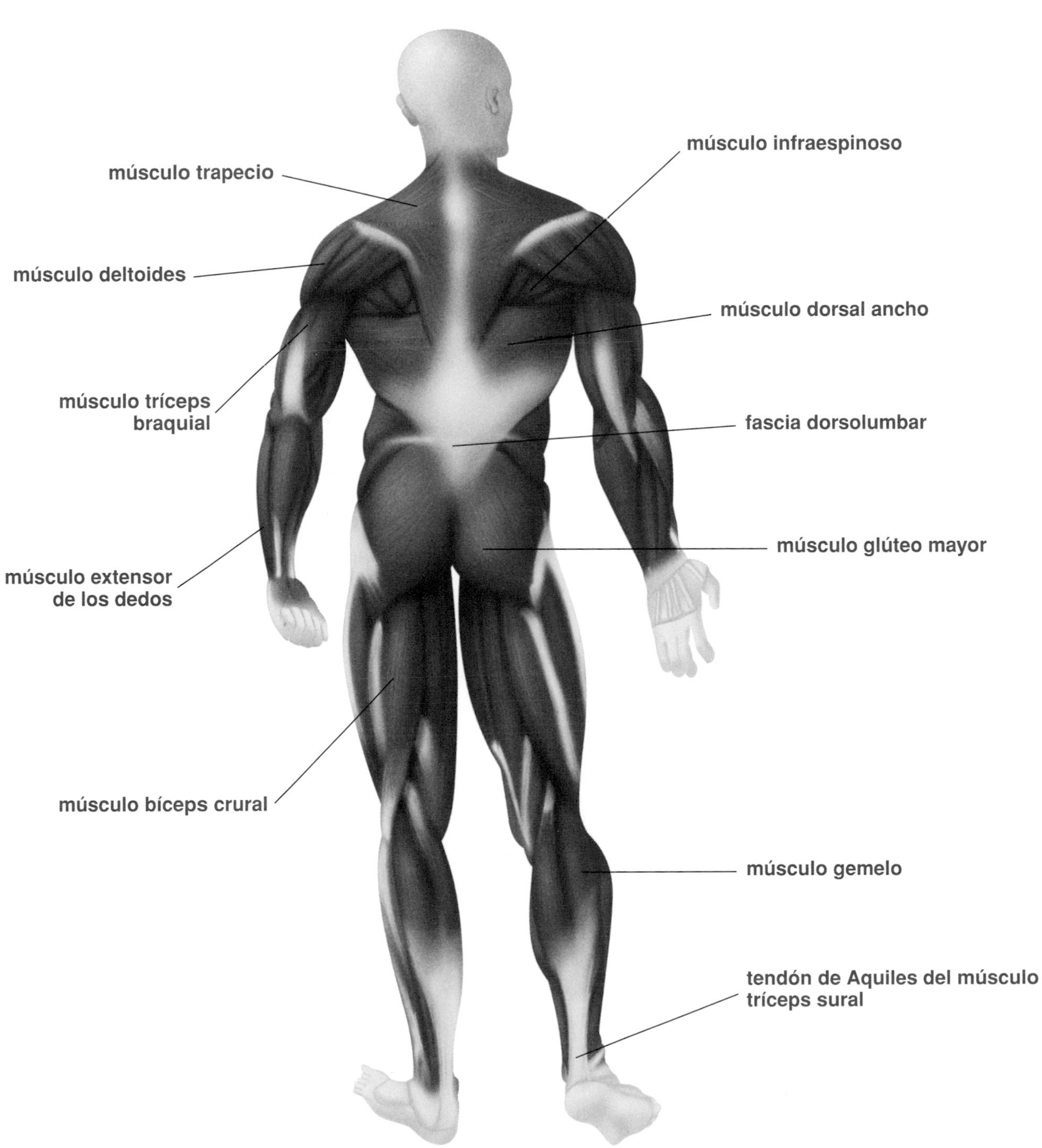
músculo infraespinoso
músculo trapecio
músculo deltoides
músculo dorsal ancho
músculo tríceps braquial
fascia dorsolumbar
músculo glúteo mayor
músculo extensor de los dedos
músculo bíceps crural
músculo gemelo
tendón de Aquiles del músculo tríceps sural

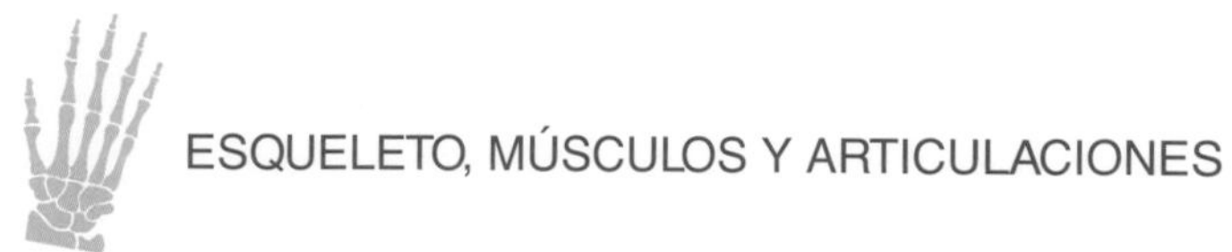

Estructura del músculo esquelético

El músculo esquelético, conocido también como músculo estriado, está formado por haces de fibras musculares, los miocitos. Estas células pueden tener una longitud de varios centímetros. Una fibra muscular está recubierta por una membrana, el **sarcolema**, y básicamente está formada por **miofibrillas**, las cuales a su vez están constituidas por los **miofilamentos**, todavía más pequeños. El **sarcómero** está formada por un haz de miofibrillas, la unidad funcional más pequeña de la fibra muscular. Un sarcómero está rodeado por las líneas o filamentos Z. En el centro del sarcómero se encuentran otros filamentos, los **filamentos de actina**, los cuales forman las semizonas I, y los **filamentos de miosina**. En las zonas A los filamentos de actina y miosina se solapan y pueden deslizarse entre ellos, de manera que el sarcómero puede contraerse o relajarse. De esta forma, el conjunto del músculo es capaz de contraerse. Sin embargo, para que esto ocurra se necesita energía y un impulso nervioso.

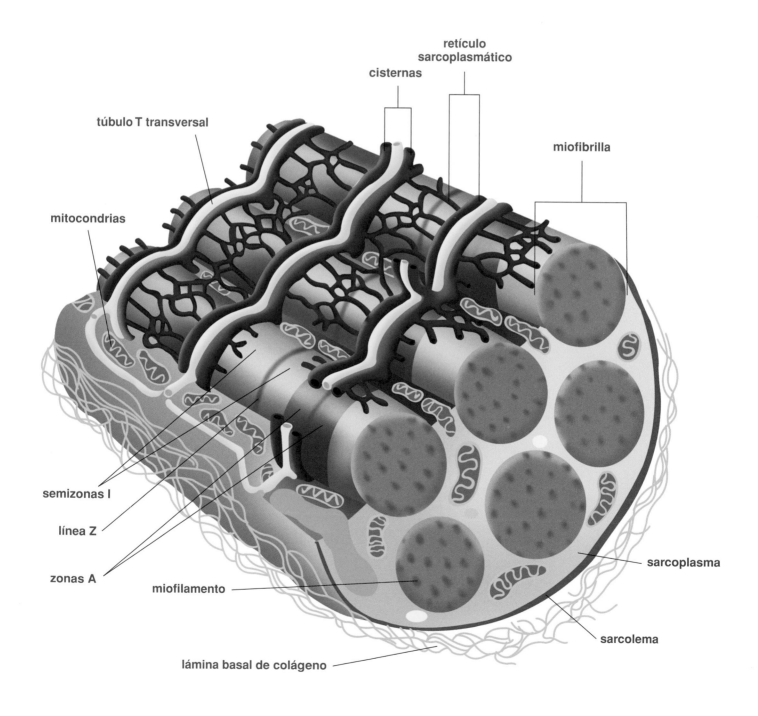

retículo sarcoplasmático
cisternas
túbulo T transversal
miofibrilla
mitocondrias
semizonas I
línea Z
zonas A
miofilamento
sarcoplasma
sarcolema
lámina basal de colágeno

Estructura ósea y tipos de huesos

El esqueleto, es decir, la totalidad de los huesos del cuerpo humano, forma su aparato de sostén. Existen distintos tipos de huesos: los **huesos largos** (p. ej., el fémur), los **huesos planos** (p. ej., los huesos del cráneo), los **huesos sesamoideos** (como la rótula) y los **huesos irregulares**, con distintas formas y variaciones.
Los huesos largos presentan dos extremos engrosados, las **epífisis**, entre las que se encuentra la **diáfisis**. En su interior existe un espacio hueco, la **cavidad medular**, y por fuera están recubiertas por el **periostio**, en cuya cara interna se encuentran los vasos sanguíneos que llevan hasta el hueso los nutrientes y el oxígeno. Por el periostio discurren también fibras nerviosas. El extremo de las epífisis está recubierto de cartílago articular en lugar de periostio. En los huesos largos, bajo el periostio, se encuentra una capa de tejido óseo estable, denominado **hueso cortical** o **compacto**, y en su interior se localiza una capa de **hueso esponjoso**.

Estructura de un hueso

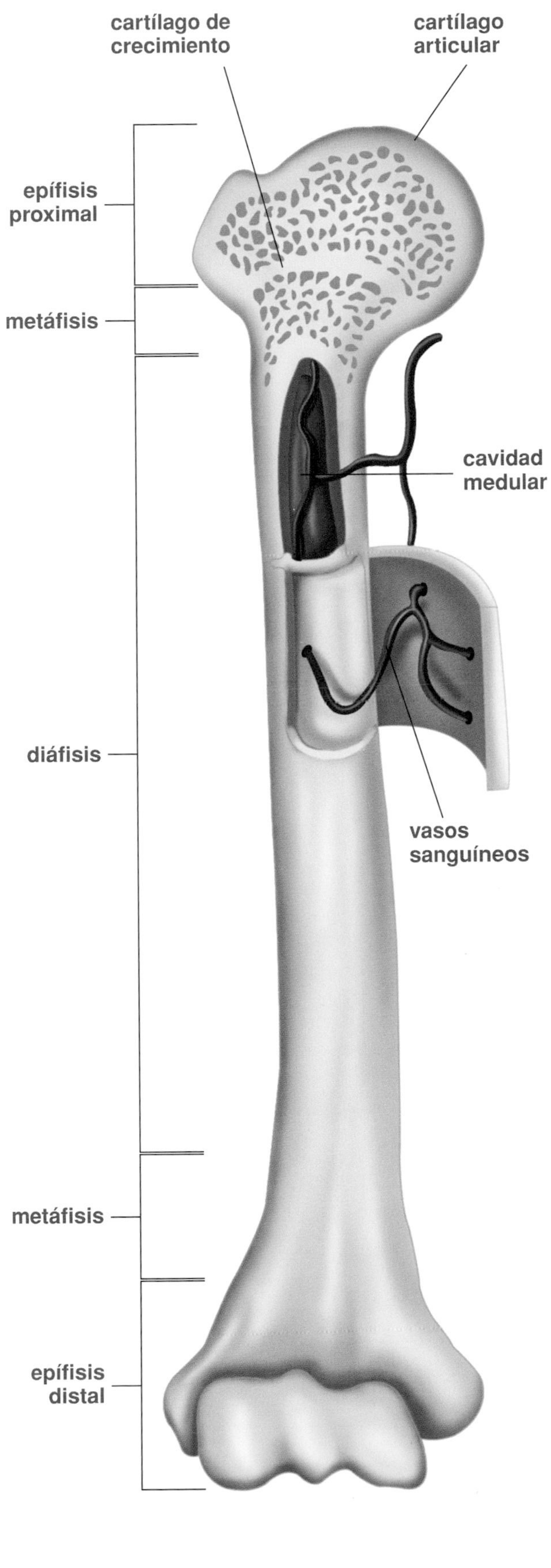
cartílago de crecimiento
cartílago articular
epífisis proximal
metáfisis
cavidad medular
diáfisis
vasos sanguíneos
metáfisis
epífisis distal

cartílago articular
cartílago de crecimiento calcificado
hueso esponjoso
hueso cortical o compacto
diáflsis
periostio
cavidad medular con grasa medular

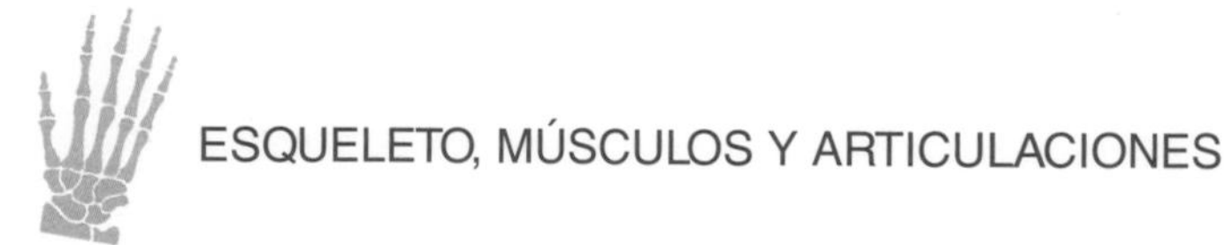

Desarrollo del hueso

En un principio, el embrión dentro del vientre materno carece de huesos sólidos (estos van desarrollándose poco a poco). Por regla general, a partir del tejido conjuntivo se desarrolla una sustancia cartilaginosa que poco a poco va endureciéndose y de esta manera calcificándose. No obstante, algunos huesos se desarrollan directamente a partir del tejido conjuntivo del embrión, como por ejemplo los de la cara.
En el proceso de desarrollo a partir del **cartílago**, este es sustituido lentamente, tanto desde el interior como desde el exterior, por sustancia ósea más dura. Los así resultantes **núcleos de osificación primarios** crecen desde dentro hacia fuera. En su interior se forman cavidades medulares y vasos sanguíneos, y en los extremos, las epífisis, se desarrollan también los **núcleos de osificación secundarios** y vasos sanguíneos. De este modo la sustancia ósea se sigue expandiendo. En los **cartílagos de crecimiento**, una pequeña fisura en el interior de la epífisis, persiste el tejido cartilaginoso, ya que es necesario para que el hueso pueda seguir creciendo. La **metáfisis** representa la zona de crecimiento longitudinal del hueso.

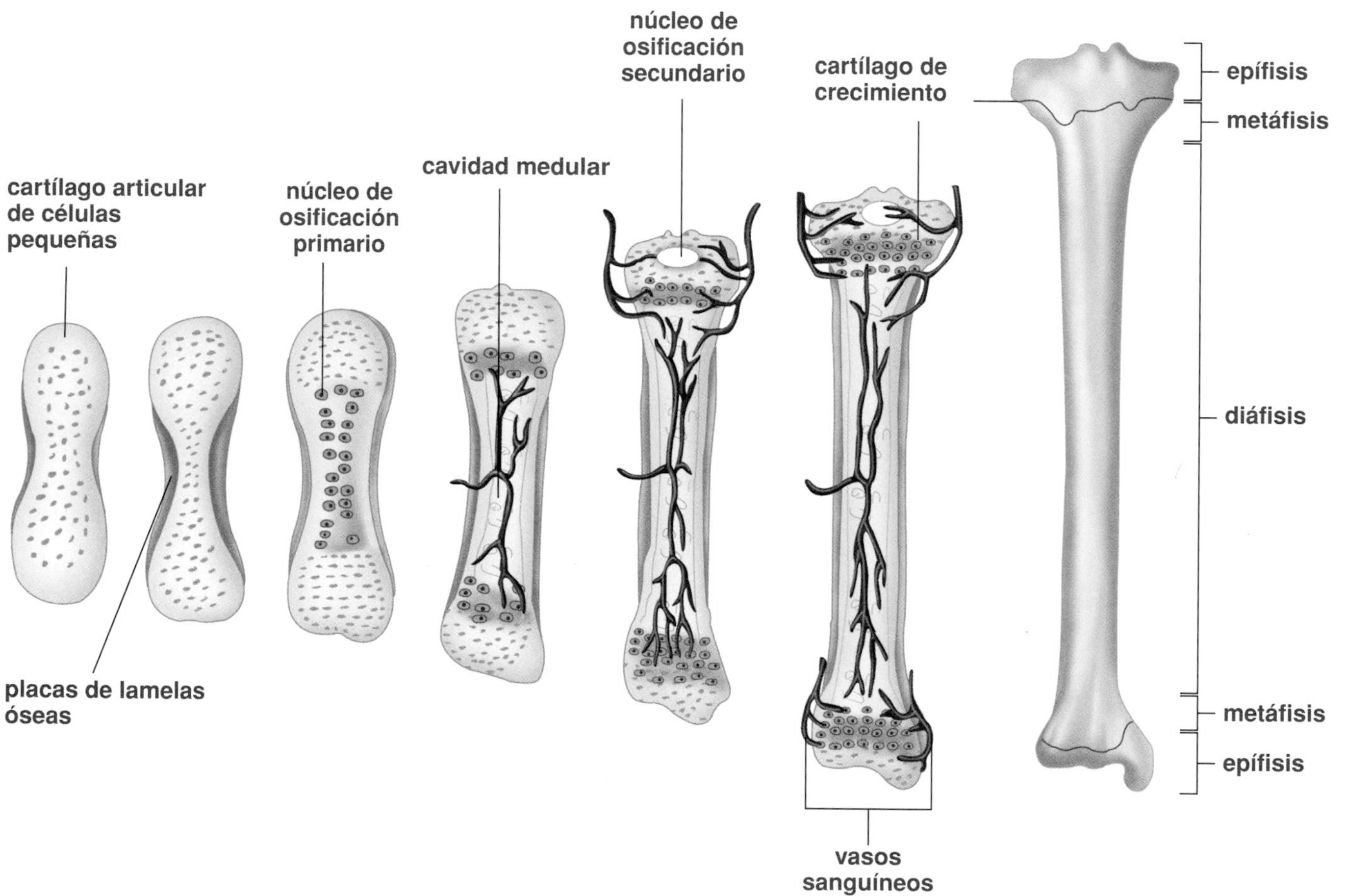
núcleo de osificación secundario
cartílago de crecimiento
epífisis
metáfisis
cavidad medular
cartílago articular de células pequeñas
núcleo de osificación primario
diáfisis
placas de lamelas óseas
metáfisis
epífisis
vasos sanguíneos

Fracturas óseas

A pesar de que el hueso es extremadamente duro y resistente, un traumatismo violento puede romperlo, lo que se conoce como fractura ósea. Se distingue entre **fractura incompleta** y **completa**. En la primera el hueso no se rompe en dos partes totalmente separadas, mientras que en la segunda sí. Dependiendo de la dirección en que se produzca, se habla de fractura transversal o de fractura oblicua. En los traumatismos por flexión la fractura se debe a una fuerte flexión del hueso, de la que es posible que resulten varios fragmentos. La fractura por torsión se produce por una fuerte torsión del hueso, por ejemplo cuando se retuerce un brazo. En la fractura conminuta el hueso se parte en muchos fragmentos (esquirlas). Mientras que en la **fractura cerrada** el hueso no asoma al exterior a través de la piel, en la **fractura abierta** el hueso rompe la piel y asoma al exterior.

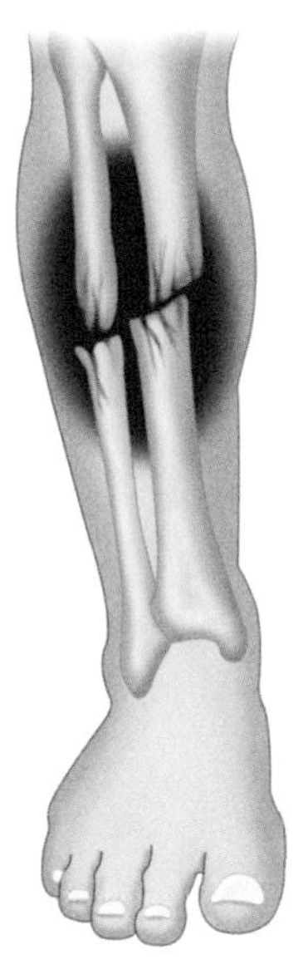

fractura cerrada

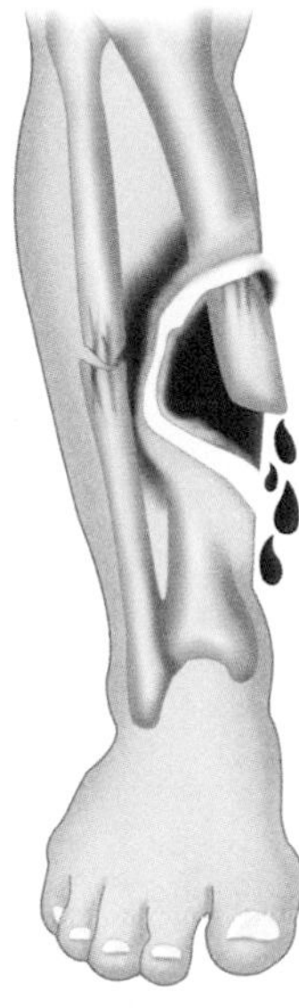
fractura abierta con hemorragia externa

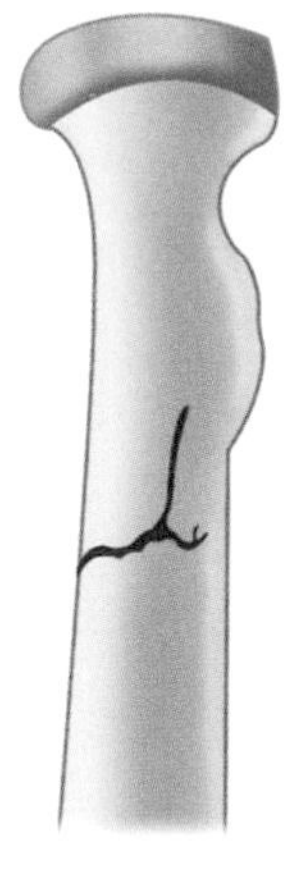
fractura incompleta

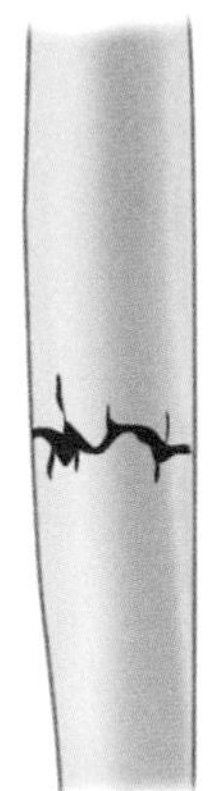
fractura transversal

fractura oblicua

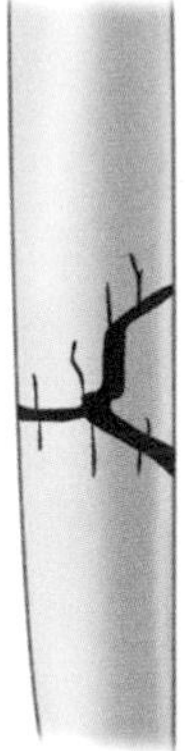
fractura por flexión con cuña de flexión de 3 fragmentos

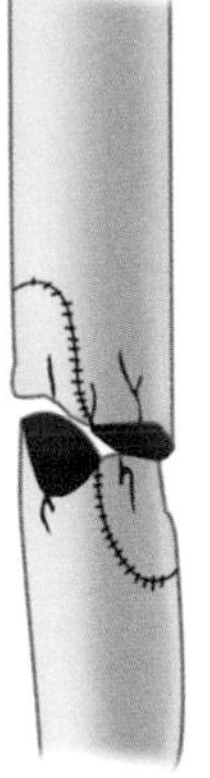
fractura por torsión

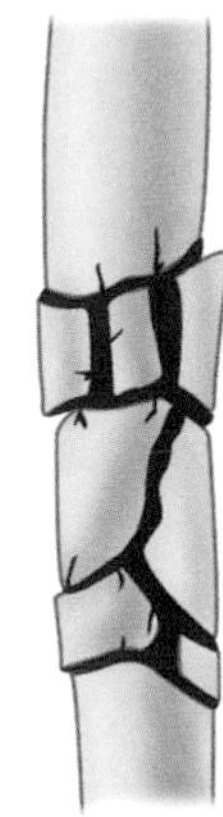
fractura conminuta

fracturas completas

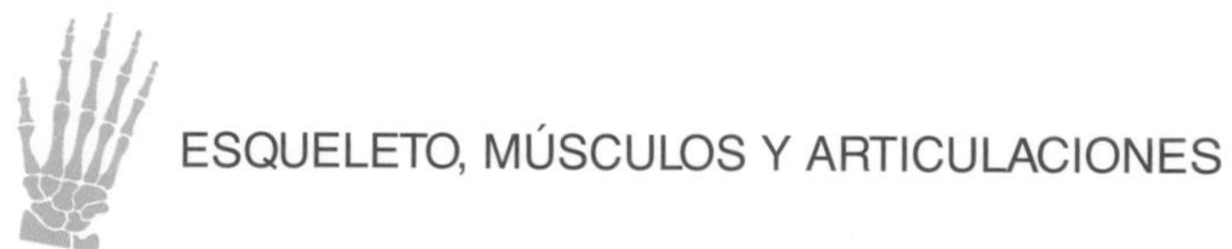

Cráneo: visión anterior

Los huesos de la cabeza forman el cráneo y se dividen en huesos del cráneo propiamente dichos y huesos de la cara. El cráneo se divide en **bóveda craneal** y **base del cráneo**. Los huesos del cráneo son el **hueso frontal**, bien visible en la visión anterior; los dos **parietales**, situados a ambos lados del cráneo y dirigidos hacia atrás; los dos **huesos temporales**, que situados también a los dos lados forman parte tanto de la base del cráneo como de la bóveda craneal y de la articulación de la mandíbula; el **hueso esfenoides**, que se extiende desde un lado del cráneo hacia el interior, vuelve a aparecer por el otro lado y, entre otros, forma el seno esfenoidal; el **hueso occipital**, que forma la parte posterior del cráneo, y el **hueso etmoides**, el cual junto con otros huesos forma la cavidad orbitaria. Algunos científicos consideran el etmoides un hueso de la cara.

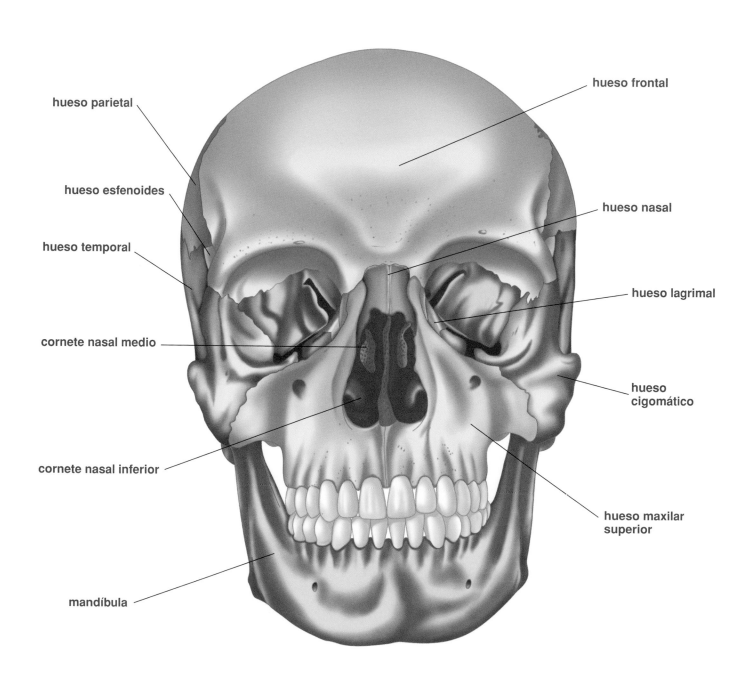

hueso parietal
hueso frontal
hueso esfenoides
hueso nasal
hueso temporal
hueso lagrimal
cornete nasal medio
hueso cigomático
cornete nasal inferior
hueso maxilar superior
mandíbula

Cráneo: visión lateral

El cráneo no solo protege el encéfalo, sino también otros **órganos craneales**. Así, una parte del hueso temporal, la porción petrosa, alberga los órganos auditivos y del equilibrio del oído, así como los conductos auditivos internos. Además, el hueso temporal presenta las apófisis estiloides y mastoides, donde tienen su origen importantes músculos encargados del movimiento del cuello y la cabeza. Por su parte, el hueso esfenoides protege los nervios ópticos al formar los huecos a través de los cuales salen del ojo y se dirigen al cerebro. Además, defiende a la glándula hipófisis de posibles daños gracias a la silla turca, una depresión ósea sobre la que descansa dicha glándula.

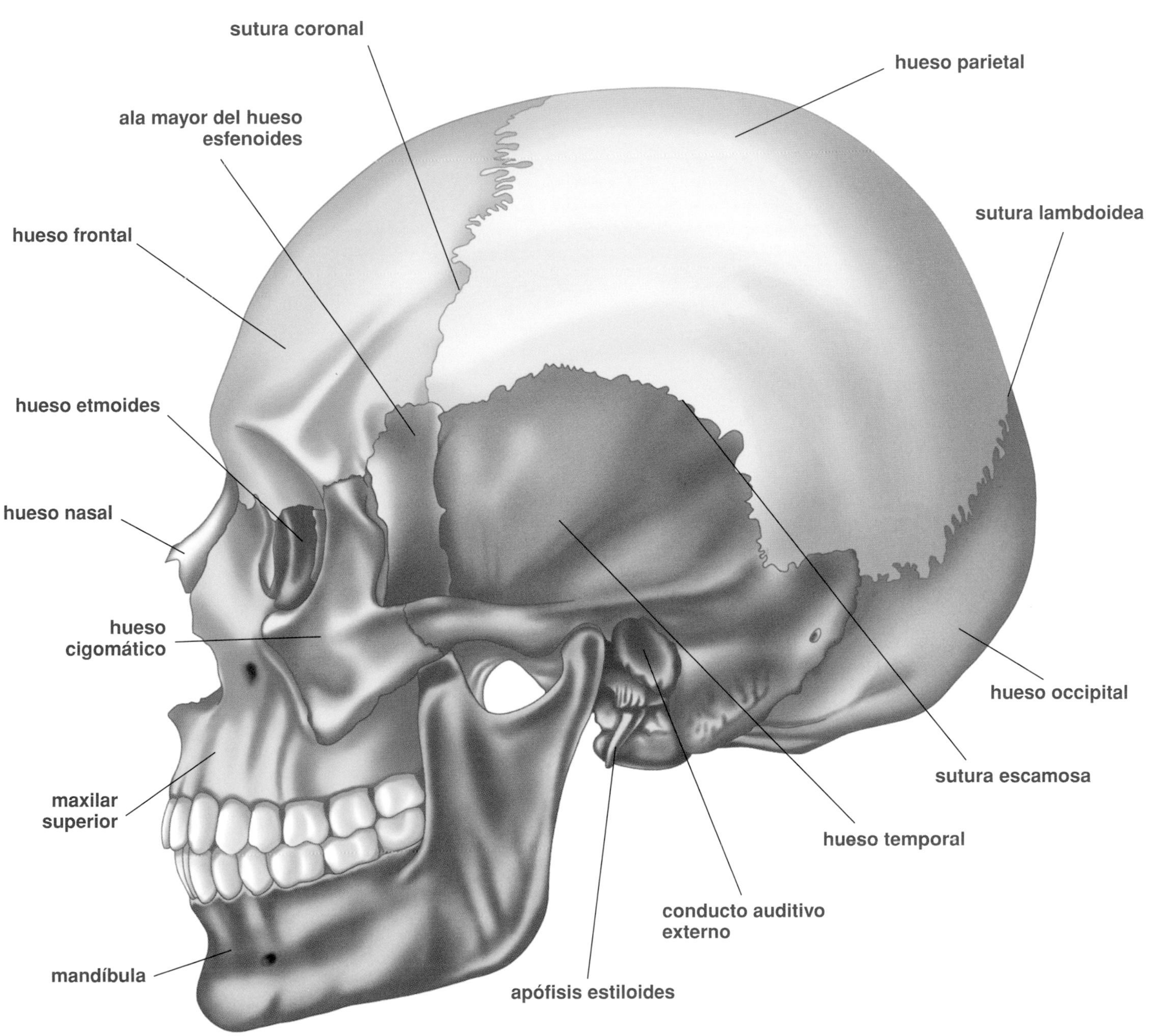
sutura coronal
hueso parietal
ala mayor del hueso esfenoides
hueso frontal
sutura lambdoidea
hueso etmoides
hueso nasal
hueso cigomático
hueso occipital
sutura escamosa
maxilar superior
hueso temporal
conducto auditivo externo
mandíbula
apófisis estiloides

Base del cráneo, suturas craneales y fontanelas

En la **base del cráneo** se apoya el encéfalo, protegido por arriba por la bóveda craneal. El interior de la base del cráneo está formado por las tres **fosas craneales**: anterior, media y posterior. La cara interna de la base del cráneo presenta diversos agujeros para los nervios y los vasos sanguíneos, de los cuales el mayor es el **agujero occipital**, que permite la salida del bulbo raquídeo. Al nacer, los huesos del cráneo no están completamente soldados: en primer lugar, para permitir su deformación y paso a través de la pelvis materna durante el parto y, en segundo, para que el cerebro pueda crecer. Los huesos se sueldan aproximadamente seis meses después del nacimiento. Los espacios que antes había entre ellos todavía son visibles en el adulto y se conocen como **suturas craneales**. Al nacer existen otras aberturas entre los huesos craneales, las **fontanelas**, que también son importantes para el crecimiento del encéfalo.

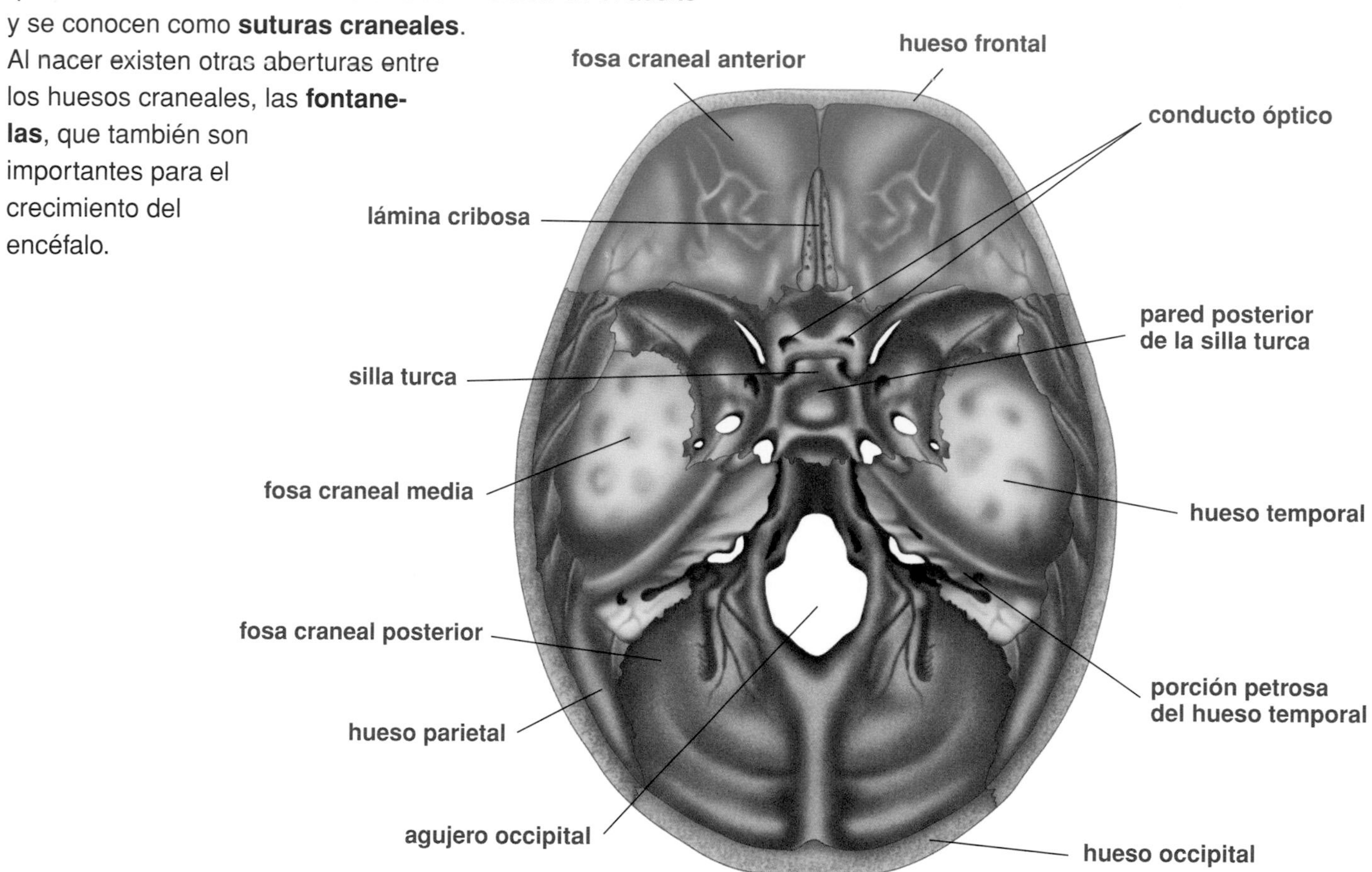
hueso frontal
fosa craneal anterior
conducto óptico
lámina cribosa
pared posterior
de la silla turca
silla turca
fosa craneal media
hueso temporal
fosa craneal posterior
porción petrosa
del hueso temporal
hueso parietal
agujero occipital
hueso occipital

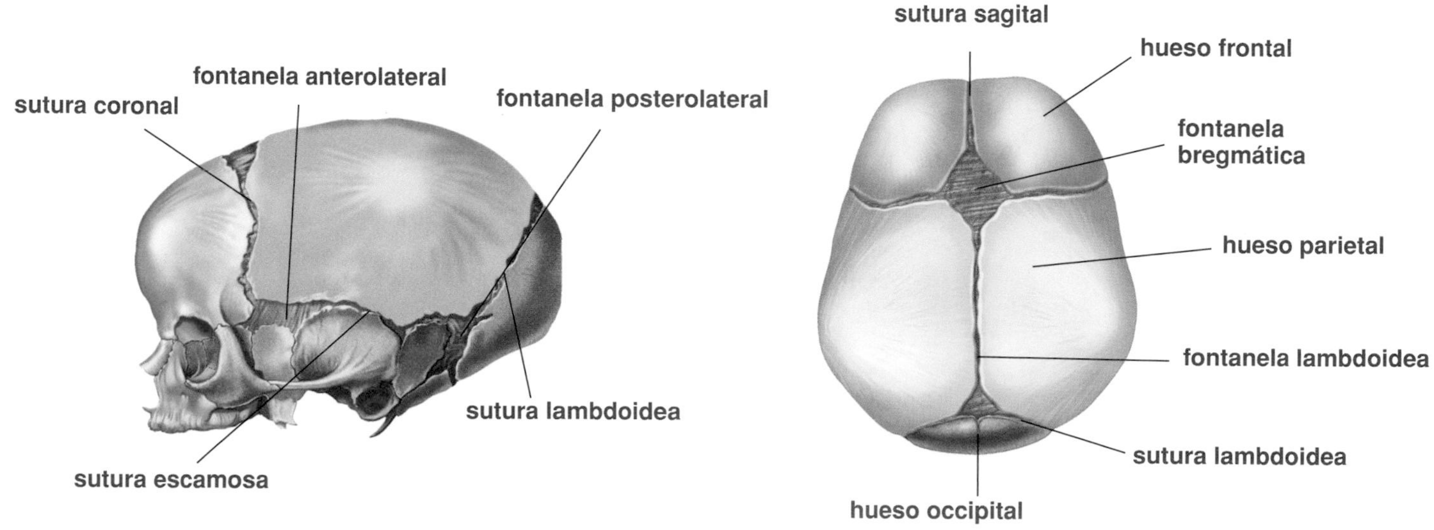
fontanela anterolateral
sutura coronal
fontanela posterolateral
sutura lambdoidea
sutura escamosa
sutura sagital
hueso frontal
fontanela
bregmática
hueso parietal
fontanela lambdoidea
sutura lambdoidea
hueso occipital

Huesos de la cara

Los huesos que conforman la cara son los siguientes: el **maxilar superior**, los dos **huesos lagrimales**, los dos **huesos palatinos**, los dos **huesos cigomáticos**, los dos **huesos nasales**, el **vómer** y la **mandíbula**. El **hueso hiodes** y los **huesecillos auditivos** también forman parte de la estructura de la cara, aunque el hioides se incluye generalmente en el tronco. Algunos científicos consideran también como huesos de la cara el etmoides y la parte del frontal que forma parte de la órbita, ya que los huesos de la cara forman la región orbital, nasal y de la boca. Si las dos partes que constituyen el hueso maxilar antes del nacimiento no se sueldan correctamente, se forman fisuras faciales (labio leporino, fisura palatina o paladar hendido). Por suerte, hoy en día este tipo de fisuras pueden cerrarse con técnicas quirúrgicas. Asimismo, el tabique nasal que divide las fosas nasales por la mitad puede estar torcido y dificultar la respiración.

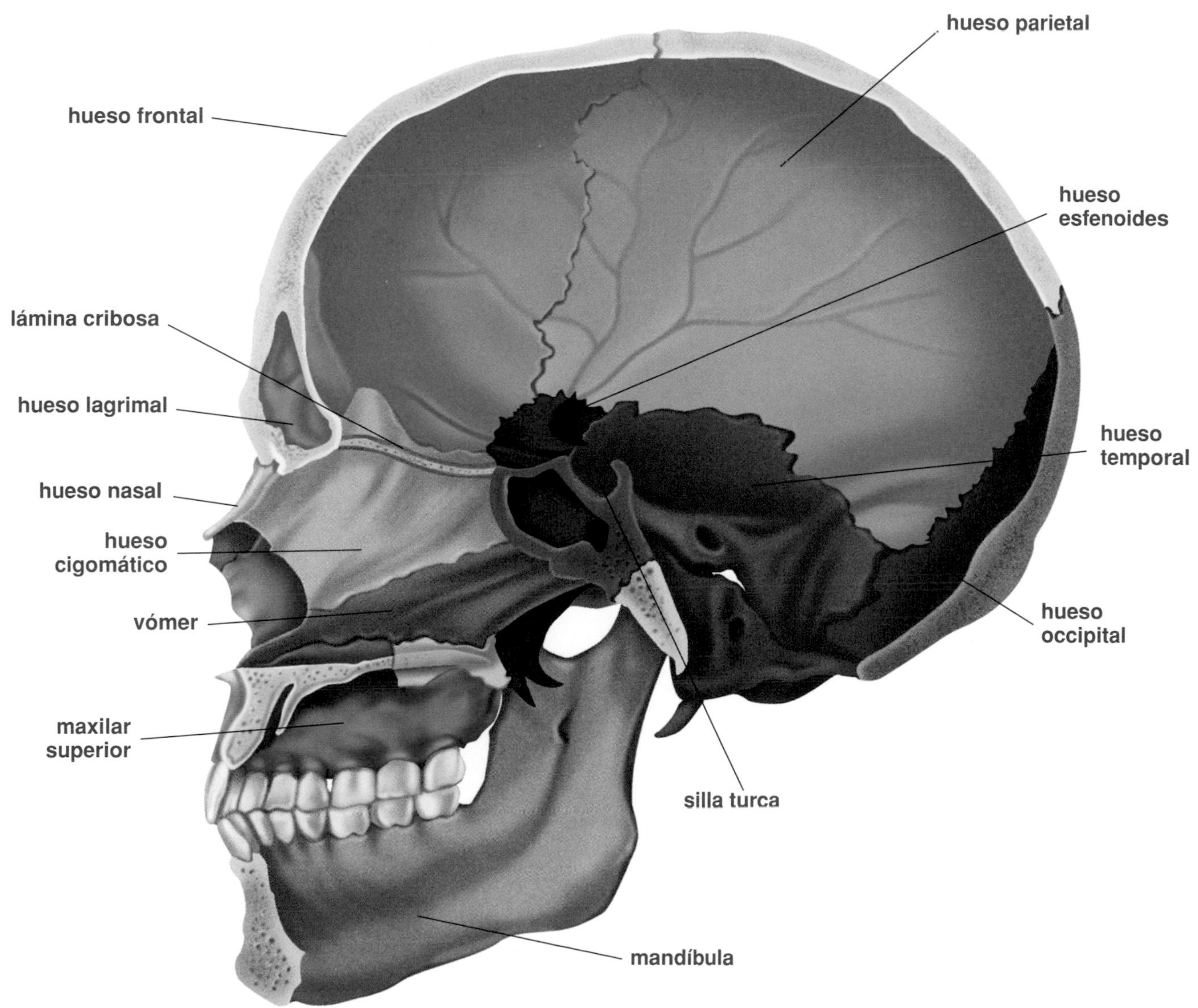
hueso parietal
hueso frontal
hueso esfenoides
lámina cribosa
hueso lagrimal
hueso temporal
hueso nasal
hueso cigomático
hueso occipital
vómer
maxilar superior
silla turca
mandíbula

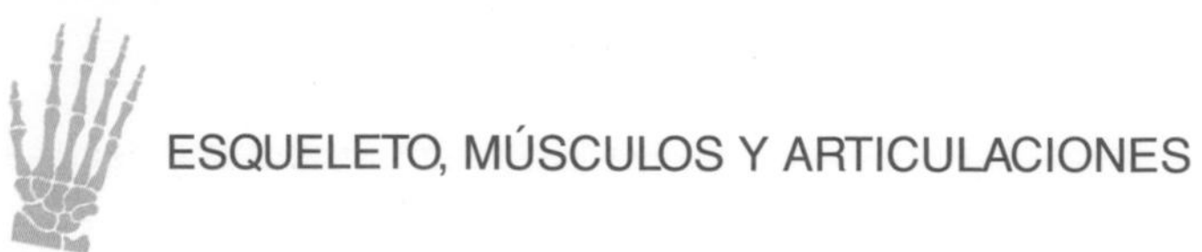

Musculatura mímica

La musculatura mímica tiene la función de mover la piel de la cara para, entre otras funciones, poder expresar de manera no verbal, con las expresiones faciales, nuestro estado de ánimo. Además, protege ciertas partes de la cara, como los ojos, con el movimiento de los párpados (músculo orbicular). Los músculos mímicos no mueven ninguna articulación y se sitúan en el tejido subcutáneo. Uno de los músculos mímicos más importantes es el **músculo orbicular de los labios**, el cual mediante la contracción de la boca permite, por ejemplo, la expresión de diferentes estados de ánimo. Los **músculos epicráneo** y **temporoparietal** así como el músculo superciliar fruncen la piel de la frente.

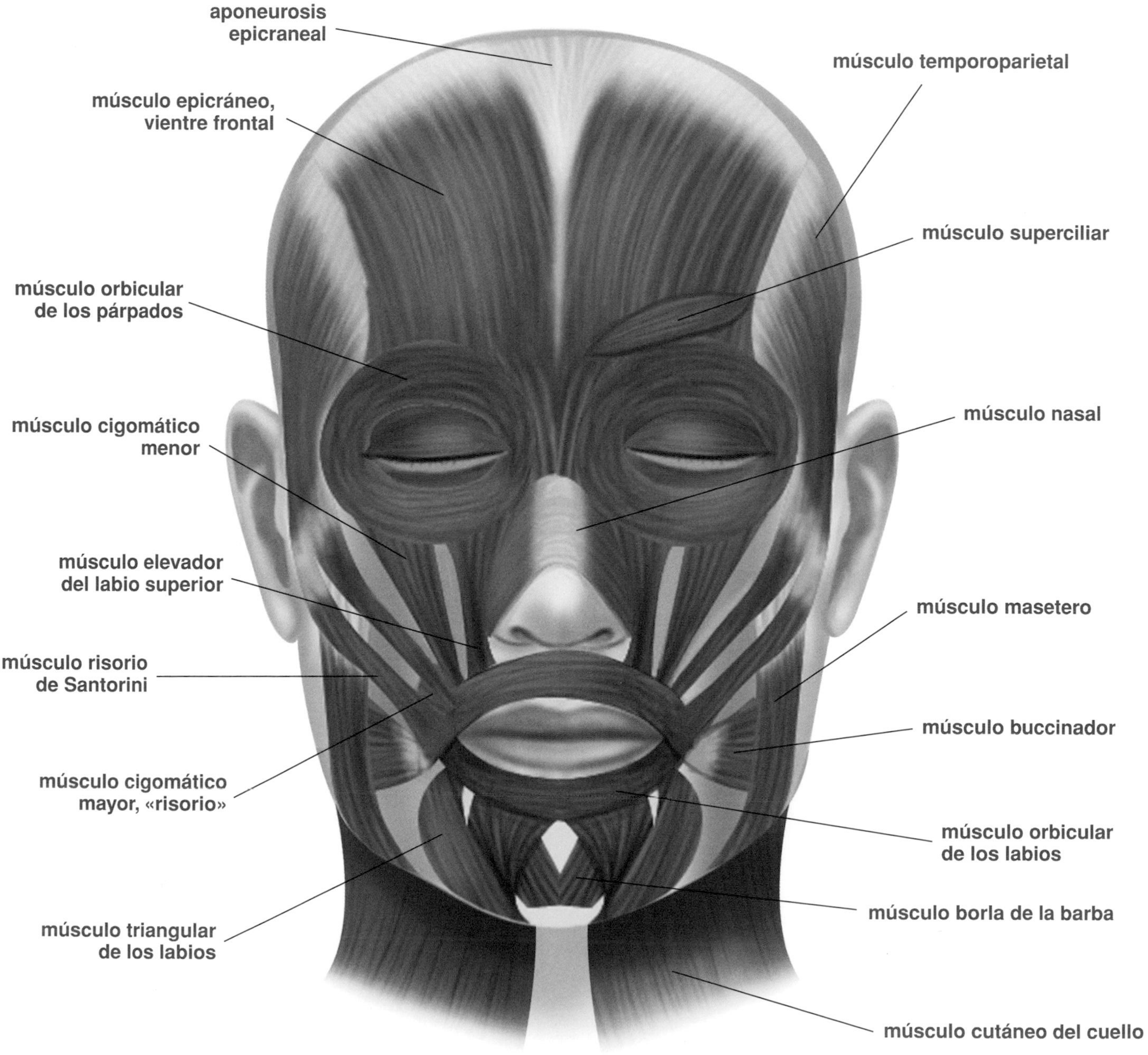

aponeurosis epicraneal
músculo temporoparietal
músculo epicráneo, vientre frontal
músculo superciliar
músculo orbicular de los párpados
músculo nasal
músculo cigomático menor
músculo elevador del labio superior
músculo masetero
músculo risorio de Santorini
músculo buccinador
músculo cigomático mayor, «risorio»
músculo orbicular de los labios
músculo borla de la barba
músculo triangular de los labios
músculo cutáneo del cuello

Musculatura del cuello

La musculatura del cuello no tiene solo la función de movimiento (p. ej., del cuello, los hombros y la laringe), sino que también protege la columna cervical. El **músculo esternocleidomastoideo**, que se extiende desde el hueso temporal hasta la clavícula y el esternón, pertenece a la musculatura anterior del cuello y participa del movimiento de rotación y flexión de la cabeza. El **músculo trapecio**, que también forma parte de la musculatura anterior del cuello, es necesario para el movimiento de la escápula. Por detrás de la tráquea y el esófago se encuentra la musculatura posterior del cuello, la cual participa en la respiración. La musculatura profunda del cuello se encarga de los movimientos de la columna cervical.

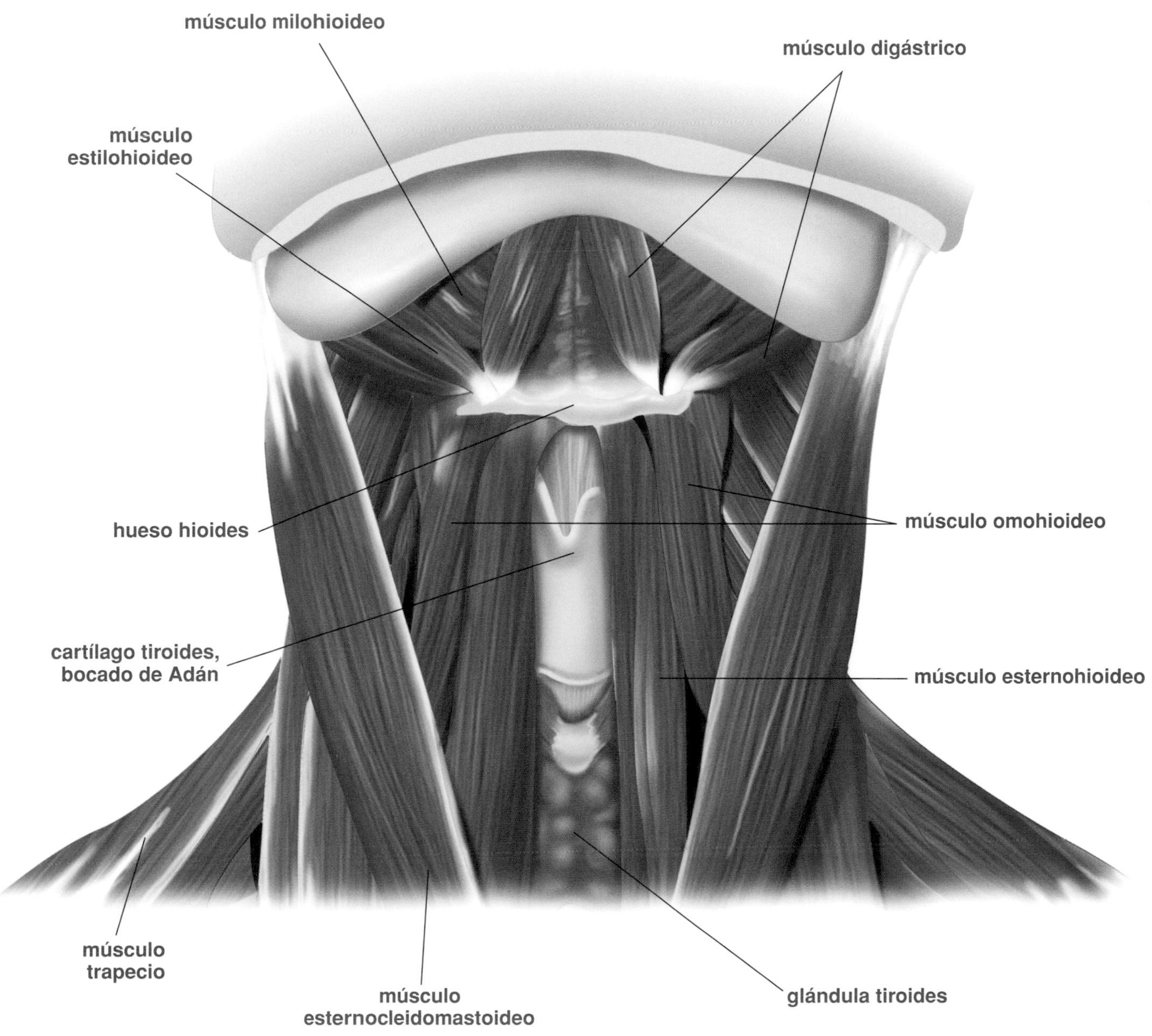
músculo milohioideo
músculo digástrico
músculo estilohioideo
hueso hioides
músculo omohioideo
cartílago tiroides, bocado de Adán
músculo esternohioideo
músculo trapecio
músculo esternocleidomastoideo
glándula tiroides

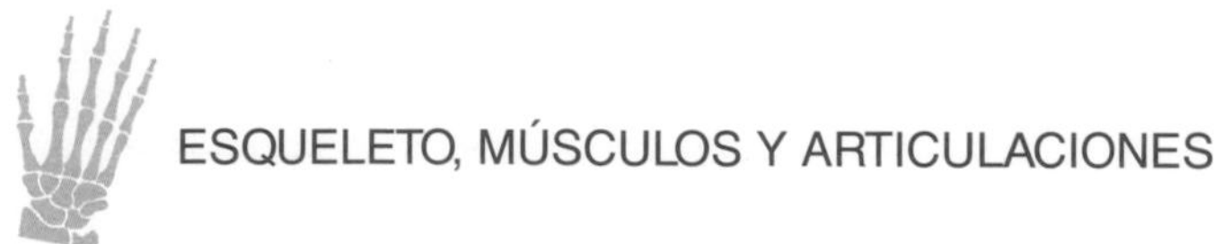

Columna cervical

El cuello está formado por siete vértebras cervicales, así como el hueso hioides, que en ocasiones se considera un hueso de la cara. Las dos primeras vértebras cervicales, **atlas** y **axis**, tienen una estructura especial acorde a su función. El atlas permite la flexión y el axis, la rotación de la cabeza. El axis presenta la **apófisis odontoides** *(dens axis)*, la cual se acopla al agujero vertebral del atlas y permite la rotación de la cabeza. Dicha apófisis se mantiene en su lugar por la acción del ligamento transverso del atlas. El conjunto de las vértebras cervicales forma la columna cervical, a través de cuyo canal transcurre la médula espinal.

Atlas – 1.ª vértebra cervical

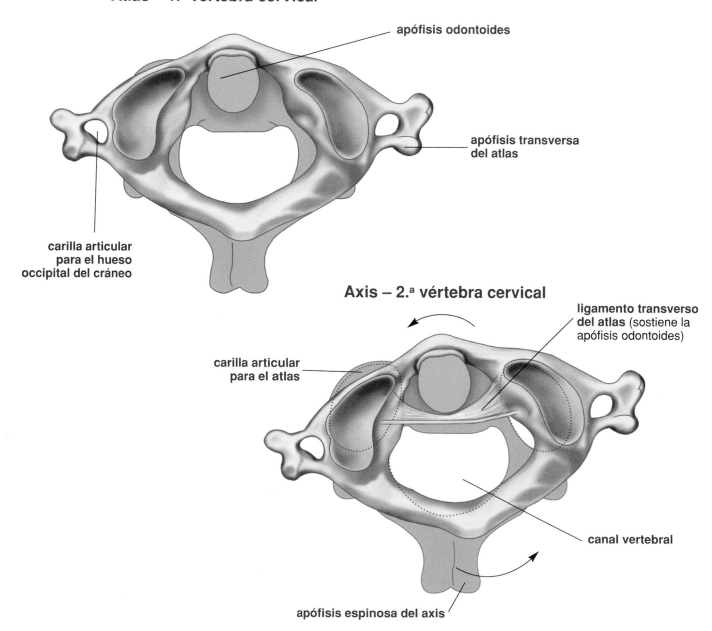

apófisis odontoides

apófisis transversa del atlas

carilla articular para el hueso occipital del cráneo

Axis – 2.ª vértebra cervical

ligamento transverso del atlas (sostiene la apófisis odontoides)

carilla articular para el atlas

canal vertebral

apófisis espinosa del axis

Columna vertebral

La columna vertebral es el «corsé» de apoyo del tronco. A través de los agujeros de los cuerpos vertebrales transcurre la médula espinal, una parte del sistema nervioso central. La columna vertebral está formada por cinco secciones: la **columna cervical**, constituida por siete vértebras; la **columna dorsal**, de 12 vértebras; la **columna lumbar**, con cinco vértebras; el **sacro**, cuyas cinco vértebras se hallan soldadas, y el **cóccix**, de tres a cinco vértebras también soldadas. Así pues, la columna vertebral está formada por 24 vértebras libres, además del sacro y el cóccix.
Todas las vértebras tienen la misma estructura. Se componen de un **cuerpo vertebral**, el **arco vertebral**, que forma el agujero vertebral a través del cual transcurre la médula espinal, las **apófisis transversas** y la **apófisis espinosa**, donde se insertan músculos y ligamentos, así como las apófisis articulares, que permiten acoplar las vértebras entre sí.
Las curvaturas de la columna vertebral, denominadas **cifosis** y **lordosis**, tienen como función la amortiguación de los golpes y la estabilidad del tronco.

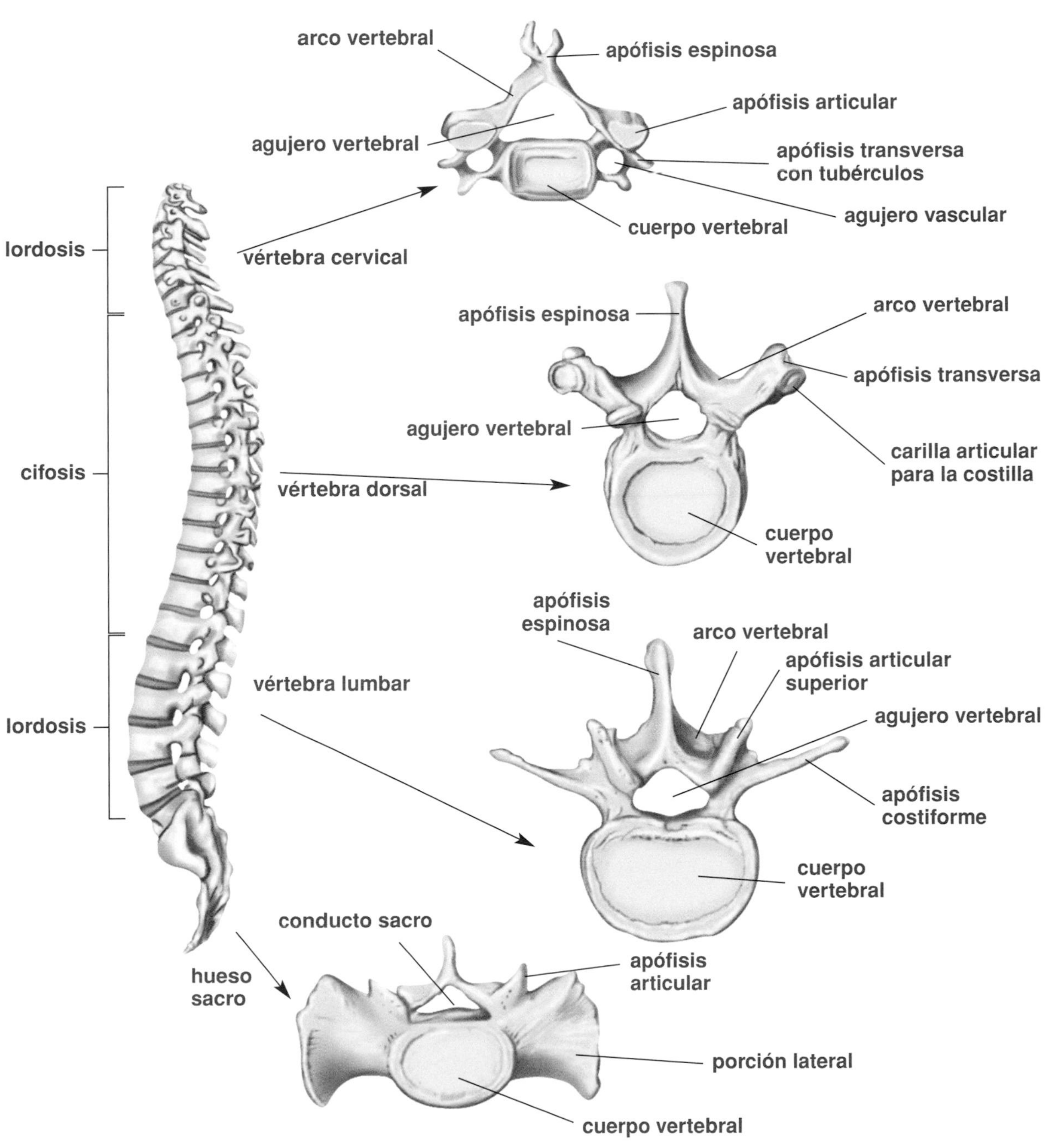
arco vertebral
apófisis espinosa
apófisis articular
agujero vertebral
apófisis transversa con tubérculos
agujero vascular
cuerpo vertebral
lordosis
vértebra cervical
apófisis espinosa
arco vertebral
apófisis transversa
agujero vertebral
carilla articular para la costilla
cifosis
vértebra dorsal
cuerpo vertebral
apófisis espinosa
arco vertebral
apófisis articular superior
vértebra lumbar
agujero vertebral
lordosis
apófisis costiforme
cuerpo vertebral
conducto sacro
apófisis articular
hueso sacro
porción lateral
cuerpo vertebral

Musculatura de la espalda y movilidad de la columna vertebral

La columna vertebral debe tener una gran movilidad para permitir al hombre inclinar el tronco en un ángulo de 100° hacia delante, hasta 35° hacia atrás y hasta 40° a ambos lados. Naturalmente, no debe curvarse de forma involuntaria a los lados, hacia delante o hacia atrás, así que la musculatura de la columna vertebral también tiene una función estabilizadora. Los músculos del **tracto medio**, que transcurren entre la apófisis espinosa y las apófisis transversas de la vértebra, se ponen en funcionamiento en prácticamente todos los movimientos de la columna vertebral, al igual que los músculos del tracto lateral, que unen la cabeza con la columna vertebral y la pelvis. El músculo dorsal largo *(musculus longissimus)*, por ejemplo, toma parte en la rotación y la extensión de la columna vertebral, así como en sus movimientos laterales.

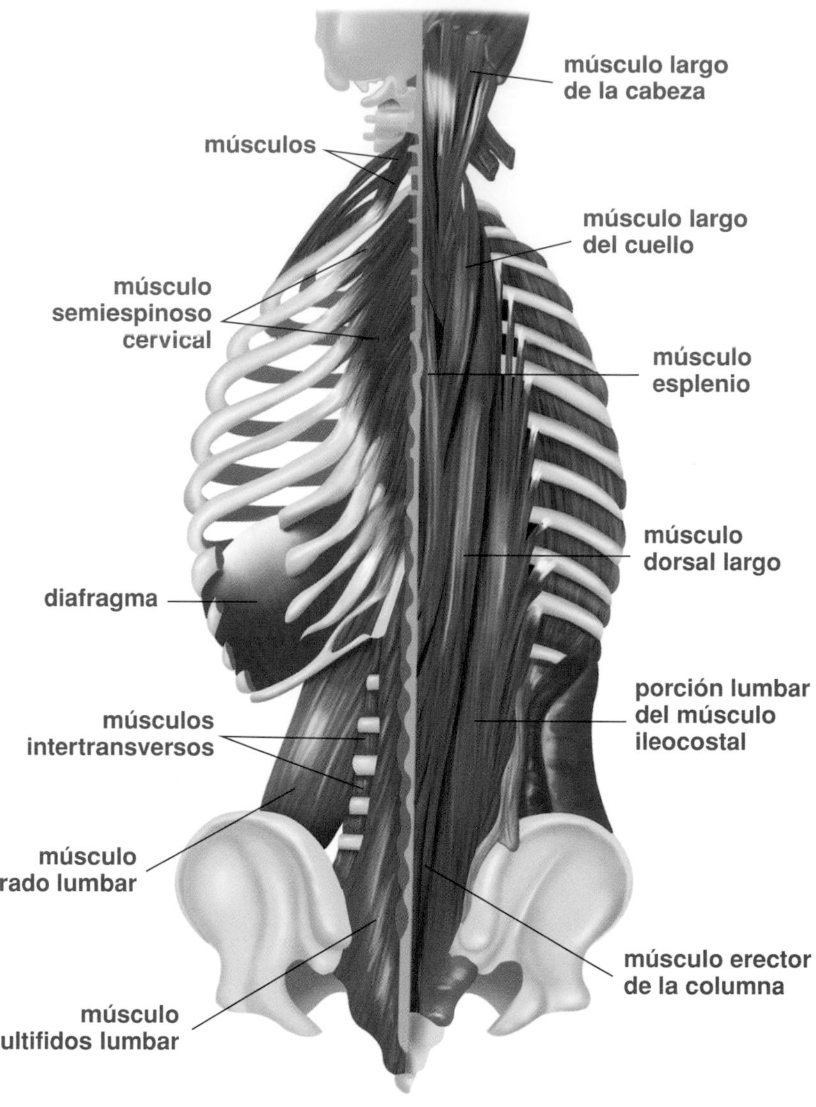
músculo largo de la cabeza
músculos
músculo largo del cuello
músculo semiespinoso cervical
músculo esplenio
músculo dorsal largo
diafragma
porción lumbar del músculo ileocostal
músculos intertransversos
músculo cuadrado lumbar
músculo erector de la columna
músculo multifidos lumbar

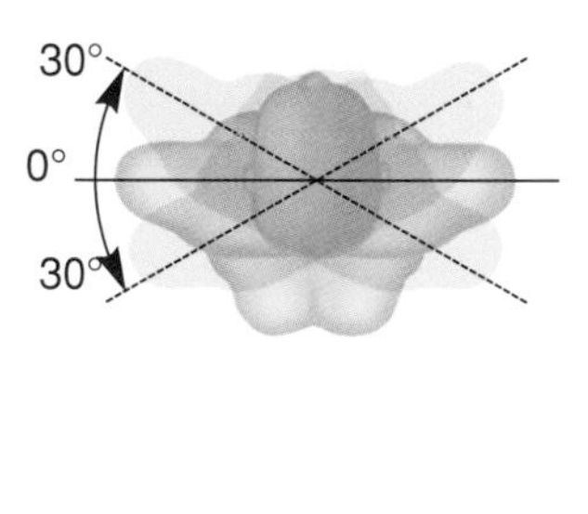
30°
0°
30°

rotación

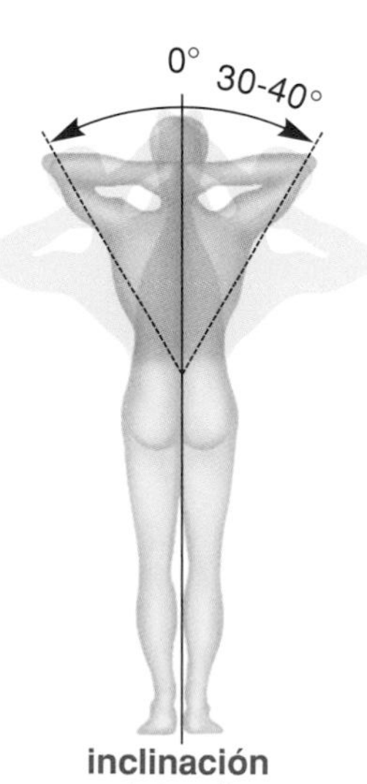
0°
30-40°
inclinación lateral

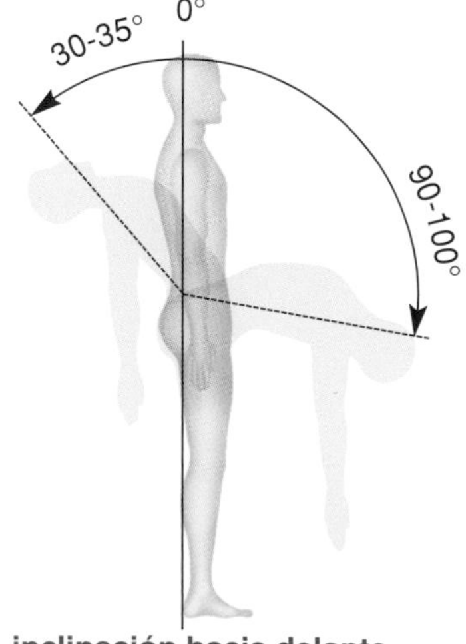
30-35°
0°
90-100°
inclinación hacia delante y hacia atrás

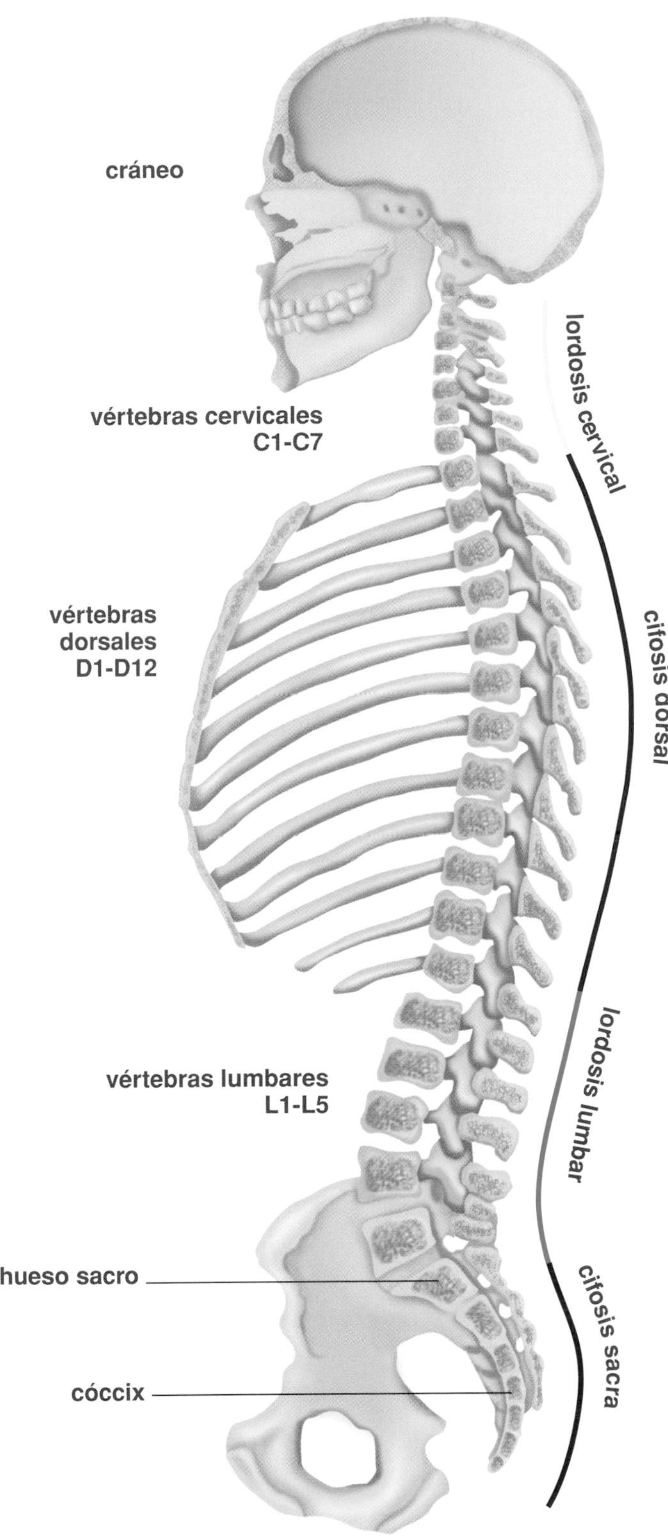
cráneo
vértebras cervicales C1-C7
vértebras dorsales D1-D12
vértebras lumbares L1-L5
hueso sacro
cóccix
lordosis cervical
cifosis dorsal
lordosis lumbar
cifosis sacra

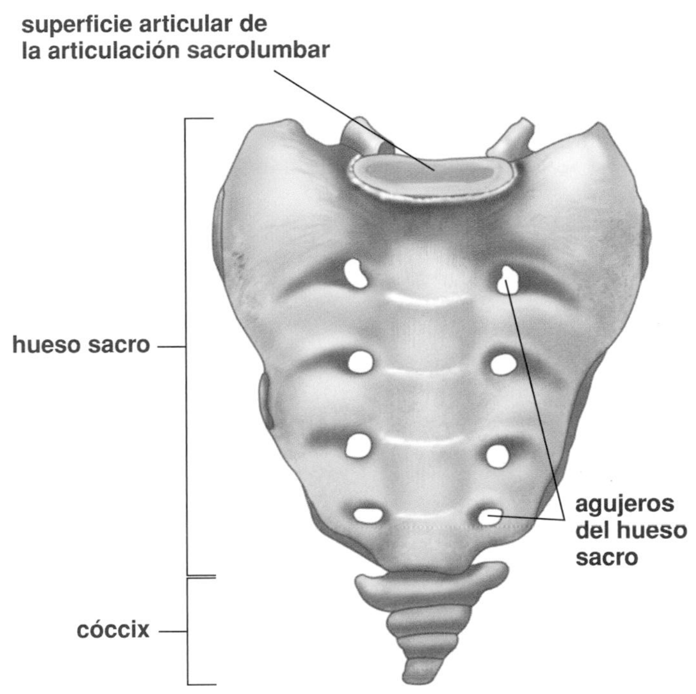
superficie articular de la articulación sacrolumbar
hueso sacro
agujeros del hueso sacro
cóccix

Secciones de la columna vertebral

Las vértebras de la columna vertebral se dividen en **vértebras cervicales, dorsales** y **lumbares**. A cada una se le asigna un número: de arriba a abajo, las vértebras cervicales van de la C1 a la C7, las dorsales de la D1 a la D12 y las lumbares de la L1 a la L5. En el caso del **sacro** y el **cóccix**, las vértebras se hayan soldadas, de manera que el sacro se convierte en un hueso plano, prácticamente triangular y de considerable tamaño, el cual se une por arriba con la vértebra L5 y por debajo con el cóccix y el coxal mediante una articulación. Los agujeros del sacro son atravesados por los nervios que se dirigen y salen de la médula espinal. El cóccix representa el vestigio de la cola de nuestros antepasados más lejanos.

Estructura del disco intervertebral

Entre los cuerpos vertebrales de las vértebras libres, así como entre la última vértebra lumbar y el sacro, se localiza un disco intervertebral. Se trata de un cojín formado por fibras de tejido conjuntivo, con un núcleo blando en forma de bolsa que puede desplazarse ligeramente dentro de la columna vertebral, reacciona ante la presión y la amortigua. Los discos intervertebrales son necesarios, por ejemplo, al caminar, saltar o realizar otros movimientos para amortiguar las sacudidas que sufre la columna vertebral. Además sirven de unión entre las vértebras, y de esta manera confieren estabilidad a la columna vertebral. La capacidad de **absorción de las sacudidas** del disco intervertebral se explica en parte por su alto contenido en agua: por la mañana los discos intervertebrales están completamente hidratados, pero a lo largo del día, debido a la acción constante de la presión, se pierde parte de ese contenido líquido. Durante la noche los discos intervertebrales «repostan» y vuelven a hidratarse por completo.

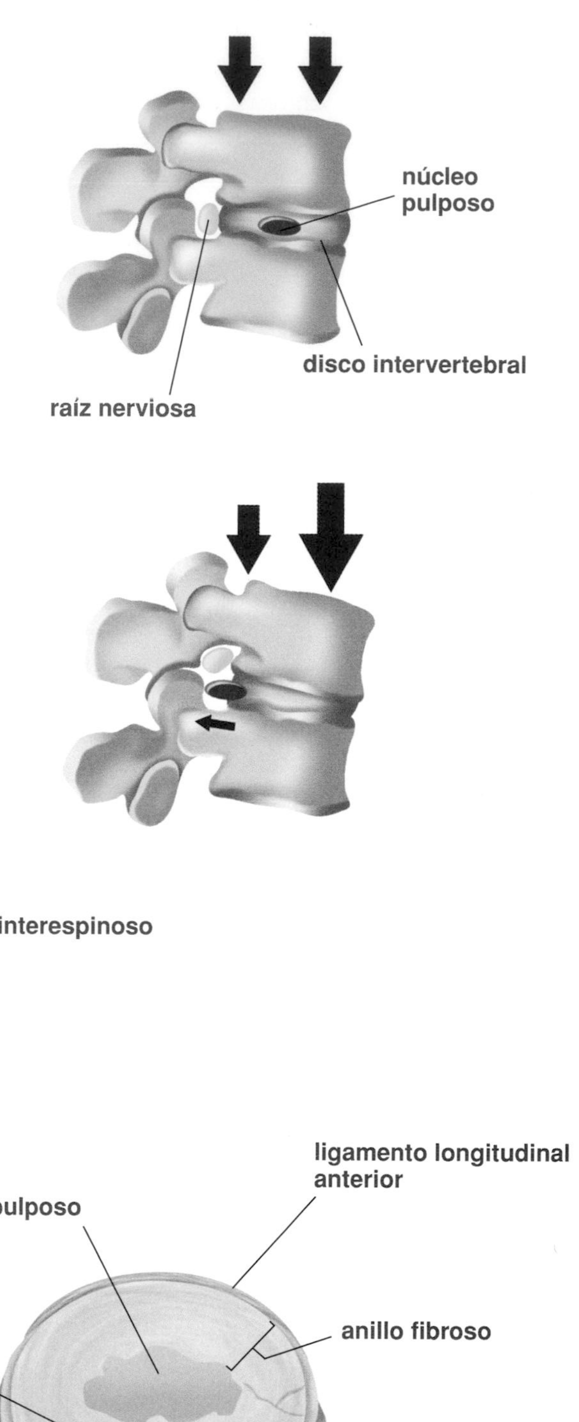
núcleo pulposo
disco intervertebral
raíz nerviosa

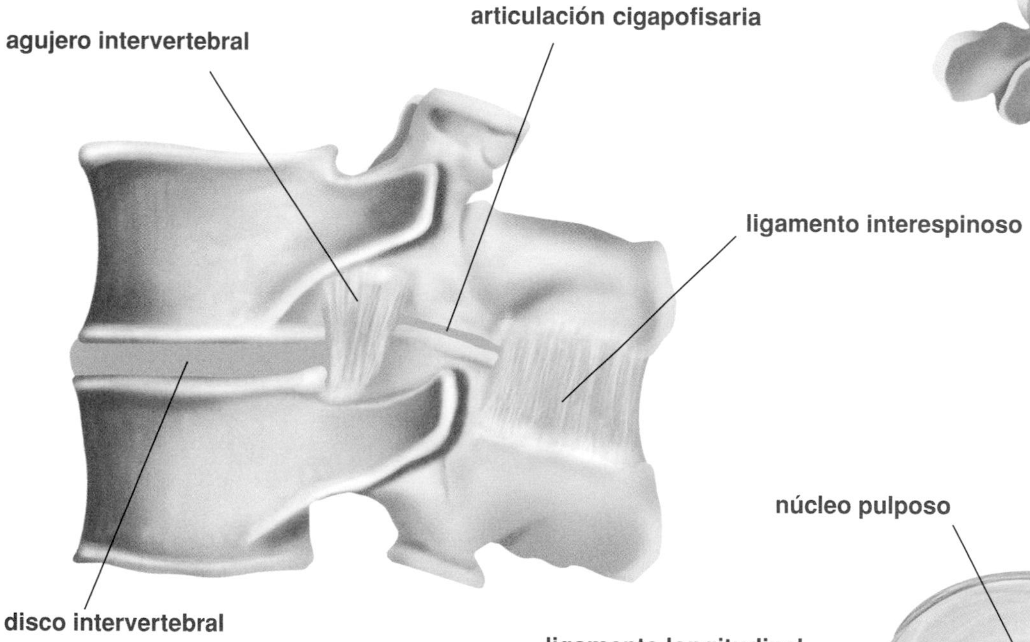

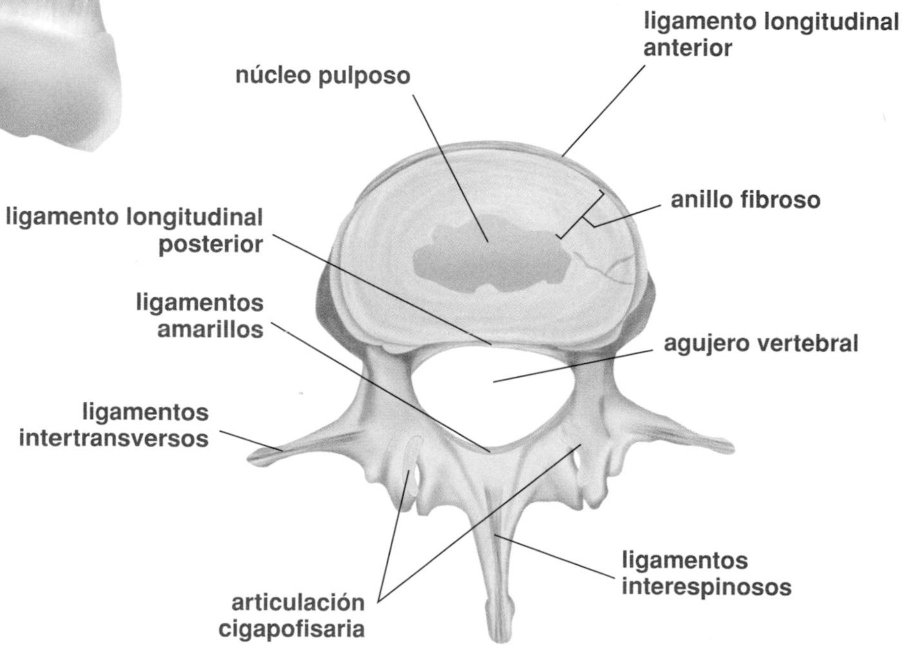

agujero intervertebral
articulación cigapofisaria
ligamento interespinoso
disco intervertebral

ligamento longitudinal anterior
núcleo pulposo
anillo fibroso
ligamento longitudinal posterior
ligamentos amarillos
agujero vertebral
ligamentos intertransversos
ligamentos interespinosos
articulación cigapofisaria

Estadios de la degeneración del disco intervertebral

En condiciones normales, los discos intervertebrales están situados entre los cuerpos vertebrales. Como consecuencia de una fuerte sobrecarga o de una malposición continuada puede producirse una **hernia discal**. En esta situación, el **anillo fibroso** de tejido conjuntivo del disco vertebral se desgarra, de manera que el **núcleo pulposo** se desplaza entre los cuerpos vertebrales y puede presionar los nervios espinales, provocando un dolor intenso. Sobre todo con la edad, los discos intervertebrales también pueden secarse, de manera que ya no pueden realizar correctamente su función de amortiguación. Entre las malposiciones de la columna vertebral que pueden provocar lesiones del disco intervertebral se encuentran la **hiperlordosis**, la **hipercifosis** y la **espalda plana**. Asimismo, la escoliosis, una desviación lateral de la columna vertebral, también puede causar lesiones del disco intervertebral, además de deformaciones torácicas y dolor al realizar determinados movimientos.

punto de inflexión de la desviación de la columna vertebral

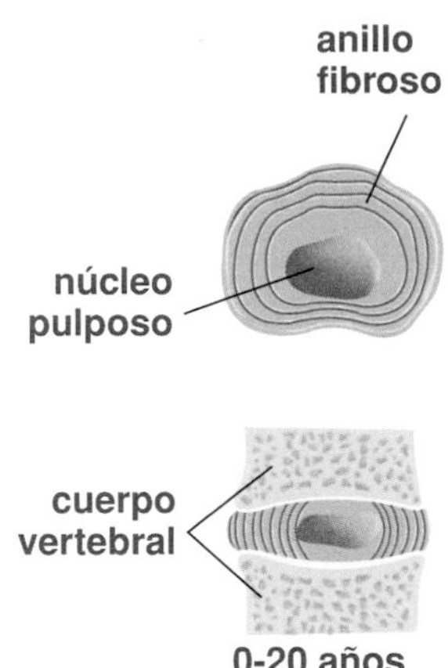
anillo fibroso
núcleo pulposo
cuerpo vertebral
0-20 años

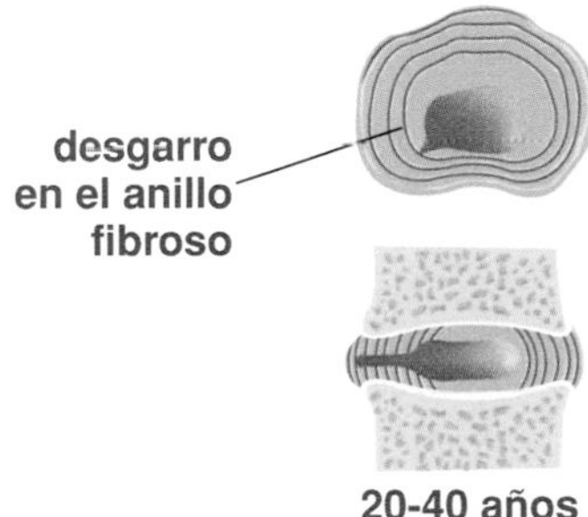
desgarro en el anillo fibroso
20-40 años

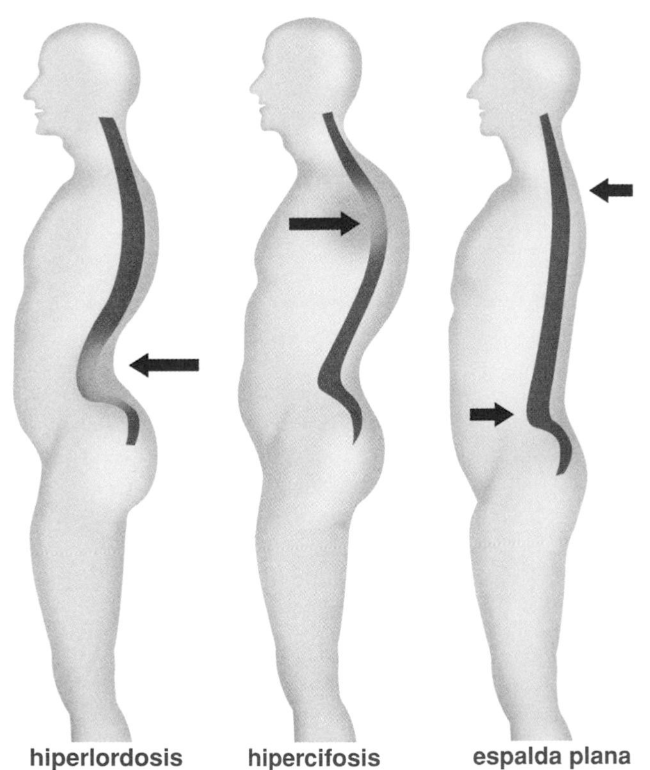
hiperlordosis
hipercifosis
espalda plana

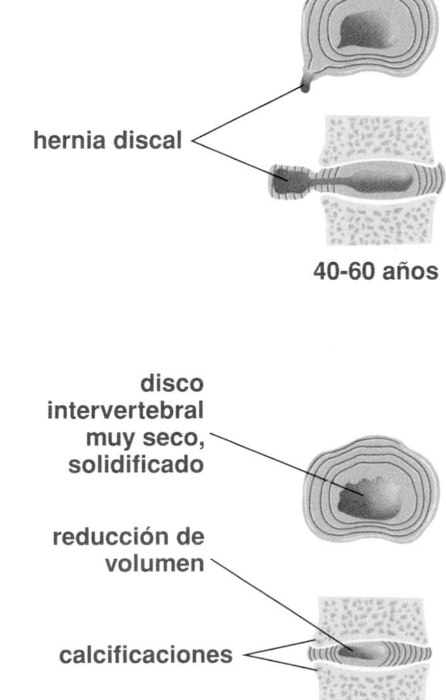
hernia discal
40-60 años
disco intervertebral muy seco, solidificado
reducción de volumen
calcificaciones

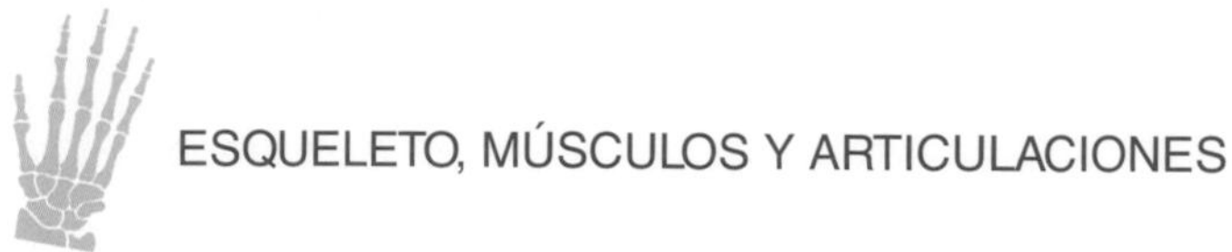

Hernia discal

Hoy en día, en caso de **hernia discal**, solo se recurre a la cirugía mayor cuando a consecuencia de la protrusión aparecen síntomas de parálisis por la afectación de una raíz nerviosa. En general se opta por procedimientos microquirúrgicos poco invasivos (cirugía a través de una pequeña incisión), aunque solo se plantean cuando la hernia discal es muy reciente y el paciente no ha sido operado con anterioridad. Sin embargo, hay ocasiones en que la cirugía mayor, que precisa una gran incisión y una anestesia prolongada, es inevitable.

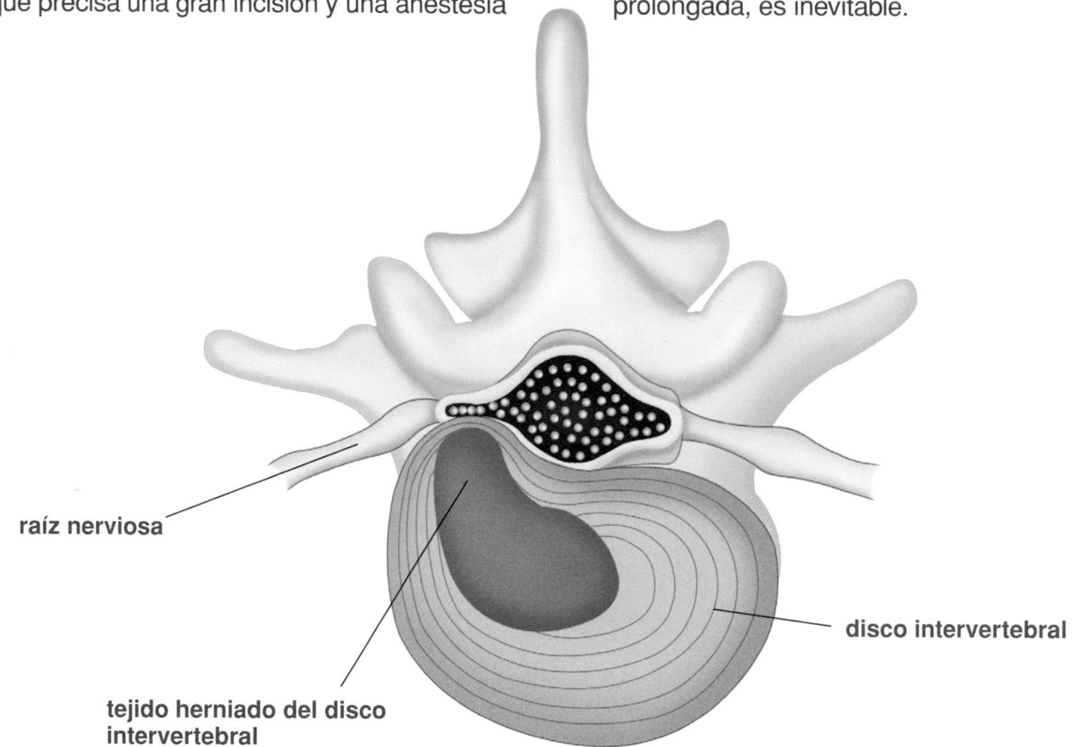
raíz nerviosa
disco intervertebral
tejido herniado del disco intervertebral

CIRUJÍA DEL DISCO INTERVERTEBRAL

1. Cirugía abierta del disco intervertebral con lentes de aumento y lámpara frontal.

2. Microcirugía del disco intervertebral con ayuda de un microscopio.

3. Cirugía del disco intervertebral mediante endoscopia: el tubo quirúrgico con el endoscopio puede doblarse en todas direcciones según sea necesario. De esta forma se aumenta la visión del campo quirúrgico.

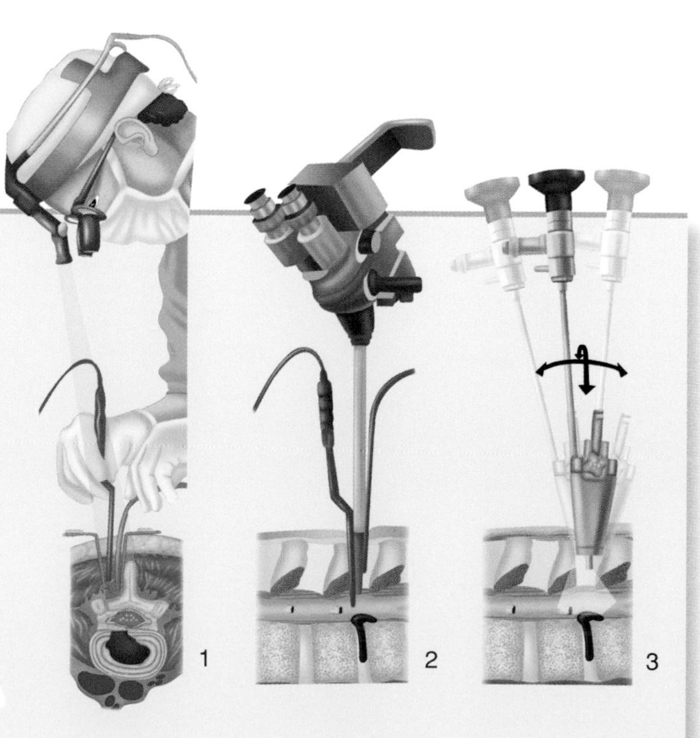
1
2
3

Tórax y musculatura respiratoria

El tórax está formado primordialmente por el **esternón**, los **pares de costillas** que parten de él y la **columna dorsal**. Mientras que los primeros siete pares de costillas están unidos directamente al esternón, los siguientes tres pares solo lo están a través del **arco costa**l cartilaginoso y los dos últimos no tienen contacto con él, por lo que estos cinco últimos pares de costillas se conocen también como falsas costillas. Por detrás, las costillas se unen a la columna dorsal mediante articulaciones. El tórax es bastante elástico, una característica imprescindible para la respiración (en particular para la expansión de los pulmones). En la respiración toman parte numerosos músculos esqueléticos, de los cuales el **diafragma** es el más importante.

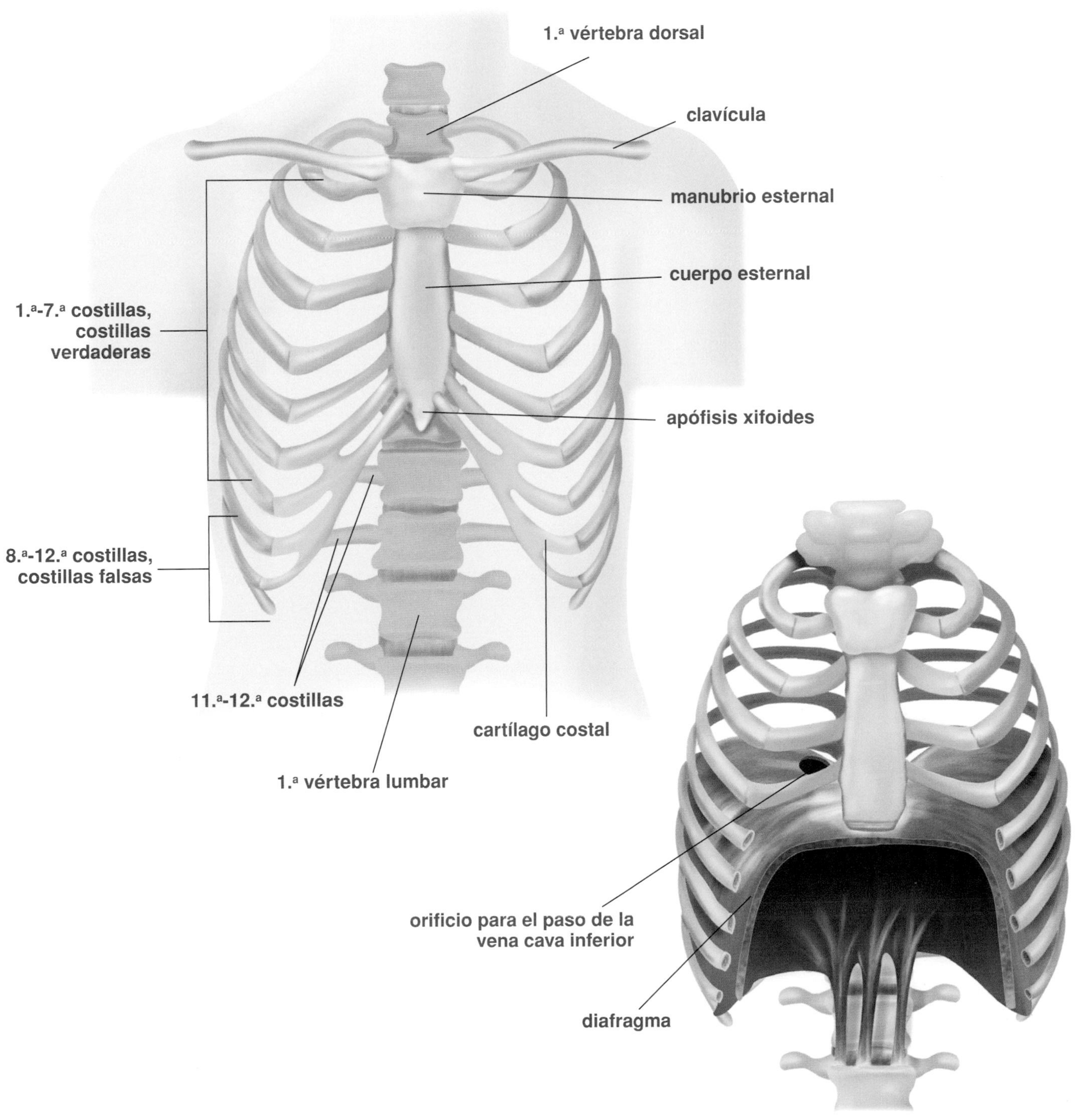
1.ª vértebra dorsal
clavícula
manubrio esternal
cuerpo esternal
1.ª-7.ª costillas, costillas verdaderas
apófisis xifoides
8.ª-12.ª costillas, costillas falsas
11.ª-12.ª costillas
cartílago costal
1.ª vértebra lumbar
orificio para el paso de la vena cava inferior
diafragma

Pared abdominal, canal inguinal y hernias

La **pared abdominal** está formada básicamente por los músculos que delimitan la cavidad abdominal por delante y a los lados, pero también por el tejido adiposo, otras capas de la piel, así como tendones y ligamentos. Entre otras funciones, la pared abdominal protege los órganos internos y toma parte en la respiración. Entre la pared abdominal interna y externa existe una conexión, el **canal inguinal**. Este conducto, a través del cual discurren el cordón espermático en el hombre y el ligamento redondo del útero en la mujer, constituye un punto débil de la pared abdominal. La abertura interna del canal inguinal, por debajo de la musculatura abdominal, se denomina anillo inguinal profundo y la externa, a través del músculo externo oblicuo del abdomen, anillo inguinal superficial. Debido a la elevada presión de la cavidad abdominal o a un sobreesfuerzo, en ocasiones se produce un desgarro a nivel del canal inguinal, a través del cual órganos abdominales atraviesan la pared abdominal formándose una **hernia**, que puede estrangularse. Esta hernia debe someterse a una intervención quirúrgica.

Estructura de la pared abdominal

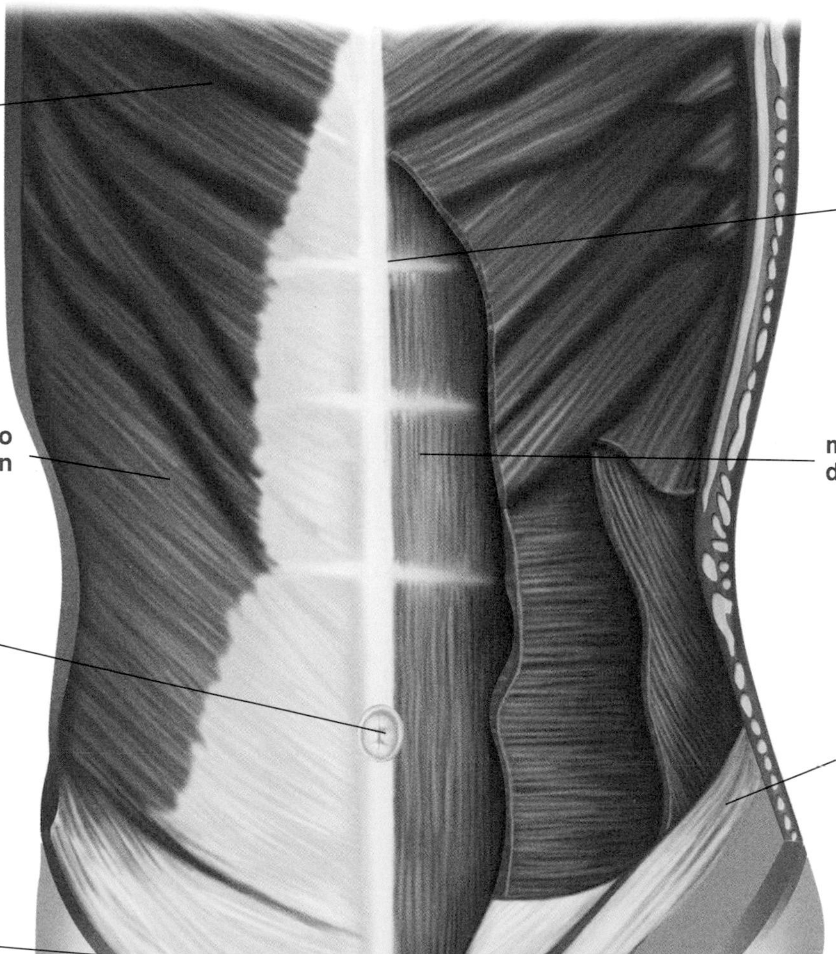

músculo pectoral mayor
línea alba
músculo oblicuo externo del abdomen
músculo recto del abdomen
ombligo
ligamento inguinal
músculo piramidal
canal inguinal

Canal inguinal en el hombre

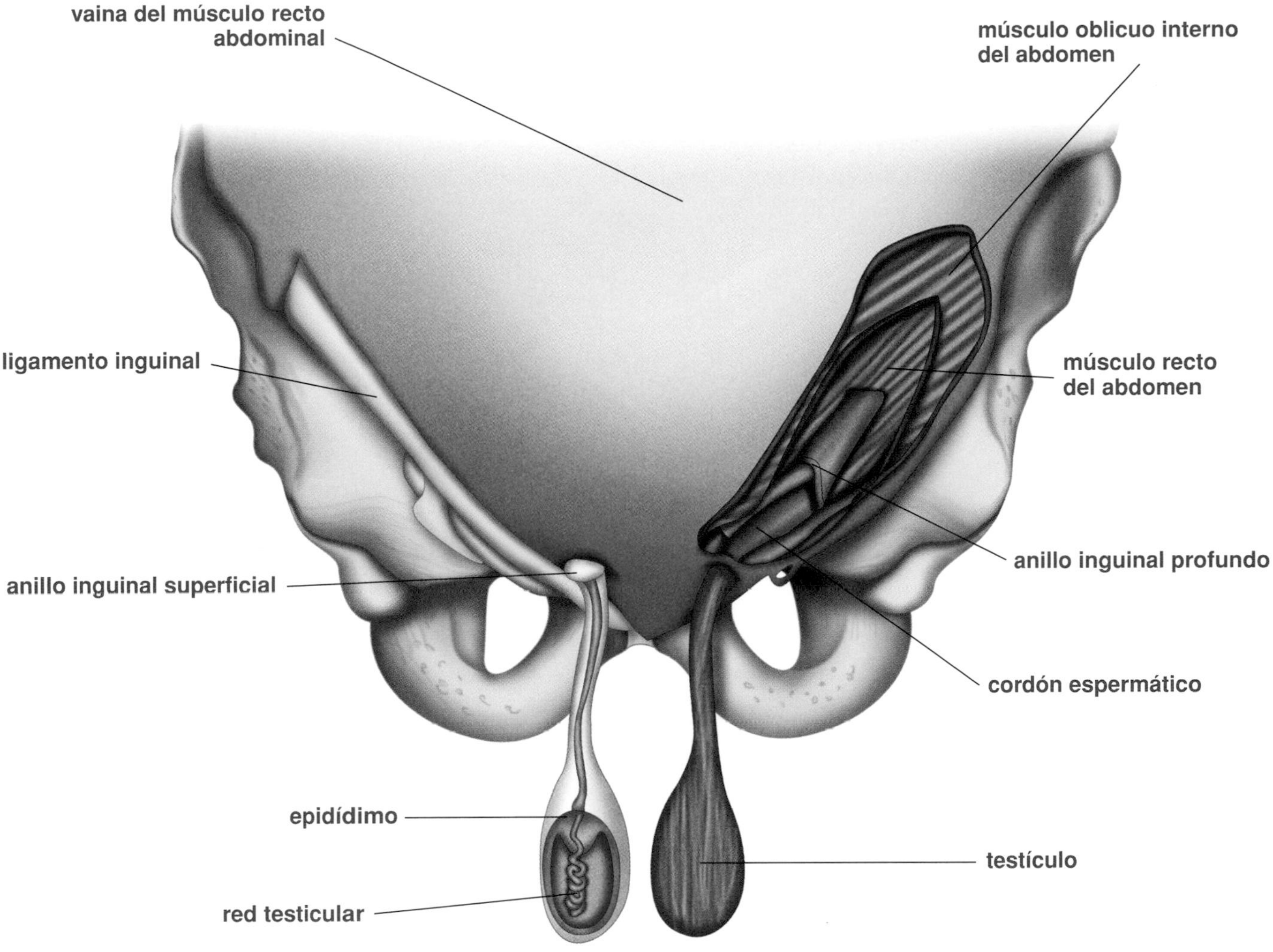

vaina del músculo recto abdominal

músculo oblicuo interno del abdomen

ligamento inguinal

músculo recto del abdomen

anillo inguinal profundo

anillo inguinal superficial

cordón espermático

epidídimo

testículo

red testicular

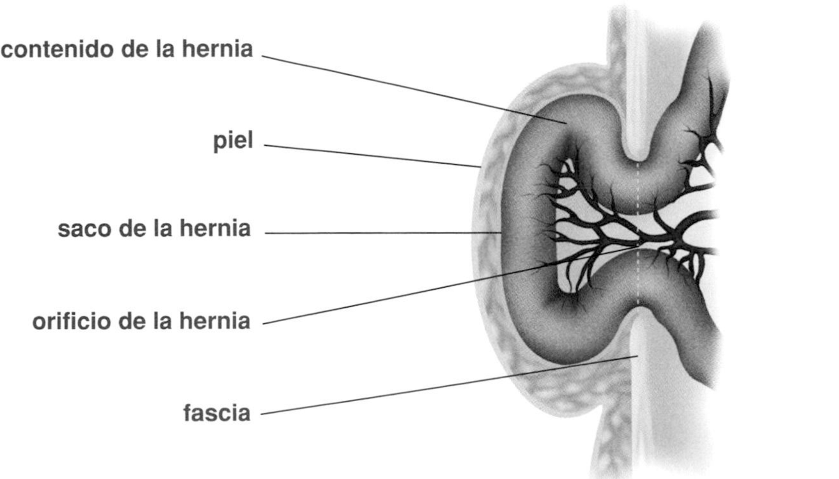
contenido de la hernia
piel
saco de la hernia
orificio de la hernia
fascia

Hernia

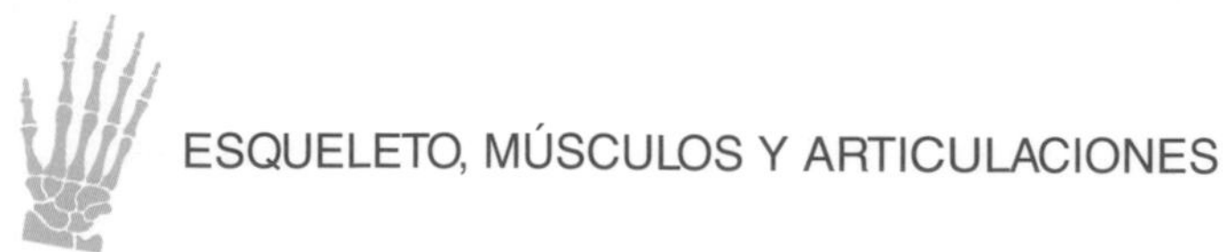

Musculatura de la cintura escapular

La **movilidad** de la articulación del hombro está garantizada no solo por su especial estructura, sino también por sus músculos. Los siguientes forman parte de la **musculatura posterior de la cintura escapular**: músculo trapecio, músculo elevador de la escápula, así como los dos músculos romboides mayor y menor, que, entre otras funciones, se encargan de la elevación y rotación del hombro. El músculo pectoral menor *(m. pectoralis minor)* y el músculo serrato menor, pertenecientes a la **musculatura anterior de la cintura escapular**, son los responsables, entre otros, de los movimientos de balanceo de la articulación del hombro.

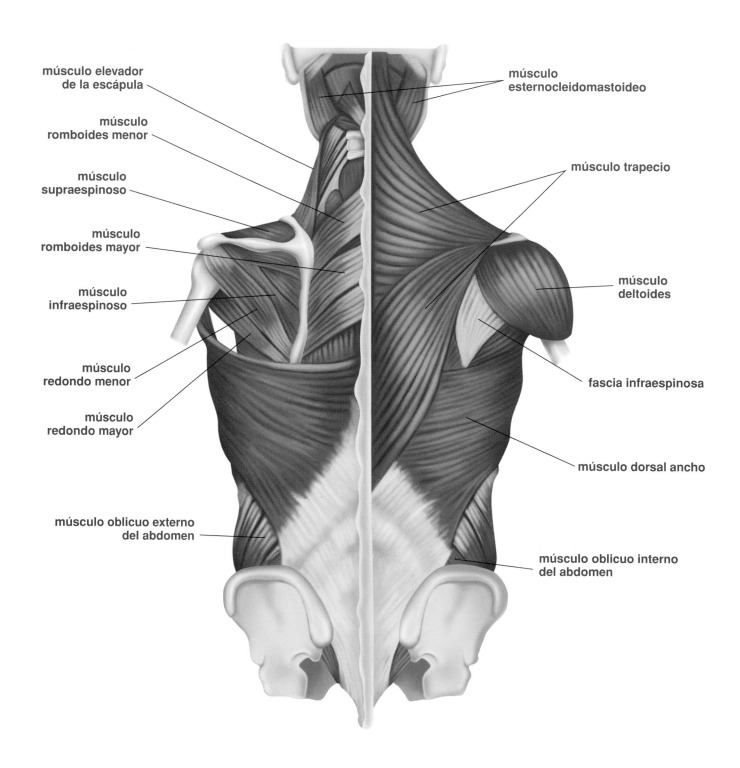

músculo elevador de la escápula
músculo romboides menor
músculo supraespinoso
músculo romboides mayor
músculo infraespinoso
músculo redondo menor
músculo redondo mayor
músculo oblicuo externo del abdomen
músculo esternocleidomastoideo
músculo trapecio
músculo deltoides
fascia infraespinosa
músculo dorsal ancho
músculo oblicuo interno del abdomen

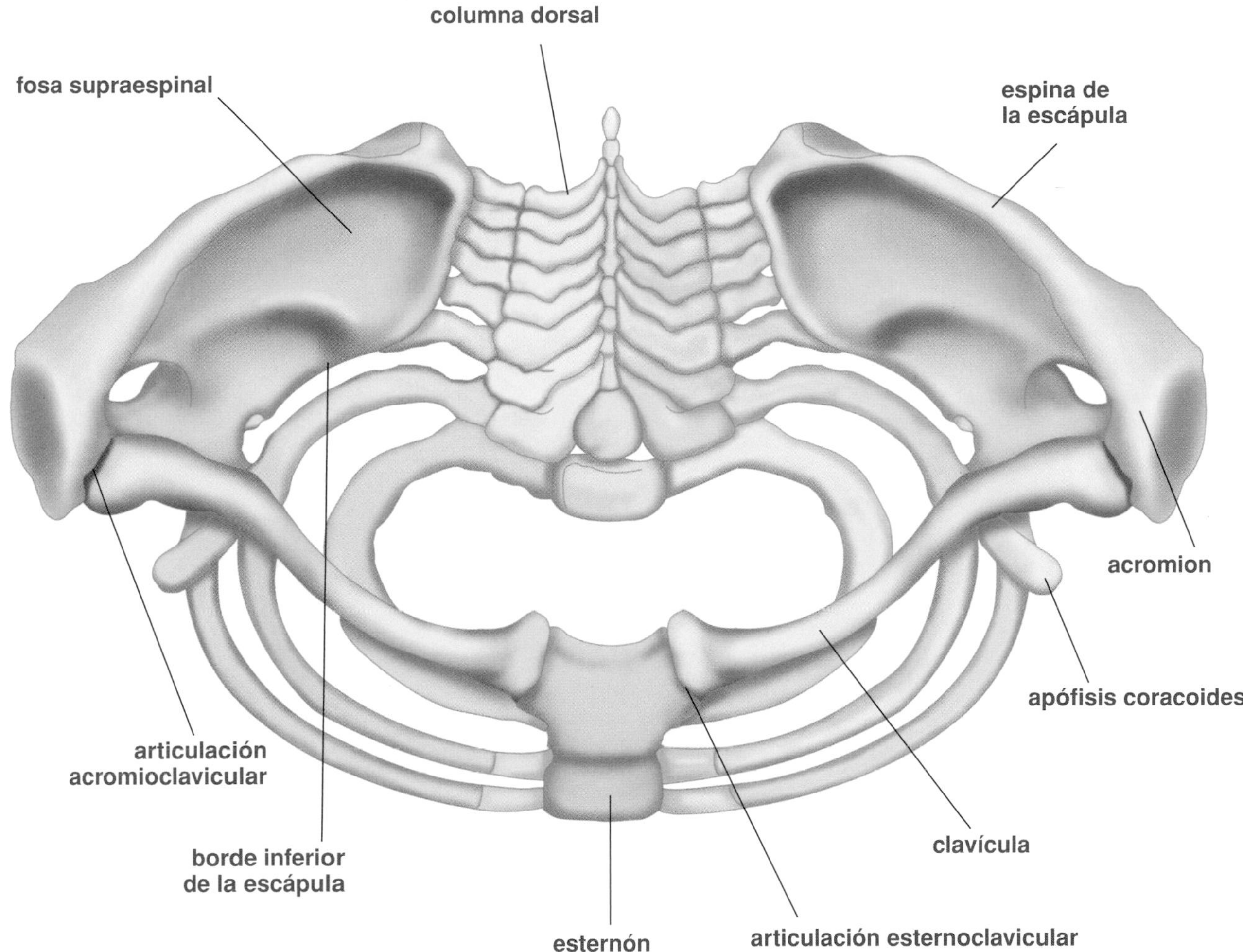
columna dorsal
fosa supraespinal
espina de
la escápula
acromion
apófisis coracoides
articulación
acromioclavicular
borde inferior
de la escápula
clavícula
esternón
articulación esternoclavicular

Huesos de la cintura escapular

La parte ósea de la cintura escapular está formada por las dos **escápulas** y las dos **clavículas**. Las escápulas y las clavículas están unidas mediante una articulación a nivel del acromion clavicular (articulación acromioclavicular). Además, la escápula posee una cavidad glenoidea donde se asienta la cabeza articular del húmero. Esta **articulación escapulohumeral** (articulación del hombro) es la que tiene mayor movilidad de todo el cuerpo, por lo que las fracturas a este nivel son difíciles de tratar. La cintura escapular se une al esternón a través de las clavículas.

Extremidad superior

El **brazo** está formado por un hueso largo (húmero), con una cabeza articular relativamente grande, que se aloja en la cavidad glenoidea de la escápula. En su extremo inferior, donde se une con el antebrazo, el hueso ahora engrosado presenta dos tuberosidades, el epicóndilo y la epitróclea, donde se insertan diversos músculos. Junto a ellos se encuentran las superficies articulares del codo, que reciben el nombre de tróclea y cóndilo humerales.

El **antebrazo** está formado por el cúbito y el radio, dos huesos que junto al húmero constituyen la articulación del codo. En su parte superior, el cúbito presenta una cavidad en cuyo extremo hay dos tuberosidades, que permiten a la tróclea del húmero moverse dentro de la cavidad. El cúbito y el radio están unidos mediante dos articulaciones (articulación radiocubital proximal y distal) tanto a nivel de la articulación del codo como a nivel de la muñeca. Esta unión cúbito-radio hace posible la rotación del antebrazo. Cuando se gira la palma de la mano hacia arriba se habla de supinación y cuando se gira hacia abajo, de pronación.

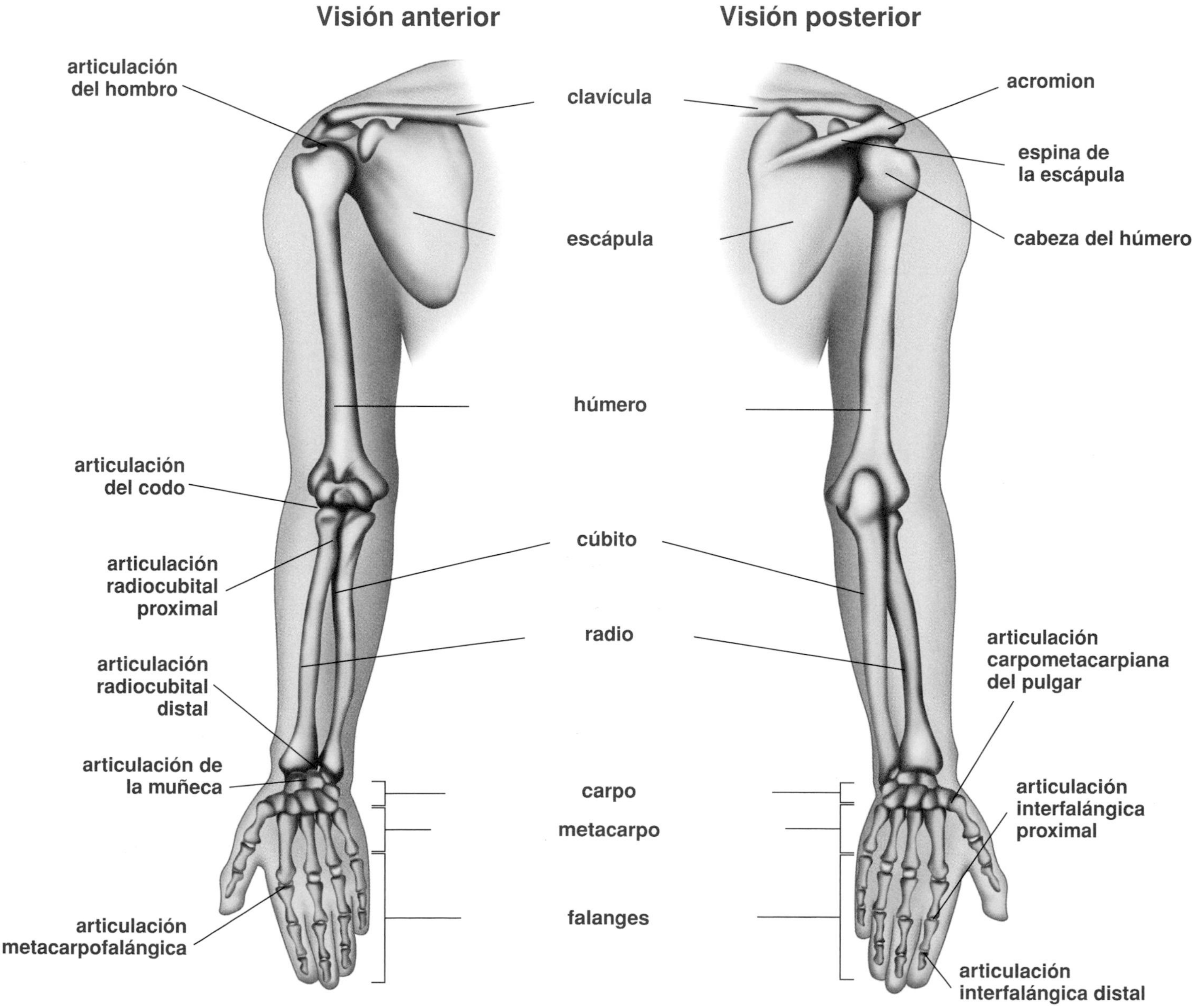

Visión anterior | **Visión posterior**

articulación del hombro
clavícula
acromion
espina de la escápula
escápula
cabeza del húmero
húmero
articulación del codo
cúbito
articulación radiocubital proximal
radio
articulación radiocubital distal
articulación carpometacarpiana del pulgar
articulación de la muñeca
carpo
metacarpo
articulación interfalángica proximal
falanges
articulación metacarpofalángica
articulación interfalángica distal

Musculatura del brazo

La mayor parte de los músculos del brazo tienen su origen en la escápula y el tronco. Gracias a ello se consigue la estabilidad de la articulación del hombro. El músculo redondo menor junto con otros cuatro músculos forma parte del **manguito de los rotadores**, el cual permite que la articulación del hombro se desplace con gran movilidad. El músculo que eleva y baja el brazo es el deltoides. El músculo redondo mayor es el encargado, entre otras funciones, de la rotación del brazo. Por su parte, el bíceps braquial es el responsable, junto a otros músculos, de la flexión del antebrazo. A nivel del brazo las fracturas de la cabeza y el cuello del húmero son las más temidas, ya que pueden limitar la movilidad del hombro.

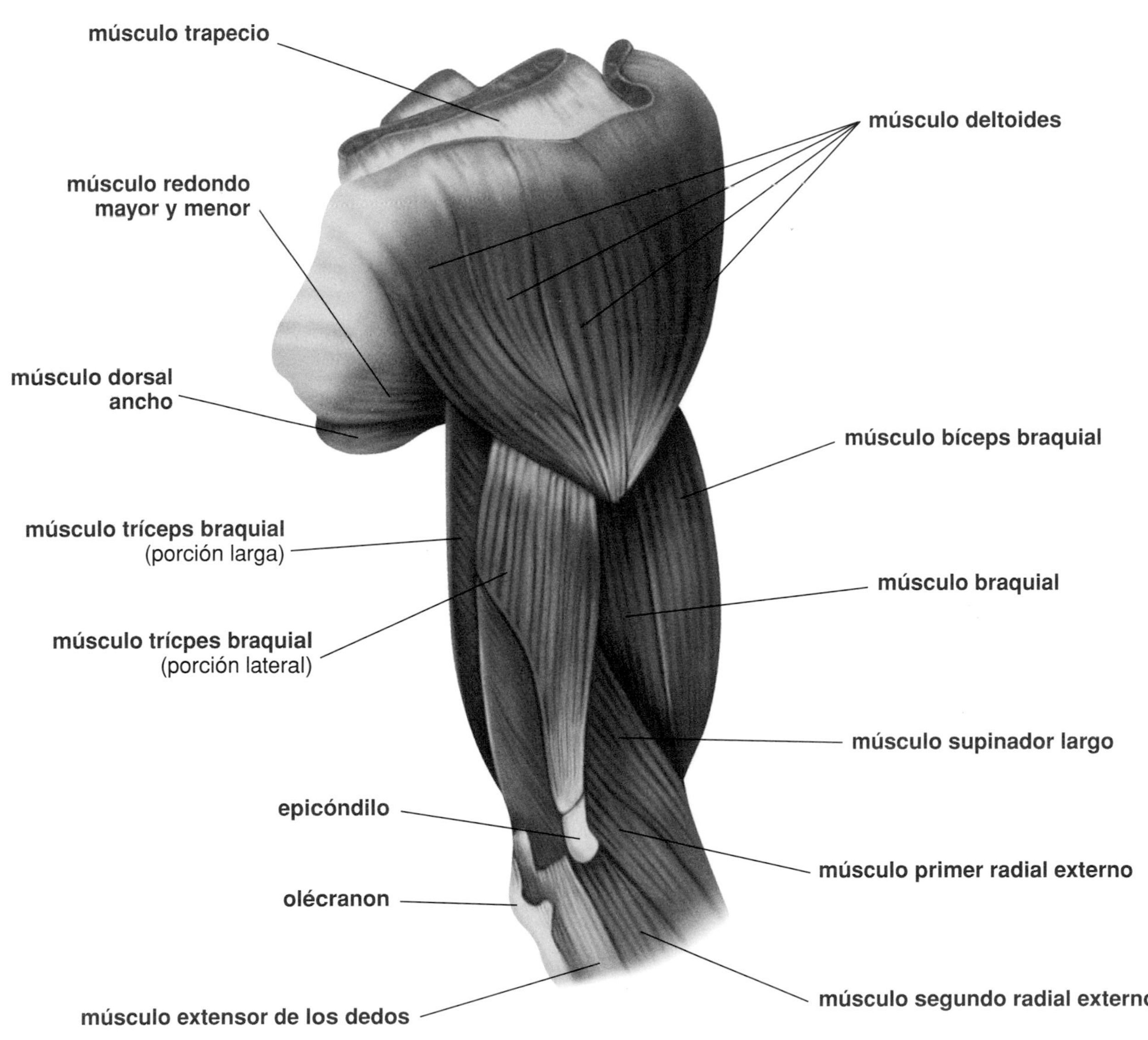
músculo trapecio
músculo deltoides
músculo redondo mayor y menor
músculo dorsal ancho
músculo bíceps braquial
músculo tríceps braquial (porción larga)
músculo braquial
músculo trícpes braquial (porción lateral)
músculo supinador largo
epicóndilo
músculo primer radial externo
olécranon
músculo extensor de los dedos
músculo segundo radial externo

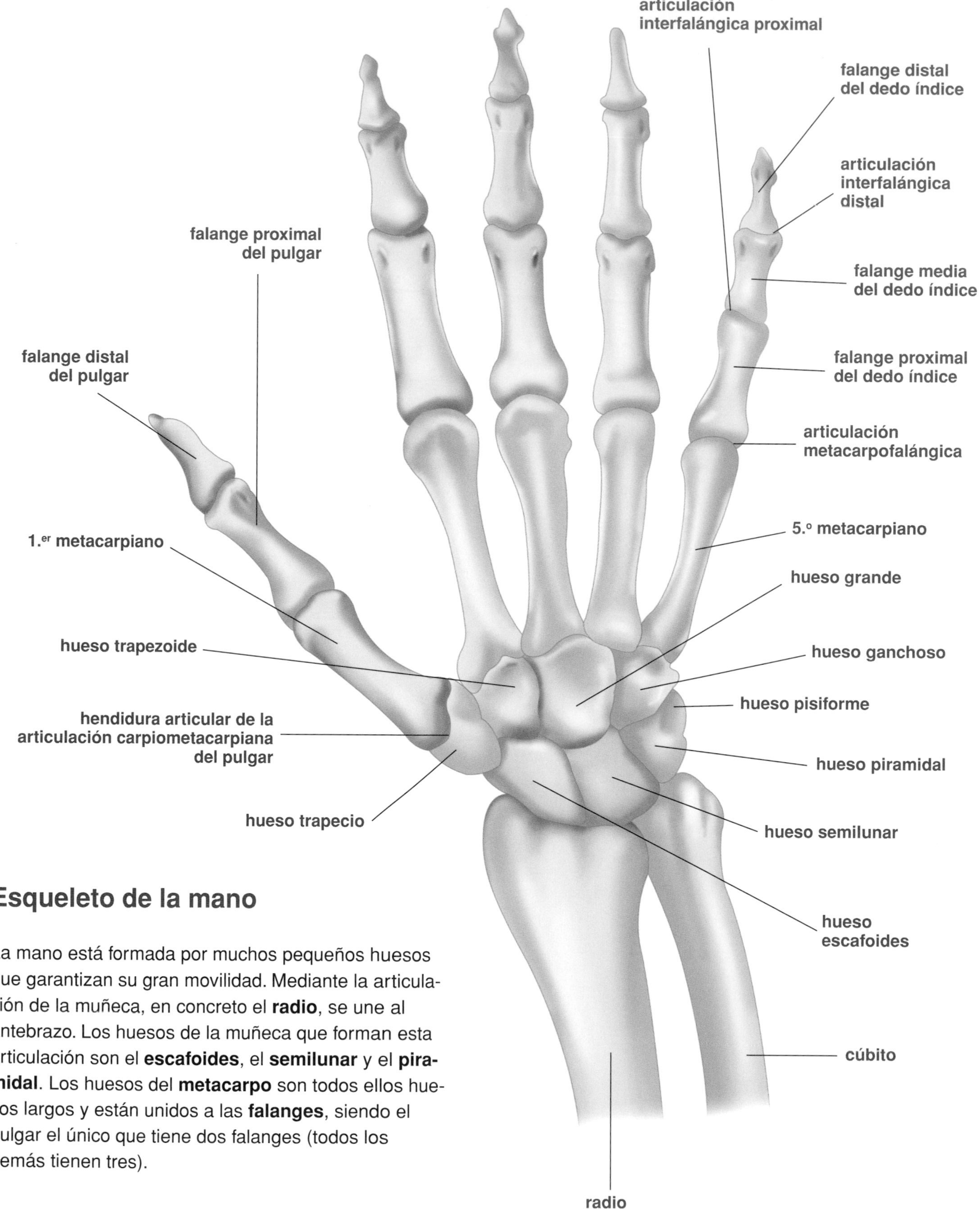
articulación interfalángica proximal
falange distal del dedo índice
articulación interfalángica distal
falange media del dedo índice
falange proximal del dedo índice
articulación metacarpofalángica
5.º metacarpiano
hueso grande
hueso ganchoso
hueso pisiforme
hueso piramidal
hueso semilunar
hueso escafoides
cúbito
radio
falange proximal del pulgar
falange distal del pulgar
1.er metacarpiano
hueso trapezoide
hendidura articular de la articulación carpiometacarpiana del pulgar
hueso trapecio

Esqueleto de la mano

La mano está formada por muchos pequeños huesos que garantizan su gran movilidad. Mediante la articulación de la muñeca, en concreto el **radio**, se une al antebrazo. Los huesos de la muñeca que forman esta articulación son el **escafoides**, el **semilunar** y el **piramidal**. Los huesos del **metacarpo** son todos ellos huesos largos y están unidos a las **falanges**, siendo el pulgar el único que tiene dos falanges (todos los demás tienen tres).

Musculatura de la mano

Desde el antebrazo hasta la mano se extienden varios músculos que desempeñan un importante papel en la movilidad de la mano. Directamente en los dedos no se localiza ningún músculo, sino solo tendones, que son los que mueven los dedos. Estos quedan delimitados a nivel de la articulación de la muñeca, hacia arriba y hacia abajo, por unas estructuras similares a ligamentos; por ejemplo, el ligamento anular del carpo contiene seis bandas por las que discurren los **tendones extensores** y **flexores**. De esta manera se garantiza que los tendones no se separen de la articulación de la muñeca. A este nivel, los tendones a su vez están recubiertos por vainas tendinosas separadas por los ligamentos que evitan que los tendones se irriten por el roce.

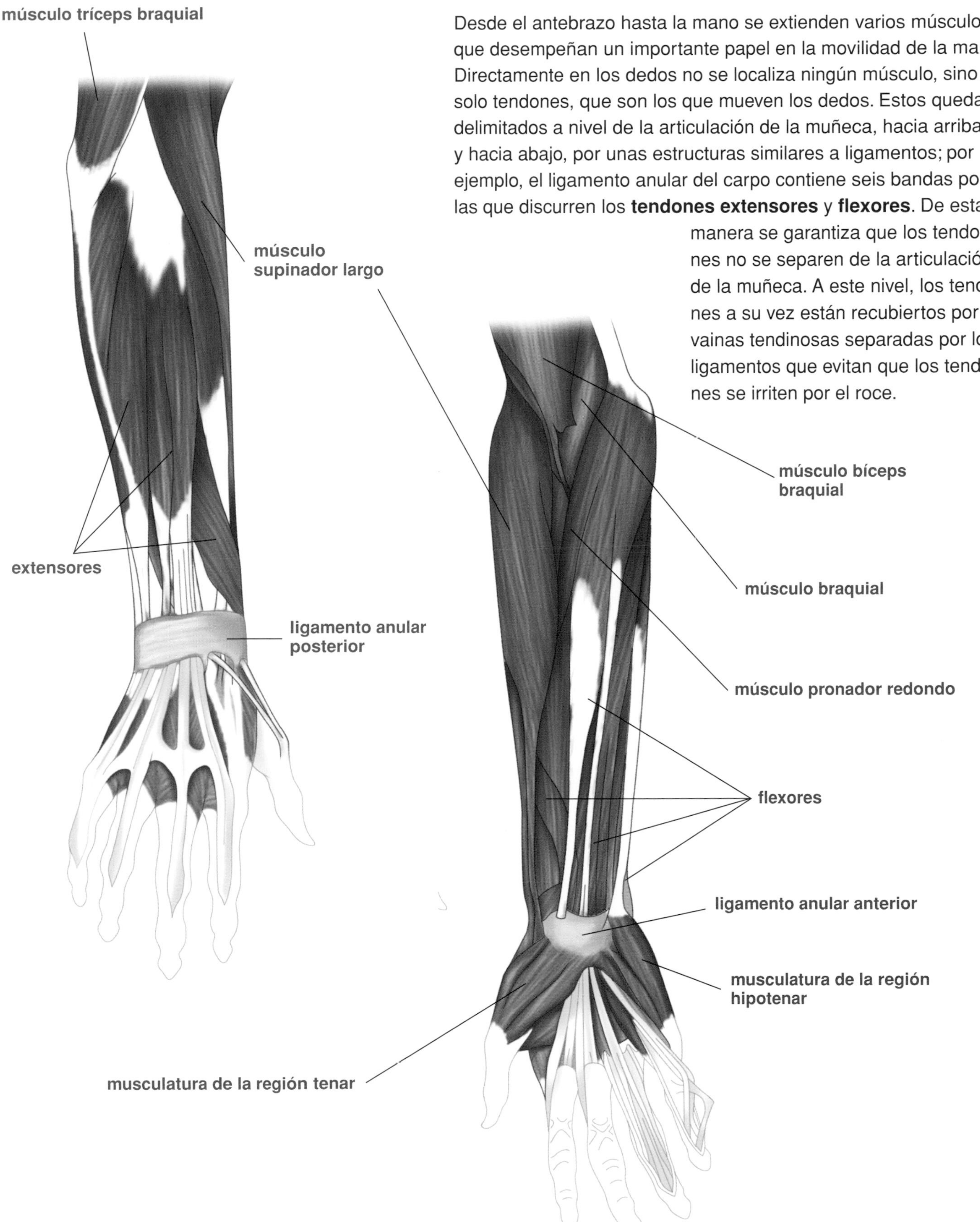
músculo tríceps braquial
músculo supinador largo
extensores
ligamento anular posterior
musculatura de la región tenar
músculo bíceps braquial
músculo braquial
músculo pronador redondo
flexores
ligamento anular anterior
musculatura de la región hipotenar

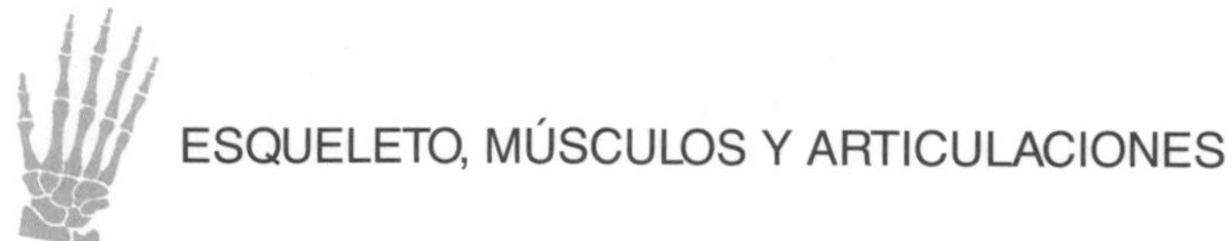

Vainas tendinosas de la mano

Las vainas tendinosas de la mano tienen una **función de protección** y reducen la fricción. Se sitúan en las zonas donde los tendones están sometidos a una mayor presión sobre las articulaciones. No obstante, bajo ciertas circunstancias, estas vainas tendinosas pueden inflamarse (p. ej., porque las manos han sido sometidas a un sobreesfuerzo o los dedos se han inmovilizado durante cierto tiempo). En ocasiones es suficiente con aplicar frío en la zona afectada para que vuelva a su estado normal.

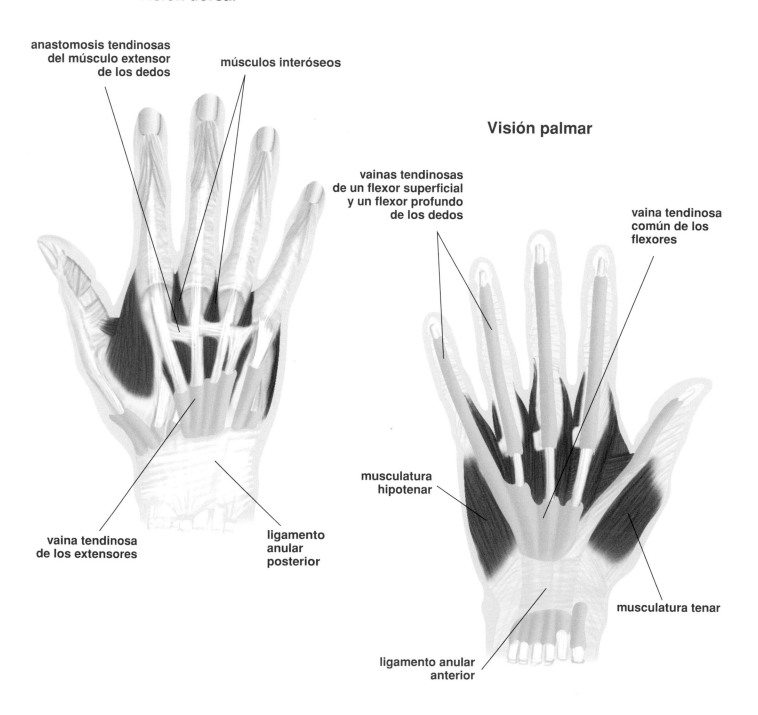

Visión dorsal

anastomosis tendinosas del músculo extensor de los dedos

músculos interóseos

vaina tendinosa de los extensores

ligamento anular posterior

Visión palmar

vainas tendinosas de un flexor superficial y un flexor profundo de los dedos

vaina tendinosa común de los flexores

musculatura hipotenar

musculatura tenar

ligamento anular anterior

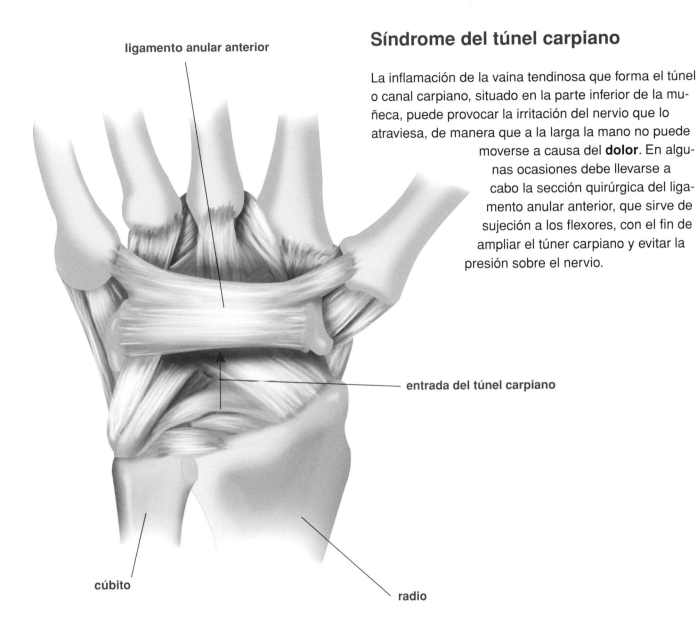

Síndrome del túnel carpiano

La inflamación de la vaina tendinosa que forma el túnel o canal carpiano, situado en la parte inferior de la muñeca, puede provocar la irritación del nervio que lo atraviesa, de manera que a la larga la mano no puede moverse a causa del **dolor**. En algunas ocasiones debe llevarse a cabo la sección quirúrgica del ligamento anular anterior, que sirve de sujeción a los flexores, con el fin de ampliar el túner carpiano y evitar la presión sobre el nervio.

ligamento anular anterior

entrada del túnel carpiano

cúbito

radio

▸▸ CIRUGÍA DEL TÚNEL CARPIANO

Túnel carpiano con el ligamento anular de disposición transversal y el nervio mediano que transcurre por debajo (izquierda).
Tras la sección del ligamento, vuelve a haber espacio para el nervio (derecha).

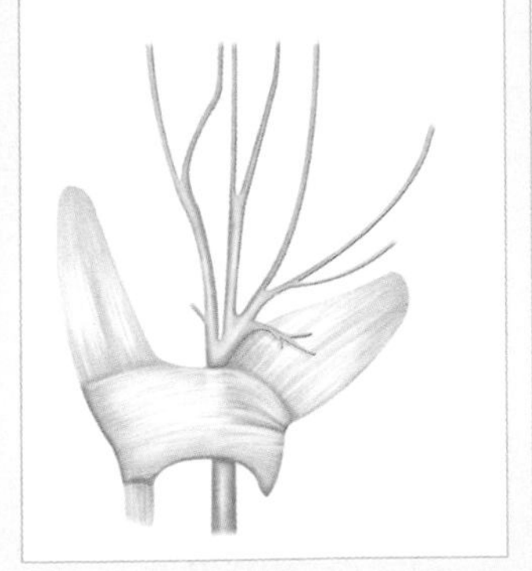

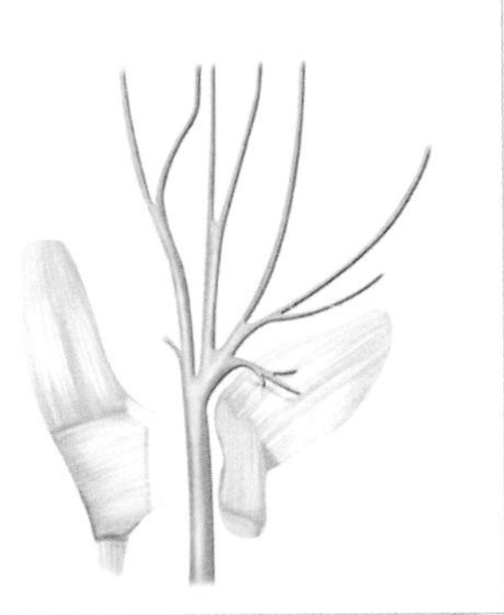

Pelvis femenina

La pelvis ósea es la parte del cuerpo que une el tronco con las extremidades inferiores, las piernas. Tres huesos soldados entre sí forman el **hueso coxal**, situado a ambos lados del **hueso sacro**, que también forma parte de la pelvis. Hacia arriba, el **ilion**, uno de los huesos del hueso coxal, constituye el límite lateral de la pelvis y con el del otro lado forma la pelvis mayor. Hacia abajo y hacia delante, la pelvis se estrecha y forma el **estrecho superior de la pelvis**, que en la mujer es más grande y redondeado que en el hombre para que durante el parto el niño pueda pasar. Por delante la pelvis está limitada por la **sínfisis púbica**, unida mediante cartílago.

Visión anterior

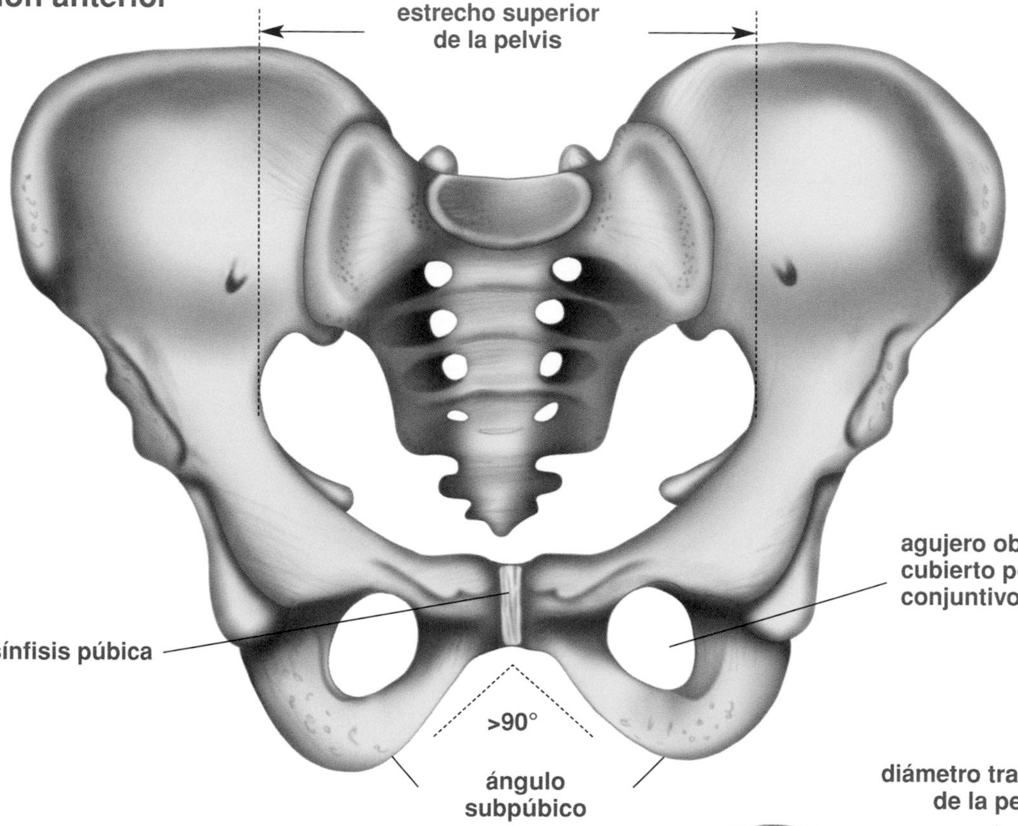

estrecho superior de la pelvis

agujero obturador cubierto por tejido conjuntivo

sínfisis púbica

>90°

ángulo subpúbico

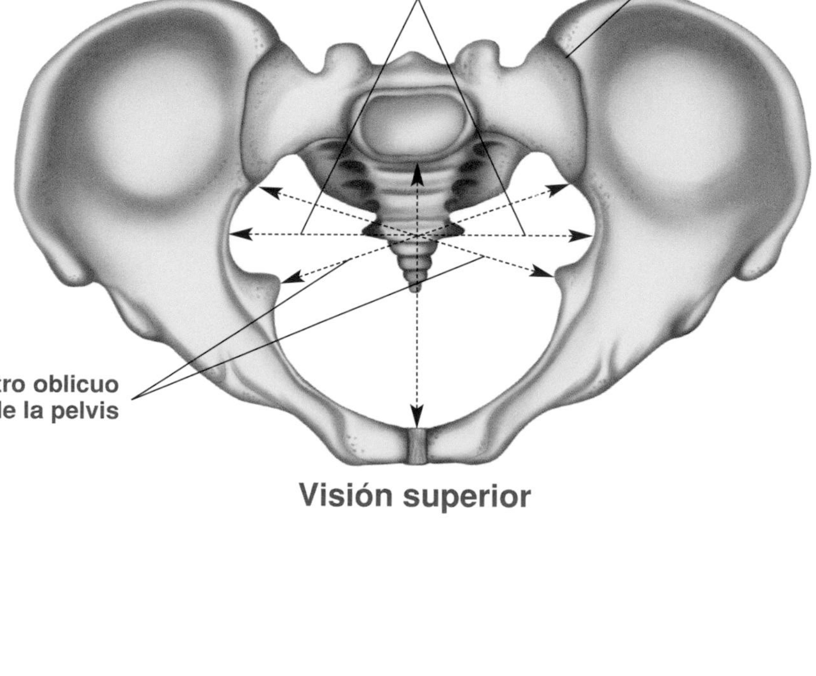

articulación sacroilíaca

diámetro transversal de la pelvis

diámetro oblicuo de la pelvis

Visión superior

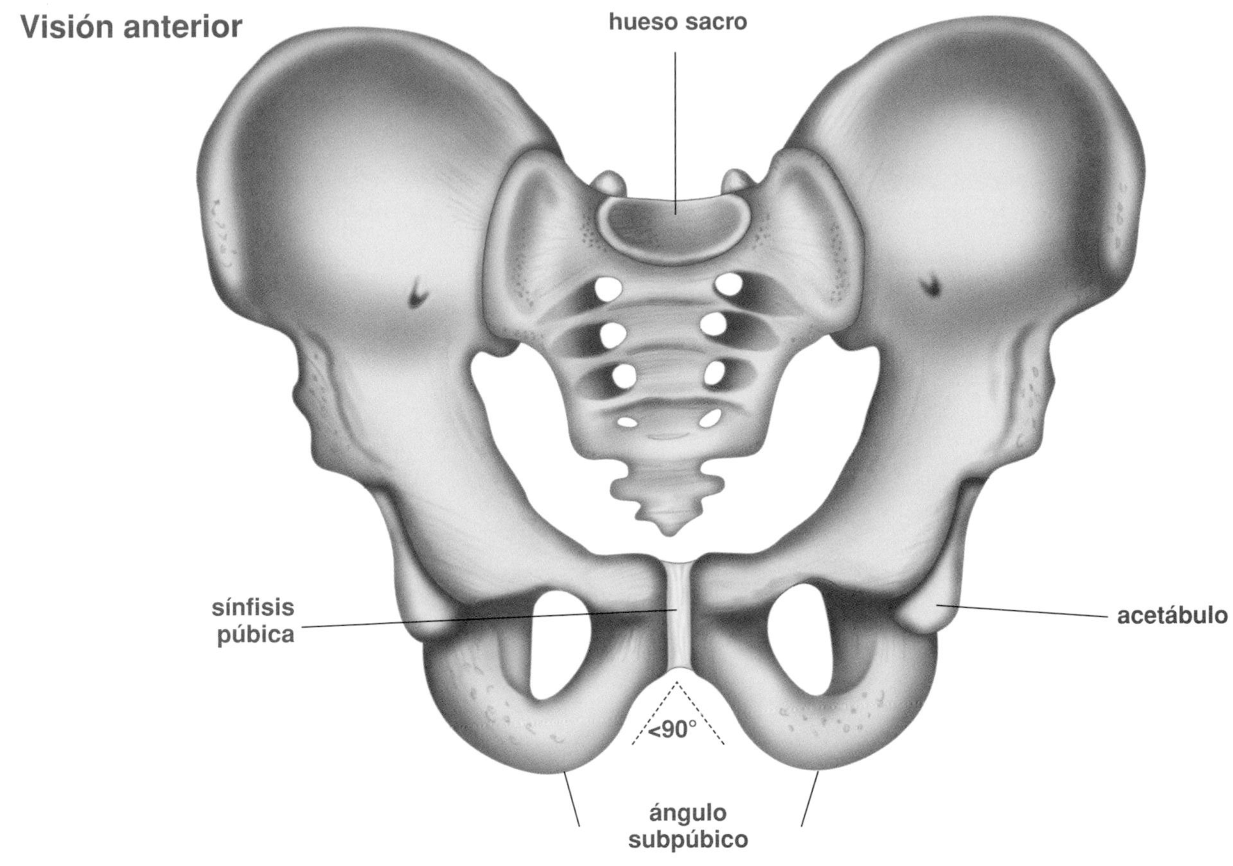
Visión anterior
hueso sacro
sínfisis púbica
acetábulo
<90°
ángulo subpúbico

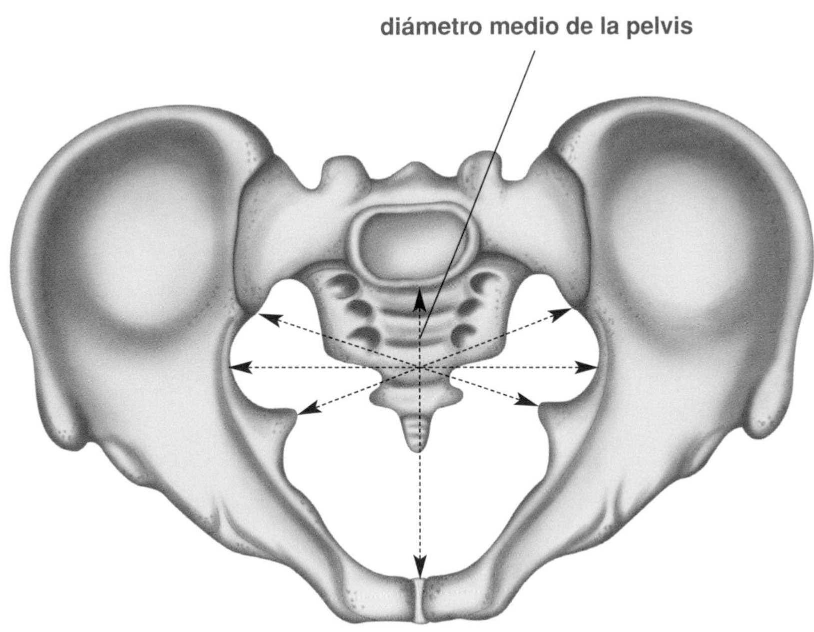
diámetro medio de la pelvis
Visión superior

Pelvis masculina

El estrecho superior de la pelvis del hombre tiene un diámetro menor que el de la mujer y es menos redondeado, con una forma más acorazonada. En conjunto la pelvis masculina es menos marcada y más estrecha que la femenina. La parte inferior de la pelvis, que junto con el pubis forma el agujero obturador (cubierto por tejido conjuntivo), se conoce como **isquion**. La **espina ciática**, envuelta por tejido adiposo y situada a ambos lados, ayuda a sentarse y en esta posición es fácilmente palpable. La pelvis es vital para la bipedestación porque confiere estabilidad al tronco.

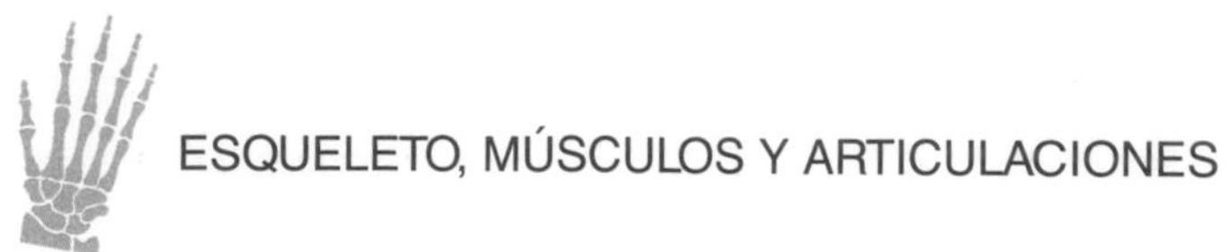

Articulación de la cadera

La articulación de la cadera es una de las más estables del cuerpo. Está concebida para soportar el peso de todo el tronco, motivo por el cual la cabeza del fémur (la parte del fémur que encaja en el acetábulo del isquion) está bien afianzada en su lugar por músculos y ligamentos. En ocasiones, con la edad, aparece **artrosis de cadera**, un fuerte desgaste del cartílago articular que cursa con un dolor intenso. Cuando ningún tratamiento resulta eficaz, la articulación formada por la cabeza del fémur y el acetábulo se sustituye mediante cirugía por una **prótesis**. Lo mismo ocurre cuando se produce una **fractura del cuello del fémur** en personas de edad avanzada, ya que en este caso con frecuencia también se ve implicada la cápsula articular.

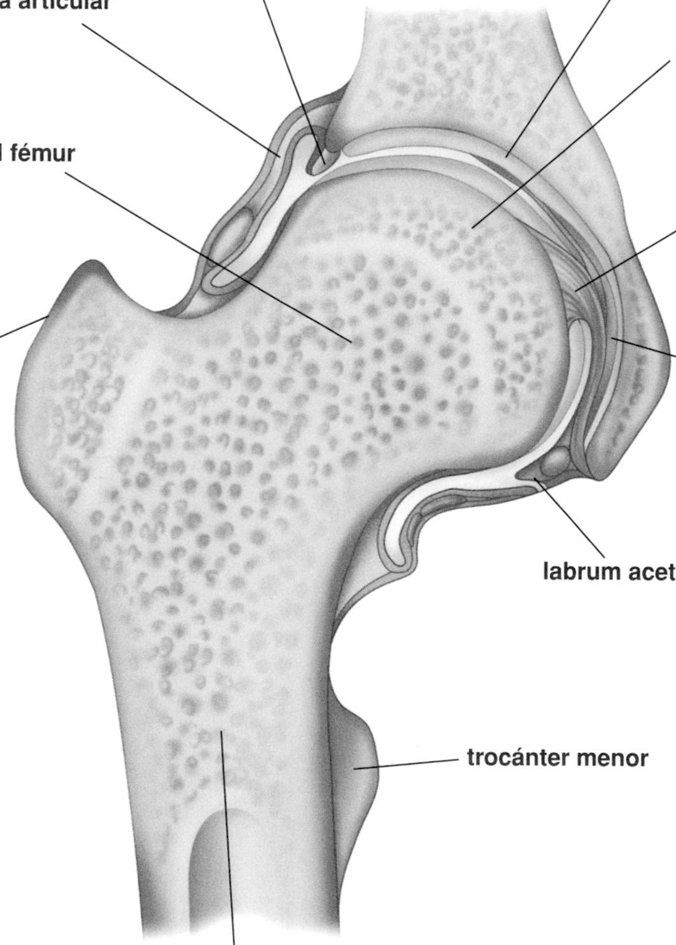

labrum acetabular
acetábulo
cápsula articular
cabeza del fémur
cuello del fémur
ligamento redondo
trocánter mayor
fosa del acetábulo
labrum acetabular
trocánter menor
diáfisis femoral

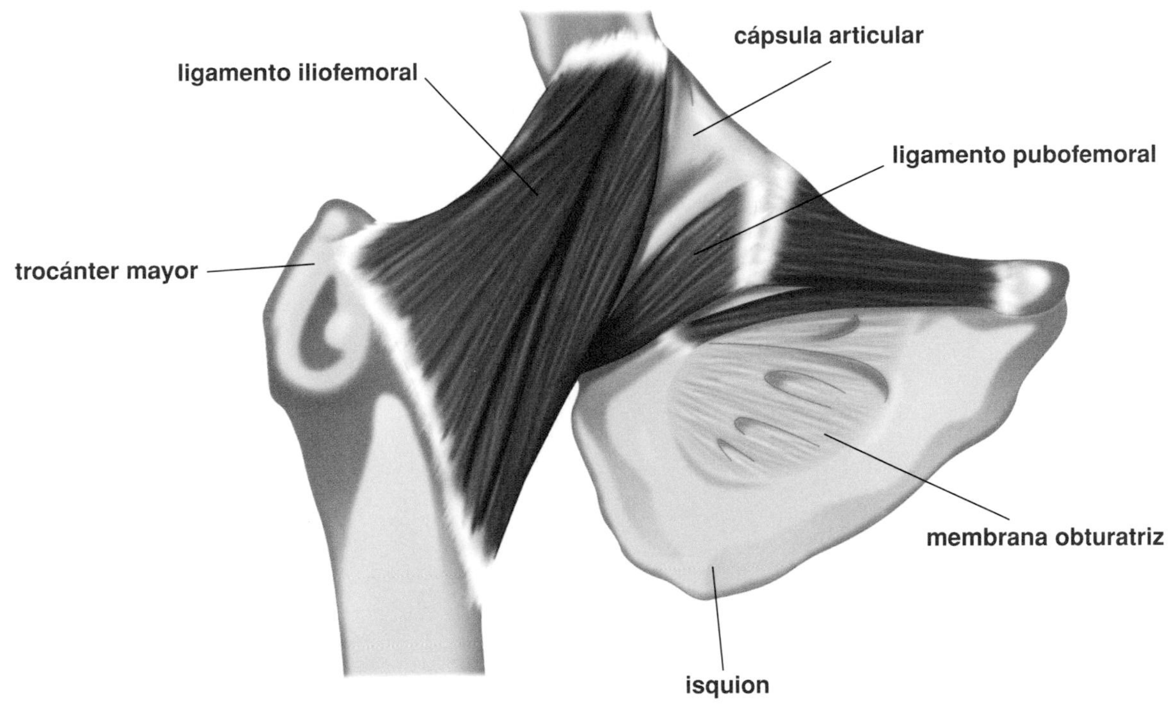
ligamento iliofemoral
cápsula articular
ligamento pubofemoral
trocánter mayor
membrana obturatriz
isquion

ARTROPLASTIA

Las articulaciones dañadas por una enfermedad o un traumatismo pueden ser sustituidas por una prótesis mediante el procedimiento de la artroplastia. El objetivo es eliminar el dolor y mejorar la movilidad. Lo más frecuente es la sustitución de la articulación de la cadera, la rodilla o el hombro. El procedimiento quirúrgico consiste en la extracción de los extremos óseos dañados y su sustitución por una prótesis metálica, cerámica o de polímeros.

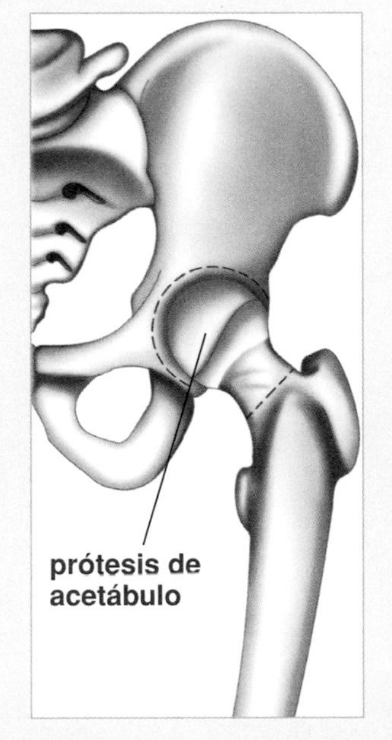
prótesis de
acetábulo

Huesos y musculatura de la extremidad inferior

La extremidad inferior está formada por el **muslo**, la **articulación de la rodilla**, la **pierna** y el **pie**. La cabeza del fémur descansa en el acetábulo. El extremo inferior del fémur acaba en un engrosamiento con dos superficies articulares que, a través de la articulación de la rodilla, sirven de unión con la pierna. La musculatura que mueve el muslo y, consecuentemente, la pierna tiene su origen en parte en la pelvis y se extiende hasta la pierna. A este grupo pertenece, por ejemplo, el músculo glúteo mayor, que junto a otros tres músculos forma el cuádriceps crural, cuya función es la extensión del muslo. Entre otros, el músculo bíceps crural es el encargado de la flexión del muslo.

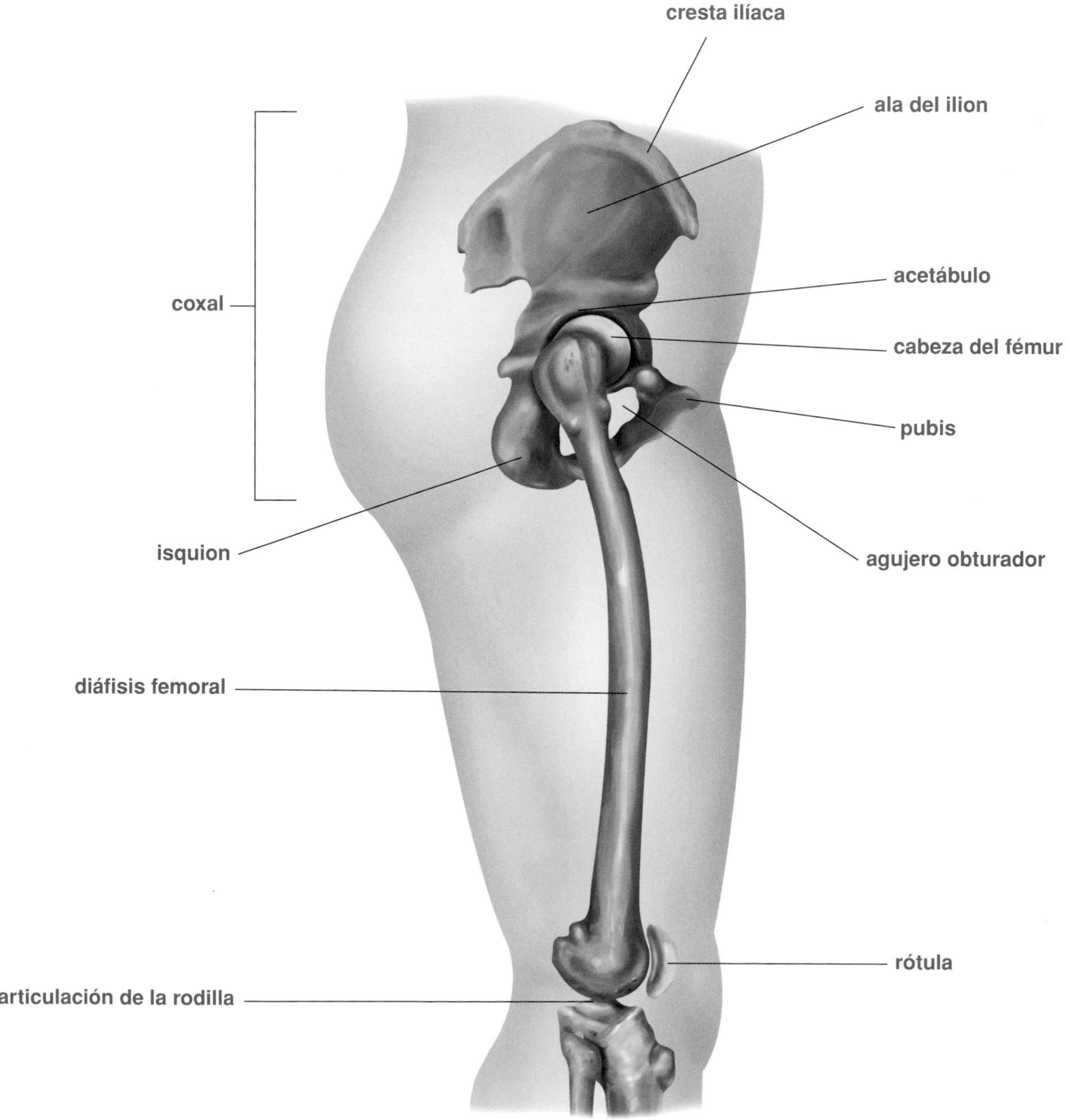
cresta ilíaca
ala del ilion
coxal
acetábulo
cabeza del fémur
pubis
isquion
agujero obturador
diáfisis femoral
rótula
articulación de la rodilla

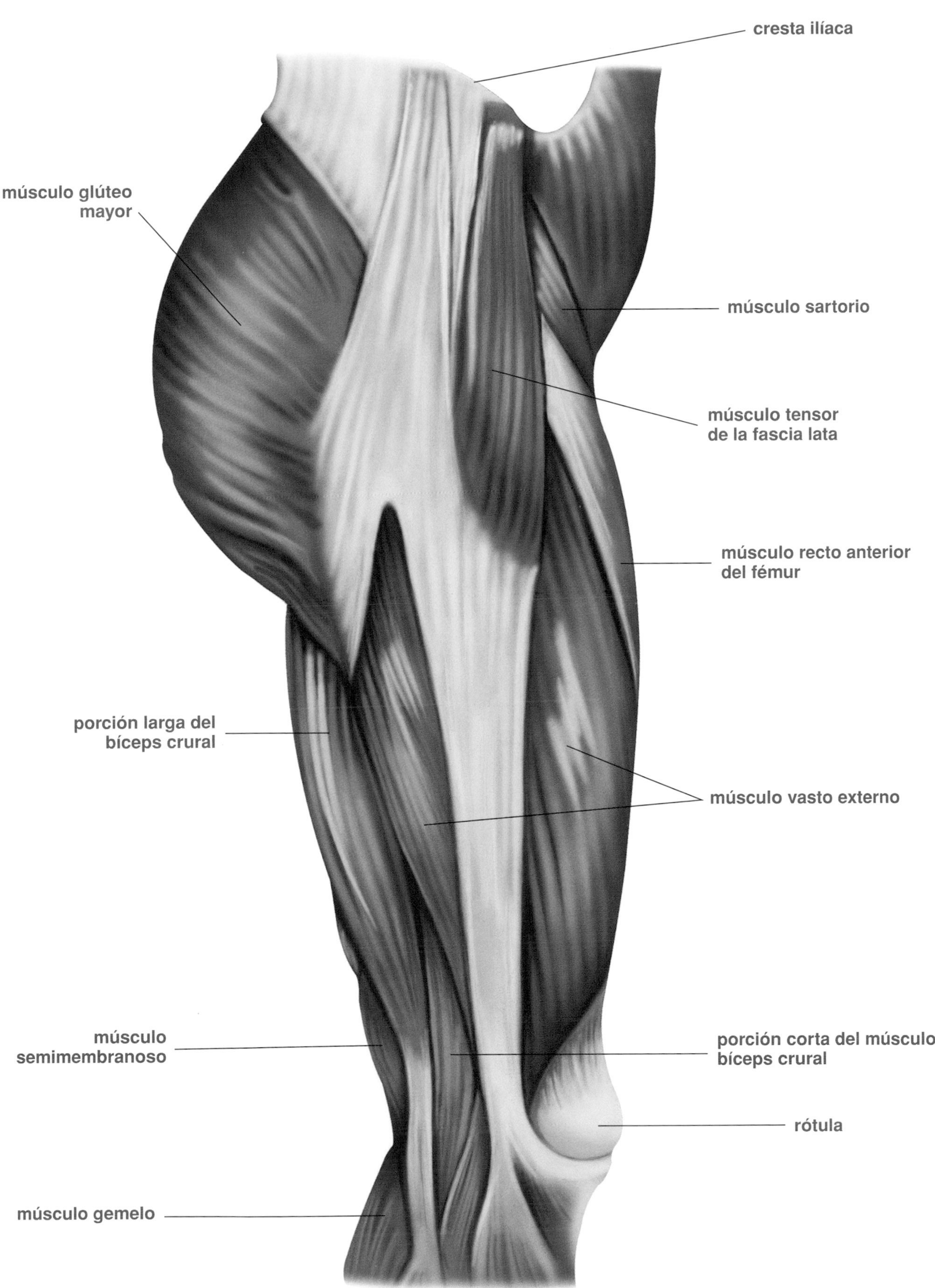
cresta ilíaca
músculo glúteo mayor
músculo sartorio
músculo tensor de la fascia lata
músculo recto anterior del fémur
porción larga del bíceps crural
músculo vasto externo
músculo semimembranoso
porción corta del músculo bíceps crural
rótula
músculo gemelo

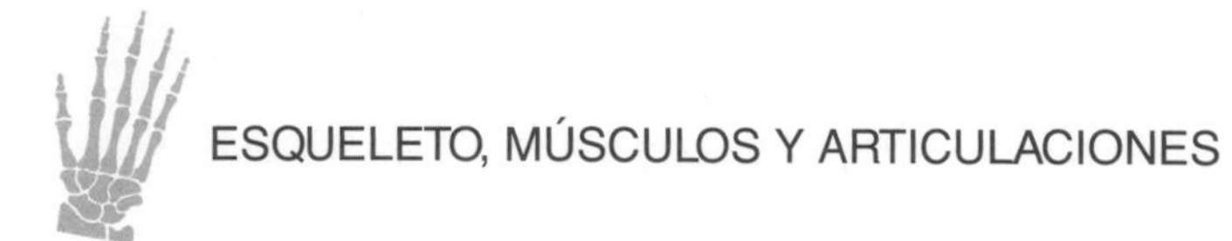

Articulación de la rodilla

El extremo inferior del fémur y los cóndilos de la cabeza de la tibia (la tibia es uno de los dos huesos de la pierna) forman la articulación de la rodilla. Entre los dos huesos existen unos discos cartilaginosos, los **meniscos interno** y **externo**, que evitan que la rodilla se desplace con los movimientos de flexión, extensión o rotación. Los **cóndilos femorales** se deslizan dentro de los **cóndilos tibiales**. Los **ligamentos cruzados** anterior y posterior, al igual que los **ligamentos laterales** interno y externo, mantienen la articulación en su posición. Por delante, la rodilla está protegida por la **rótula** *(patella)*, un hueso sesamoideo situado dentro del ligamento rotuliano y el tendón del cúadriceps, los cuales se extienden por encima de la rodilla. Junto con el fémur, la rótula forma la articulación femororrotuliana, una parte de la articulación de la rodilla. La articulación peroneotibial proximal también pertenece a la rodilla.

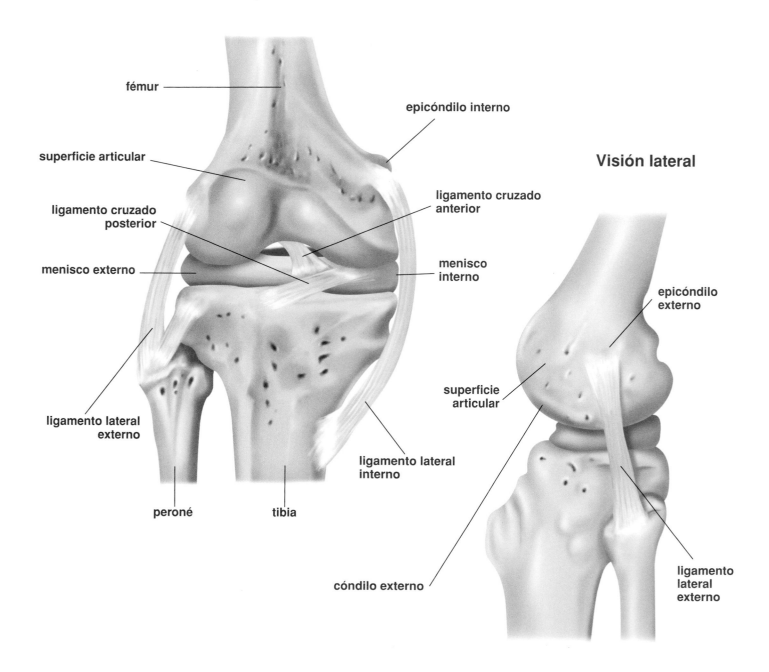

Visión posterior

fémur
epicóndilo interno
superficie articular
ligamento cruzado posterior
ligamento cruzado anterior
menisco externo
menisco interno
ligamento lateral externo
ligamento lateral interno
peroné
tibia

Visión lateral

epicóndilo externo
superficie articular
cóndilo externo
ligamento lateral externo

Rotura de menisco

Los traumatismos o el desgaste pueden provocar la **rotura** u otras **lesiones** de los meniscos, los discos cartilaginosos de la rodilla. Esta situación se manifiesta en forma de dolor o limitación de la movilidad de la articulación. Mediante un proceso quirúrgico poco invasivo, se extirpa parte o la totalidad del menisco o, en casos poco frecuentes, se sutura. Por regla general, cuando se ha producido una rotura, el cirujano debe eliminar quirúrgicamente parte del menisco, ya que sino también podría deteriorarse el resto de él.

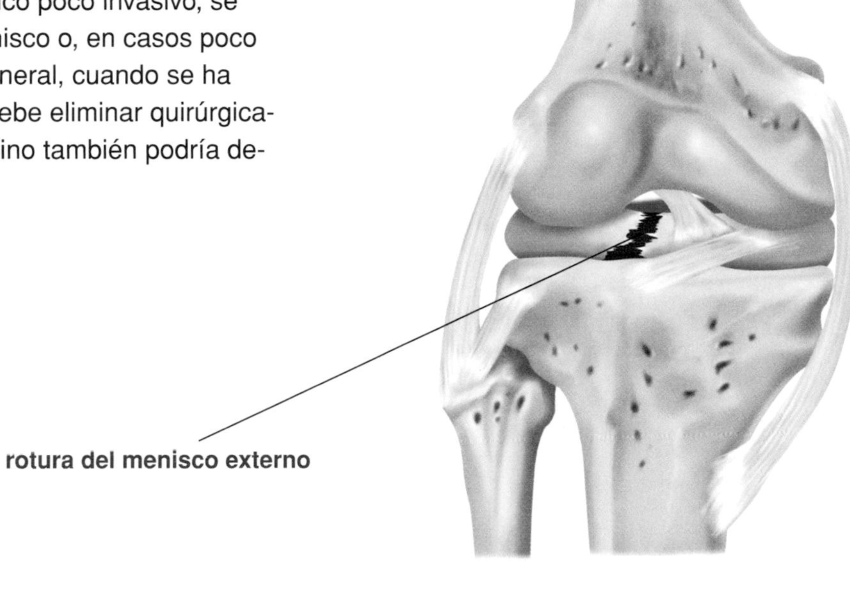
rotura del menisco externo

ARTROSCOPIA

Con la ayuda de un artroscopio y una buena iluminación, puede explorarse el espacio articular y tomarse muestras tisulares para su posterior examen en el laboratorio. La artroscopia se realiza bajo anestesia general o local. Mediante un torniquete arterial en el muslo, se interrumpe la circulación de la pierna durante el tiempo que dura la intervención para conseguir una mejor visibilidad con el artroscopio. Seguidamente, se inyecta líquido (solución salina) en la articulación con una aguja especial. A través de una pequeña incisión, el médico introduce el artroscopio y examina todo el espacio articular.

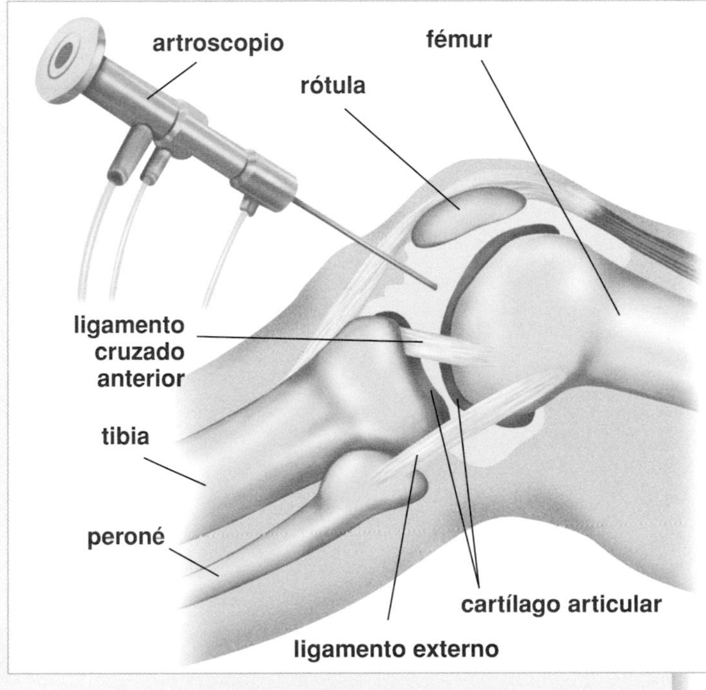
artroscopio
fémur
rótula
ligamento cruzado anterior
tibia
peroné
cartílago articular
ligamento externo

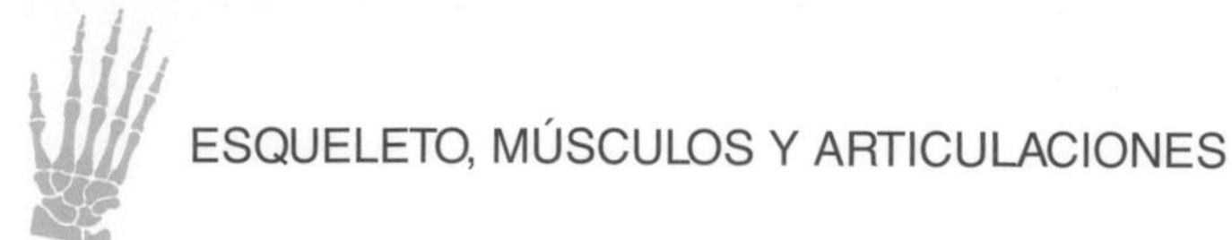

Pie: visión lateral

El pie se une a la pierna mediante la articulación del tobillo. La tibia y el peroné, con dos superficies articulares, forman la **articulación superior del tobillo** y tres huesos del **tarso** (astrágalo, calcáneo y escafoides), con sus superficies articulares dirigidas a la tibia y el peroné, forman la **articulación inferior del tobillo**. El tarso está formado además por el cuboides y tres huesos cuneiformes. Además del tarso, el pie se compone de dos secciones: el **metatarso** y los **dedos**. La articulación superior del tobillo permite la flexión del pie y la inferior, los movimientos laterales. El resto de articulaciones (entre el tarso y el metatarso y entre el metatarso y las falanges) hacen posible la enorme movilidad del pie.

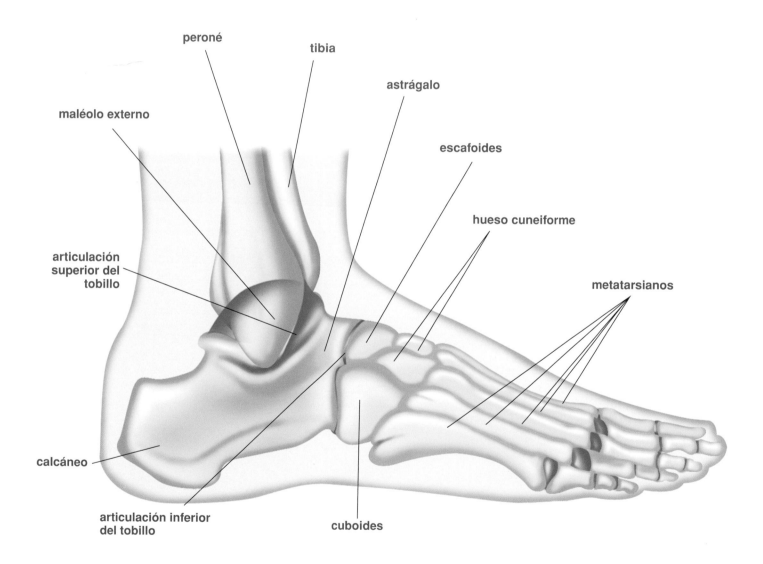

peroné
tibia
astrágalo
maléolo externo
escafoides
hueso cuneiforme
articulación superior del tobillo
metatarsianos
calcáneo
articulación inferior del tobillo
cuboides

Pie: visión anterior

El metatarso está formado por los cinco **huesos metatarsianos**, cuyas superficies articulares se unen con el cuboides y los tres huesos cuneiformes del tarso. Los metatarsianos son huesos largos con tres partes: base, cuerpo y cabeza. Mientras que el dedo gordo (que se une al metatarso a través de dos huesos sesamoideos envueltos en un tendón) cuenta con dos falanges, el resto de los dedos del pie están formados por tres falanges.

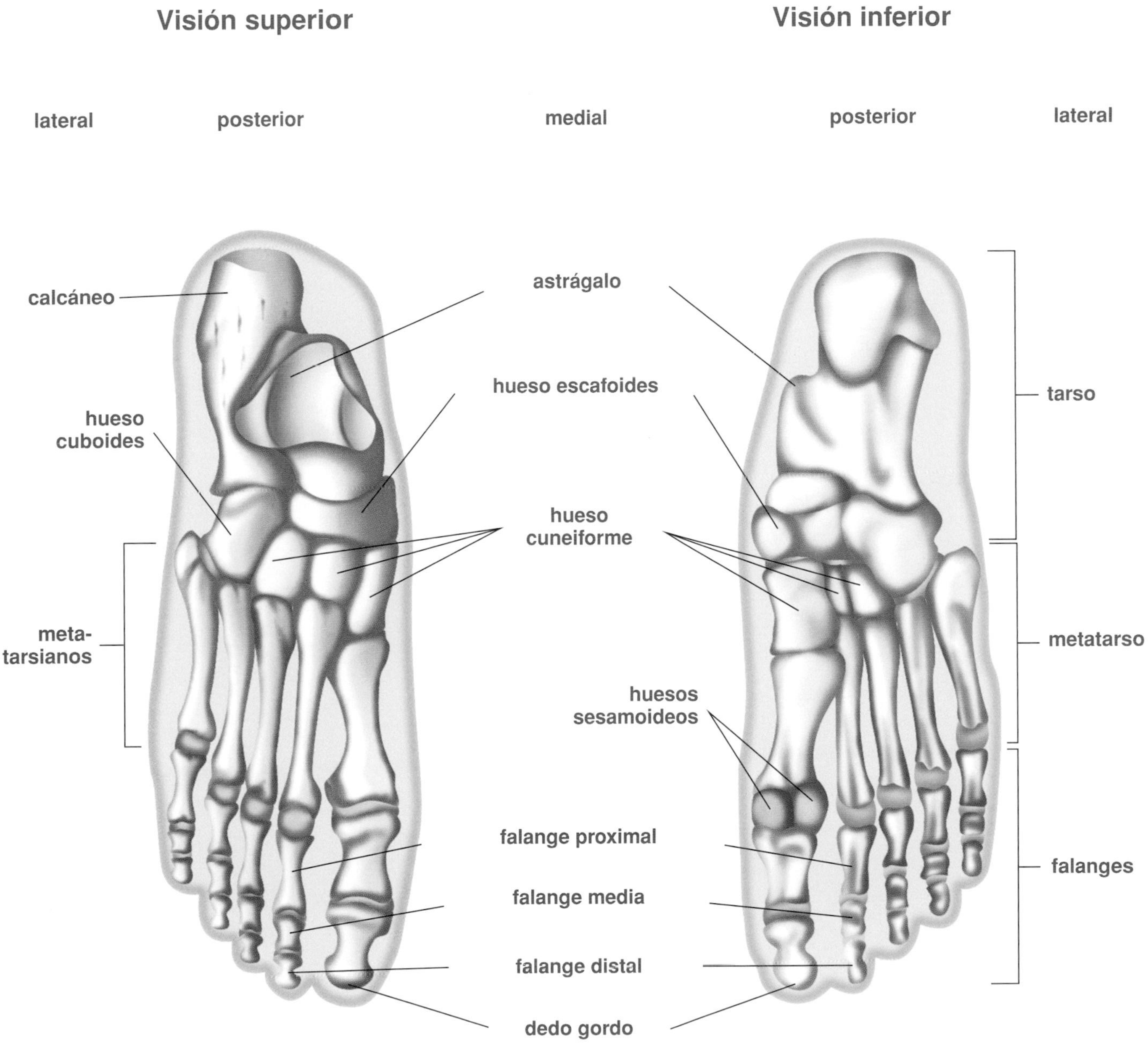

Visión superior

Visión inferior

lateral
posterior
medial
posterior
lateral
calcáneo
astrágalo
hueso escafoides
hueso cuboides
tarso
hueso cuneiforme
meta-tarsianos
metatarso
huesos sesamoideos
falange proximal
falanges
falange media
falange distal
dedo gordo

Lesiones de la articulación del tobillo

La estabilidad del tobillo está garantizada por un gran número de músculos y ligamentos. Debido a una sobrecarga no habitual, estos ligamentos pueden retorcerse, distenderse o desgarrarse. Además, a causa de una torcedura de tobillo u otros accidentes pueden producirse fracturas a nivel de la articulación. La más frecuente es la fractura del maléolo externo (del peroné), la cual, según Weber, puede clasificarse en A, B o C. La **fractura A de Weber** solo precisa inmovilización y reposo y no necesita cirugía. Por el contrario, las **fracturas B** y **C de Weber** con frecuencia requieren una intervención quirúrgica que las reduzca, es decir: se aproximan los fragmentos de la fractura, si es necesario con piezas metálicas, y después se inmoviliza la articulación. Este tratamiento también se aplica para resolver la **fractura de Maisonneuve**, una fractura alta del peroné.

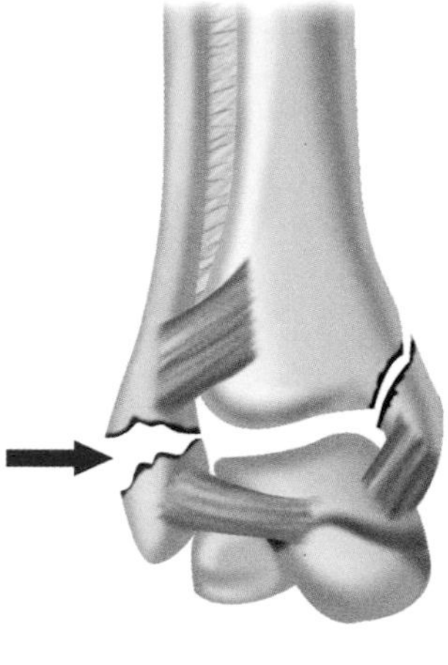

fractura A de Weber

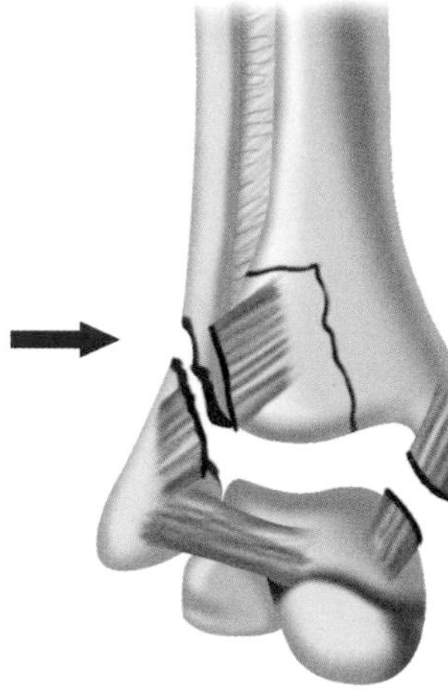

fractura B de Weber

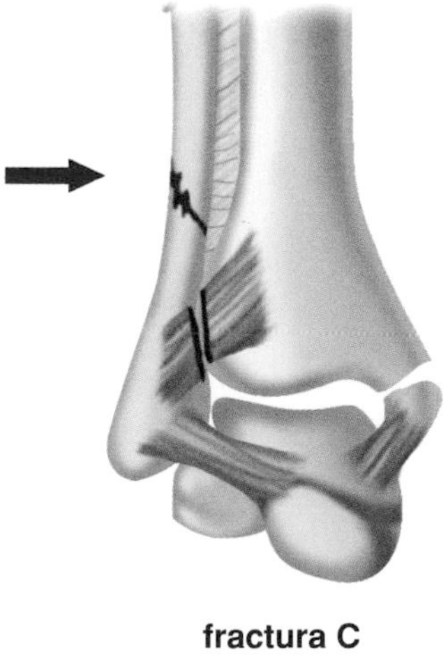

fractura C de Weber

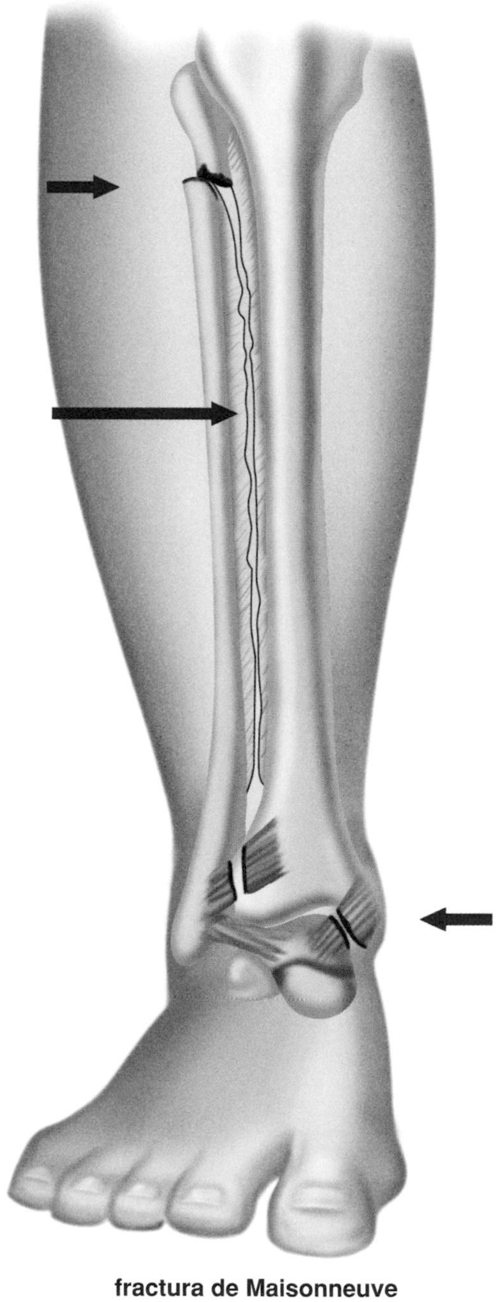

fractura de Maisonneuve

Deformidades del pie

Dado que la estructura del pie es muy compleja, es comprensible que a este nivel se produzcan deformidades con facilidad, que pueden ser congénitas o adquiridas por una sobrecarga inadecuada. En el caso del **pie equino**, el talón se sitúa alto debido a la extensión del tobillo por un acortamiento del tendón de Aquiles, entre otras causas. En el **pie calcáneo** los tendones no pueden extenderse. En el **pie plano** prácticamente toda la planta del pie se apoya en el suelo por el colapso del arco longitudinal del pie. El **pie cavo** plantea la situación contraria: el arco longitudinal es demasiado pronunciado, de manera que el pie no puede apoyarse con normalidad en el suelo. Los **metatarsos adductus**, por lo general una malformación congénita, consisten en la desviación hacia dentro y la deformidad de los metatarsianos. Suelen tratarse con calzado ortopédico o cirugía.

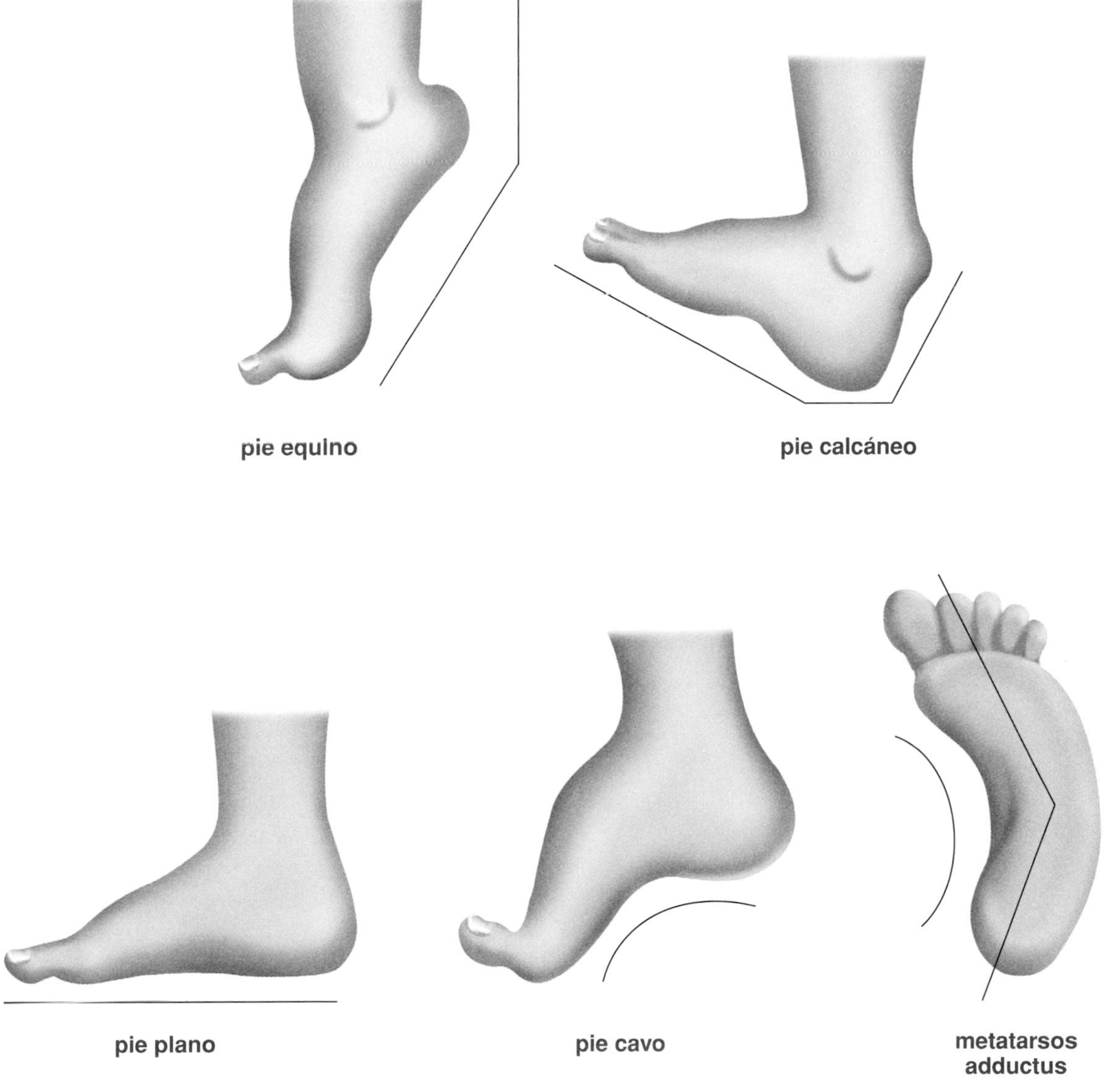

pie equino

pie calcáneo

pie plano

pie cavo

metatarsos adductus

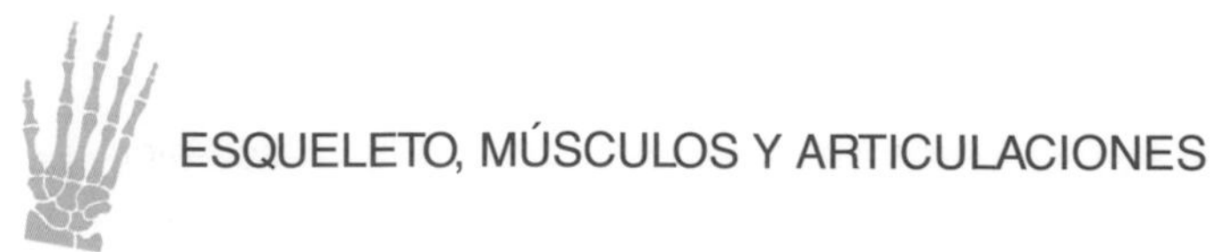

Articulaciones verdaderas

Una articulación es la unión de al menos dos huesos que garantiza que estos puedan moverse entre ellos. Bajo el término «articulación verdadera» (diartrosis) se entiende aquellas articulaciones que están separadas entre sí por un espacio articular lleno de líquido. En contraposición existen las articulaciones no verdaderas (sinartrosis), en las cuales existe una unión cartilaginosa o de tejido conjuntivo entre dos o más huesos pero sin que haya movilidad (p. ej., la unión entre las costillas y el esternón). Una articulación verdadera está envuelta por una **cápsula articular** de tejido conjuntivo y por **ligamentos**, que confieren estabilidad a la articulación. En el interior de la cápsula se localiza la **membrana sinovial**, que fabrica el líquido sinovial (el «lubricante» del espacio articular). Las superficies articulares están recubiertas de **cartílago** para evitar la fricción entre los huesos.

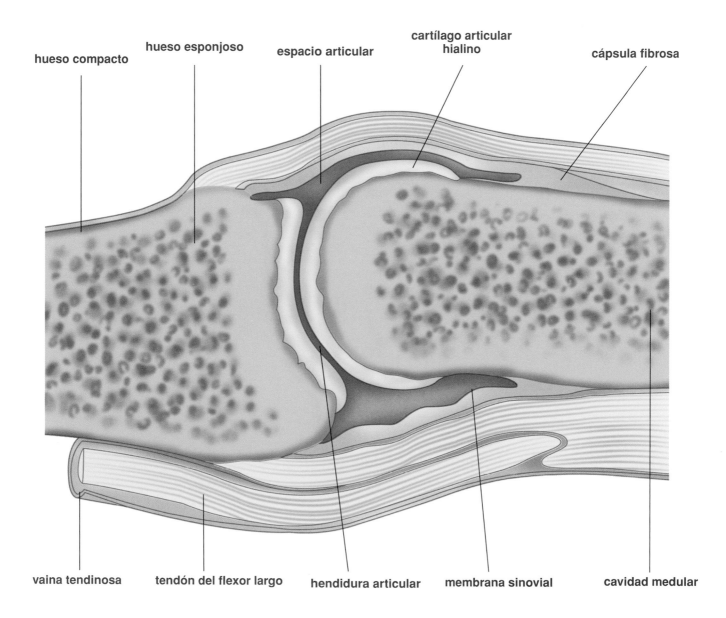

hueso compacto
hueso esponjoso
espacio articular
cartílago articular hialino
cápsula fibrosa
vaina tendinosa
tendón del flexor largo
hendidura articular
membrana sinovial
cavidad medular

Tipos de articulación I

Se distinguen diferentes tipos de articulación. Un ejemplo de **articulación condílea**, conocida también como articulación elipsoidal, es la que se localiza entre el radio y el carpo. La superficie articular es cóncava o convexa y permite tanto movimientos laterales como de flexión y extensión. Por el contrario, las **articulaciones planas** solo proporcionan un deslizamiento limitado.

Articulación plana

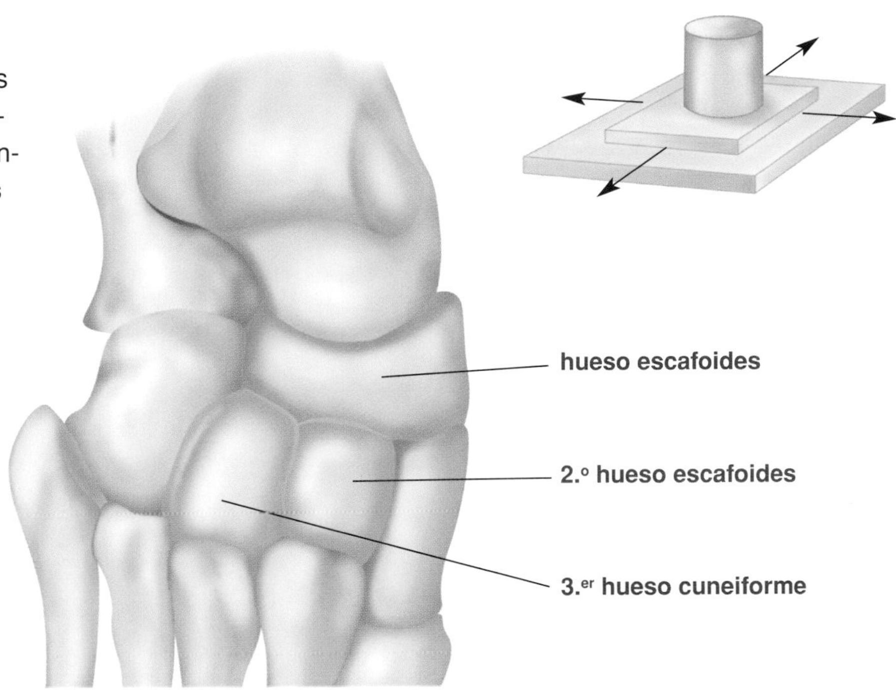
hueso escafoides
2.º hueso escafoides
3.er hueso cuneiforme

Articulación condílea

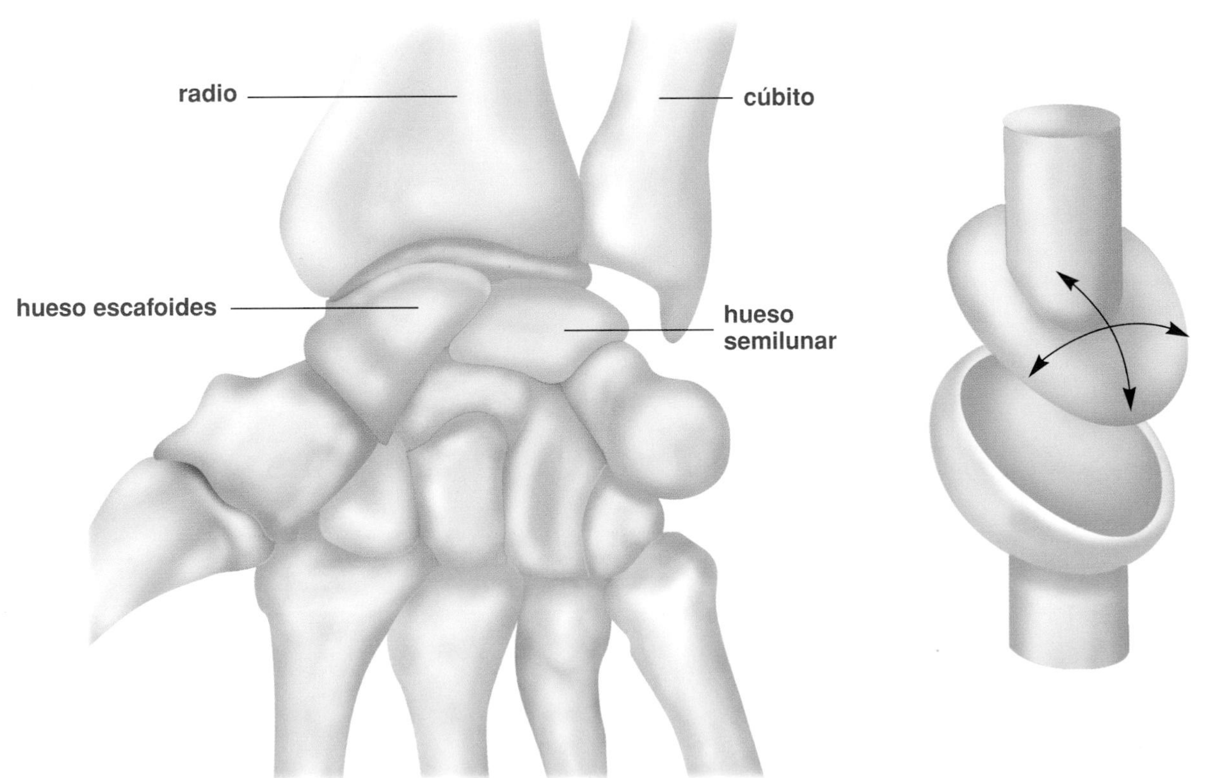
radio
cúbito
hueso escafoides
hueso semilunar

Tipos de articulación II

Las **articulaciones en bisagra** se caracterizan por permitir los movimientos de flexión y extensión. Así, por ejemplo, la articulación del codo solo puede flexionarse en dirección al cuerpo, pero al intentar la flexión hacia atrás, como ocurre con las bisagras, nos encontramos con un tope que impide el desplazamiento. La articulación en bisagra tampoco permite los movimientos laterales. Por el contrario, las **articulaciones en silla de montar** están estructuradas de tal manera que permiten tanto los desplazamientos laterales como hacia delante y hacia atrás.

Articulación en bisagra

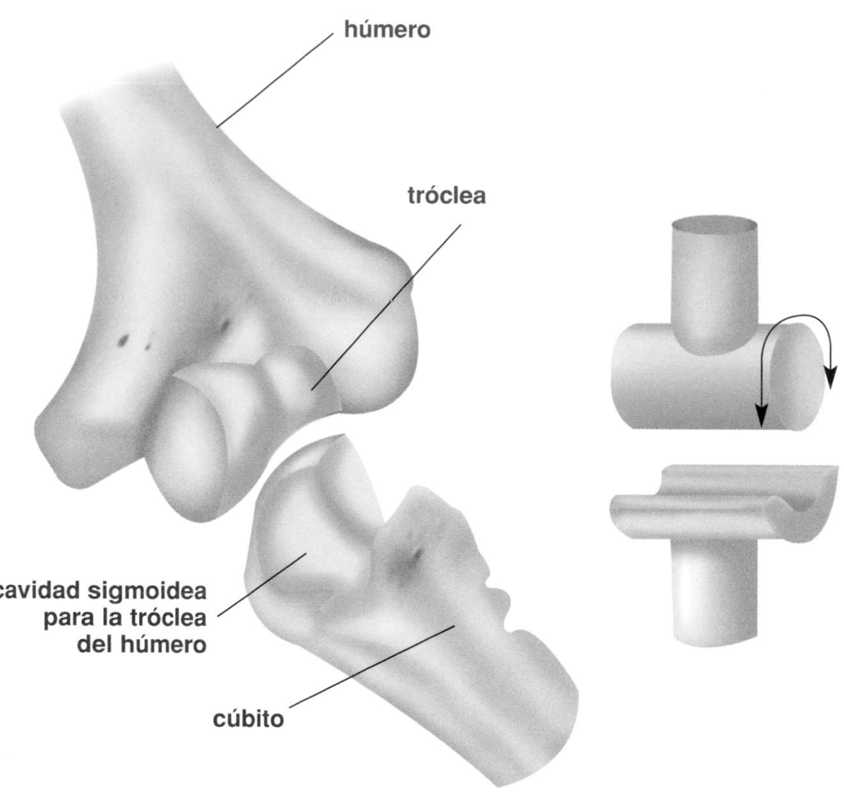
húmero
tróclea
cavidad sigmoidea
para la tróclea
del húmero
cúbito

Articulación en silla de montar

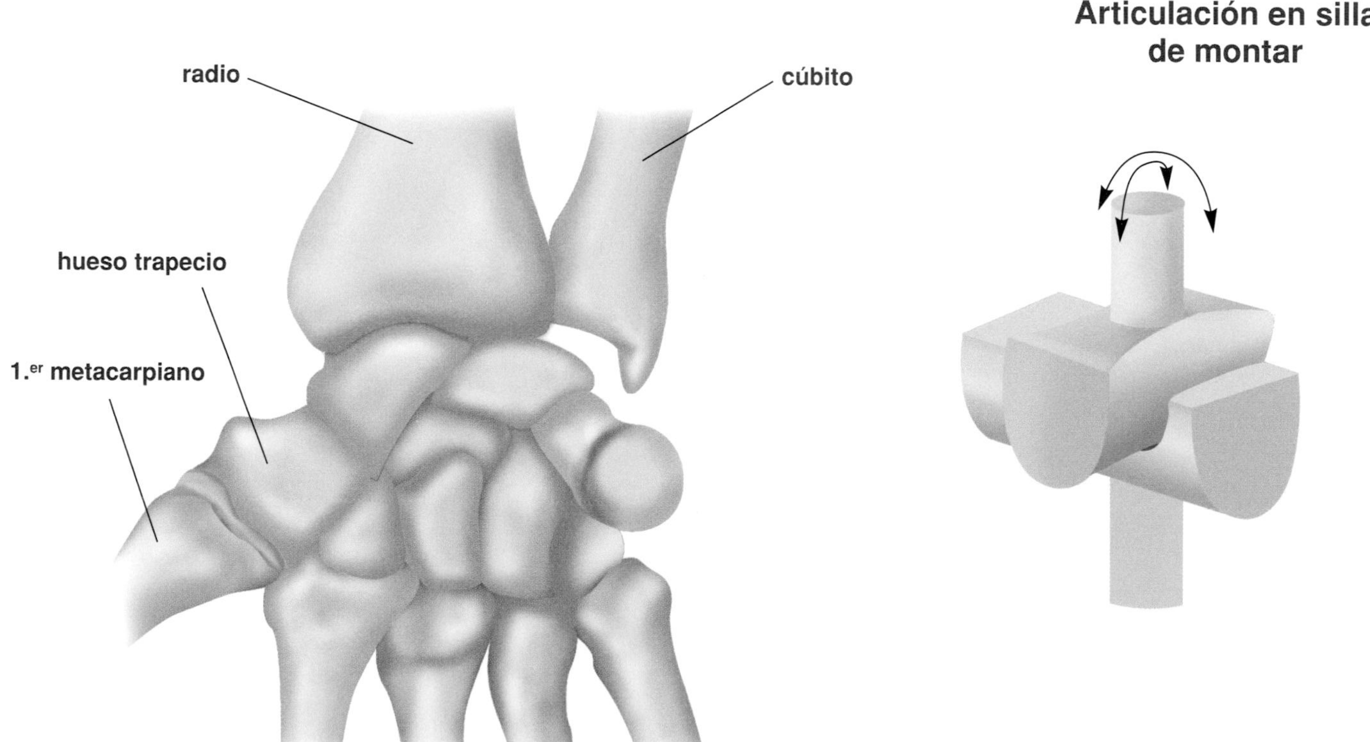
radio
cúbito
hueso trapecio
1.er metacarpiano

Tipos de articulación III

Las **articulaciones en pibote**, como la del cúbito con el radio en el antebrazo, no son excesivamente móviles. Una de las superficies articulares rota sobre la otra y la superficie articular que no gira limita el movimiento de la otra. Las **articulaciones esféricas**, como la de la cadera o el hombro, constituyen la situación totalmente contraria, permitiendo el movimiento en cualquier dirección.

Articulación en pibote

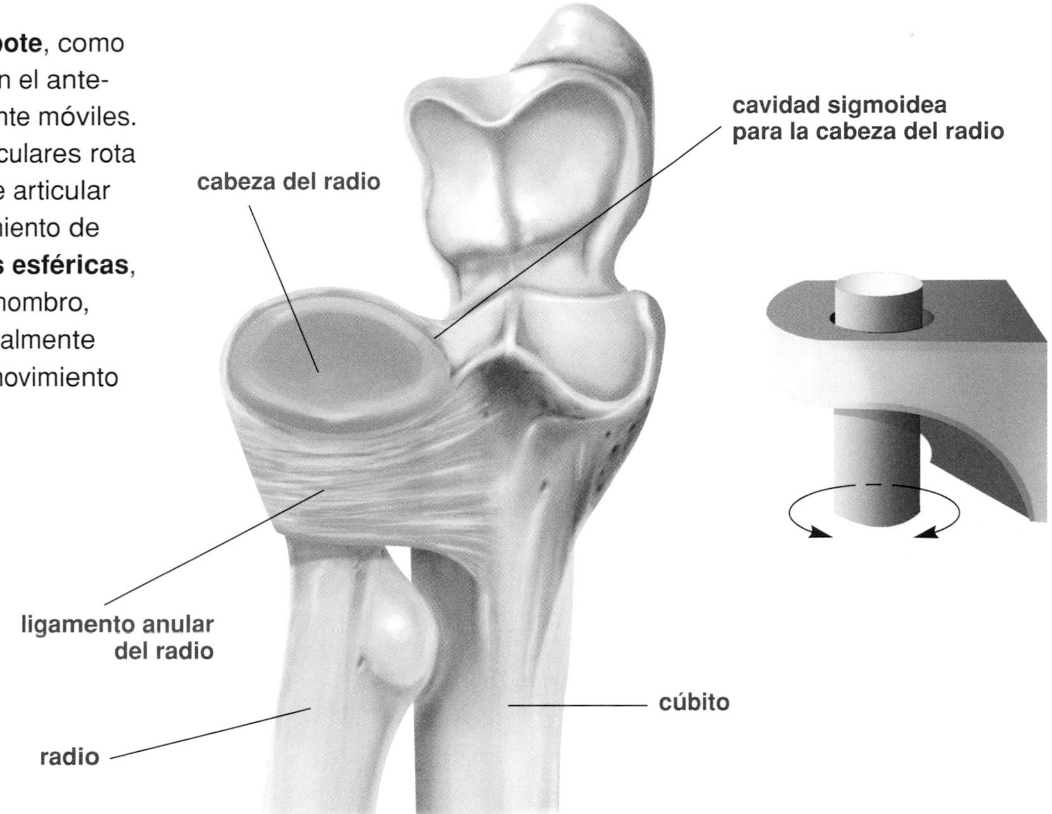
cavidad sigmoidea
para la cabeza del radio
cabeza del radio
ligamento anular
del radio
cúbito
radio

Articulación esférica

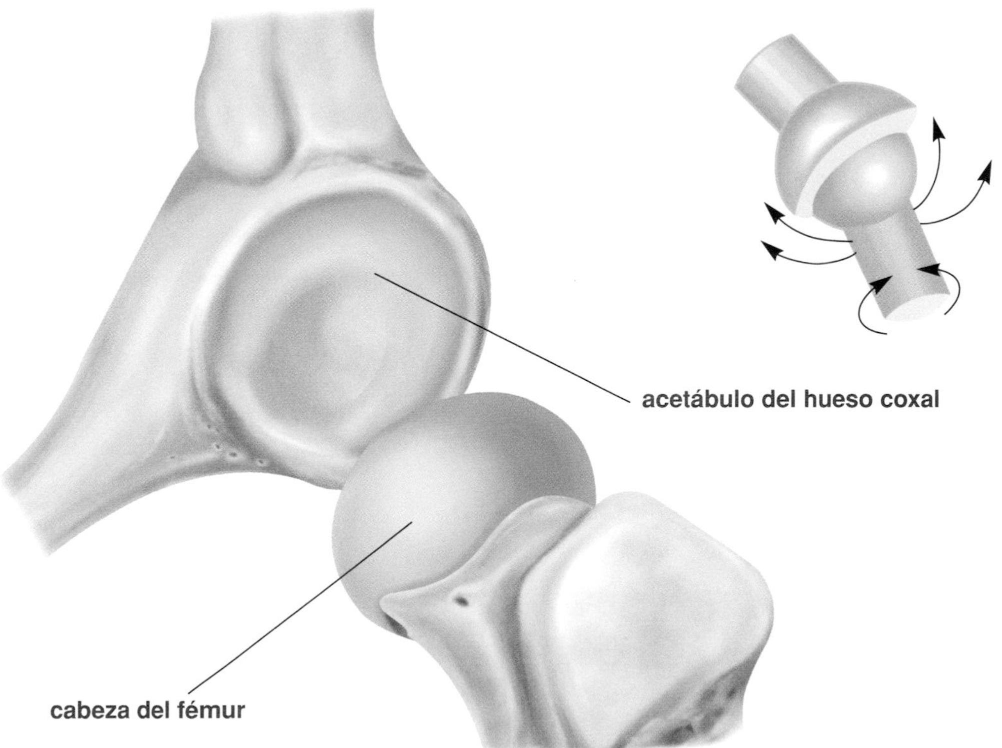
acetábulo del hueso coxal
cabeza del fémur

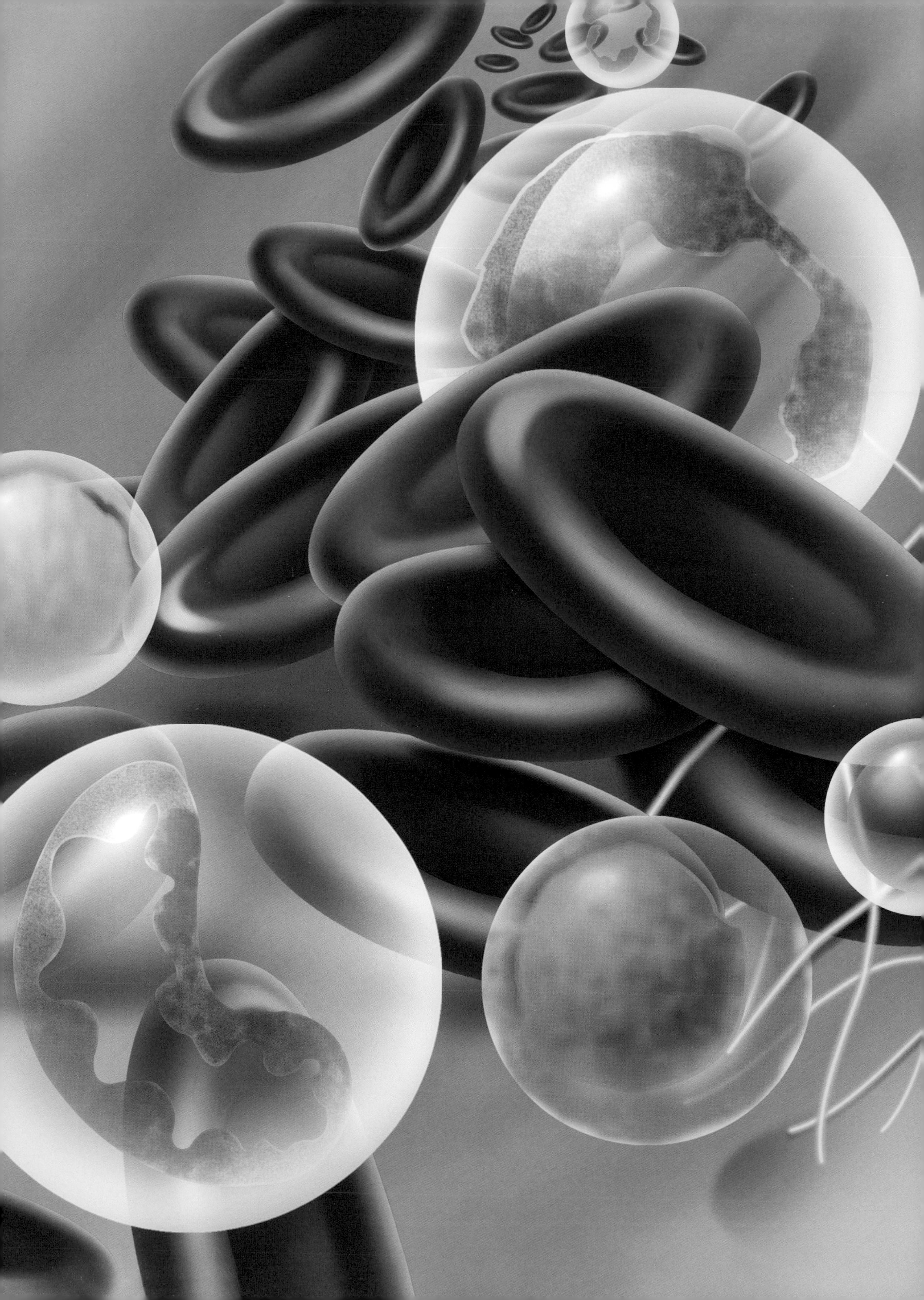

Capítulo 3

Circulación: sistemas vascular y linfático

Las numerosas arterias y venas del organismo forman dos sistemas vasculares prácticamente paralelos: gracias a la función de bombeo del corazón, se ocupan no solo de que todos los órganos estén bien irrigados, sino de que además transporten el oxígeno, los nutrientes y los productos de desecho del metabolismo de un lugar a otro y mantengan el calor corporal. Por su parte, el sistema linfático lleva hasta nuestro sistema circulatorio electrolitos, proteínas y leucocitos. Para que todos nuestros órganos y estructuras vitales funcionen correctamente, es imprescindible que los sistemas sanguíneo y linfático funcionen también a la perfección. Circulación sanguínea es sinónimo de circulación vital.

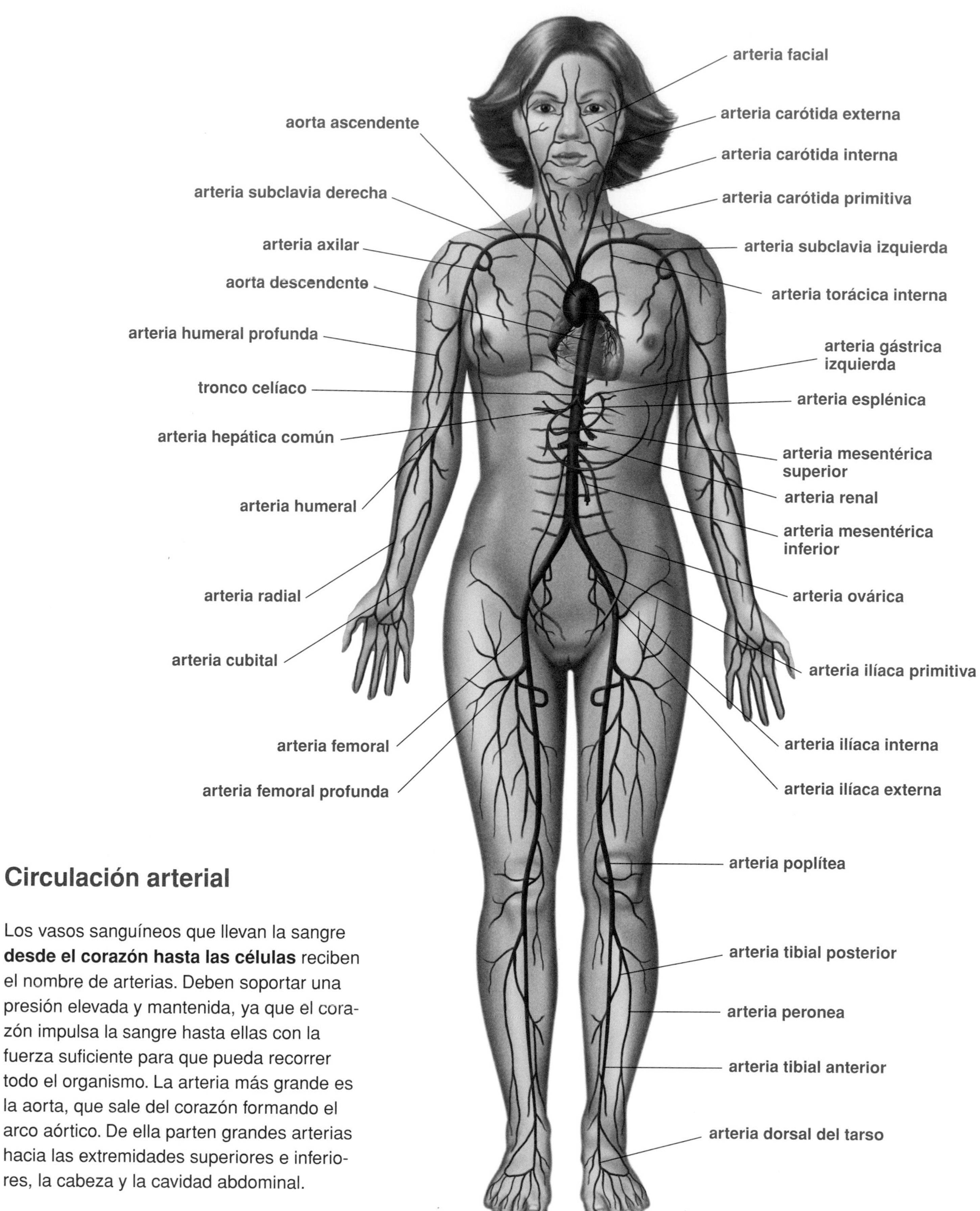
arteria facial
aorta ascendente
arteria carótida externa
arteria carótida interna
arteria subclavia derecha
arteria carótida primitiva
arteria axilar
arteria subclavia izquierda
aorta descendente
arteria torácica interna
arteria humeral profunda
arteria gástrica izquierda
tronco celíaco
arteria esplénica
arteria hepática común
arteria mesentérica superior
arteria humeral
arteria renal
arteria mesentérica inferior
arteria radial
arteria ovárica
arteria cubital
arteria ilíaca primitiva
arteria femoral
arteria ilíaca interna
arteria femoral profunda
arteria ilíaca externa
arteria poplítea
arteria tibial posterior
arteria peronea
arteria tibial anterior
arteria dorsal del tarso

Circulación arterial

Los vasos sanguíneos que llevan la sangre **desde el corazón hasta las células** reciben el nombre de arterias. Deben soportar una presión elevada y mantenida, ya que el corazón impulsa la sangre hasta ellas con la fuerza suficiente para que pueda recorrer todo el organismo. La arteria más grande es la aorta, que sale del corazón formando el arco aórtico. De ella parten grandes arterias hacia las extremidades superiores e inferiores, la cabeza y la cavidad abdominal.

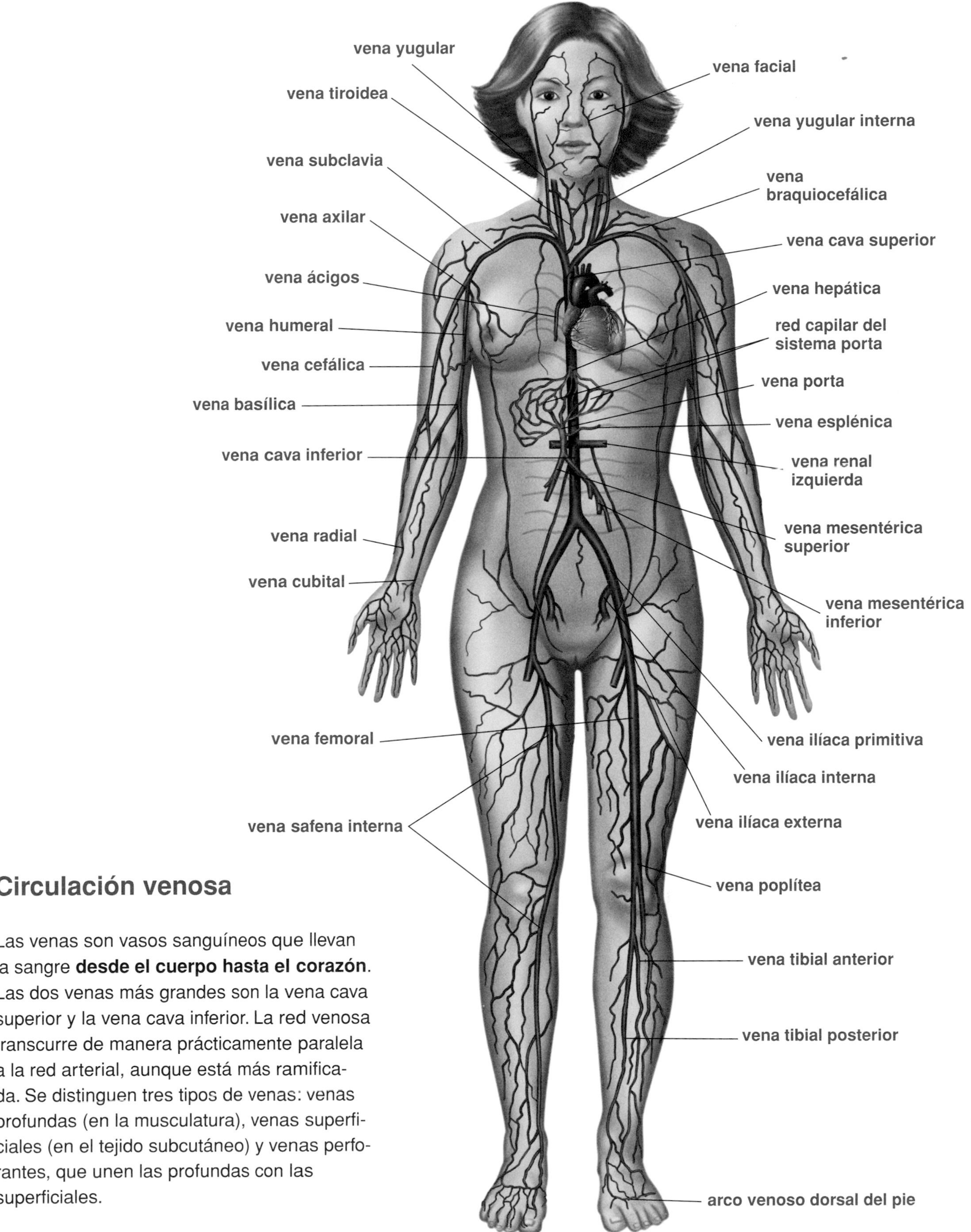
vena yugular
vena tiroidea
vena subclavia
vena axilar
vena ácigos
vena humeral
vena cefálica
vena basílica
vena cava inferior
vena radial
vena cubital
vena femoral
vena safena interna
vena facial
vena yugular interna
vena braquiocefálica
vena cava superior
vena hepática
red capilar del sistema porta
vena porta
vena esplénica
vena renal izquierda
vena mesentérica superior
vena mesentérica inferior
vena ilíaca primitiva
vena ilíaca interna
vena ilíaca externa
vena poplítea
vena tibial anterior
vena tibial posterior
arco venoso dorsal del pie

Circulación venosa

Las venas son vasos sanguíneos que llevan la sangre **desde el cuerpo hasta el corazón**. Las dos venas más grandes son la vena cava superior y la vena cava inferior. La red venosa transcurre de manera prácticamente paralela a la red arterial, aunque está más ramificada. Se distinguen tres tipos de venas: venas profundas (en la musculatura), venas superficiales (en el tejido subcutáneo) y venas perforantes, que unen las profundas con las superficiales.

Circulación sanguínea

Todas las células del cuerpo deben recibir constantemente oxígeno y nutrientes, lo cual está asegurado gracias al sistema circulatorio. Las **arterias** (aquí representadas en rojo) llevan a todos los órganos la sangre enriquecida con oxígeno en los pulmones. El corazón, más exactamente el ventrículo izquierdo, bombea la sangre rica en oxígeno a las arterias. Los órganos utilizan el oxígeno, y la sangre pobre en oxígeno circula a través de las **venas** (aquí representadas en azul) de vuelta al ventrículo derecho. Este bombea la sangre a través de las arterias pulmonares hasta los pulmones, donde vuelve a cargarse de oxígeno. Desde los pulmones, la sangre, a través de las venas pulmonares, vuelve de nuevo al ventrículo izquierdo.

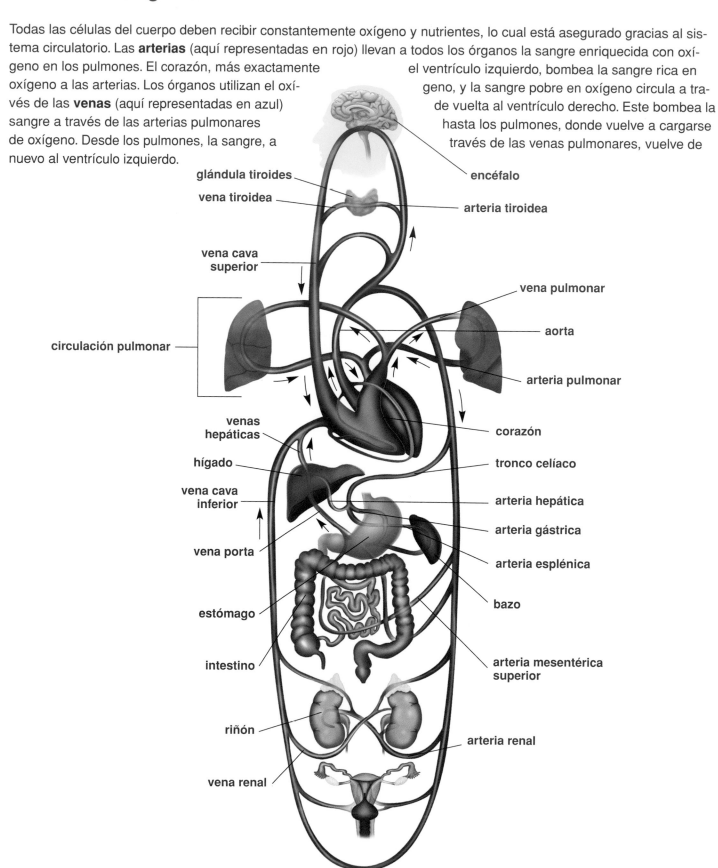

glándula tiroides
encéfalo
vena tiroidea
arteria tiroidea
vena cava superior
vena pulmonar
aorta
circulación pulmonar
arteria pulmonar
venas hepáticas
corazón
hígado
tronco celíaco
vena cava inferior
arteria hepática
arteria gástrica
vena porta
arteria esplénica
bazo
estómago
intestino
arteria mesentérica superior
riñón
arteria renal
vena renal

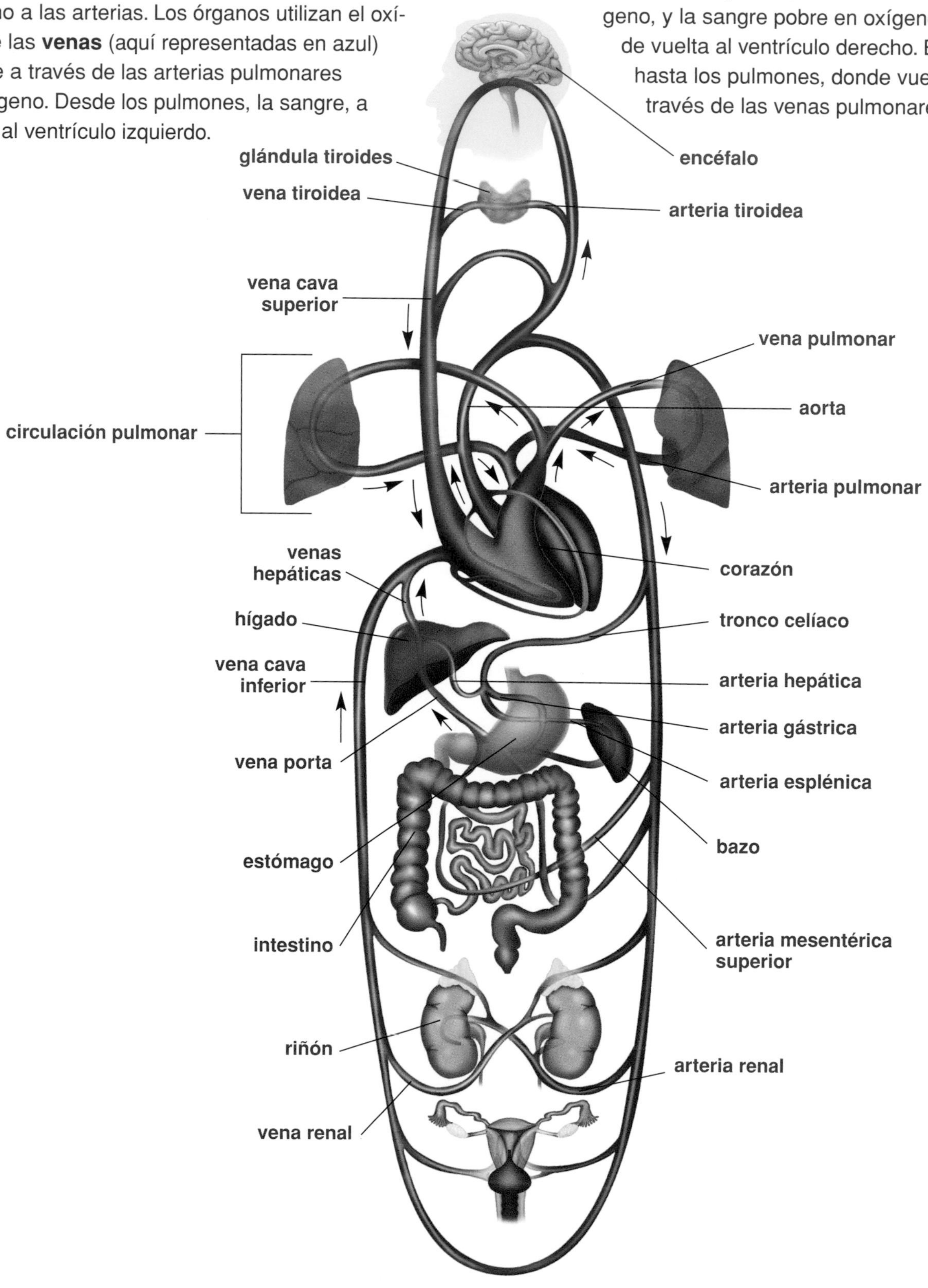

Sistema capilar

El sistema capilar, una estructura de diminutos **vasos sanguíneos**, no tan solo asegura el aporte de **oxígeno** y **nutrientes** a las células, sino que también es el encargado de conducir la sangre del sistema arterial al venoso. Además, los capilares transportan el dióxido de carbono y las sustancias de desecho de las células para que sean eliminados. Por este motivo, la pared de los capilares es muy permeable, para que las sustancias puedan atravesarla sin problemas. Además, la diferencia de presión existente entre el interior de los capilares y las células del organismo permite que el oxígeno y los nutrientes entren en la célula y que los productos de desecho salgan.

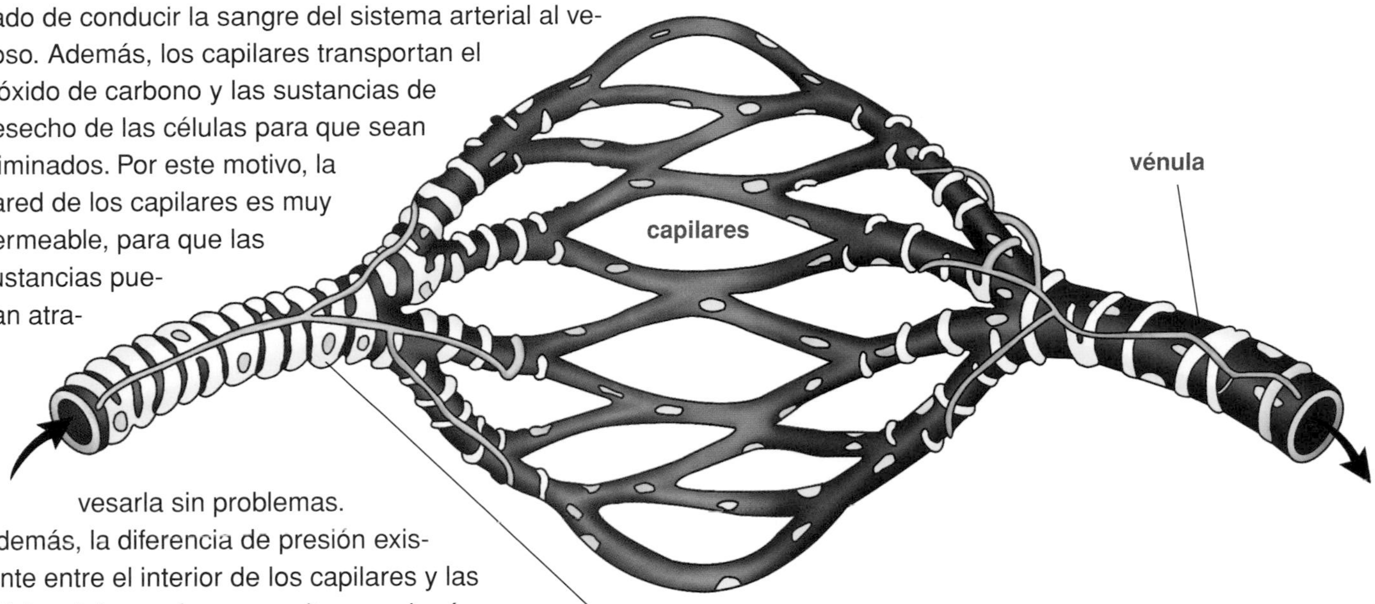

vénula

capilares

arteriola (con fibras musculares en forma de anillo) e inervación vascular

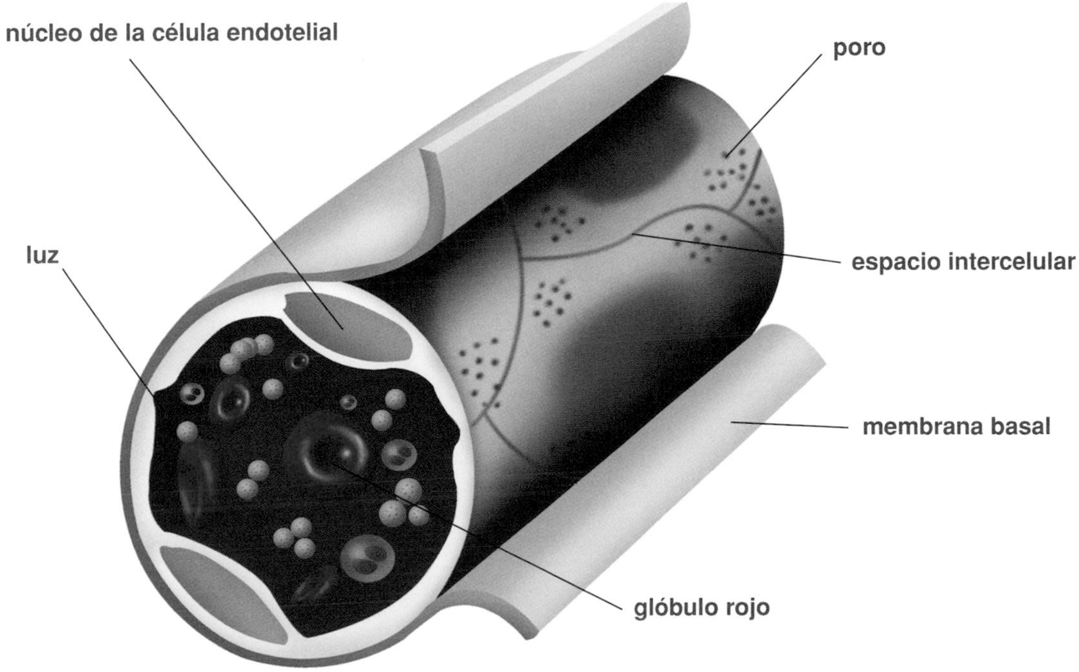
núcleo de la célula endotelial
poro
luz
espacio intercelular
membrana basal
glóbulo rojo

Arterias de las extremidades

Desde la **aorta**, la arteria principal del cuerpo, a la que el corazón bombea la sangre oxigenada, parten muchas arterias hacia los órganos del tronco y la cabeza y también hacia las extremidades. La figura superior muestra las principales arterias que irrigan el brazo y la mano. En la figura inferior están representadas las principales arterias que, partiendo de la aorta, llevan el oxígeno a la pierna y al pie. Además, existe un gran número de pequeños vasos sanguíneos arteriales que reciben el nombre de **arteriolas**.

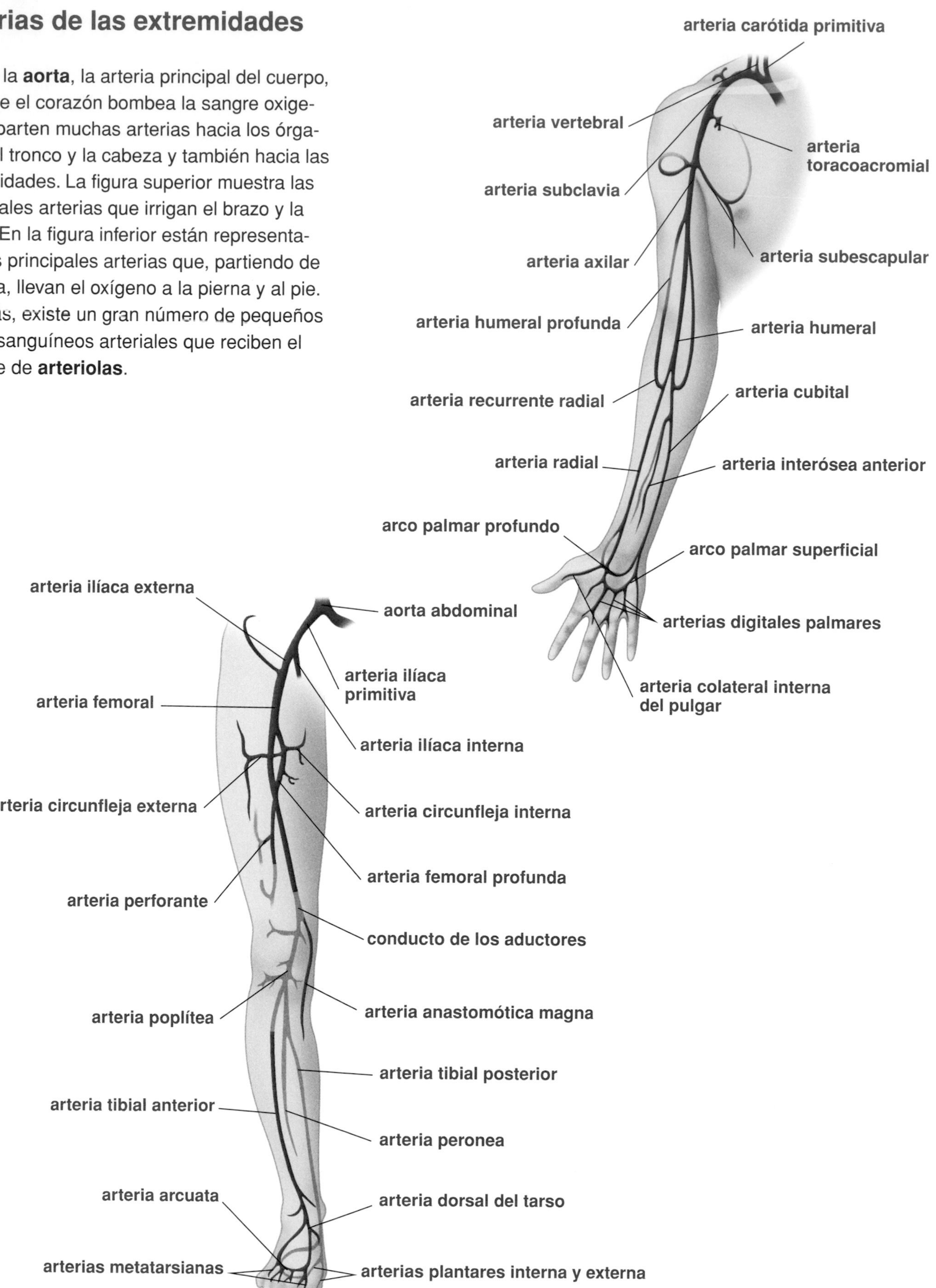
arteria carótida primitiva
arteria vertebral
arteria toracoacromial
arteria subclavia
arteria axilar
arteria subescapular
arteria humeral profunda
arteria humeral
arteria recurrente radial
arteria cubital
arteria radial
arteria interósea anterior
arco palmar profundo
arco palmar superficial
arterias digitales palmares
arteria colateral interna del pulgar
arteria ilíaca externa
aorta abdominal
arteria femoral
arteria ilíaca primitiva
arteria ilíaca interna
arteria circunfleja externa
arteria circunfleja interna
arteria femoral profunda
arteria perforante
conducto de los aductores
arteria poplítea
arteria anastomótica magna
arteria tibial posterior
arteria tibial anterior
arteria peronea
arteria arcuata
arteria dorsal del tarso
arterias metatarsianas
arterias plantares interna y externa

Venas de las extremidades

Las venas transportan la sangre pobre en oxígeno hacia el corazón. Desembocan en la vena cava superior, que conduce la sangre de nuevo hasta el corazón. Se diferencia entre **venas superficiales**, situadas en el tejido subcutáneo, y **venas profundas**, localizadas en los músculos. Todas ellas se comunican a través de las venas perforantes. La figura superior muestra las principales venas superficiales, perforantes y profundas del brazo, con las venas profundas de color más claro. En la figura inferior se muestran las principales venas de la pierna y el pie.

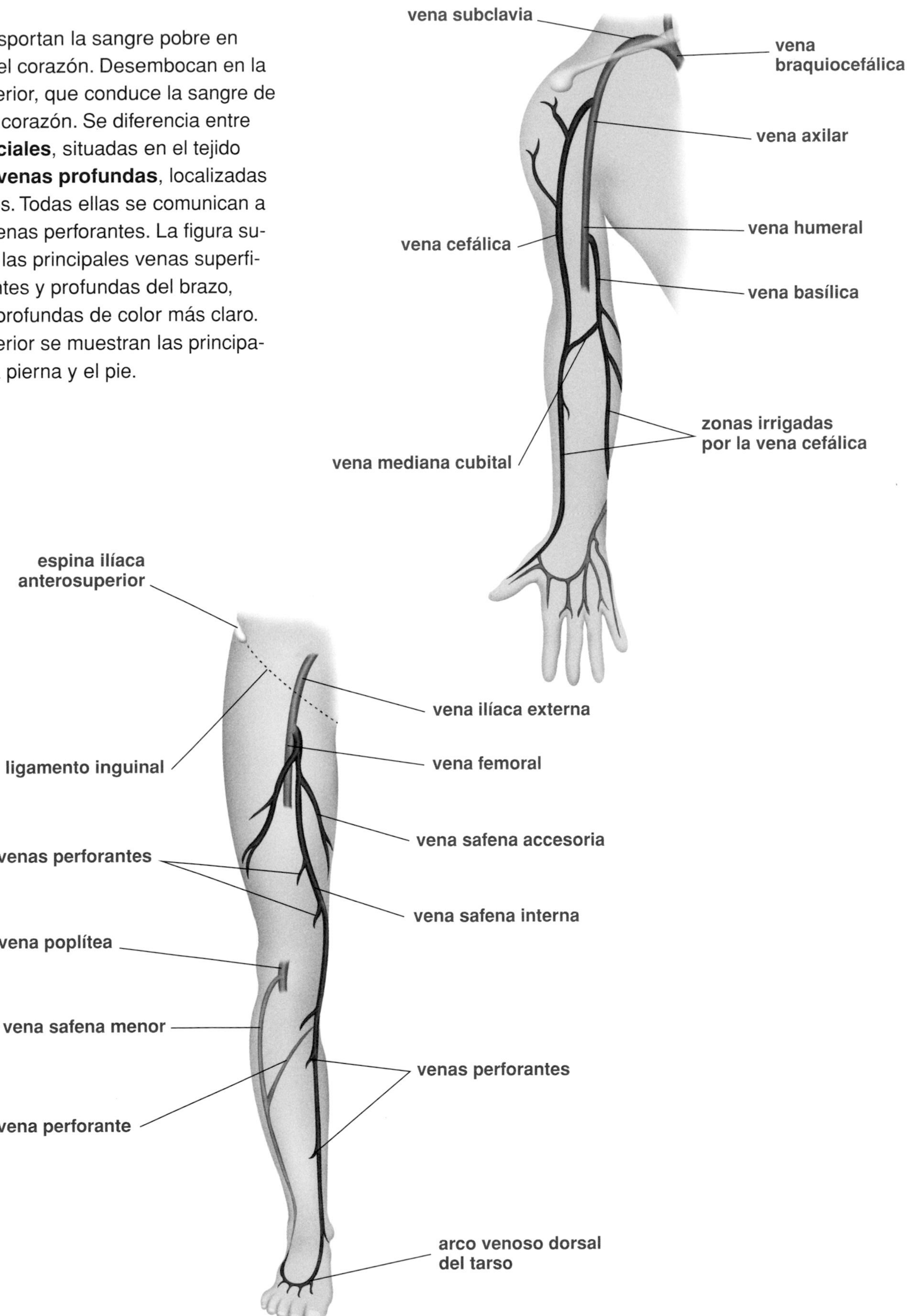
vena subclavia
vena braquiocefálica
vena axilar
vena cefálica
vena humeral
vena basílica
zonas irrigadas por la vena cefálica
vena mediana cubital
espina ilíaca anterosuperior
vena ilíaca externa
ligamento inguinal
vena femoral
vena safena accesoria
venas perforantes
vena safena interna
vena poplítea
vena safena menor
venas perforantes
vena perforante
arco venoso dorsal del tarso

Grandes arterias del tronco

La gran arteria del cuerpo humano es la **aorta**. Nace en el ventrículo izquierdo, tiene un diámetro de hasta 3,5 cm y puede alcanzar una longitud de hasta 40 cm. La porción que parte del corazón recibe el nombre de **aorta ascendente**, la cual se sigue del **arco aórtico**. De este parten grandes troncos arteriales (arterias carótidas), que irrigan la cabeza y principalmente el cerebro. La siguiente porción de este gran vaso se conoce como **aorta torácica**, la cual se sigue de la **aorta abdominal**. Otras grandes arterias son la **arteria femoral** y la **arteria humeral**. Si estas se lesionan pueden provocar una gran hemorragia.

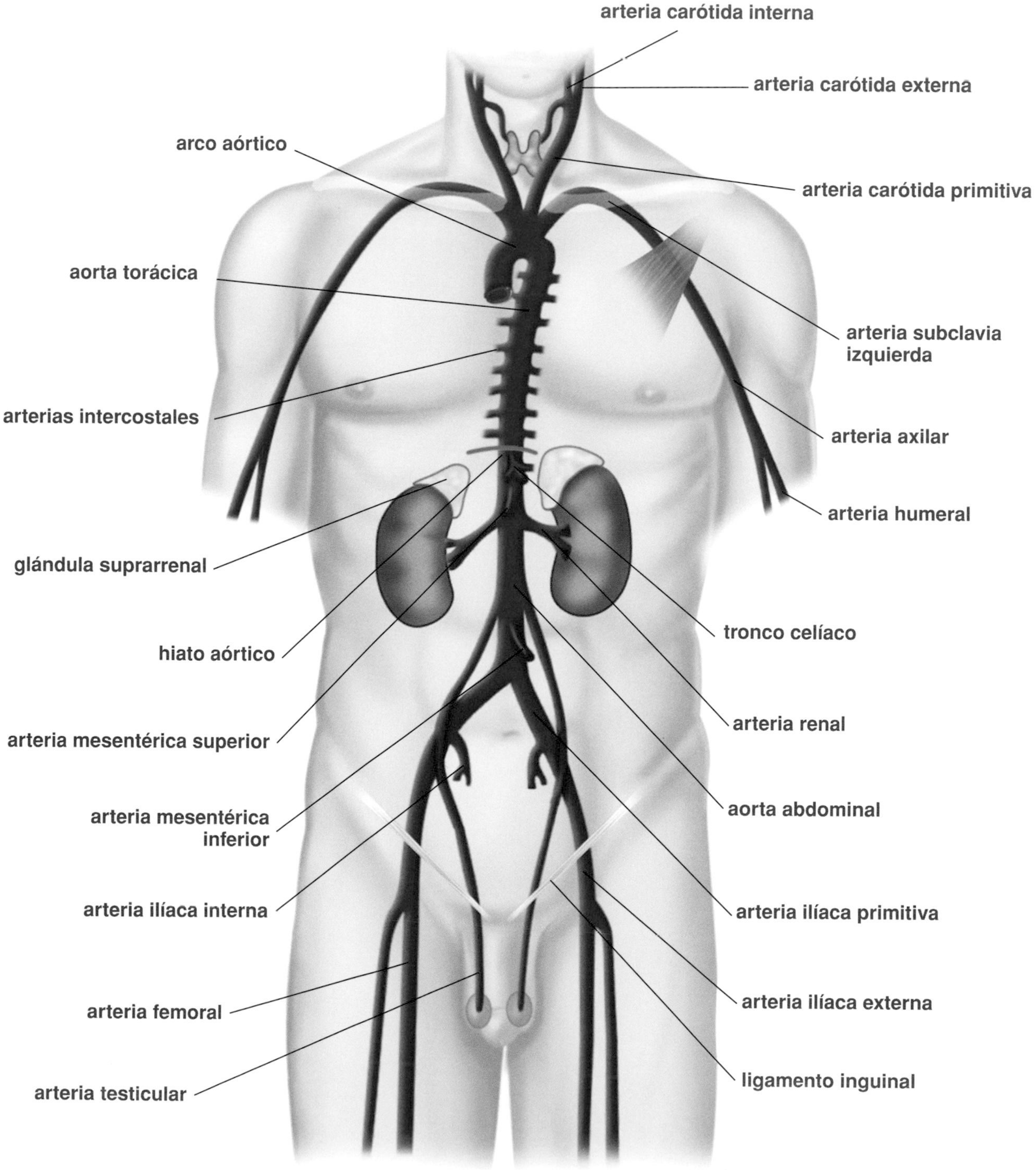

arteria carótida interna
arteria carótida externa
arco aórtico
arteria carótida primitiva
aorta torácica
arteria subclavia izquierda
arterias intercostales
arteria axilar
arteria humeral
glándula suprarrenal
tronco celíaco
hiato aórtico
arteria renal
arteria mesentérica superior
aorta abdominal
arteria mesentérica inferior
arteria ilíaca interna
arteria ilíaca primitiva
arteria ilíaca externa
arteria femoral
ligamento inguinal
arteria testicular

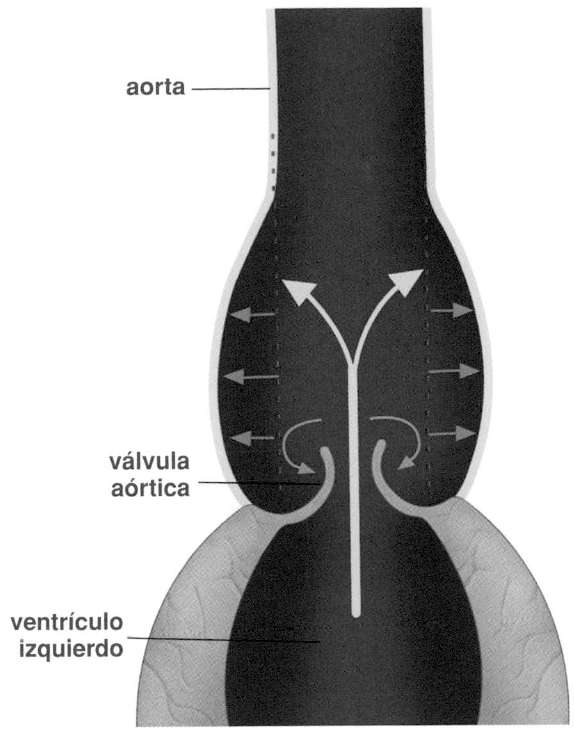

Sístole
aorta
válvula
aórtica
ventrículo
izquierdo

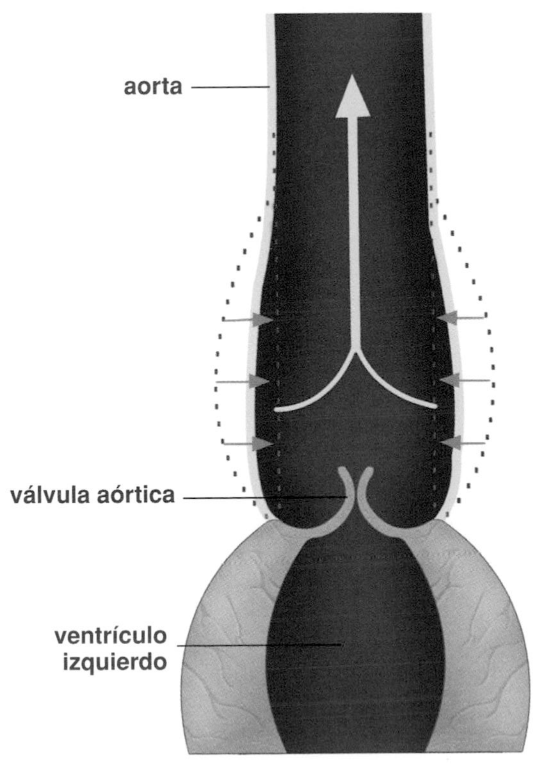

Diástole
aorta
válvula aórtica
ventrículo
izquierdo

Deformación viscoelástica de las arterias

Cuando el corazón bombea la sangre hacia las arterias, gracias a la elevada presión que en ese momento ejerce sobre los vasos sanguíneos, es impulsada a través de ellos y transportada hasta cada una de las células del organismo. En la fase durante la cual el corazón vuelve a llenarse de sangre y no es perceptible la acción de bombeo, la sangre debería volver hacia atrás, ya que la presión en los vasos sanguíneos desciende. Sin embargo, gracias a la deformación viscoelástica de las arterias, conocida como **efecto Windkessel**, esto no ocurre así: mientras el corazón empuja la sangre hacia las arterias, estas se dilatan mucho, pero durante la fase en que el corazón no se contrae, ellas misma se contraen y transportan la sangre. De esta manera se asegura que la sangre, incluso la del corazón, pueda llegar hasta las células más distantes del organismo.

Formas más frecuentes de aneurisma arterial

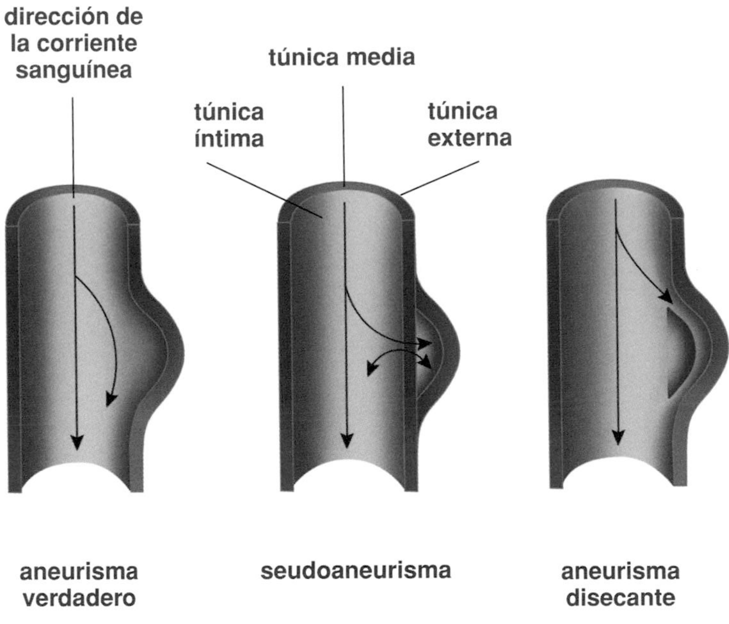

dirección de
la corriente
sanguínea
túnica media
túnica
íntima
túnica
externa
aneurisma
verdadero
seudoaneurisma
aneurisma
disecante

Funcionamiento de las venas

Para que la sangre pueda volver al corazón a través de las venas, diversos mecanismos deben crear presión sobre ellas, ya que la fuerza que dicho órgano ejerce mediante su acción de bombeo no es suficiente para hacer circular la sangre en contra de la fuerza de la gravedad hasta el corazón. Uno de esos mecanismos es el «**bombeo muscular**». Durante el movimiento, los músculos ejercen presión sobre las venas adyacentes, de manera que estas se estrechan e impulsan la sangre en dirección al corazón. Además, durante la fase en que el corazón se llena nuevamente de sangre, se produce una presión negativa en el tórax que impele la sangre venosa hacia el corazón. Por otra parte, las venas siempre se localizan cerca de las arterias. Mientras la sangre entra en las arterias, estas se dilatan y presionan las venas, de manera que la sangre venosa es impulsada hacia el corazón. Para que la sangre de las venas no vuelva hacia atrás, estas disponen de unas **válvulas venosas** que se abren solo en una dirección.

Bombeo muscular

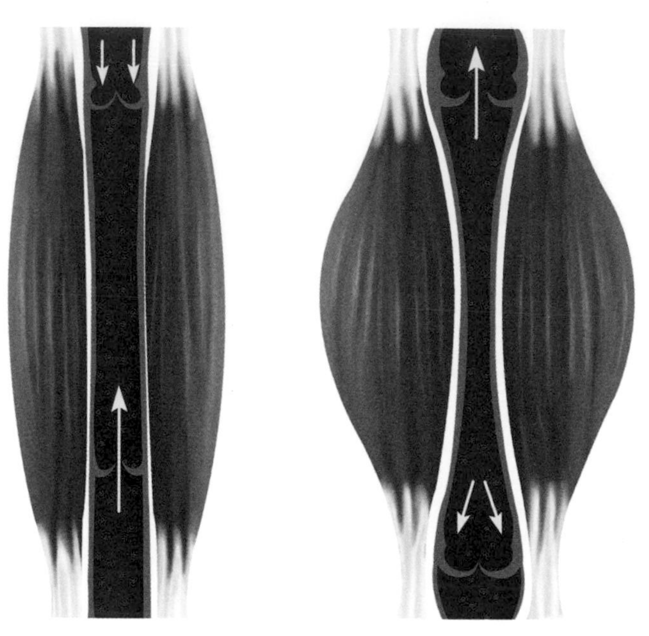

Válvula venosa

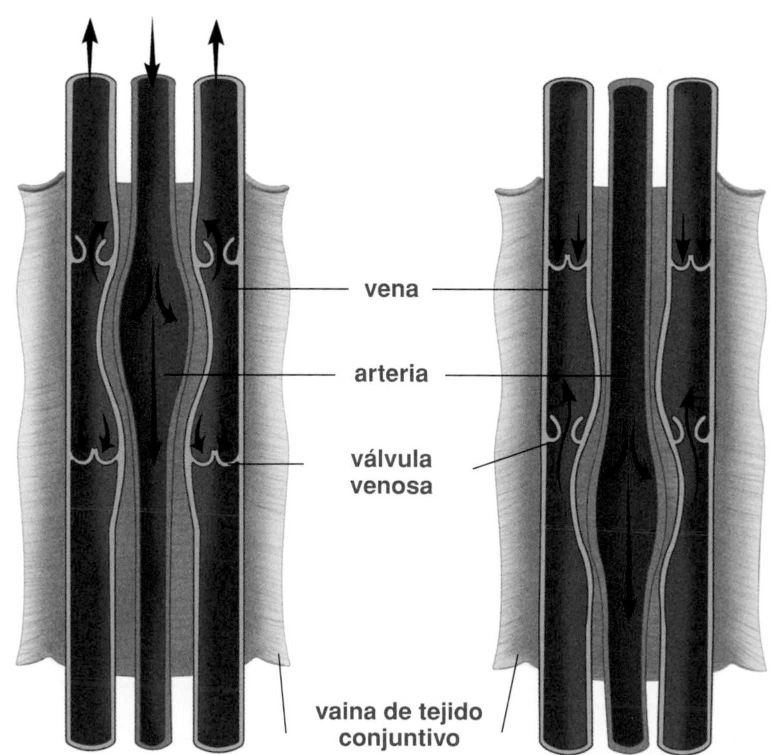
vena
arteria
válvula venosa
vaina de tejido conjuntivo

La figura muestra las relaciones de la circulación en dos momentos consecutivos.

Varices

Debido a la debilidad del tejido conjuntivo que las rodea, en las venas superficiales de las piernas pueden aparecer **varices**. Las venas están muy dilatadas y, como consecuencia, las válvulas venosas no cierran bien, de modo que la sangre se acumula en las venas o incluso fluye hacia atrás. Como resultado de ello, otras zonas de las venas se verán afectadas, de forma que ya no podrán cumplir correctamente con su función. El estado de las venas puede estudiarse mediante la **flebografía**, un tipo de radiografía. En caso necesario, las varices pueden ser extirpadas quirúrgicamente u obliteradas. Para ello, el médico inyecta una sustancia inflamatoria en la vena afectada, que poco a poco se irá cerrando.

Vena sana: las válvulas venosas están intactas y la sangre circula hacla arriba.

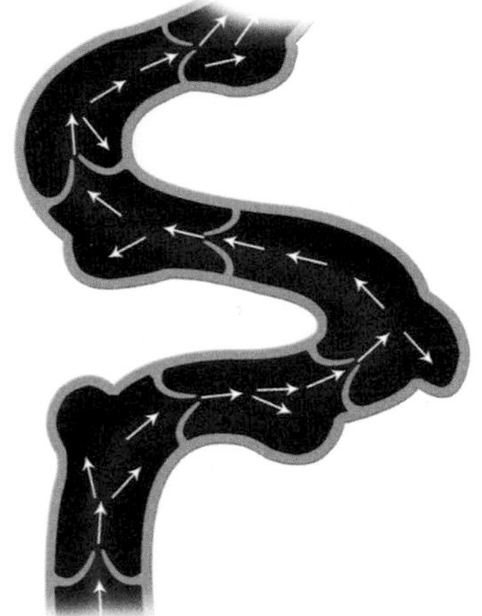

Variz: las válvulas no cierran correctamente y la vena está muy dilatada. La sangre se acumula y una parte de ella vuelve hacia atrás.

▸▸ FLEBOGRAFÍA

Una flebografía es la representanción radiográfica con contraste de las venas. Para ello se inyecta en una vena superficial un medio de contraste, que rápidamente fluirá por las venas. El paciente debe efectuar ciertas maniobras respiratorias al tiempo que el médico realiza las radiografías. En ellas pueden distinguirse las lesiones venosas. Así, por ejemplo, un coágulo o una trombosis se traducen en una reducción o interrupción del contraste en la vena afectada.

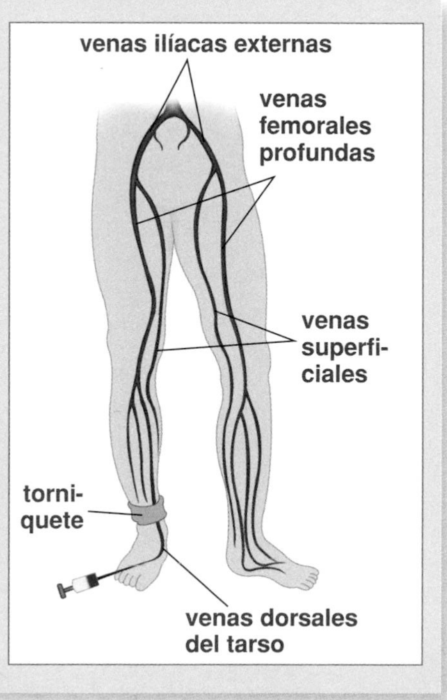
venas ilíacas externas
venas femorales profundas
venas superficiales
torniquete
venas dorsales del tarso

Pulso en el brazo

El pulso, es decir, el latido cardíaco, puede palparse en diversas arterias situadas bajo la piel. En el brazo existen seis lugares en los que se puede palpar el pulso: la **arteria radial**, donde el primer pulso (pulso radial en la tabaquera anatómica) puede palparse en el antebrazo en el lado del pulgar, en una pequeña zona que forma una pequeña depresión. El segundo pulso radial también se encuentra en el antebrazo, aunque más hacia abajo. También hay pulso en la **arteria cubital**, hacia el centro de la parte inferior del antebrazo, cerca de la muñeca, al igual que en la **arteria humeral**, en el pliegue del codo y el brazo, y también puede detectarse pulso en la **arteria axilar**, en la cavidad axilar.

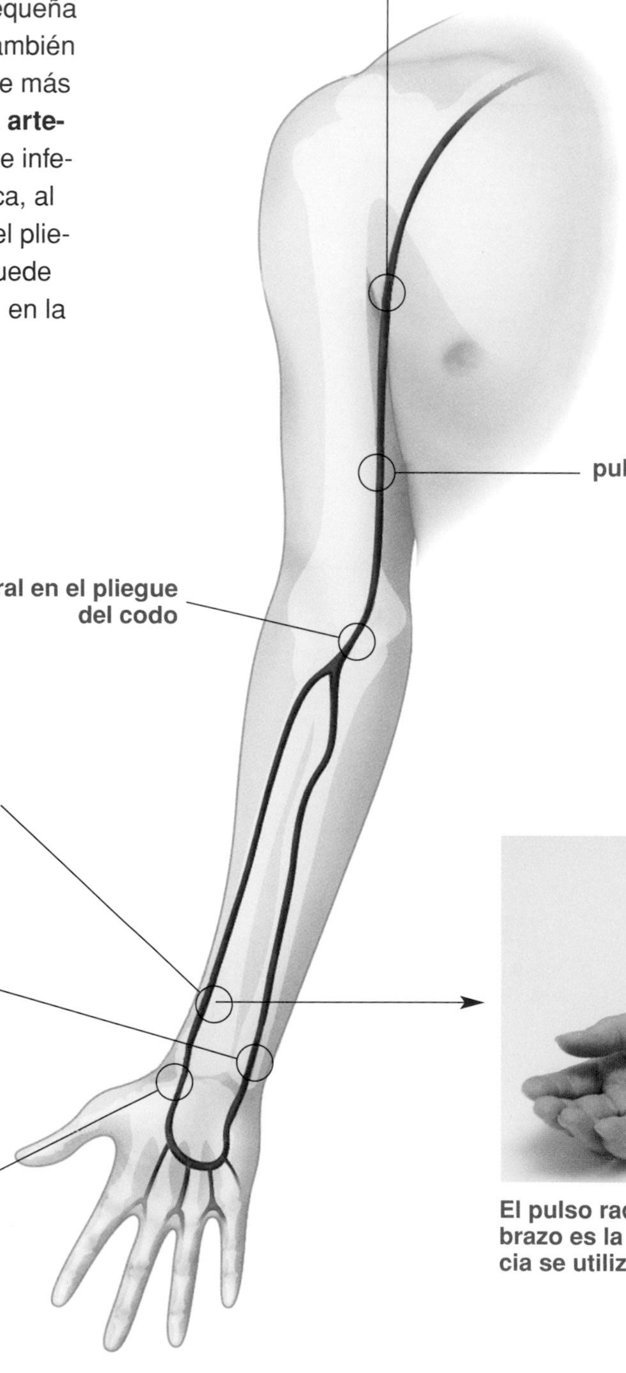

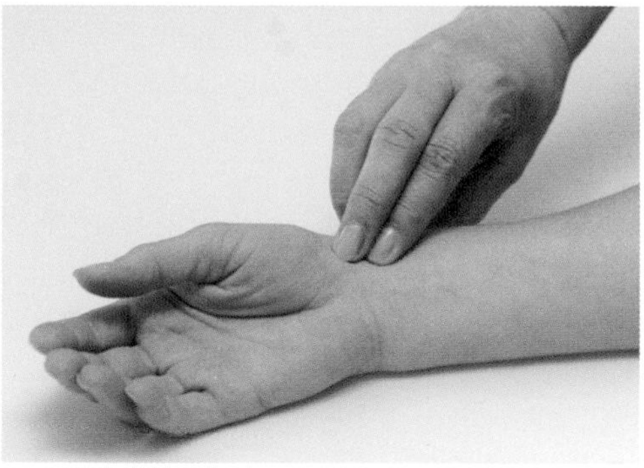

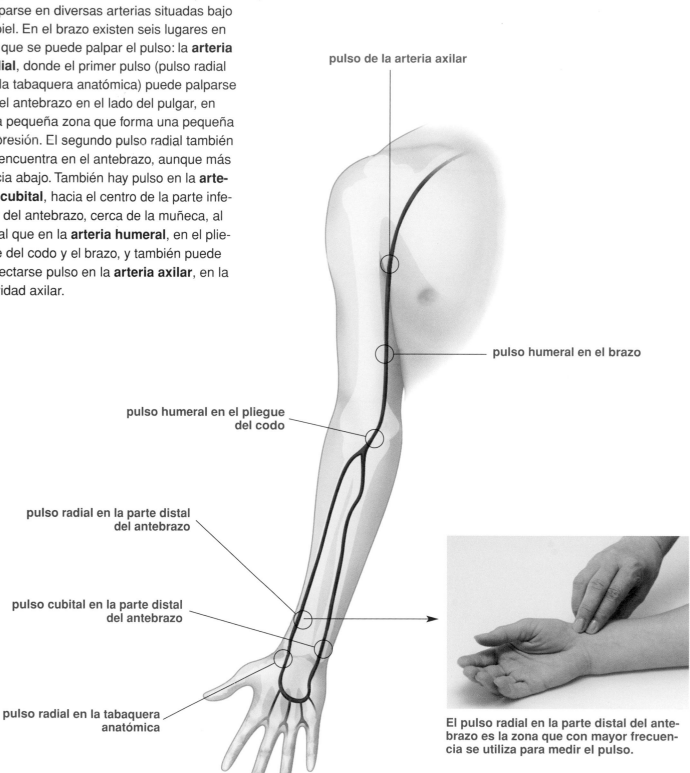

pulso de la arteria axilar

pulso humeral en el brazo

pulso humeral en el pliegue del codo

pulso radial en la parte distal del antebrazo

pulso cubital en la parte distal del antebrazo

pulso radial en la tabaquera anatómica

El pulso radial en la parte distal del antebrazo es la zona que con mayor frecuencia se utiliza para medir el pulso.

Pulso en la cabeza y el cuello

El pulso se mide, con ayuda de un reloj con segundero, contando el número de latidos durante 15 segundos y multiplicando el resultado por cuatro. En el adulto, el pulso normal en reposo es de 60-80 latidos por minuto. Para personas no experimentadas en calcularlo, la medición del pulso en la **arteria carótida** (pulso carotídeo) es muy fiable. Sin embargo, en este punto la presión debe ser suave, ya que de otra manera puede impedirse la circulación de la sangre o provocarse un paro cardíaco (reflejo del seno carotídeo). En las sienes y delante de las orejas puede palparse el pulso de la **arteria temporal superficial**, y lateralmente, en el mentón, el de la **arteria facial**.

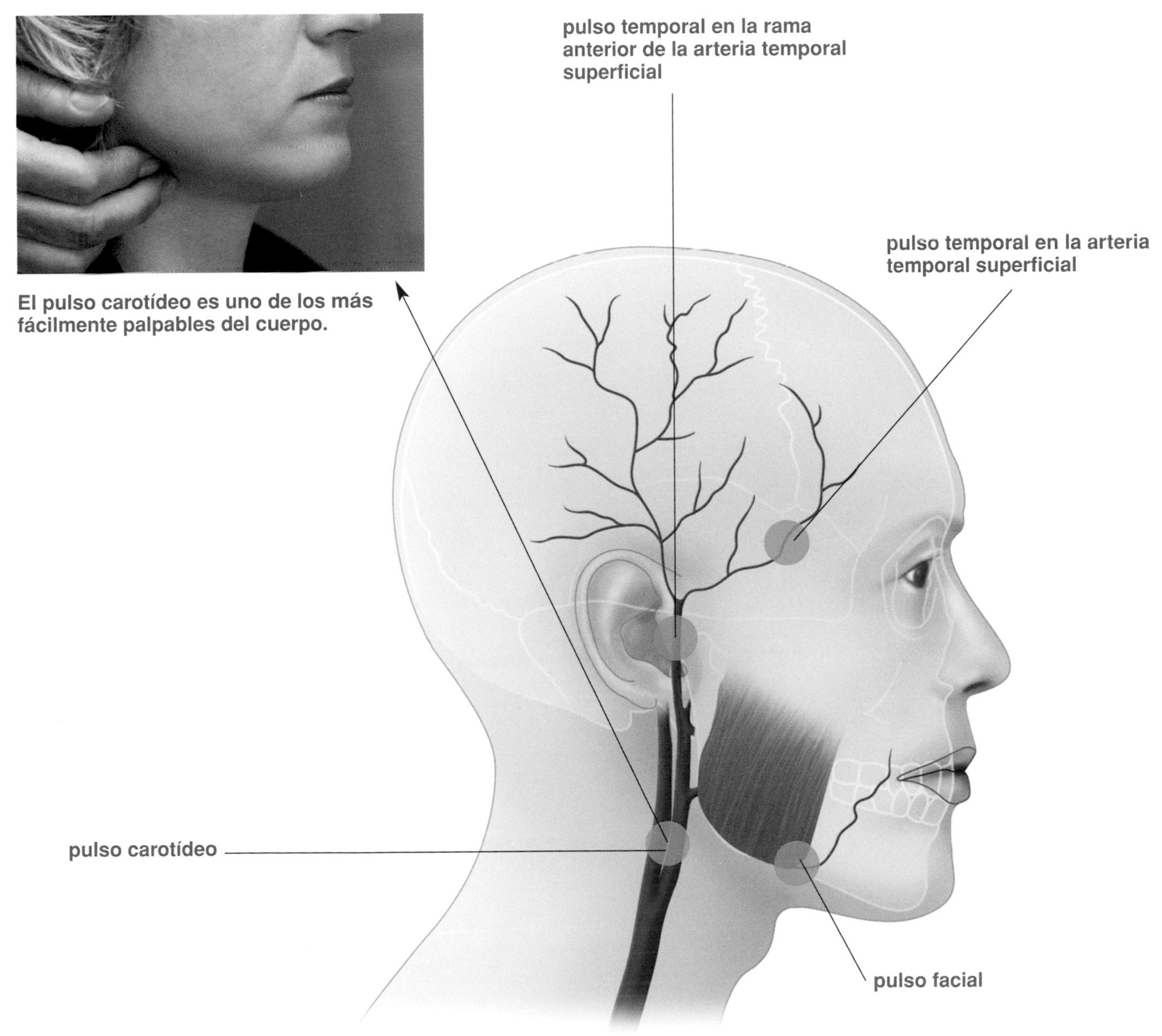
pulso temporal en la rama anterior de la arteria temporal superficial
pulso temporal en la arteria temporal superficial
pulso carotídeo
pulso facial

El pulso carotídeo es uno de los más fácilmente palpables del cuerpo.

Pulso en la pierna

En las piernas también puede medirse el pulso. Los médicos y enfermeros experimentados, con solo palpar el pulso al paciente ya pueden saber, por ejemplo, si tiene hipertensión arterial. En ese caso, el pulso se nota más fuerte de lo habitual. En el maléolo puede palparse el pulso de la **arteria tibial posterior**; en el dorso del pie, a la altura del maléolo, se palpa el pulso de la **arteria dorsal del tarso**; en el hueco poplíteo (pliegue de la rodilla), el de la **arteria poplítea**, y en el muslo, el de la **arteria femoral**.

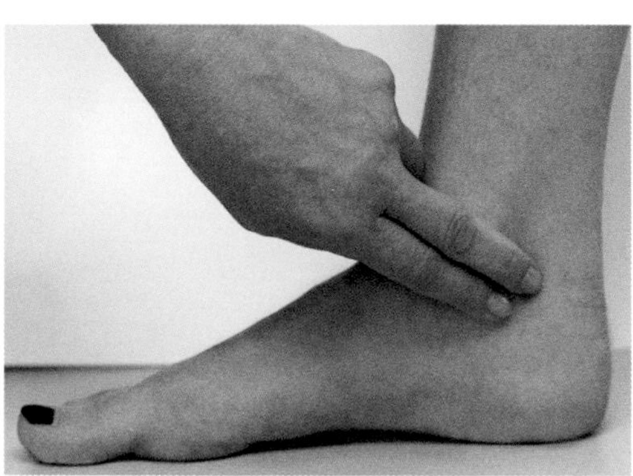

El pulso de la arteria tibial posterior se palpa, por ejemplo, cuando el médico sospecha la existencia de una alteración de la circulación arterial.

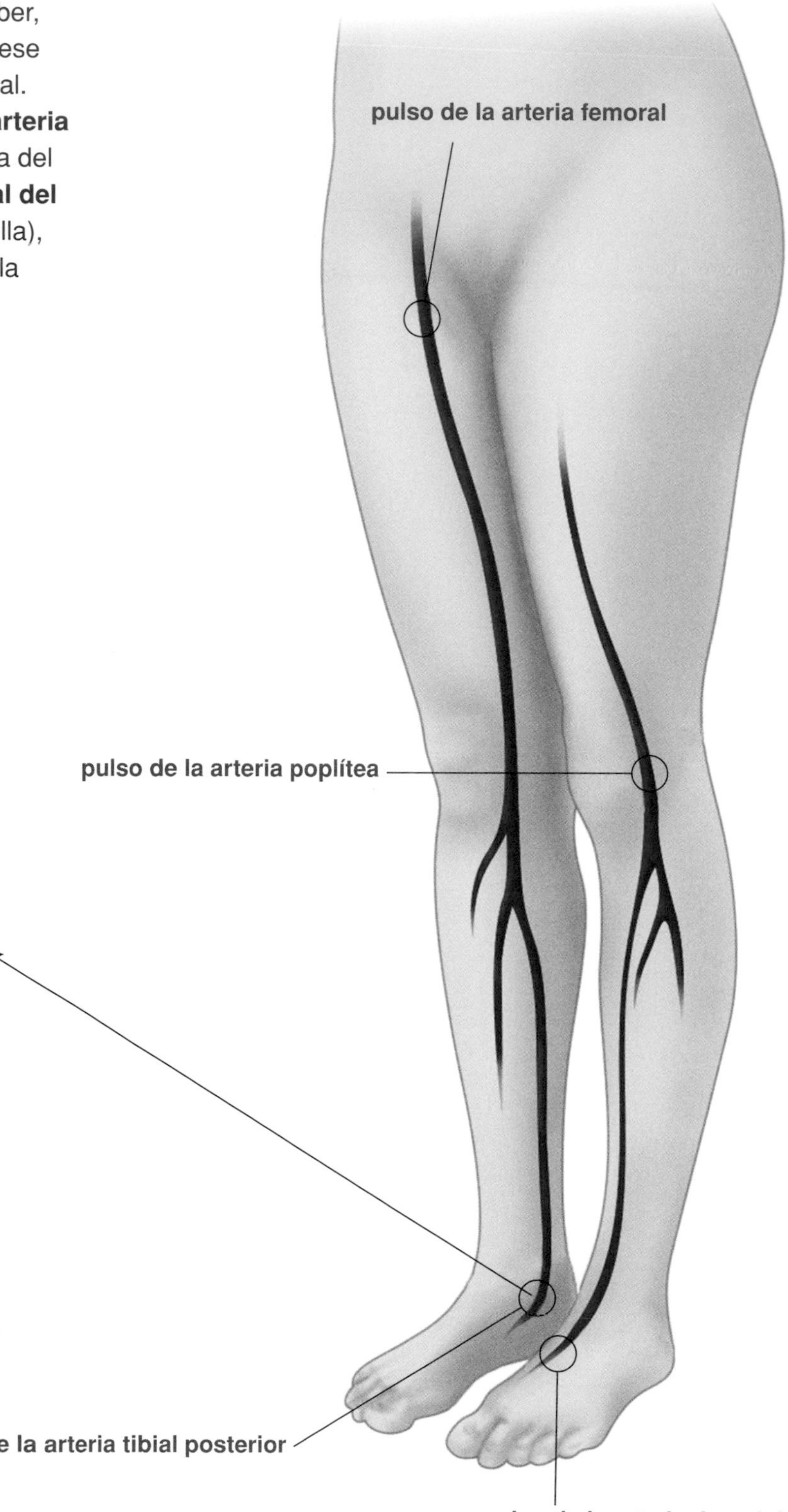
pulso de la arteria femoral
pulso de la arteria poplítea
pulso de la arteria tibial posterior
pulso de la arteria dorsal del tarso

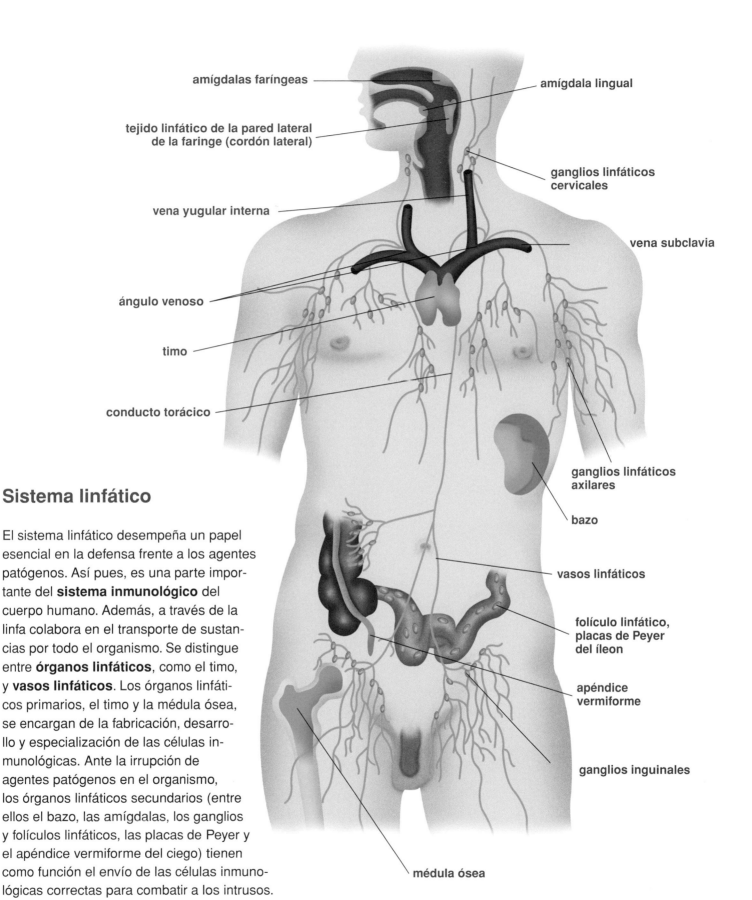

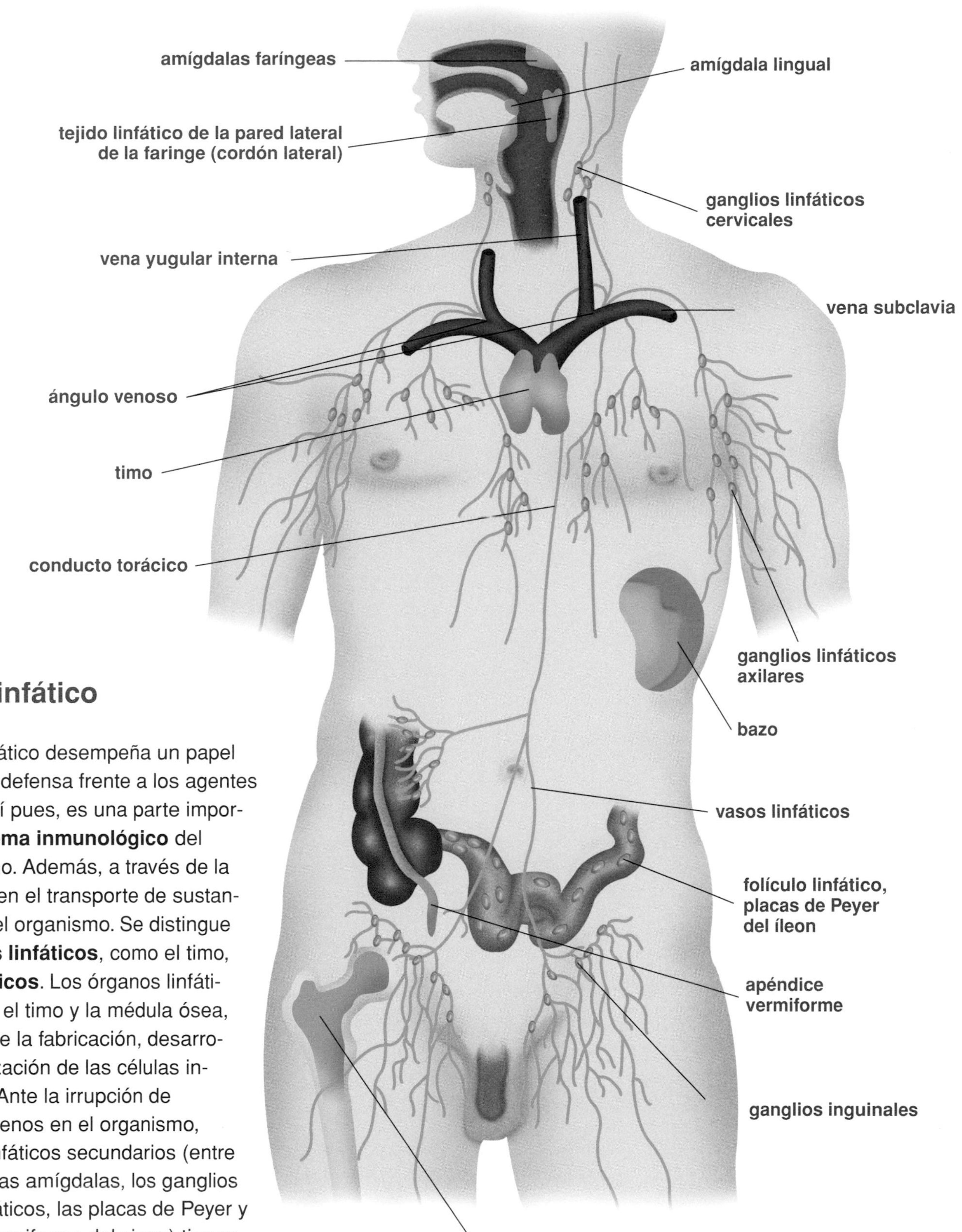
amígdalas faríngeas
amígdala lingual
tejido linfático de la pared lateral
de la faringe (cordón lateral)
ganglios linfáticos
cervicales
vena yugular interna
vena subclavia
ángulo venoso
timo
conducto torácico
ganglios linfáticos
axilares
bazo
vasos linfáticos
folículo linfático,
placas de Peyer
del íleon
apéndice
vermiforme
ganglios inguinales
médula ósea

Sistema linfático

El sistema linfático desempeña un papel esencial en la defensa frente a los agentes patógenos. Así pues, es una parte importante del **sistema inmunológico** del cuerpo humano. Además, a través de la linfa colabora en el transporte de sustancias por todo el organismo. Se distingue entre **órganos linfáticos**, como el timo, y **vasos linfáticos**. Los órganos linfáticos primarios, el timo y la médula ósea, se encargan de la fabricación, desarrollo y especialización de las células inmunológicas. Ante la irrupción de agentes patógenos en el organismo, los órganos linfáticos secundarios (entre ellos el bazo, las amígdalas, los ganglios y folículos linfáticos, las placas de Peyer y el apéndice vermiforme del ciego) tienen como función el envío de las células inmunológicas correctas para combatir a los intrusos.

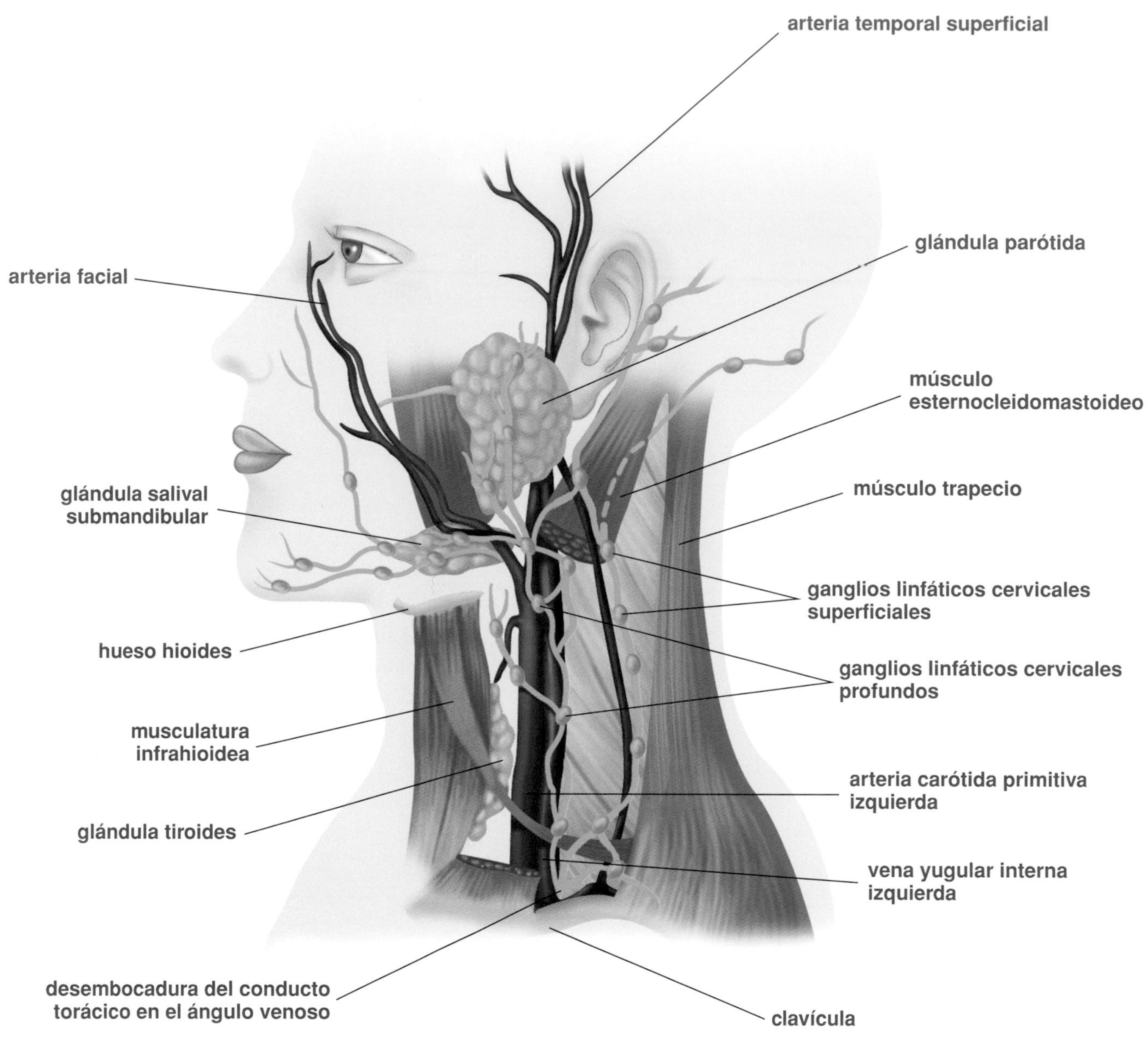
arteria temporal superficial
glándula parótida
arteria facial
músculo esternocleidomastoideo
músculo trapecio
glándula salival submandibular
ganglios linfáticos cervicales superficiales
hueso hioides
ganglios linfáticos cervicales profundos
musculatura infrahioidea
arteria carótida primitiva izquierda
glándula tiroides
vena yugular interna izquierda
desembocadura del conducto torácico en el ángulo venoso
clavícula

Ganglios linfáticos del cuello

Los ganglios linfáticos son importantes **estaciones de filtración** dentro del sistema de vasos linfáticos. Se hallan intercalados en los vasos linfáticos en puntos especiales, y su función es detectar en la linfa la presencia de microorganismos y otros **agentes patógenos**. Si estas sustancias han penetrado en el organismo, los ganglios linfáticos cercanos a la infección fabrican células de defensa especiales que luchan contra los intrusos. En la zona de la cabeza y el cuello existen numerosos ganglios linfáticos, de los cuales los cervicales son fácilmente palpables cuando en esta zona se desarrolla un proceso inflamatorio. En este caso, los ganglios linfáticos se inflaman.

Estructura de los ganglios linfáticos

Los ganglios del cuerpo humano son pequeños órganos, por regla general con forma de alubia y un diámetro de unos 5 a 10 mm. En su parte externa, los ganglios linfáticos están envueltos por una cápsula de tejido conjuntivo que permite el paso de los vasos linfáticos aferentes y eferentes. En los ganglios linfáticos existen unos pequeños espacios huecos, conocidos como **senos corticales, senos intermedios** y **senos medulares**, entre los que se hallan el tejido linfático y células inmunológicas, los **linfocitos**. La linfa circula desde los vasos aferentes hacia los senos, de manera que también entra en contacto con los linfocitos. Cuando las células detectan la presencia de patógenos, se forman unas células especiales contra los intrusos que pasarán a la linfa. Por otra parte, los **macrófagos** limpian la linfa a nivel de los ganglios linfáticos; esta finalmente sale por los vasos eferentes para acceder a la circulación linfática.

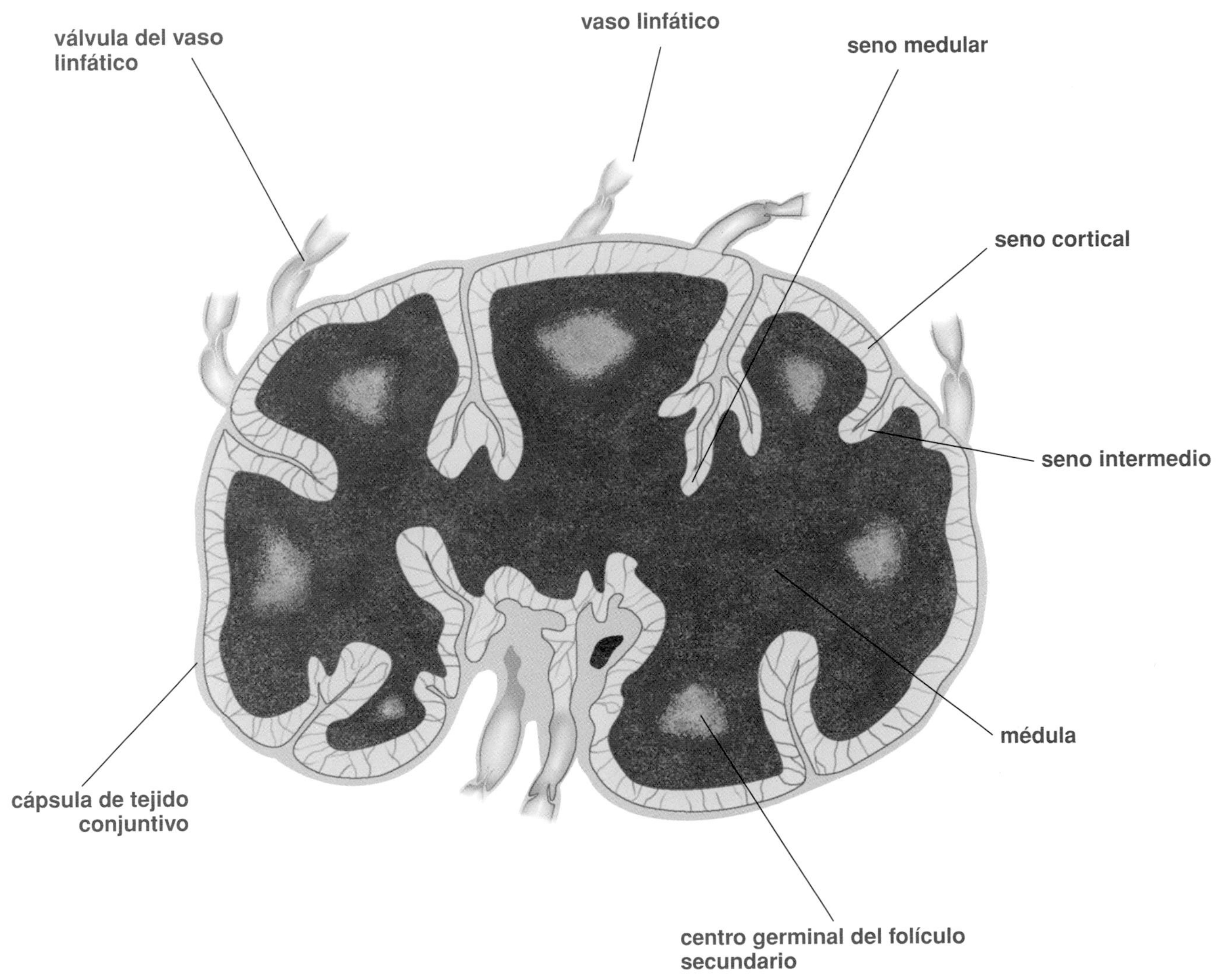
válvula del vaso linfático
vaso linfático
seno medular
seno cortical
seno intermedio
médula
cápsula de tejido conjuntivo
centro germinal del folículo secundario

Bazo

El bazo, situado en el lado izquierdo del cuerpo, por debajo del **diafragma**, forma parte del sistema inmunitario. También se encarga de la destrucción de los **hematíes** demasiado viejos para seguir cumpliendo su función. En la primera infancia el bazo contribuye a la **hematopoyesis**. El órgano, que está envuelto por una cápsula de tejido conjuntivo, alberga en su interior la pulpa esplénica, blanca y roja. La **pulpa blanca** es la encargada, entre otras funciones, de fabricar linfocitos especializados contra determinados agentes patógenos. La **pulpa roja**, con ayuda de los macrófagos, limpia la sangre de sustancias nocivas, y, además, sirve de almacén de linfocitos y plaquetas.

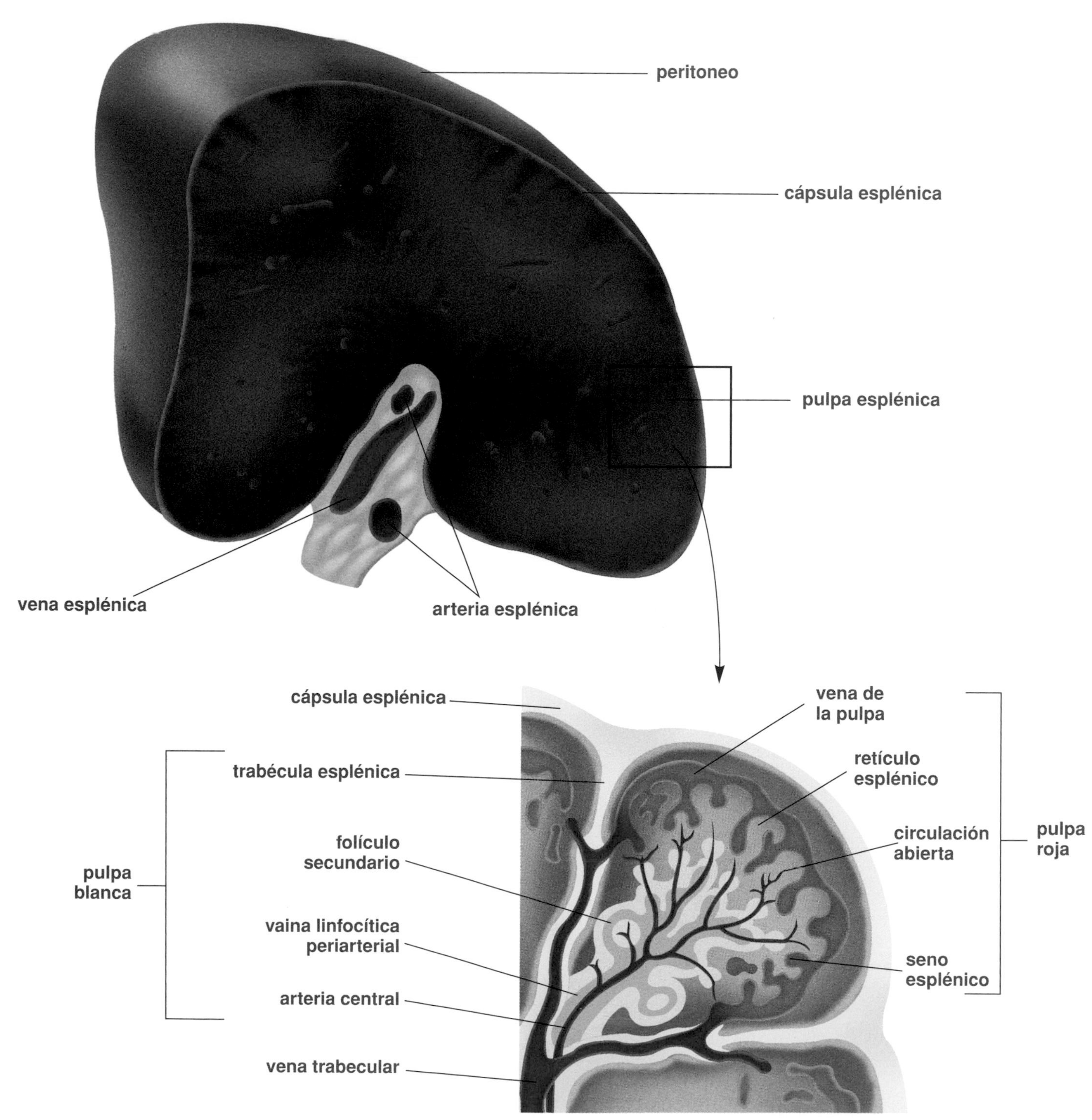
peritoneo
cápsula esplénica
pulpa esplénica
vena esplénica
arteria esplénica
cápsula esplénica
trabécula esplénica
folículo secundario
vaina linfocítica periarterial
arteria central
vena trabecular
pulpa blanca
vena de la pulpa
retículo esplénico
circulación abierta
seno esplénico
pulpa roja

Timo

El timo se encuentra situado por detrás del esternón, entre los dos **pulmones** y delante del **corazón**. Es, por así decirlo, el centro de entrenamiento de determinados **linfocitos**, donde estas células defensivas aprenden a diferenciar entre los intrusos y los tejidos y las sustancias propios del organismo. Sobre todo durante la **infancia**, el timo tiene gran importancia para el sistema inmunológico, ya que este debe aprender a reaccionar ante cualquier agente patógeno. Sin embargo, con el paso de los años (aproximadamente, a partir de una edad de 13-15 años), la mayoría del tejido glandular se transforma en tejido adiposo, así que tan solo una pequeña parte de la glándula puede seguir desempeñando su función.

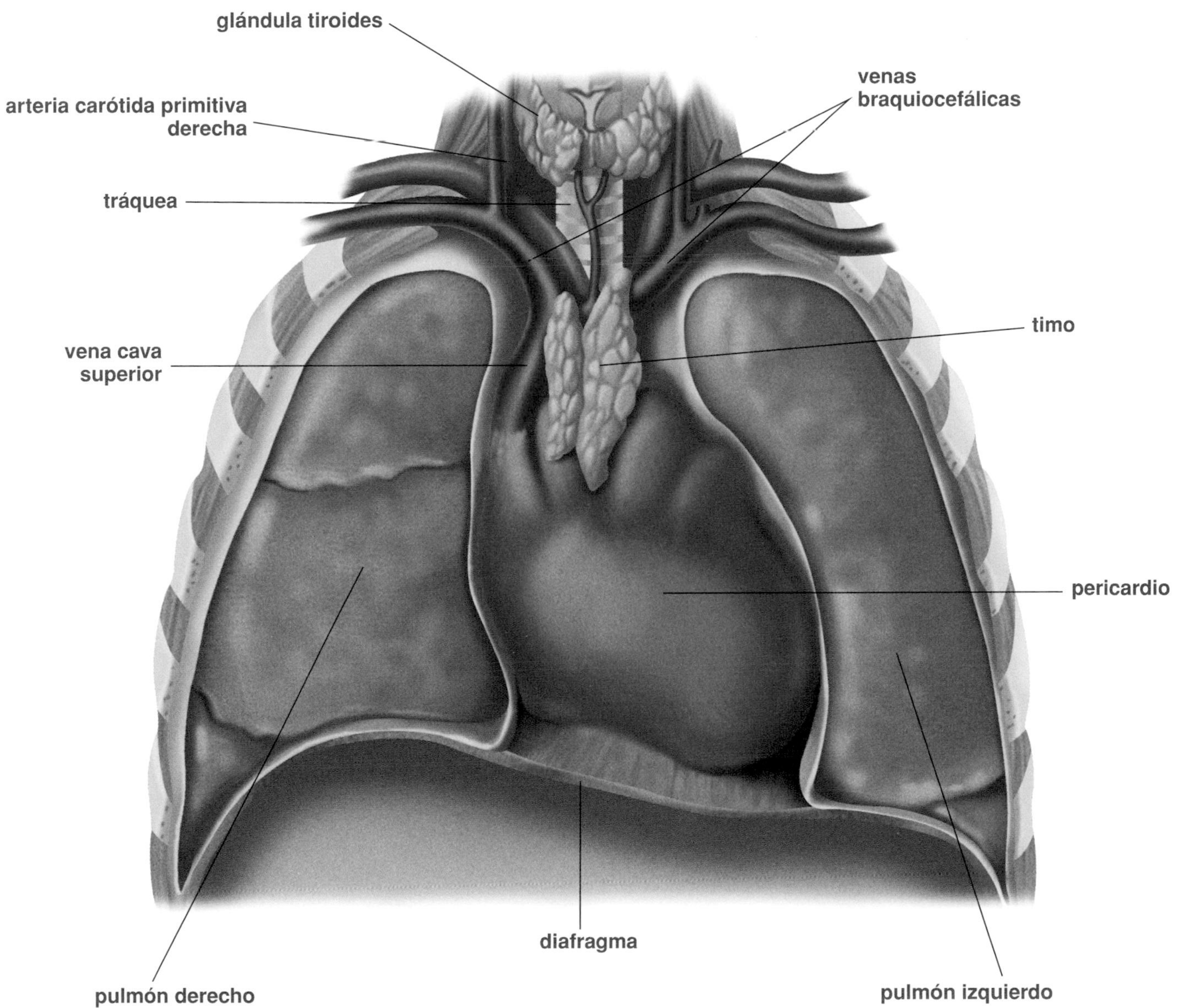
glándula tiroides
venas braquiocefálicas
arteria carótida primitiva derecha
tráquea
timo
vena cava superior
pericardio
diafragma
pulmón derecho
pulmón izquierdo

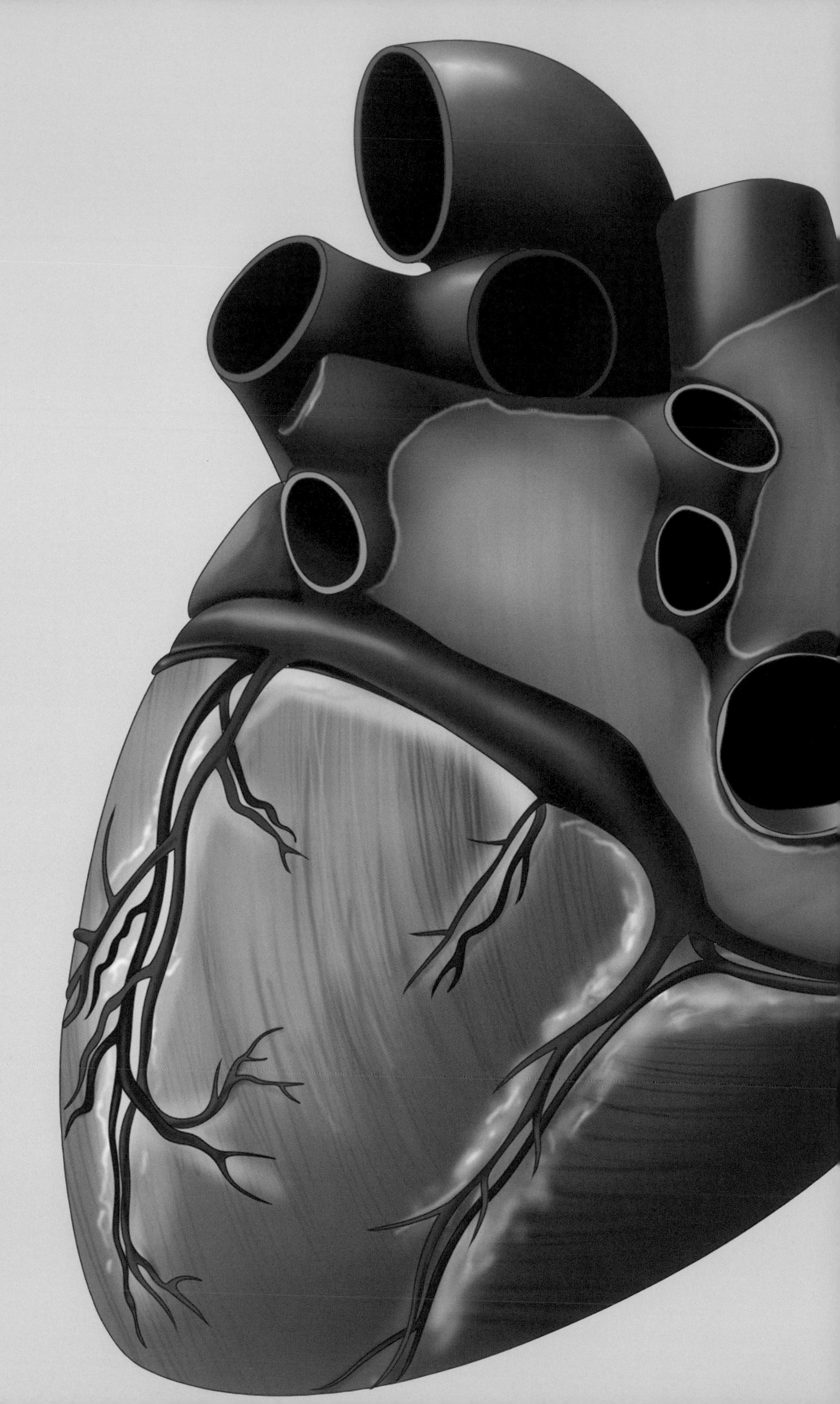

Capítulo 4

El corazón

El corazón es el órgano central del organismo humano: es el motor que, al igual que una bomba de presión y succión, bombea de cinco a seis litros de sangre por minuto a través de nuestro cuerpo. Las dos arterias coronarias que lo rodean llevan la sangre al músculo cardíaco, los ventrículos y las aurículas, los cuales se hallan conectados a la circulación pulmonar o sistémica. El corazón de un adulto tiene una longitud aproximada de 12 cm; en la parte más ancha mide entre 8 y 9 cm, mientras que en la más estrecha, unos 6 cm. La masa cardíaca aumenta a lo largo de la vida de una persona; así, el corazón de un hombre adulto pesa 280-340 gramos y el de una mujer, entre 230 y 280 gramos.

Corazón: visión anterior

El corazón es un fuerte músculo hueco que con sus contracciones hace que la sangre circule. Ocupa principalmente el lado izquierdo de la caja torácica, detrás del esternón, y también el lado derecho del tórax. La parte superior del corazón se conoce como **base del corazón** y la parte inferior, como **punta del corazón**. Por la base entran y salen del corazón las grandes **arterias** (la aorta y arterias pulmonares) y las **venas** (vena cava superior y venas pulmonares), que transportan la sangre oxigenada desde el corazón izquierdo hacia el cuerpo y la sangre pobre en oxígeno desde el cuerpo hacia el corazón derecho. Asimismo, este órgano es irrigado a través de las **arterias coronarias**.

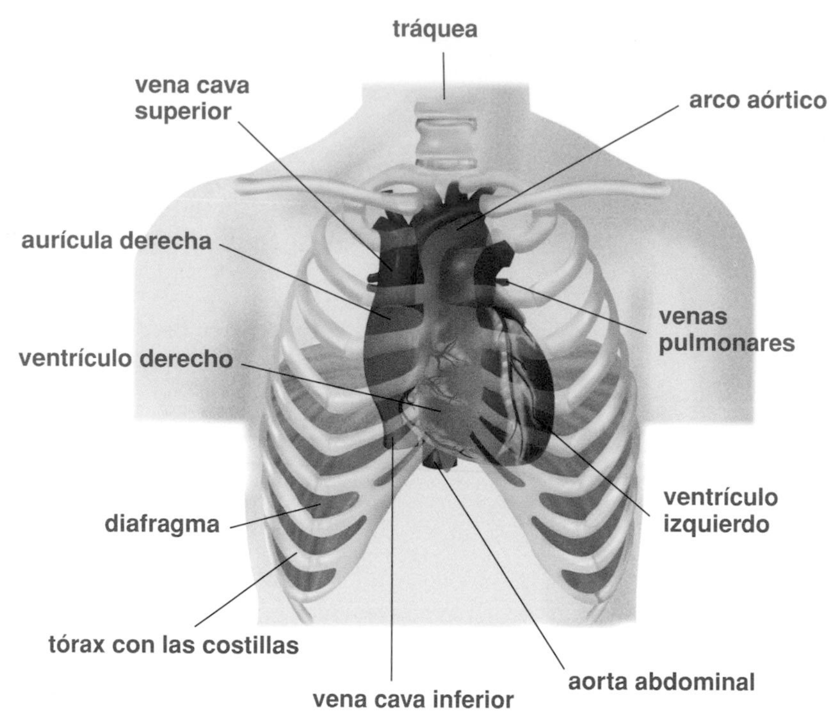
tráquea
vena cava superior
arco aórtico
aurícula derecha
venas pulmonares
ventrículo derecho
ventrículo izquierdo
diafragma
tórax con las costillas
vena cava inferior
aorta abdominal

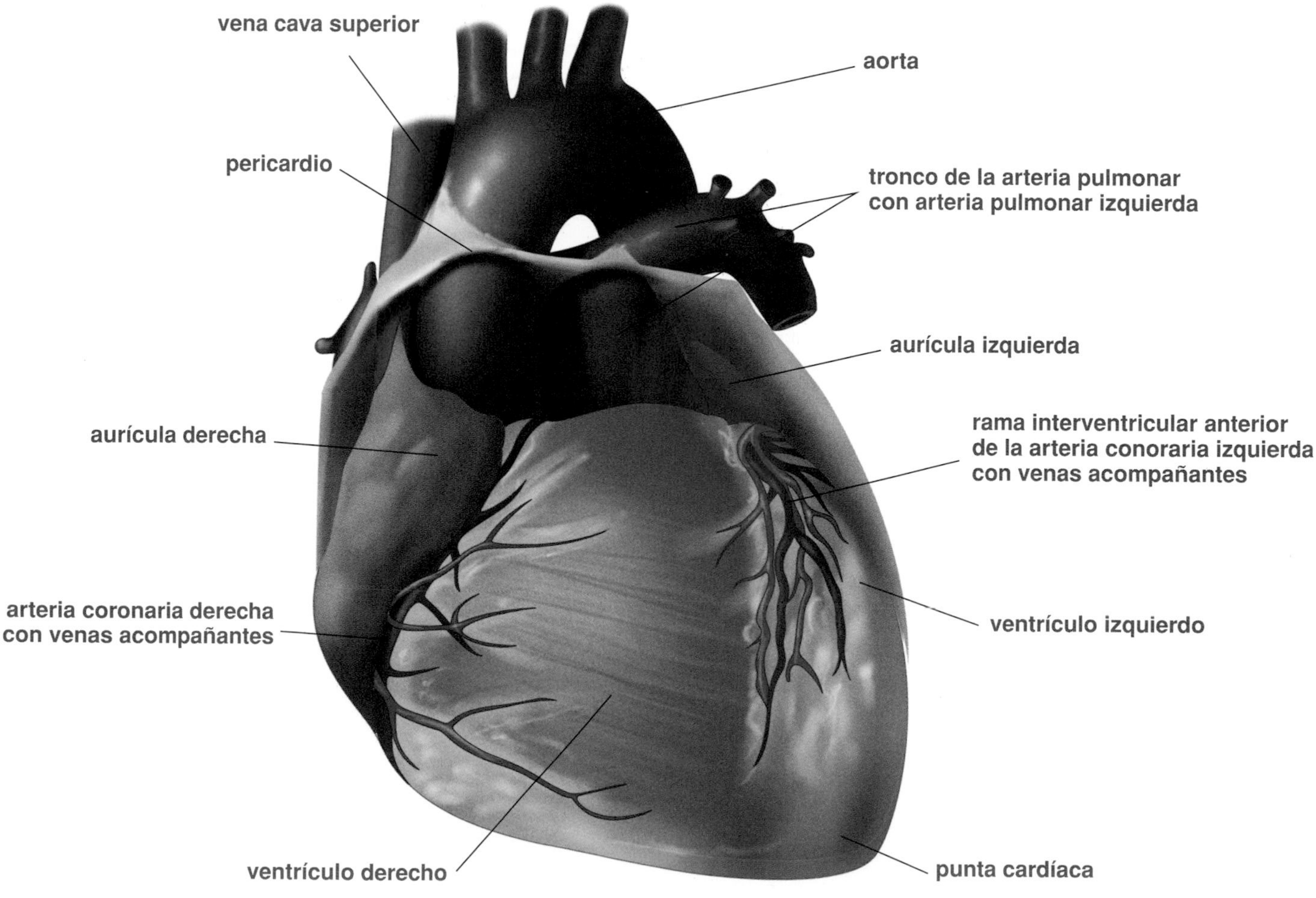

vena cava superior
aorta
pericardio
tronco de la arteria pulmonar con arteria pulmonar izquierda
aurícula izquierda
aurícula derecha
rama interventricular anterior de la arteria conoraria izquierda con venas acompañantes
arteria coronaria derecha con venas acompañantes
ventrículo izquierdo
ventrículo derecho
punta cardíaca

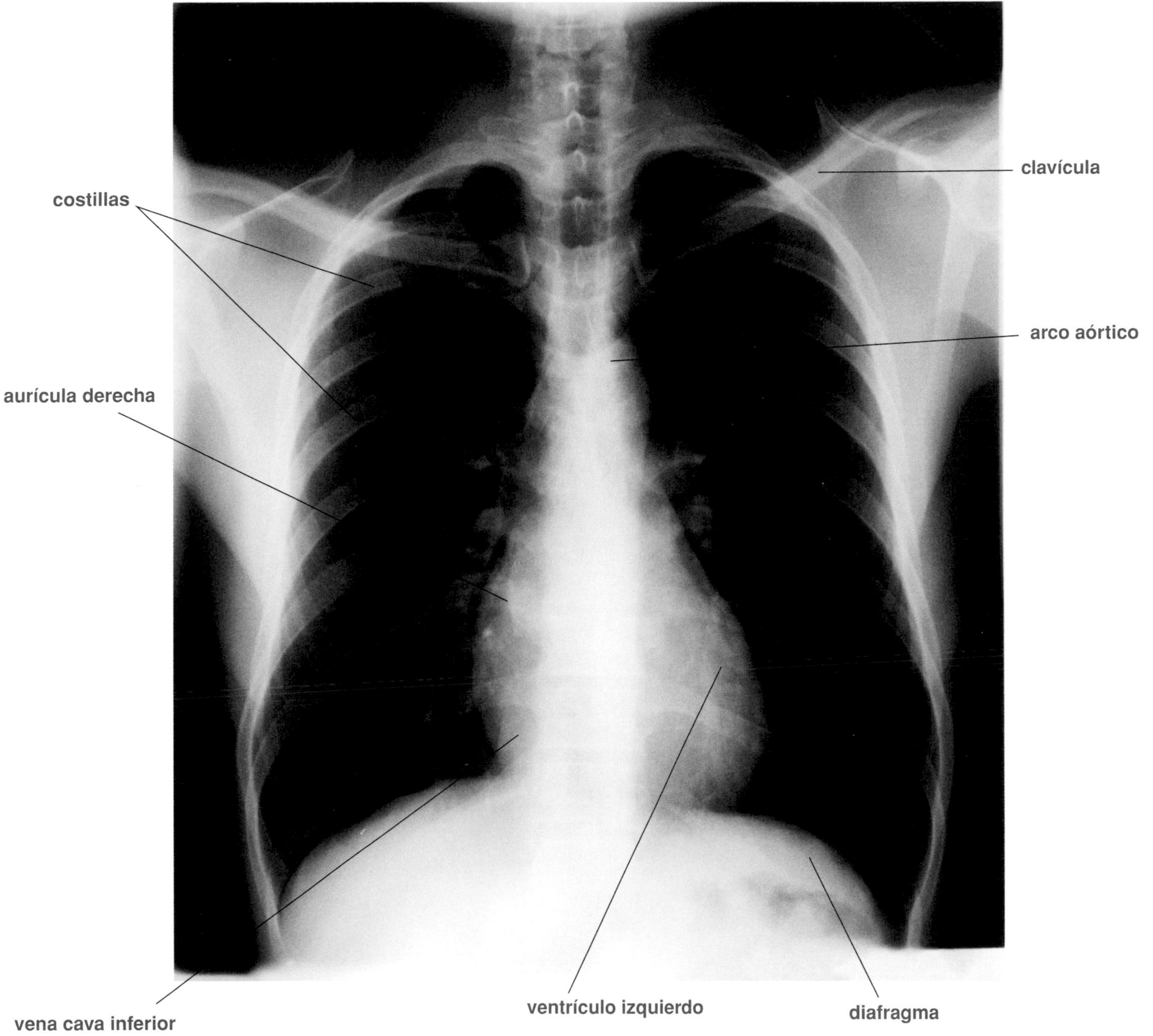
clavícula
costillas
arco aórtico
aurícula derecha
vena cava inferior
ventrículo izquierdo
diafragma

Radiografía de tórax

Con ayuda de una radiografía de tórax pueden detectarse **alteraciones** del corazón. Así, por ejemplo, permite apreciar muy bien el aumento anómalo del tamaño de un corazón, muchas cardiopatías congénitas, un derrame pericárdico o alteraciones inflamatorias.

Corazón: visión posterior

En la figura pueden verse las **arterias coronarias** derecha e izquierda, que llevan la sangre oxigenada al corazón. Aunque normalmente las arterias conducen la sangre rica en oxígeno a las células de todo el cuerpo, en el caso de la **arteria pulmonar** ocurre lo contrario. La sangre pobre en oxígeno, que llega hasta la mitad derecha del corazón a través de las **venas cava** superior e inferior, pasa a las arterias pulmonares a través del ventrículo derecho. La sangre enriquecida con oxígeno en los pulmones es conducida hasta la parte izquierda del corazón por las venas pulmonares. Finalmente, el ventrículo izquierdo bombea la sangre hacia la aorta.

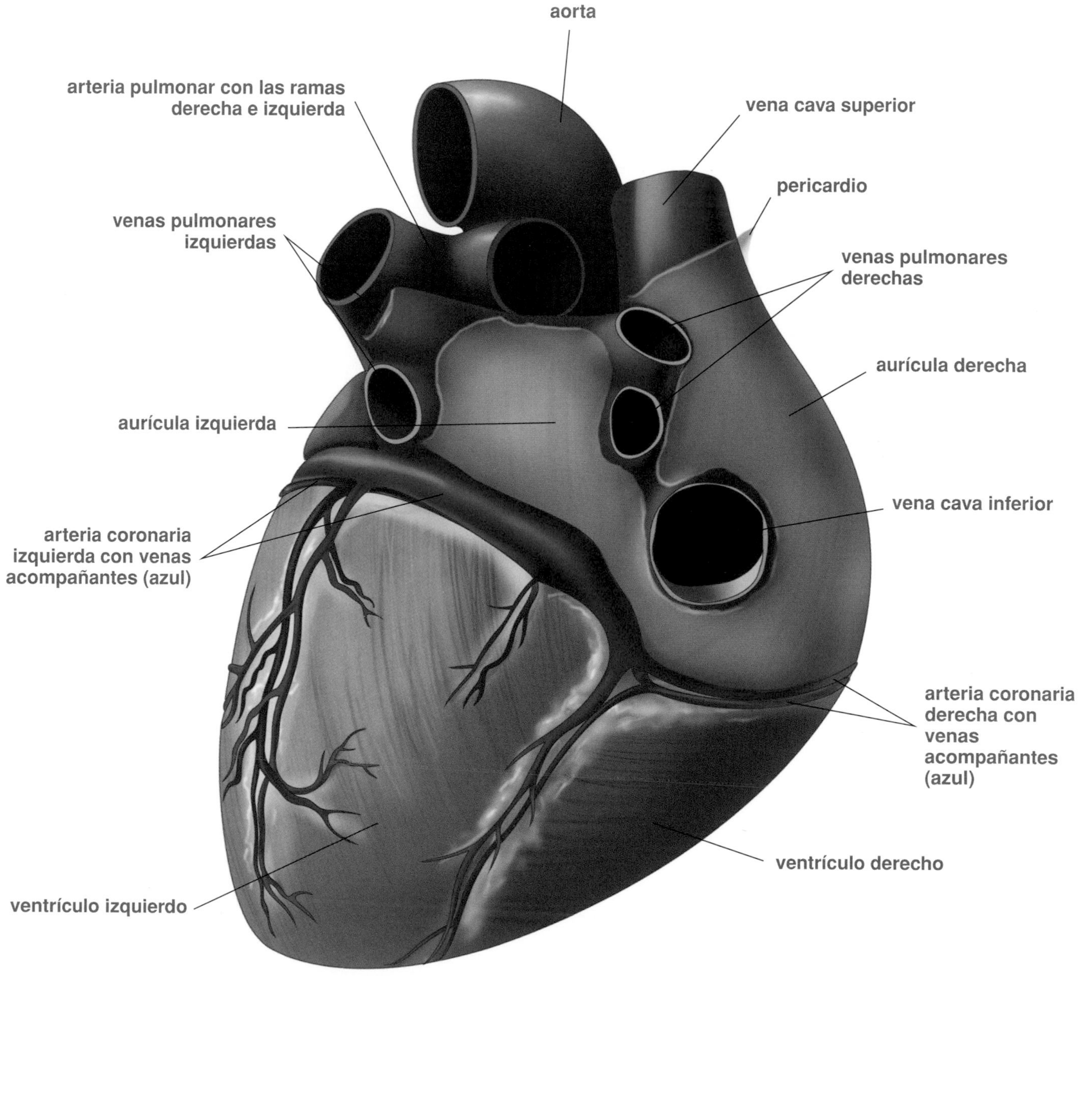

aorta
arteria pulmonar con las ramas derecha e izquierda
vena cava superior
pericardio
venas pulmonares izquierdas
venas pulmonares derechas
aurícula derecha
aurícula izquierda
vena cava inferior
arteria coronaria izquierda con venas acompañantes (azul)
arteria coronaria derecha con venas acompañantes (azul)
ventrículo derecho
ventrículo izquierdo

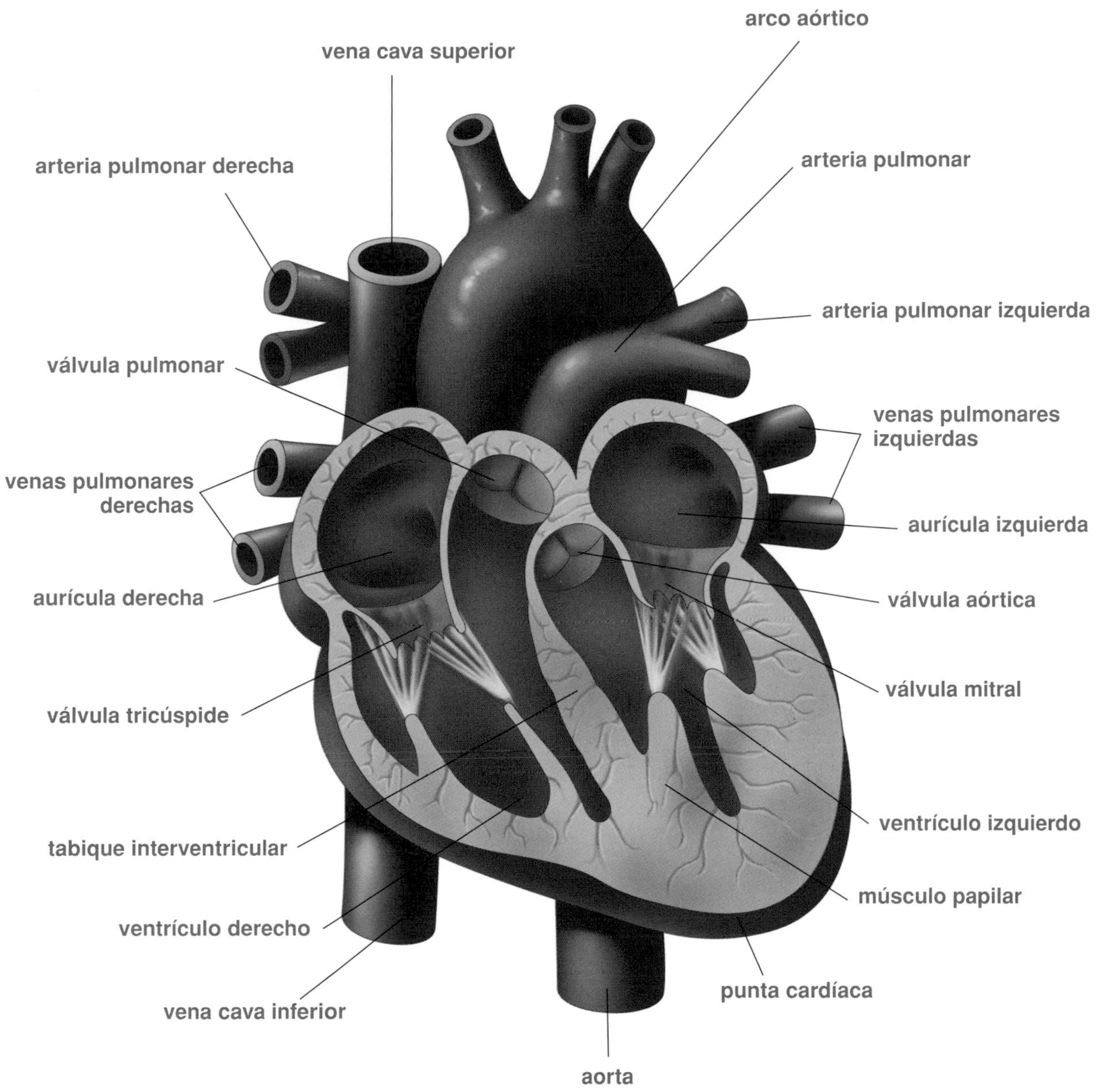

arco aórtico
vena cava superior
arteria pulmonar derecha
arteria pulmonar
arteria pulmonar izquierda
válvula pulmonar
venas pulmonares izquierdas
venas pulmonares derechas
aurícula izquierda
aurícula derecha
válvula aórtica
válvula mitral
válvula tricúspide
ventrículo izquierdo
tabique interventricular
músculo papilar
ventrículo derecho
punta cardíaca
vena cava inferior
aorta

Corte longitudinal del corazón

El corazón se divide en dos mitades, derecha e izquierda, por el **tabique cardíaco**. Cada una de estas partes está formada por una **aurícula** y un **ventrículo**. La parte del tabique que separa las dos aurículas recibe el nombre de **tabique interauricular** y la porción entre los dos ventrículos se conoce como **tabique interventricular**. En la aurícula derecha se recoge la sangre pobre en oxígeno proveniente de las **venas cava** superior e inferior. La vena cava inferior lleva la sangre de la mitad inferior del cuerpo y la vena cava superior, de la mitad superior del cuerpo. La aurícula izquierda recibe la sangre cargada de oxígeno proveniente de los pulmones. Los ventrículos bombean la sangre hacia el sistema circulatorio.

Bombeo del corazón

El corazón se contrae para bombear la sangre hacia el sistema circulatorio. Los procesos que tienen lugar durante la acción de bombeo y la posterior relajación se repiten de manera constante, motivo por el cual reciben el nombre de **ciclo cardíaco**. La fase durante la cual los ventrículos se contraen e impulsan la sangre se conoce como **sístole**, y la fase de relajación en la que las aurículas vuelven a llenarse recibe el nombre de **diástole**. Durante la sístole del ciclo cardíaco primero se contraen las aurículas, de manera que la sangre que estas llevan pasa a los ventrículos. Seguidamente se produce la contracción del miocardio (capa muscular de la pared cardíaca) de los ventrículos. Las válvulas cardíacas que conducen a los ventrículos se cierran, mientras que las válvulas pulmonar y aórtica que van hacia los pulmones y la aorta se abren, transportando la sangre hacia la circulación pulmonar y sistémica. Durante la diástole vuelven a abrirse las válvulas cardíacas que llevan a los ventrículos, de manera que la sangre pasa de nuevo a ellos.

Sístole (fase de contracción)

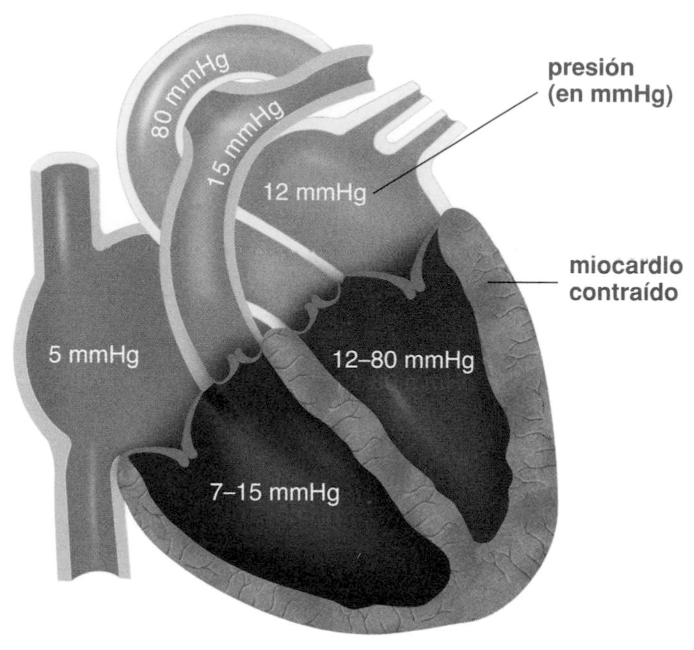
80 mmHg
15 mmHg
12 mmHg
presión (en mmHg)
miocardio contraído
5 mmHg
12–80 mmHg
7–15 mmHg

Sístole (fase de eyección)

120 mmHg
30 mmHg
12 mmHg
miocardio contraído
5 mmHg
120 mmHg
32 mmHg
válvula pulmonar y aórtica abiertas

Diástole (fase de relajación)

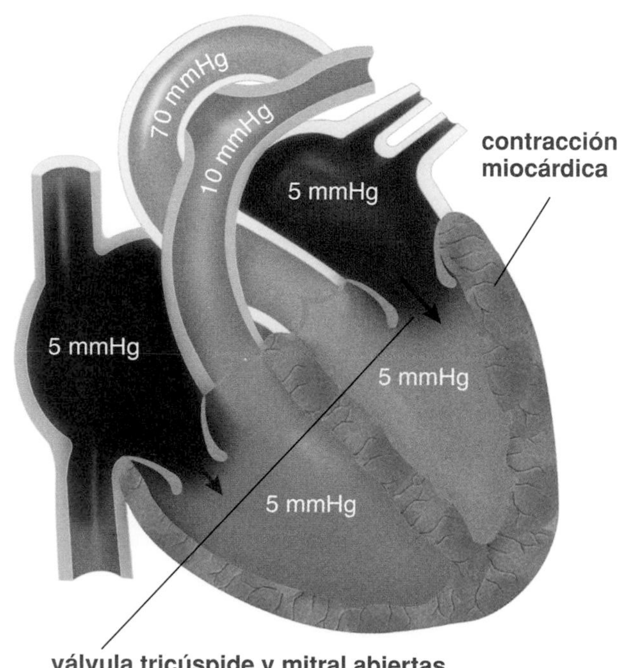
70 mmHg
10 mmHg
5 mmHg
contracción miocárdica
5 mmHg
5 mmHg
5 mmHg
válvula tricúspide y mitral abiertas

Válvulas cardíacas

Las aurículas están separadas de los ventrículos por las **válvulas atrioventriculares**. La válvula tricúspide separa la aurícula derecha del ventrículo derecho y la válvula mitral, la aurícula izquierda del ventrículo izquierdo. Las **válvulas semilunares** dividen los ventrículos de la arteria pulmonar y de la aorta. La válvula pulmonar separa el ventrículo derecho de la arteria pulmonar y la válvula aórtica, el ventrículo izquierdo de la aorta.

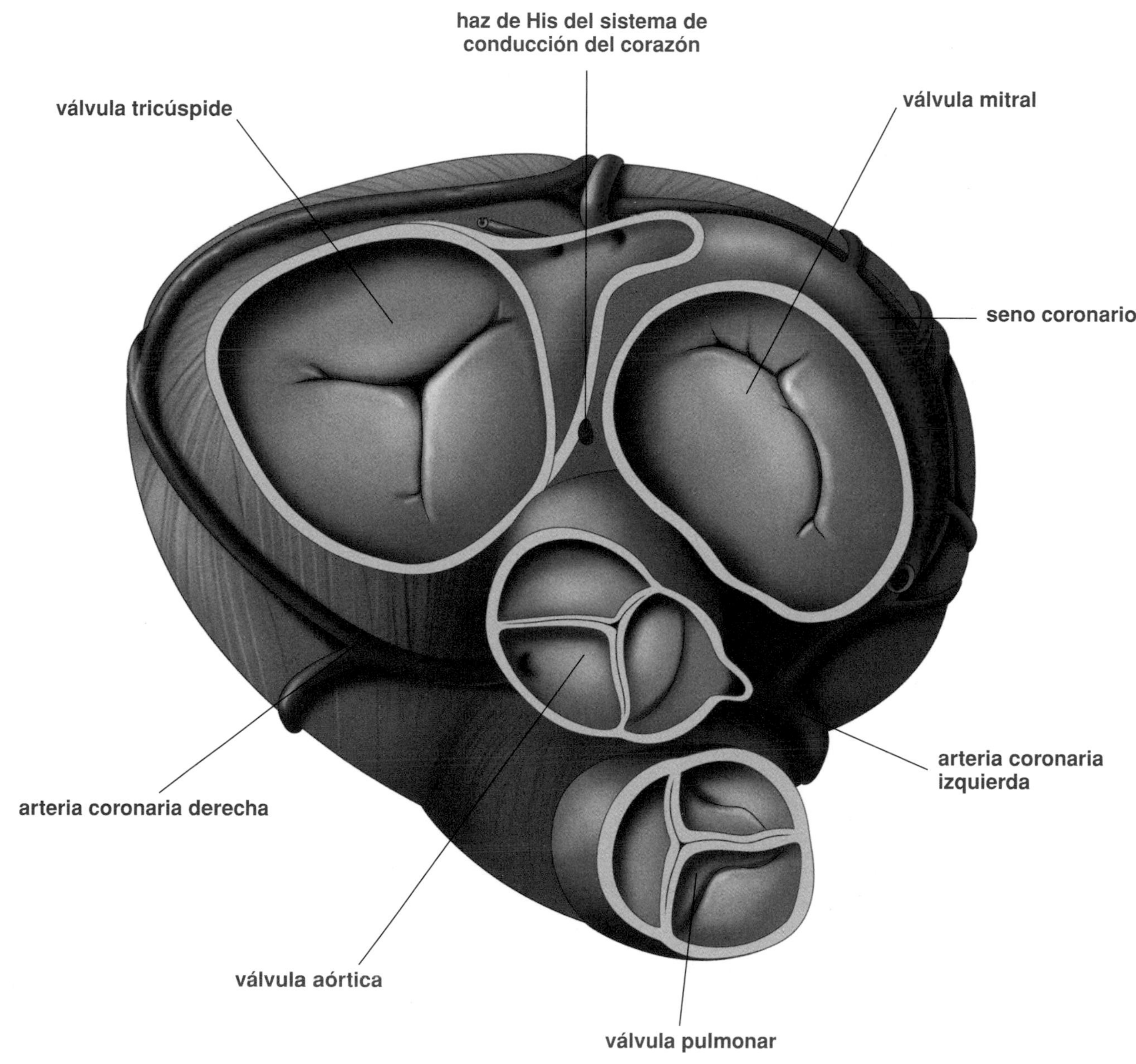
haz de His del sistema de conducción del corazón
válvula tricúspide
válvula mitral
seno coronario
arteria coronaria izquierda
arteria coronaria derecha
válvula aórtica
válvula pulmonar

Estructura de las válvulas cardíacas

Las **válvulas tricúspide** y **mitral** separan las aurículas de los ventrículos, por ello también se conocen como válvulas atrioventriculares. La tricúspide está formada por tres valvas, que se fijan a los músculos ventriculares a través de cordones tendinosos, a modo de vela. La válvula mitral está formada por dos valvas. Debido a su forma, las **válvulas aórtica** y **pulmonar** se conocen como válvulas semilunares.

Válvula atrioventricular, válvula mitral

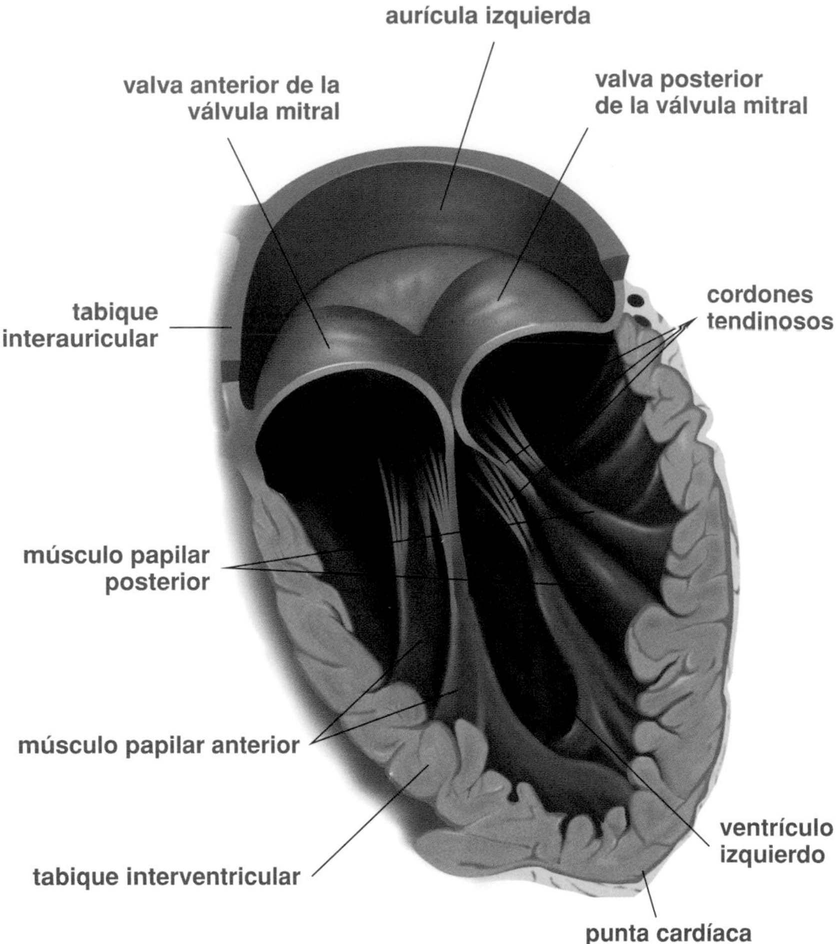
aurícula izquierda
valva anterior de la válvula mitral
valva posterior de la válvula mitral
tabique interauricular
cordones tendinosos
músculo papilar posterior
músculo papilar anterior
ventrículo izquierdo
tabique interventricular
punta cardíaca

Válvula semilunar, válvula aórtica

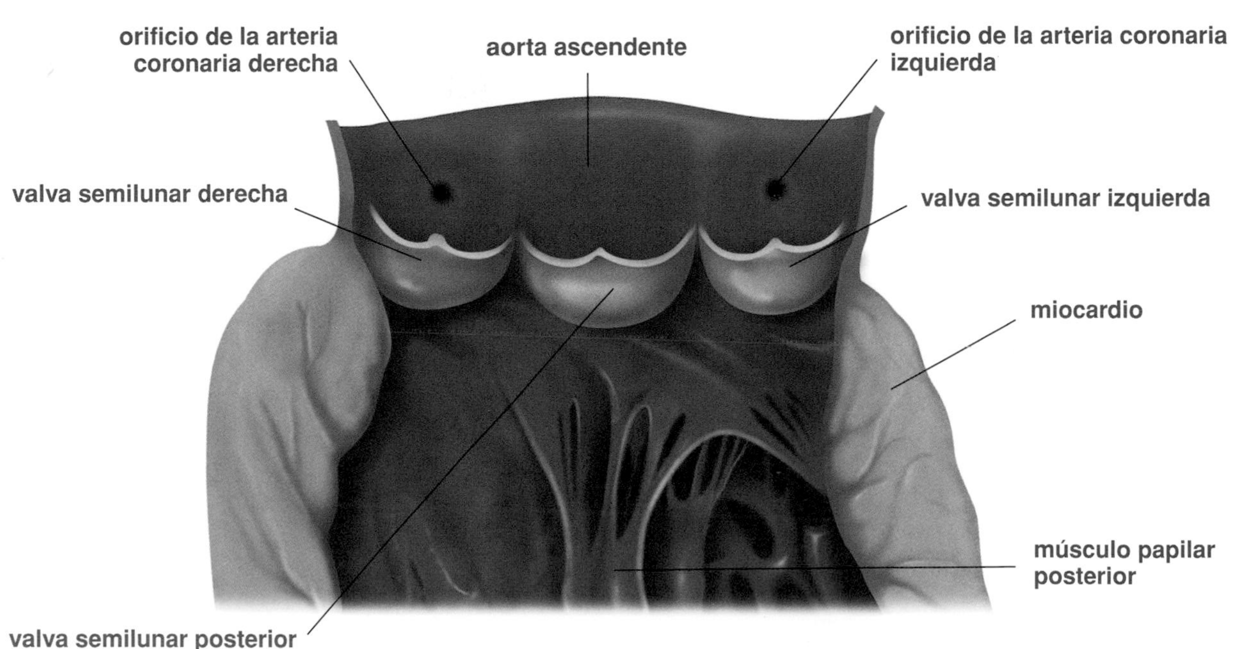
orificio de la arteria coronaria derecha
aorta ascendente
orificio de la arteria coronaria izquierda
valva semilunar derecha
valva semilunar izquierda
miocardio
músculo papilar posterior
valva semilunar posterior

Válvulas cardíacas artificiales

Las válvulas cardíacas deben sustituirse cuando, debido a un defecto congénito o adquirido o como consecuencia de una enfermedad (p. ej., infecciones, alteraciones tisulares o calcificaciones), su función se ve limitada. Hoy en día estas válvulas pueden sustituirse por **válvulas completamente mecánicas** o artificiales, o bien por **válvulas biológicas**.

Válvula cardíaca completamente artificial

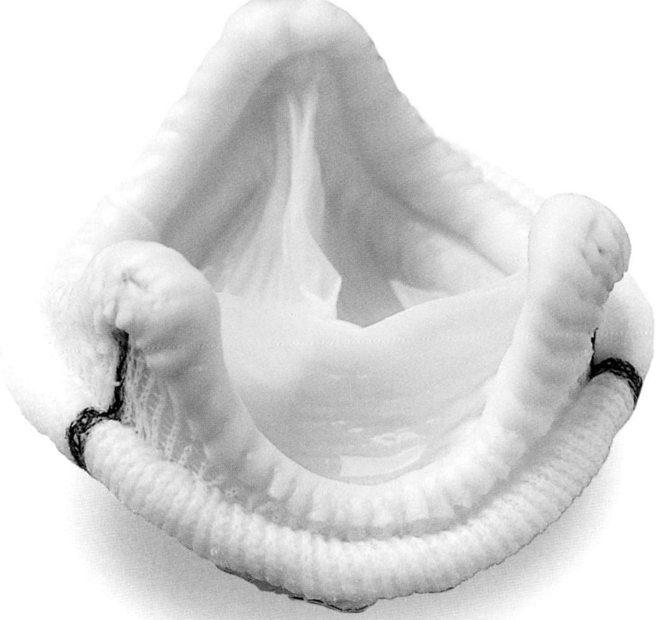

Válvula cardíaca con valvas de material biológico que se sostienen sobre un esqueleto artificial.

▸▸ RECAMBIO VALVULAR MEDIANTE CATETERISMO

Hoy día, los pacientes de alto riesgo pueden someterse a un recambio valvular poco invasivo con un catéter que se introduce en el corazón. En el caso de la válvula aórtica, esta es suturada sobre una malla metálica (stent) y plegada hasta que tiene solo 6-7 mm. Luego se lleva hasta el corazón con la ayuda de un catéter, que se introduce por una arteria inguinal o por la punta cardíaca. Sin que el corazón deje de latir, dicha válvula se despliega en el lugar de la válvula defectuosa, a la cual cubre, asumiendo así su función.

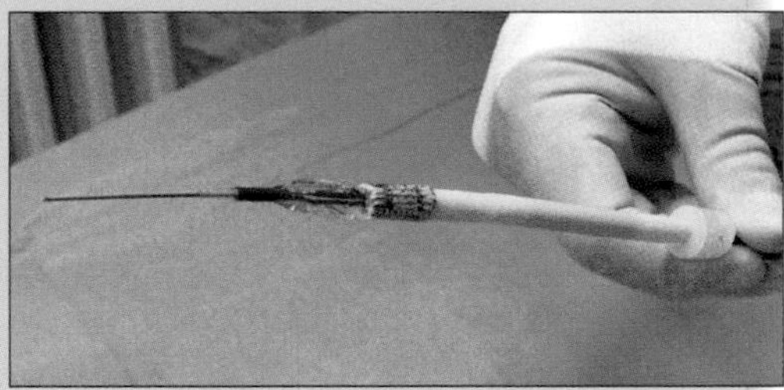

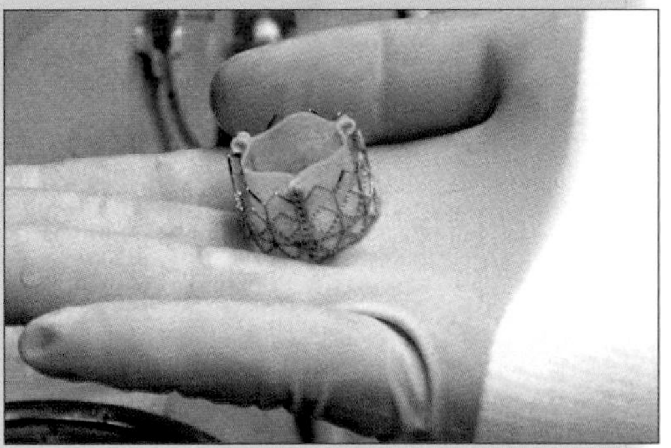

Corazón artificial

Los sistemas de soporte mecánico de la circulación sirven de puente (*bridging*) mientras el paciente espera un **trasplante de corazón**. Dichos mecanismos asumen la función de bombeo de la mitad derecha e izquierda del corazón, de manera que el cuerpo recibe la cantidad de sangre oxigenada necesaria y se estabiliza la situación del paciente. Existen sistemas con distintos tipos de propulsión. Al principio se utilizaron bombas mecánicas que simulaban los latidos del corazón sano; su desventaja, sin embargo, residía en su tamaño. Investigadores de todo el mundo buscaron alternativas más pequeñas que pudieran implantarse. Entre ellas destacan las bombas axiales y centrífugas, con las cuales se consigue una corriente sanguínea continua, no pulsante, gracias a la acción de un rotor.

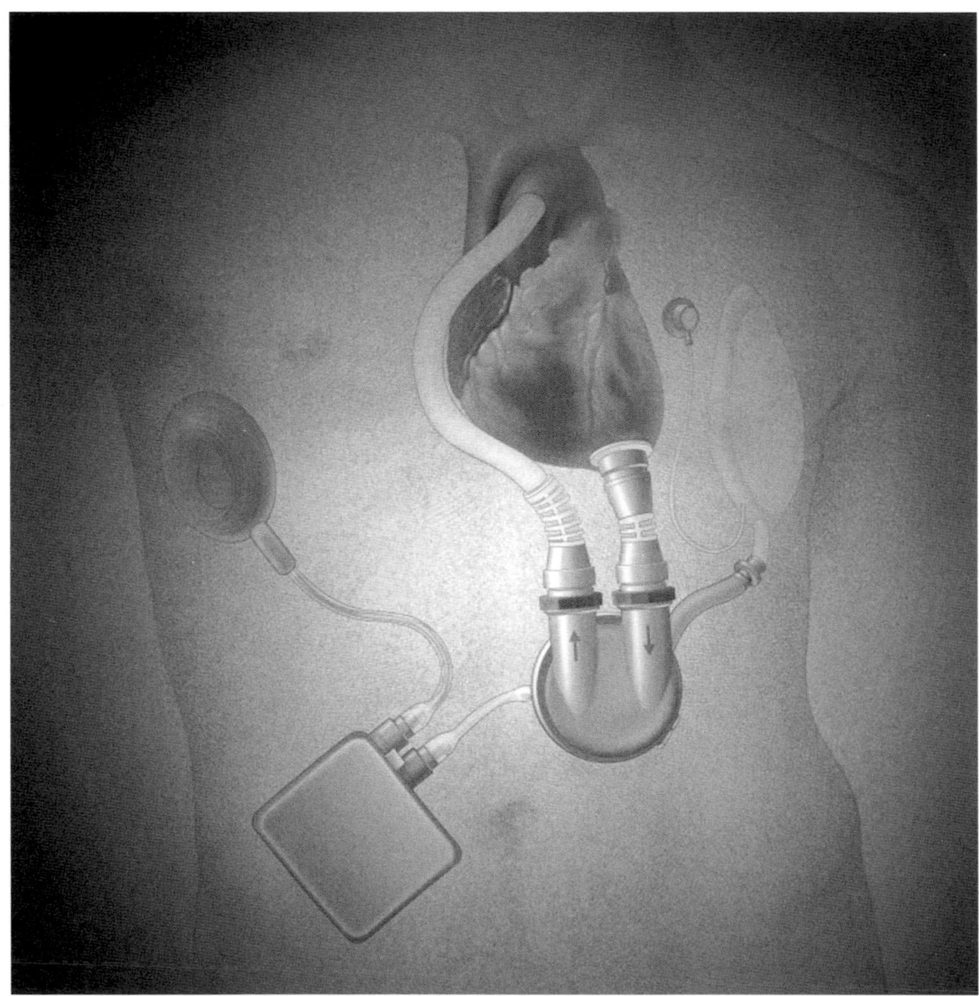

El sistema de soporte cardíaco izquierdo CorAide, de Arrow International Inc., forma parte de la nueva generación de bombas colocadas magnéticamente. Tiene la característica de ajustarse a las necesidades sanguíneas del paciente. Su funcionamiento se parece al de un corazón normal. Cuando la actividad aumenta, se eleva también la velocidad de giro del rotor, por lo que dicho mecanismo impulsa más sangre hacia el sistema circulatorio. En situación de reposo, el flujo de sangre disminuye.

El corazón artificial CardioWest sustituye el corazón humano enfermo. Está formado por dos ventrículos que bombean la sangre hacia la circulación pulmonar y sistémica. Con el paciente hospitalizado, el corazón artificial es propulsado por un aparato de aire comprimido externo.

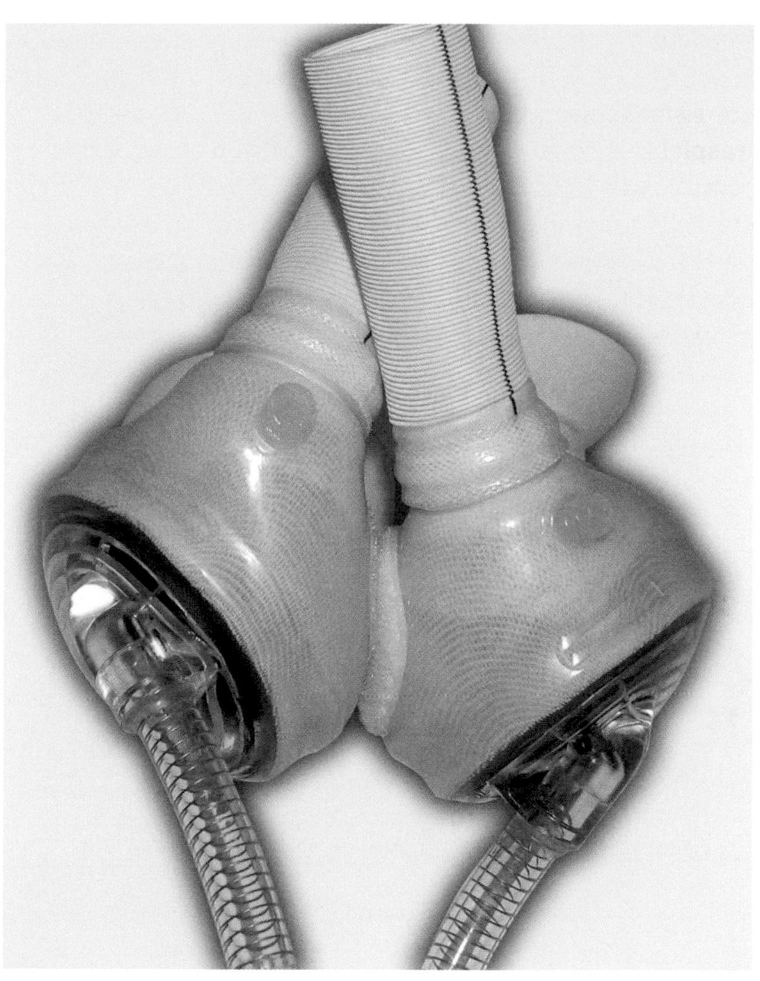

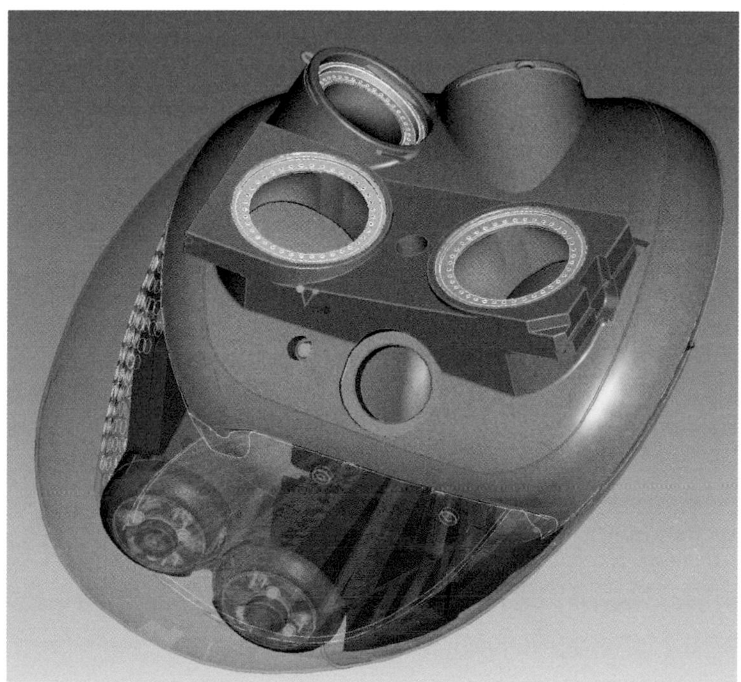

El prototipo del sistema de corazón artificial CARMAT se encuentra en fase preclínica. El mecanismo emula en su anatomía y forma de funcionamiento el corazón humano.

Arterias coronarias

Las arterias coronarias (derecha e izquierda) parten de la aorta y rodean el corazón. Estas dos arterias son los únicos vasos grandes que llevan la sangre oxigenada al corazón; por ello, si se **estenosan** u **ocluyen**, se produce un déficit circulatorio o incluso la muerte de una parte del miocardio (**infarto**). Cuando la irrigación es insuficiente se habla de **cardiopatía coronaria**. Si esta anomalía se halla en un estadio muy avanzado, se procede a realizar una operación de ***bypass***, que consiste en evitar la zona estenosada de la arteria mediante la implantación de vasos sanguíneos de otras regiones del cuerpo.

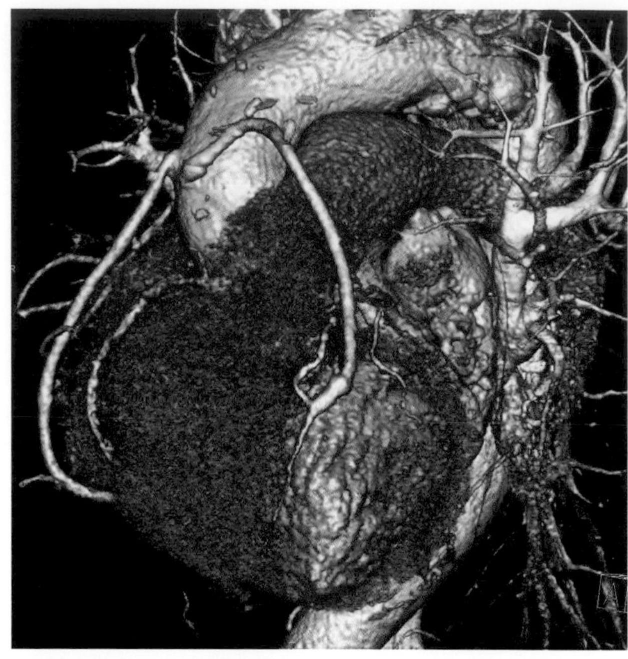

Representación tridimensional del corazón con dos *bypass* venosos tras una operación de *bypass* (grandes vasos de color rosa claro a la izquierda y en el centro de la imagen).

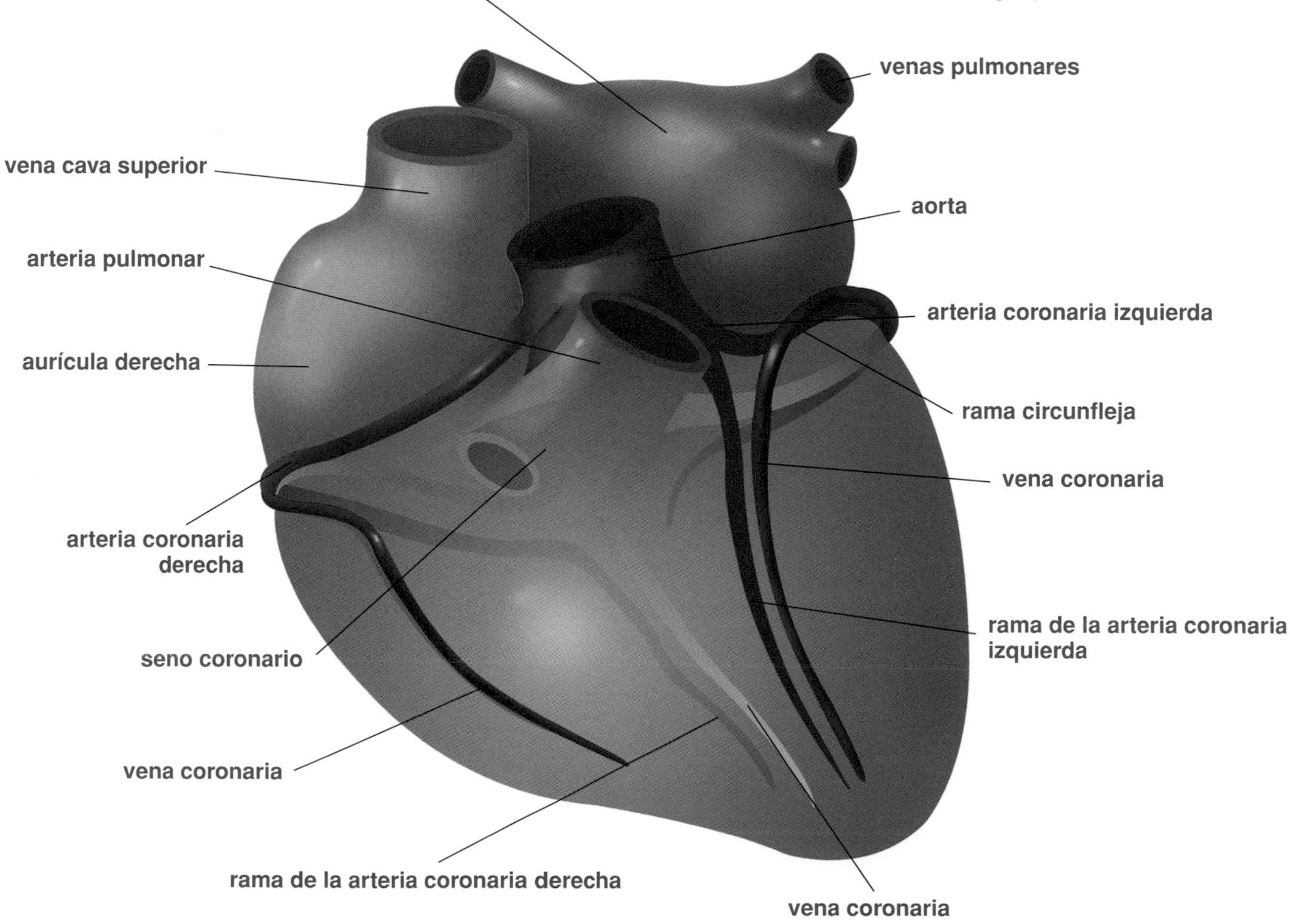

aurícula izquierda
venas pulmonares
vena cava superior
aorta
arteria pulmonar
arteria coronaria izquierda
aurícula derecha
rama circunfleja
vena coronaria
arteria coronaria derecha
rama de la arteria coronaria izquierda
seno coronario
vena coronaria
rama de la arteria coronaria derecha
vena coronaria

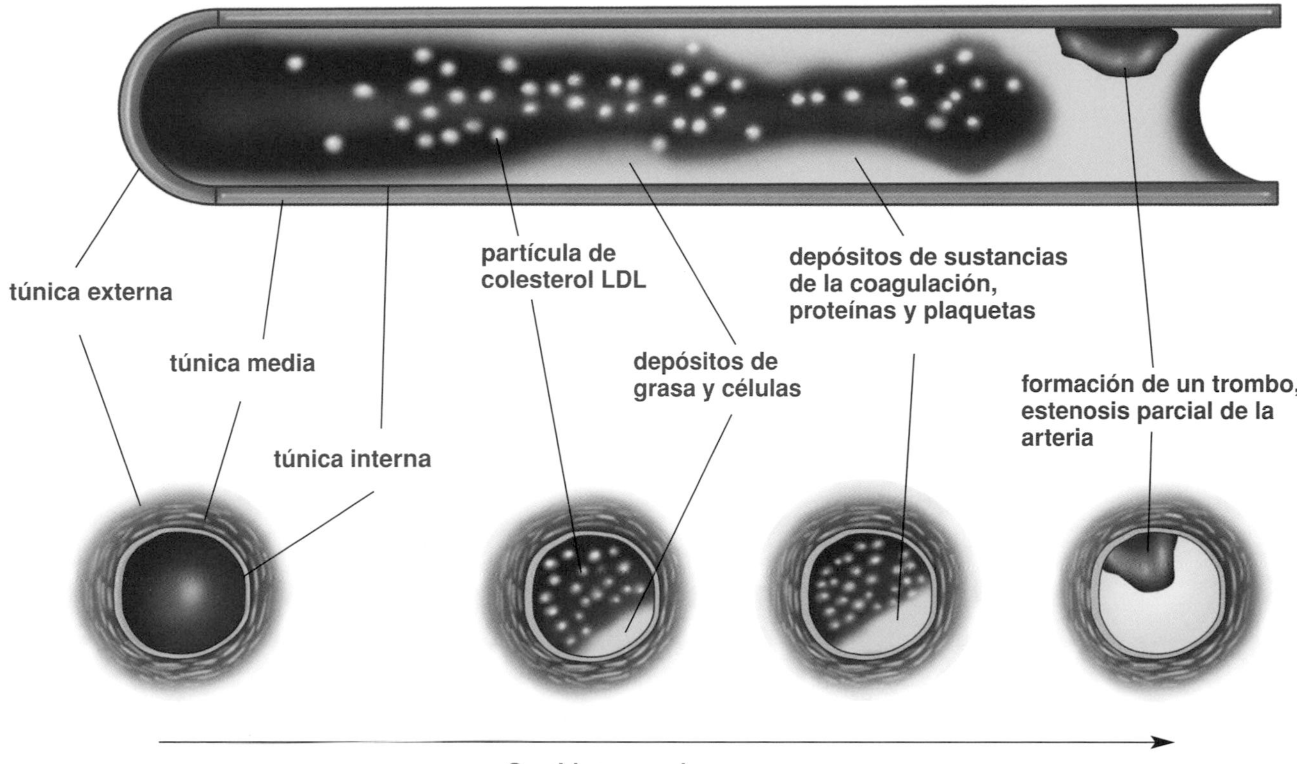
túnica externa
túnica media
túnica interna
partícula de colesterol LDL
depósitos de grasa y células
depósitos de sustancias de la coagulación, proteínas y plaquetas
formación de un trombo, estenosis parcial de la arteria
Cambios vasculares a lo largo de los años

Estenosis coronaria

Cualquier arteria del cuerpo, no solo las coronarias, puede verse afectada a lo largo de la vida por la arteriosclerosis. Esta anomalía se produce cuando sobre pequeñas lesiones o alteraciones de la pared vascular se deposita grasa de la sangre (colesterol LDL) y otras sustancias (p. ej., plaquetas). Poco a poco, estos **depósitos** crecen, estrechando y endureciendo la pared del vaso. Cuando una arteria coronaria se ve afectada por esta situación de modo considerable, se habla de estenosis coronaria. Su consecuencia es la reducción del aporte de sangre en la zona del corazón afectada, que puede manifestarse como dolor torácico (angina de pecho).

Infarto de miocardio

La **angina de pecho**, una anomalía consecuencia de la cardiopatía coronaria, puede ser el aviso de un posible infarto de miocardio. Debido a la estenosis de los vasos coronarios, determinadas zonas del corazón reciben poca sangre. Como resultado de ello, sobre todo en situaciones de sobrecarga, aparece un intenso **dolor** torácico porque el corazón debe trabajar duro para compensar el déficit de oxígeno. Este dolor derivado de la angina de pecho puede irradiar incluso a ambos brazos y, con frecuencia, provoca una intensa sensación de **miedo** en el afectado. Cuando un vaso coronario estenosado se ocluye por completo como consecuencia, por ejemplo, del depósito de un trombo formado en la túnica interna lesionada, la zona inmediatamente posterior a la oclusión deja de recibir sangre y muere. Esta situación recibe el nombre de infarto de miocardio, y puede causar la muerte cuando el área de miocardio afectada es extensa.

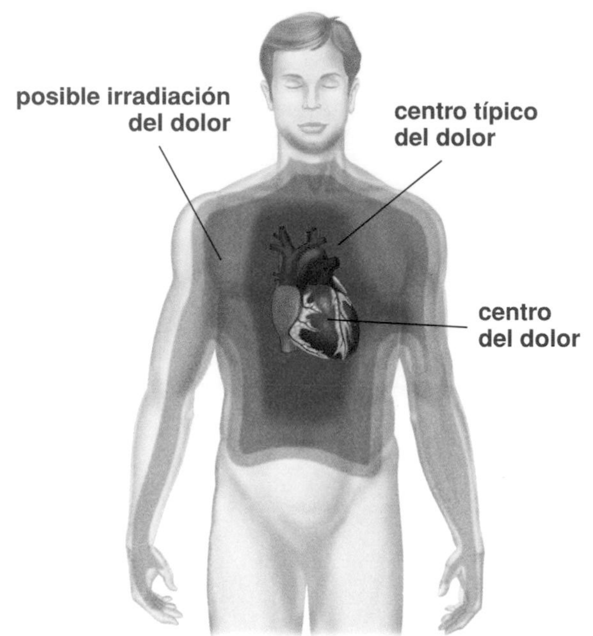
posible irradiación del dolor
centro típico del dolor
centro del dolor

Irradiación del dolor en la angina de pecho

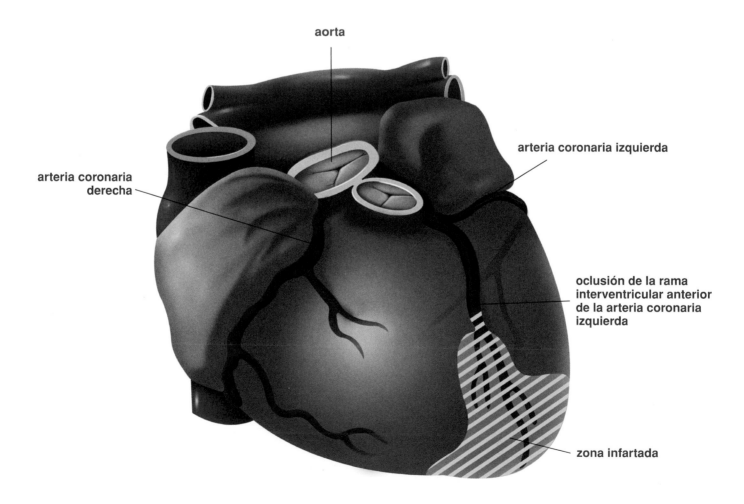

aorta
arteria coronaria izquierda
arteria coronaria derecha
oclusión de la rama interventricular anterior de la arteria coronaria izquierda
zona infartada

▸▸ CATETERISMO CARDÍACO

Con ayuda de un cateterismo cardíaco puede valorarse el estado de las arterias coronarias. Para ello suele introducirse un catéter en la arteria femoral a nivel de la ingle, que se hace pasar por la aorta hasta llegar al ventrículo izquierdo. A continuación, a través del catéter se inyecta un medio de contraste en los vasos, de manera que estos pueden observarse en una radiografía. Si los vasos están muy estenosados existen varios tratamientos para devolverlos a su estado normal.

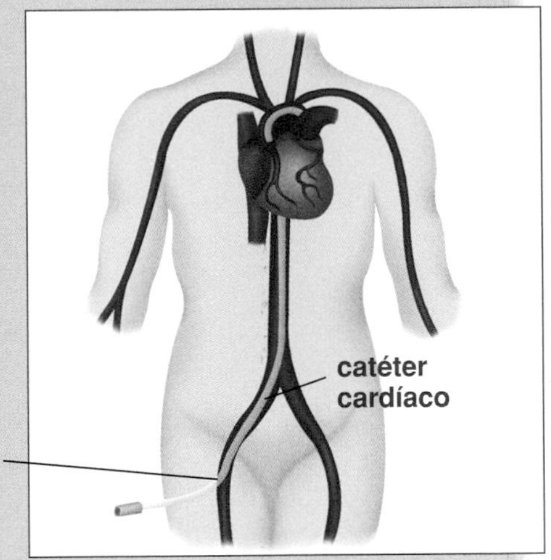
catéter cardíaco
Introducción del catéter en la arteria

▸▸ DILATACIÓN CON BALÓN Y COLOCACIÓN DE UN *STENT*

El procedimiento estándar del tratamiento del infarto es la introducción de un pequeño balón a través de un catéter (1). En la zona estenosada el balón se infla (2), con lo que empuja la zona estenosada (3). Este procedimiento se conoce como dilatación con balón. Para que el vaso no se cierre, se coloca una malla metálica sobre el balón en la zona previamente dilatada; este stent *debe mantener el vaso abierto (4).*

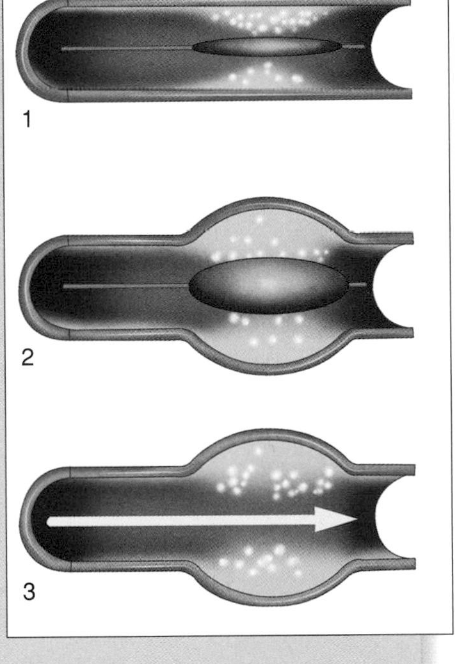
1
2
3

▸▸ *BYPASS*

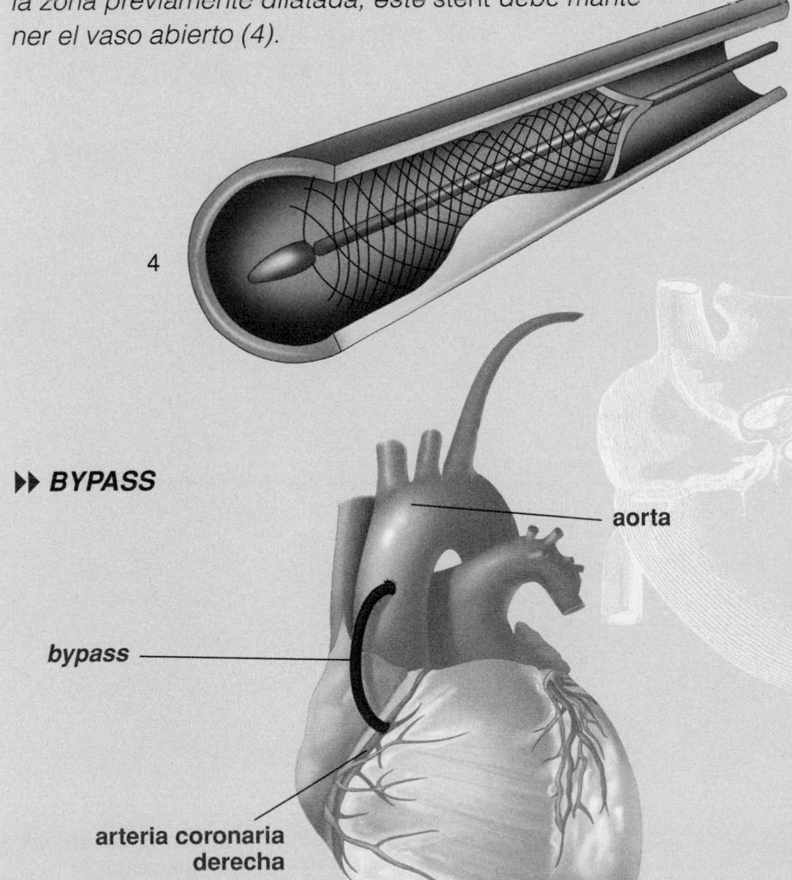
4
aorta
bypass
arteria coronaria derecha

Cuando hay varios vasos estenosados se suele recurrir a un bypass. *Los conductos afectados se sustituyen por otros vasos del cuerpo durante un procedimiento de cirugía cardíaca en el que el esternón es seccionado.*

Sistema de conducción del corazón

El marcapasos del corazón es el **nodo sinusal**, que envía el impulso eléctrico que provoca la contracción del corazón. No obstante, el estímulo no es conducido por igual a todos los puntos del corazón: se propaga poco a poco, ya que fisiológicamente la contracción de las aurículas debe producirse un poco antes que la de los ventrículos. El sistema de conducción del corazón funciona así: el nodo sinusal, una zona formada por células musculares especializadas, conduce el impulso generado por la contracción cardíaca hasta el **nodo atrioventricular (AV)**, situado en el fondo de la aurícula derecha. Desde ahí el estímulo llega al **haz de His**, que también se sitúa en el fondo de la aurícula derecha, cerca del tabique del corazón. Este cuenta con dos ramas, en cuyo extremo se encuentran las **fibras de Purkinje**, las cuales finalmente transmiten el estímulo a los ventrículos. La mayoría de las partes del sistema de conducción son capaces, en cierta medida, de enviar sus propios impulsos eléctricos para estimular al miocardio, un mecanismo de seguridad que complensa el posible fallo de alguna parte del sistema de conducción.

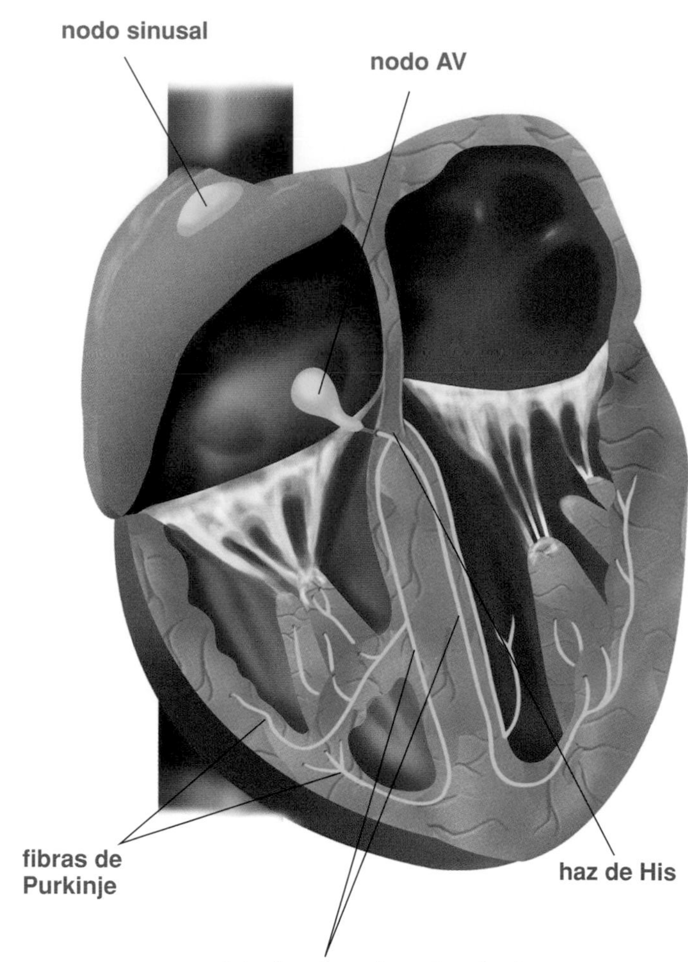
nodo sinusal
nodo AV
fibras de Purkinje
haz de His
rama ventricular derecha e izquierda

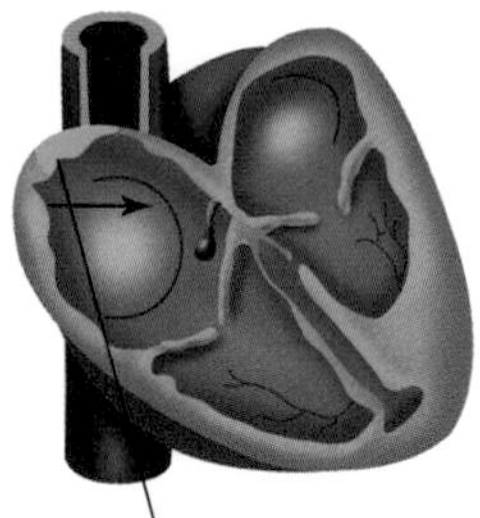
1. nodo sinusal

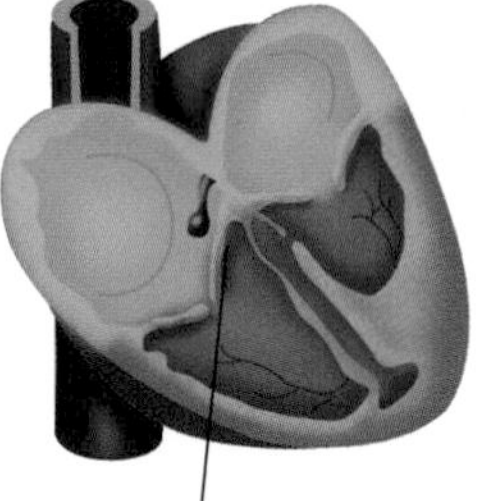
2. nodo AV

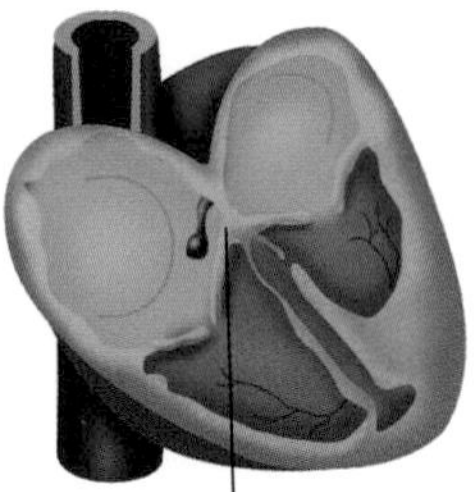
3. haz de His

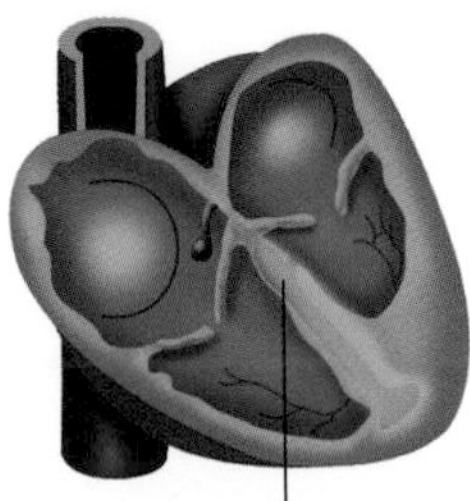
4. rama ventricular derecha e izquierda

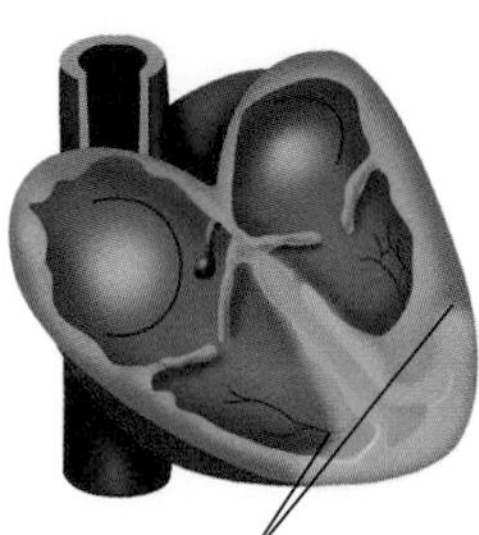
5. fibras de Purkinje

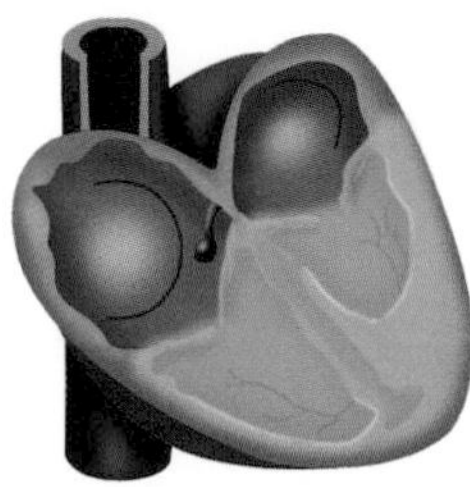
6. estimulación de toda la musculatura ventricular

Electrocardiograma (ECG)

El electrocardiograma (ECG) consiste en la detección de las **corrientes cardíacas** a través de unos electrodos colocados sobre el tórax y su posterior representación gráfica. Con él pueden detectarse **alteraciones de la conducción cardíaca**, que suelen manifestarse en forma de alteraciones del ritmo. Así, por ejemplo, un **bloqueo AV** y sus distintos grados de gravedad se detectan en el ECG por un patrón de ondas muy determinado. En el caso del bloqueo AV, el nodo AV transmite solo en parte el estímulo del nodo sinusal, lo que provoca un enlentecimiento del latido cardíaco que dependerá del grado de bloqueo. En el **aleteo auricular** y la fibrilación auricular no todos los impulsos eléctricos llegan hasta los ventrículos, lo que se manifiesta por un latido cardíaco irregular. La **fibrilación ventricular** es una situación especialmente peligrosa en la que los ventrículos se contraen en una secuencia tan rápida que no pueden llenarse suficientemente de sangre y, por tanto, la circulación sanguínea no puede mantenerse con fluidez.

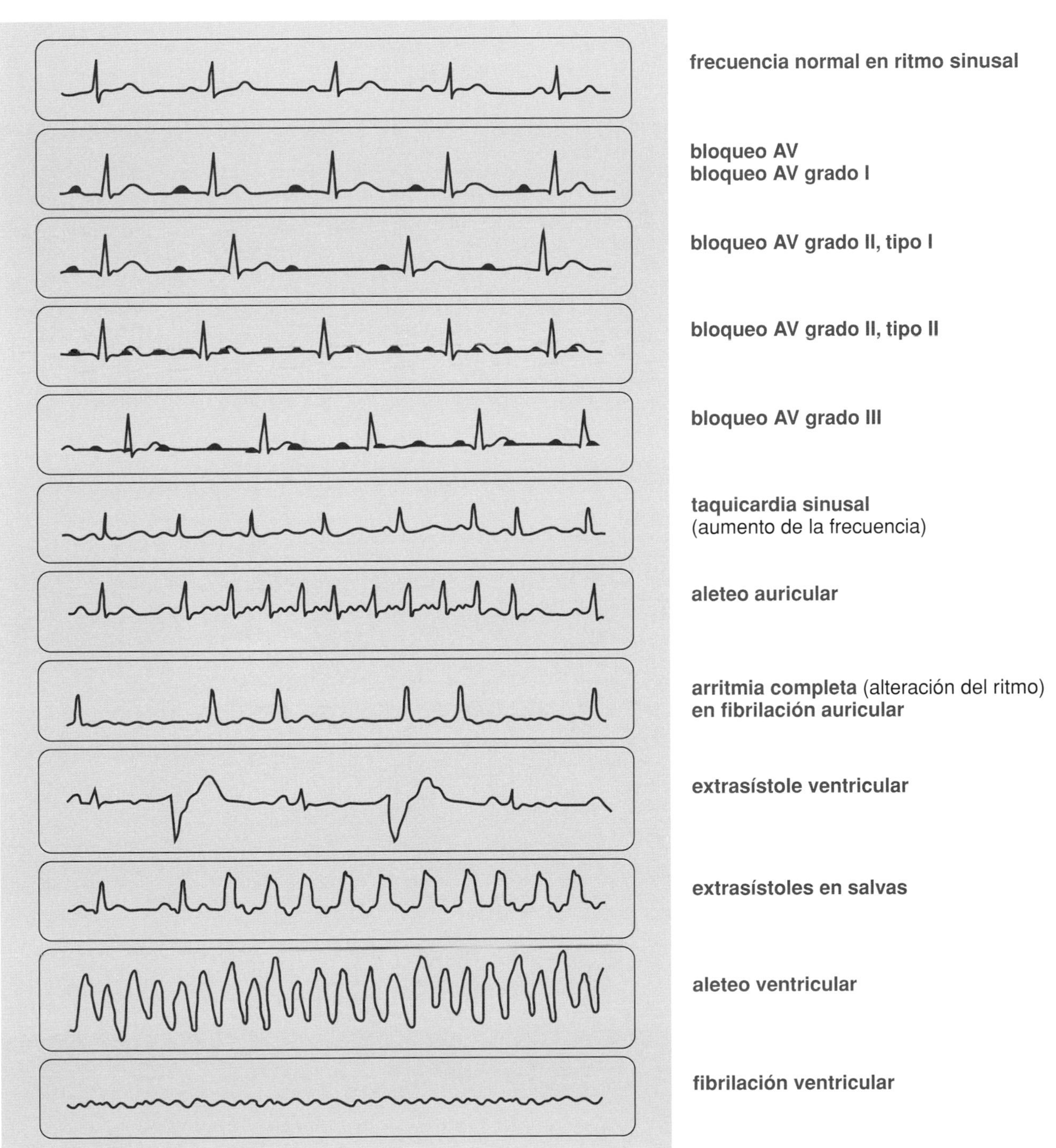

frecuencia normal en ritmo sinusal

bloqueo AV
bloqueo AV grado I

bloqueo AV grado II, tipo I

bloqueo AV grado II, tipo II

bloqueo AV grado III

taquicardia sinusal
(aumento de la frecuencia)

aleteo auricular

arritmia completa (alteración del ritmo)
en fibrilación auricular

extrasístole ventricular

extrasístoles en salvas

aleteo ventricular

fibrilación ventricular

Alteraciones del ritmo cardíaco

Normalmente, la conducción del impulso eléctrico del corazón se acaba en los ventrículos, ya que los demás tejidos no son estimulables por los impulsos eléctricos enviados por el nodo sinusal. No obstante, si en una parte del sistema de conducción, por ejemplo las fibras de Purkinje, existe un **obstáculo**, antes del bloqueo completo puede producirse un retraso de la conducción que finalmente lleve a una estimulación en círculo vicioso de los tejidos. Como consecuencia, pueden aparecer graves alteraciones del ritmo cardíaco que desencadenen fibrilación ventricular.

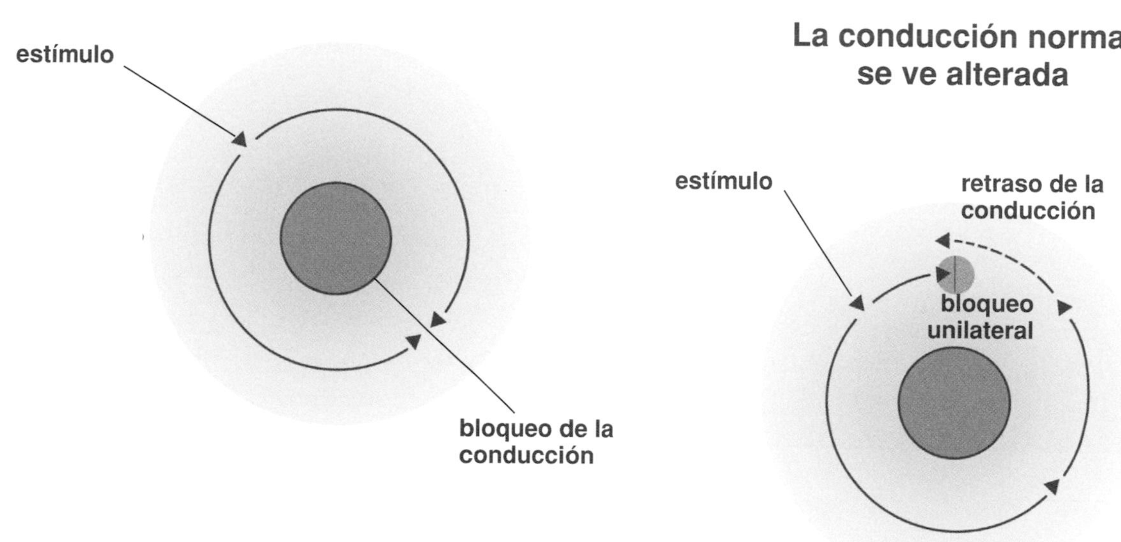
Transcurso normal de la conducción del estímulo
estímulo
bloqueo de la conducción
La conducción normal se ve alterada
estímulo
retraso de la conducción
bloqueo unilateral

▸▸ ABLACIÓN POR CATÉTER

Las arritmias cardíacas suelen tratarse farmacológicamente, aunque en ocasiones es necesaria una ablación por catéter. Esta técnica consiste en introducir un catéter hasta el corazón. El aparato emite unas pequeñas corrientes que consiguen recuperar el ritmo cardíaco normal. En las zonas de tejido tocadas por la punta del catéter se producen cicatrices, que limitan la transmisión del impulso eléctrico.

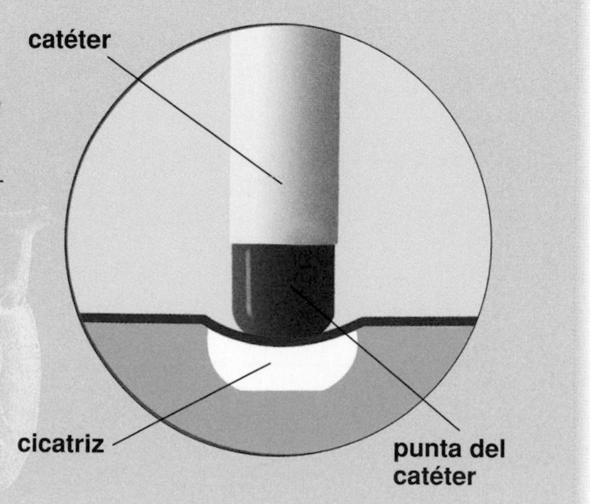
catéter
cicatriz
punta del catéter

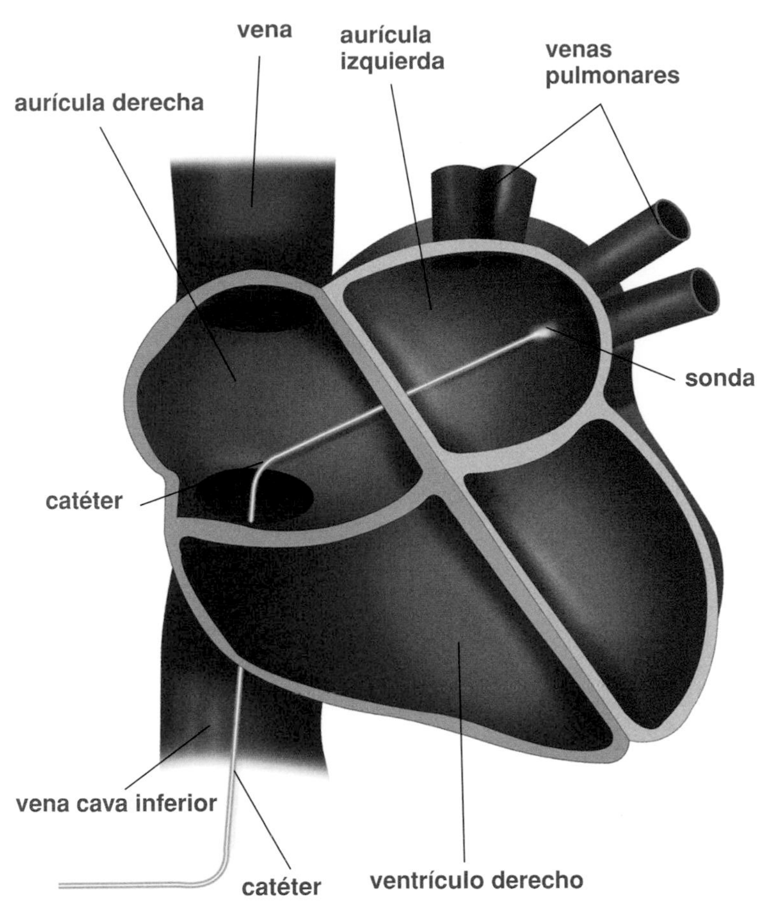
vena
aurícula izquierda
venas pulmonares
aurícula derecha
sonda
catéter
vena cava inferior
catéter
ventrículo derecho

Marcapasos, DCI y monitor de Holter

Las alteraciones del ritmo del corazón que cursan con un enlentecimiento de la frecuencia cardíaca (bradicardia) debido a un mal funcionamiento del seno sinusal, suelen tratarse con la implantación de un **marcapasos**. En caso necesario, el mecanismo emite un impulso eléctrico que determina la contracción ventricular. Sin embargo, el marcapasos no se implanta en el corazón: hasta el órgano llegan solo sus electrodos. Si existe riesgo de fibrilación ventricular de repetición, también puede colocarse un **desfibrilador cardioversor implantable** (DCI). Se trata de un aparato capaz de emitir electroshocks en caso de que se produzca una fibrilación ventricular que ponga en peligro la vida del paciente. Mediante estos impulsos eléctricos, todas las fibras musculares cardíacas son estimuladas simultáneamente y como resultado se contraen. De esta manera se intenta recuperar el ritmo del nodo sinusal.
Con la **monitorización de Holter** (registro ECG de 24 horas) pueden detectarse alteraciones del ritmo cardíaco que ocurren aleatoriamente durante el día. Si el registro de 24 horas no es suficiente, existen monitores que registran la actividad cardíaca durante un período más largo.

▸▸ IMPLANTACIÓN DE UN MARCAPASOS

Existen marcapasos temporales y permanentes. Los primeros se dejan fuera del cuerpo del paciente, mientras que los permanentes se colocan bajo su piel, por debajo del hombro. Con los dos tipos de aparatos los electrodos se introducen en el corazón derecho a través de las grandes venas, un procedimiento que puede realizarse bajo anestesia local o general.

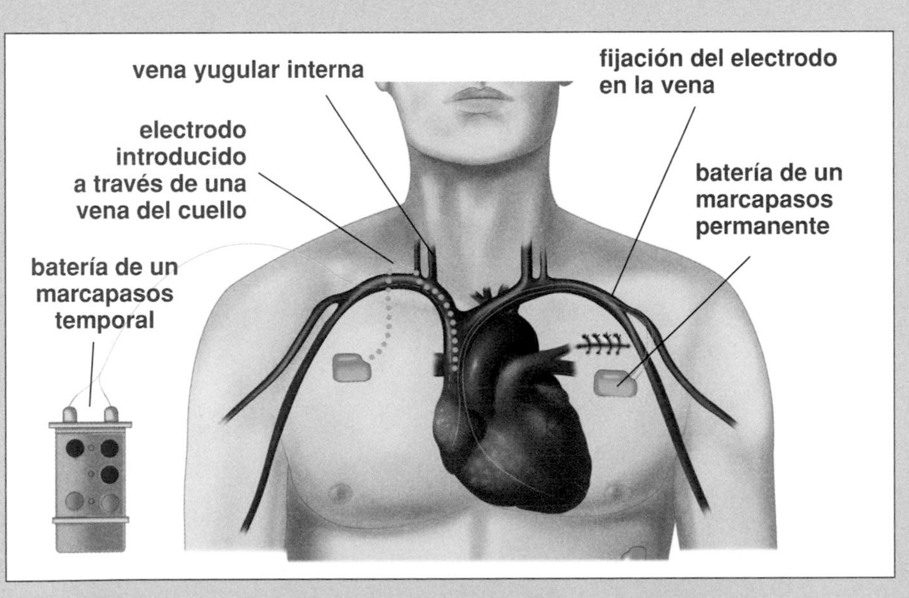
vena yugular interna
fijación del electrodo en la vena
electrodo introducido a través de una vena del cuello
batería de un marcapasos permanente
batería de un marcapasos temporal

Malformaciones congénitas

La **comunicación interauricular** es una de las malformaciones congénitas más frecuentes. Consiste en la persistencia después del nacimiento de un agujero en el tabique interauricular que comunica las dos aurículas y que está presente en el feto. Debido a esta anomalía, sangre de la aurícula izquierda pasa a la aurícula derecha, de manera que vuelve a la circulación pulmonar aumentando considerablemente la presión a este nivel. Como consecuencia, el corazón debe bombear con mayor fuerza para vencer esta elevada presión, lo que provoca que la mitad derecha del corazón aumente de tamaño. Este es el motivo por el cual la comunicación interauricular debe resolverse quirúrgicamente lo antes posible. En la **comunicación interventricular** existe comunicación entre ambos ventrículos, lo cual puede tener consecuencias similares a las de la comunicación interauricular.

Comunicación interauricular

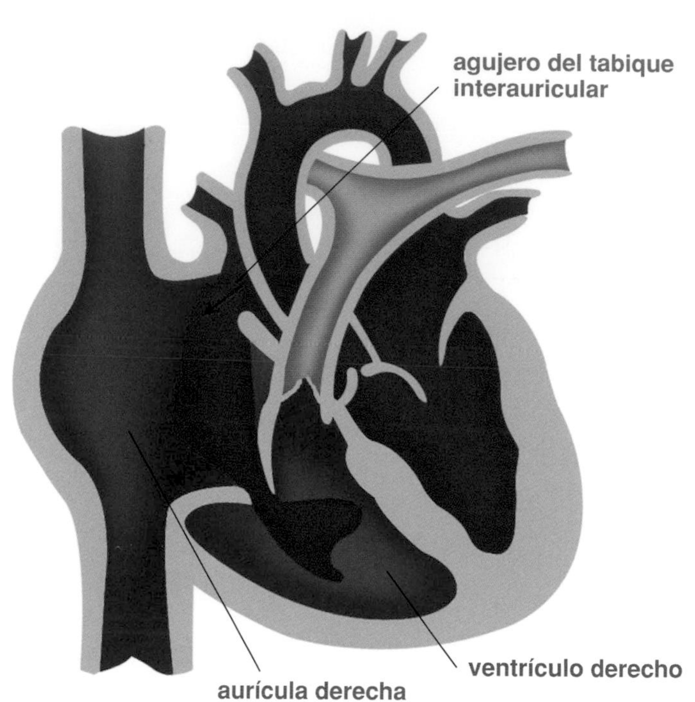
agujero del tabique interauricular
aurícula derecha
ventrículo derecho

Comunicación interventricular

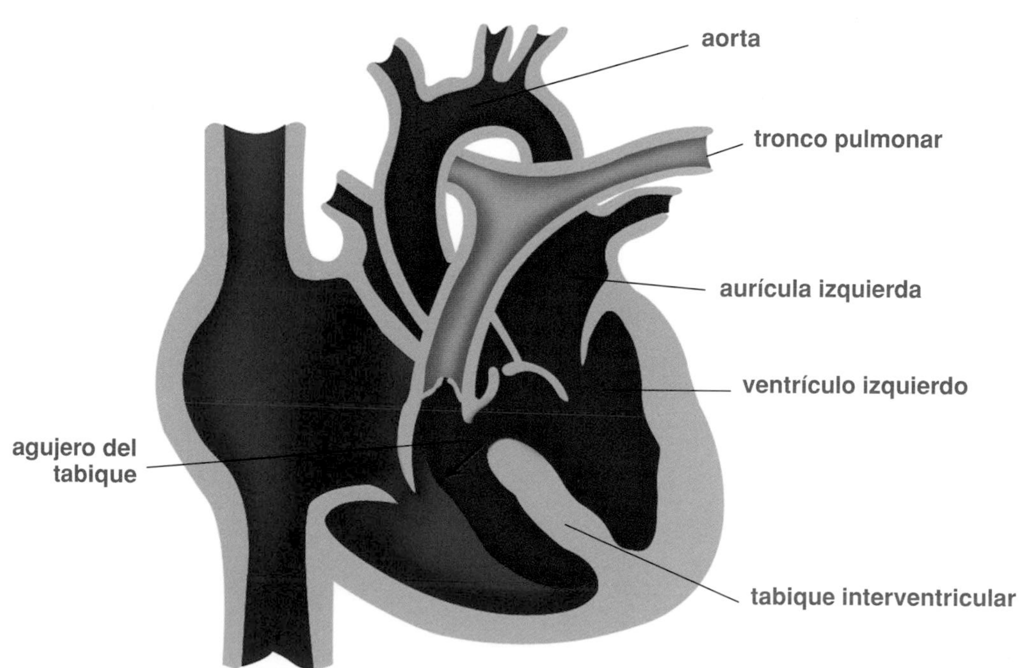
aorta
tronco pulmonar
aurícula izquierda
ventrículo izquierdo
agujero del tabique
tabique interventricular

Insuficiencia valvular

Cuando las válvulas cardíacas no cierran bien (insuficiencia valvular) la sangre retrocede del ventrículo a la aurícula, o bien de la aorta al ventrículo izquierdo. Como consecuencia, en la siguiente contracción el corazón debe bombear más cantidad de sangre al ventrículo o a la circulación sistémica que en condiciones normales. En el caso de la **insuficiencia de la válvula aórtica** esta situación provoca un sobreesfuerzo del ventrículo izquierdo, que puede desembocar en una insuficiencia cardíaca. En la **insuficiencia de la válvula mitral** puede producirse una estasis de sangre a nivel de los pulmones y, como consecuencia, disnea. Si no se trata, la insuficiencia de esta válvula también puede conducir a una insuficiencia cardíaca. Por regla general, las válvulas cardíacas que no pueden cumplir correctamente su función son sustituidas quirúrgicamente por una válvula artificial.

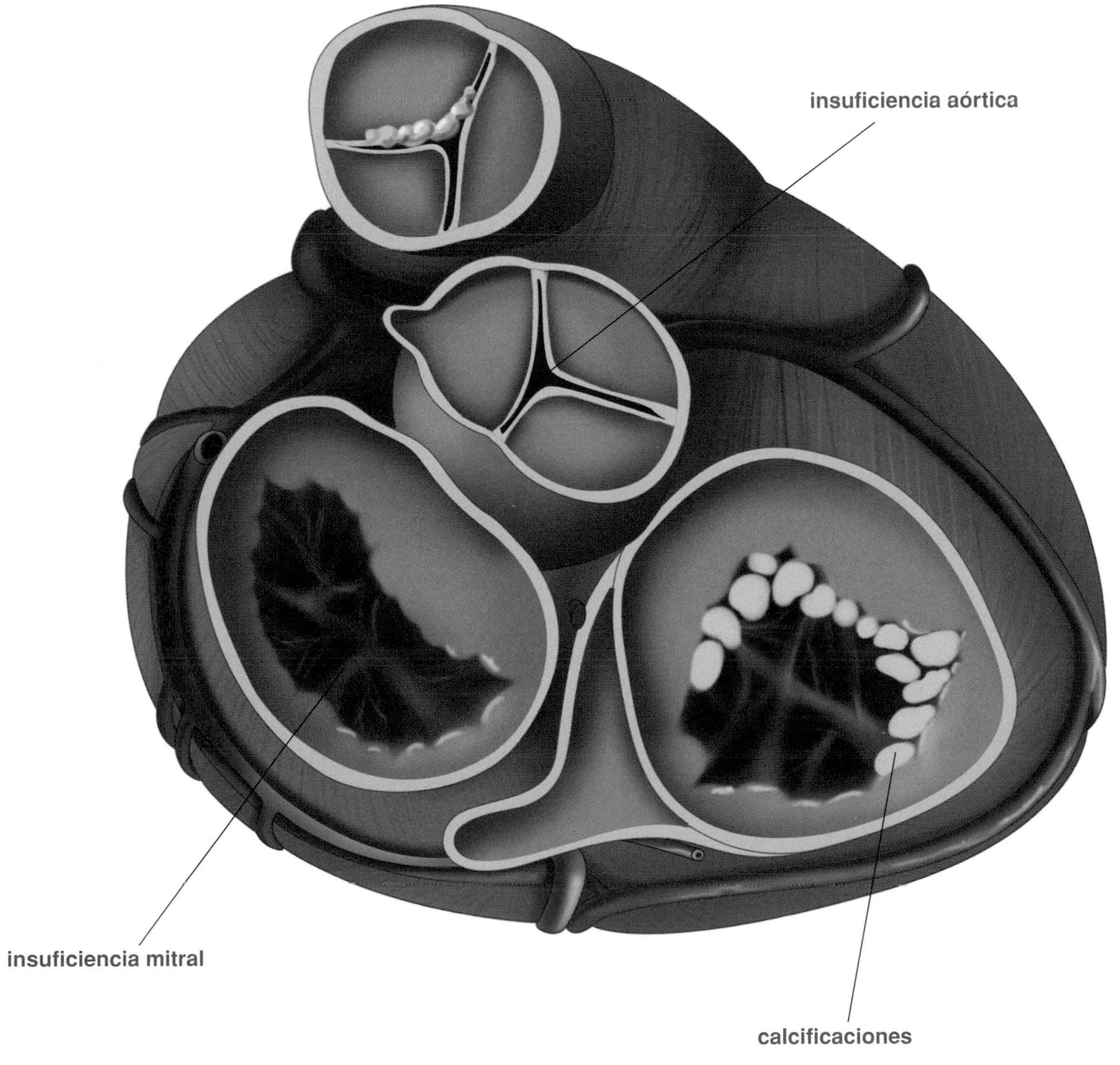
insuficiencia aórtica
insuficiencia mitral
calcificaciones

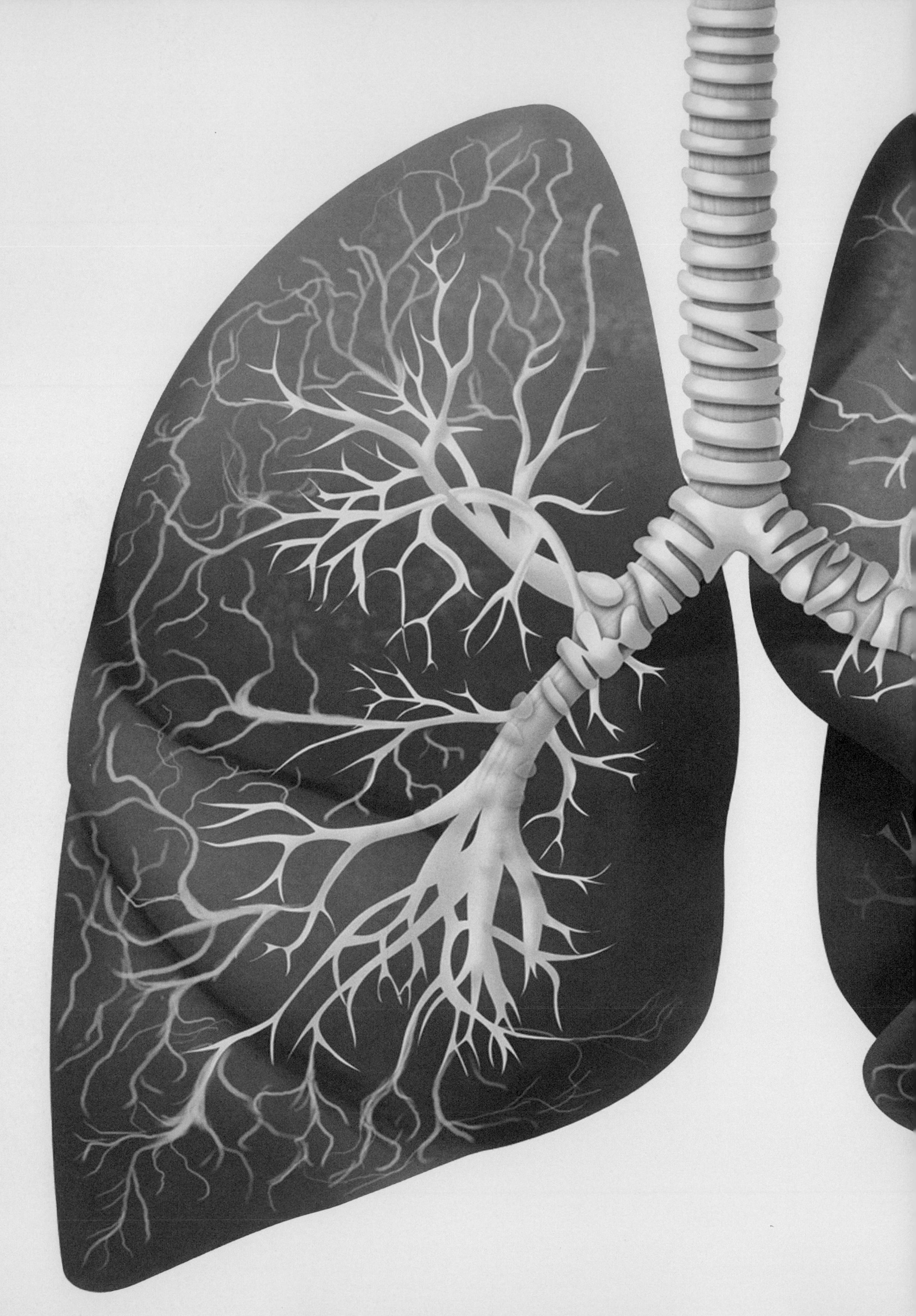

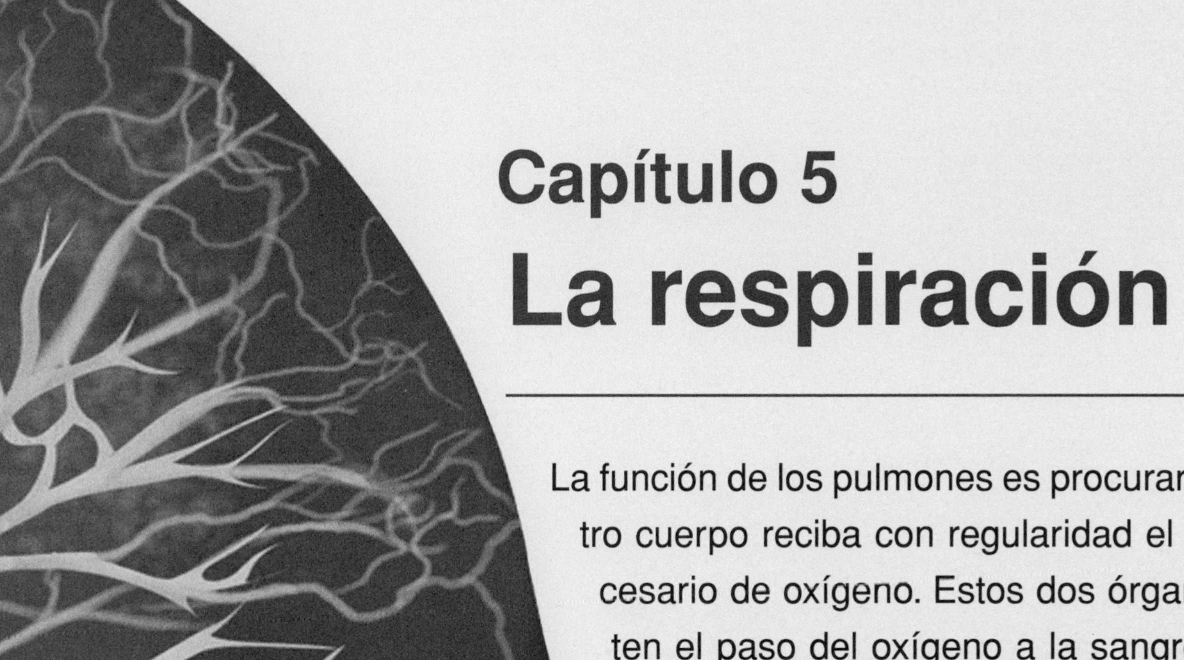

Capítulo 5
La respiración

La función de los pulmones es procurar que nuestro cuerpo reciba con regularidad el aporte necesario de oxígeno. Estos dos órganos permiten el paso del oxígeno a la sangre y esta lo lleva hasta las células, que liberan el dióxido de carbono a la sangre. A través de la circulación sanguínea, el dióxido de carbono llega a los pulmones, de donde es expulsado al exterior gracias a la respiración. Solo somos conscientes de que respiramos constantemente cuando tenemos algún problema para hacerlo: si estamos resfriados o tenemos tos, cuando nos quedamos sin aliento después de un ejercicio intenso o en situaciones emocionales que nos oprimen, literalmente, el pecho. Respirar significa vivir.

Órganos respiratorios

Después de pasar por la nariz, donde es limpiado y humidificado, el aire llega a los **bronquios principales** y a los **bronquios más pequeños** a través de la **tráquea**. Estos se ramifican en bronquiolos cada vez más pequeños hasta adquirir forma de pequeños sacos dispuestos en racimos, los alvéolos. Se distingue entre **vías respiratorias** (nariz, garganta, tráquea, bronquios y bronquiolos) y **pulmones** (la suma de todos los alvéolos). Mientras que las vías respiratorias distribuyen el aire, en los alvéolos tiene lugar el intercambio gaseoso. El corazón y los pulmones están conectados por grandes vasos. La sangre pobre en oxígeno es conducida desde el corazón derecho, a través de las arterias pulmonares, hasta los pulmones, donde es cargada de oxígeno y conducida de nuevo a través de las venas pulmonares hasta el corazón Izquierdo. Por último, el ventrículo izquierdo bombea nuevamente la sangre oxigenada hacia la circulación sistémica.

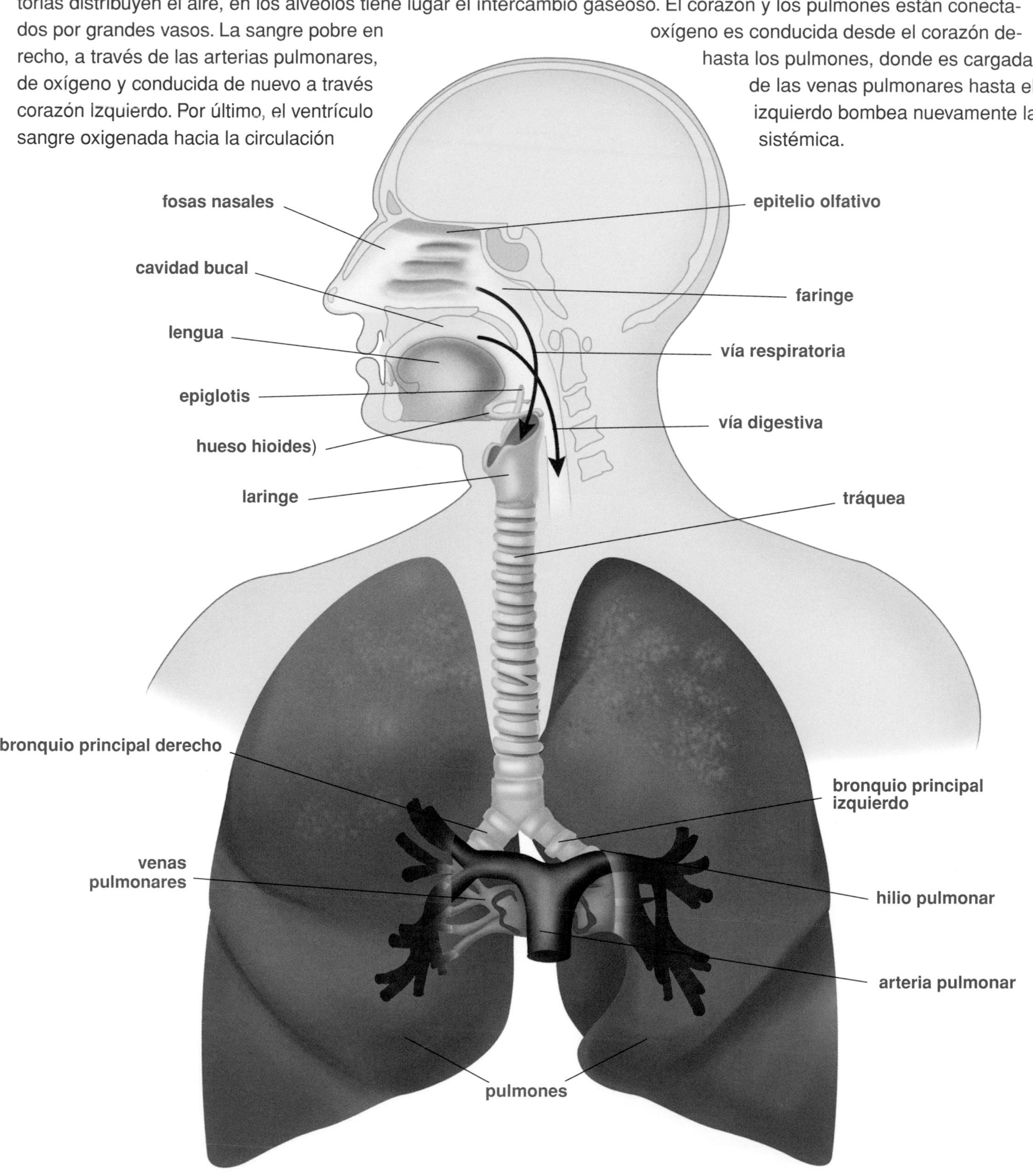
fosas nasales
epitelio olfativo
cavidad bucal
faringe
lengua
vía respiratoria
epiglotis
vía digestiva
hueso hioides)
laringe
tráquea
bronquio principal derecho
bronquio principal izquierdo
venas pulmonares
hilio pulmonar
arteria pulmonar
pulmones

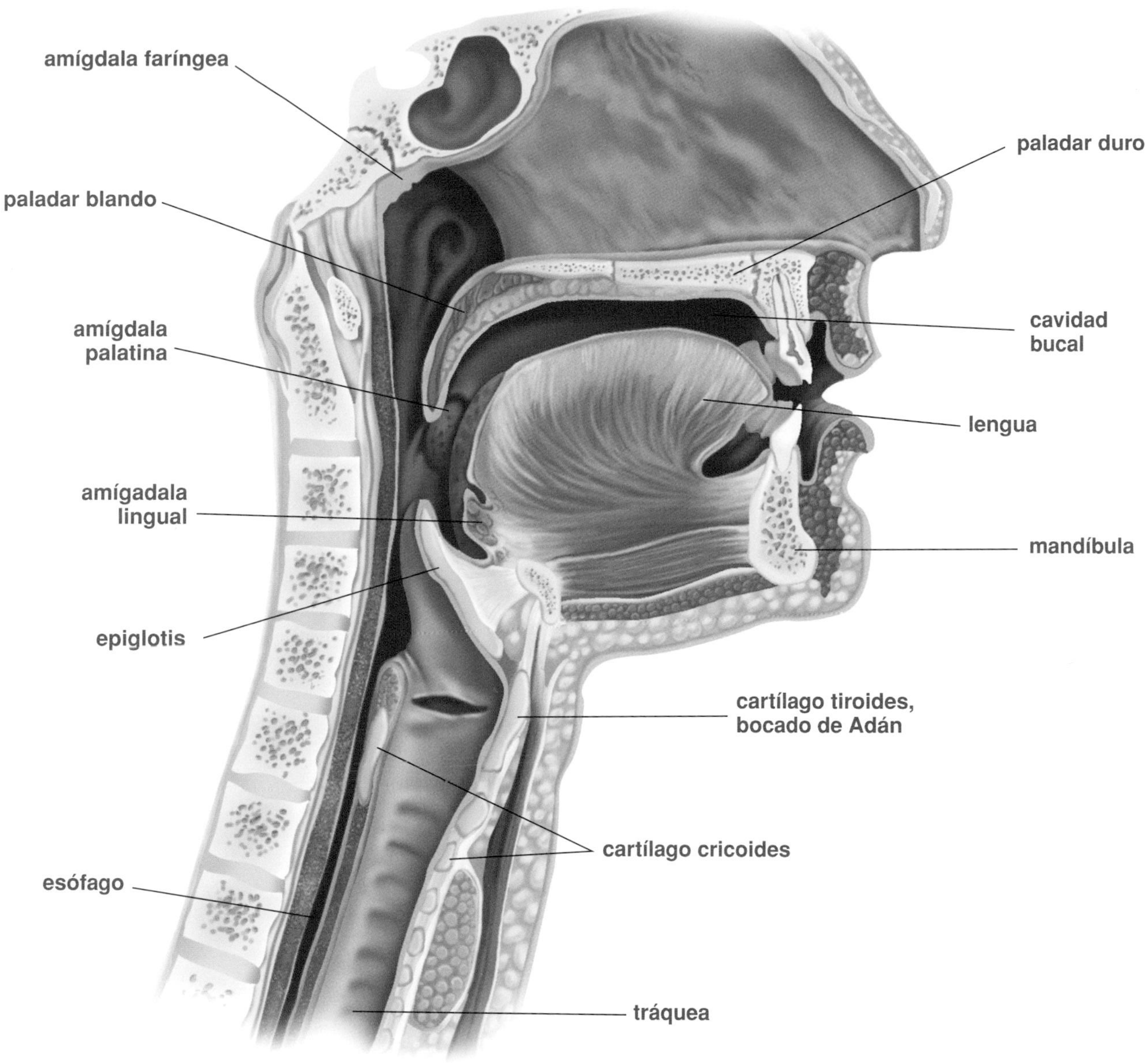

amígdala faríngea
paladar blando
amígdala palatina
amígadala lingual
epiglotis
esófago
paladar duro
cavidad bucal
lengua
mandíbula
cartílago tiroides, bocado de Adán
cartílago cricoides
tráquea

Faringe

La faringe es un tubo de unos 13 cm de largo y forma de embudo que se sitúa inmediatamente por detrás de las cavidades bucal y nasales, por encima de la laringe y por delante de la columna cervical. Es a la vez vía respiratoria y vía digestiva, al hablar actúa como una caja de resonancia y alberga las **amígdalas palatinas, faríngeas** y **linguales**, las cuales forman parte del sistema inmunológico. A través de la faringe tiene lugar tanto la **respiración oral** (entrada del aire a través de la cavidad bucal) como la **respiración nasal** (entrada del aire por la nariz). El aire inspirado pasa por las **fosas nasales** hasta la nasofaringe, la orofaringe, donde se cruza con las vías digestivas, la laringofaringe y finalmente la laringe.

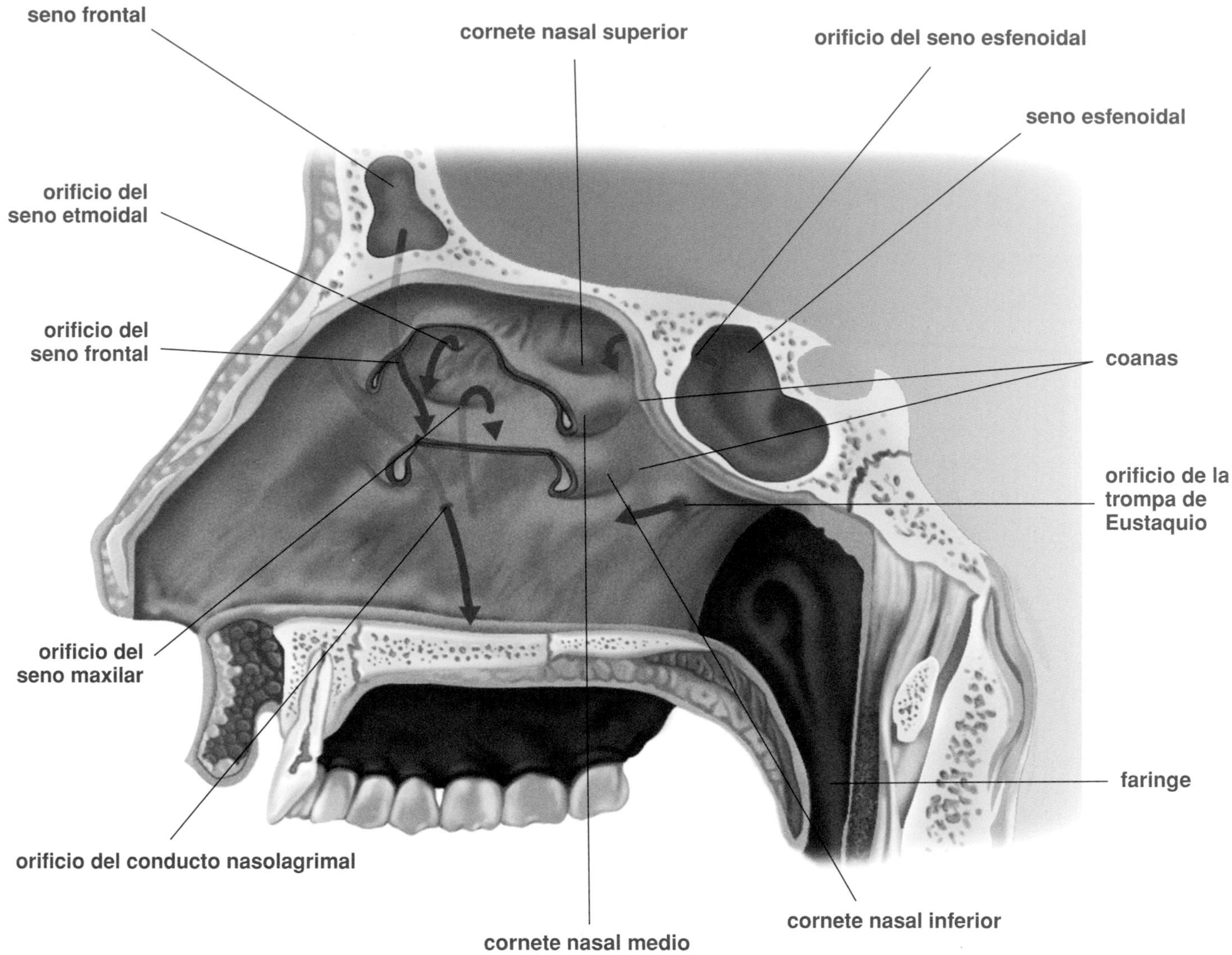
seno frontal
cornete nasal superior
orificio del seno esfenoidal
seno esfenoidal
orificio del seno etmoidal
orificio del seno frontal
coanas
orificio de la trompa de Eustaquio
orificio del seno maxilar
faringe
orificio del conducto nasolagrimal
cornete nasal inferior
cornete nasal medio

Fosas nasales

Las **fosas nasales** están divididas por el **tabique nasal**, el cual es en parte óseo y en parte cartilaginoso. También pertenecen a las fosas nasales los **cornetes nasales**, situados en las paredes laterales. Los cornetes son huesos cubiertos de epitelio mucoso, y cada uno de ellos delimita un conducto nasal. El **conducto nasolagrimal** desemboca en el cornete inferior y, a través de él, las lágrimas pasan del ojo a la nariz. A nivel del cornete superior se localiza la **mucosa olfativa**, con las terminaciones nerviosas del nervio olfativo. El resto de la mucosa nasal tiene como funciones calentar, humedecer y limpiar el aire. El aire inspirado se arremolina en los cornetes nasales, donde la sangre de los capilares de la mucosa lo calienta y el moco lo humidifica y limpia. Las **coanas nasales** dan paso a la **faringe**.

Senos paranasales

Los senos paranasales son los **senos esfenoidales**, los **senos frontales**, los **senos etmoidales**, con las celdillas etmoidales, y los **senos maxilares**. Todos ellos se hallan recubiertos por una mucosa y su función es calentar el aire, formar moco y emitir el sonido de la voz. Todos los senos están conectados con las fosas nasales. Los senos frontales, etmoidales y maxilares desembocan en el **conducto nasal** superior y medio, situado por debajo de los cornetes nasales. El seno esfenoidal es el único que acaba directamente en el cornete superior.

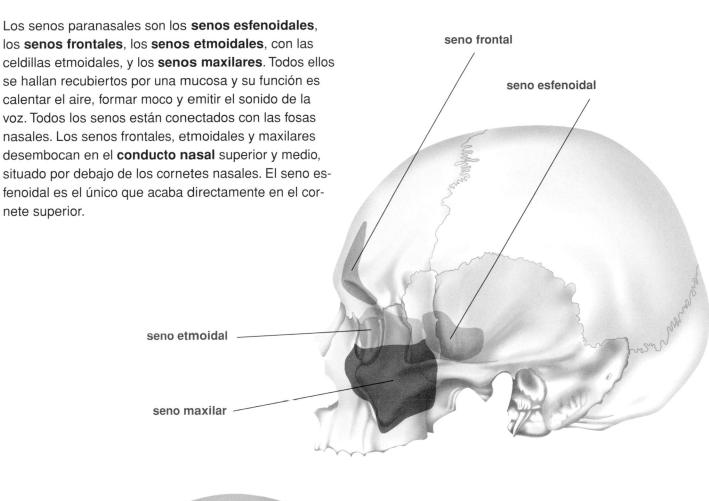

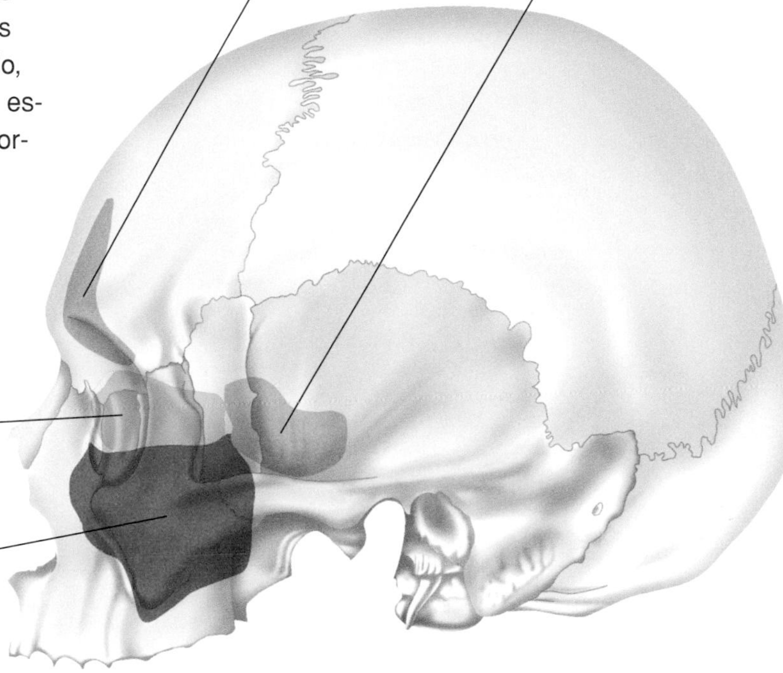

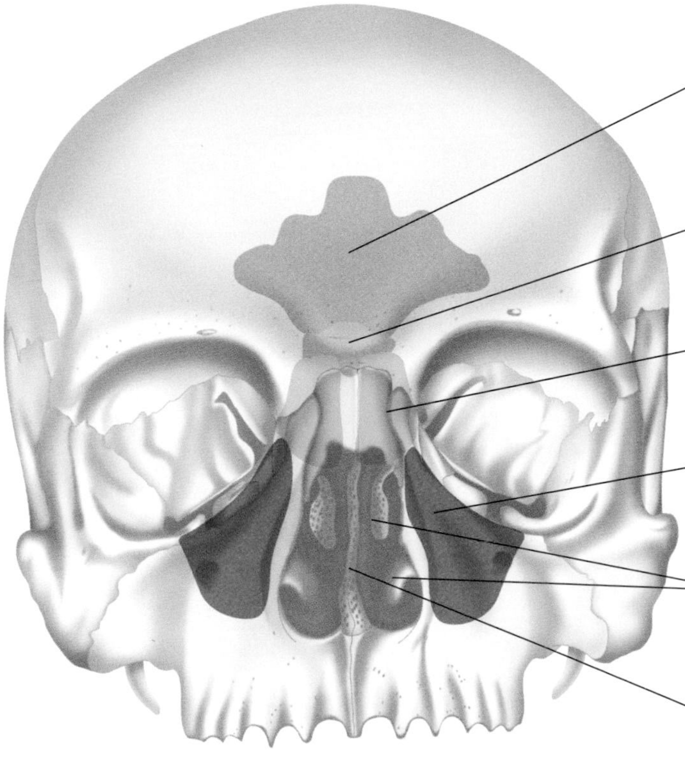

seno frontal
seno esfenoidal
seno etmoidal
seno maxilar

seno frontal
seno esfenoidal
seno etmoidal
seno maxilar
cornetes nasales en las fosas nasales
tabique nasal

Laringe y tráquea

La **laringe**, una estructura cartilaginosa recubierta en su mayor parte por epitelio mucoso, está conectada con el **hueso hioides** y la **tráquea** a través de los **ligamentos laríngeos** externos y con algunas partes del esqueleto laríngeo mediante los **ligamentos laríngeos** internos. El esqueleto laríngeo está constituido por cartílagos hialinos y un cartílago elástico (epiglotis). Detrás del cartílago tiroides, en parte calcificado, se sitúan en paralelo las **cuerdas vocales**. Desde la laringe hasta la altura de la quinta vértebra cervical se extiende la **tráquea**, un tubo de 10-12 cm de largo y 2 cm de ancho situado inmediatamente por delante del esófago y que en su extremo se divide en los bronquios derecho e izquierdo.

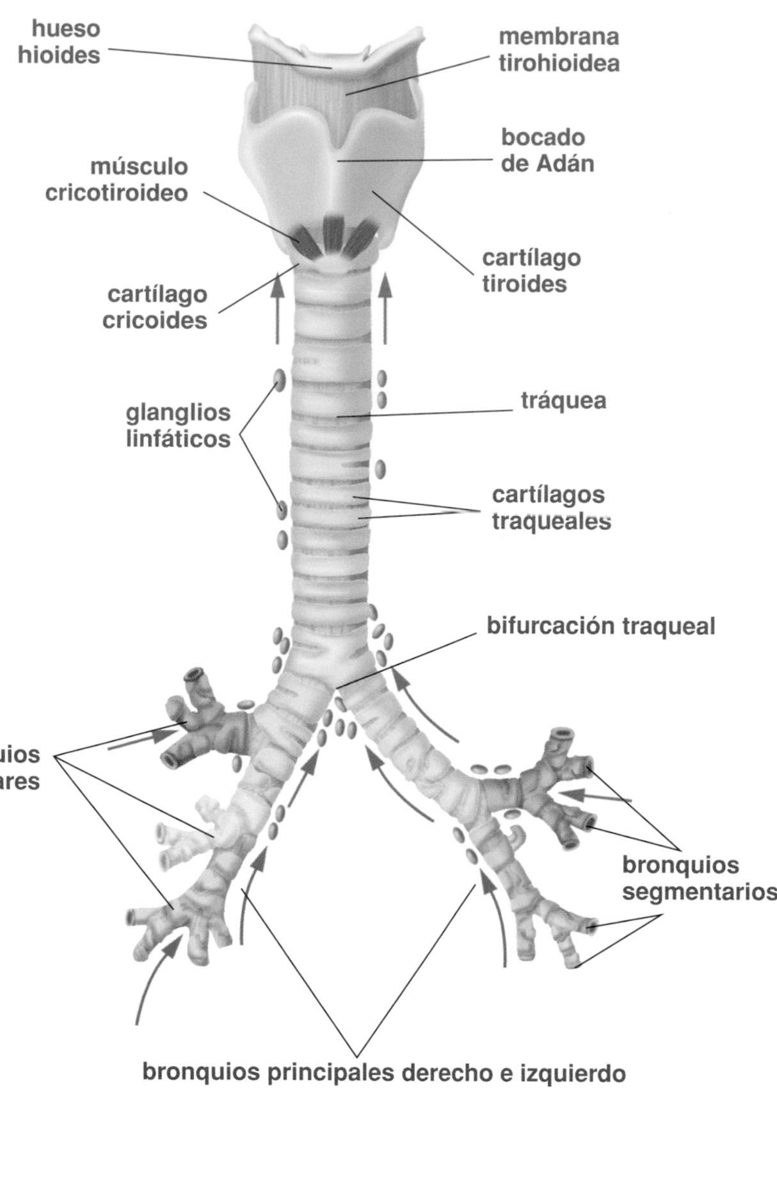
hueso hioides
membrana tirohioidea
bocado de Adán
músculo cricotiroideo
cartílago tiroides
cartílago cricoides
glanglios linfáticos
tráquea
cartílagos traqueales
bifurcación traqueal
bronquios lobares
bronquios segmentarios
bronquios principales derecho e izquierdo

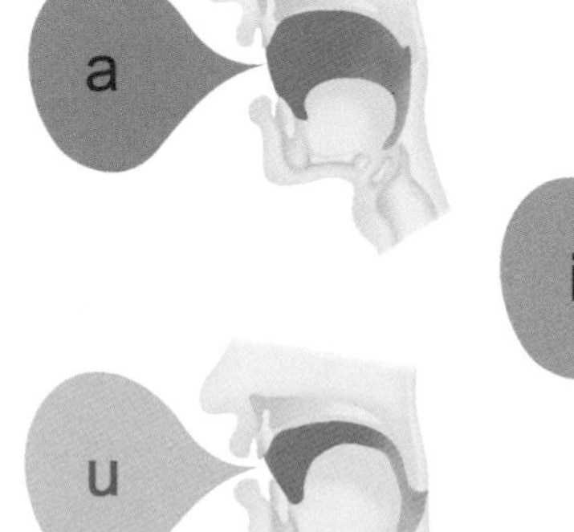
a
u

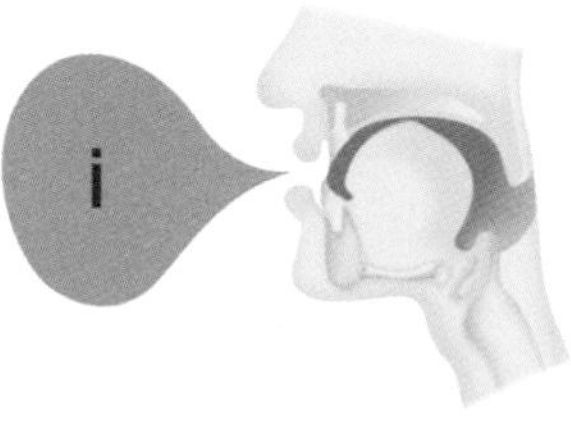
i

Para la **creación de la voz** (fonación), las cuerdas vocales colocadas paralelamente entre sí se hacen vibrar por la presión del aire inspirado. Variando la tensión de las cuerdas vocales se producen los diferentes tonos, mientras que variando la forma y anchura de la cavidad bucal, la posición de la lengua y de los labios se consiguen los distintos sonidos.

TRAQUEOTOMÍA

Cuando la luz de la tráquea se ve estrechada por una presión hacia afuera, un cuerpo extraño o una cicatriz, o cuando se requiere ventilación mecánica prolongada, se hace necesaria una traqueotomía que permita introducir una cánula de respiración. Para ello se realiza una incisión quirúrgica a la altura del cuarto cartílago traqueal, y en ocasiones también se secciona parte de la glándula tiroides y se lesionan vasos sanguíneos. Luego se coloca un tubo a través de las partes blandas del cuerpo, en la abertura traqueal realizada.

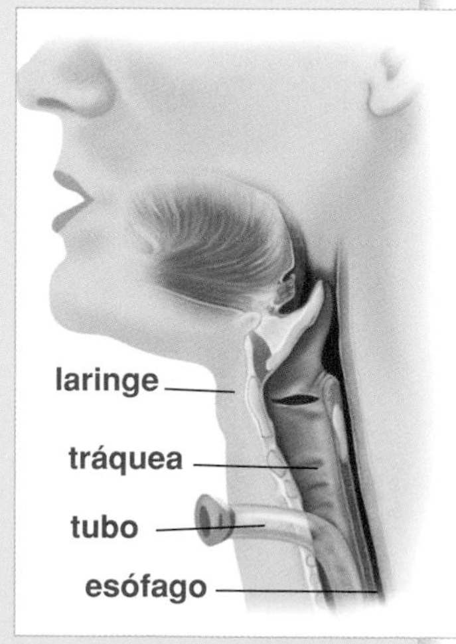
laringe
tráquea
tubo
esófago

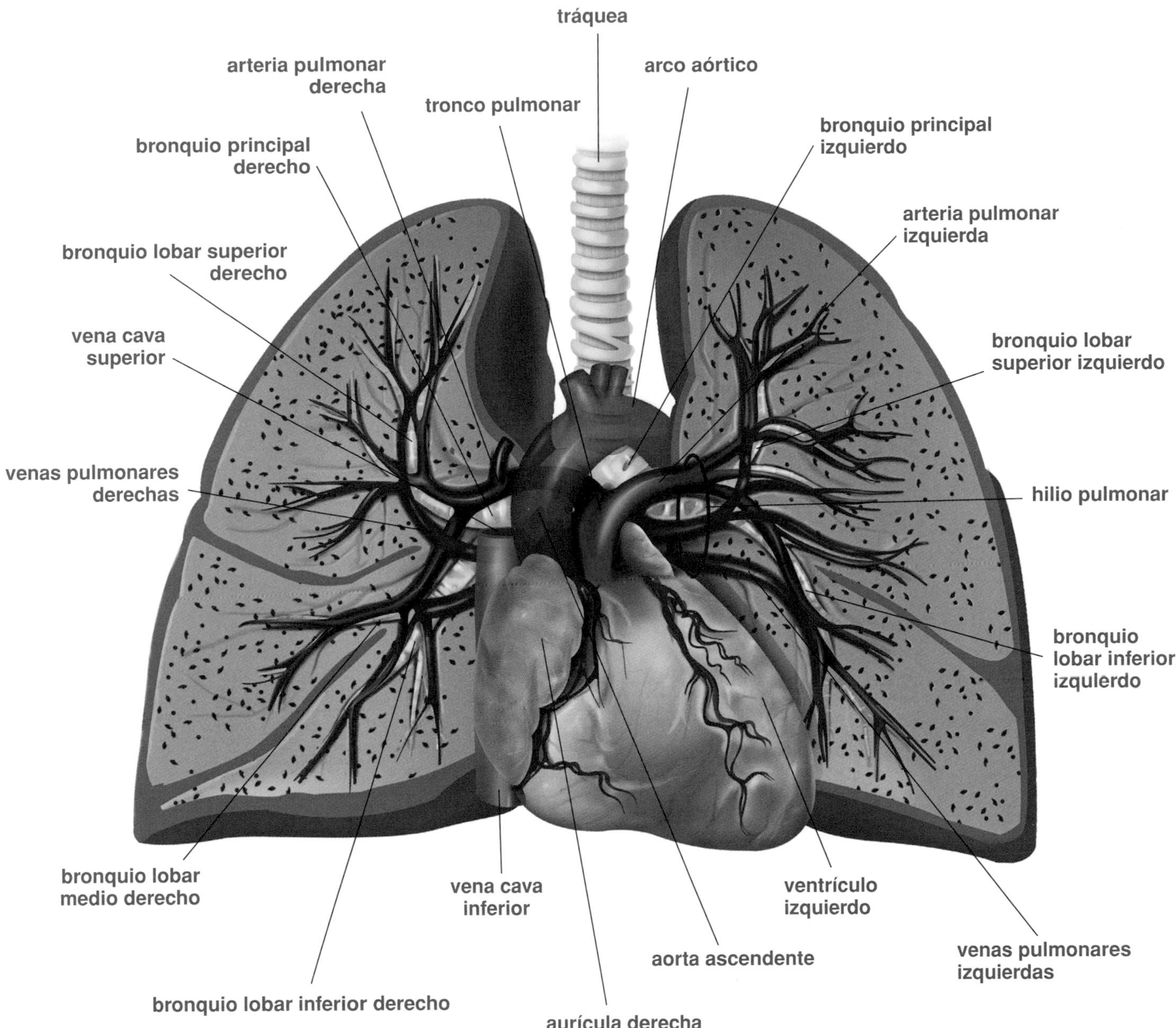
tráquea
arteria pulmonar derecha
arco aórtico
tronco pulmonar
bronquio principal izquierdo
bronquio principal derecho
arteria pulmonar izquierda
bronquio lobar superior derecho
vena cava superior
bronquio lobar superior izquierdo
venas pulmonares derechas
hilio pulmonar
bronquio lobar inferior izqulerdo
bronquio lobar medio derecho
vena cava inferior
ventrículo izquierdo
aorta ascendente
venas pulmonares izquierdas
bronquio lobar inferior derecho
aurícula derecha

Árbol bronquial

Los pulmones, situados en la parte media de la caja torácica, son un órgano par. Se hallan en la cavidad pleural, separados por el **corazón**, los **grandes vasos**, la **tráquea** y el **esófago**. En su extremo inferior la tráquea se divide formando los **bronquios principales** derecho e izquierdo. El mismo camino siguen las **arterias pulmonares**.
Los pulmones están divididos mediante fisuras en **lóbulos**. En el pulmón derecho se distinguen tres lóbulos y en el izquierdo, dos. Asimismo, los lóbulos pulmonares se dividen en segmentos, diez en el derecho y nueve en el izquierdo.

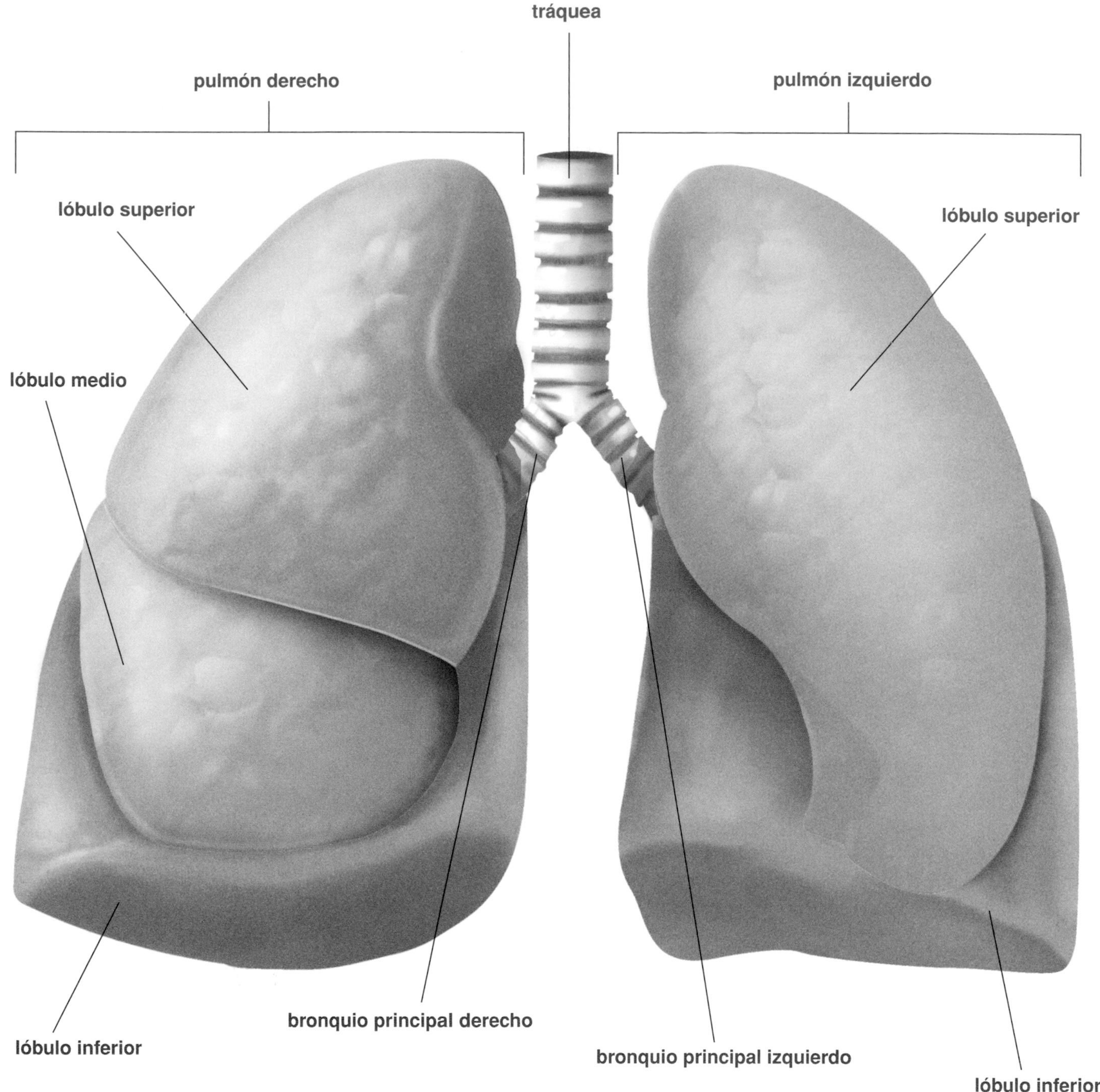
tráquea
pulmón derecho
pulmón izquierdo
lóbulo superior
lóbulo superior
lóbulo medio
lóbulo inferior
bronquio principal derecho
bronquio principal izquierdo
lóbulo inferior

Segmentos pulmonares

Los pulmones son dos. El **pulmón derecho** se divide en tres **lóbulos**: superior, medio e inferior. El **pulmón izquierdo** es más pequeño, ya que debe dejar espacio para el corazón, y solo cuenta con un lóbulo superior y uno inferior. Los **bronquios principales** se dividen en **bronquios lobares**, que conducen a cada uno de los lóbulos pulmonares; estos, a su vez, en **bronquios segmentarios**, y estos, en **bronquiolos**.

Epitelio ciliar de la mucosa bronquial

Para proteger la delicada estructura de los alvéolos de la entrada de cuerpos extraños y patógenos, las vías respiratorias están dotadas de un perfecto sistema de defensa formado por epitelio mucoso y células inmunológicas. La primera capa de la mucosa, el **epitelio ciliar**, se compone de células, cada una de las cuales posee alrededor de 250 **cilios**, de un grosor de 0,0025 mm. Estos delgados filamentos se mueven todos al mismo ritmo y desplazan el moco en dirección a la faringe, donde o bien es tragado o bien expulsado con la tos.

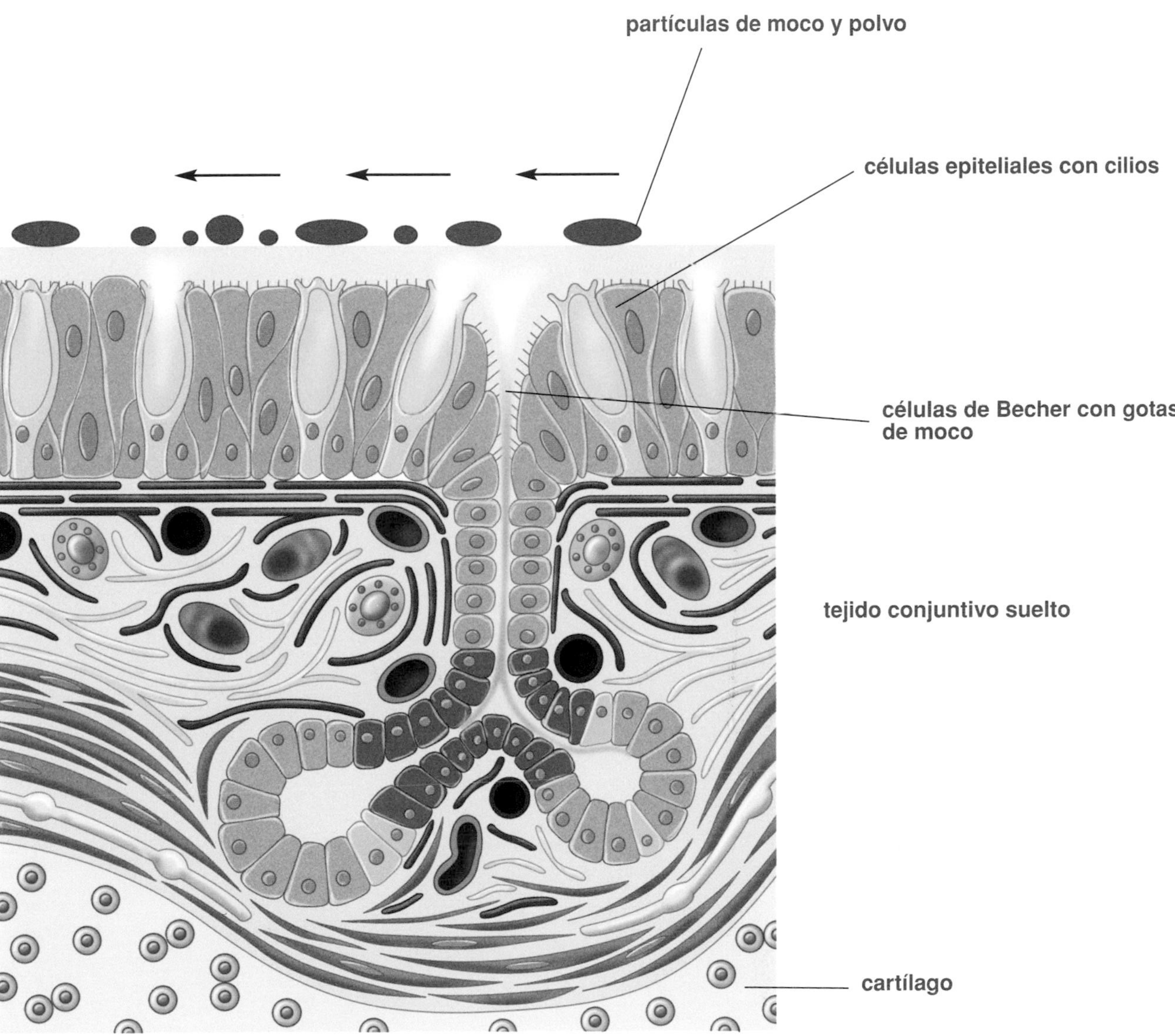
partículas de moco y polvo
células epiteliales con cilios
células de Becher con gotas de moco
tejido conjuntivo suelto
cartílago

Alvéolos

De las ramificaciones finales de los bronquiolos salen pequeñas ramas que desembocan en dos conductos alveolares. Estos conducen a los sacos alveolares, en cuyas paredes se encuentran los alvéolos (pequeños divertículos esféricos). Cada alvéolo está recubierto en su parte externa por numerosos **capilares** (red capilar). Las paredes de los alvéolos están formadas por **pequeñas células** (neumocitos tipo I), en las que básicamente se produce el intercambio gaseoso. Por difusión entre la pared alveolar y la pared capilar se produce el intercambio de CO_2 y O_2 entre el aire de los alvéolos y la sangre (barrera alveolocapilar). En conjunto, ambos pulmones poseen alrededor de 300 millones de alvéolos. Todos los alvéolos que dependen de un mismo bronquiolo terminal reciben el nombre de **ácino** (con unos 200 alvéolos), y el conjunto se considera una unidad estructural del pulmón.

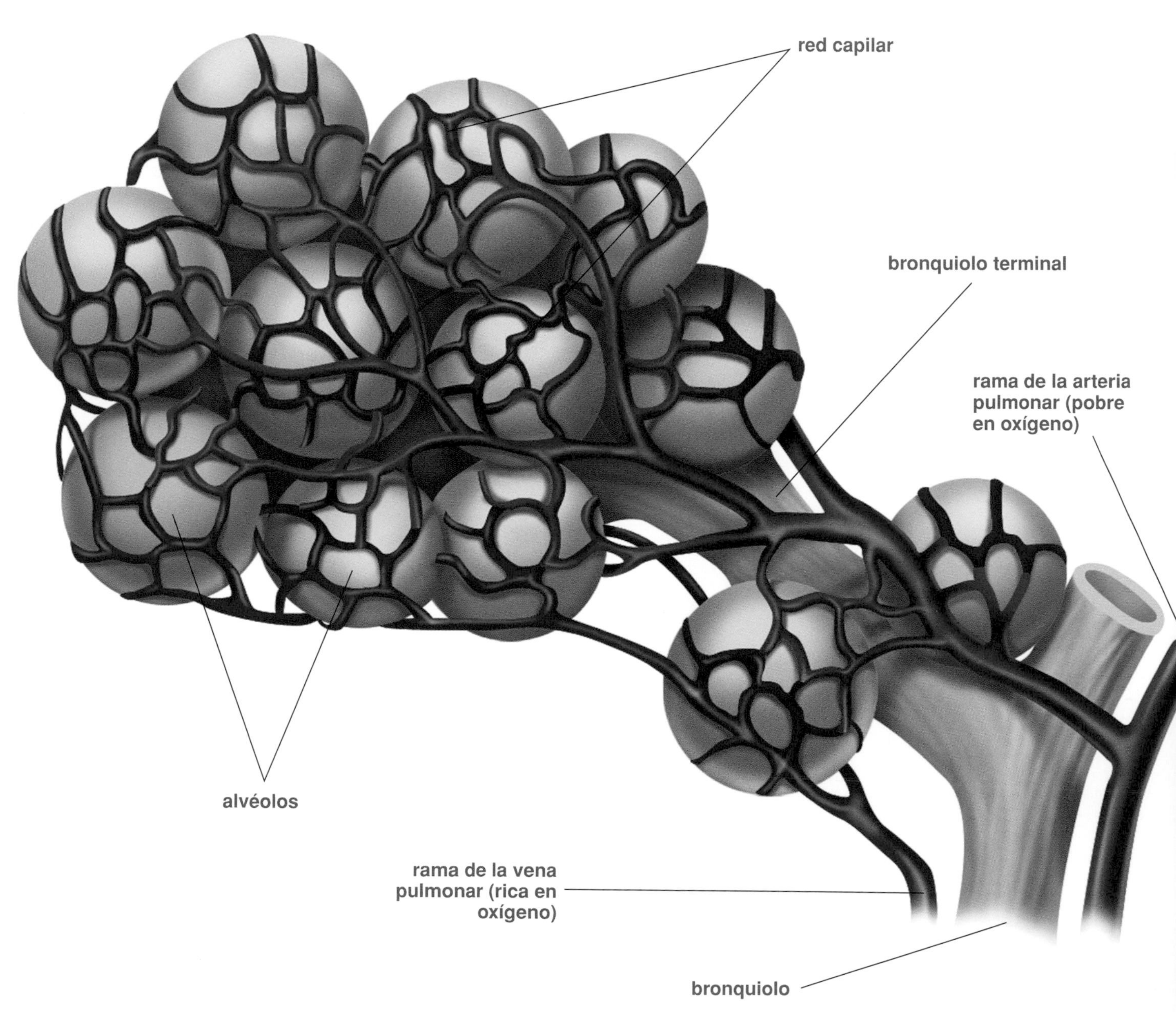
red capilar
bronquiolo terminal
rama de la arteria pulmonar (pobre en oxígeno)
alvéolos
rama de la vena pulmonar (rica en oxígeno)
bronquiolo

caja torácica después de una espiración máxima

caja torácica después de una inspiración máxima

cavidad pleural

diafragma después de una inspiración máxima

espacio complementario entre las costillas y el diafragma

diafragma después de una espiración máxima

Mecánica de la respiración

La fuerza que hace posible el intercambio gaseoso entre los alvéolos y el aire ambiental es la diferencia de presiones. La presión de los alvéolos debe ser inferior a la presión atmosférica durante la **inspiración**, y mayor durante la **espiración**. Para conseguirlo, el volumen pulmonar debe aumentar durante la inspiración y disminuir durante la espiración. Cuando inspiramos la cavidad torácica se ensancha, de manera que el espacio libre que se crea es ocupado por el aumento de volumen de los pulmones. En la respiración torácica, durante la inspiración la caja torácica se eleva por la acción de los músculos intercostales y, debido a la posición oblicua de las costillas, se ensancha. En la espiración, como consecuencia de la disminución de volumen de los pulmones, la caja torácica vuelve a disminuir de tamaño. La variación de volumen se consigue gracias a la acción del diafragma; los músculos intercostales solo intervienen en situaciones de esfuerzo físico.

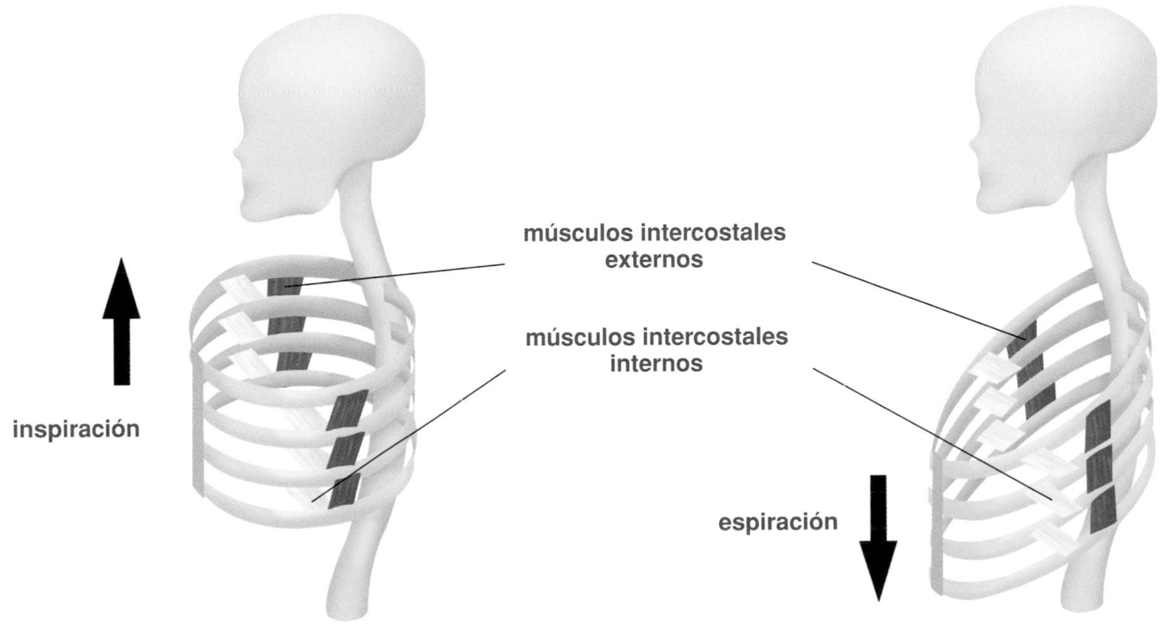
músculos intercostales externos
músculos intercostales internos
inspiración
espiración

Neumotórax

Cuando entra aire en la cavidad pleural (espacio entre las dos hojas pleurales lleno de líquido)y, por tanto, la presión negativa reinante aumenta, se habla de neumotórax. Debido a la elevación de la presión negativa, el pulmón afectado se colapsa y la musculatura respiratoria no es capaz de expandirlo de nuevo. En esta situación, el pulmón no puede cumplir con su función de intercambio gaseoso. La causa del neumotórax puede ser un **traumatismo** externo que afecte a la cavidad pleural (neumotórax abierto); una lesión interna, como una fractura costal (neumotórax cerrado), o, como sucede en la mayoría de los casos, que el aire penetre en la cavidad pleural por la rotura de un alvéolo (enfisema pulmonar). La forma más grave de esta situación es el **neumotórax a tensión**, que tiene lugar cuando el aire penetra en la cavidad pleural pero no puede salir (mecanismo de válvula). La cavidad pleural se infla y el pulmón sano y el corazón son comprimidos, lo que provoca insuficiencia cardíaca o pulmonar.

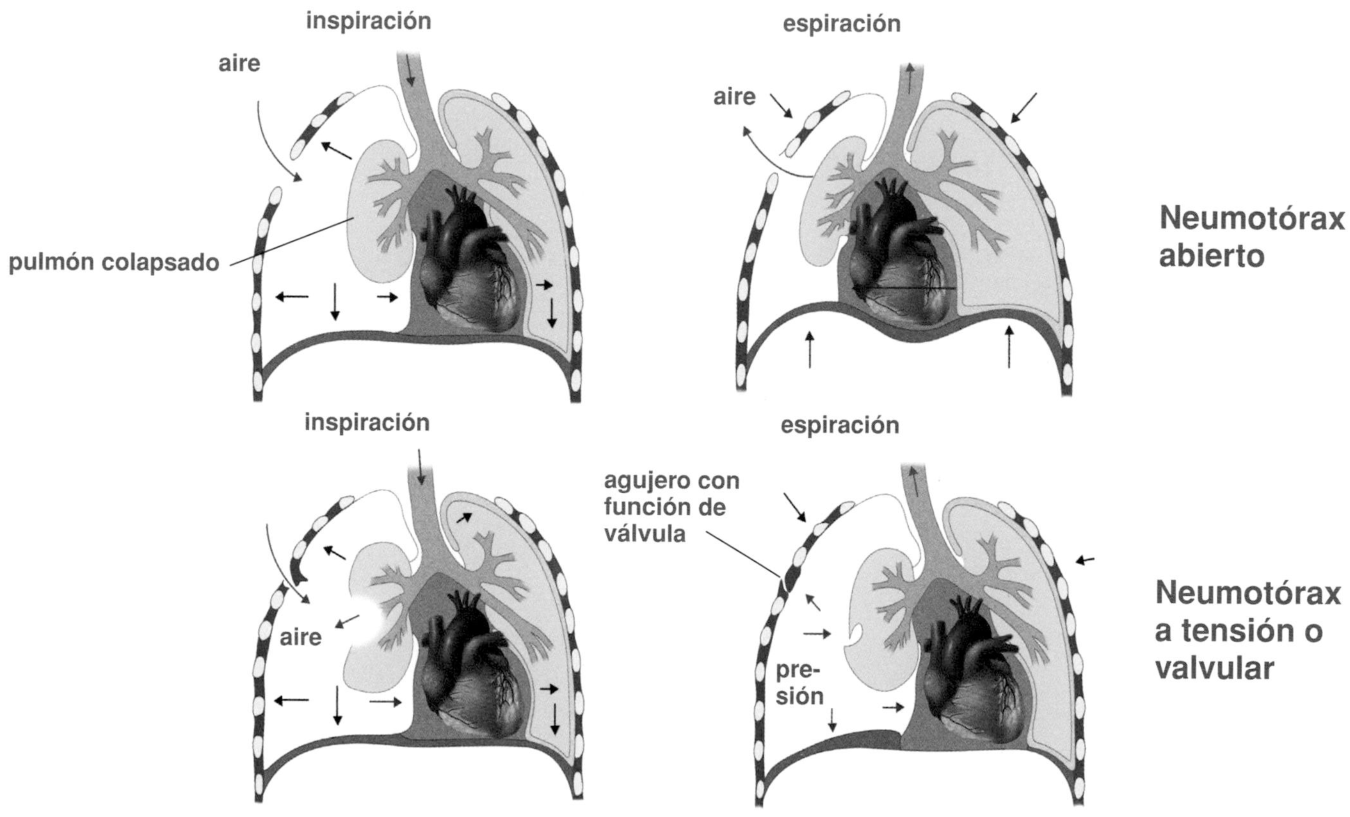
inspiración
aire
pulmón colapsado
espiración
aire
Neumotórax abierto
inspiración
aire
espiración
agujero con función de válvula
pre-sión
Neumotórax a tensión o valvular

TORACOSCOPIA

En caso de colapso pulmonar de repetición, el tratamiento del neumotórax puede realizarse por toracoscopia. A través de una pequeña incisión se introduce un instrumento hueco (trocar) entre las costillas y, a través de él, el toracoscopio en la cavidad torácica, con frecuencia controlado radiográficamente. De esta manera el médico puede explorar la superficie pulmonar y la pleura costal y realizar pequeñas intervenciones. En caso de neumotórax, el aire es drenado de la cavidad pleural con una bomba de vacío.

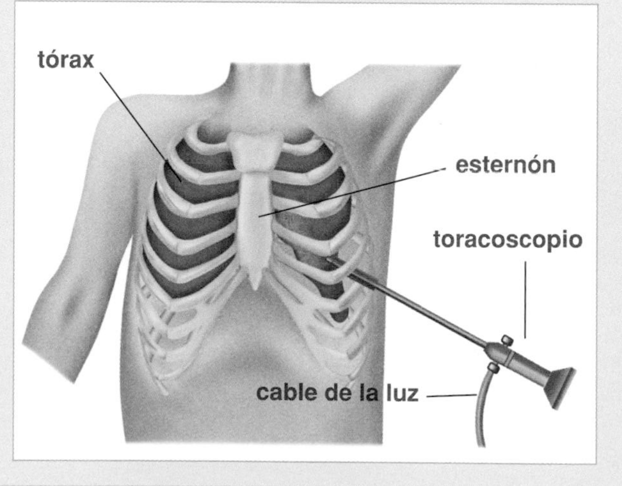
tórax
esternón
toracoscopio
cable de la luz

Carcinoma bronquial

El crecimiento maligno (neoplasia maligna o «cáncer») que se inicia en las células de las vías respiratorias inferiores se denomina carcinoma bronquial (cáncer de pulmón). El riesgo de padecer un carcinoma bronquial es bastante más alto en los **fumadores**; los no fumadores raramente lo padecen. Hoy en día la causa exacta por la que esta anomalía aparece no está totalmente clara. Se diferencian dos tipos de carcinoma bronquial: el **carcinoma de células pequeñas** y el **carcinoma de células no pequeñas** (como carcinoma de células escamosas, adenocarcinoma y carcinoma pulmonar de células grandes). El carcinoma bronquial, que puede metastatizar en otros órganos, puede tratarse quirúrgicamente, con quimioterapia o radioterapia. Dado que con frecuencia se detecta tarde, muchas veces es inoperable y solo es posible el tratamiento paliativo.

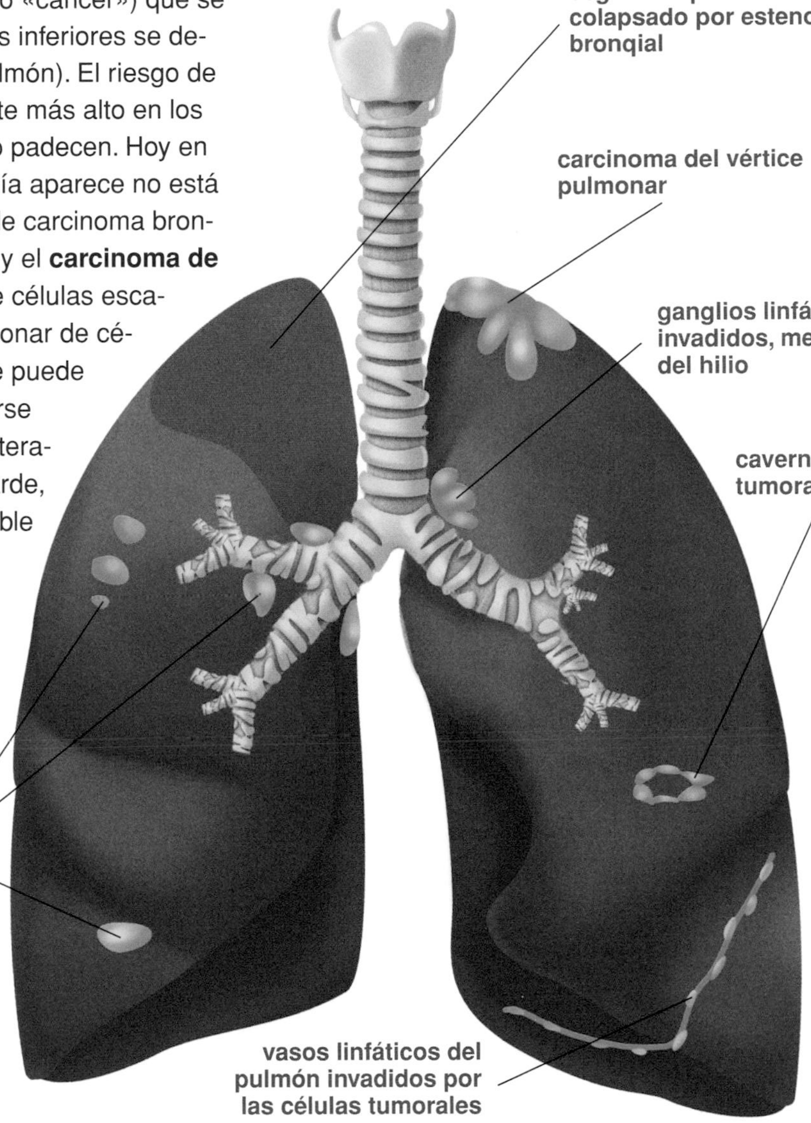

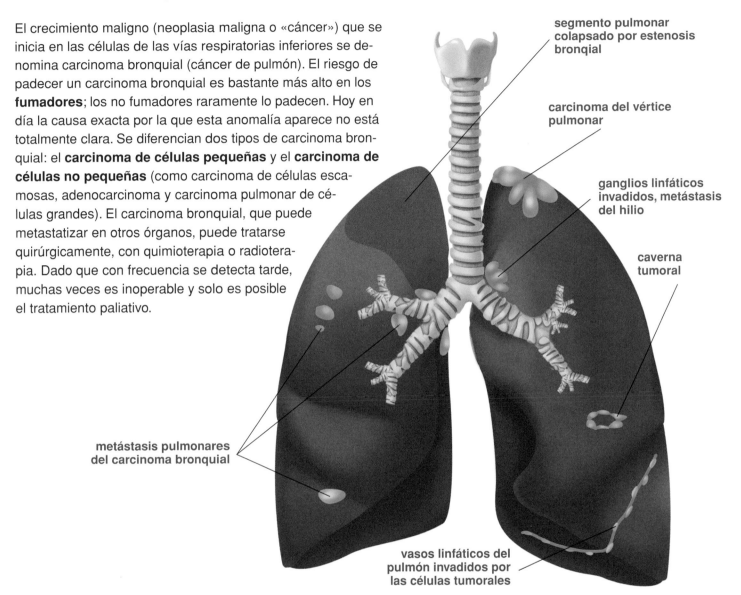

segmento pulmonar colapsado por estenosis bronqial

carcinoma del vértice pulmonar

ganglios linfáticos invadidos, metástasis del hilio

caverna tumoral

metástasis pulmonares del carcinoma bronquial

vasos linfáticos del pulmón invadidos por las células tumorales

BRONCOSCOPIA

Para explorar los bronquios se introduce un instrumento óptico flexible (broncoscopio) por la boca o la nariz, hasta la tráquea, y de ahí a las distintas ramificaciones bronquiales. Mientras dura el procedimiento, el médico puede extraer muestras de fluido y tejido del pulmón, la tráquea y los bronquios o tejido linfático.

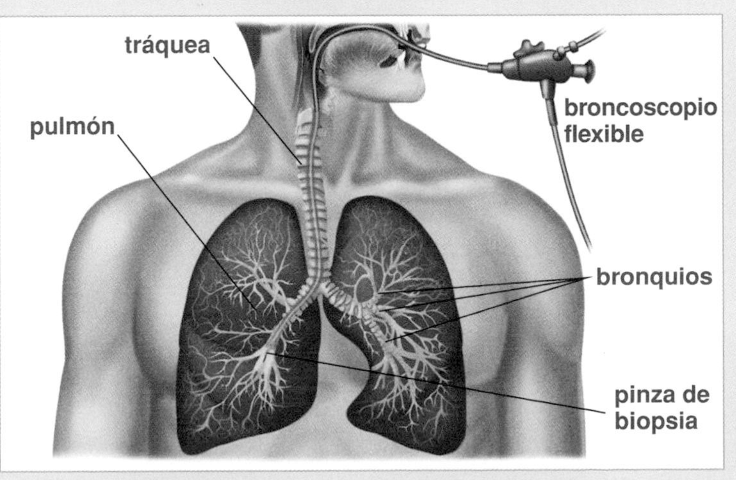
tráquea
pulmón
broncoscopio flexible
bronquios
pinza de biopsia

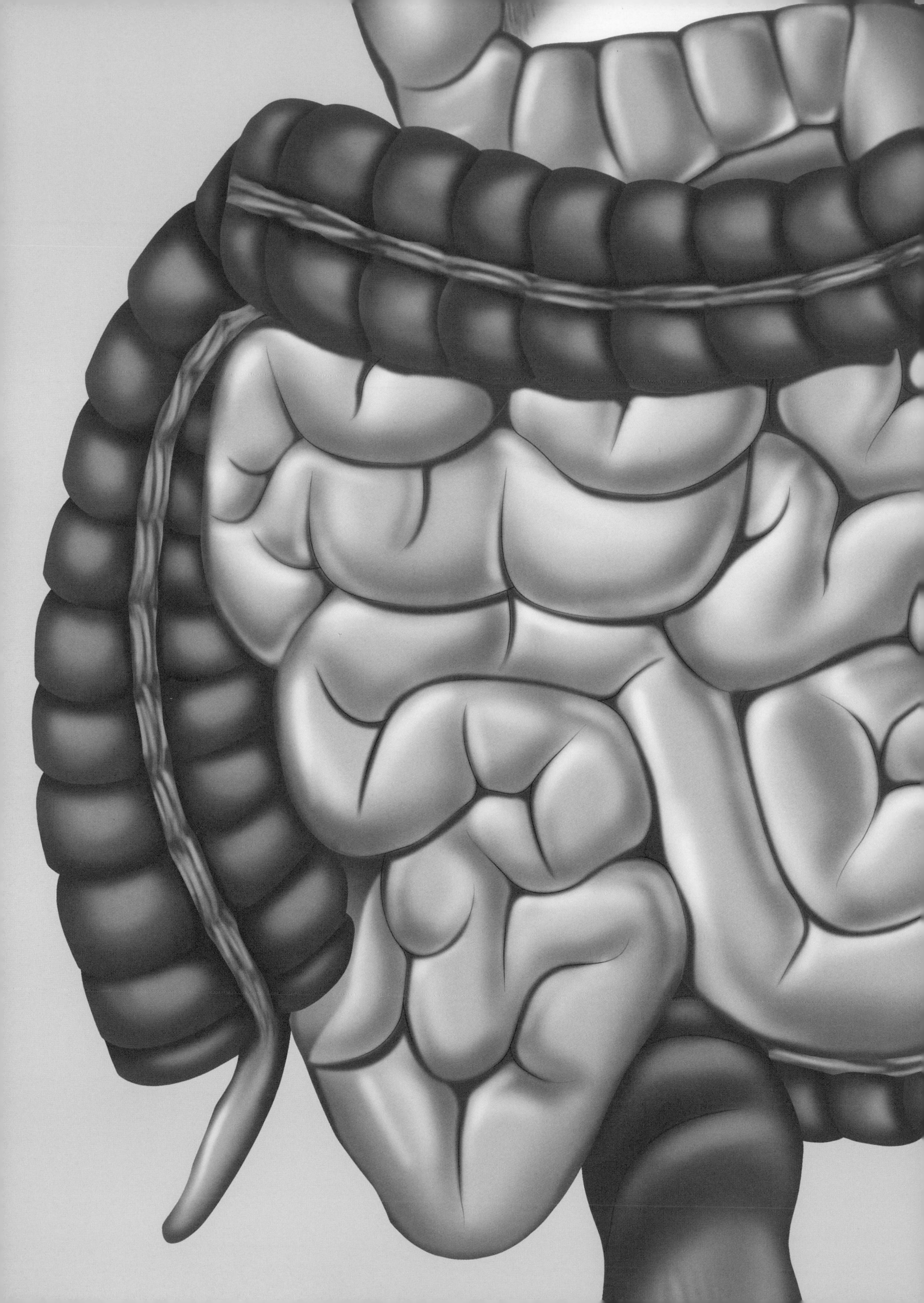

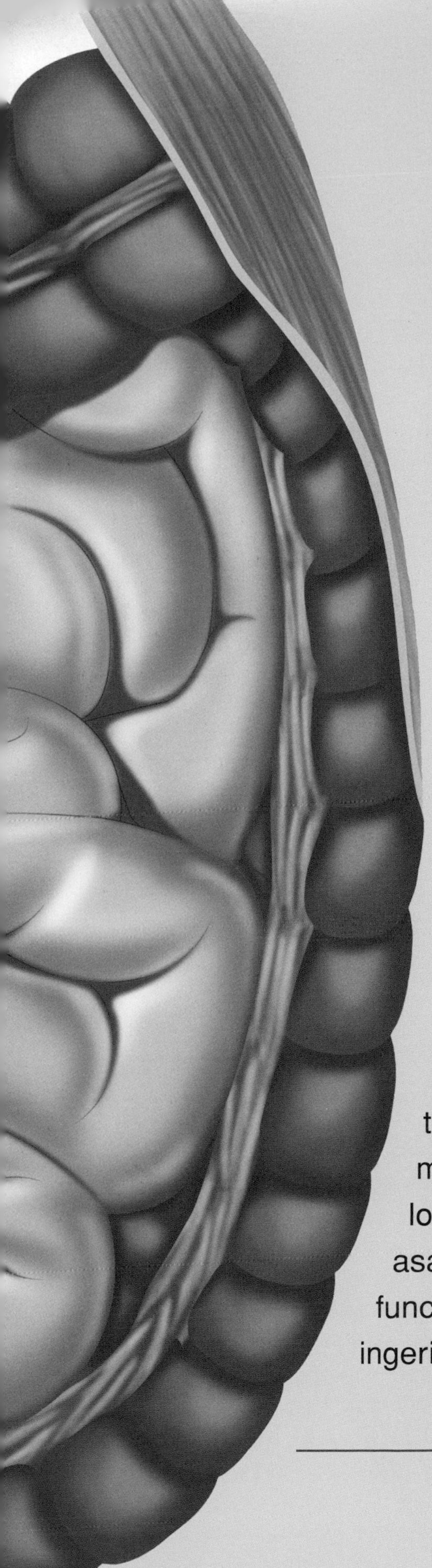

Capítulo 6

El sistema digestivo

El sistema digestivo está formado por los órganos y sistemas orgánicos encargados de ingerir, descomponer y transportar los alimentos. Se divide en tracto digestivo superior e inferior, y está formado por la boca, con la lengua y los dientes, el esófago, el estómago, el intestino, el hígado y la vesícula biliar. El órgano principal del metabolismo es el hígado, que en el adulto es también la glándula digestiva de mayor tamaño. El órgano más grande del tracto digestivo (de unos 5-6 metros de longitud) es el intestino delgado, que se localiza con sus asas replegadas en la cavidad abdominal y cuya principal función consiste en la absorción de las sustancias y del agua ingeridos por el cuerpo a través de los alimentos.

Órganos digestivos

El tracto digestivo, que empieza en la boca, tiene las funciones de descomponer los alimentos, absorber los nutrientes hasta la sangre y de esta manera aportar energía, además de excretar los restos alimentarios no digeribles. En la **cavidad bucal** los alimentos son desmenuzados por los dientes y se mezclan con la saliva segregada por las **glándulas salivales**, la cual contribuye a la descomposición de los alimentos y facilita su deglución y su paso por el **esófago**. En el **estómago** los alimentos siguen descomponiéndose y después pasan al **duodeno**, la primera porción del **intestino delgado**. Allí se libera la bilis, producida en el **hígado**, y los jugos pancreáticos formados en el **páncreas**, imprescindibles para la digestión de las grasas. En el intestino delgado se produce el paso de los nutrientes a la sangre. El **intestino grueso** compacta los restos alimentarios no digeribles y los transporta hasta el **ano**, de donde son eliminados en forma de heces.

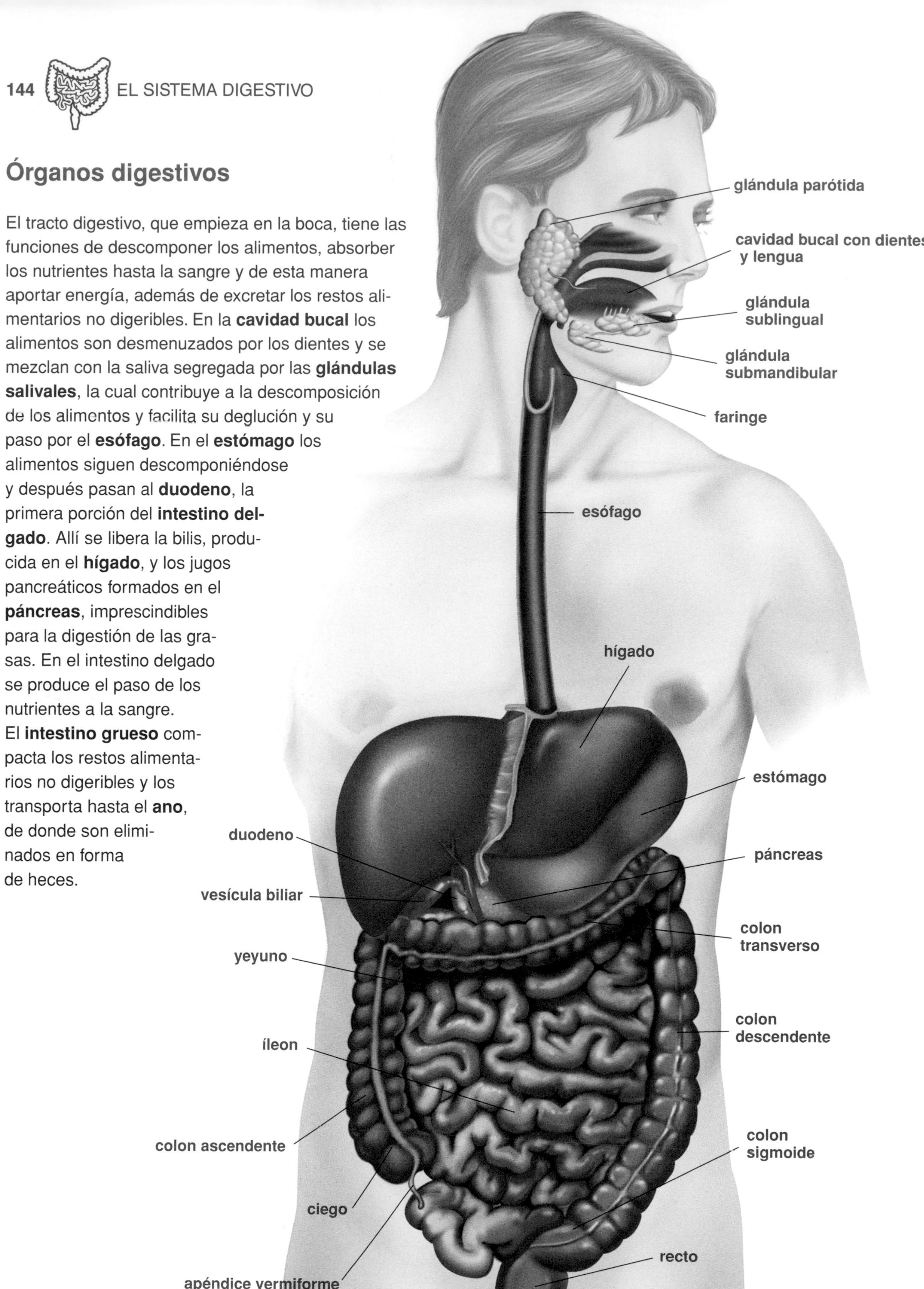
glándula parótida
cavidad bucal con dientes y lengua
glándula sublingual
glándula submandibular
faringe
esófago
hígado
estómago
duodeno
páncreas
vesícula biliar
colon transverso
yeyuno
colon descendente
íleon
colon ascendente
colon sigmoide
ciego
recto
apéndice vermiforme
ano

Cavidad bucal

La cavidad bucal es la parte del cuerpo donde empieza la digestión. Los **dientes** desmenuzan los alimentos, y la saliva, que llega a la boca desde las glándulas salivales a través de los conductos salivales, contiene enzimas que ayudan a descomponer los alimentos. La segunda importante función de la boca es la fonación; asimismo, también participa en la mímica facial. Por delante la boca está limitada por los **labios**, por arriba por el **paladar duro** y el **paladar blando**, por debajo por el suelo de la boca, y por detrás desemboca en la **faringe**. Los **carrillos** también forman parte de la boca, al igual que la **lengua**. Además, las **amígdalas palatinas** y la **úvula** también se incluyen en la cavidad bucal: las primeras forman parte del sistema inmunológico, de manera que su función es la defensa frente a posibles agentes patógenos, mientras que la úvula es necesaria para crear determinados sonidos. Esta última, al tocarla, desencadena el reflejo faríngeo.

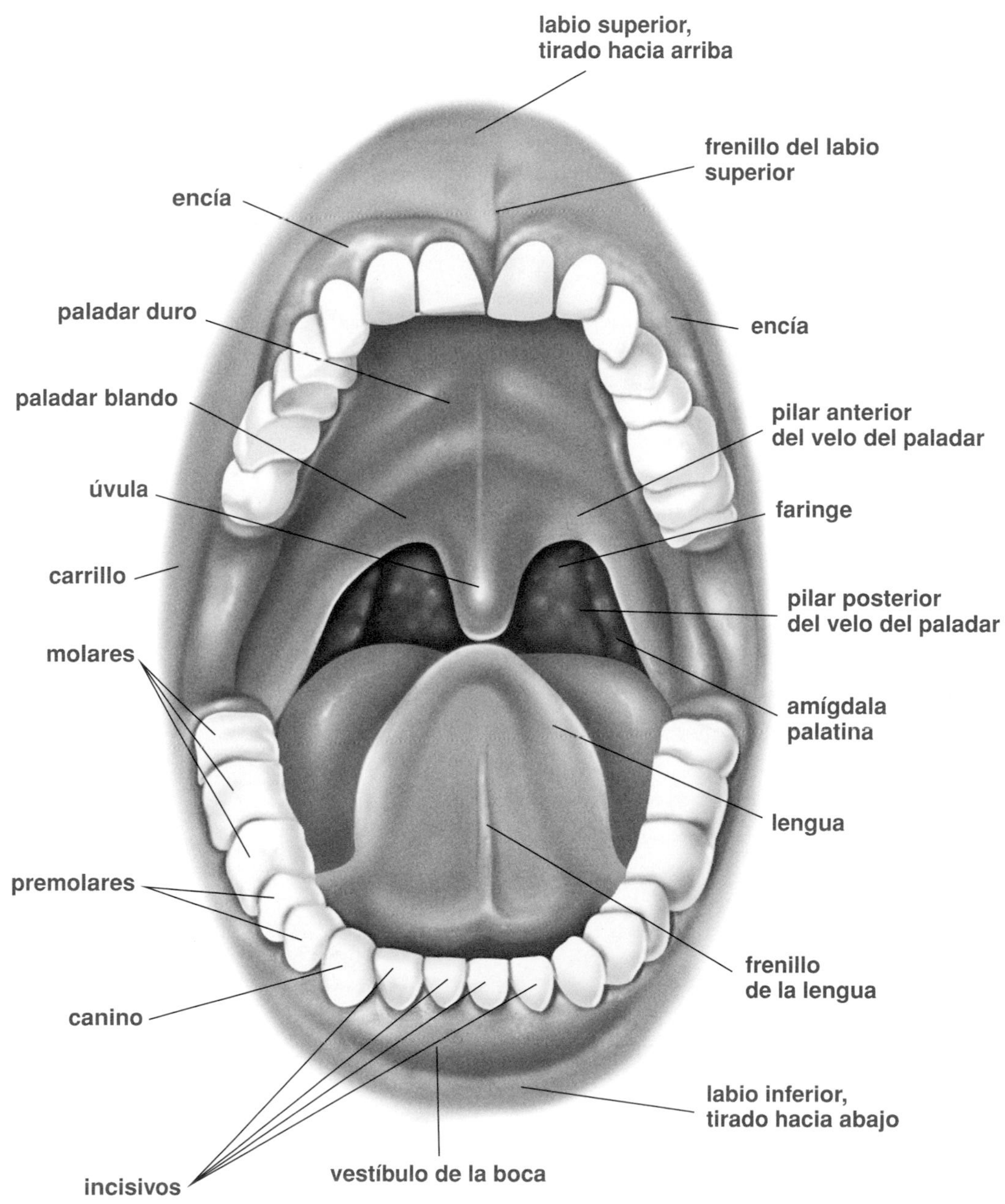
labio superior,
tirado hacia arriba
frenillo del labio
superior
encía
paladar duro
encía
paladar blando
pilar anterior
del velo del paladar
úvula
faringe
carrillo
pilar posterior
del velo del paladar
molares
amígdala
palatina
lengua
premolares
frenillo
de la lengua
canino
labio inferior,
tirado hacia abajo
incisivos
vestíbulo de la boca

Lengua

La lengua es un **músculo** que participa tanto en los procesos de masticación y deglución como en los de fonación. Además, es una parte importante del **sentido del gusto**, ya que en ella se sitúan las papilas gustativas, las pequeñas prominencias que reconocen los distintos sabores. La lengua está sujeta por detrás al hueso hioides y por delante se halla anclada a la cavidad bucal a través del frenillo de la lengua. Su superficie está cubierta por una mucosa, donde hay distintas **papilas** cuya función es la percepción gustativa y que reciben el nombre según su forma. Algunas de estas prominencias contienen corpúsculos gustativos. Diversos músculos para la función de la masticación posibilitan los movimientos de corte y triturado de la mandíbula.

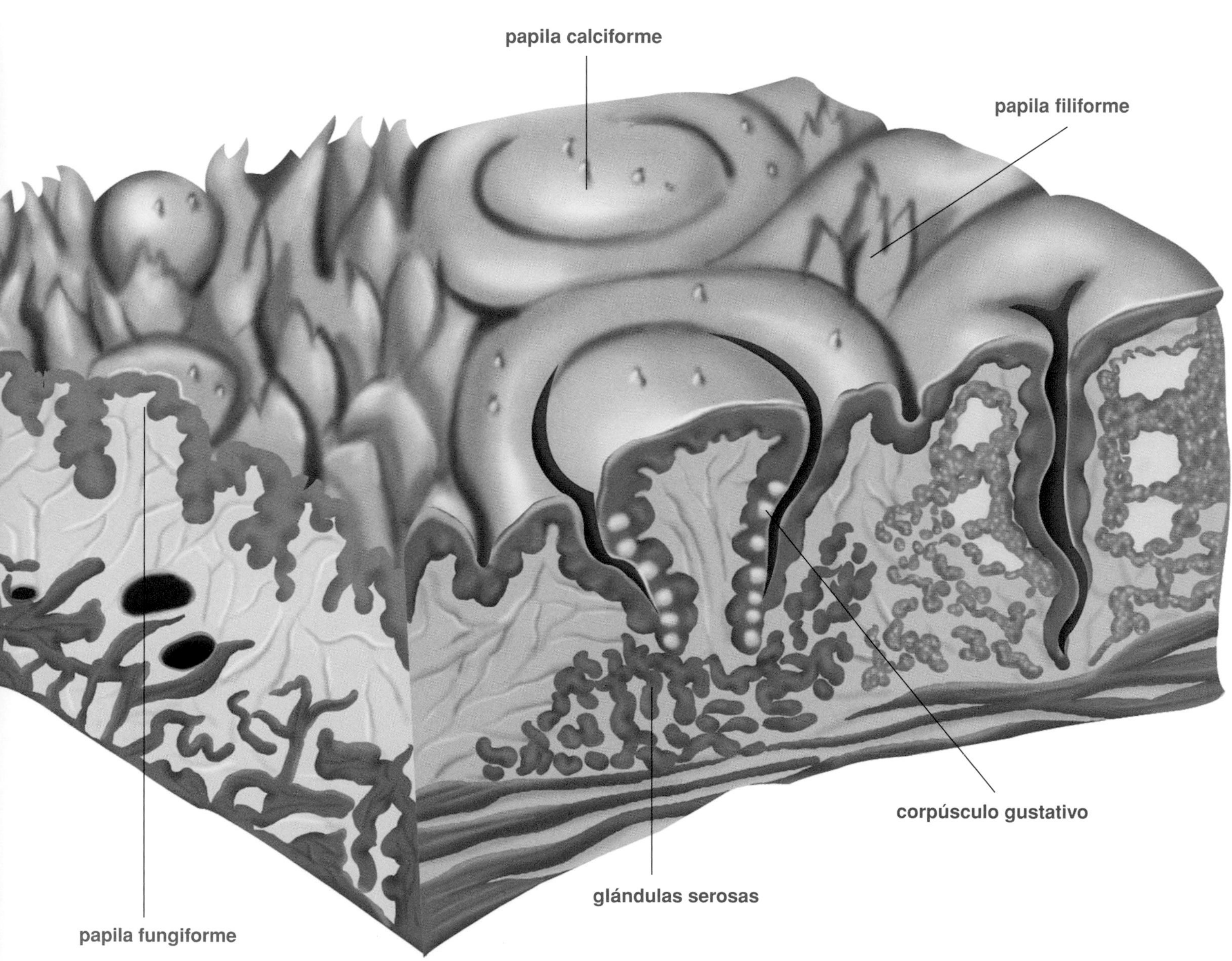
papila calciforme
papila filiforme
corpúsculo gustativo
glándulas serosas
papila fungiforme

Masticación

En la masticación toman parte los dientes, la lengua y determinados músculos. El **músculo temporal**, que se extiende desde el hueso temporal hasta la apófisis coronoides de la mandíbula, y el **músculo masetero**, que tiene su origen en el arco cigomático, se encargan de desgarrar los alimentos. Los **músculos pterigoideos** (externo e interno), situados por detrás de la mandíbula, permiten los movimientos de trituración.

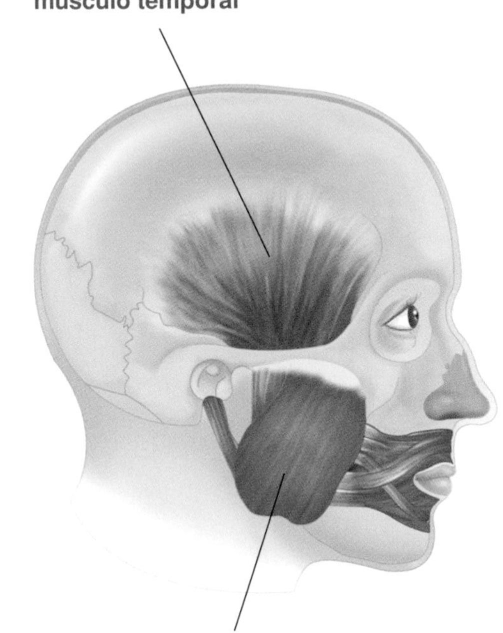
músculo temporal
músculo masetero

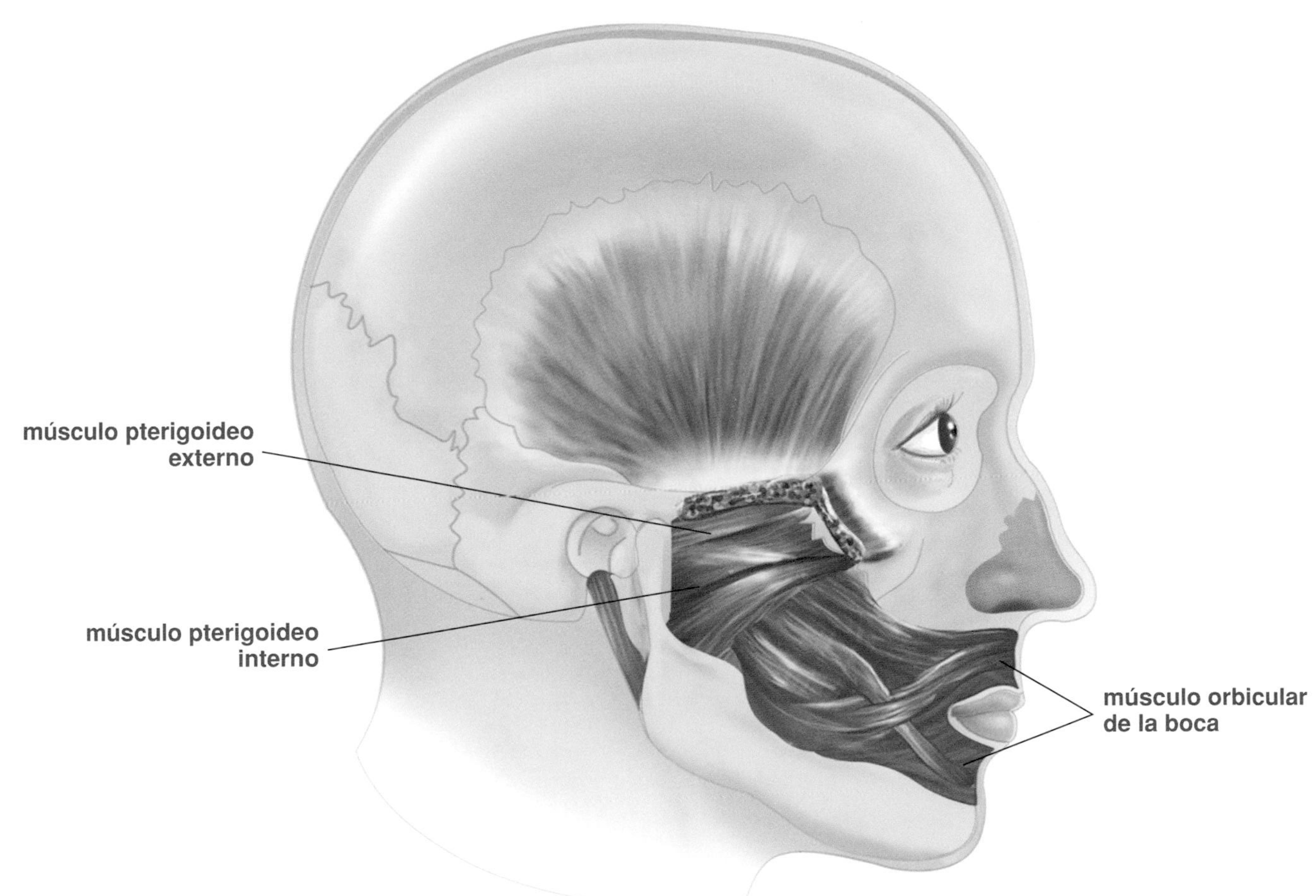
músculo pterigoideo externo
músculo pterigoideo interno
músculo orbicular de la boca

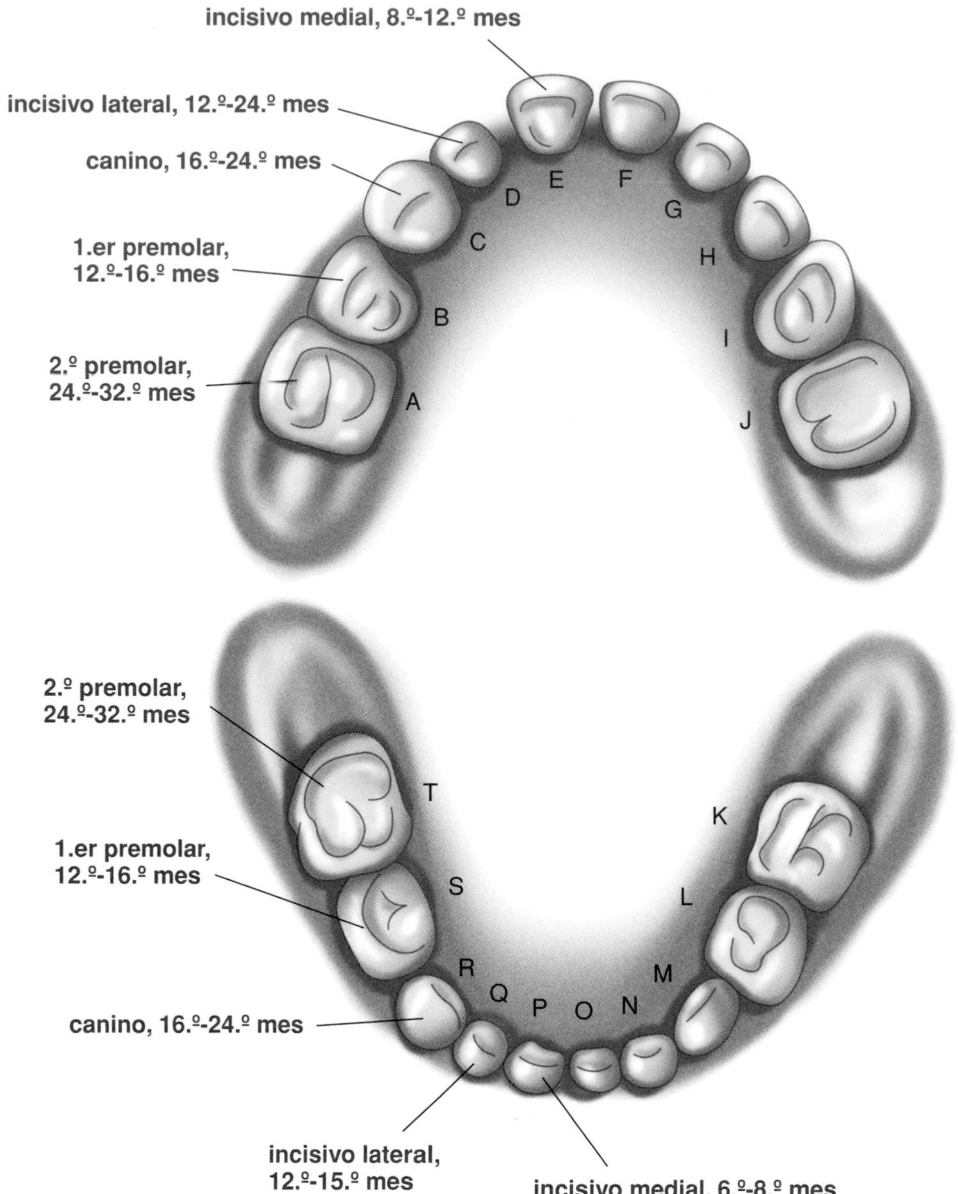
incisivo medial, 8.º-12.º mes
incisivo lateral, 12.º-24.º mes
canino, 16.º-24.º mes
1.er premolar, 12.º-16.º mes
2.º premolar, 24.º-32.º mes
A
B
C
D
E
F
G
H
I
J
2.º premolar, 24.º-32.º mes
1.er premolar, 12.º-16.º mes
canino, 16.º-24.º mes
incisivo lateral, 12.º-15.º mes
incisivo medial, 6.º-8.º mes
T
S
R
Q
P
O
N
M
L
K

Dentición de leche

La dentición de leche es la primera dentición del niño. Los 20 dientes de leche aparecen por regla general a partir del sexto mes de vida, aunque en ocasiones antes. Se dice que los dientes «rompen», lo que para el niño puede ser doloroso. Primero aparecen los **incisivos inferiores**, seguidos de los **incisivos superiores**. Los últimos en salir son los **segundos premolares**, aproximadamente a finales del segundo año de vida. Las raíces de los dientes de leche siguen creciendo y son aflojadas por los dientes permanentes. Hacia los seis años de edad empieza el cambio de dentadura con la caída de los incisivos. periodo que suele finalizar hacia los 13 años, cuando cae el segundo premolar.

Dentición permanente

La dentición permanente completa está formada por 32 piezas. Los **incisivos** superiores e inferiores son los primeros dientes permanentes, que aparecen entre los siete y los ocho años de edad. El **primer molar** permanente aparece durante la infancia, cuando todavía está presente la dentición de leche. Entre los 11 y 13 años aparece el **segundo molar**. La **muela del juicio** (tercer molar) sale hacia los 17 años, con frecuencia incluso más tarde.

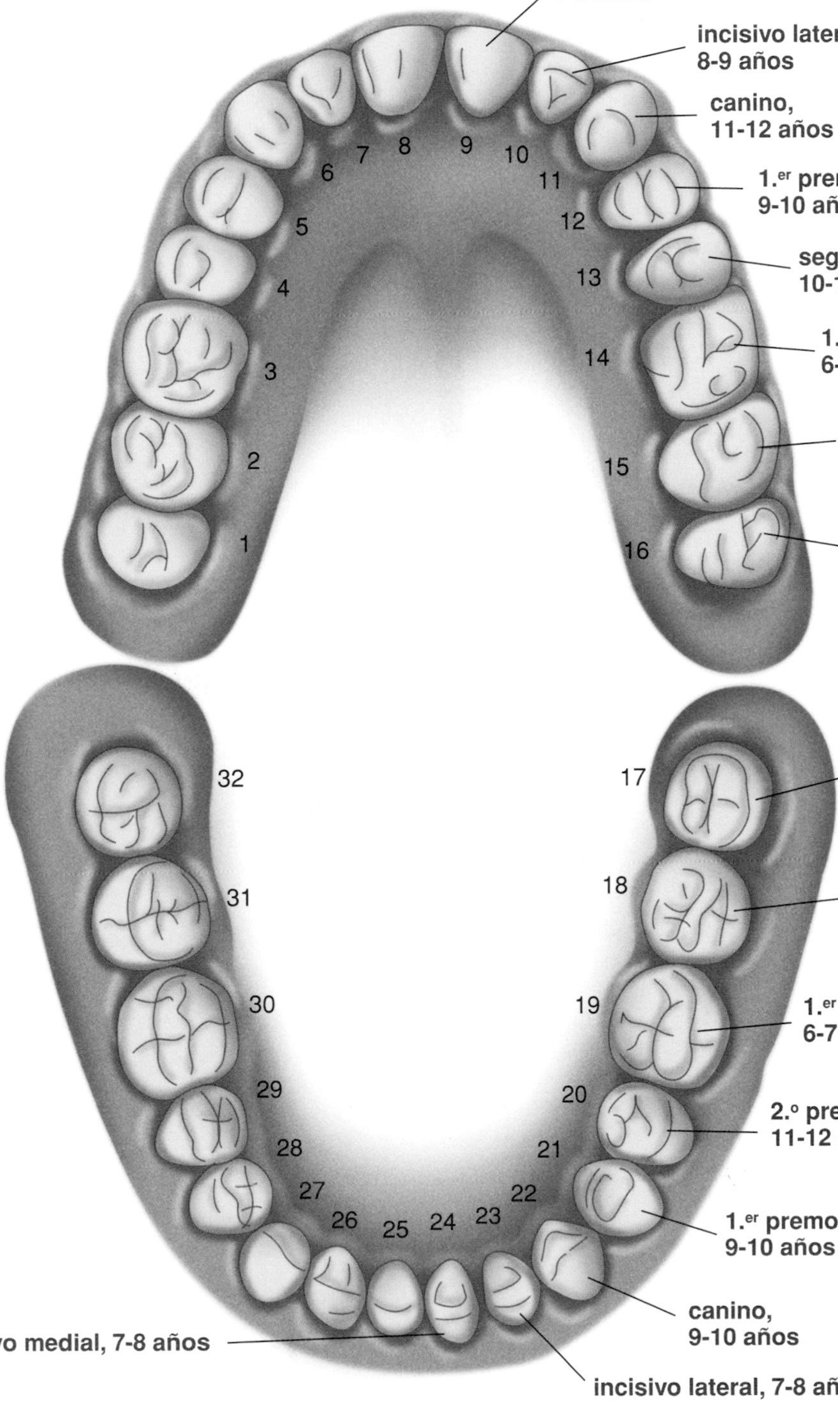

incisivo medial, 7-8 años
incisivo lateral, 8-9 años
canino, 11-12 años
1.er premolar, 9-10 años
segundo premolar, 10-12 años
1.er molar, 6-7 años
2.º molar, 12-13 años
muela del juicio, 17-21 años

1 2 3 4 5 6 7 8 9 10 11 12 13 14 15 16

32 31 30 29 28 27 26 25 24 23 22 21 20 19 18 17

muela del juicio, 17-21 años
2.º molar, 11-13 años
1.er molar, 6-7 años
2.º premolar, 11-12 años
1.er premolar, 9-10 años
canino, 9-10 años
incisivo lateral, 7-8 años
incisivo medial, 7-8 años

Estructura del diente

Todo diente tiene una parte que sobresale de la encía, cubierta de esmalte y cuya función es morder o masticar: es la **corona dental**. La zona que se encuentra dentro del hueso se conoce como **raíz dental,** que está recubierta por el **periodontio** y por un tejido similar al hueso, el **cemento**. Este rodea la **pulpa** y los **conductos de la raíz** por los que pasan las terminaciones nerviosas que van a la pulpa. La zona de transición entre la corona y la raíz recibe el nombre de **cuello del diente** y está también está recubierto por el **esmalte**. Cuando este se estropea, el cuerpo no es capaz de regenerarlo.

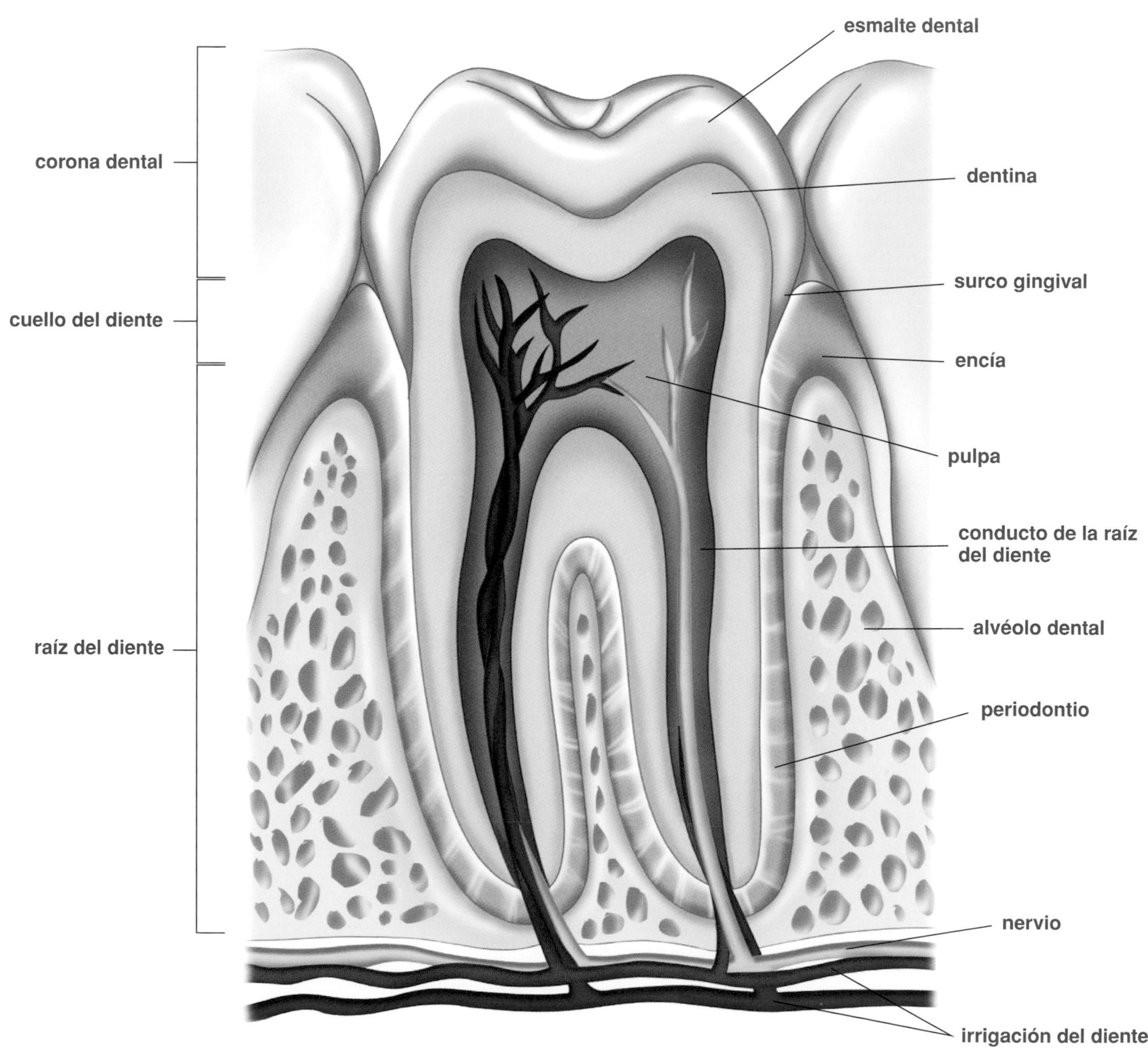
esmalte dental
corona dental
dentina
surco gingival
cuello del diente
encía
pulpa
conducto de la raíz del diente
alvéolo dental
raíz del diente
periodontio
nervio
irrigación del diente

Enfermedades dentales

Entre las enfermedades dentales más comunes se encuentran la **periodontitis** y la **caries**. Esta última está causada principalmente por unos hábitos higiénicos incorrectos, lo que tiene como consecuencia la proliferación de bacterias en el esmalte dental. Estos patógenos dañan el esmalte y también la dentina. La periodontitis es una enfermedad en la que el aparato de sujeción del diente (encía y periodontio) han desaparecido prácticamente por completo. En este caso, la falta de higiene también es la causa más frecuente. Si debido a una limpieza dental deficiente la placa dental se acumula durante mucho tiempo en el cuello dental, la encía puede inflamarse y la placa dental se convierte en sarro. La consecuencia inmediata es que el aparato de sujeción del diente puede inflamarse; el diente se daña cada vez más, se va soltando poco a poco y puede llegar a caer.

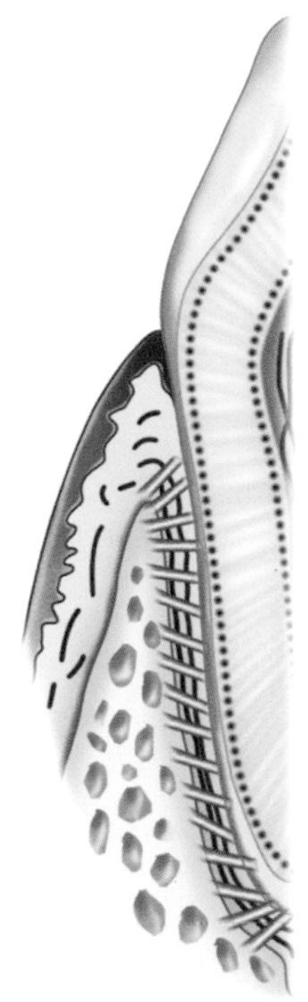

Aparato de sujeción del diente

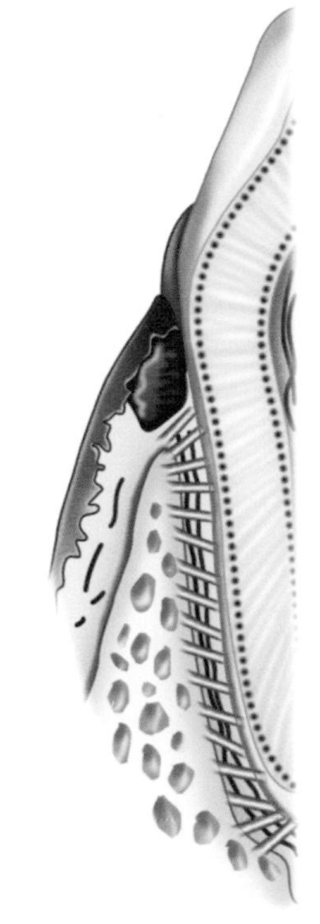

Periodontitis superficial

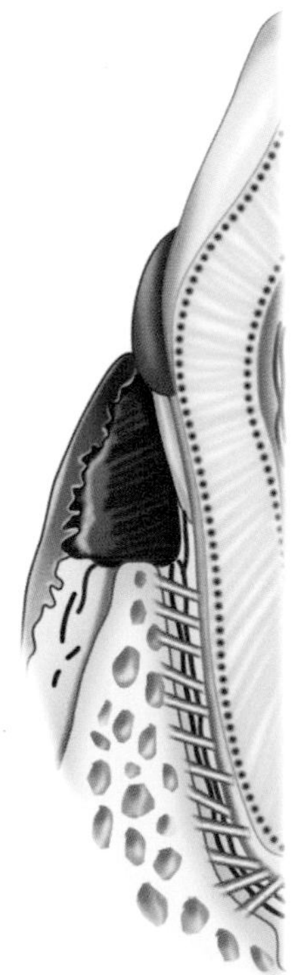

Progresión de la periodontitis

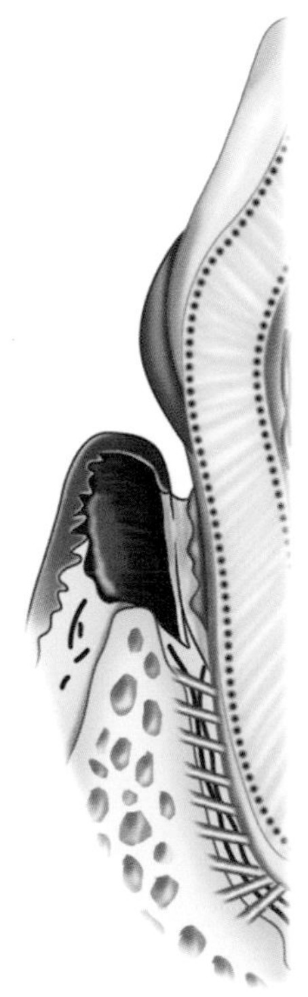

Progresión de la periodontitis profunda

sarro

Periodontitis

Sustitución de piezas dentales

Cuando un diente está muy deteriorado debe sustituirse por una pieza artificial. Existen diversos tipos: **prótesis fijas** (coronas, coronas parciales y puentes), **prótesis extraíbles** (prótesis total o parcial) y **prótesis combinadas** (formadas por una parte fija cimentada y una parte extraíble).

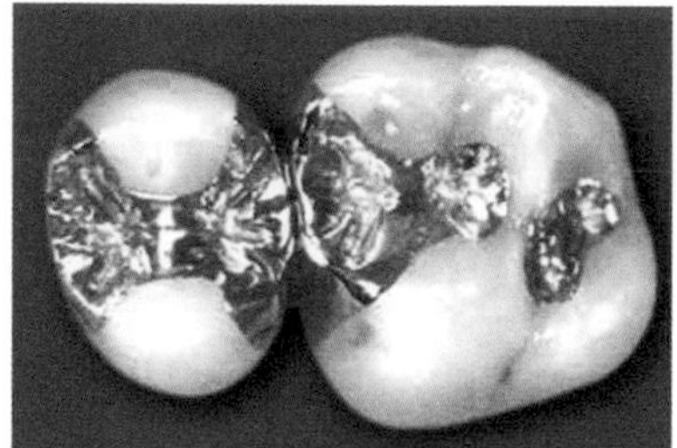

Endodoncia de oro

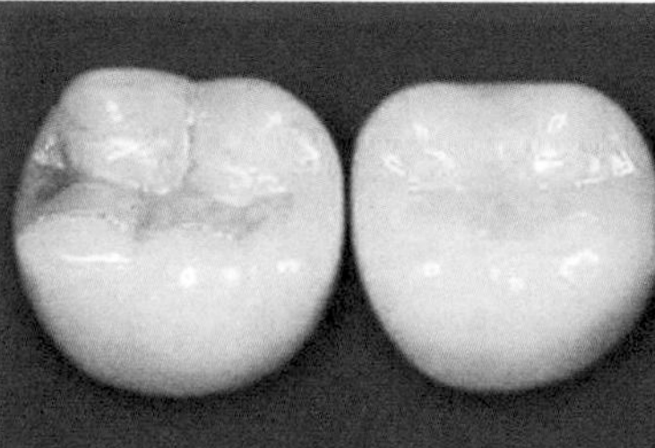

Endodoncia de plástico

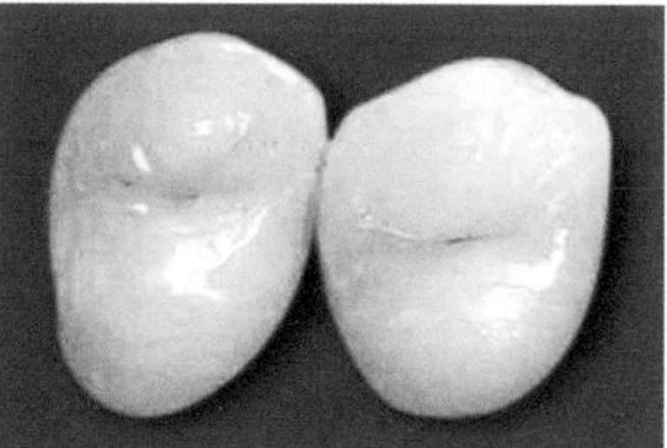

Endodoncia de cerámica

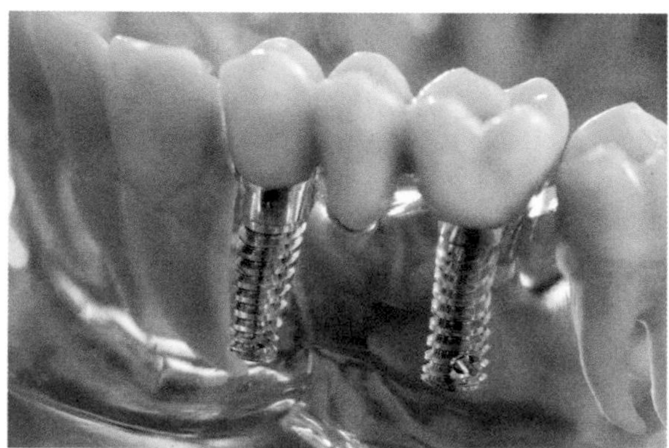

Implante dental

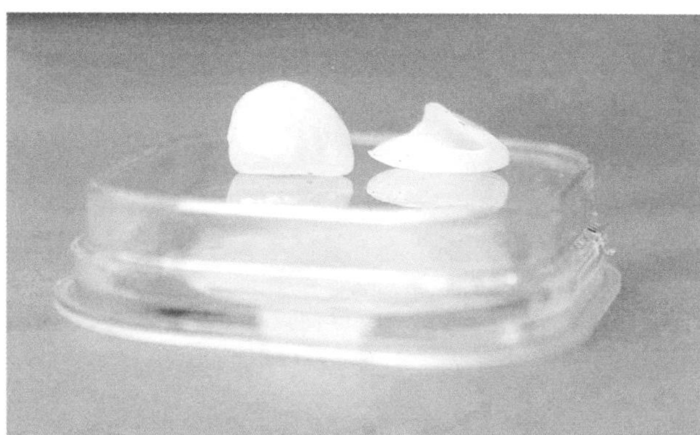

Fundas

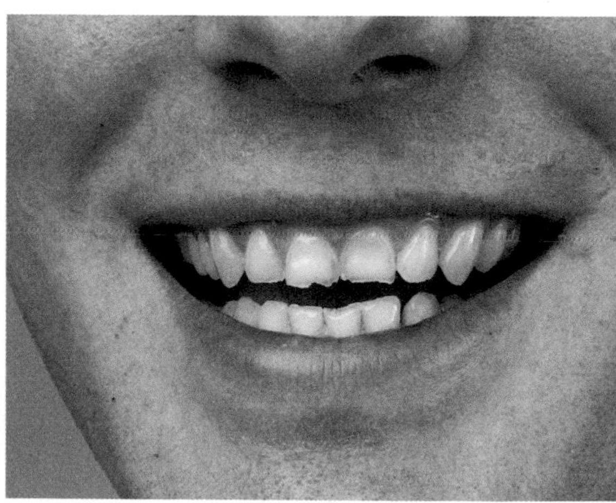

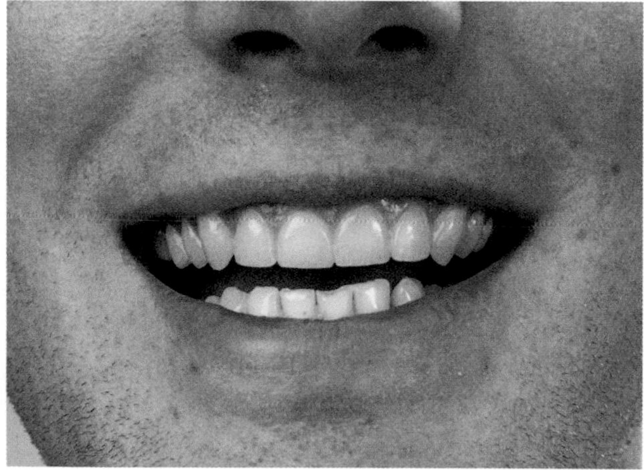

Las finas fundas de cerámica se pegan directamente sobre el diente. La fotografía de la izquierda muestra el estado de la dentadura antes de aplicar las fundas, y la de la derecha después de hacerlo.

Glándulas salivales

A derecha e izquierda se encuentran tres glándulas salivales: la **glándula parótida**, la **glándula sublingual** y la **glándula submandibular**. Las tres fabrican saliva, más o menos espesa dependiendo de la glándula. La saliva contiene enzimas que contribuyen a la descomposición de los alimentos en trozos más pequeños. Así por ejemplo, la enzima ptialina se encarga de la deshacer los hidratos de carbono. Por otra parte, la saliva contiene sustancias antibacterianas, (por lo que lamer una herida no resulta tan descabellado como pudiera parecer). Por último, el bolo alimentario se mezcla con la saliva para facilitar la deglución.

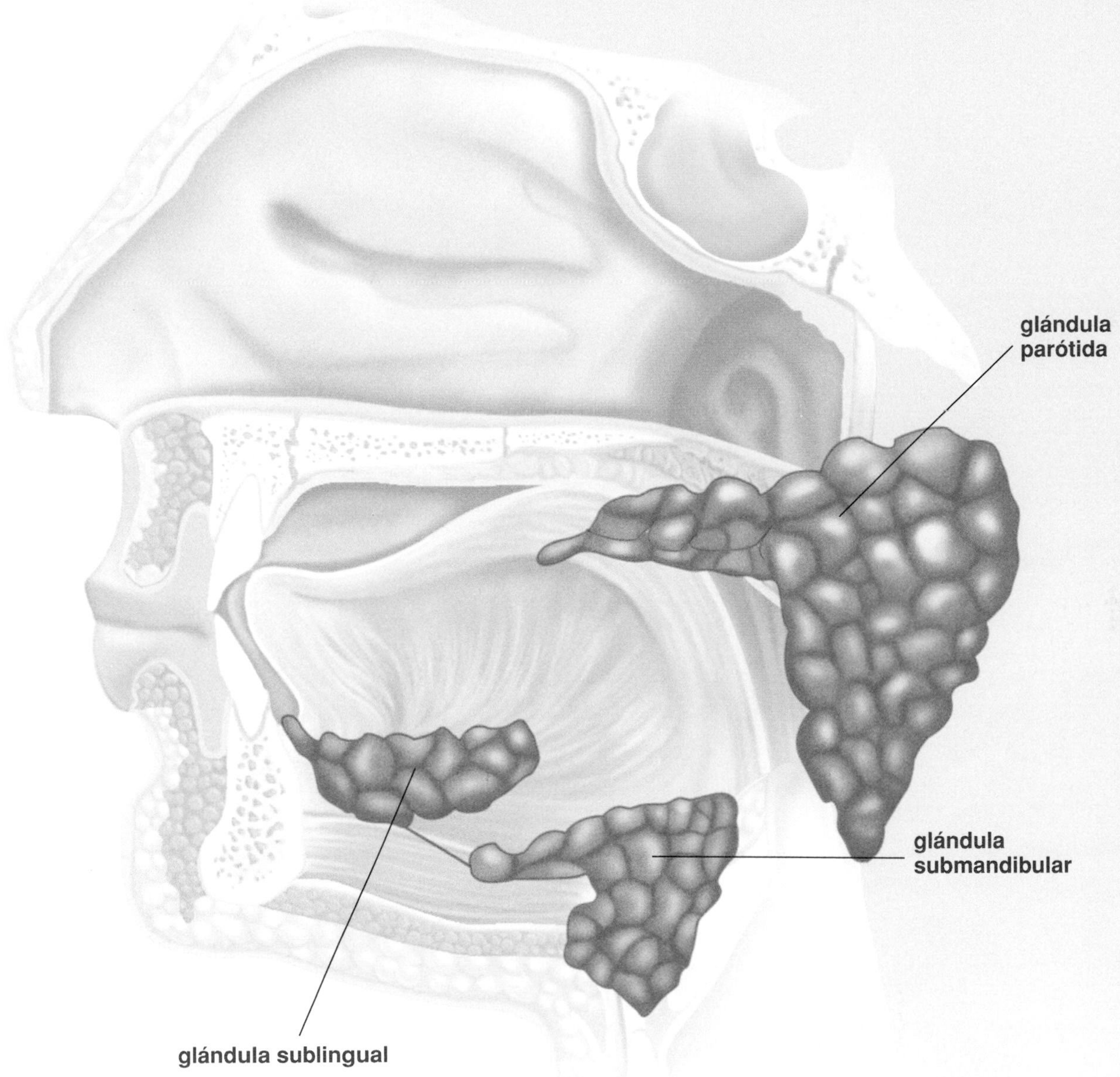
glándula parótida
glándula submandibular
glándula sublingual

Topografía de la faringe

La faringe sigue a la cavidad bucal. Es importante para la respiración pero también para la deglución de los alimentos, por lo que forma parte del tracto digestivo y de las vías respiratorias. La faringe se divide en tres secciones: la **nasofaringe**, la **orofaringe** y la **laringofaringe**. La primera, donde se localizan las amígdalas faríngeas, se comunica con la nariz y, a través de la trompa de Eustaquio, con los oídos. La orofaringe está separada de la cavidad bucal por las amígdalas palatinas. La laringofaringe es la sección inferior de la faringe, donde comienza la tráquea. Esta se halla separada de la faringe por la laringe, la cual durante la deglución queda tapada por la epiglotis, y el esófago, situado junto a la tráquea y el encargado de transportar el bolo alimentario al estómago.

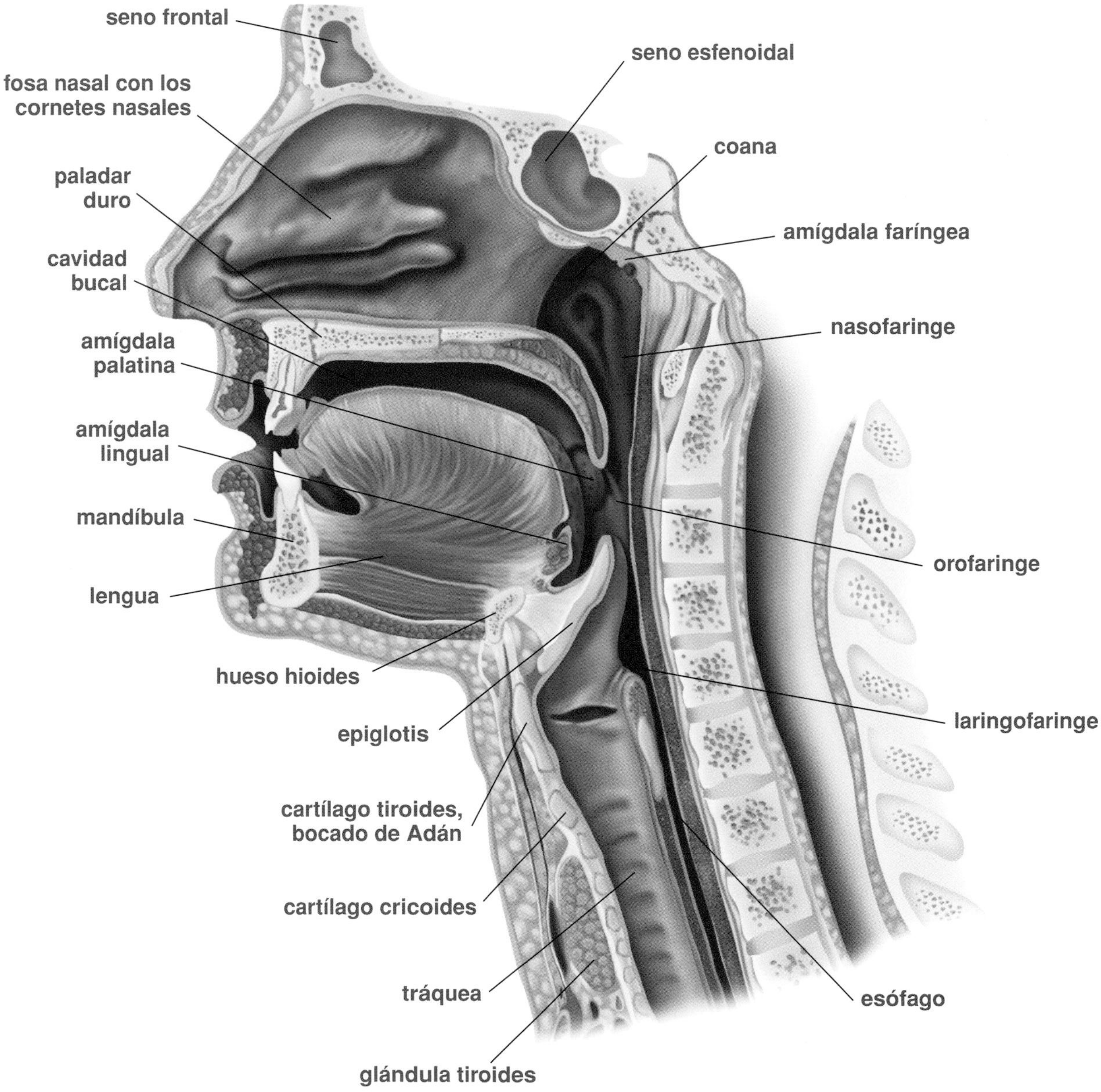

seno frontal
fosa nasal con los cornetes nasales
paladar duro
cavidad bucal
amígdala palatina
amígdala lingual
mandíbula
lengua
hueso hioides
epiglotis
cartílago tiroides, bocado de Adán
cartílago cricoides
tráquea
glándula tiroides
seno esfenoidal
coana
amígdala faríngea
nasofaringe
orofaringe
laringofaringe
esófago

Esófago y tráquea

El esófago y la tráquea siguen un trayecto paralelo en el cuello y el tórax. Debido a ello, existe el peligro de que los alimentos que a través de la faringe deben llegar al esófago, acaben por equivocación en la tráquea. Por fortuna, cuando los alimentos llegan a la laringofaringe, la **epiglotis**, situada en la parte superior de la laringe, se cierra. De esta manera se bloquean las vías respiratorias y los alimentos van a parar directamente al esófago. La deglución puede verse alterada si comemos demasiado deprisa; en este caso, es posible que el cierre reflejo de la epiglotis no se produzca correctamente y como consecuencia parte del bolo alimentario pase a la tráquea. Esta situación suele desencadenar el reflejo de la tos, gracias al cual las partículas de comida son expulsadas de las vías respiratorias y evitan el ahogo.

Vía digestiva

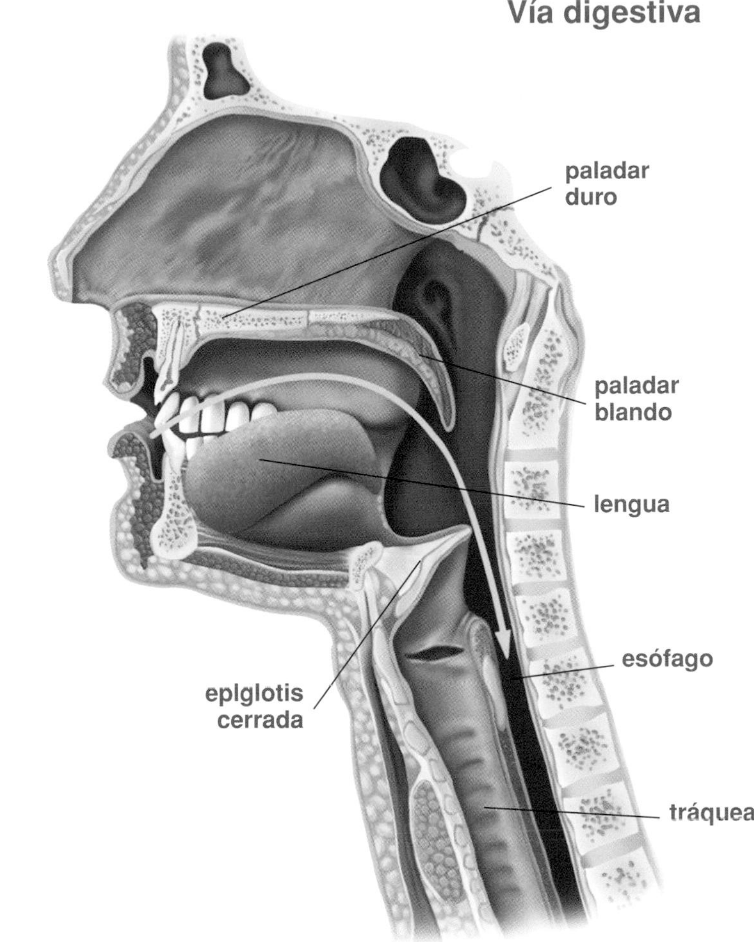
paladar duro
paladar blando
lengua
esófago
epiglotis cerrada
tráquea

Vía respiratoria

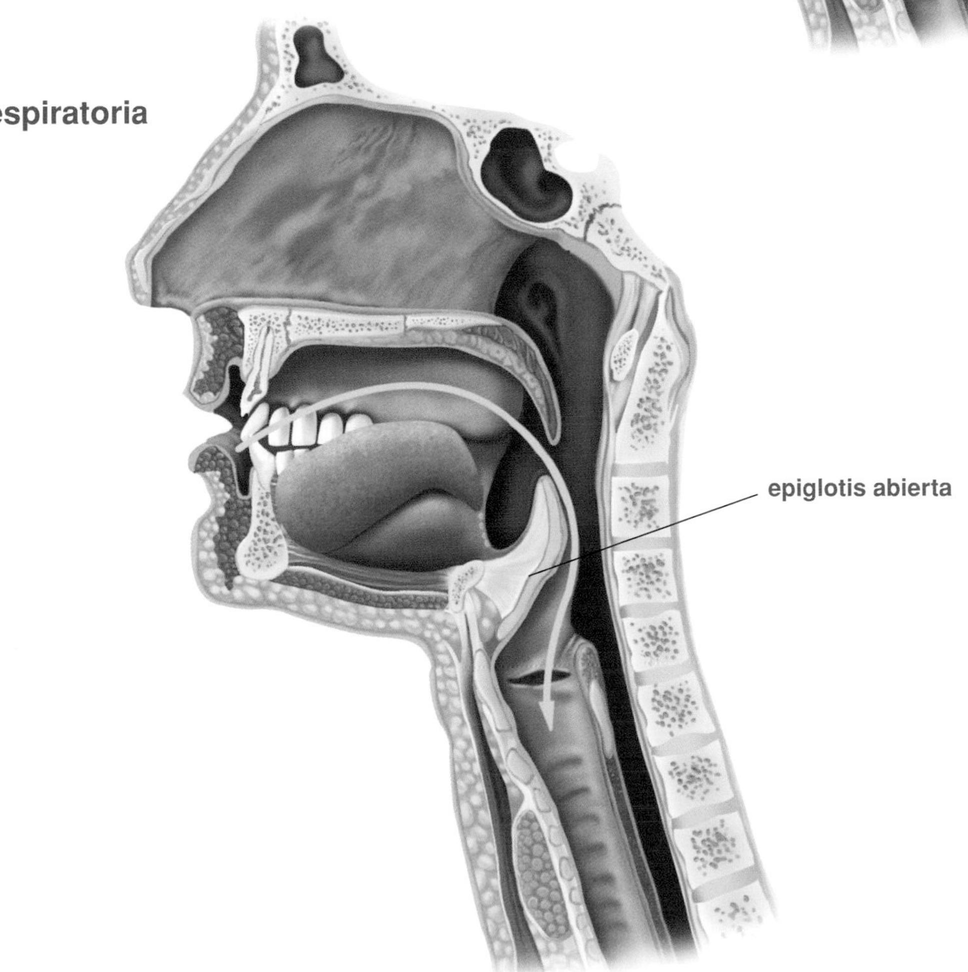
epiglotis abierta

Esófago

El esófago en un tubo muscular con una gran capacidad de dilatación que le permite llevar grandes bocados de alimentos hasta el estómago. Sin embargo, a lo largo de su recorrido hay tres lugares más estrechos y que no pueden dilatarse: la **estenosis cricoidea**, donde el cartílago cricoides de la laringe se sitúa por delante del esófago; la **estenosis aórtica**, donde el esófago se encuentra entre la columna vertebral y el arco aórtico, y la **estenosis diafragmática**, el punto en que el esófago atraviesa el diafragma. Así pues, para que el bolo alimentario pase también por estas zonas es muy importante masticar bien la comida. El esófago comienza en el cuello y finaliza en el estómago. Por la parte superior se cierra gracias a la acción de un músculo, el esfínter esofágico superior. El cierre de la parte inferior está garantizado en parte por el diafragma, pero también por el ángulo que forma el esófago al entrar en el estómago y por un fuerte esfínter (esfínter esofágico inferior).

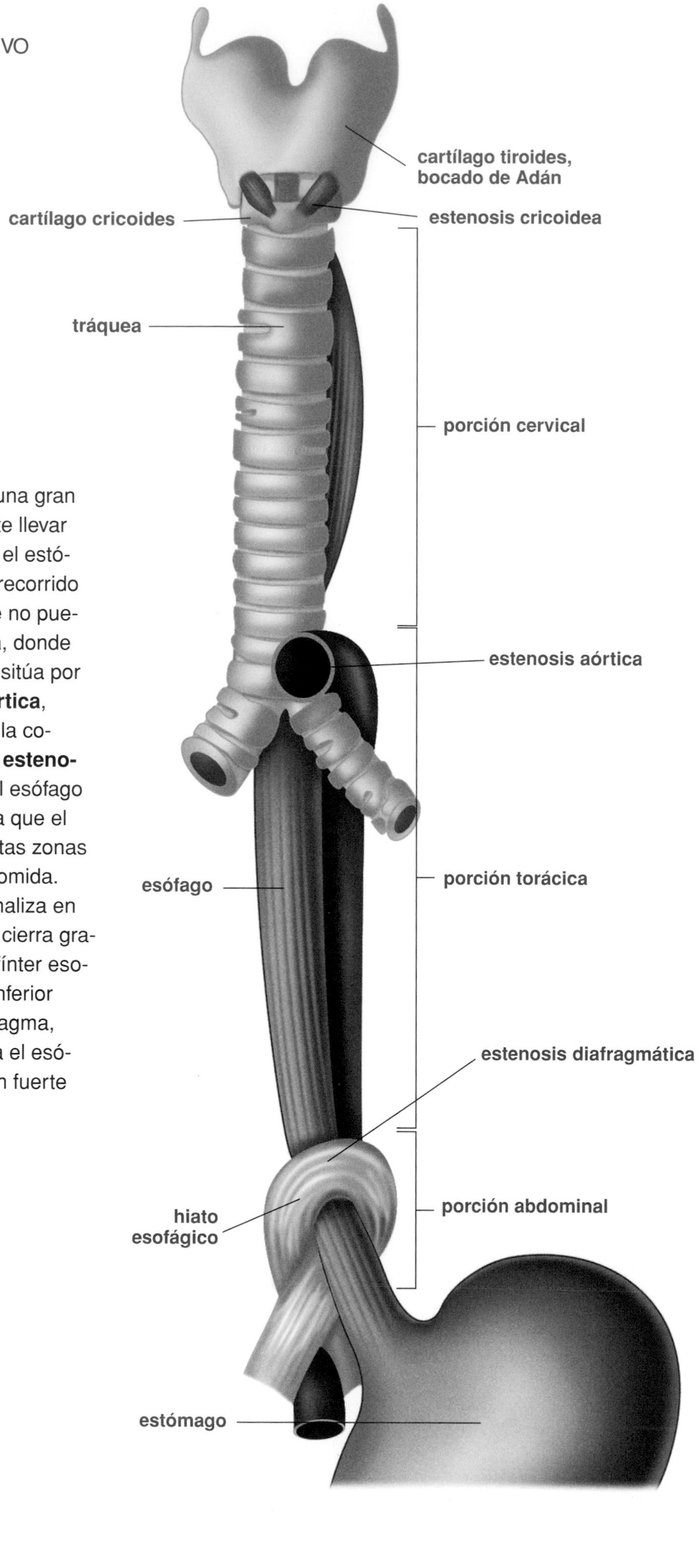

cartílago tiroides, bocado de Adán
cartílago cricoides
estenosis cricoidea
tráquea
porción cervical
estenosis aórtica
esófago
porción torácica
estenosis diafragmática
hiato esofágico
porción abdominal
estómago

Deglución oral y faríngea

Naturalmente, durante la deglución ningún trozo de alimento debe pasar de la cavidad bucal a la nariz. Por ello, en el momento en que la lengua empuja el bolo alimentario hacia la faringe, el velo del paladar se mueve hacia arriba y los músculos de la faringe se contraen. De esta manera la **nasofaringe** queda aislada del resto de la faringe. Cuando el bolo alimentario llega a la **laringofaringe**, los músculos del suelo de la boca se contraen, de manera que la laringe es estirada hacia arriba y cerrada con la epiglotis, con el fin de que el bolo alimentario no entre en la tráquea. Todos estos movimientos musculares se producen involuntariamente, de forma refleja. Asimismo, los músculos de la faringe se contraen de modo involuntario y consecutivo de arriba hacia abajo empujando el bolo alimentario hacia el esófago.

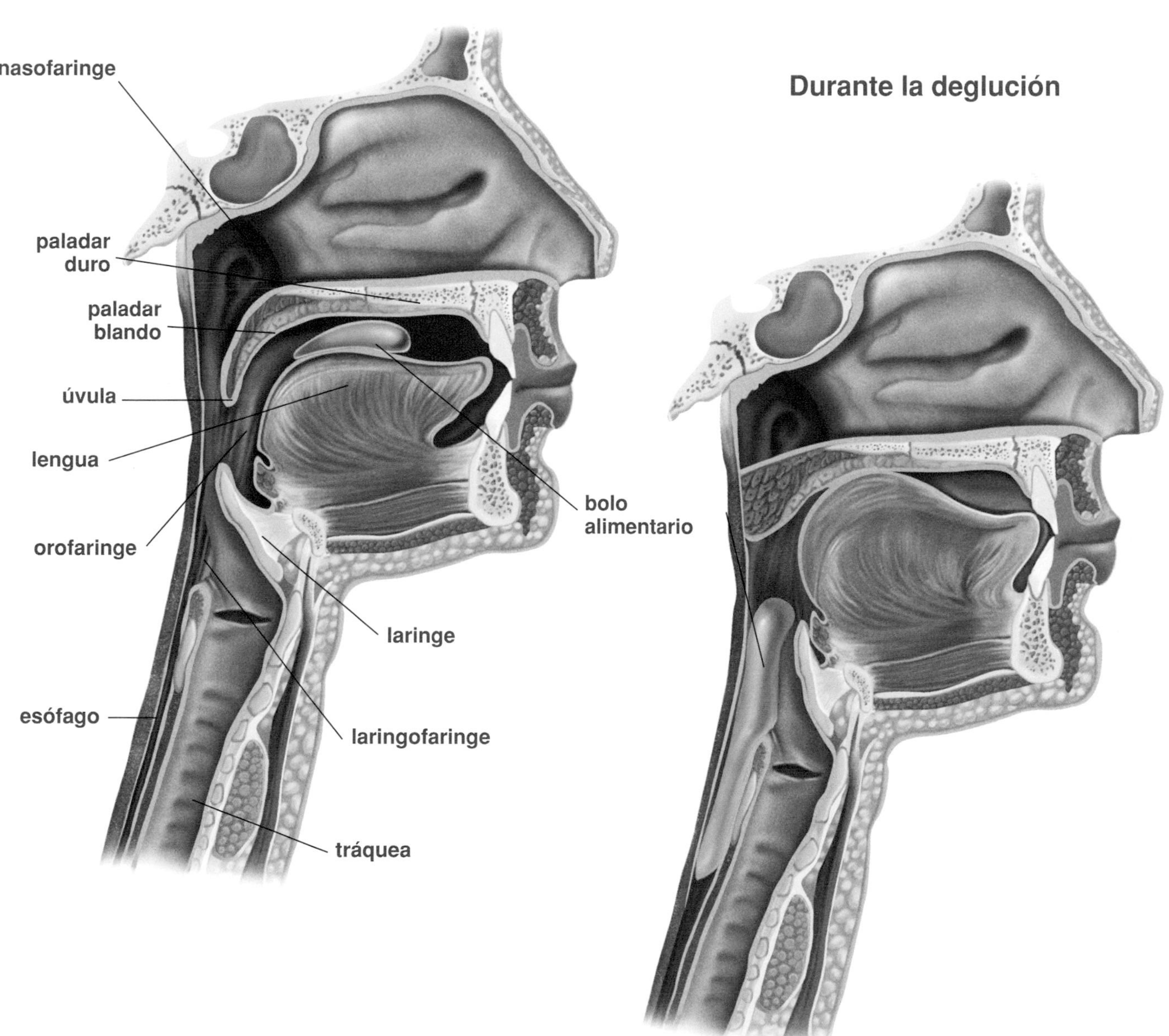
Antes de la deglución
nasofaringe
paladar duro
paladar blando
úvula
lengua
orofaringe
esófago
bolo alimentario
laringe
laringofaringe
tráquea
Durante la deglución

Deglución esofágica

El transporte del bolo alimentario a lo largo del esófago tiene lugar gracias a los **movimientos peristálticos** del esófago, unas oscilaciones a modo de onda de los músculos esofágicos que empujan el bolo alimentario hacia el estómago. Naturalmente, la fuerza de la gravedad también actúa, ya que los alimentos son transportados hacia abajo desde la boca hasta el estómago (es decir, caen al estómago). La musculatura del esófago está constituida por una **capa muscular interna circular** y una **capa muscular externa longitudinal**. Cuando el bolo alimentario llega al esófago, la musculatura circular situada inmediatamente por debajo se relaja, mientras que la musculatura longitudinal se contrae. De esta manera, la comida es empujada hacia abajo. Una vez el bolo ha avanzado, la musculatura circular situada justo por encima se contrae y la longitudinal se relaja, de manera que el bolo es empujado poco a poco hacia el estómago.

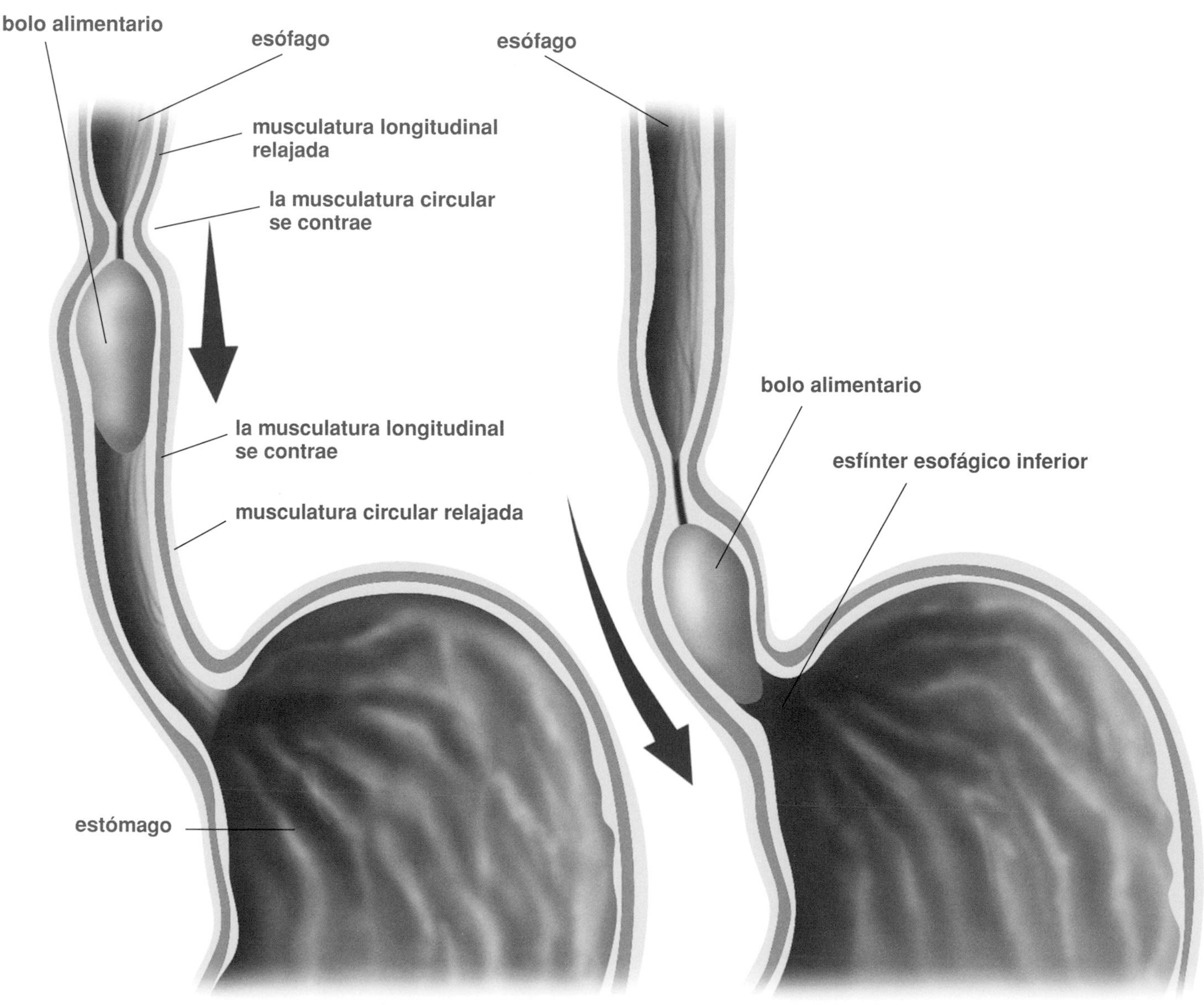
bolo alimentario
esófago
musculatura longitudinal relajada
la musculatura circular se contrae
la musculatura longitudinal se contrae
musculatura circular relajada
estómago
esófago
bolo alimentario
esfínter esofágico inferior

Capas de la pared abdominal

La pared abdominal comprende el límite externo del abdomen. Entre otras, tiene la función de proteger los órganos internos y está compuesta por distintas capas: la **capa más externa**, que está formada por la piel; por debajo de ella se sitúan la **capa adiposa** y la **fascia superficial** (forma de tejido conjuntivo), seguida de una **capa membranosa** que también constituye la fascia superficial. A continuación se localiza la **musculatura abdominal**, que toma parte en la respiración y el vaciado de la vejiga urinaria y el intestino. La **fascia interna** *(fascia transversalis)* envuelve los músculos. A esta capa le sigue otra de **tejido adiposo**, por debajo de la cual se encuentra el **peritoneo**.

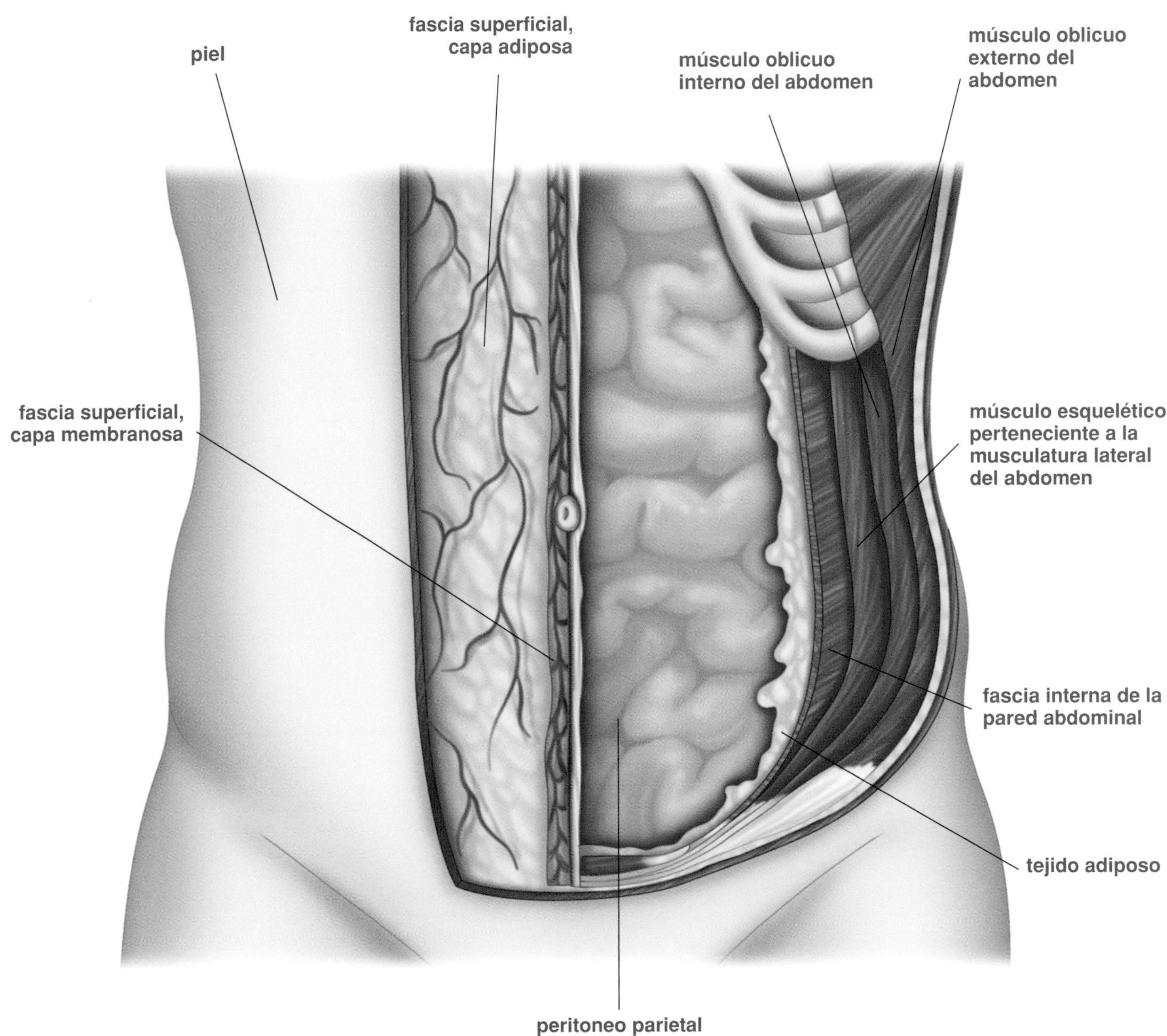
piel
fascia superficial, capa adiposa
músculo oblicuo interno del abdomen
músculo oblicuo externo del abdomen
fascia superficial, capa membranosa
músculo esquelético perteneciente a la musculatura lateral del abdomen
fascia interna de la pared abdominal
tejido adiposo
peritoneo parietal

Estómago: visión anterior

El estómago es un **saco muscular** distensible, en forma de gancho, cuya función es recibir los alimentos ingeridos, seguir digiriéndolos y finalmente conducirlos hasta el duodeno, el cual tiene su inicio en la salida del estómago. El estómago solo puede dejar pasar pequeñas cantidades del contenido gástrico al intestino, de manera que este pueda descomponerlo todavía más y absorber los nutrientes hasta la sangre. La pared del estómago está formada por tres capas musculares: la capa externa de fibras musculares longitudinales; la capa media, constituida por fibras musculares en forma de anillo, y la capa interna de fibras oblicuas. La función de todas ellas es mezclar el bolo alimentario con los jugos gástricos ácidos para después conducirlo hacia el intestino.

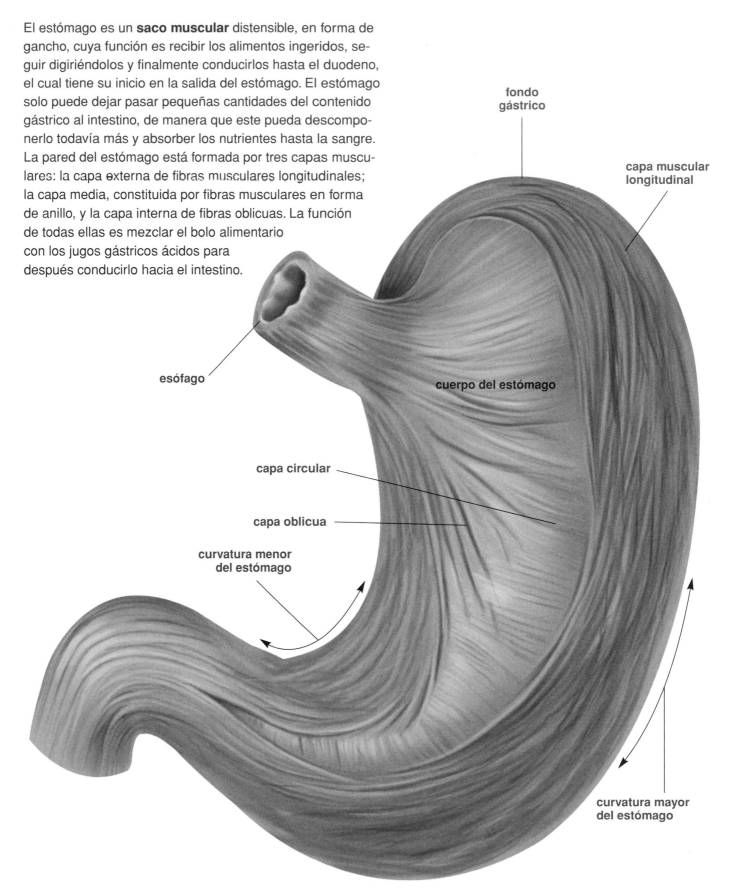

fondo gástrico

capa muscular longitudinal

esófago

cuerpo del estómago

capa circular

capa oblicua

curvatura menor del estómago

curvatura mayor del estómago

Interior del estómago

El estómago empieza en el **cardias**, el punto donde el esófago entra en el estómago. Por encima del cardias se encuentra el **fondo gástrico**, en el cual se acumula el aire que entra en el estómago durante la deglución. Por debajo del cardias se localiza el **cuerpo gástrico**, donde se produce la digestión de los alimentos; estos se mezclan con los ácidos gástricos, que, además de descomponer el bolo alimentario, destruyen a la mayoría de los agentes patógenos que viven en él. Hacia abajo, el estómago, o más exactamente el antro pilórico, se halla limitado por el **píloro**, un esfínter que permite el paso del contenido gástrico en pequeñas porciones al duodeno. La cara interna del estómago está forrada por la **mucosa gástrica**. Los términos **curvatura mayor** y **menor** se refieren a la gran curvatura externa y a la pequeña curvatura interna que dibuja el estómago.

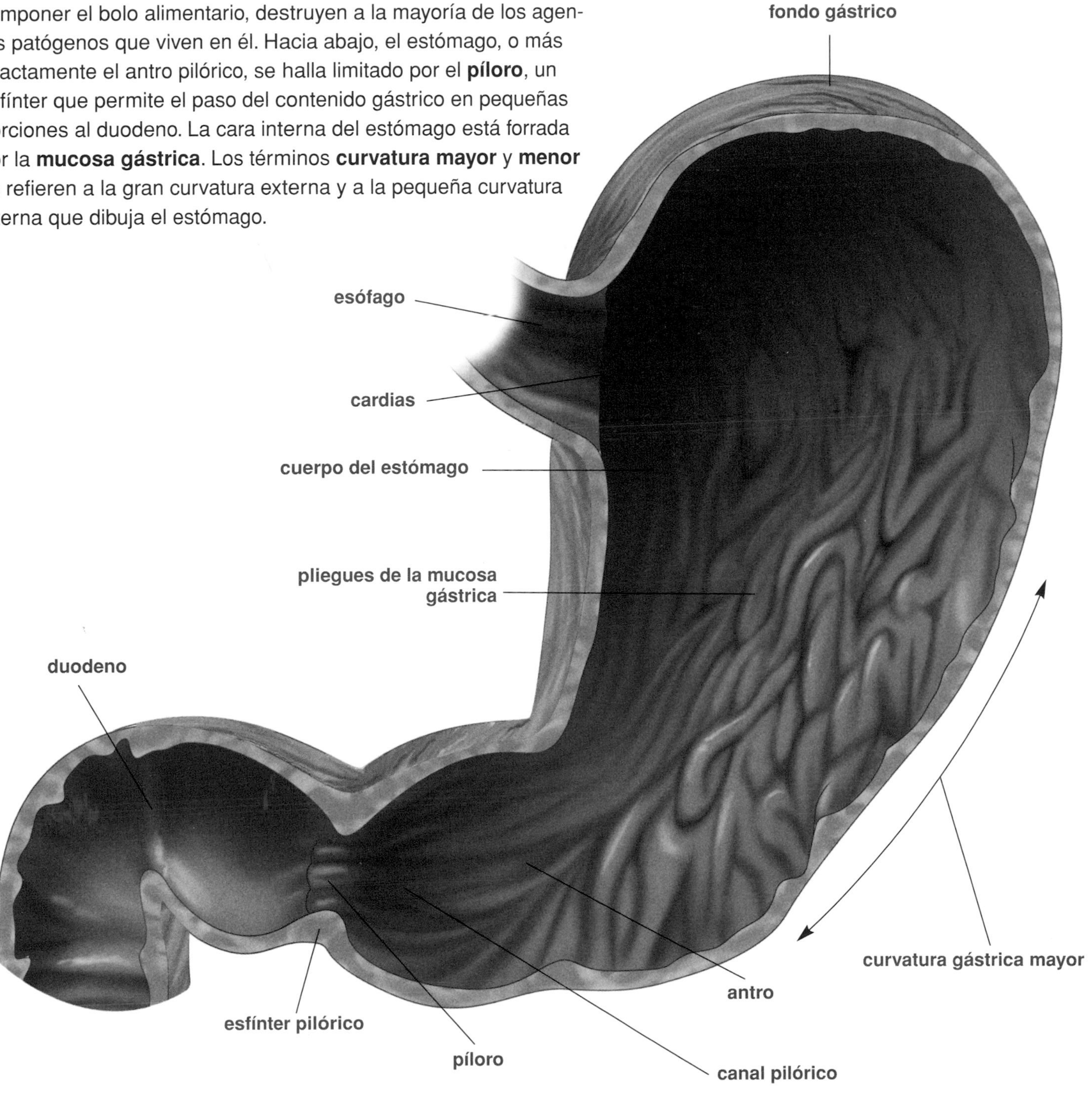

fondo gástrico
esófago
cardias
cuerpo del estómago
pliegues de la mucosa gástrica
duodeno
curvatura gástrica mayor
antro
esfínter pilórico
píloro
canal pilórico

Mucosa gástrica

En cada sección del estómago la mucosa gástrica presenta distintas glándulas, que a su vez contienen diferentes células. Las que se encuentran principalmente en la sección del cuerpo son las células mucosas, parietales y principales. Mientras que las **células parietales** secretan ácido clorhídrico que elimina a las bacterias y prosigue la descomposición de los alimentos, las **células principales** producen pepsinógeno, una enzima que bajo la acción del ácido clorhídrico se transforma en pepsina, la cual es imprescindible para el procesamiento de la proteínas. Por el contrario, las **células mucosecretoras** producen moco, una sustancia que recubre la mucosa gástrica y que protege las capas musculares de la acción corrosiva del ácido clorhídrico. Las **células G**, situadas en el antro, por delante del píloro, fabrican la hormona gastrina, que estimula la producción de ácido clorhídrico por parte de las células parietales.

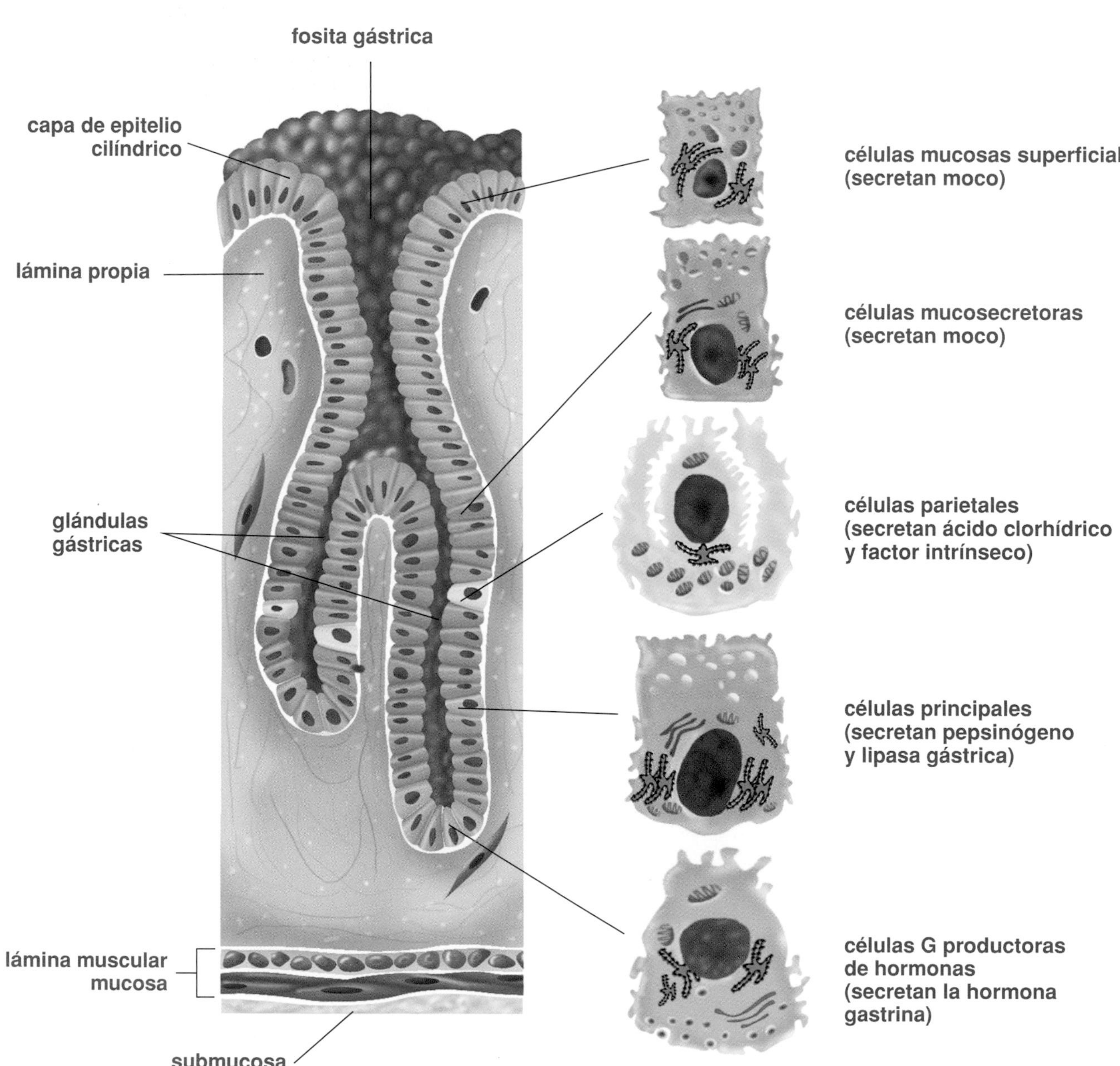
fosita gástrica
capa de epitelio cilíndrico
lámina propia
glándulas gástricas
lámina muscular mucosa
submucosa
células mucosas superficiales (secretan moco)
células mucosecretoras (secretan moco)
células parietales (secretan ácido clorhídrico y factor intrínseco)
células principales (secretan pepsinógeno y lipasa gástrica)
células G productoras de hormonas (secretan la hormona gastrina)

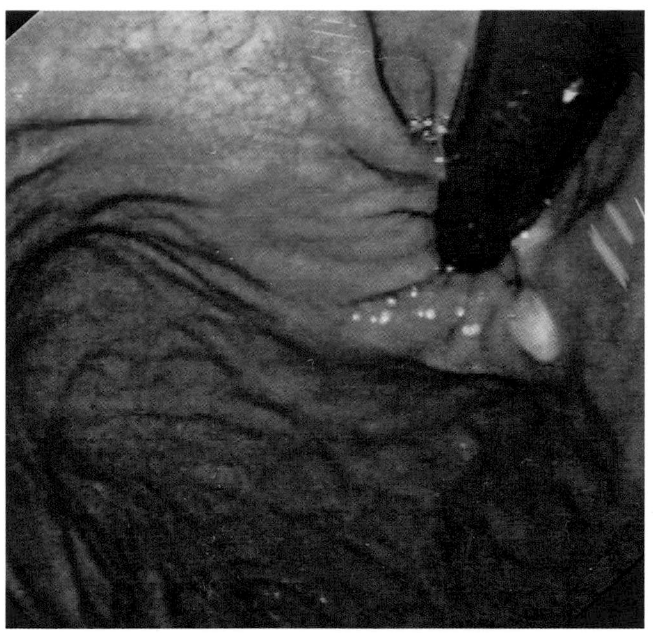

Imagen endoscópica de un estómago sano

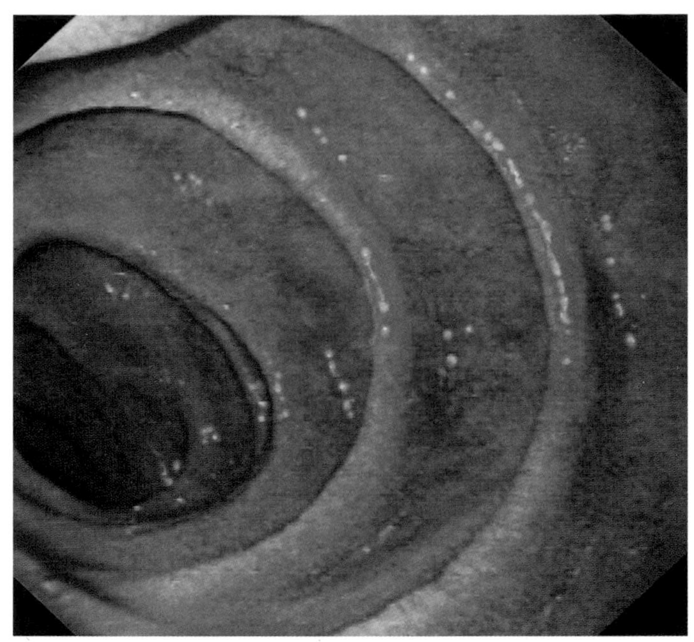

Imagen endoscópica de un duodeno sano

▸▸ GASTROSCOPIA (ESÓFAGO-GASTRO-DUODENOSCOPIA)

Para explorar la faringe, el esófago, el estómago y el duodeno (p. ej., para establecer el diagnóstico de úlceras gástricas, cáncer de esófago o de estómago) se realiza una esófago-gastro-duodenoscopia, más conocida como gastroscopia. Un pequeño tubo con un dispositivo óptico se introduce en la cavidad bucal, y se hace pasar por el esófago y el estómago hasta llegar al duodeno. Así el médico también puede obtener muestras de tejidos, que estudiará en busca de alteraciones patológicas. La gastroscopia puede realizarse bajo anestesia breve o sin anestesia. En este último caso, se aplica una ligera anestesia en la faringe para evitar las náuseas.

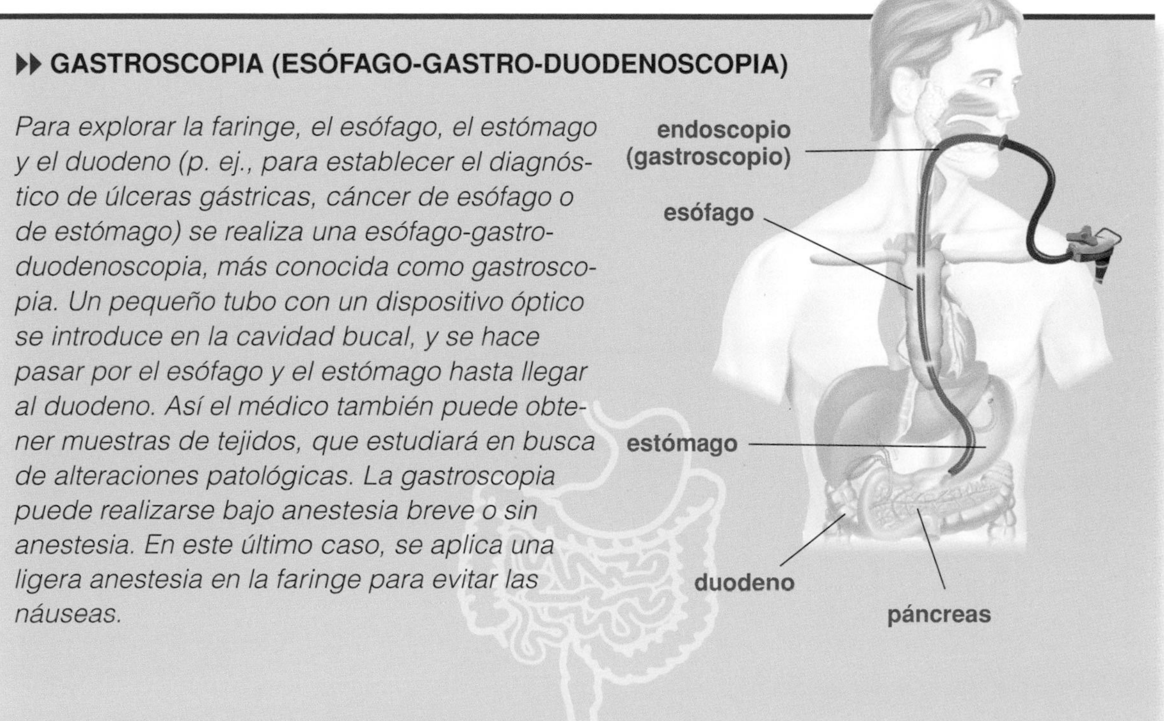
endoscopio
(gastroscopio)
esófago
estómago
duodeno
páncreas

Gastroscopia

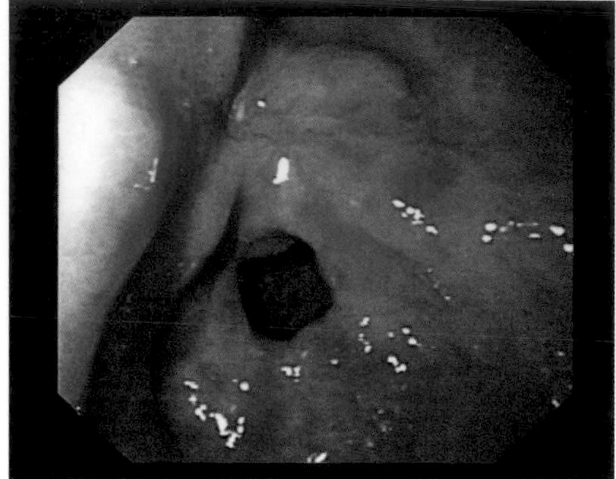
Úlcera gástrica

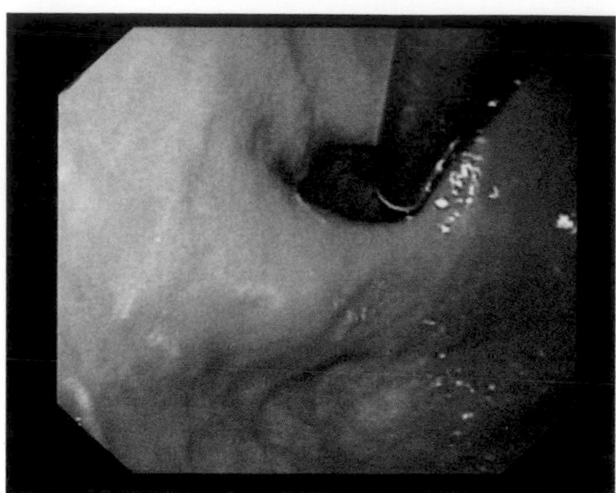
Hernia de hiato en el estómago

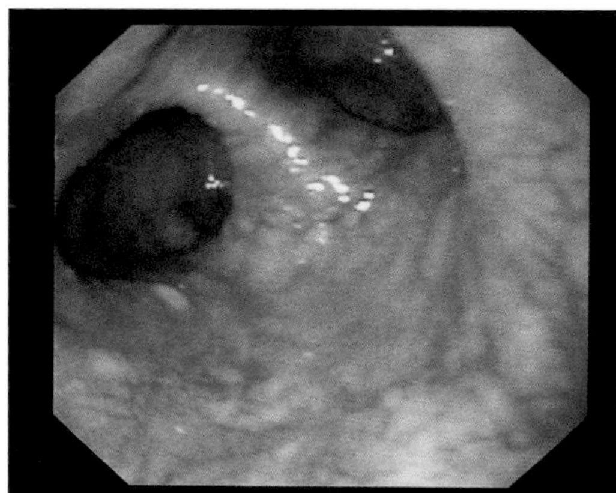
Divertículo esofágico

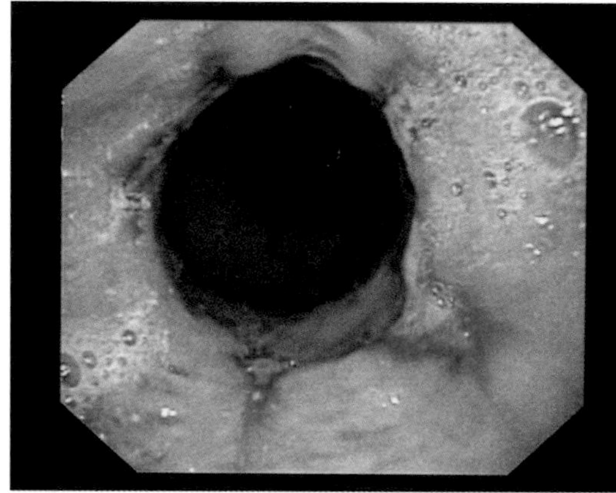
Úlcera esofágica

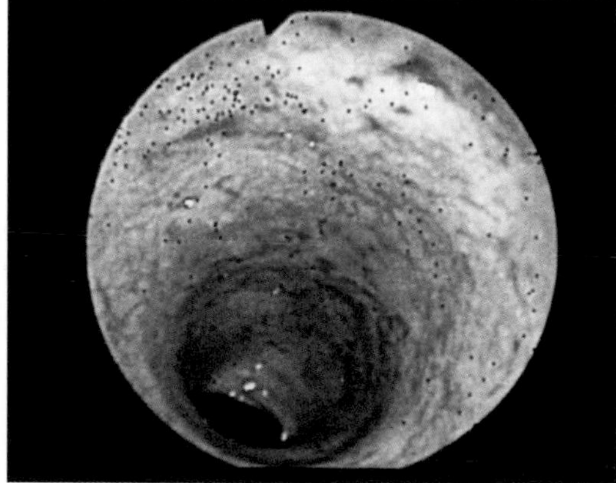
Gastritis

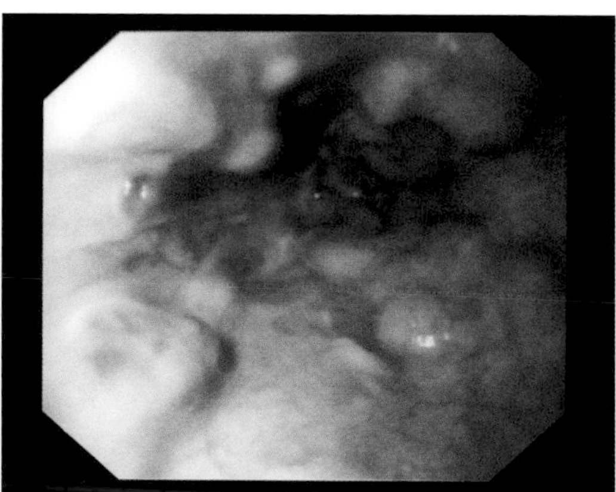
Varices esofágicas

Estructura y situación del intestino delgado

El estómago se une a la primera porción del intestino delgado, el **duodeno**. En este desembocan los conductos de salida del páncreas y la vesícula biliar, los cuales transportan, respectivamente, los jugos pancreáticos, imprescindibles para la descomposición de las grasas, y la bilis, necesaria también para la digestión de las grasas. A nivel del ángulo yeyunoduodenal, el duodeno se transforma en la siguiente porción del intestino delgado, el **yeyuno**. El **íleon**, la última parte del intestino delgado, es la más larga (representa las tres quintas partes de su longitud total). La función principal del intestino delgado es seguir con el proceso de digestión y absorber los nutrientes hasta la sangre.

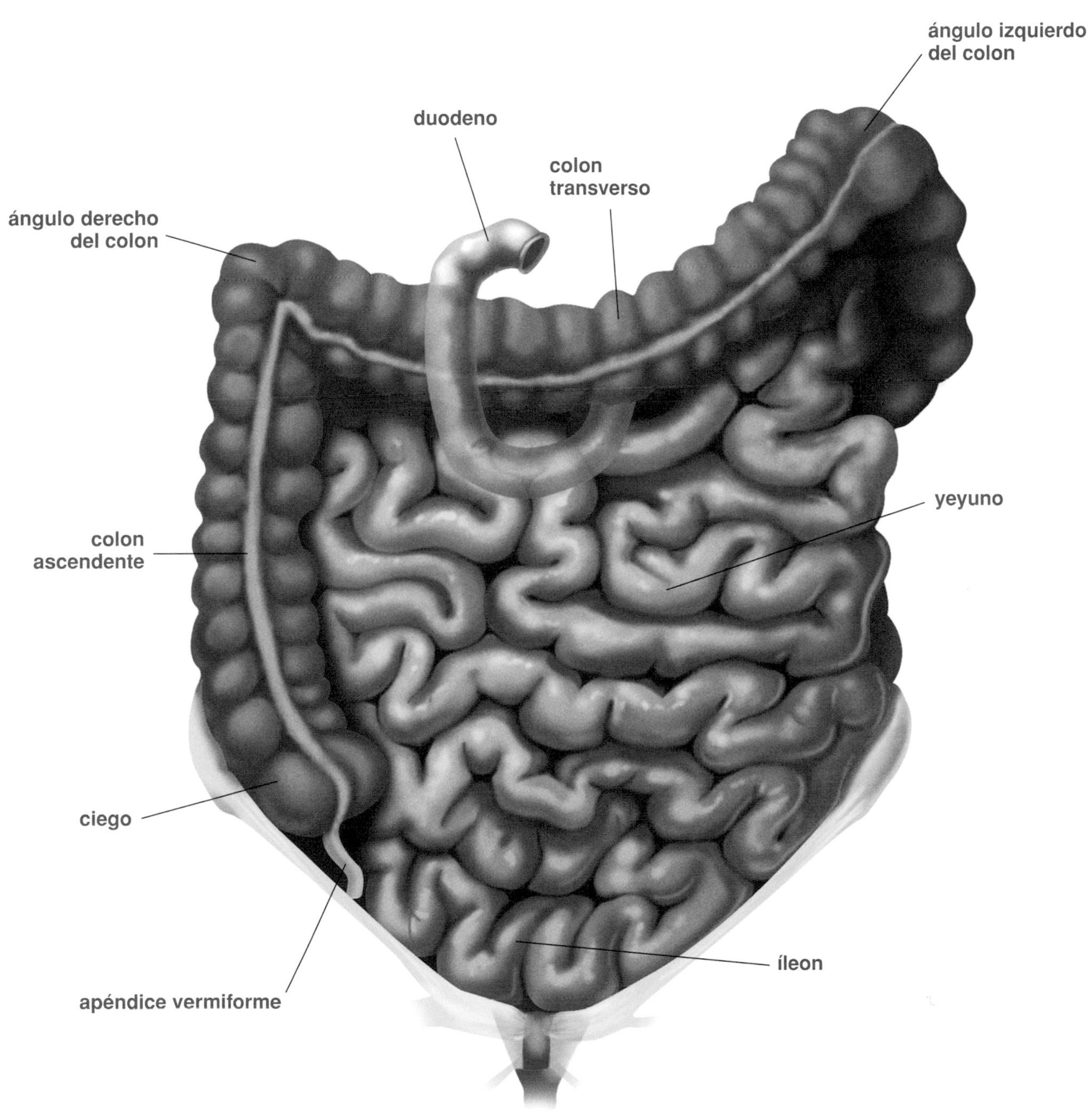
ángulo izquierdo del colon
duodeno
colon transverso
ángulo derecho del colon
yeyuno
colon ascendente
ciego
íleon
apéndice vermiforme

Yeyuno e íleon

El yeyuno y el íleon, las dos secciones más largas del **intestino delgado**, están fijadas a la pared abdominal posterior mediante el **mesenterio**. A través de este pliegue del peritoneo (que alberga los vasos sanguíneos que irrigan al intestino delgado), el yeyuno y el íleon quedan «colgados», por lo que son relativamente móviles dentro de la cavidad abdominal. El intestino delgado tiene una longitud total aproximada de 3 metros, pero su superficie interna es bastante mayor debido a que su mucosa presenta numerosos repliegues o vellosidades, cuya función es procurar que la mayoría de los nutrientes pasen a la sangre.

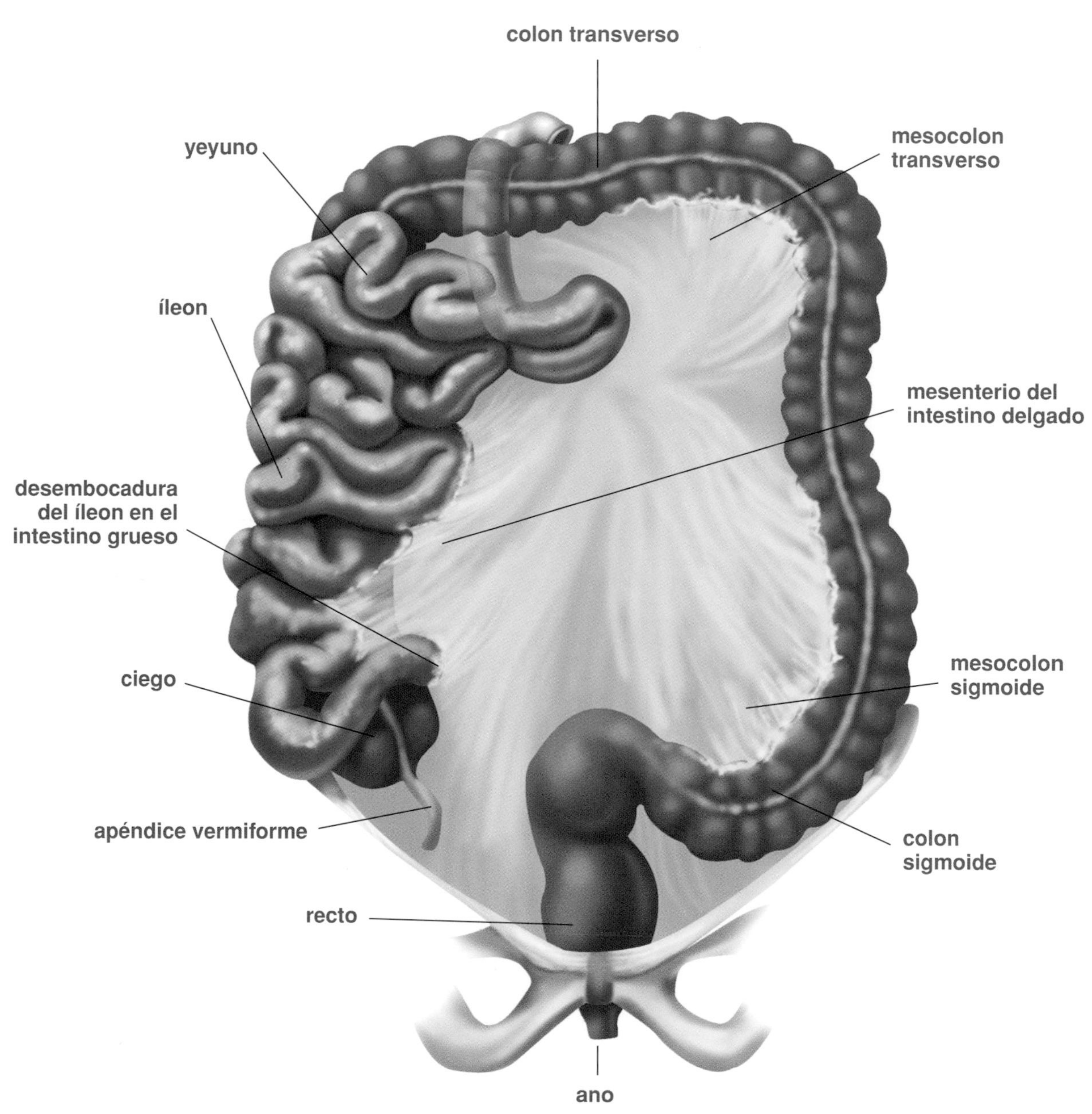
colon transverso
yeyuno
mesocolon transverso
íleon
mesenterio del intestino delgado
desembocadura del íleon en el intestino grueso
ciego
mesocolon sigmoide
apéndice vermiforme
colon sigmoide
recto
ano

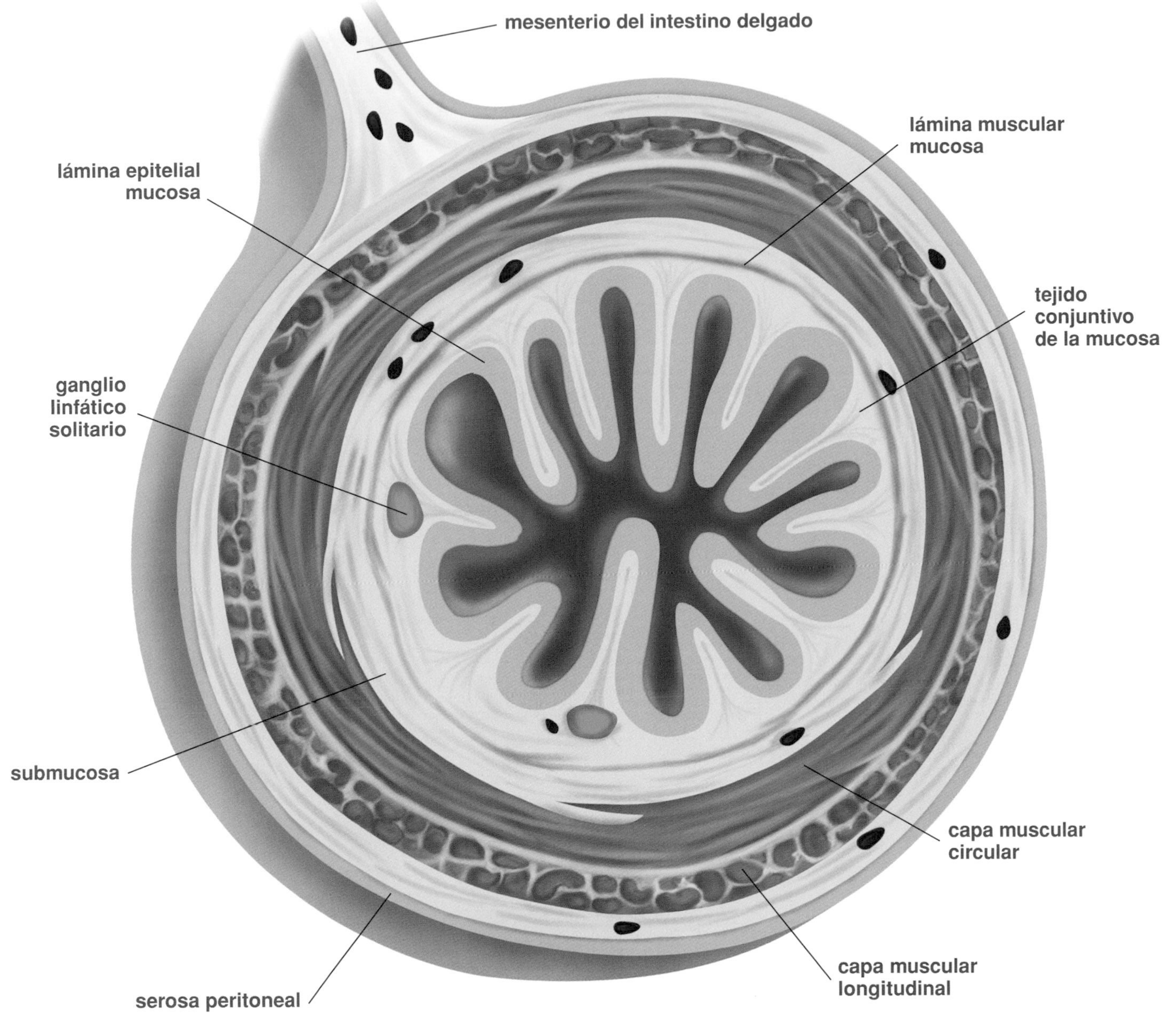
mesenterio del intestino delgado
lámina muscular mucosa
lámina epitelial mucosa
tejido conjuntivo de la mucosa
ganglio linfático solitario
submucosa
capa muscular circular
serosa peritoneal
capa muscular longitudinal

Corte transversal del intestino delgado

De fuera a dentro, la pared del intestino delgado está formada por cuatro capas. La primera es la **serosa peritoneal**, seguida de la **capa muscular**, que está compuesta externamente por fibras longitudinales e internamente por fibras circulares. Es la encargada de los movimientos peristálticos intestinales, es decir, las oscilaciones que a modo de onda van transportando el contenido del intestino hacia delante. A continuación se localiza una **capa de tejido conjuntivo** sobre la que descansa la **mucosa** intestinal. En la luz intestinal sobresalen los pliegues y las vellosidades de la mucosa, que permiten el paso de los nutrientes hasta la sangre.

Corte longitudinal del intestino delgado

La mucosa intestinal está formada por numerosos pliegues (**pliegues de Kerckring**), que sobresalen en la luz intestinal y que presentan pequeñas protuberancias, las **vellosidades**. Estas, provistas de vasos sanguíneos, captan los nutrientes y los llevan a la sangre. En las invaginaciones de la mucosa intestinal situadas entre las vellosidades, las **criptas de Lieberkühn**, existen glándulas productoras de moco y jugos digestivos. Únicamente en la primera porción del intestino delgado, el duodeno, en la capa interna de la pared se hallan las glándulas de Brunner, productoras de una secreción mucosa que neutraliza el ácido gástrico para que no dañe la pared intestinal.

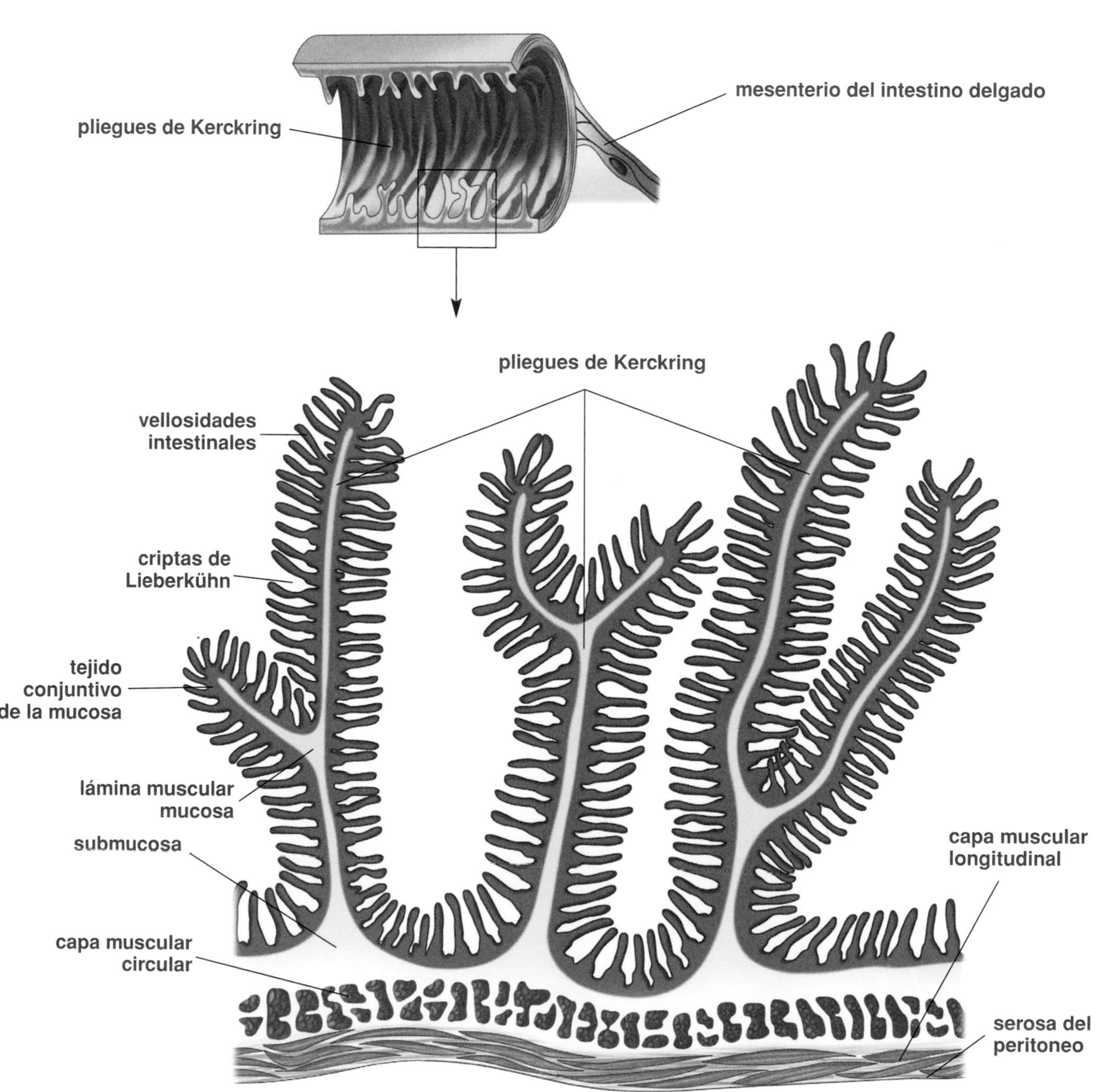
mesenterio del intestino delgado
pliegues de Kerckring
pliegues de Kerckring
vellosidades intestinales
criptas de Lieberkühn
tejido conjuntivo de la mucosa
lámina muscular mucosa
submucosa
capa muscular circular
capa muscular longitudinal
serosa del peritoneo

Imágenes endoscópicas del intestino delgado

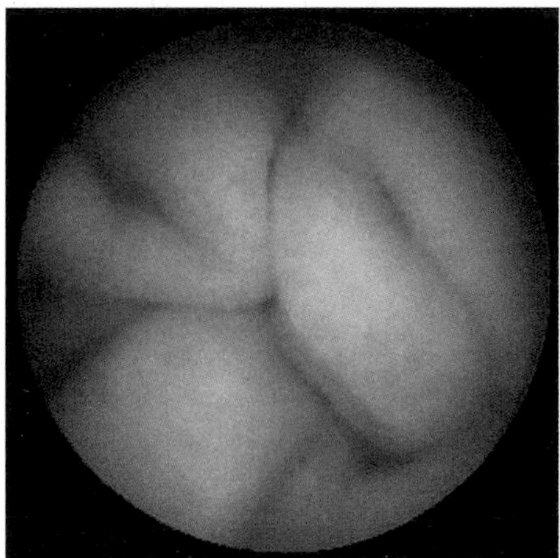

Yeyuno sano

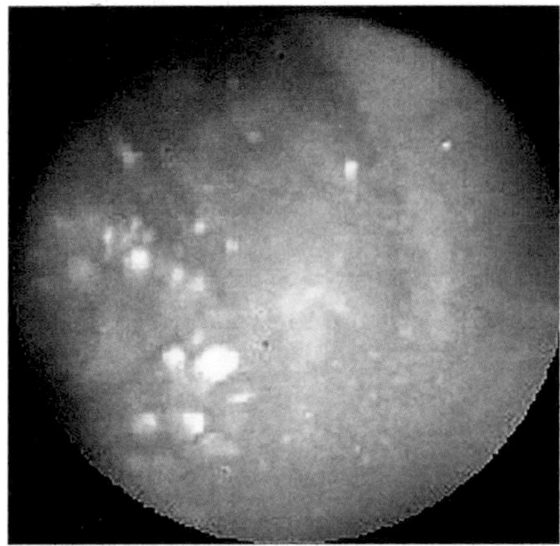

Enfermedad de Crohn, enfermedad inflamatoria crónica del intestino

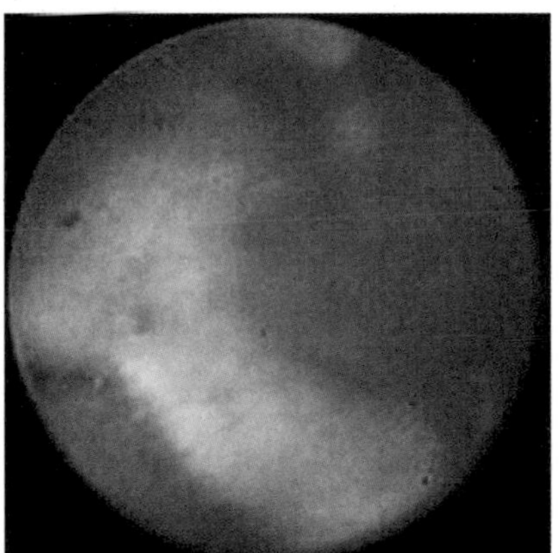

Hemorragia del intestino delgado

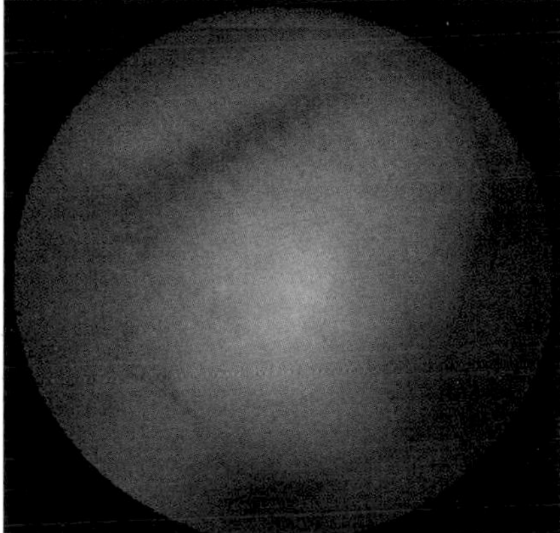

Carcinoma, tumor del intestino delgado

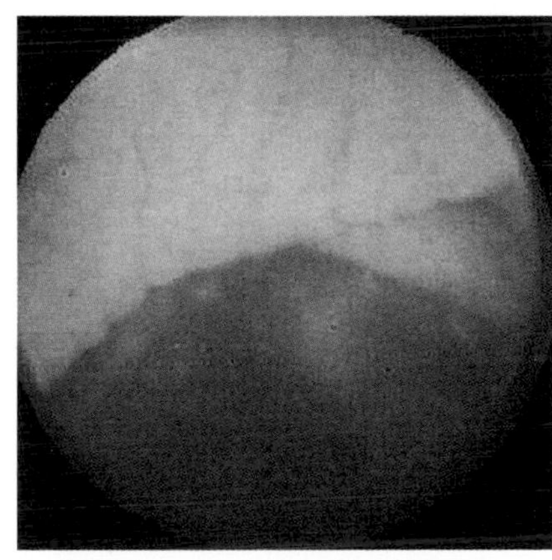

Celiaquía, enfermedad crónica de la mucosa del intestino delgado

Secciones del intestino grueso

En la zona baja derecha de la cavidad abdominal, el intestino delgado desemboca en el intestino grueso, cuya función es reabsorber el agua de la parte no aprovechable del contenido intestinal y excretarla en forma de heces. El intestino grueso está separado del delgado por la válvula ileocecal, de forma que el contenido del intestino solo puede avanzar en una dirección. El **ciego** es la primera porción del intestino grueso; se dirige hacia abajo y acaba en un extremo ciego. La parte del intestino grueso que discurre hacia arriba se llama **colon ascendente**. Este va seguido de una porción que avanza transversalmente en la cavidad abdominal, el **colon transverso**, seguido a su vez del **colon descendente**. La última porción tiene forma de S, por lo que recibe el nombre de **colon sigmoide**. Por último se sitúan el **recto** y el **canal anal** con el **ano**.

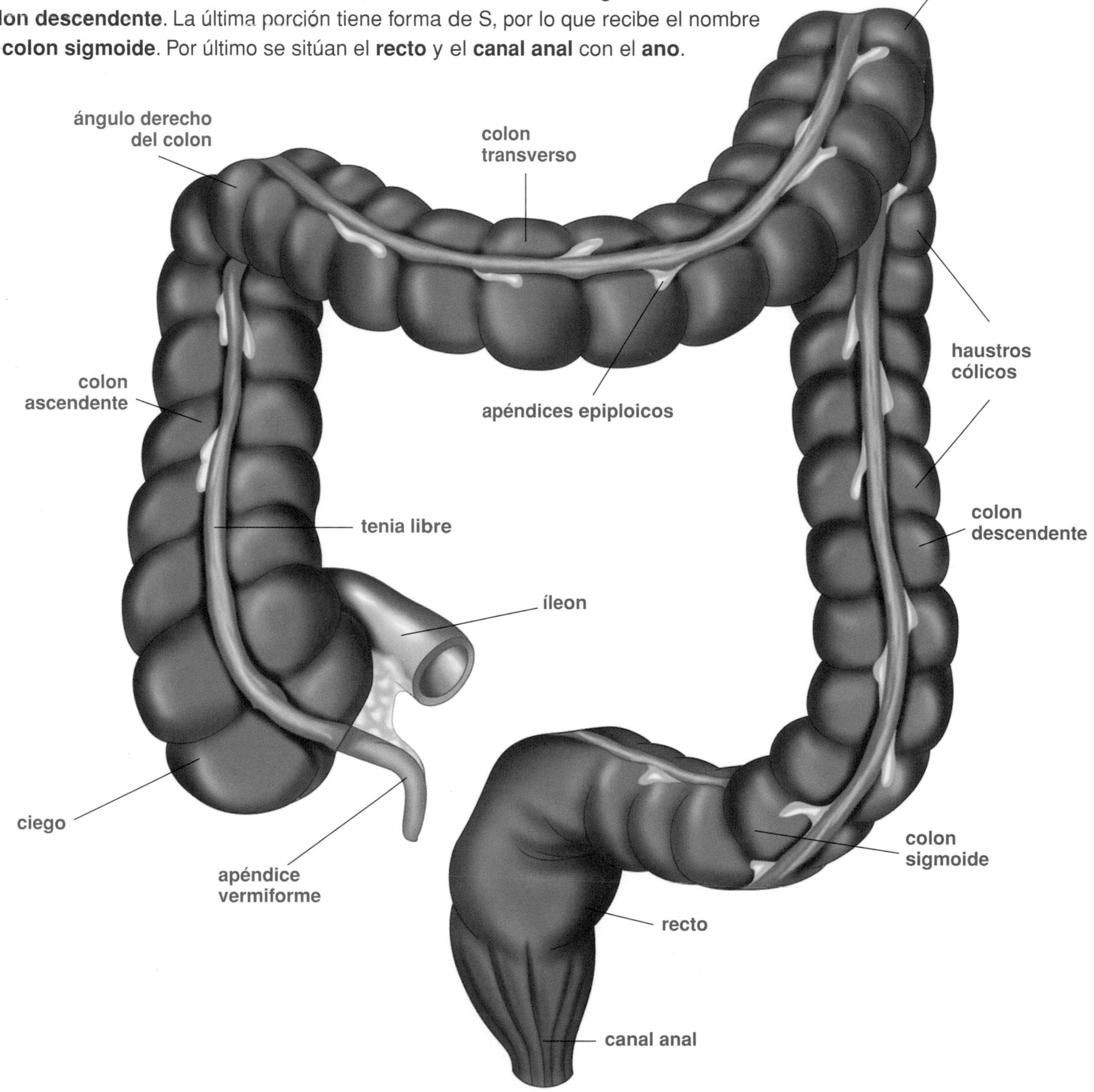

ángulo izquierdo del colon

ángulo derecho del colon

colon transverso

haustros cólicos

colon ascendente

apéndices epiploicos

colon descendente

tenia libre

íleon

ciego

apéndice vermiforme

colon sigmoide

recto

canal anal

Ciego

El ciego es la primera porción del intestino grueso; se dirige hacia abajo y tiene forma de saco. Finaliza en un apéndice estrecho similar a un gusano, el **apéndice vermiforme**. Al menos durante la infancia, este apéndice forma parte del sistema linfático, de manera que colabora en la defensa contra las enfermedades. No obstante, en determinadas circunstancias puede causar graves problemas. Por ejemplo, cuando restos del contenido intestinal quedan atrapados en su interior, estos empiezan a descomponerse y el tejido se inflama. En estos casos se habla de **apendicitis**. El apéndice suele extirparse quirúrgicamente, ya que existe el peligro de que se perfore y de que el contenido intestinal pase a la cavidad abdominal, lo que pone en peligro la vida del paciente. Para el hombre, el ciego no es un órgano vital.

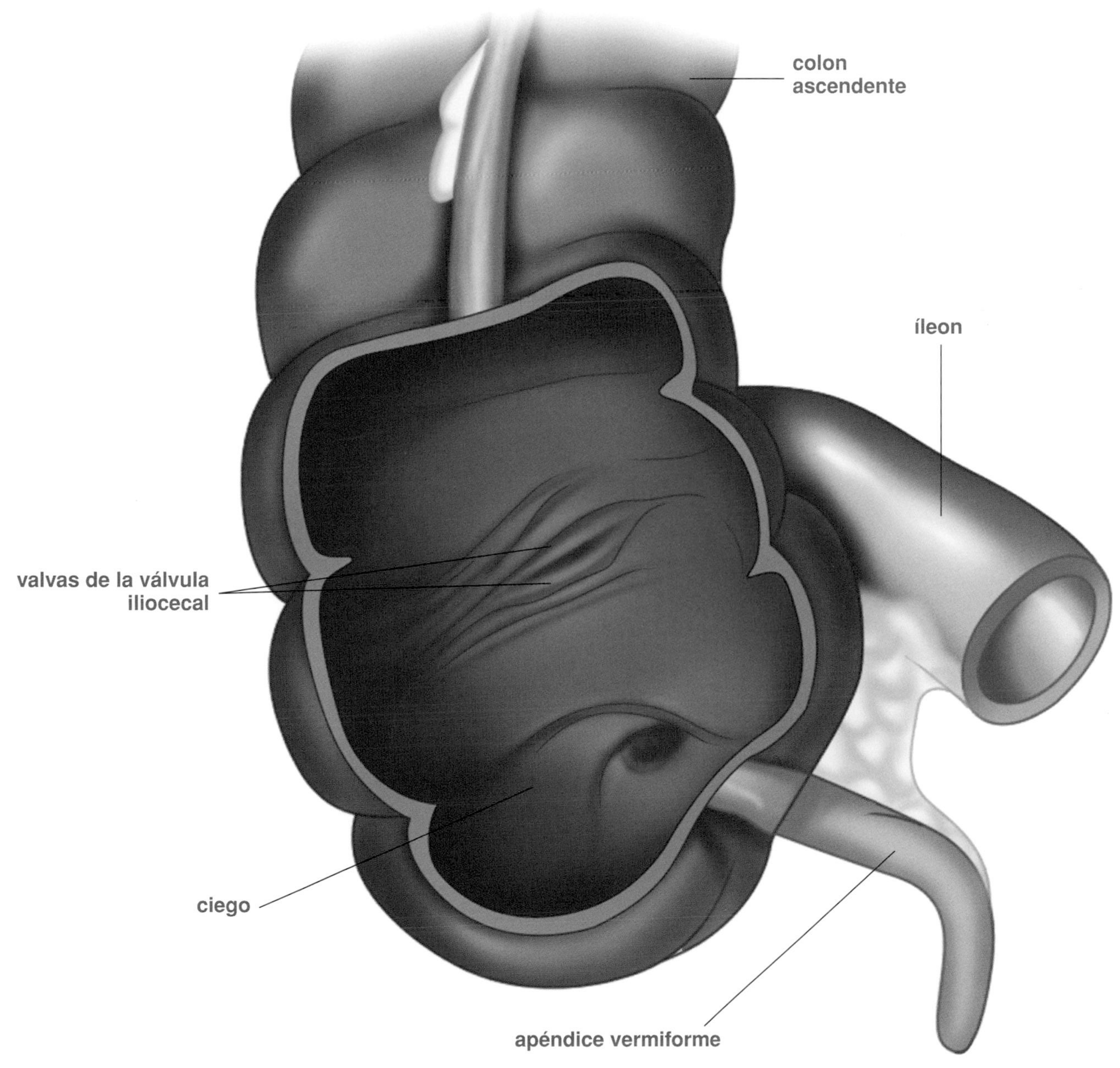
colon ascendente
íleon
valvas de la válvula iliocecal
ciego
apéndice vermiforme

Pólipos

A lo largo de los años, algunas personas desarrollan pequeñas tumoraciones en el intestino grueso que sobresalen en la luz intestinal y que reciben el nombre de pólipos. Por regla general, se trata de tumores benignos, aunque pueden malignizar, y es posible detectarlos por colonoscopia. En general, los pólipos no peligrosos son **pediculados**, es decir, están sujetos por un delgado tallo. Por el contrario, los pólipos **seudopediculados** tienen un elevado riesgo de malignización, especialmente los pólipos **planos**, que tienen una base muy ancha. Los pólipos suelen extirparse por colonoscopia y analizarse histológicamente.

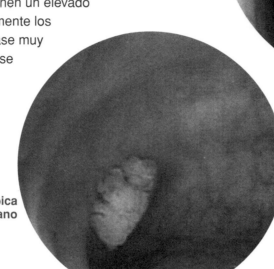

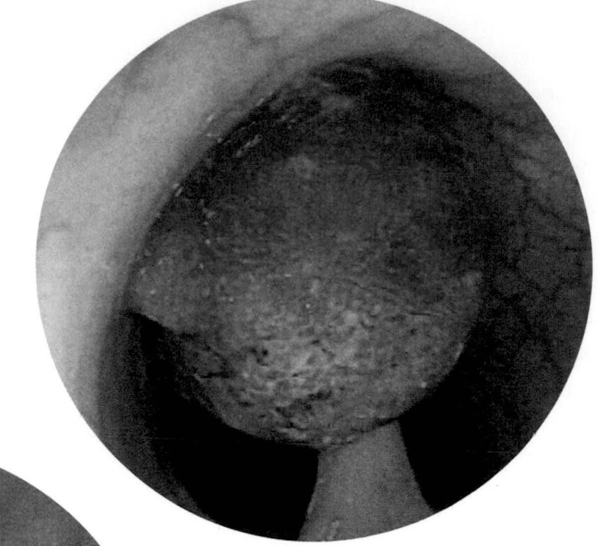

Imagen endoscópica de un pólipo pediculado

Imagen endoscópica de un pólipo plano

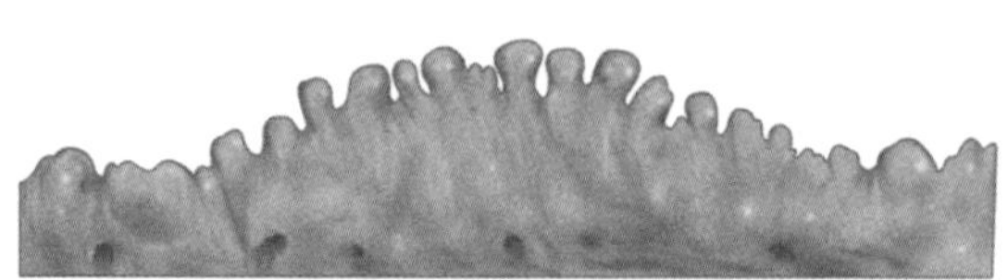

Base ancha (elevado riesgo de malignización)

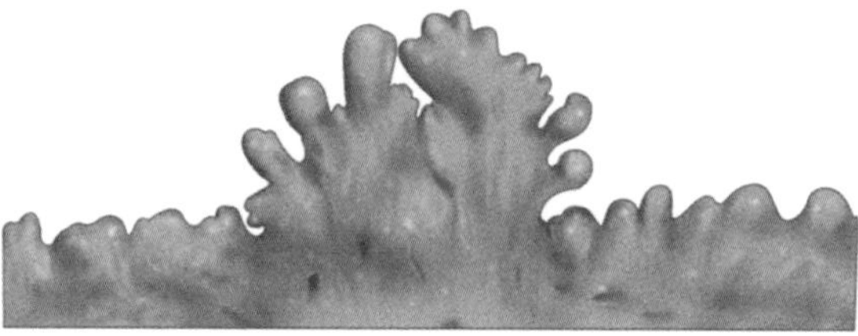

Seudopólipo (riesgo moderado de malignización)

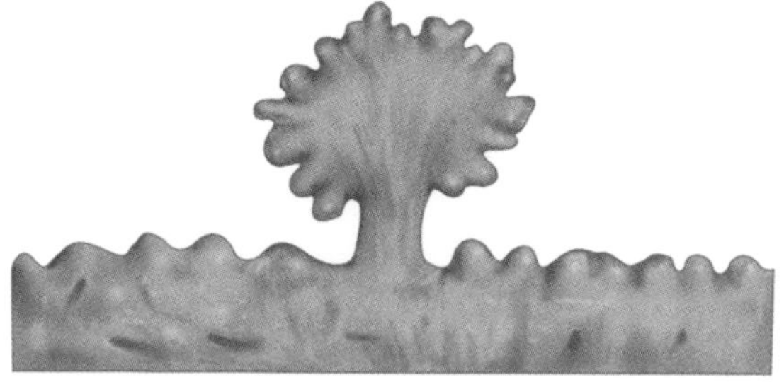

Pediculado (sin riesgo de malignización)

Divertículos

Cuando el tejido del intestino grueso se debilita, en algunas zonas aparecen divertículos. Se trata de **dilataciones** de la pared intestinal en las que, en ocasiones, pueden quedar atrapados restos del contenido intestinal. Como consecuencia, se produce una inflamación de la zona y, en el peor de los casos, una **perforación** o agujero en la pared intestinal. Esta situación pone en peligro la vida de la persona, ya que a través del orificio las heces llenas de bacterias acceden a la cavidad abdominal. En caso de perforación intestinal, generalmente debe realizarse la resección quirúrgica de la zona afectada, mientras que la **diverticulitis**, es decir, la inflamación de un divertículo, puede tratarse con antibióticos.

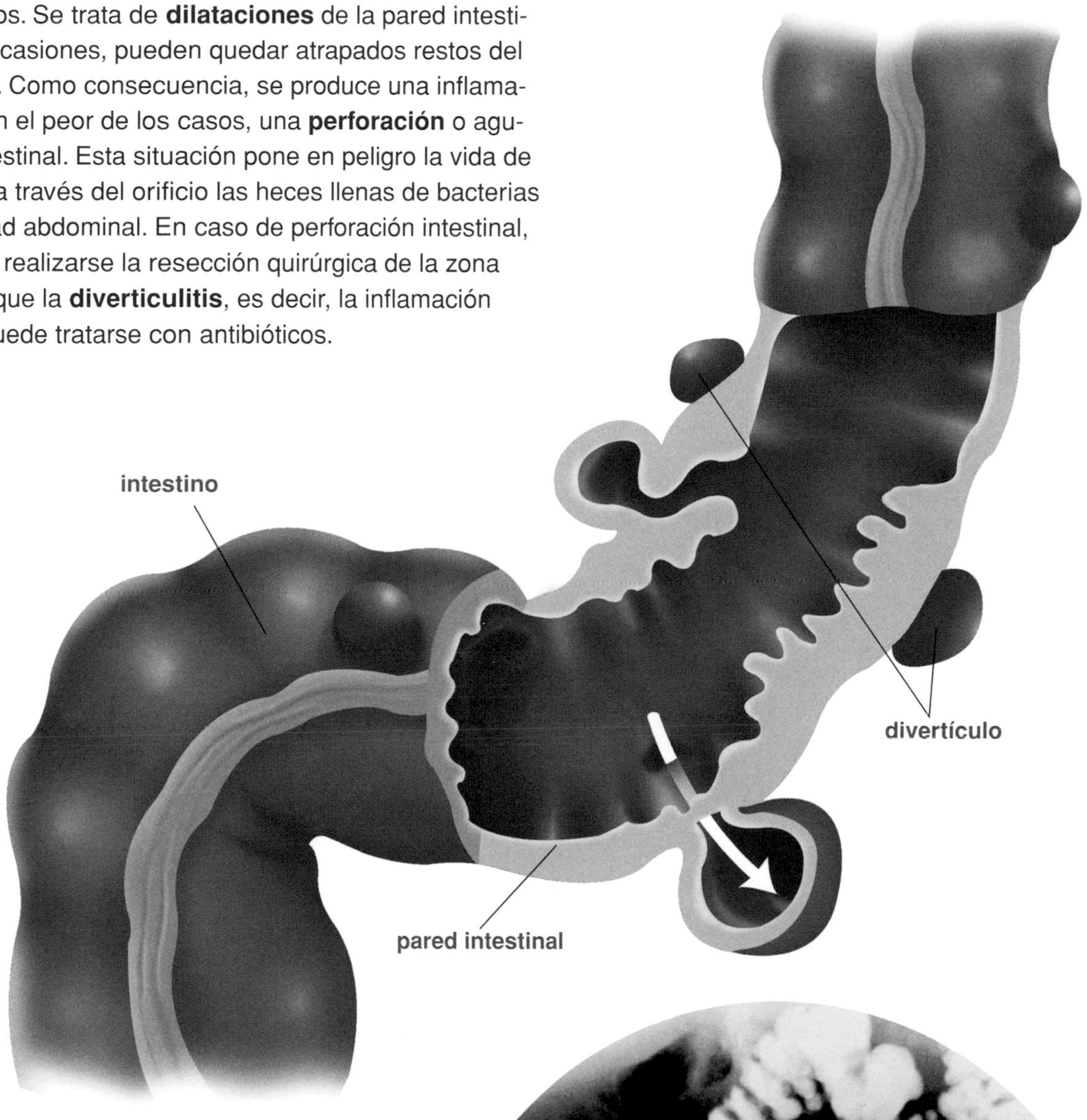

intestino
divertículo
pared intestinal

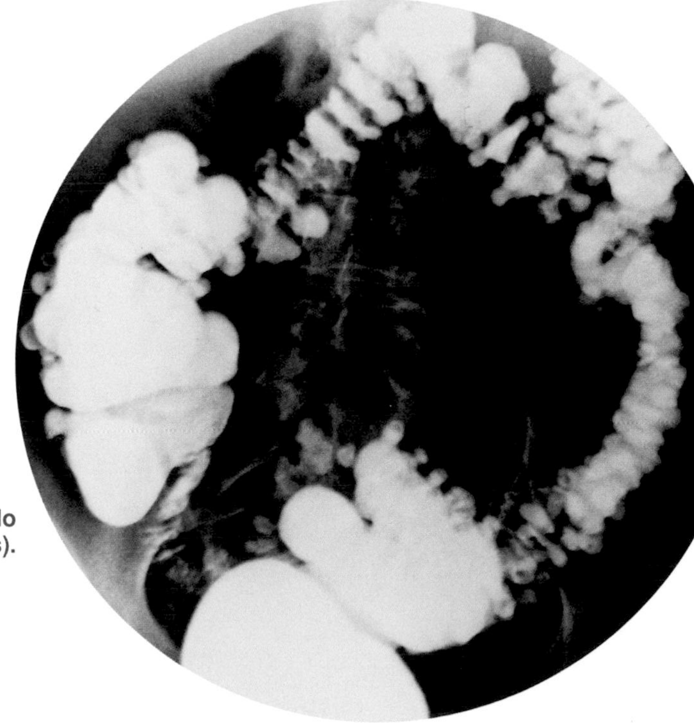

Radiografía: los divertículos se han extendido por todo el intestino grueso (diverticulosis).

▸▸ COLONOSCOPIA

La colonoscopia se realiza cuando se sospecha una enfermedad del intestino grueso. Bajo anestesia, un endoscopio con una óptica especial se introduce a través del ano y se hace pasar por el colon, vaciado previamente por completo, hasta llegar al intestino delgado. Con ayuda del colonoscopio pueden detectarse las alteraciones del intestino grueso y, por regla general, al mismo tiempo extirparse o tomarse muestras del tejido afectado.

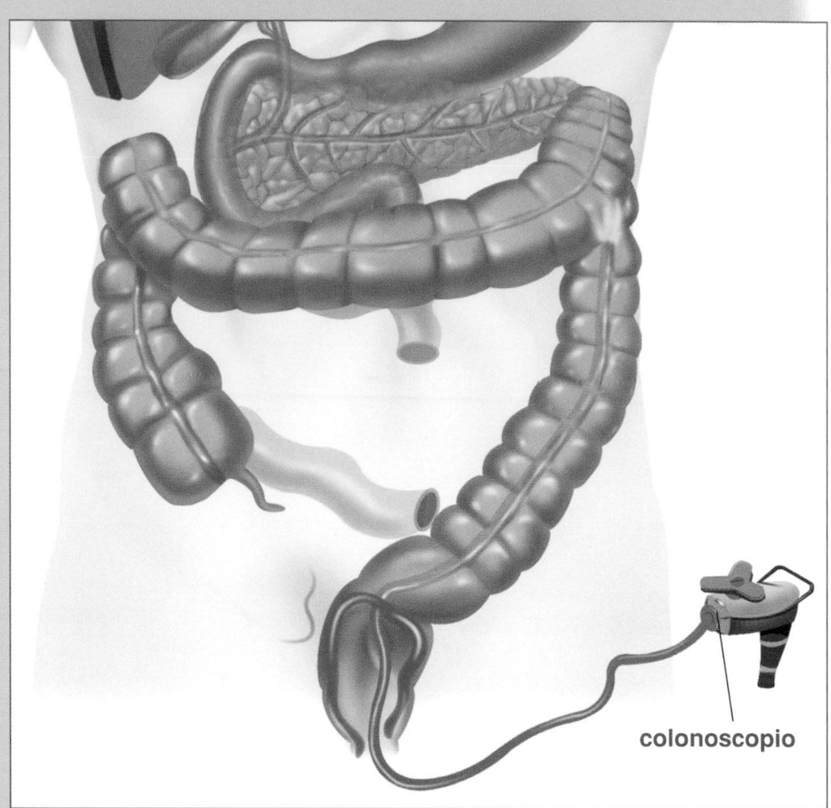
colonoscopio

Representación de una polipectomía

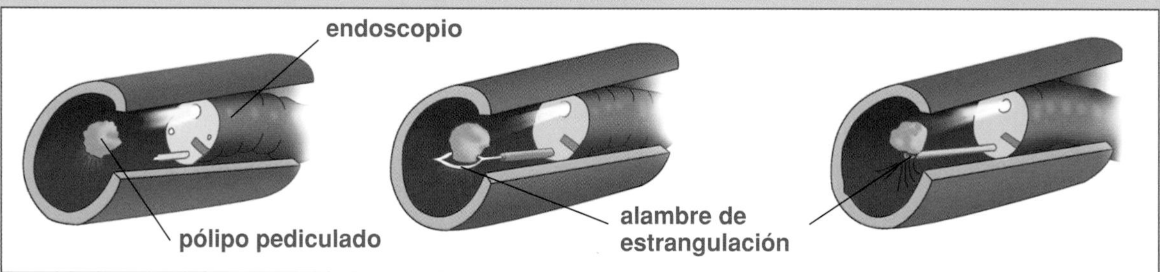
endoscopio
pólipo pediculado
alambre de estrangulación

Representación de una resección de mucosa

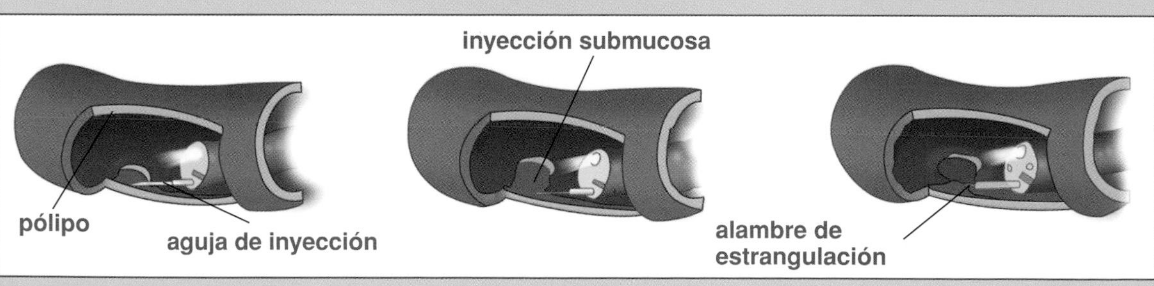
inyección submucosa
pólipo
aguja de inyección
alambre de estrangulación

Recto y ano

La función del recto es almacenar las heces hasta su eliminación en la **ampolla rectal**, una zona del recto algo más ancha. Los **esfínteres** interno y externo se encargan de cerrar el recto al exterior, de manera que no se expulsen las heces constantemente. Las terminaciones nerviosas del recto informan al cerebro de cuándo este está lleno, para que el cuerpo expulse las heces. Entonces, con ayuda de la prensa abdominal, estas son eliminadas a través del ano.

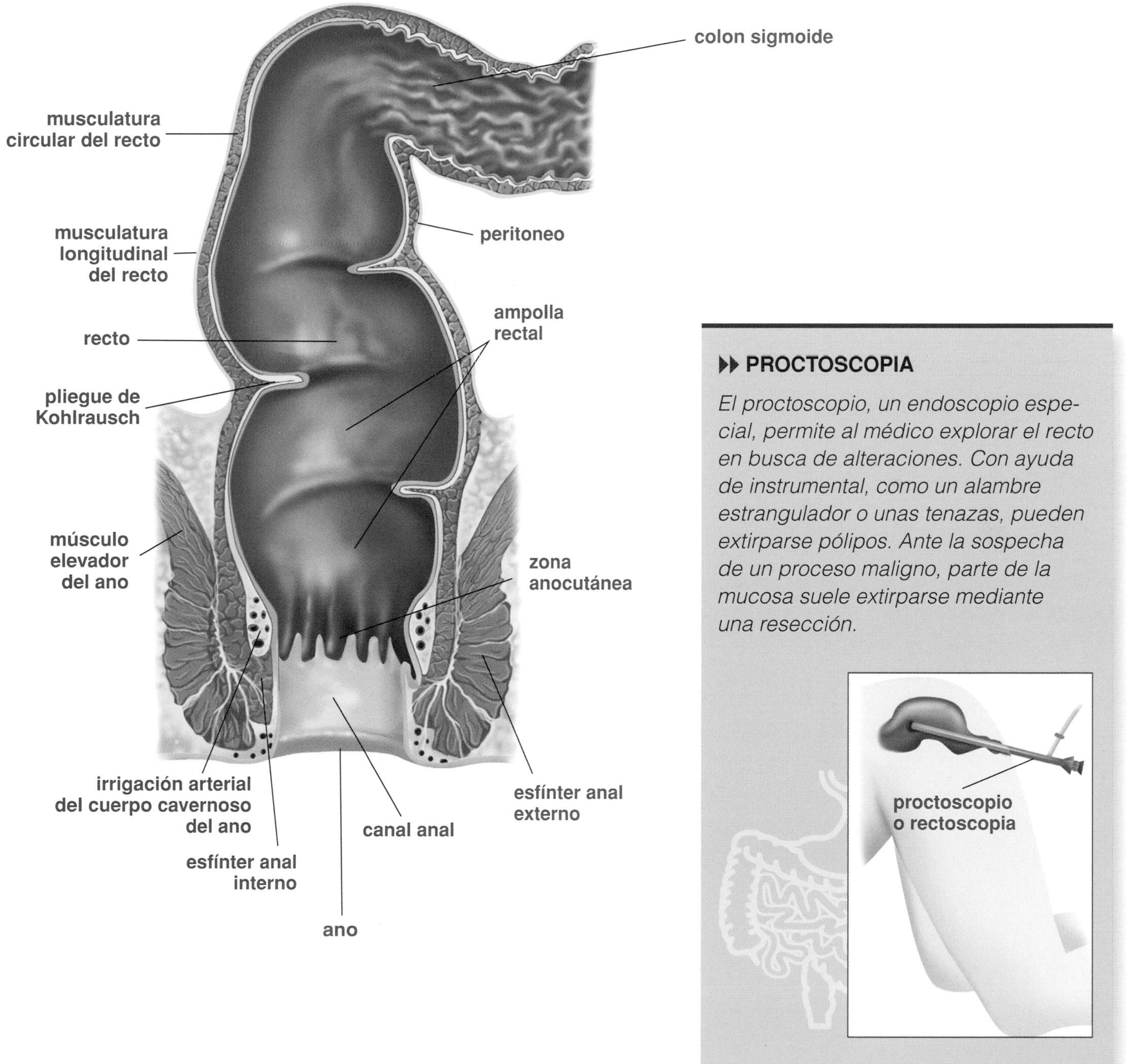
colon sigmoide
musculatura circular del recto
musculatura longitudinal del recto
peritoneo
recto
ampolla rectal
pliegue de Kohlrausch
músculo elevador del ano
zona anocutánea
irrigación arterial del cuerpo cavernoso del ano
canal anal
esfínter anal externo
esfínter anal interno
ano
proctoscopio o rectoscopia

▸▸ PROCTOSCOPIA

El proctoscopio, un endoscopio especial, permite al médico explorar el recto en busca de alteraciones. Con ayuda de instrumental, como un alambre estrangulador o unas tenazas, pueden extirparse pólipos. Ante la sospecha de un proceso maligno, parte de la mucosa suele extirparse mediante una resección.

Hemorroides

En el canal anal hay vasos sanguíneos, los llamados **cuerpos cavernosos rectales**, que se llenan de sangre cuando la ampolla rectal contiene muchas heces. Estos conductos contribuyen a que las heces no salgan de modo involuntario. Cuando estas son expulsadas, los cojinetes son presionados, se vacían de sangre y esta va a parar a los pequeños vasos colindantes. Debido, por ejemplo, a una debilidad tisular, los cojinetes pueden dilatarse, de manera que su vaciado se ve alterado; en este caso se habla de hemorroides. Pequeñas erosiones de las hemorroides provocan que a veces aparezca sangre con las heces; entonces se habla de hemorroides en estadio I. Si al defecar las hemorroides asoman al exterior y luego vuelven a su posición, se ha pasado al estadio II. En el último estadio las hemorroides asoman por el ano de forma continuada, de manera que impiden el cierre completo del ano. Esta anomalía se resuelve con la esclerosis o la ligadura de los vasos afectados.

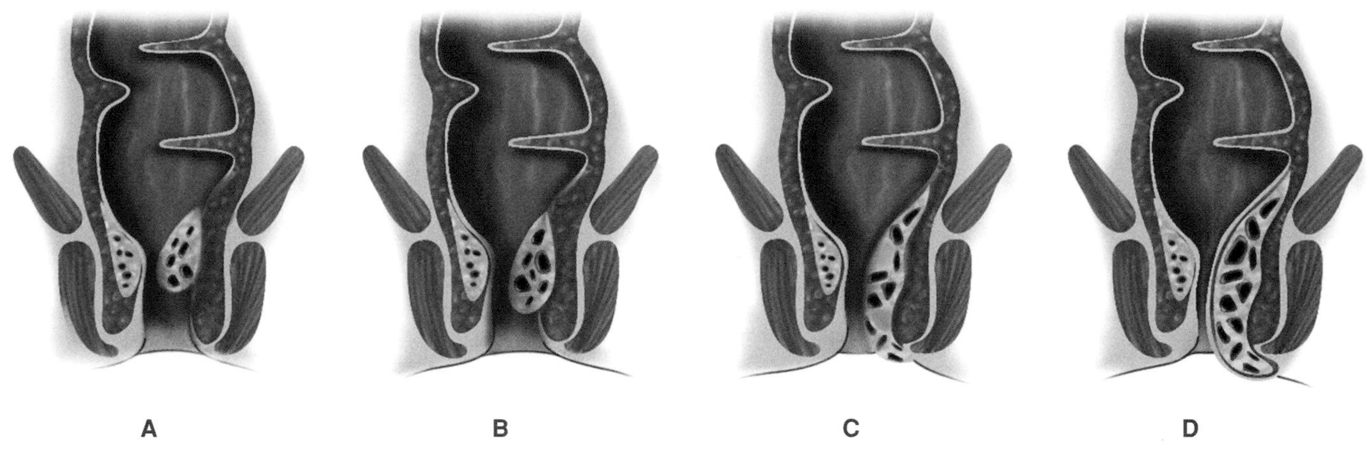
A
B
C
D

A. Hemorroides grado I: el cuerpo cavernoso permanece dentro del canal anal.
B. Hemorroides grado II: el cuerpo cavernoso sale por el ano, pero vuelve a su posición por sí solo.
C. Hemorroides grado III: el cuerpo cavernoso debe ser empujado para volver a su posición.
D. Hemorroides grado IV: el cuerpo cavernoso no puede volver a su posición.

▸▸ TRATAMIENTO DE LAS HEMORROIDES

1. *Esclerosis del cuerpo cavernoso: se inyecta un medicamento en los vasos varicosos que provoca su esclerosis.*

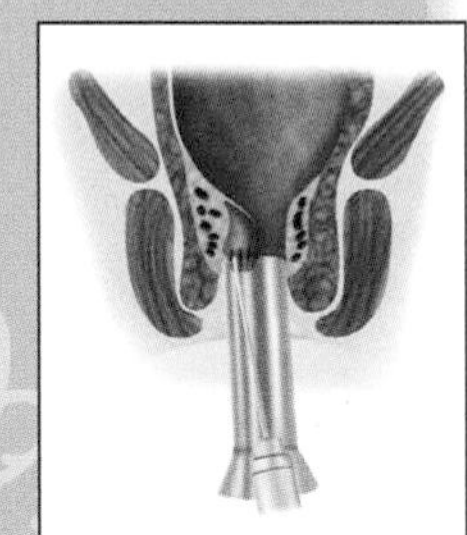

2. *Ligadura con banda de goma: con un instrumento se coloca una pequeña banda de goma alrededor del vaso varicoso que impide el paso de la sangre, de manera que el vaso se seca.*

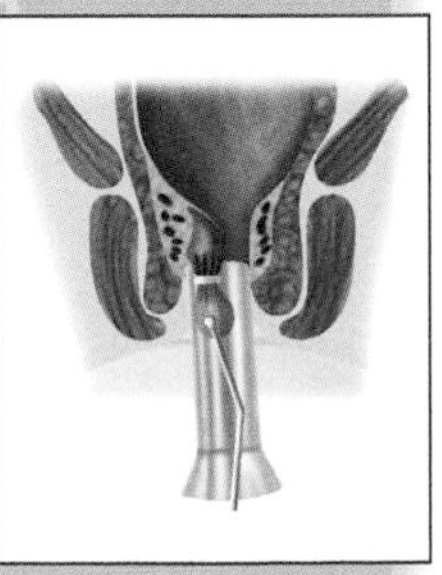

Otras enfermedades de la zona rectal

En la zona anal pueden aparecer otros procesos patológicos. El **absceso anal** consiste en una inflamación de las inmediaciones del ano, tanto por debajo de la piel como en tejidos más profundos. En el **eccema anal** la piel aparece enrojecida y en ocasiones con pequeñas grietas y lesiones húmedas. Las **fístulas anales** consisten en una comunicación entre el canal anal y la piel de alrededor del ano que lleva a un proceso inflamatorio. La **trombosis del borde del ano** está producida por un coágulo localizado en las venas del borde del ano. El **prolapso rectal** consiste en la salida de parte del recto durante la defecación (generalmente, el recto puede devolverse a su posición con la mano). Los **condilomas acuminados** aparecen cerca del ano; presentan distintos tamaños y su aspecto recuerda a una coliflor.

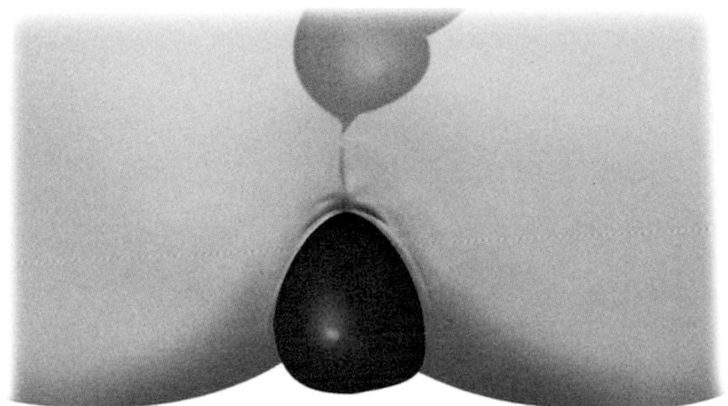

Prolapso anal

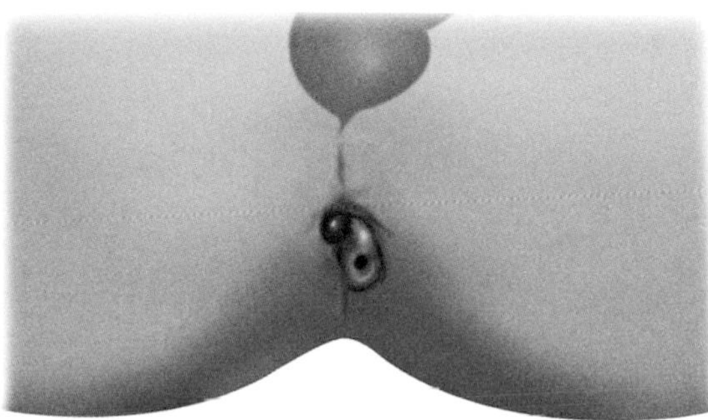

Trombosis del borde del ano

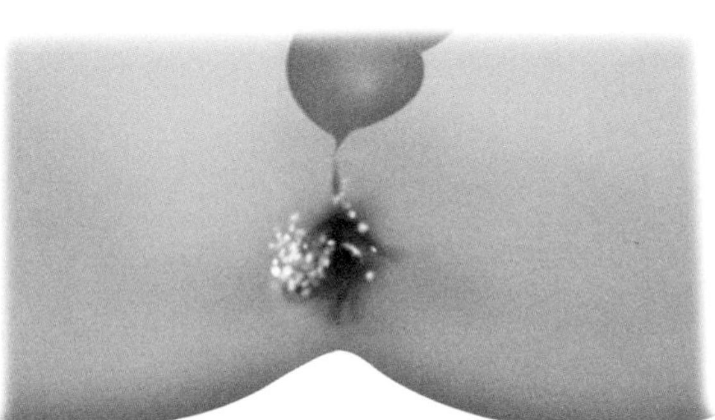

Condilomas acuminados

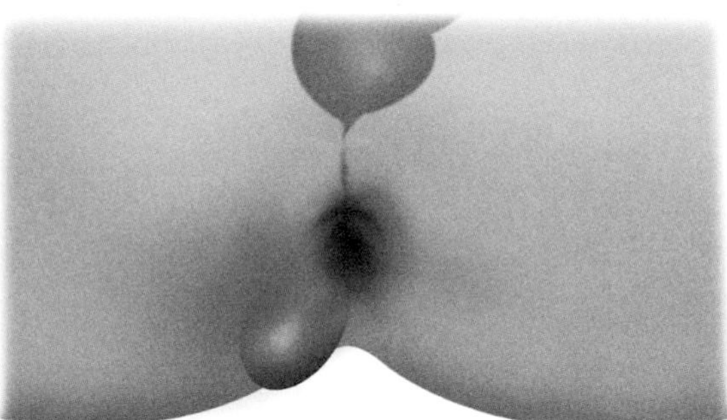

Absceso anal

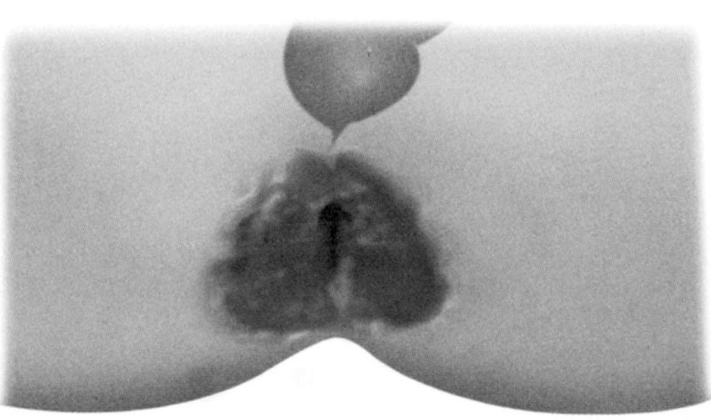

Eccema anal

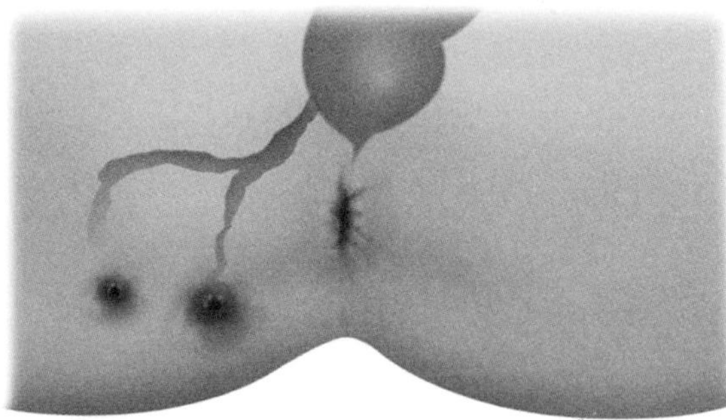

Fístula anal

Hígado

Con un peso medio en el adulto de 1,5 kg, el hígado es un órgano bastante grande. Por una parte, filtra las sustancias nocivas para el organismo y se ocupa de que sean eliminadas vía renal o intestinal y, por otra, es imprescindible para la digestión de las grasas, las proteínas y los hidratos de carbono. El hígado está formado por dos **lóbulos hepáticos**, siendo el derecho mucho mayor que el izquierdo. Por debajo del hígado se sitúa la vesícula biliar, cuyo contenido líquido, la bilis, se fabrica en el hígado. El **hilio hepático** es la puerta de entrada de la **arteria hepática** y de la **vena porta**; esta última tiene como función recoger la sangre del intestino rica en nutrientes, aunque también cargada de sustancias tóxicas. Los nutrientes son parcialmente procesados en el hígado y transformados para su almacenamiento, mientras que las sustancias nocivas son filtradas.

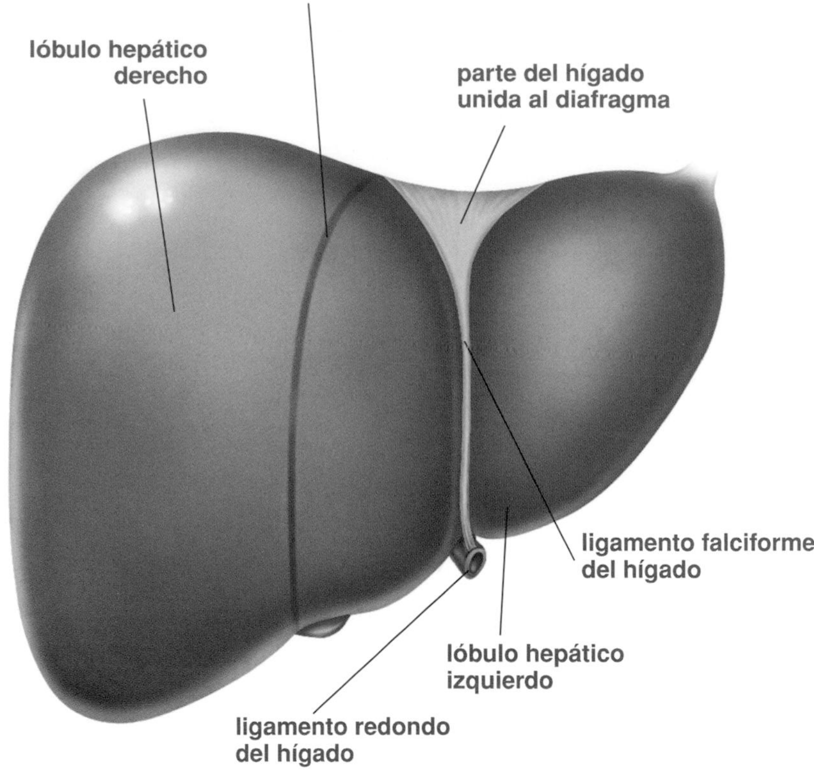
límite de la zona de irrigación de las ramas izquierda y derecha de la arteria hepática
lóbulo hepático derecho
parte del hígado unida al diafragma
ligamento falciforme del hígado
lóbulo hepático izquierdo
ligamento redondo del hígado

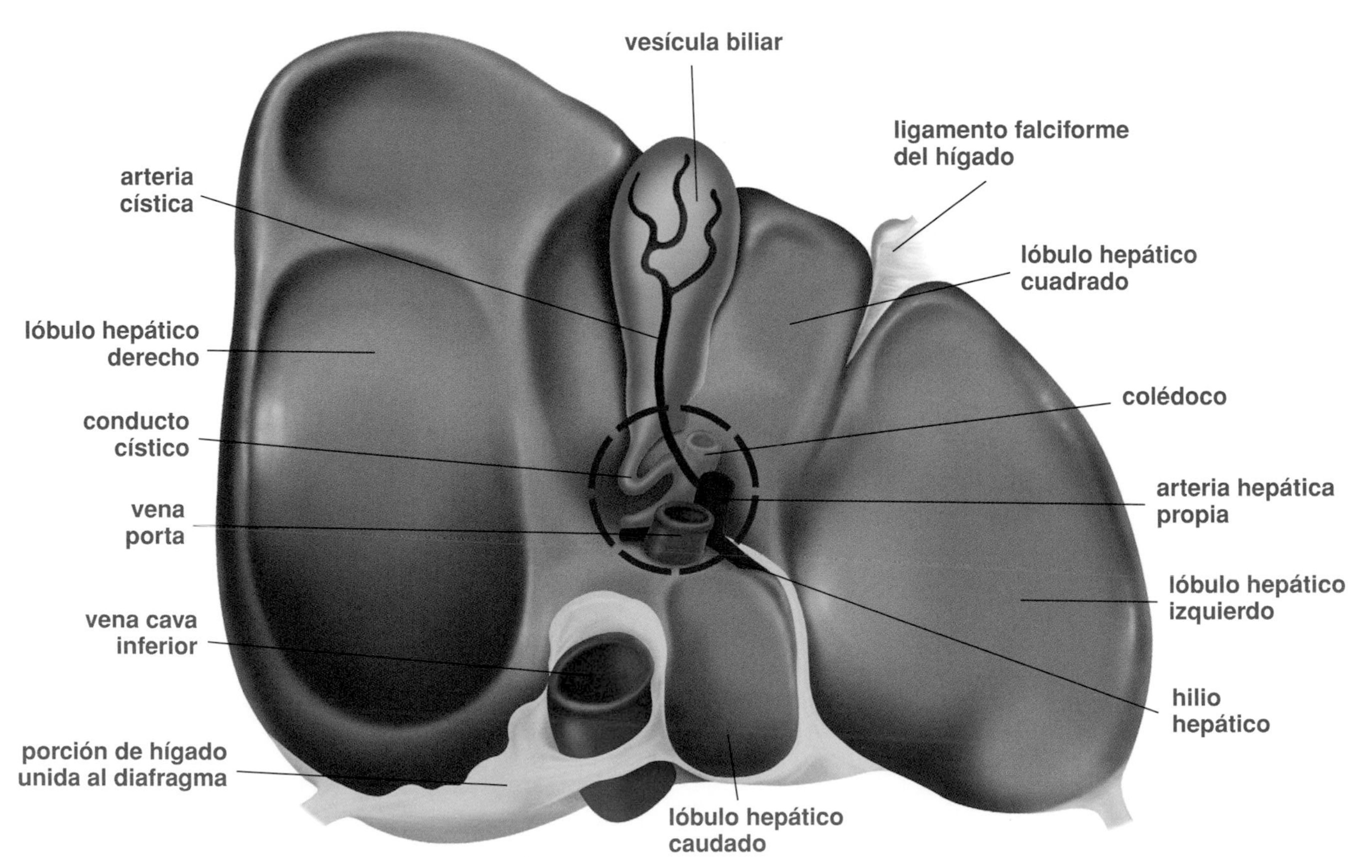
vesícula biliar
ligamento falciforme del hígado
arteria cística
lóbulo hepático cuadrado
lóbulo hepático derecho
colédoco
conducto cístico
arteria hepática propia
vena porta
lóbulo hepático izquierdo
vena cava inferior
hilio hepático
porción de hígado unida al diafragma
lóbulo hepático caudado

Hígado y vesícula biliar

Las células hepáticas fabrican la **bilis**, un fluido necesario para la digestión de las grasas. Este es conducido por los capilares biliares hasta el conducto biliar y luego hasta la vesícula biliar, la cual a su vez lleva la bilis al intestino. Por una parte, la bilis contiene sales biliares y, por otra, productos nocivos o de desecho del cuerpo, como la bilirrubina, un colorante que resulta de la destrucción de los glóbulos rojos. Mientras que los productos nocivos y de desecho son eliminados con las heces, las sales biliares son nuevamente absorbidas en el intestino delgado y transportadas otra vez hasta el hígado por la vena porta, de manera que el cuerpo puede utilizarlas de nuevo.

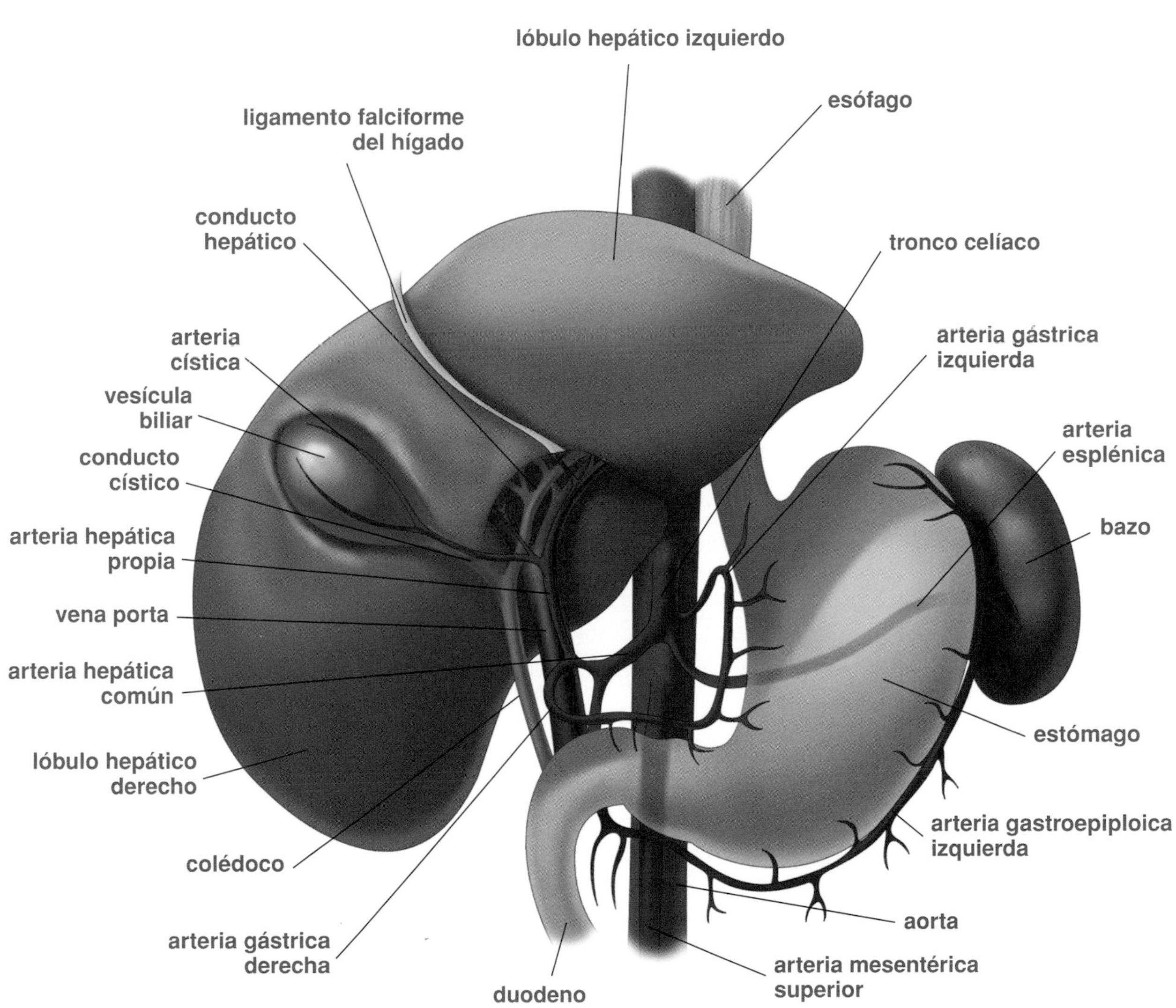
lóbulo hepático izquierdo
esófago
ligamento falciforme del hígado
conducto hepático
tronco celíaco
arteria cística
arteria gástrica izquierda
vesícula biliar
arteria esplénica
conducto cístico
bazo
arteria hepática propia
vena porta
arteria hepática común
estómago
lóbulo hepático derecho
arteria gastroepiploica izquierda
colédoco
aorta
arteria gástrica derecha
arteria mesentérica superior
duodeno

Lobulillos hepáticos y hepatocitos

El hígado está constituido por pequeñas y numerosas unidades funcionales de forma hexagonal, los lobulillos hepáticos. Estos contienen los hepatocitos, que, entre otras funciones, se encargan de transformar los nutrientes para su almacenamiento y viceversa cuando es necesario, y de fabricar la **bilis**. Entre los hepatocitos discurren pequeños vasos sanguíneos conocidos como sinusoides, los cuales conducen la sangre rica en nutrientes de la vena porta así como la sangre arterial rica en oxígeno hasta la vena central de cada lobulillo hepático. No obstante, antes los hepatocitos **depuran** la sangre. Por su parte, los conductillos biliares llevan la bilis desde los hepatocitos hasta la vesícula biliar a través del conducto biliar, donde es almacenada.

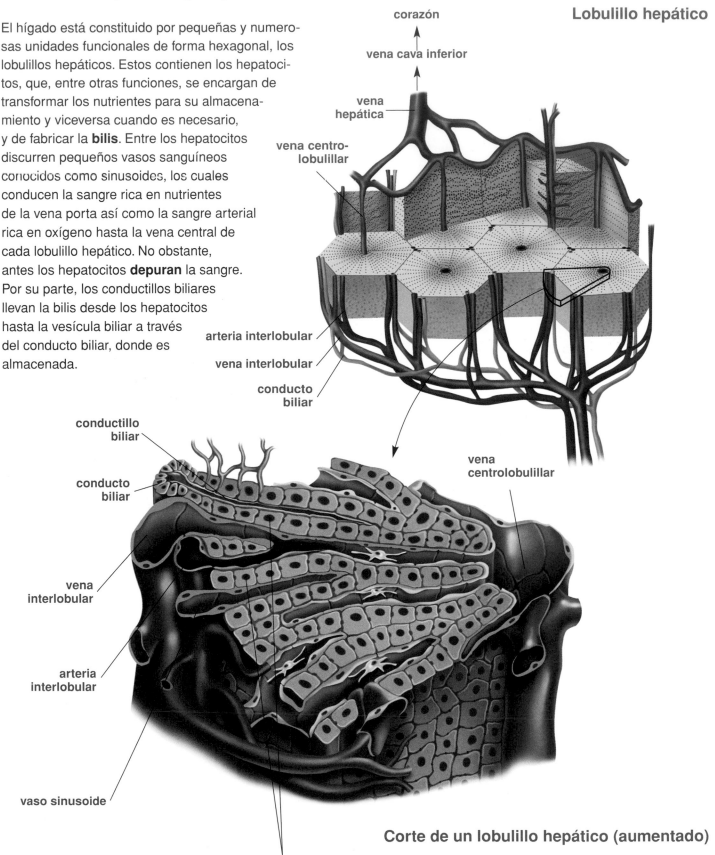

Lobulillo hepático

corazón
vena cava inferior
vena hepática
vena centrolobulillar
arteria interlobular
vena interlobular
conducto biliar

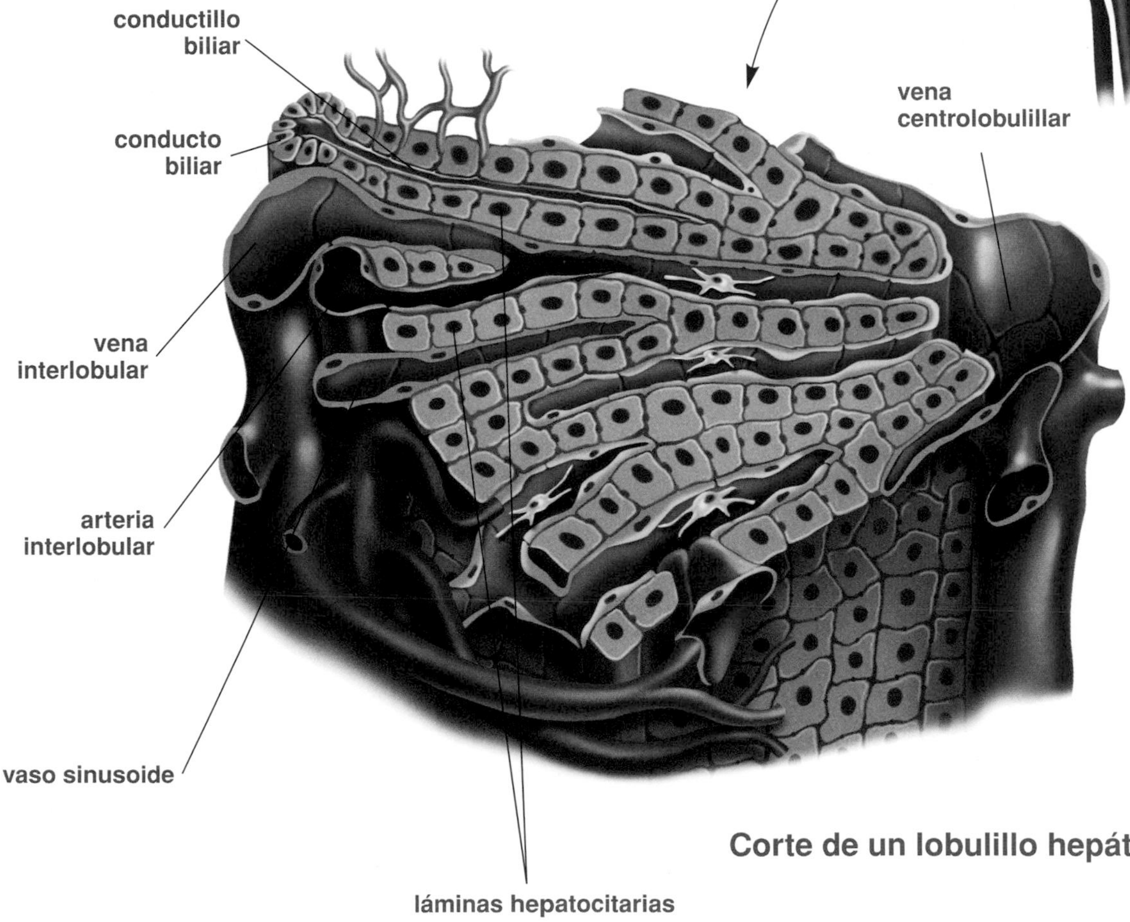

conductillo biliar
conducto biliar
vena interlobular
arteria interlobular
vaso sinusoide
láminas hepatocitarias
vena centrolobulillar

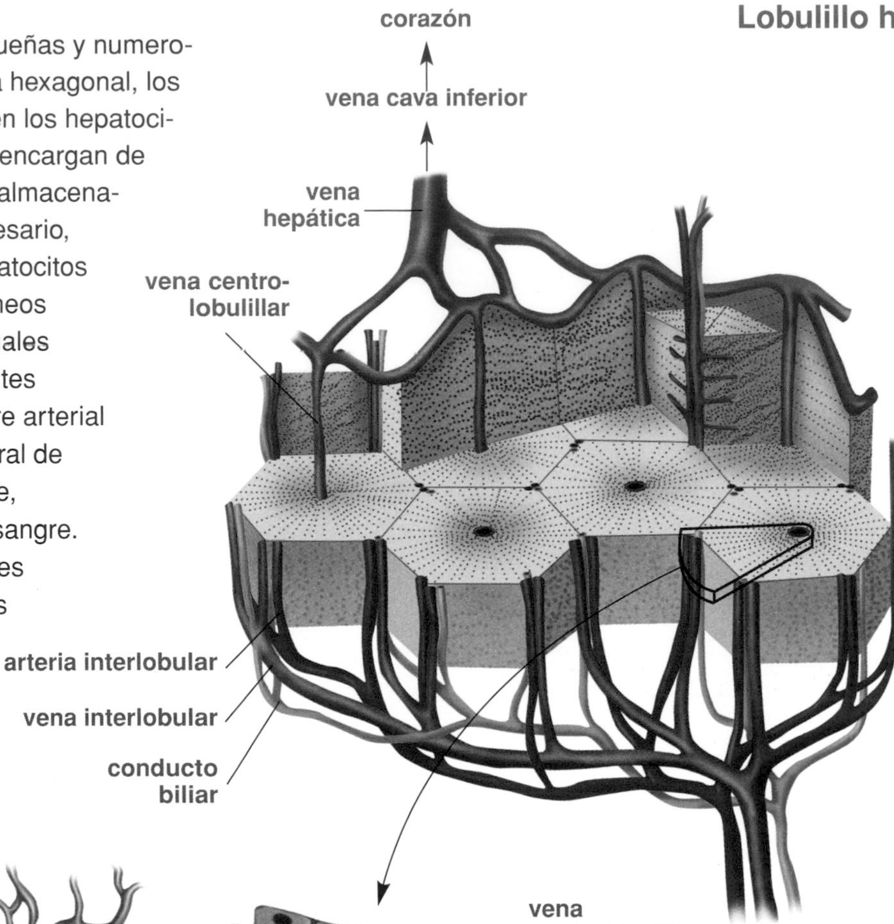

Corte de un lobulillo hepático (aumentado)

Enfermedades hepáticas

Una de las enfermedades hepáticas más frecuentes es la **hepatitis**. Esta anomalía puede tener una causa vírica. En caso de hepatitis, el hígado no puede realizar correctamente su función de depuración de la sangre. La bilirrubina se acumula en la sangre y finalmente en los tejidos, por lo que estos adquieren una coloración amarillenta; los médicos llaman a esta situación **ictericia**. La agresión continuada contra el hígado (por ejemplo, por el abuso de fármacos o del alcohol) puede desembocar en una **cirrosis hepática**: los hepatocitos se convierten en un tejido afuncional, lo que puede provocar la muerte del paciente. Otra enfermedad muy grave es el **cáncer de hígado**.

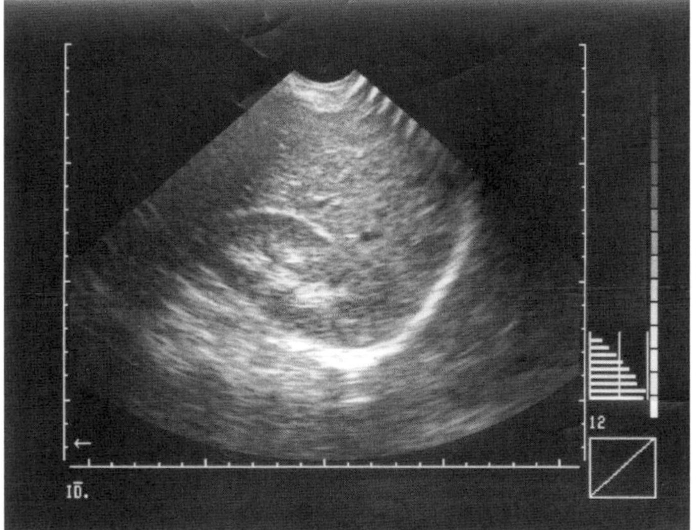

Imagen ecográfica de un hígado normal

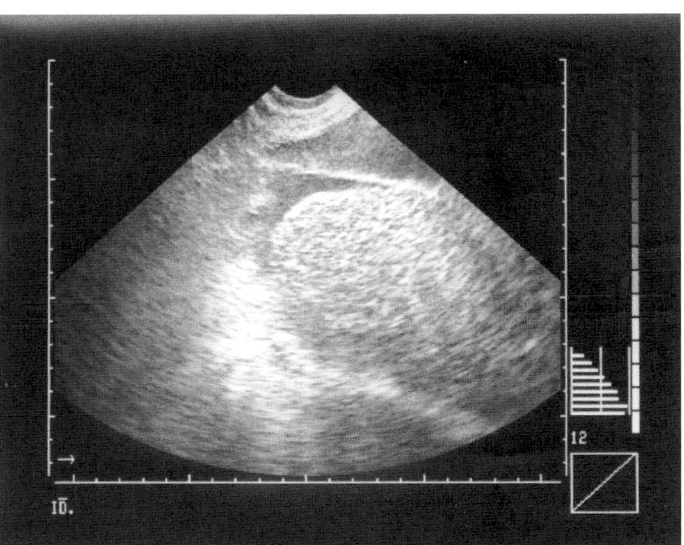

Imagen ecográfica de un hígado cirrótico

▶▶ BIOPSIA HEPÁTICA

Cuando se sospecha la existencia de ciertas enfermedades, se debe obtener una muestra de tejido hepático, por regla general mediante una punción realizada desde el exterior. Para ello, después de aplicar anestesia local y mientras el paciente contiene la respiración, se introduce una aguja hueca en el hígado. En un segundo, con una jeringa conectada a la aguja, se extrae una muestra de tejido para su estudio anatomopatológico.

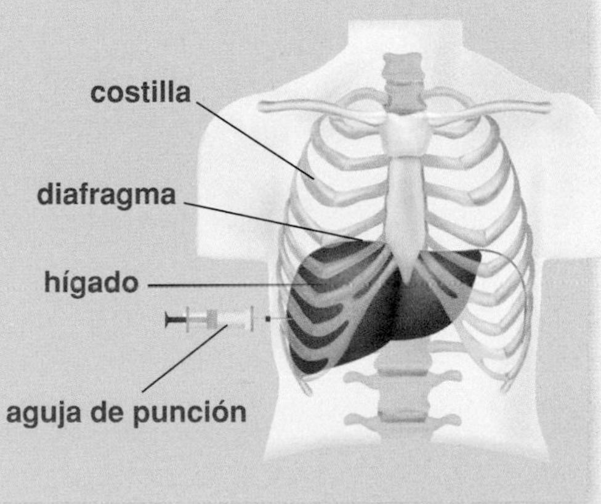
costilla
diafragma
hígado
aguja de punción

Bazo

El bazo, situado por debajo del diafragma, en el lado izquierdo, forma del **sistema linfático**. Colabora en la defensa frente a los agentes patógeno, pero también es el encargado de eliminar los **glóbulos rojos** que ya no cumplen correctamente su función. A través de la vena esplénica, la bilirrubina (el producto de degradación de la hemoglobina de los glóbulos rojos) es transportada hasta la vena porta, que luego la conduce hasta el hígado. Las arterias y las venas entran y salen del bazo a través del hilio esplénico.

cara diafragmática
hilio esplénico
cara visceral

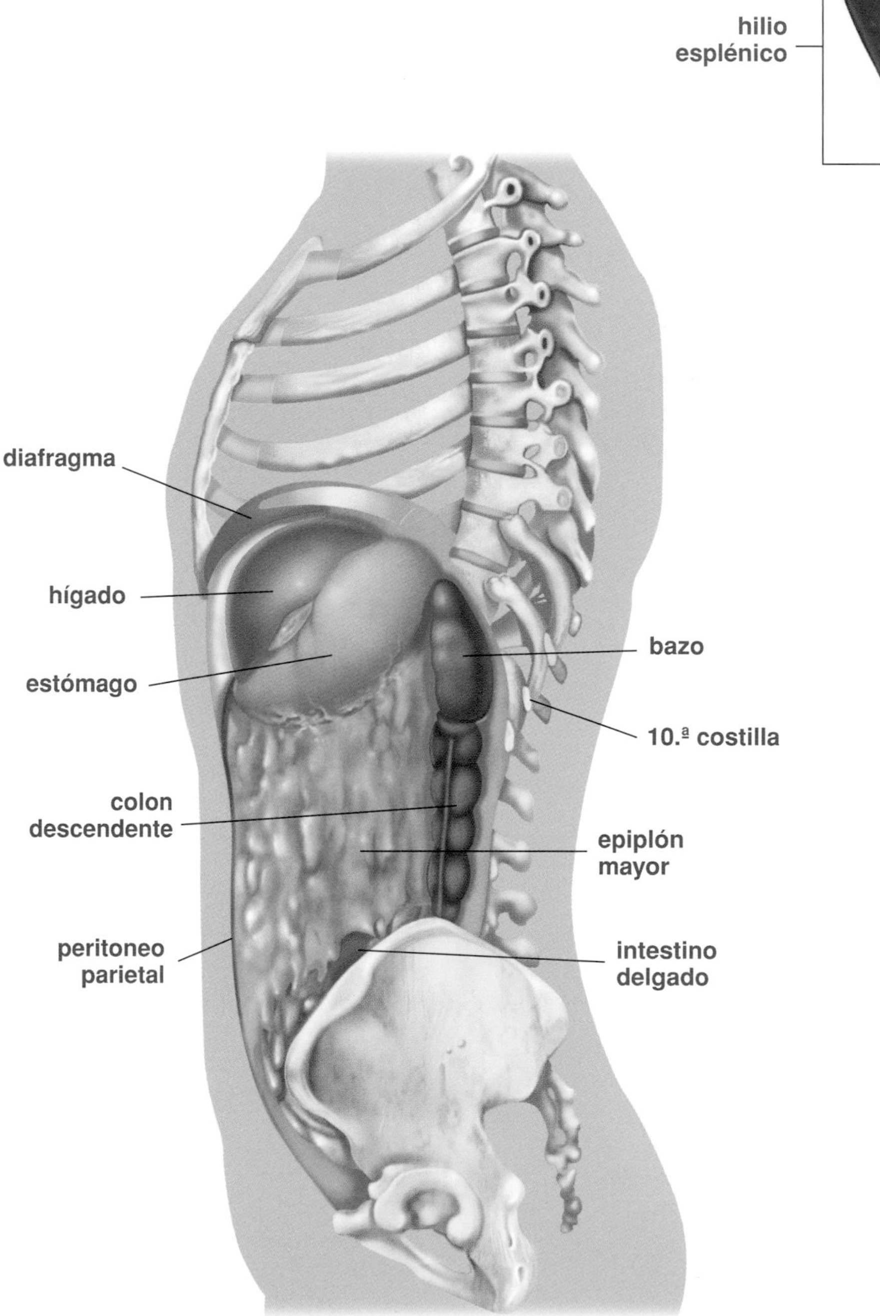
diafragma
hígado
estómago
colon descendente
peritoneo parietal
bazo
10.ª costilla
epiplón mayor
intestino delgado

Peritoneo

El interior de la cavidad abdominal está cubierto por una membrana llamada peritoneo, que forma la cavidad peritoneal y que recubre todos los órganos situados en ella (hígado, vesícula biliar, estómago, bazo, intestino delgado e intestino grueso). El peritoneo segrega un **líquido** cuya función es permitir el roce entre los diferentes órganos sin producir lesiones. Cuando, debido a diversas enfermedades, el peritoneo produce un exceso de líquido tiene lugar la **ascitis**, que se manifiesta con distensión abdominal. Si, por ejemplo, a causa de una perforación intestinal las heces entran en la cavidad peritoneal, se produce una **peritonitis**, situación que pone en peligro la vida del paciente.

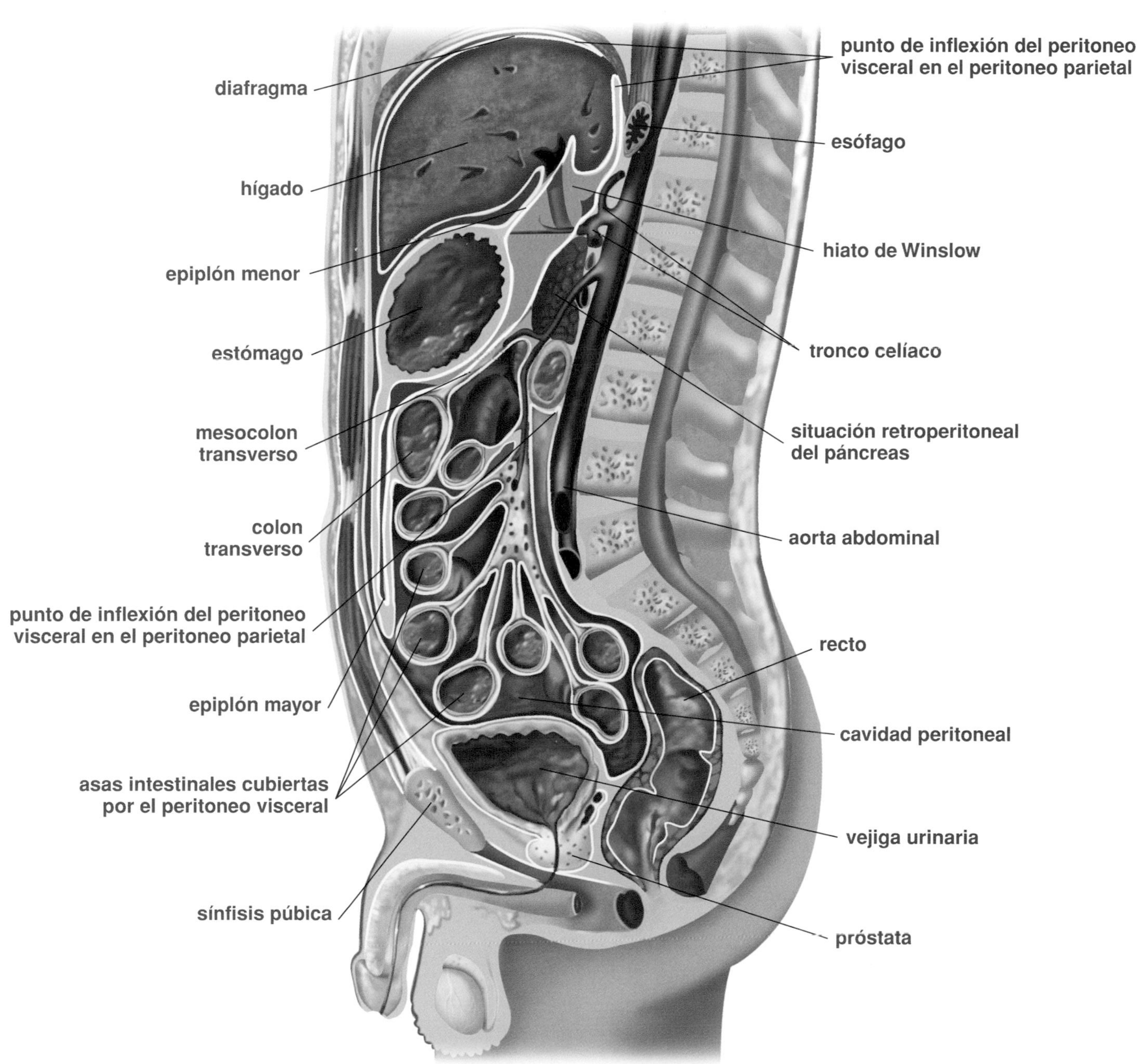
diafragma
hígado
epiplón menor
estómago
mesocolon transverso
colon transverso
punto de inflexión del peritoneo visceral en el peritoneo parietal
epiplón mayor
asas intestinales cubiertas por el peritoneo visceral
sínfisis púbica
punto de inflexión del peritoneo visceral en el peritoneo parietal
esófago
hiato de Winslow
tronco celíaco
situación retroperitoneal del páncreas
aorta abdominal
recto
cavidad peritoneal
vejiga urinaria
próstata

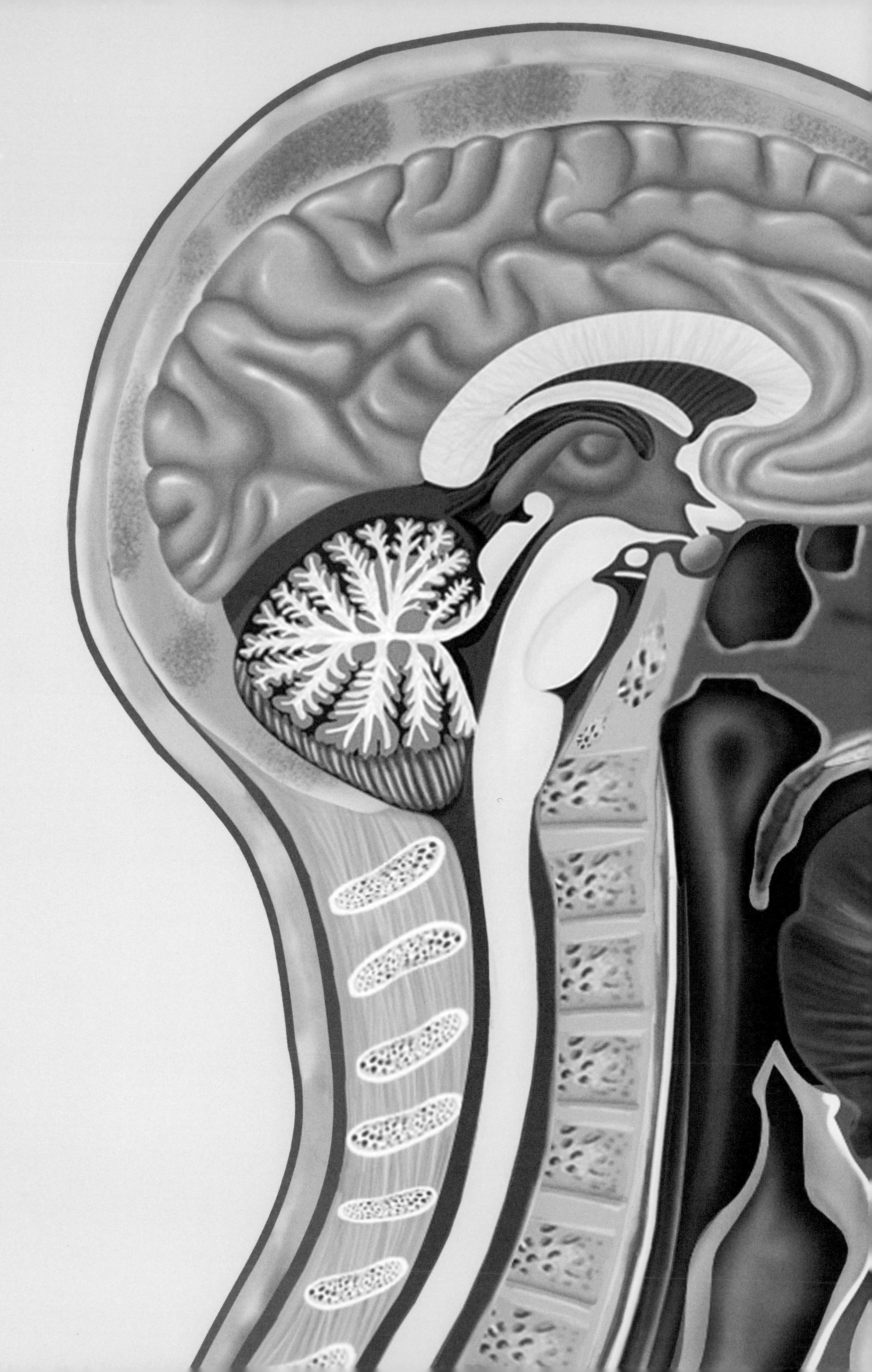

Capítulo 7
El sistema hormonal

El sistema hormonal es un conjunto de órganos, tejidos y grupos celulares especializado en el control de diversas funciones corporales (por ejemplo, el crecimiento y la concepción) que cuenta con la ayuda de las hormonas. Estas son producidas por células o glándulas y son liberadas a los tejidos circundantes o a la sangre. A través del sistema hormonal se transmite la información de un órgano a otro. Así, por ejemplo, las hormonas tiroideas, que contienen yodo, actúan prácticamente sobre todas las células del cuerpo estimulando el metabolismo energético.

Órganos endocrinos

Los médicos se refieren al sistema hormonal como sistema endocrino (del griego *endo*, dentro, y *krinein*, excretar), ya que en las glándulas hormonales se producen transmisores y señales (hormonas) que son liberadas dentro del cuerpo y transportadas hasta las células diana a través de los vasos sanguíneos o linfáticos. Junto con los sistemas nervioso vegetativo e inmunológico, el sistema endocrino coordina la comunicación entre órganos relativamente alejados entre sí. Se distingue entre el **sistema endocrino superordinado** y los **sistemas endocrinos periféricos**. Las glándulas hormonales más importantes se encuentran en el cerebro: el hipotálamo, la hipófisis y la epífisis. A través de la producción y almacenamiento de las llamadas hormonas reguladoras, toman parte en numerosos sistemas endocrinos periféricos, por lo que son consideradas un sistema endocrino superordinado. La glándula tiroides, el páncreas, las glándulas suprarrenales y los órganos sexuales son sistemas endocrinos periféricos.

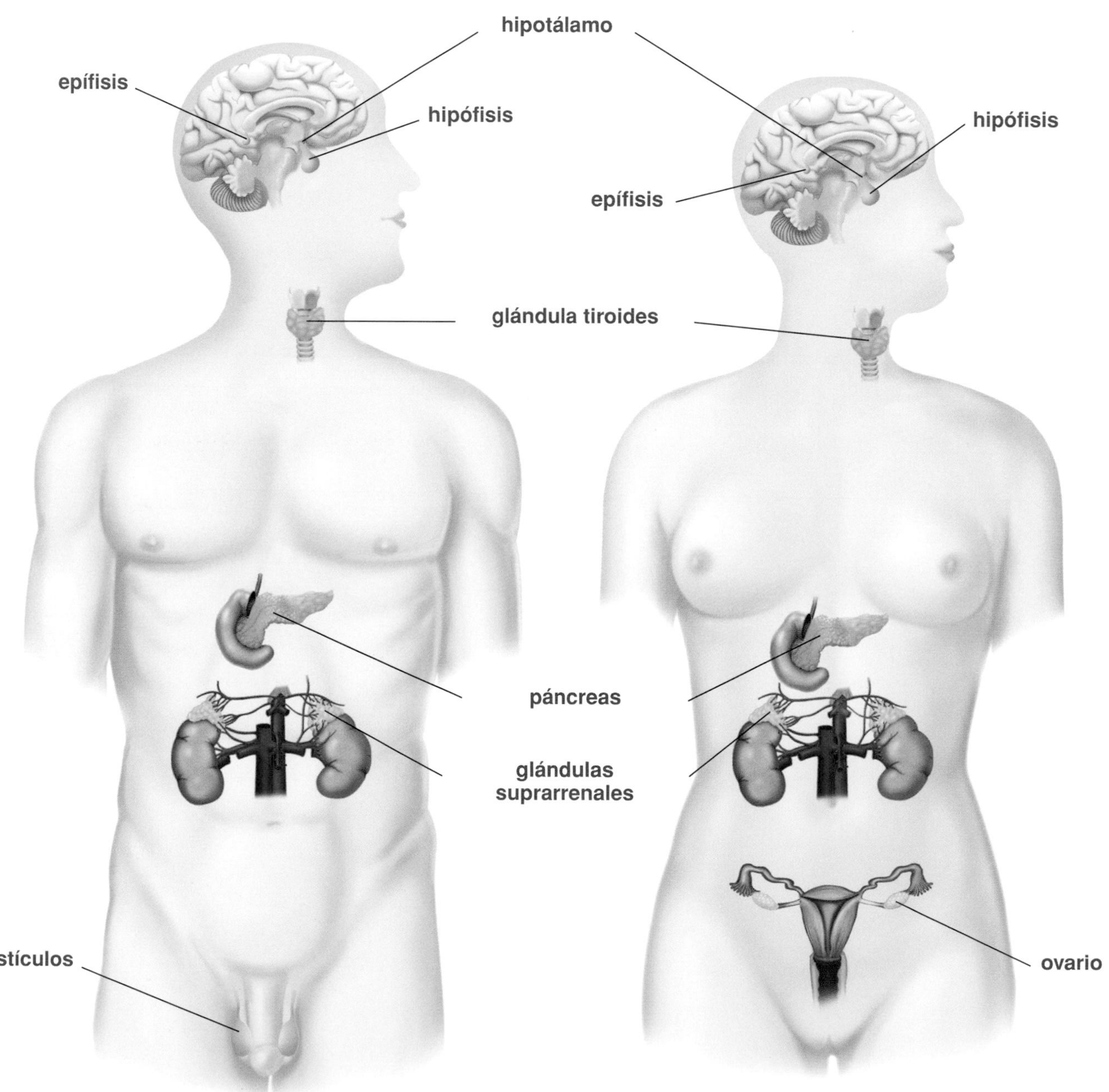
hipotálamo
epífisis
hipófisis
hipófisis
epífisis
glándula tiroides
páncreas
glándulas suprarrenales
testículos
ovario

Glándulas exocrinas y endocrinas

Las distintas hormonas de nuestro cuerpo se producen en glándulas **endocrinas**. A diferencia de las glándulas **exocrinas** (p. ej., glándulas sudoríparas y sebáceas), las endocrinas no liberan su secreción directamente o a través de un conducto excretor sobre la superficie del cuerpo, sino que la dirigen a los vasos sanguíneos o linfáticos. De este modo, a través de la sangre o de la linfa las hormonas llegan tanto a las células cercanas como a las más alejadas. Sin embargo, solo actúan en aquellas células que poseen los receptores correspondientes.

Glándula exocrina

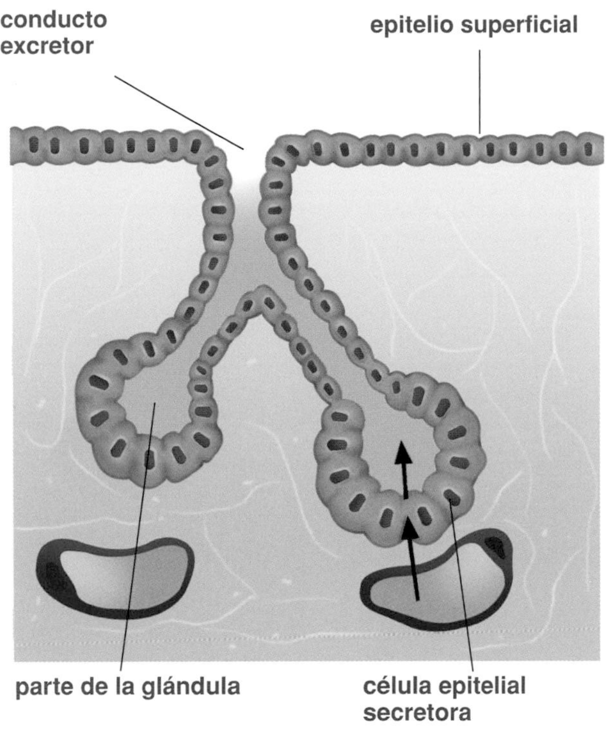
conducto excretor
epitelio superficial
parte de la glándula
célula epitelial secretora

Células endocrinas con estructura folicular

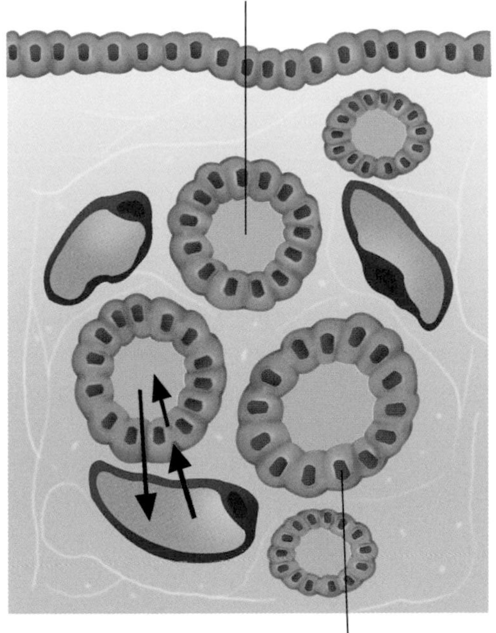
folículo con secreción almacenada
célula epitelial productora de hormonas

Glándula endocrina sin estructura folicular

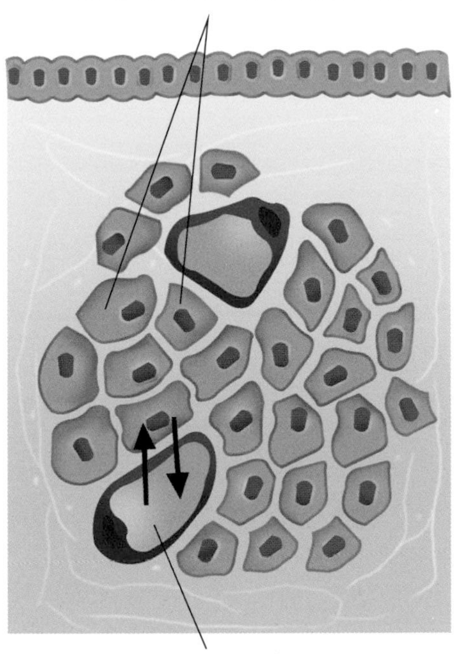
células con actividad endocrina
vaso sanguíneo

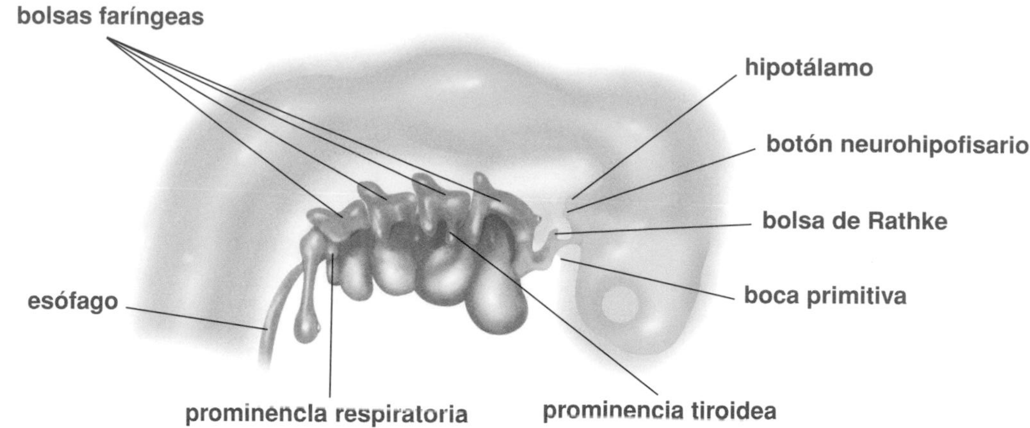
bolsas faríngeas
hipotálamo
botón neurohipofisario
bolsa de Rathke
boca primitiva
esófago
prominencia respiratoria
prominencia tiroidea

Situación del botón neurohipofisario, la bolsa hipofisaria, el relieve tiroideo y las bolsas faríngeas en un embrión de 28 días

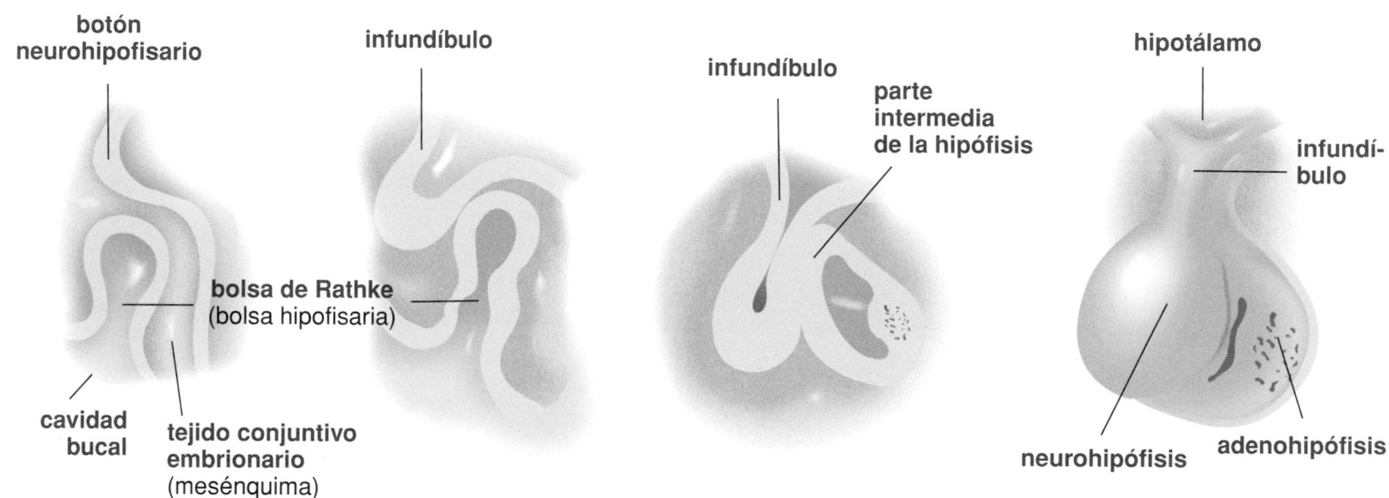
botón neurohipofisario
infundíbulo
infundíbulo
parte intermedia de la hipófisis
hipotálamo
infundíbulo
bolsa de Rathke (bolsa hipofisaria)
cavidad bucal
tejido conjuntivo embrionario (mesénquima)
neurohipófisis
adenohipófisis

Desarrollo embrionario de la hipófisis entre la 5.ª y la 16.ª semana

Desarrollo del sistema endocrino

Durante la cuarta semana del desarrollo embrionario empieza a formarse la **glándula tiroides**. A partir de una protuberancia del ectodermo del suelo faríngeo se forma el **divertículo tiroideo**. Con el paso del tiempo, este se alarga hacia abajo y se divide en una parte derecha y otra izquierda y en un istmo, la zona de unión de la glándula. Asimismo, en la cuarta semana de desarrollo embrionario empiezan a formarse las **glándulas paratiroides**. Nacen a partir de las bolsas faríngeas, y durante el crecimiento del embrión contribuyen a que se formen la cabeza y el cuello. El desarrollo de la **hipófisis** empieza en la tercera semana posterior a la fecundación del óvulo. A partir de una protuberancia del ectodermo, el botón neurohipofisario, se desarrolla la **neurohipófisis**. Asimismo, a partir de una protuberancia del botón neurohipofisario, situado en el suelo del hipotálamo, se forma el **infundíbulo hipofisario**, el cual une la neurohipófisis con el **hipotálamo**. Por el contrario, la **adenohipófisis** se desarrolla a partir de una protuberancia del ectodermo de la **cavidad bucal**, la llamada **bolsa de Rathke**.

Hipotálamo e hipófisis

El **hipotálamo**, la conexión más importante entre los sistemas nervioso y hormonal, se une directamente con la hipófisis a través de vías nerviosas y vasos sanguíneos que discurren por el infundíbulo hipofisario. La hipófisis se localiza justo debajo del hipotálamo, en una depresión de la base del cráneo, y se divide en adenohipófisis y neurohipófisis. Esta es la porción neural de la **hipófisis**, ya que contiene terminaciones nerviosas de células situadas en el hipotálamo. A través de ellas, las hormonas producidas en el hipotálamo llegan a la neurohipófisis, donde se almacenan y más tarde se liberan a la sangre. La adenohipófisis es la porción glandular de la hipófisis formada por un grupo de glándulas y una red capilar. En ella la producción y liberación de hormonas se pone en marcha por la acción de las hormonas reguladoras producidas en el hipotálamo. Finalmente, a través de las venas, las hormonas alcanzan la circulación sistémica. La función del hipotálamo y de la hipófisis es la regulación de prácticamente todas las acciones que tienen lugar durante el crecimiento, el metabolismo y la homeostasis (equilibrio del organismo).

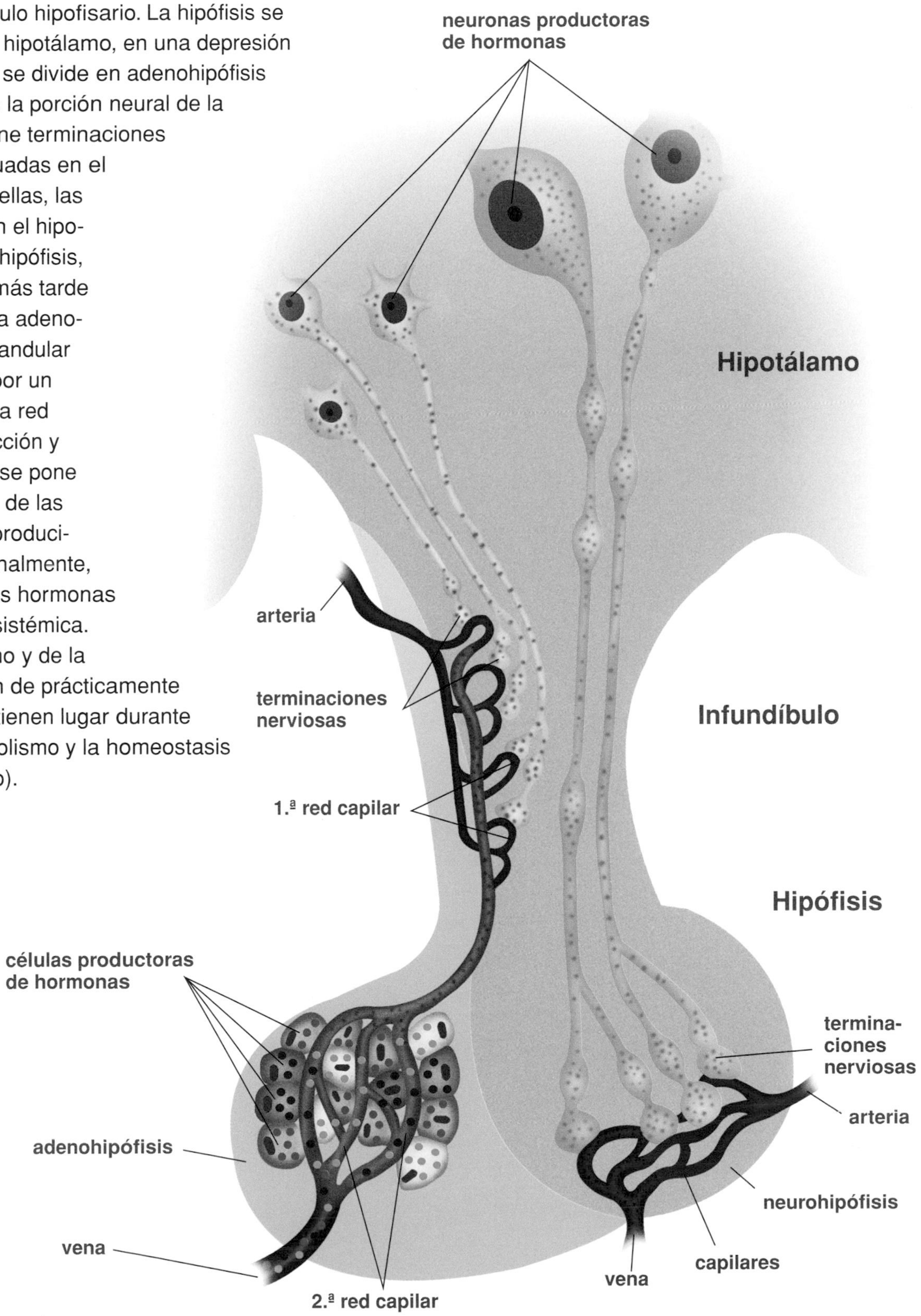

neuronas productoras de hormonas
Hipotálamo
arteria
terminaciones nerviosas
Infundíbulo
1.ª red capilar
Hipófisis
células productoras de hormonas
terminaciones nerviosas
arteria
adenohipófisis
neurohipófisis
vena
capilares
vena
2.ª red capilar

Timo de un recién nacido

El timo es un órgano linfático situado detrás del esternón. Sobre todo en el recién nacido y durante los primeros años de vida, el timo está bien desarrollado. Su superficie está dividida en dos lóbulos, generalmente asimétricos, en los que puede distinguirse una **zona pulposa** y una **zona cortical**. Mientras que en la pulpa hay numerosos linfocitos, en la zona cortical existen muchos vasos sanguíneos y capilares. Hacia el final de la pubertad, el timo empieza a atrofiarse poco a poco, transformándose en una estructura adiposa. A los 60 años ya no existe ningún rastro de tejido linfático, aunque sigue manteniéndose la división en dos lóbulos.

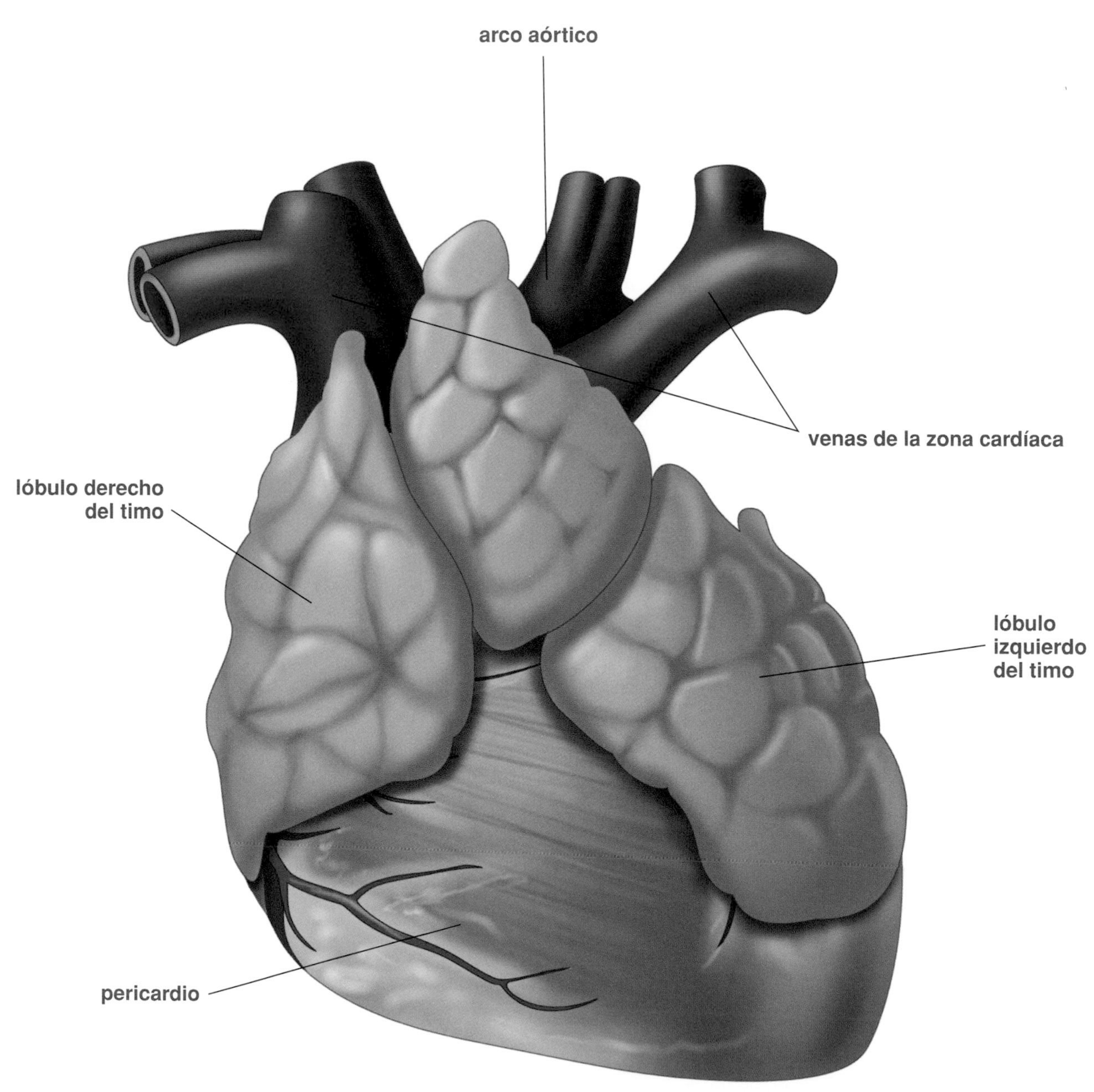
arco aórtico
venas de la zona cardíaca
lóbulo derecho del timo
lóbulo izquierdo del timo
pericardio

Timo de un adulto

La parte superior del timo puede llegar hasta el cuello, mientras que la inferior suele abarcar hasta el pericardio. Como órgano inmunológico superordinado, el timo es imprescindible para el desarrollo de la **inmunidad celular**. Las células precursoras T llegan hasta él a través de la circulación sanguínea, donde aprenden a distinguir las distintas estructuras (las propias del organismo y las extrañas) y se convierten en linfocitos T. Después, con ayuda de hormonas producidas en el timo, maduran para convertirse en diferentes tipos celulares (p. ej., células *T-helper*) que son capaces de crear una respuesta inmunológica. Transcurrido el proceso de especialización y maduración, las distintas células vuelven al torrente sanguíneo para apoyar al sistema inmunológico en los órganos linfáticos (p. ej., el bazo).

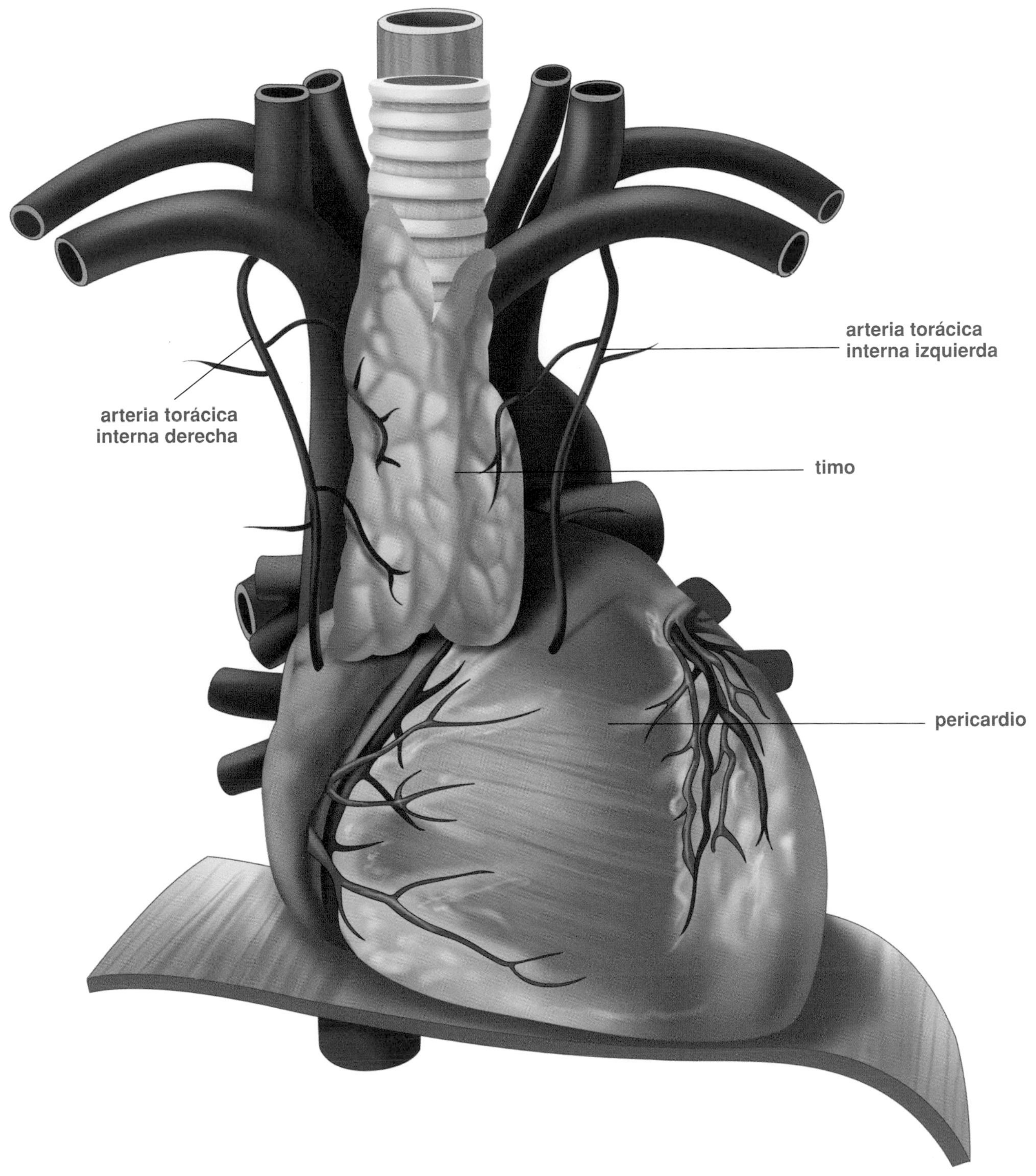
arteria torácica interna izquierda
arteria torácica interna derecha
timo
pericardio

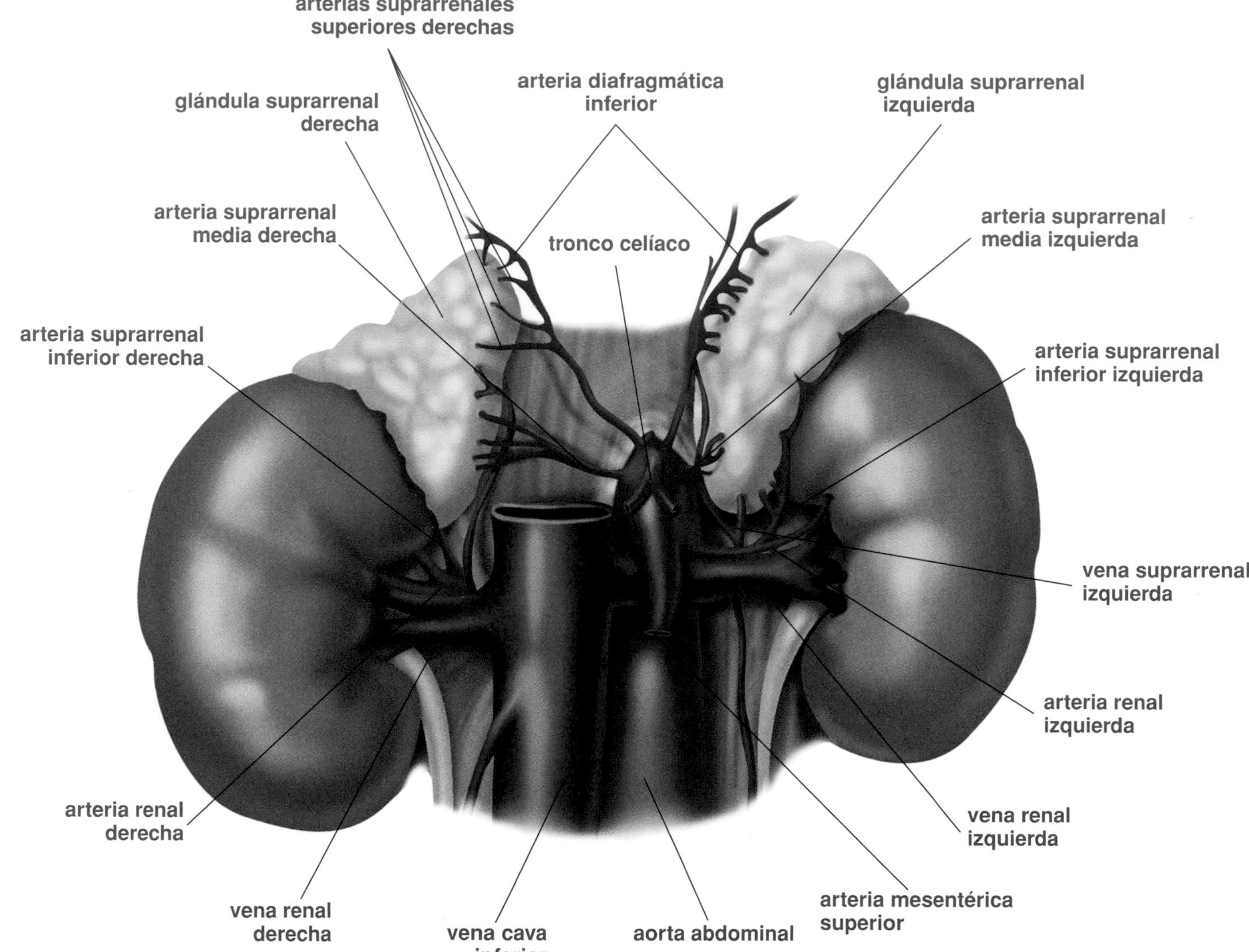
arterias suprarrenales superiores derechas
glándula suprarrenal derecha
arteria diafragmática inferior
glándula suprarrenal izquierda
arteria suprarrenal media derecha
tronco celíaco
arteria suprarrenal media izquierda
arteria suprarrenal inferior derecha
arteria suprarrenal inferior izquierda
vena suprarrenal izquierda
arteria renal izquierda
arteria renal derecha
vena renal izquierda
vena renal derecha
vena cava inferior
aorta abdominal
arteria mesentérica superior

Glándulas suprarrenales

Las dos glándulas suprarrenales (la derecha, con forma piramidal, y la izquierda, con forma de medialuna) se sitúan a modo de capucha sobre los riñones, cubiertas por la cápsula grasa de estos órganos. Se caracterizan por mostrar una importante **irrigación** e **inervación**. La irrigación arterial la reciben por tres vías: la arteria diafragmática inferior, la primera rama de la aorta abdominal; la arteria suprarrenal media, una rama directa de la artera abdominal, y por las arterias suprarrenales inferiores. En las glándulas suprarrenales se distinguen la **corteza** y la **médula**, donde se producen distintas hormonas. En la corteza suprarrenal se elaboran mineralcorticoides, hormonas sexuales e hidrocortisona, que regula el metabolismo de las grasas, las proteínas y los hidratos de carbono. La médula suprarrenal contiene células cromafines, en las que se produce adrenalina y noradrenalina. Estas hormonas son liberadas en situaciones de estrés y actúan sobre todo el organismo aumentando la oferta energética.

Glándula tiroides

La glándula tiroides está situada en la zona anterior del cuello, inmediatamente por debajo de la laringe, y cubre una parte de la tráquea. Está formada por dos lóbulos con forma de mariposa, unidos en el centro por un istmo. La irrigación arterial de la glándula tiroides corre a cargo de dos arterias principales: la arteria tiroidea superior, la primera rama de la carótida externa, y la arteria tiroidea inferior. Justo al lado de la glándula tiroides se encuentra el nervio laríngeo inferior, el cual se origina en el X nervio craneal. La parte principal de la glándula tiroides está formada por espacios huecos tubulares, rodeados de células epiteliales glandulares productoras de hormonas, las cuales fabrican las **hormonas tiroideas** ricas en yodo. Estas tienen un efecto estimulante sobre el metabolismo celular, por lo que son importantes para el crecimiento, la producción de calor y el metabolismo de los hidratos de carbono, las grasas y las proteínas. Las hormonas tiroideas pueden permanecer almacenadas durante mucho tiempo en las células epiteliales.

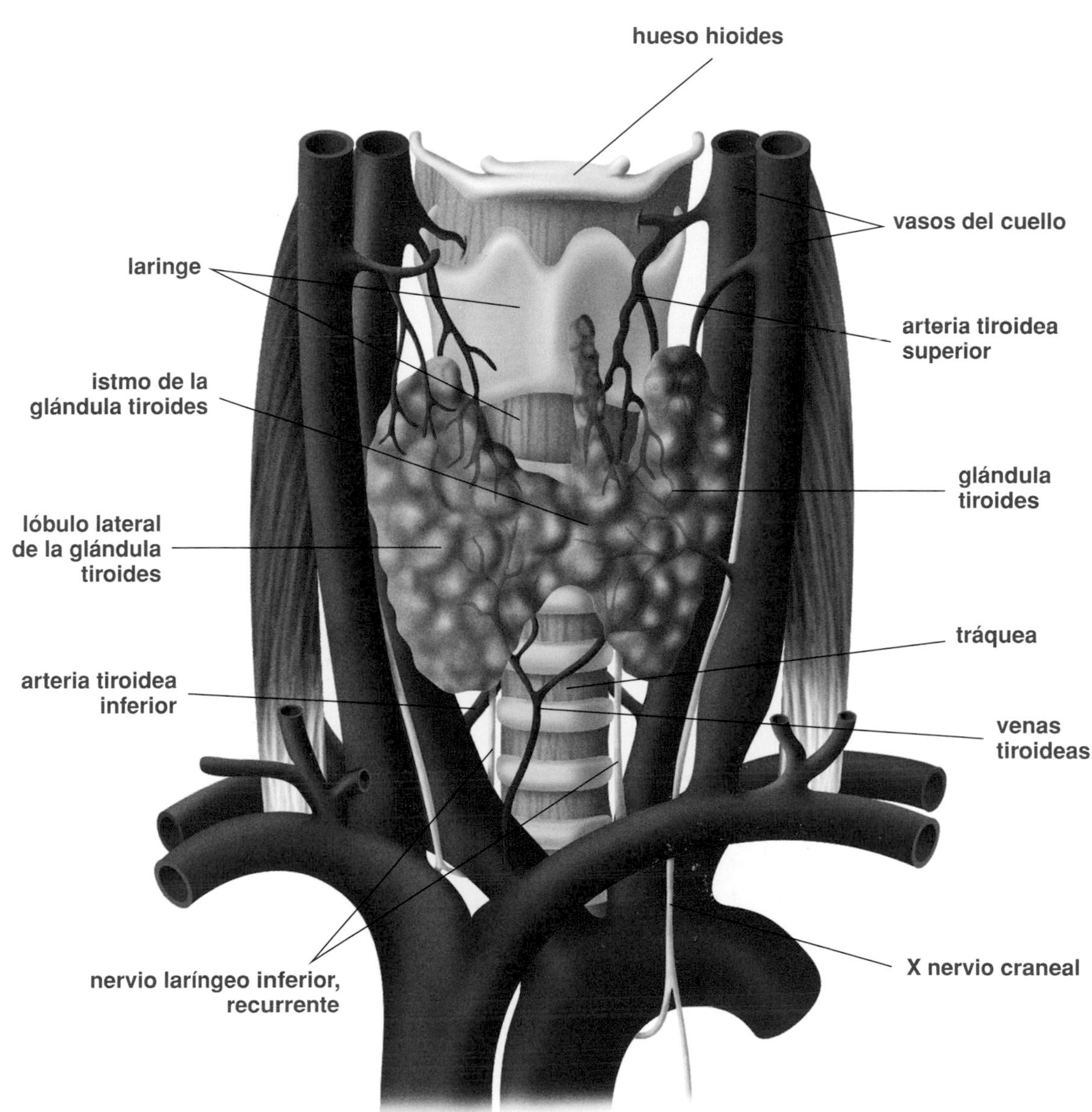
hueso hioides
vasos del cuello
laringe
arteria tiroidea superior
istmo de la glándula tiroides
glándula tiroides
lóbulo lateral de la glándula tiroides
tráquea
arteria tiroidea inferior
venas tiroideas
nervio laríngeo inferior, recurrente
X nervio craneal

Glándulas paratiroides

Las paratiroides son cuatro glándulas ovaladas y delgadas de color amarillo situadas en la superficie interna de los lóbulos tiroideos. Su situación exacta es muy variable y, dado que con frecuencia se incluyen en la cápsula de la glándula tiroides, es posible que no sean visibles a primera vista. Las glándulas paratiroides cuentan con células epiteliales que, entre otras, producen la **hormona paratiroidea** o parathormona. Esta contribuye a la regulación del nivel de calcio, magnesio y fosfatos, por lo que estimula la **osteólisis**.

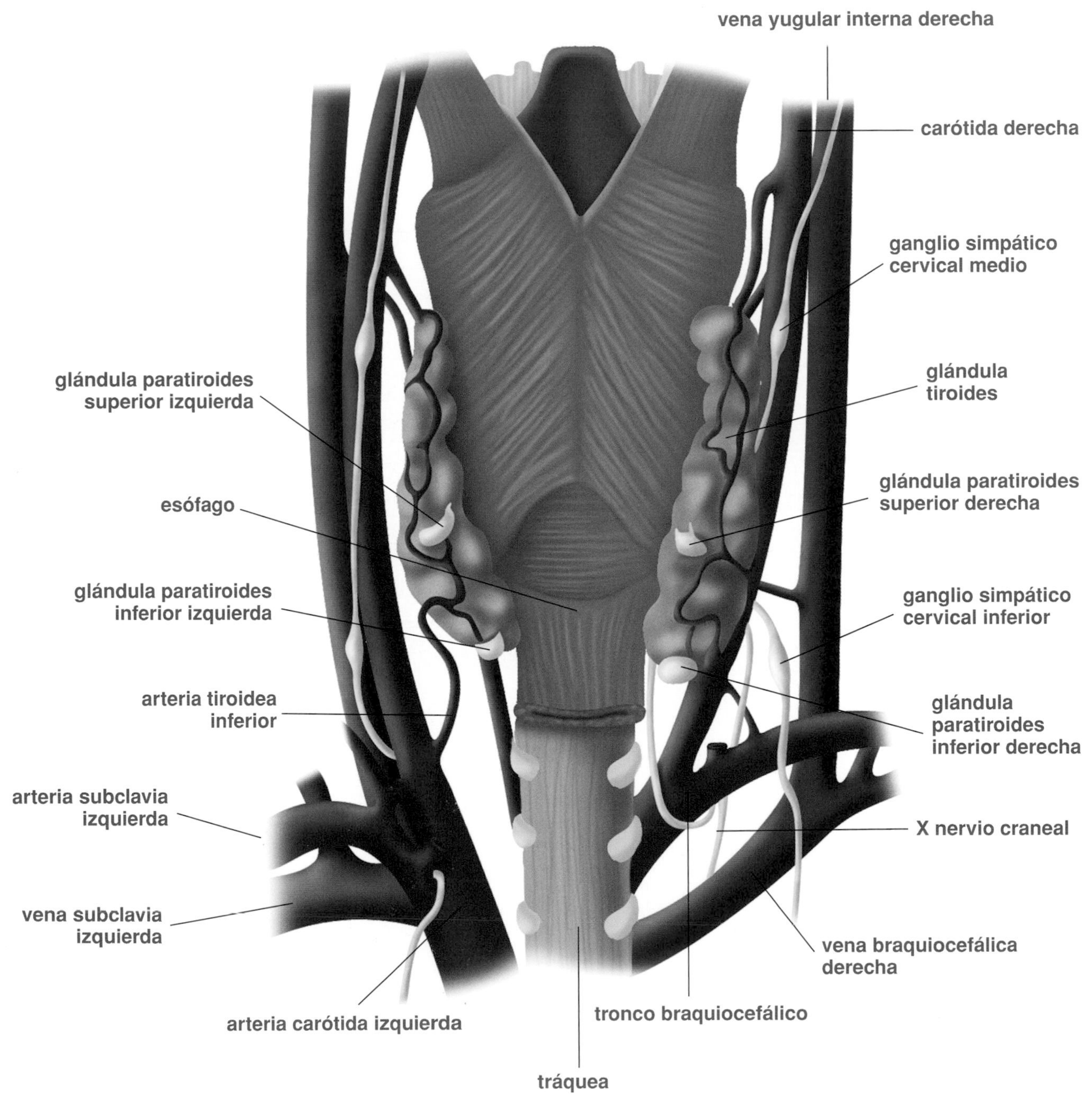
vena yugular interna derecha
carótida derecha
ganglio simpático cervical medio
glándula tiroides
glándula paratiroides superior derecha
ganglio simpático cervical inferior
glándula paratiroides inferior derecha
X nervio craneal
vena braquiocefálica derecha
tronco braquiocefálico
tráquea
arteria carótida izquierda
vena subclavia izquierda
arteria subclavia izquierda
arteria tiroidea inferior
glándula paratiroides inferior izquierda
esófago
glándula paratiroides superior izquierda

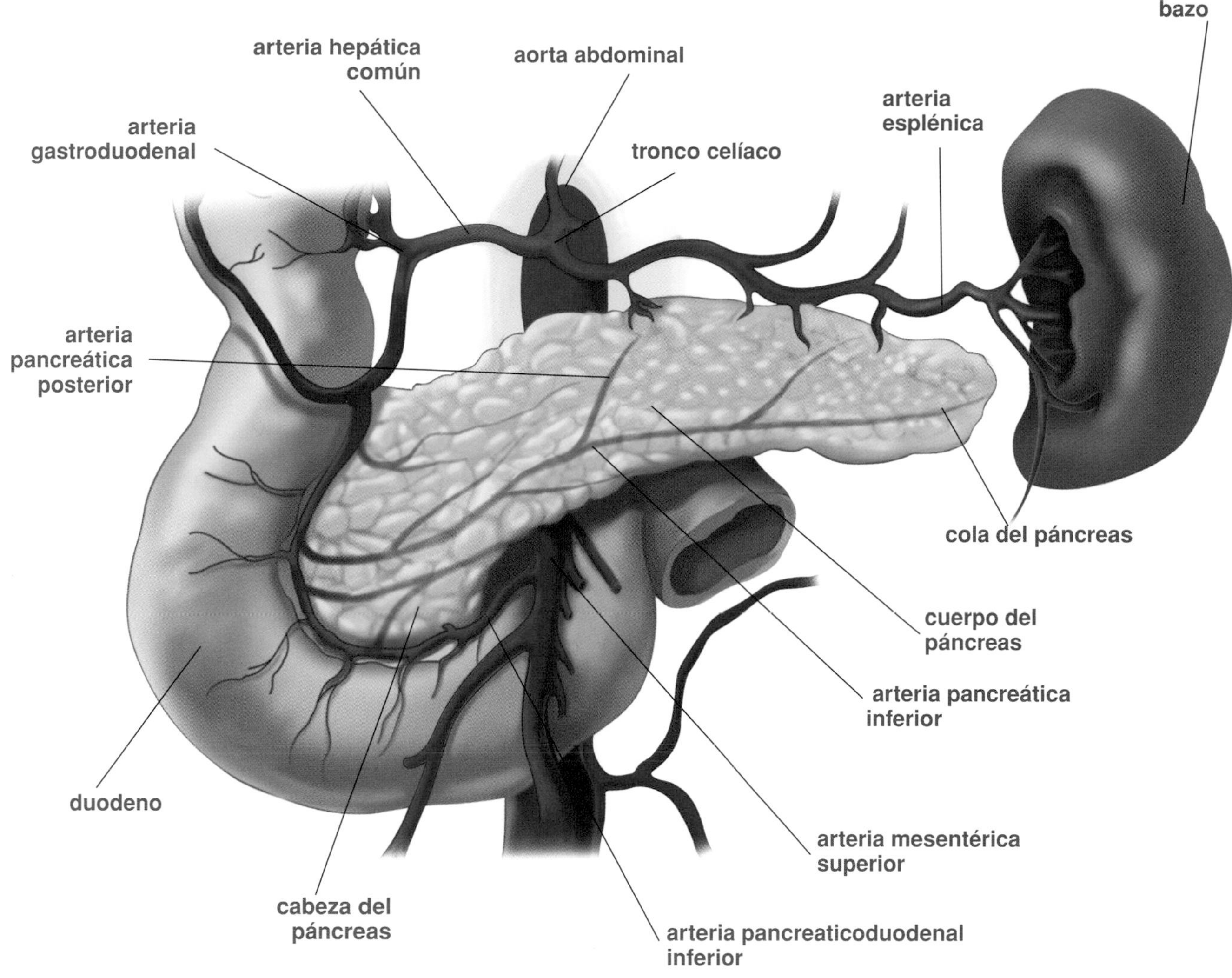
bazo
arteria hepática común
aorta abdominal
arteria esplénica
arteria gastroduodenal
tronco celíaco
arteria pancreática posterior
cola del páncreas
cuerpo del páncreas
arteria pancreática inferior
duodeno
arteria mesentérica superior
cabeza del páncreas
arteria pancreaticoduodenal inferior

Páncreas

El páncreas es una glándula exocrina y endocrina situada detrás del estómago. Se extiende desde el duodeno (en el lado derecho) hasta el bazo (en el lado izquierdo). El páncreas se divide en **cabeza**, **cuerpo** y **cola**. La parte endocrina del páncreas está constituida por grupos de células glandulares, los llamados **islotes de Langerhans**. Estas células producen cuatro hormonas, entre ellas dos necesarias para la regulación del metabolismo de los hidratos de carbono: el glucagón, que moviliza los depósitos energéticos en situaciones de estrés o hambre y que aumenta la glucemia, y la insulina, de acción contraria, es decir, favorece el almacenamiento de la grasa y el glucógeno obtenidos a partir de los alimentos y disminuye la glucemia. Por otra parte, en los islotes de Langerhans se fabrica somatostatina, que inhibe la liberación de glucagón y de insulina, dificultando con ello la utilización de los nutrientes absorbidos en el tracto intestinal. Las células pancreáticas exocrinas se disponen en **ácinos**, que producen unas enzimas digestivas que, a través de una red de conductos, alcanzan el tracto gastrointestinal.

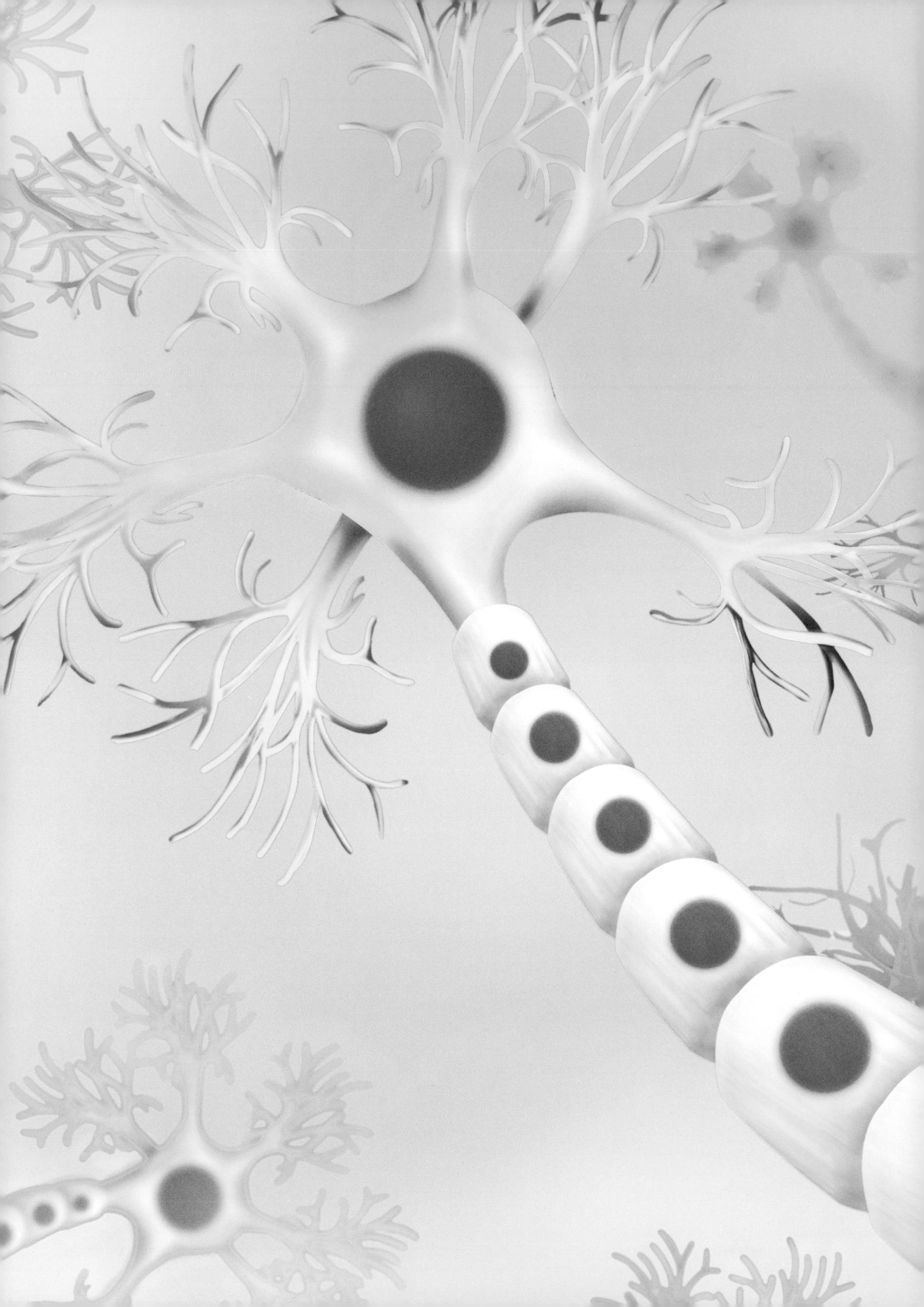

Capítulo 8

Encéfalo y sistema nervioso

El encéfalo, con un peso de 1300-1600 gramos, es el centro de control del organismo. Junto con la médula espinal forma el sistema nervioso central (SNC), cuya función es el procesamiento de los estímulos y del pensamiento consciente e inconsciente del ser humano. El SNC está conectado con el sistema nervioso periférico (SNP), situado fuera del cráneo y del canal vertebral. Esta parte del sistema nervioso controla, entre otras, la función motora del esqueleto, la respiración, la digestión y el metabolismo. El sistema nervioso determina nuestra reacción ante los estímulos externos e internos y está formado por 30.000-40.000 millones de neuronas interconectadas entre sí.

Sistema nervioso central

La figura representa el sistema nervioso central. Está compuesto por el **encéfalo** y la **médula espinal**, desde donde se controlan todos los impulsos nerviosos. Por ellos pasa la información y, a través de los nervios, se envían órdenes a todas las partes del cuerpo.

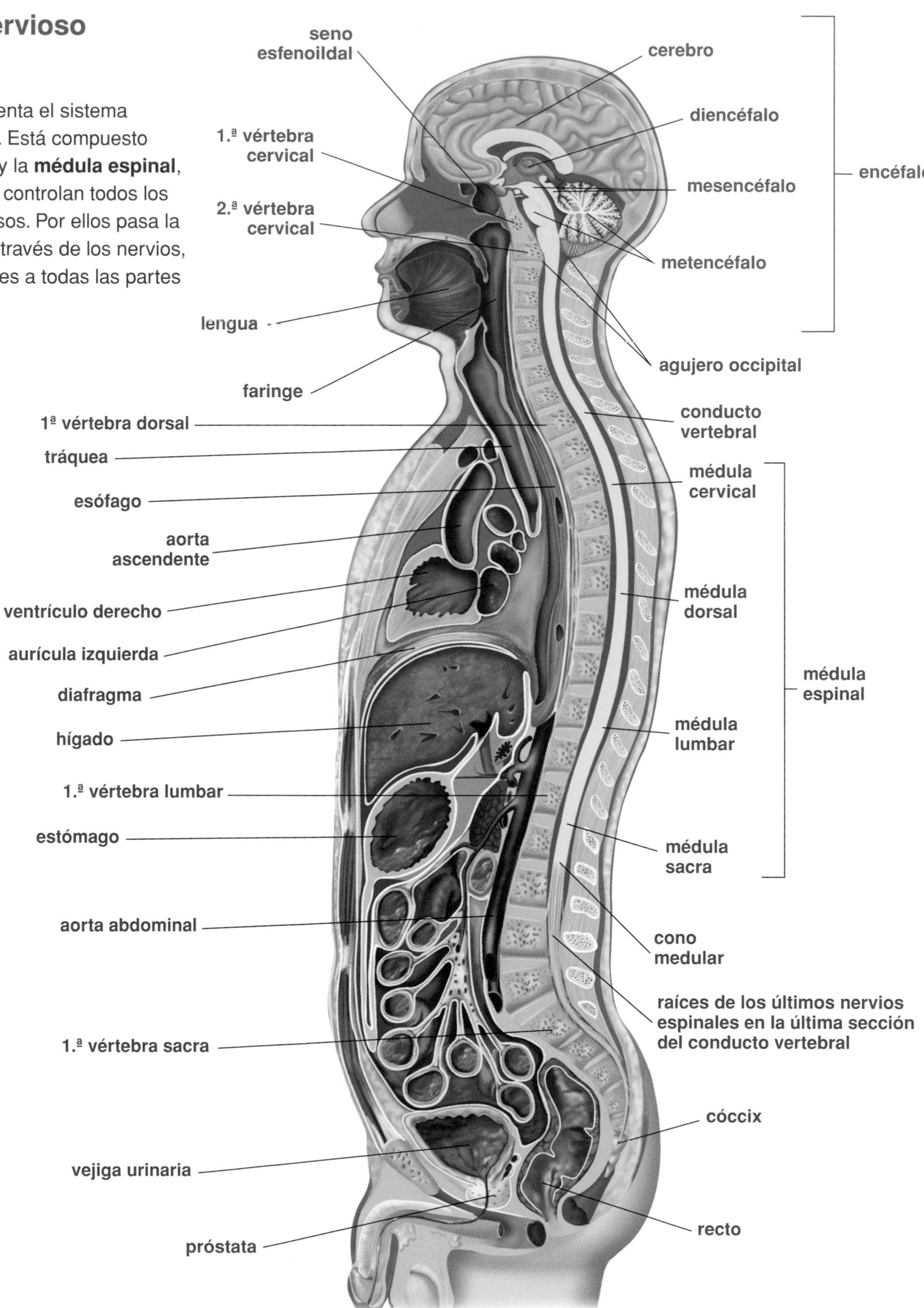
seno esfenoildal
cerebro
diencéfalo
1.ª vértebra cervical
mesencéfalo
encéfalo
2.ª vértebra cervical
metencéfalo
lengua
agujero occipital
faringe
1ª vértebra dorsal
conducto vertebral
tráquea
médula cervical
esófago
aorta ascendente
médula dorsal
ventrículo derecho
aurícula izquierda
médula espinal
diafragma
médula lumbar
hígado
1.ª vértebra lumbar
estómago
médula sacra
aorta abdominal
cono medular
raíces de los últimos nervios espinales en la última sección del conducto vertebral
1.ª vértebra sacra
cóccix
vejiga urinaria
recto
próstata

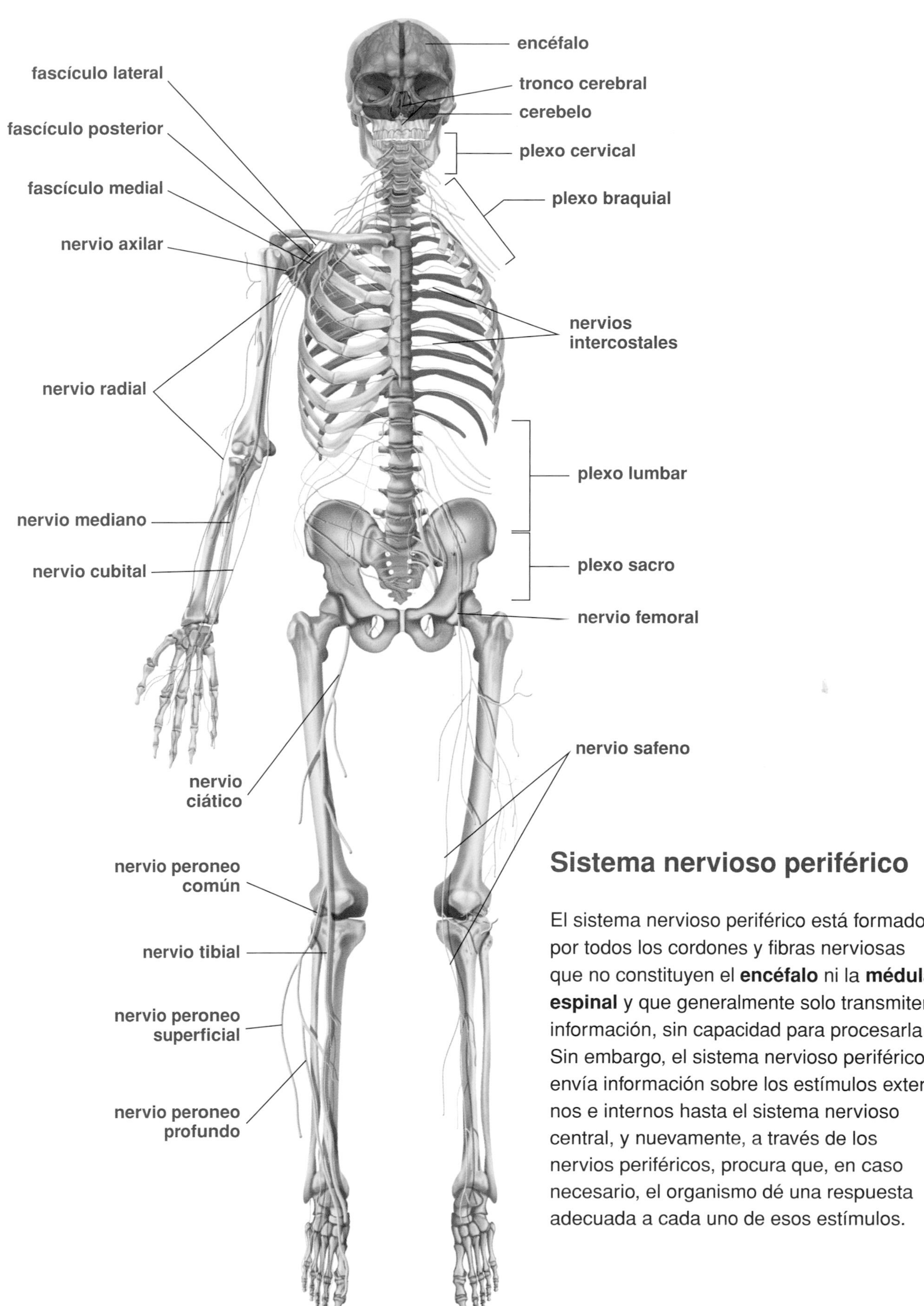
encéfalo
tronco cerebral
cerebelo
plexo cervical
plexo braquial
fascículo lateral
fascículo posterior
fascículo medial
nervio axilar
nervios intercostales
nervio radial
plexo lumbar
nervio mediano
nervio cubital
plexo sacro
nervio femoral
nervio safeno
nervio ciático
nervio peroneo común
nervio tibial
nervio peroneo superficial
nervio peroneo profundo

Sistema nervioso periférico

El sistema nervioso periférico está formado por todos los cordones y fibras nerviosas que no constituyen el **encéfalo** ni la **médula espinal** y que generalmente solo transmiten información, sin capacidad para procesarla. Sin embargo, el sistema nervioso periférico envía información sobre los estímulos externos e internos hasta el sistema nervioso central, y nuevamente, a través de los nervios periféricos, procura que, en caso necesario, el organismo dé una respuesta adecuada a cada uno de esos estímulos.

Médula espinal y nervios espinales

La médula ósea **emite órdenes** en muchos impulsos nerviosos. Así, se ocupa principalmente de las reacciones rápidas del cuerpo (p. ej., la retirada de las extremidades ante el peligro de hacerse daño), las cuales serían demasiado lentas si fuera el cerebro el que tuviera que dar la orden. La médula espinal está formada por un cordón de tejido nervioso que tiene su inicio después del bulbo raquídeo, una parte del encéfalo. La médula espinal discurre a lo largo del conducto vertebral de la columna vertebral, de manera que está protegida por las vértebras. Tiene su final a la altura de la segunda vértebra lumbar. En la médula espinal tienen su origen, en 31 puntos distintos (siempre entre dos vértebras) y de dos en dos, las raíces nerviosas espinales o nervios espinales, los cuales forman parte del sistema nervioso periférico.

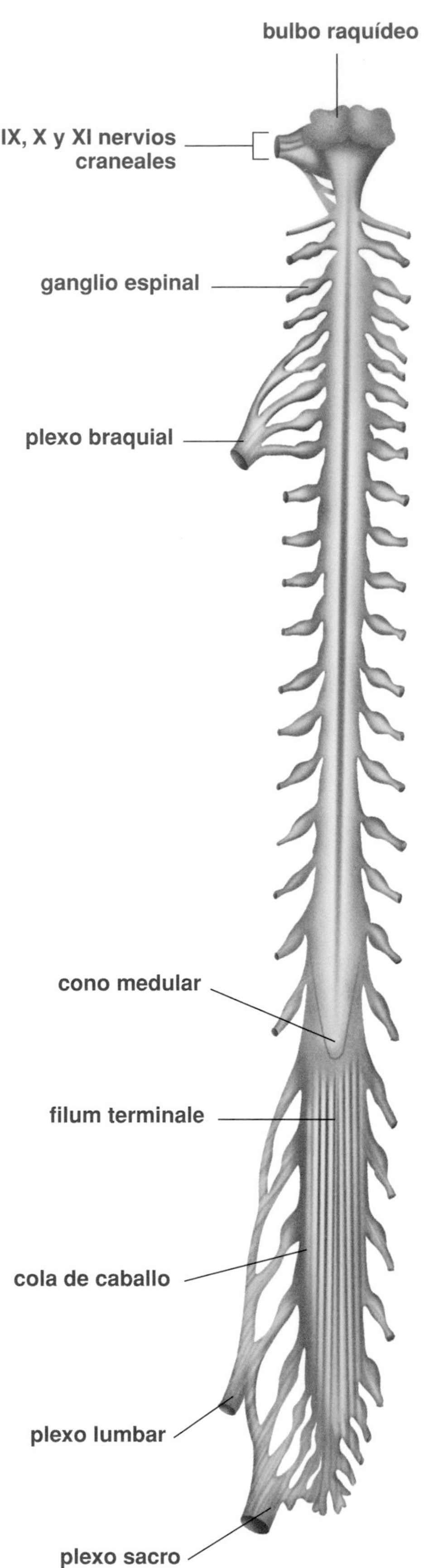
bulbo raquídeo
IX, X y XI nervios craneales
ganglio espinal
plexo braquial
cono medular
filum terminale
cola de caballo
plexo lumbar
plexo sacro

nervios espinales cervicales

2.ª vértebra cervical con apófisis odontoides

segmentos de la médula espinal

1.ª vértebra dorsal

agujero intervertebral

nervios espinales dorsales

apófisis espinosa de la vértebra

cono medular

1.ª vértebra lumbar

nervios espinales lumbares

cola de caballo

1.ª vértebra sacra

nervios espinales sacros

1.ª vértebra coccígea

nervios espinales coccígeos

Conducto vertebral

La **médula espinal**, un cordón de fibras nerviosas, se divide en 31 segmentos. Discurre por el conducto vertebral de los cuerpos vertebrales hasta llegar a la altura de la segunda vértebra lumbar. Los **nervios espinales**, que parten de la médula espinal y transmiten los impulsos nerviosos a las regiones circundantes, dividen la médula en los distintos segmentos y salen de la columna vertebral a través de los agujeros intervertebrales. Hacia abajo, en el cono medular, los nervios espinales forman un largo haz de fibras nerviosas, la **cola de caballo**, ya que la médula espinal propiamente dicha se acaba más arriba. La médula espinal está formada por ocho **segmentos cervicales** (C1-C8), doce **segmentos dorsales** (D1-D12), cinco **segmentos lumbares** y cinco **sacros**, así como un máximo de tres **segmentos coccígeos**.

ANESTESIAS RAQUÍDEA Y EPIDURAL

Algunos procedimientos quirúrgicos se realizan sin dormir totalmente al paciente. En operaciones de la mitad inferior del cuerpo puede plantearse la anestesia raquídea o epidural. En el caso de la raquídea, el anestésico es inyectado en el líquido cefalorraquídeo a través de la duramadre, la membrana que envuelve la médula espinal a la altura de la columna lumbar. En la anestesia epidural no se atraviesa la duramadre, sino que se anestesian los nervios espinales y, como consecuencia, las zonas que estos inervan. Comparada con la epidural, la anestesia raquídea utiliza menos fármacos y tiene unos efectos más inmediatos.

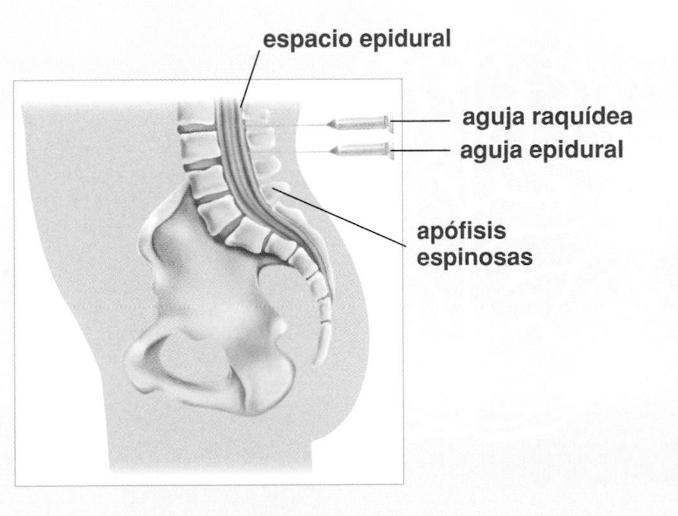
espacio epidural
aguja raquídea
aguja epidural
apófisis espinosas

Corte transversal de la médula espinal

La médula espinal está constituida por la sustancia blanca y la sustancia gris; la **sustancia blanca** está formada por vías nerviosas y la gris, por grupos de cuerpos neuronales. En un corte transversal se aprecia cómo la **sustancia gris** , de forma semejante a una mariposa, se halla rodeada por la blanca. La parte anterior de esta «mariposa» está constituida por las astas anteriores y sus células motoras; desde aquí se transmiten los impulsos a los músculos y empieza una sección de los nervios espinales. Las astas posteriores, donde también se inicia una parte de los nervios espinales, tiene como función que las regiones del cuerpo subordinadas a ellas sientan el dolor o las sensaciones agradables, como las caricias. Las astas laterales se ocupan del sistema nervioso vegetativo, que es involuntario.

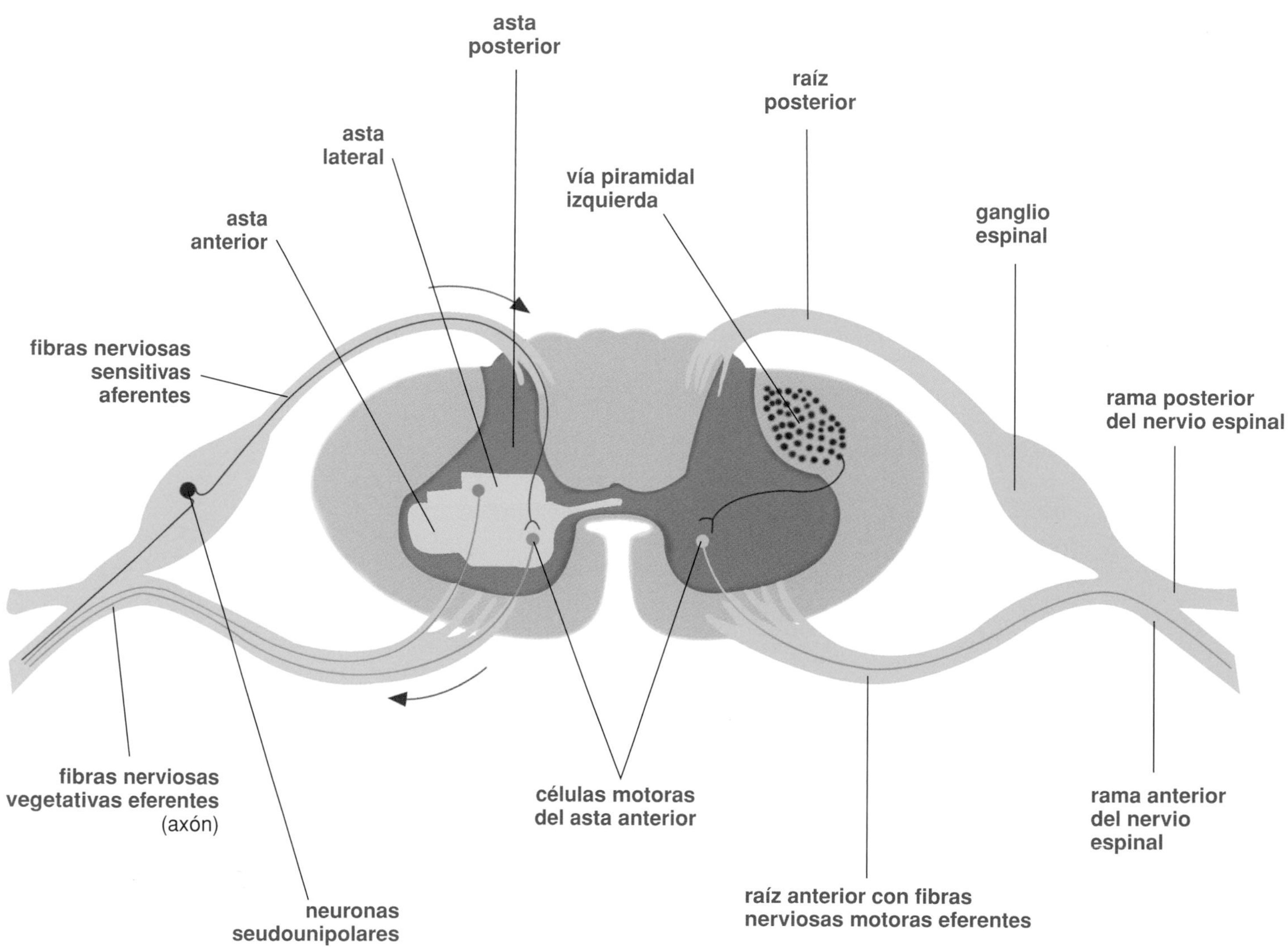
asta posterior
raíz posterior
asta lateral
vía piramidal izquierda
asta anterior
ganglio espinal
fibras nerviosas sensitivas aferentes
rama posterior del nervio espinal
fibras nerviosas vegetativas eferentes (axón)
células motoras del asta anterior
rama anterior del nervio espinal
raíz anterior con fibras nerviosas motoras eferentes
neuronas seudounipolares

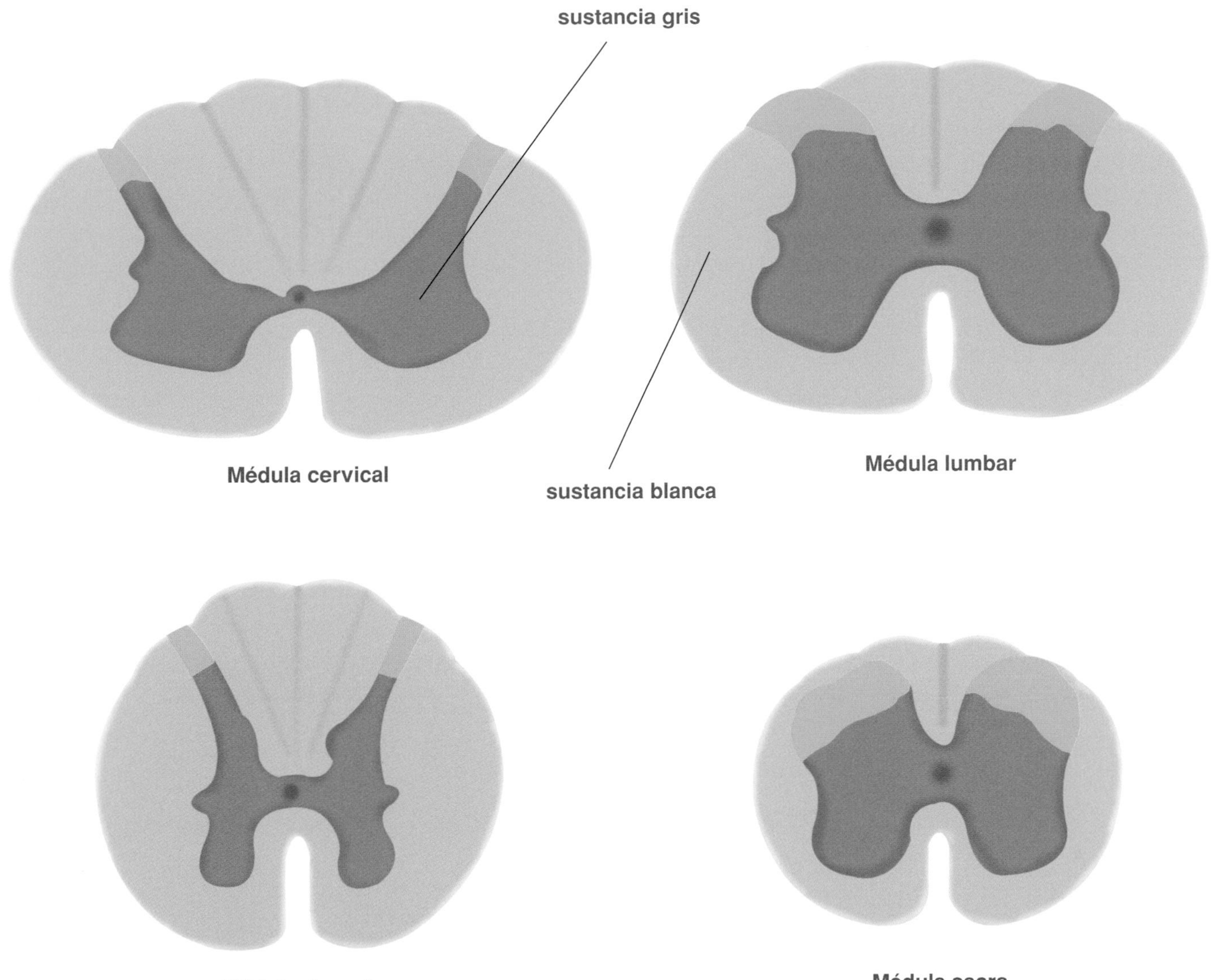
sustancia gris
sustancia blanca
Médula cervical
Médula lumbar
Médula dorsal
Médula sacra

Distribución de las sustancias gris y blanca

La sustancia blanca, que debe su color a la vaina de mielina que recubre las fibras nerviosas, tiene como función la transmisión de los impulsos nerviosos del cerebro a la médula espinal y viceversa, ya que discurre en distintas vías de arriba hacia abajo por toda la médula espinal. Se distingue entre **vías ascendentes**, con los cordones anteriores y posteriores, y **vías descendentes**, como las vías piramidales y extrapiramidales. En los últimos segmentos de la médula espinal la sustancia gris ocupa más espacio que en los segmentos superiores.

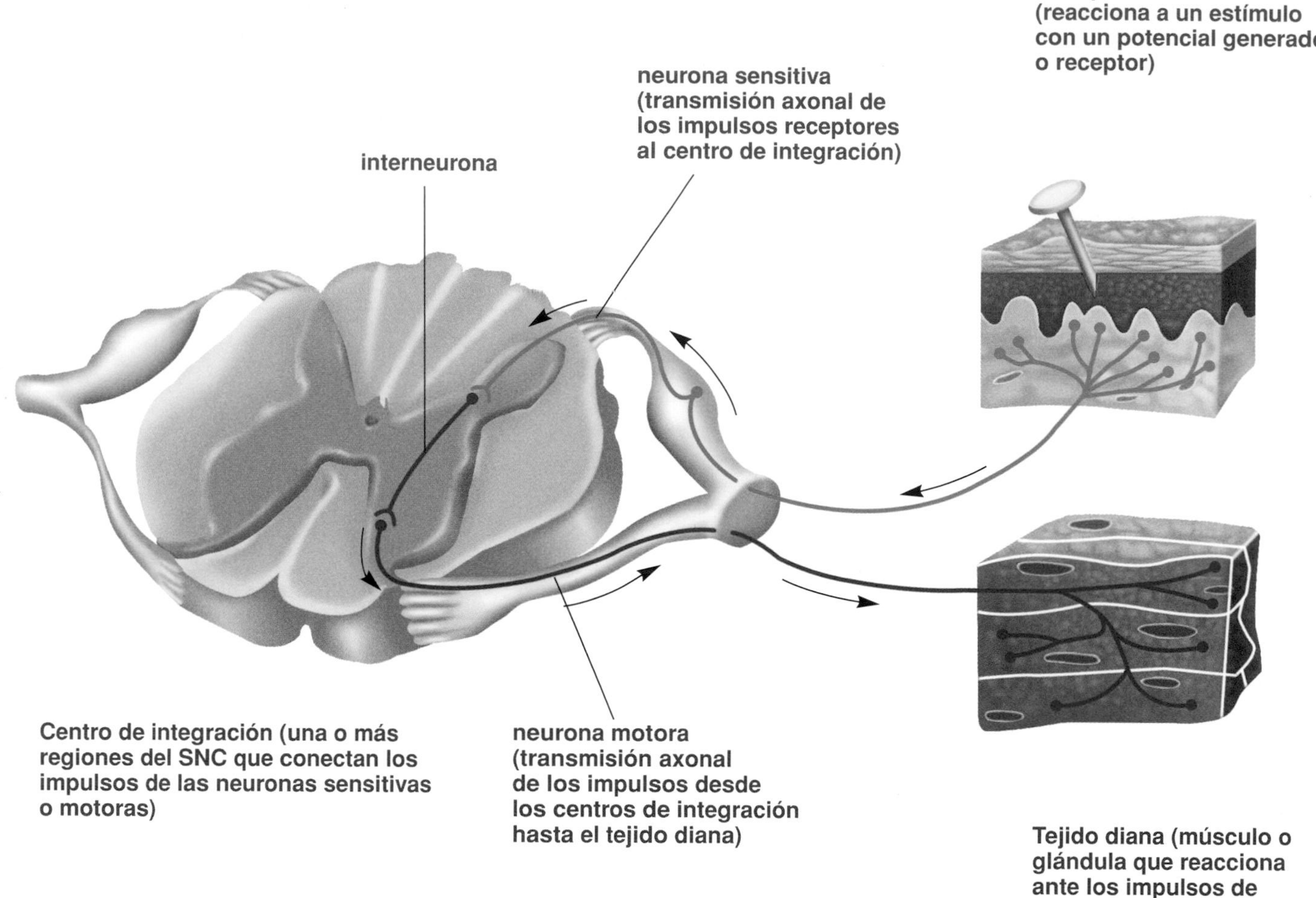
Receptor sensitivo (reacciona a un estímulo con un potencial generador o receptor)
neurona sensitiva (transmisión axonal de los impulsos receptores al centro de integración)
interneurona
Centro de integración (una o más regiones del SNC que conectan los impulsos de las neuronas sensitivas o motoras)
neurona motora (transmisión axonal de los impulsos desde los centros de integración hasta el tejido diana)
Tejido diana (músculo o glándula que reacciona ante los impulsos de las neuronas motoras)

Reflejos y arcos reflejos

No todos los estímulos que llegan a los nervios son transmitidos hasta el cerebro ni la respuesta ante los mismos proviene siempre del cerebro. En algunos casos son las neuronas de la médula espinal las que **reaccionan ante el estímulo** (p. ej., hacen que retiremos rápidamente la mano cuando tocamos un objeto demasiado caliente). Esta reacción recibe el nombre de reflejo. Un receptor sensorial, por ejemplo de la piel, percibe una sensación dolorosa y la transmite a una neurona sensitiva, una célula especializada en sensaciones de la médula espinal. Esta, a su vez, envía el impulso a una neurona motora, que rápidamente provoca una reacción (p. ej., retirar la mano) en el tejido diana. Todo este proceso se conoce como arco reflejo.

Transmisión de los impulsos nerviosos

Por una parte, las neuronas son capaces de producir neurotransmisores y enviarlos para propagar la **información** a otras células, pero por otra parte también pueden transmitir **estímulos eléctricos** a otras células de manera que estas puedan reaccionar. Por regla general, la información entre las neuronas se propaga con transmisores químicos, mientras que entre las neuronas y las células musculares con frecuencia también se realiza mediante impulsos eléctricos. Para ello, los miocitos y las neuronas forman la **placa motora**, a través de la cual el estímulo nervioso se transmite al músculo.

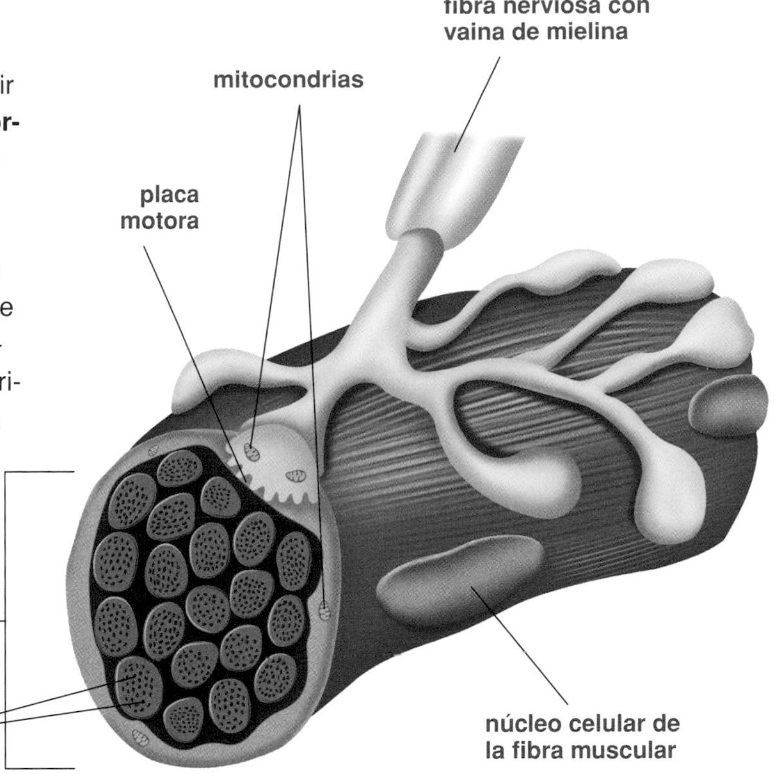
fibra nerviosa con vaina de mielina
mitocondrias
placa motora
fibra muscular
miofribrillas
núcleo celular de la fibra muscular

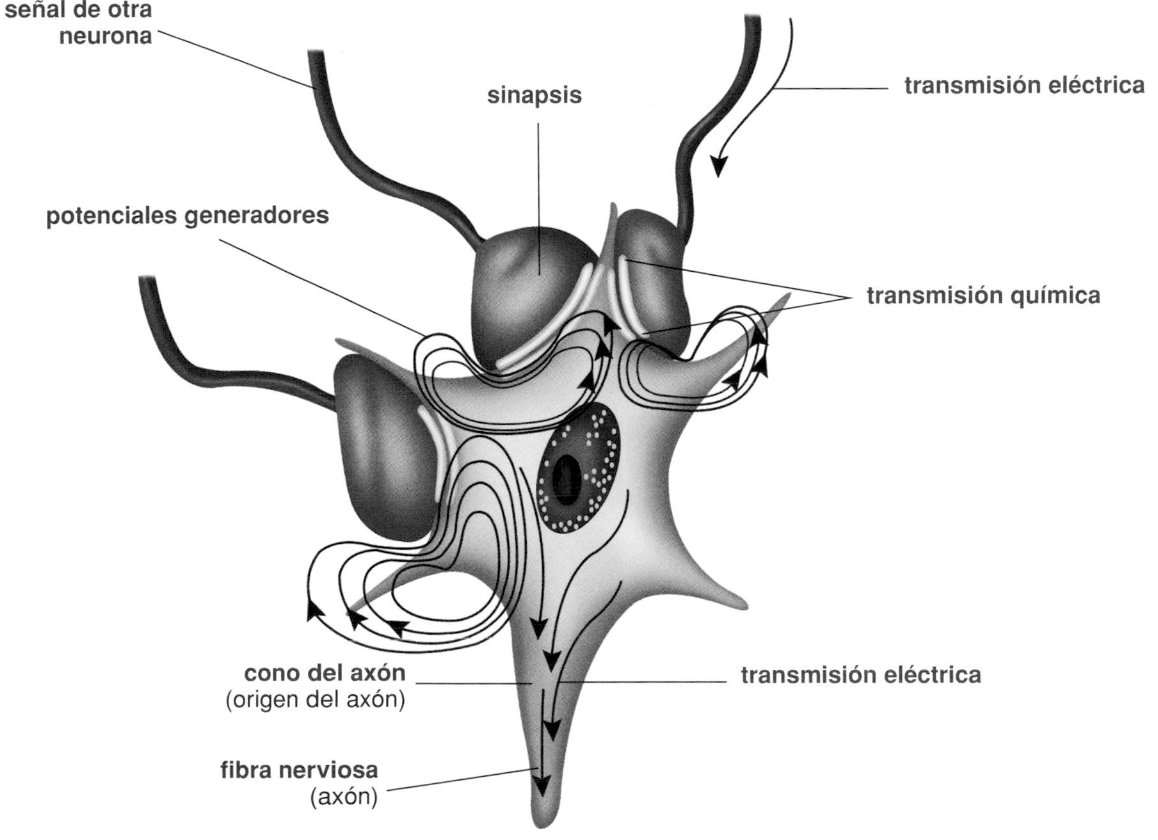
señal de otra neurona
sinapsis
transmisión eléctrica
potenciales generadores
transmisión química
cono del axón (origen del axón)
transmisión eléctrica
fibra nerviosa (axón)

Estructura de los nervios y las neuronas

Las células nerviosas o neuronas se diferencian entre sí por su función, aunque tienen una estructura similar. Están formadas por un **cuerpo celular** formado por **orgánulos** celulares del que parten las **dendritas**. Estas, semejantes a las ramas de un árbol, tienen como función la captación de los impulsos provenientes de otras células. Por su parte, cada neurona posee una prolongación más larga y gruesa, el **axón** o **neurita**, en cuyo extremo, la **sinapsis**, se locali-

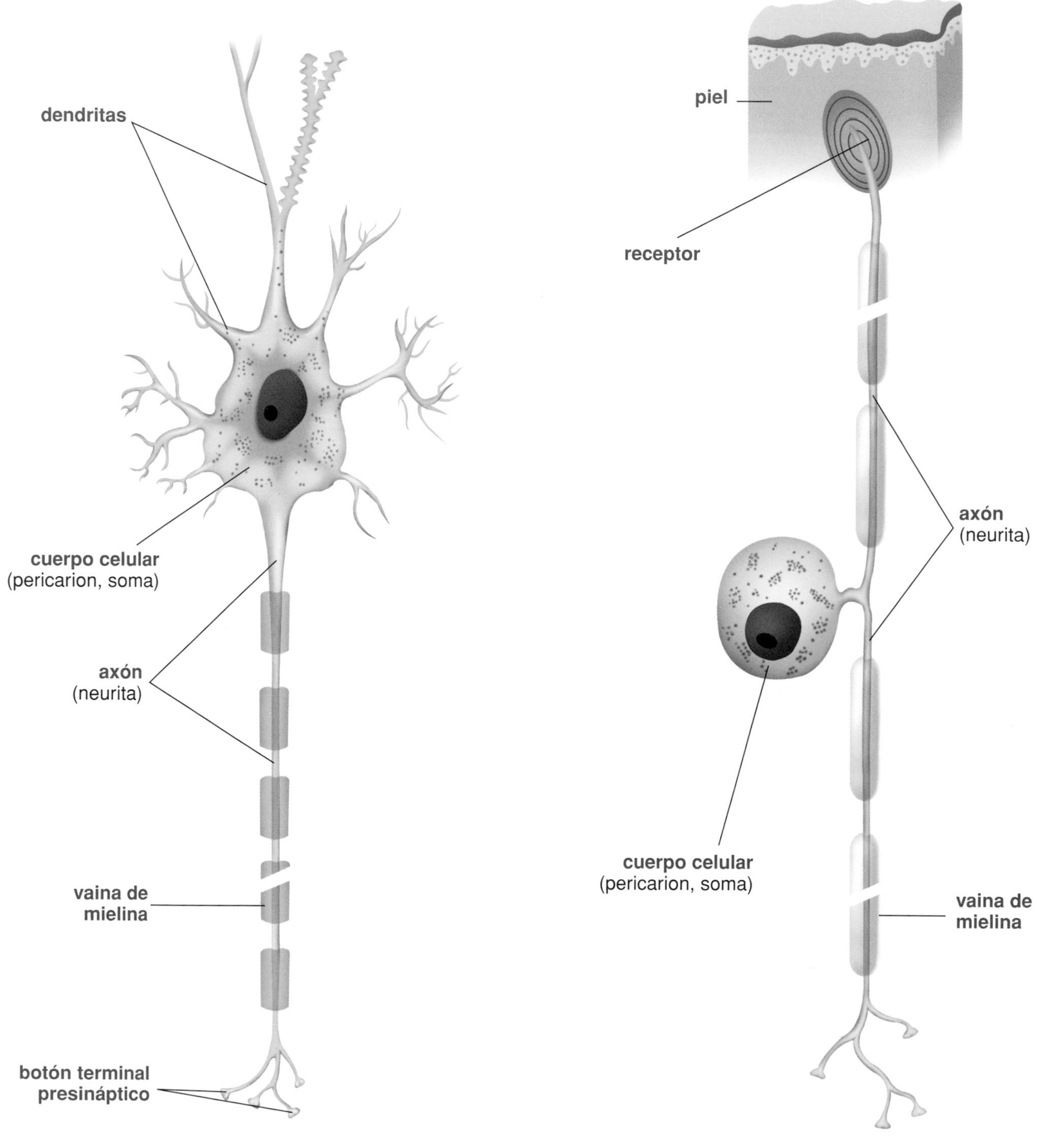
dendritas
cuerpo celular
(pericarion, soma)
axón
(neurita)
vaina de
mielina
botón terminal
presináptico
piel
receptor
axón
(neurita)
cuerpo celular
(pericarion, soma)
vaina de
mielina

Neurona de la corteza cerebral

Neurona del ganglio espinal

zan los botones terminales. A este nivel se produce la transmisión del impulso nervioso a otras células, donde se liberan neurotransmisores que se acoplan a los receptores de la células diana y desencadenan una reacción. Algunas neuronas tienen el axón recubierto por una capa de **mielina** (vaina de mielina) que hace posible una transmisión rápida de impulsos eléctricos. También hay neuronas sin vaina de mielina.

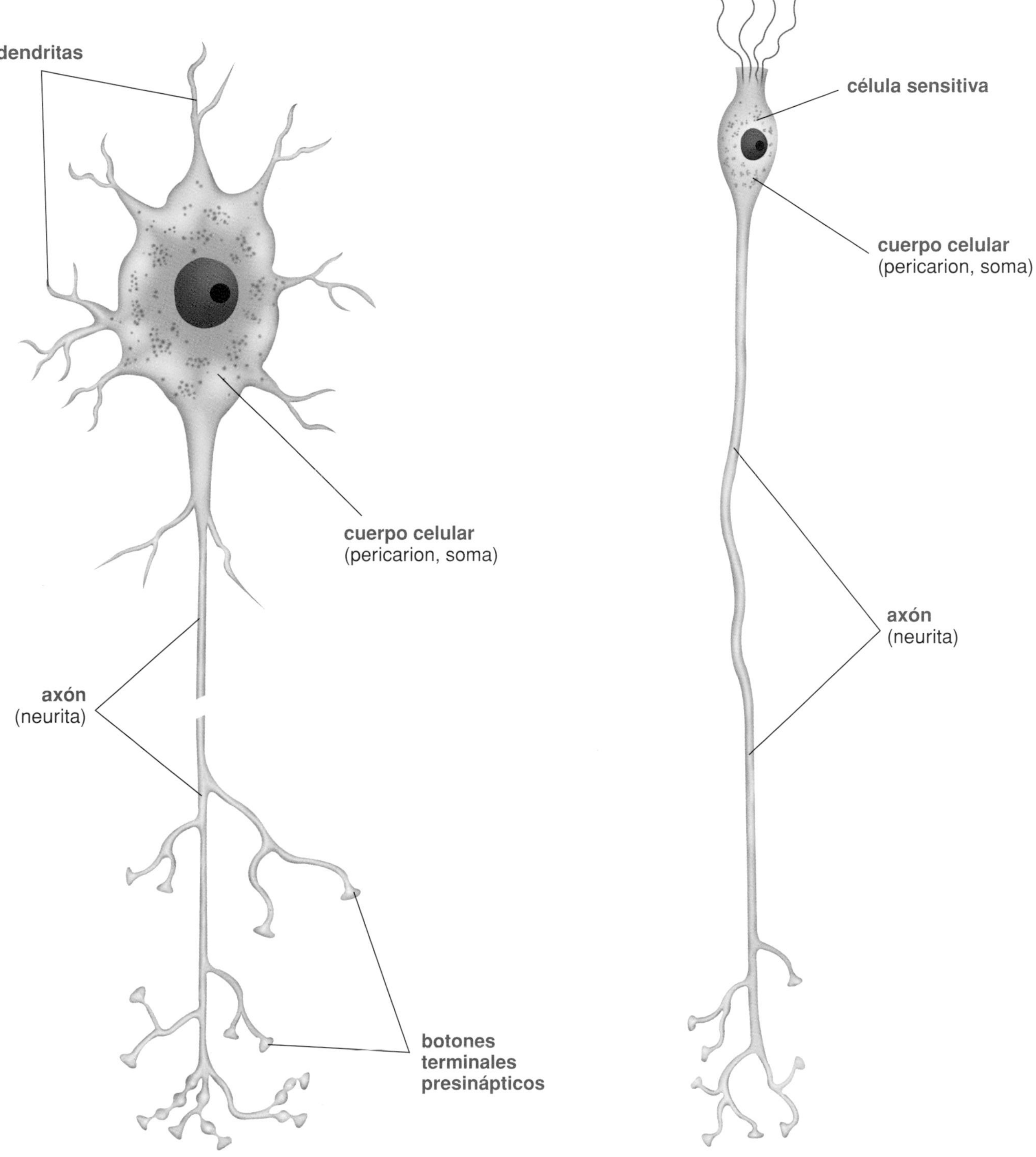
dendritas
cuerpo celular
(pericarion, soma)
axón
(neurita)
botones
terminales
presinápticos
célula sensitiva
cuerpo celular
(pericarion, soma)
axón
(neurita)

Neurona del sistema nervioso vegetativo

Neurona de la mucosa olfativa

ELECTROENCEFALOGRAMA

Con el electroencefalograma (EEG) pueden determinarse y representarse las oscilaciones de tensión de las neuronas cerebrales. Sobre la cabeza del paciente se colocan unos electrodos, que miden y representan gráficamente las corrientes cerebrales. Estas variaciones del estado eléctrico de las neuronas cerebrales son útiles para diagnosticar enfermedades como la epilepsia, ya que en las personas sanas el EEG sigue un determinado patrón diferente del de las enfermas.

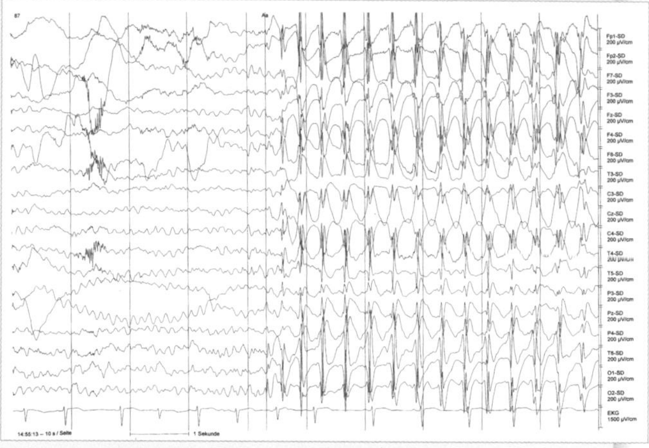

Imagen EEG de una forma de epilepsia (ausencias). Al contrario que en el EEG normal, en este caso se muestra una especie de sacudida en la curva de la crisis epiléptica.

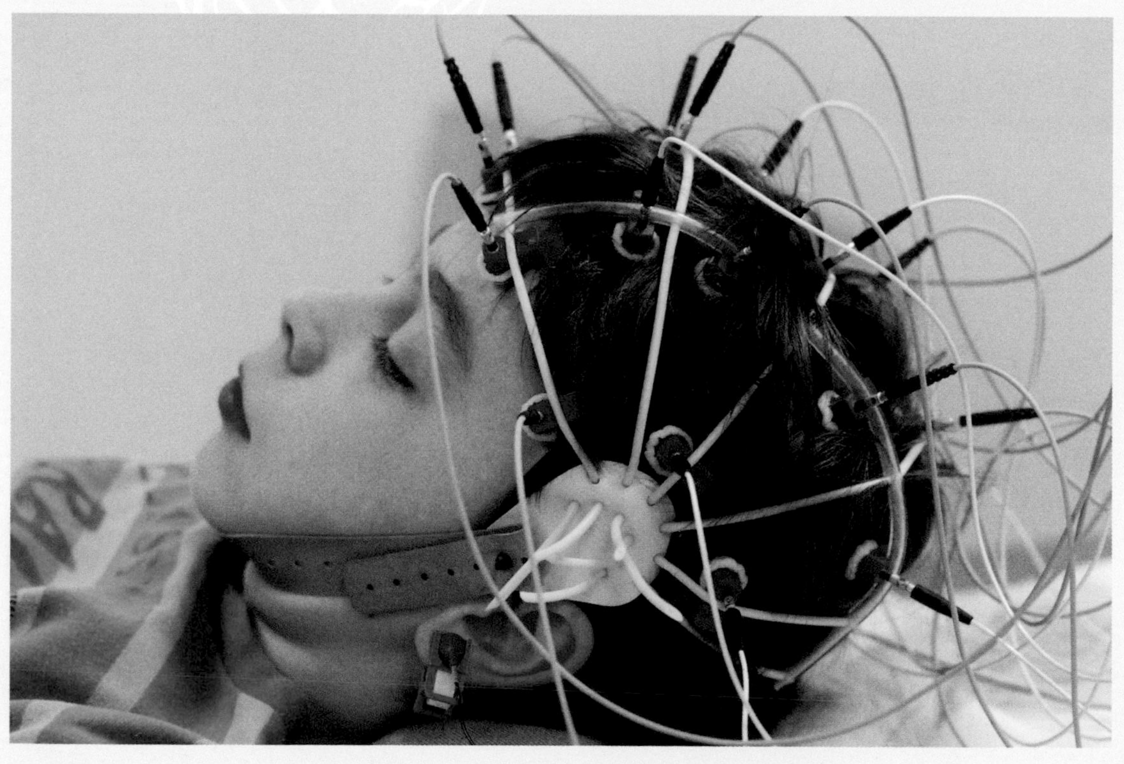

Estructura de una sinapsis

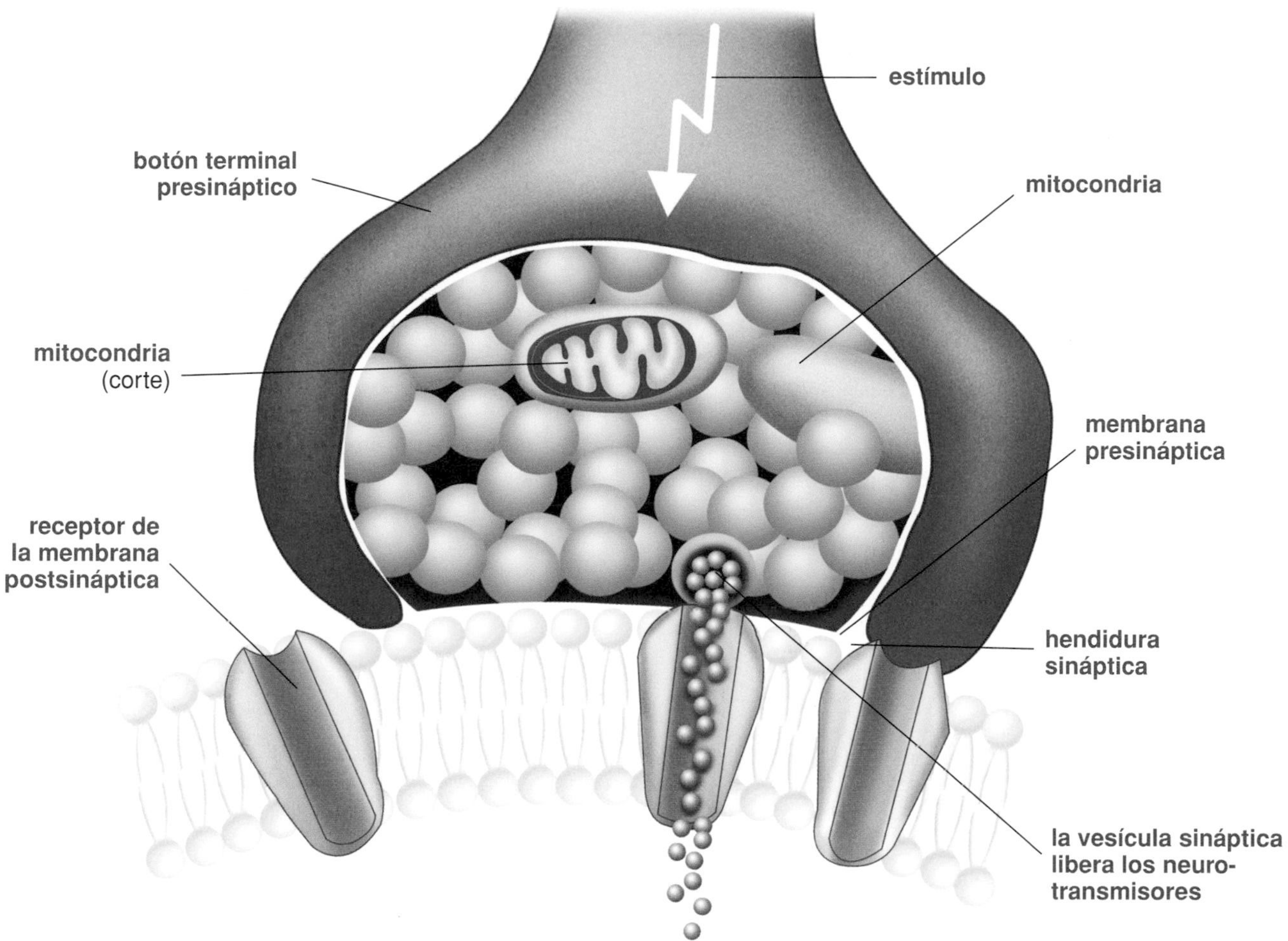
estímulo
botón terminal presináptico
mitocondria
mitocondria (corte)
membrana presináptica
receptor de la membrana postsináptica
hendidura sináptica
la vesícula sináptica libera los neuro-transmisores

Neurotransmisores

Los **neurotransmisores** son los mensajeros que transmiten la información entre las neuronas. Pueden tener un efecto estimulante o inhibidor. Así, por ejemplo, la liberación de noradrenalina produce un aumento de la atención. Los neurotransmisores son producidos en los botones terminales presinápticos de las neuronas para poder ser liberados en la hendidura sináptica existente entre dos de ellas; de esta manera, pueden ser captados por los receptores situados en la membrana postsináptica de la célula vecina y provocar allí la reacción deseada.

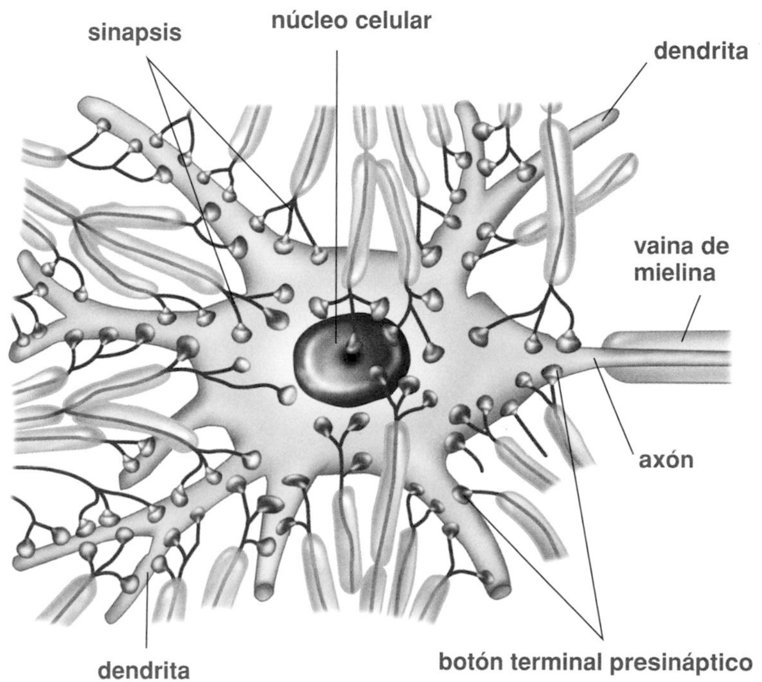
sinapsis
núcleo celular
dendrita
vaina de mielina
axón
dendrita
botón terminal presináptico

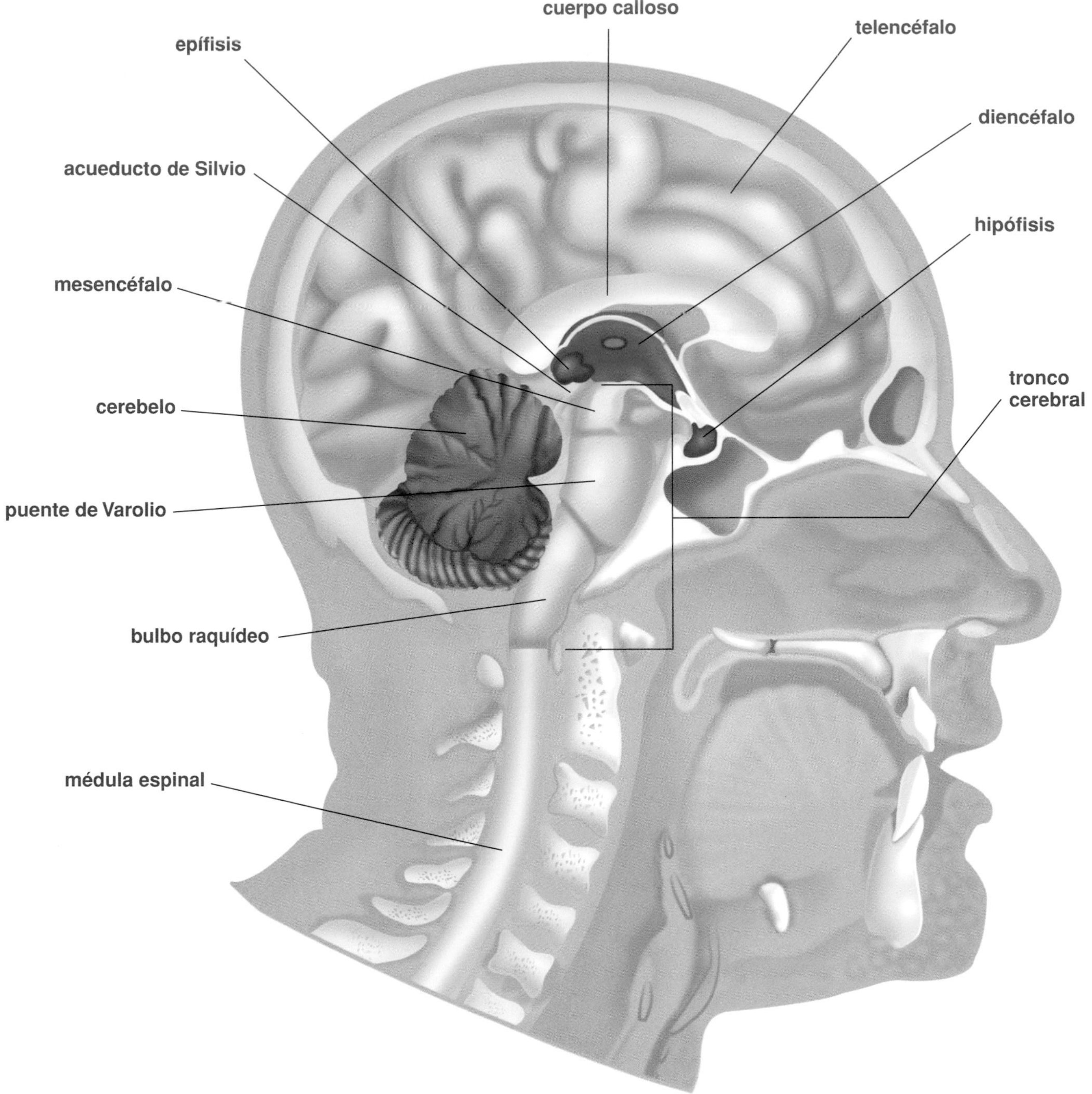
cuerpo calloso
epífisis
telencéfalo
diencéfalo
acueducto de Silvio
hipófisis
mesencéfalo
tronco cerebral
cerebelo
puente de Varolio
bulbo raquídeo
médula espinal

Encéfalo

El encéfalo es el órgano que controla todas las maniobras voluntarias y también muchas de las automáticas. Se divide en **telencéfalo (cerebro), diencéfalo, mesencéfalo, cerebelo** y **bulbo raquídeo**; por su parte, el mesencéfalo, el bulbo raquídeo y el puente de Varolio forman el **tronco cerebral**. El telencéfalo constituye el centro superior de control del encéfalo y en él se localizan principalmente las neuronas cerebrales. La principal función del cerebelo es el movimiento muscular, mientras que el diencéfalo se encarga, entre otras funciones, de controlar el ritmo día-noche a través de la melatonina y de producir otras hormonas. Como partes del tronco cerebral, el mesencéfalo es el responsable de los movimientos involuntarios; el puente de Varolio comunica el telencéfalo con el cerebelo, y en el bulbo raquídeo se localiza, entre otros, el centro respiratorio.

Lóbulos cerebrales

El cerebro se divide en cuatro áreas: el **lóbulo frontal**, situado anteriormente; el **lóbulo parietal**, separado del lóbulo frontal por la fisura central; el **lóbulo occipital**, inmediatamente por detrás, y el **lóbulo temporal**, situado por debajo de los lóbulos frontal y parietal. Entre los lóbulos parietales, frontal y temporal discurre la cisura lateral. La capa más externa del cerebro constituye la corteza cerebral, donde se hallan la mayoría de las neuronas del encéfalo (sustancia gris), por lo que tiene un color grisáceo.

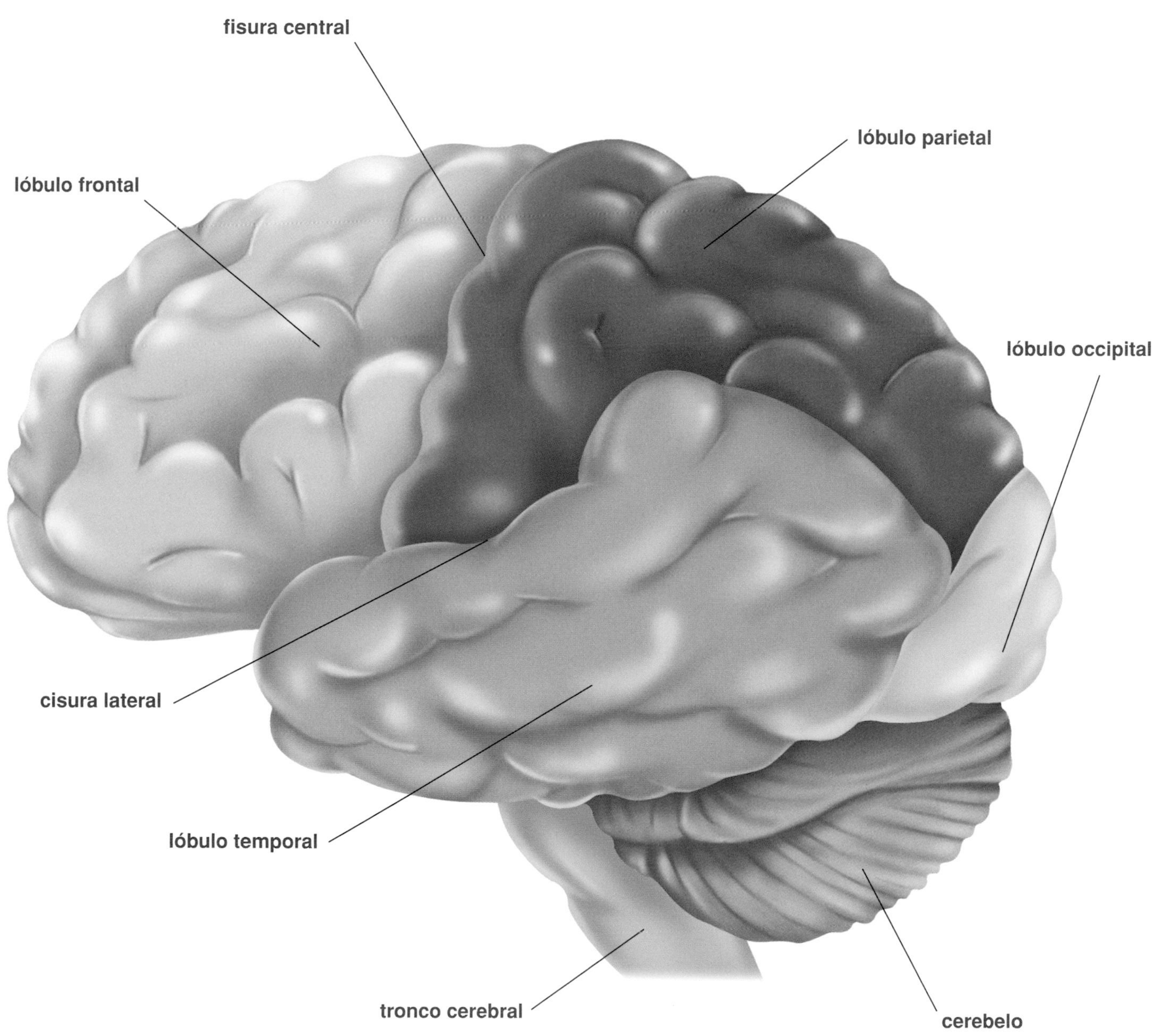
fisura central
lóbulo parietal
lóbulo frontal
lóbulo occipital
cisura lateral
lóbulo temporal
tronco cerebral
cerebelo

Telencéfalo y diencéfalo

Aunque la mayoría de las neuronas cerebrales se localizan en la corteza cerebral, otras zonas cerebrales de situación más profunda, los llamados **núcleos**, también están formados por sustancia gris, es decir, por grupos de neuronas. De ellos forman parte los **ganglios basales**, entre los que se encuentran el núcleo putamen y el caudado. Todavía no se conoce con exactitud su verdadera función, pero se cree que actúan de filtro. La **cápsula interna** conforma la estructura de mayor tamaño que agrupa las fibras de proyección que parten de la corteza cerebral, así como las que se dirigen a ella.

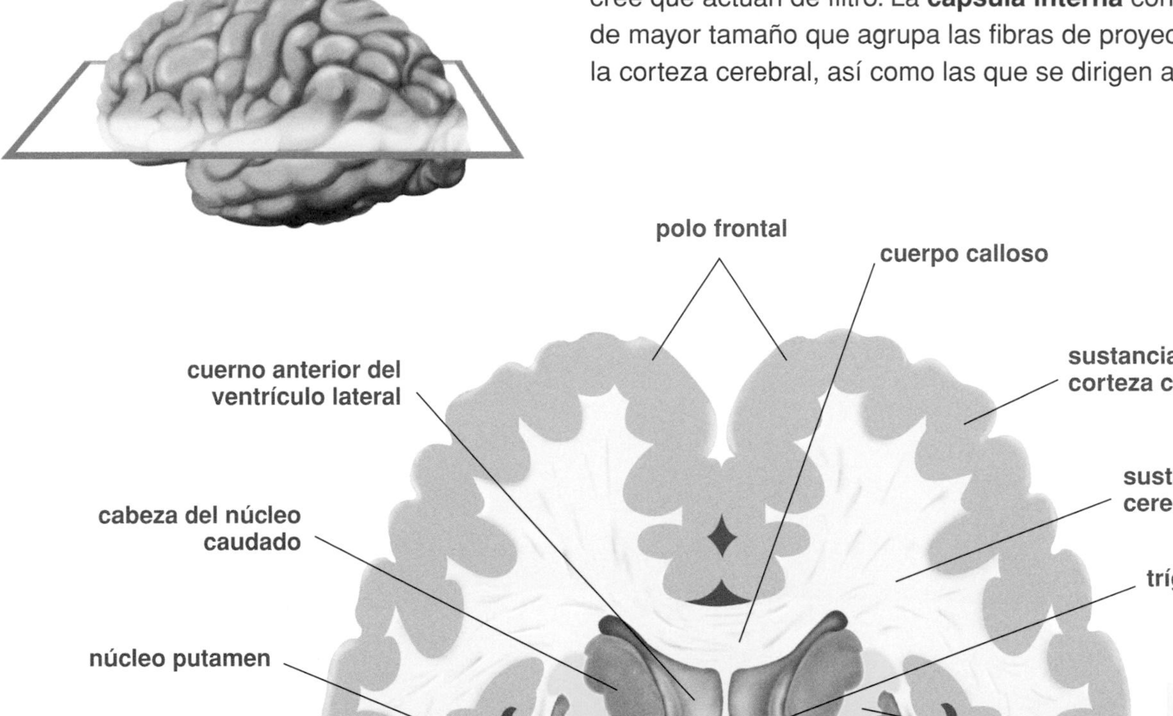
Plano de corte horizontal

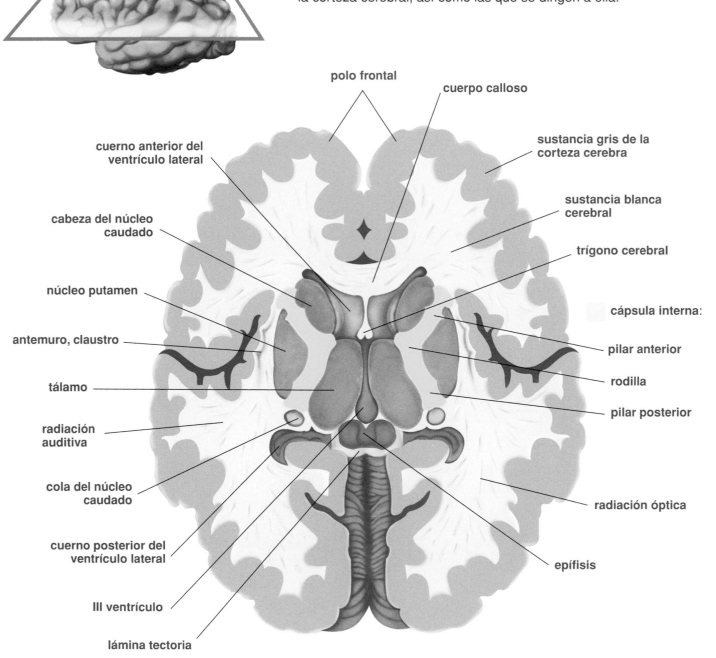

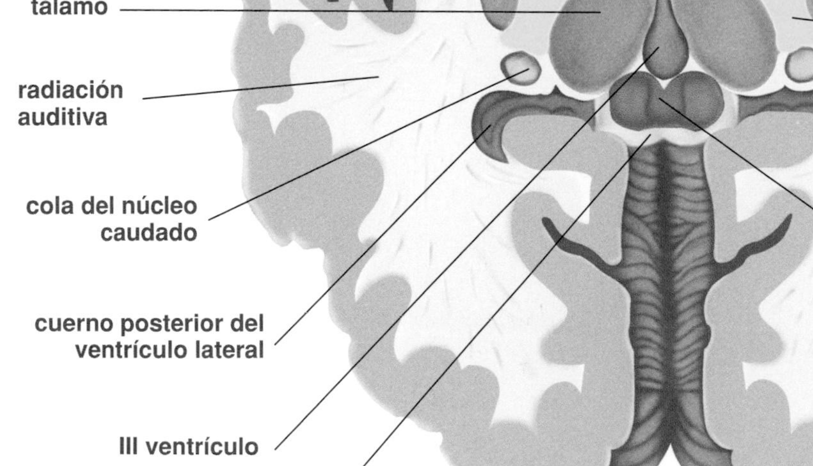
polo frontal
cuerpo calloso
cuerno anterior del ventrículo lateral
sustancia gris de la corteza cerebra
sustancia blanca cerebral
cabeza del núcleo caudado
trígono cerebral
núcleo putamen
cápsula interna:
antemuro, claustro
pilar anterior
rodilla
tálamo
pilar posterior
radiación auditiva
cola del núcleo caudado
radiación óptica
cuerno posterior del ventrículo lateral
epífisis
III ventrículo
lámina tectoria

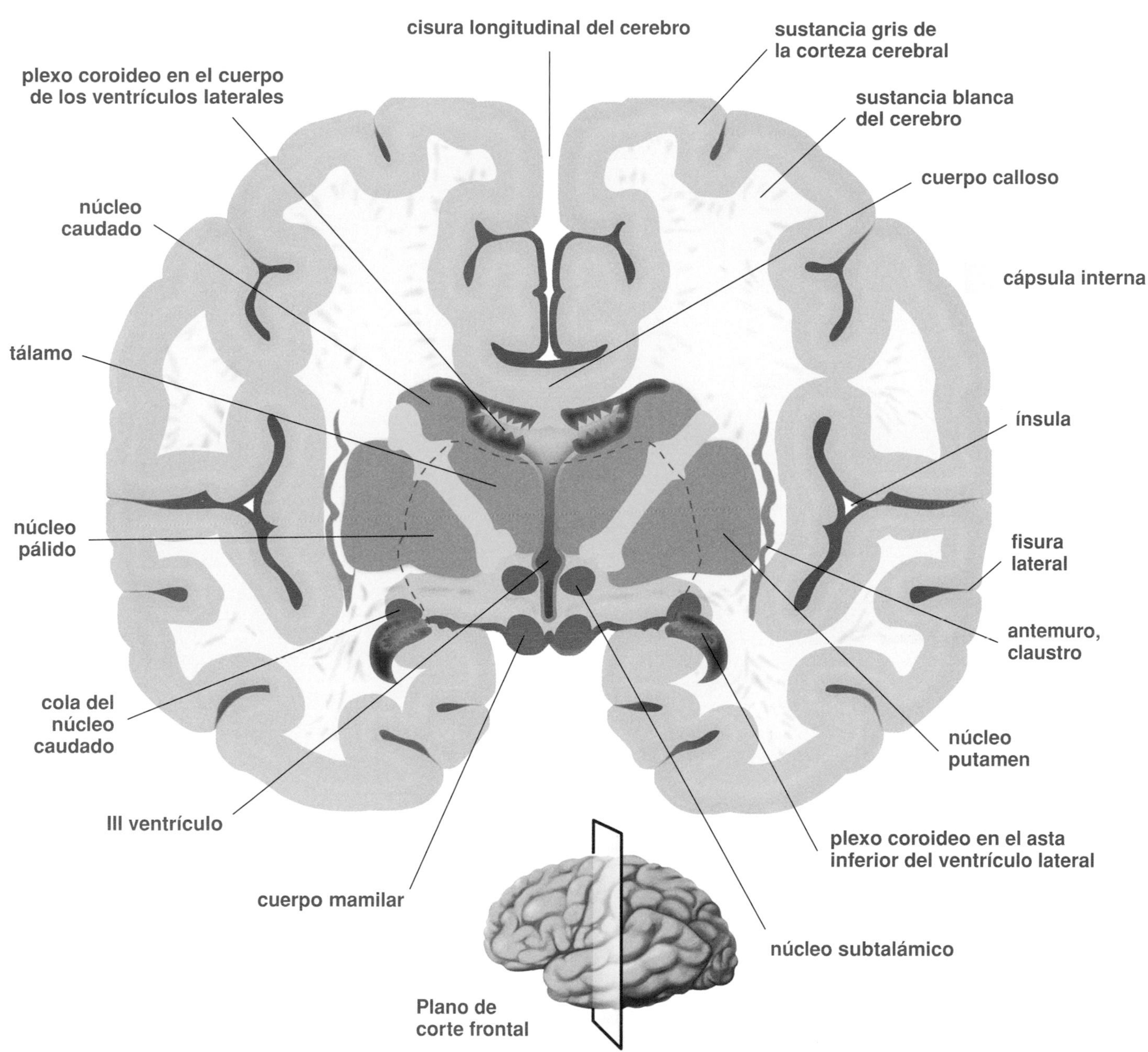
cisura longitudinal del cerebro
sustancia gris de la corteza cerebral
plexo coroideo en el cuerpo de los ventrículos laterales
sustancia blanca del cerebro
cuerpo calloso
núcleo caudado
cápsula interna
tálamo
ínsula
núcleo pálido
fisura lateral
antemuro, claustro
cola del núcleo caudado
núcleo putamen
III ventrículo
plexo coroideo en el asta inferior del ventrículo lateral
cuerpo mamilar
núcleo subtalámico
Plano de corte frontal

La profunda cisura longitudinal divide el cerebro en dos hemisferios, derecho e izquierdo, unidos entre sí por el **cuerpo calloso**. El **tálamo** y el **hipotálamo** forman parte del diencéfalo, al igual que la **hipófisis** y la **epífisis**. Estas secciones están formadas básicamente por sustancia gris. El tálamo tiene una función de filtro: a él llegan los impulsos nerviosos de la médula espinal, y, después de separarlos en información importante y no importante, sólo transmite al cerebro las percepciones consideradas vitales.

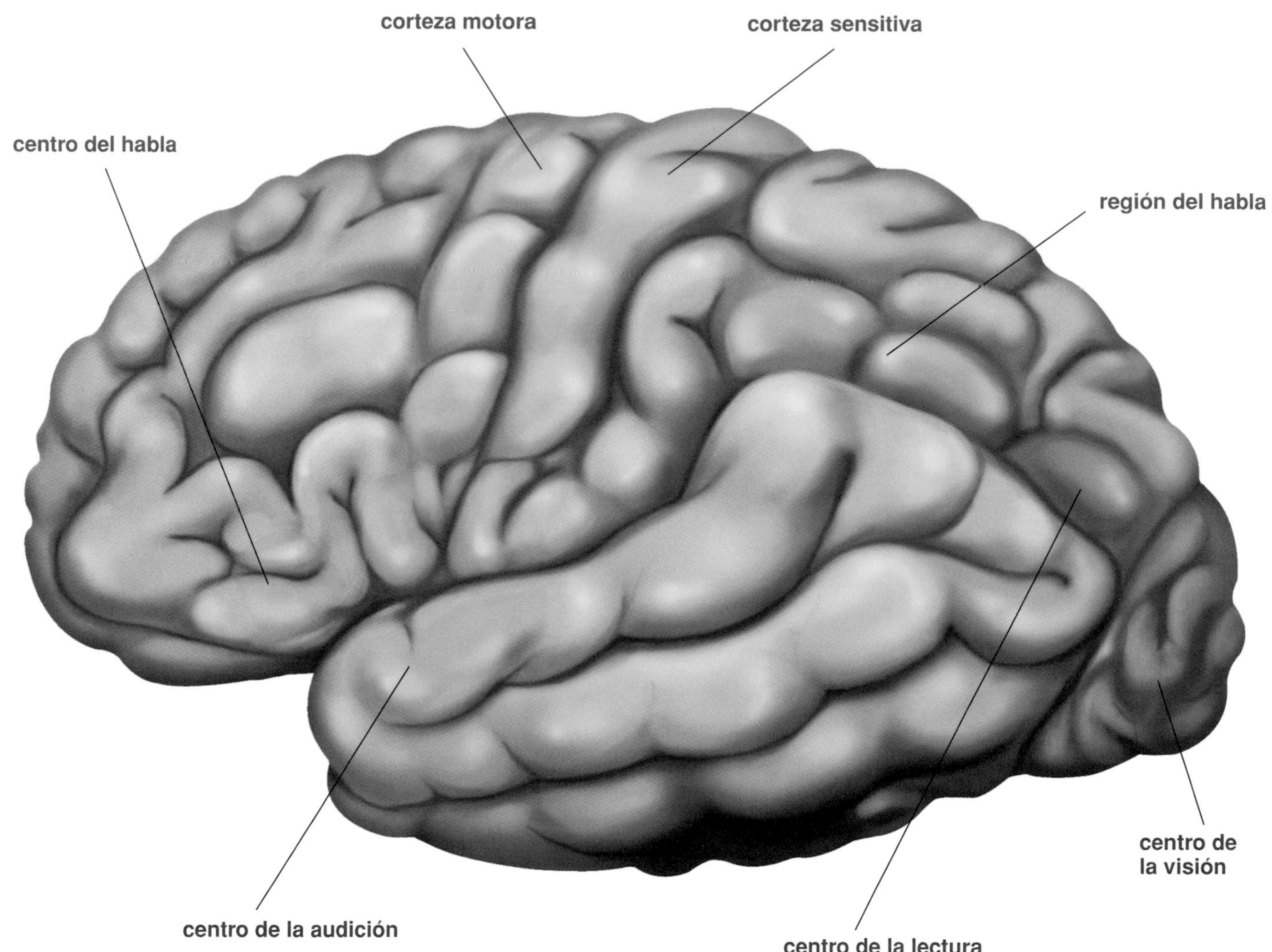
corteza motora
corteza sensitiva
centro del habla
región del habla
centro de
la visión
centro de la audición
centro de la lectura

Función de la corteza cerebral

La corteza cerebral está dividida en distintas áreas cuyas neuronas tienen funciones similares. Así, por ejemplo, en la **corteza sensitiva** predominan las neuronas que perciben y controlan las sensaciones corporales. La **corteza motora** está constituida básicamente por neuronas que emiten órdenes para los músculos. Además, existen regiones de la corteza cerebral cuya función es el **habla**, la **visión**, la **audición** o la **comprensión** del lenguaje hablado. Entre estas zonas existen conexiones, por ejemplo, para poder ordenar las experiencias nuevas.

Vascularización arterial del encéfalo

Las **arterias cerebrales** son ramas tanto de la arteria carótida interna como de la arteria basilar. La arteria cerebral media, que tiene su origen en la carótida común, es la rama principal que irriga el cerebro. La arteria cerebral anterior aporta sangre básicamente a las regiones anterior y media de la corteza cerebral y a las zonas que se encuentran inmediatamente por debajo de ella, mientras que la arteria cerebral posterior, con origen en la arteria basilar, nutre a la parte posterior y más profunda del encéfalo.

Zonas de vascularización:

- **Arteria cerebral anterior**
- **Arteria cerebral media**
- **Arteria cerebral posterior**

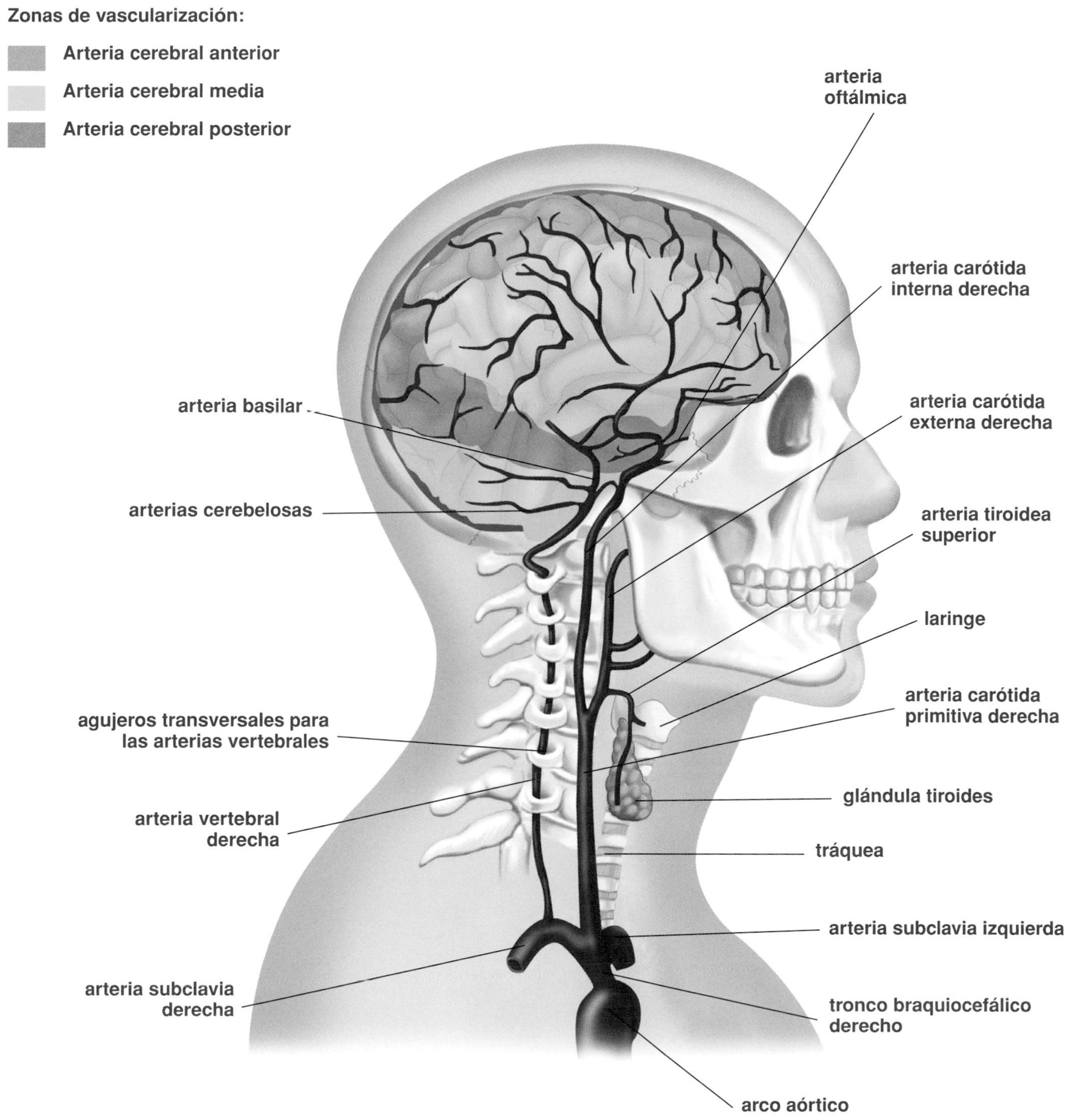
arteria oftálmica
arteria carótida interna derecha
arteria basilar
arteria carótida externa derecha
arterias cerebelosas
arteria tiroidea superior
laringe
arteria carótida primitiva derecha
agujeros transversales para las arterias vertebrales
glándula tiroides
arteria vertebral derecha
tráquea
arteria subclavia izquierda
arteria subclavia derecha
tronco braquiocefálico derecho
arco aórtico

Vascularización venosa del encéfalo

Igual que ocurre en otras zonas del cuerpo, la sangre del cerebro pobre en oxígeno y nutrientes circula por el sistema venoso. No obstante, en el encéfalo se acumula en unos conductos sanguíneos especiales conocidos como **senos de la duramadre**. Estos, formados por un repliegue de dicha membrana dotado de una pared interna especial, conducen la sangre usada hacia las venas yugulares internas, a través de las cuales es transportada hasta el corazón. La vena más grande del encéfalo es la **vena cerebral magna**, aunque comparada con otras venas es bastante corta (tiene una longitud de un centímetro).

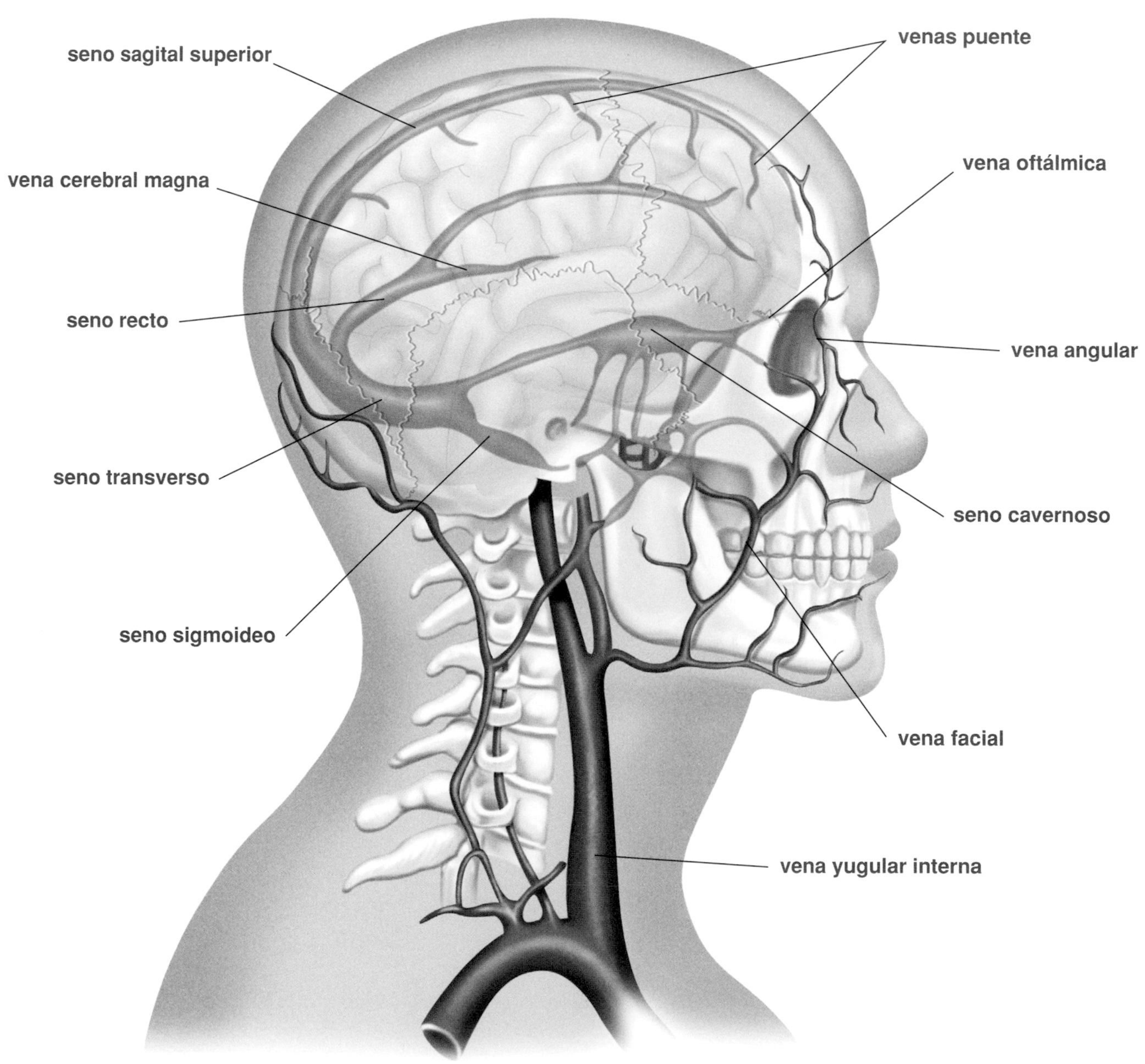
seno sagital superior
venas puente
vena oftálmica
vena cerebral magna
seno recto
vena angular
seno transverso
seno cavernoso
seno sigmoideo
vena facial
vena yugular interna

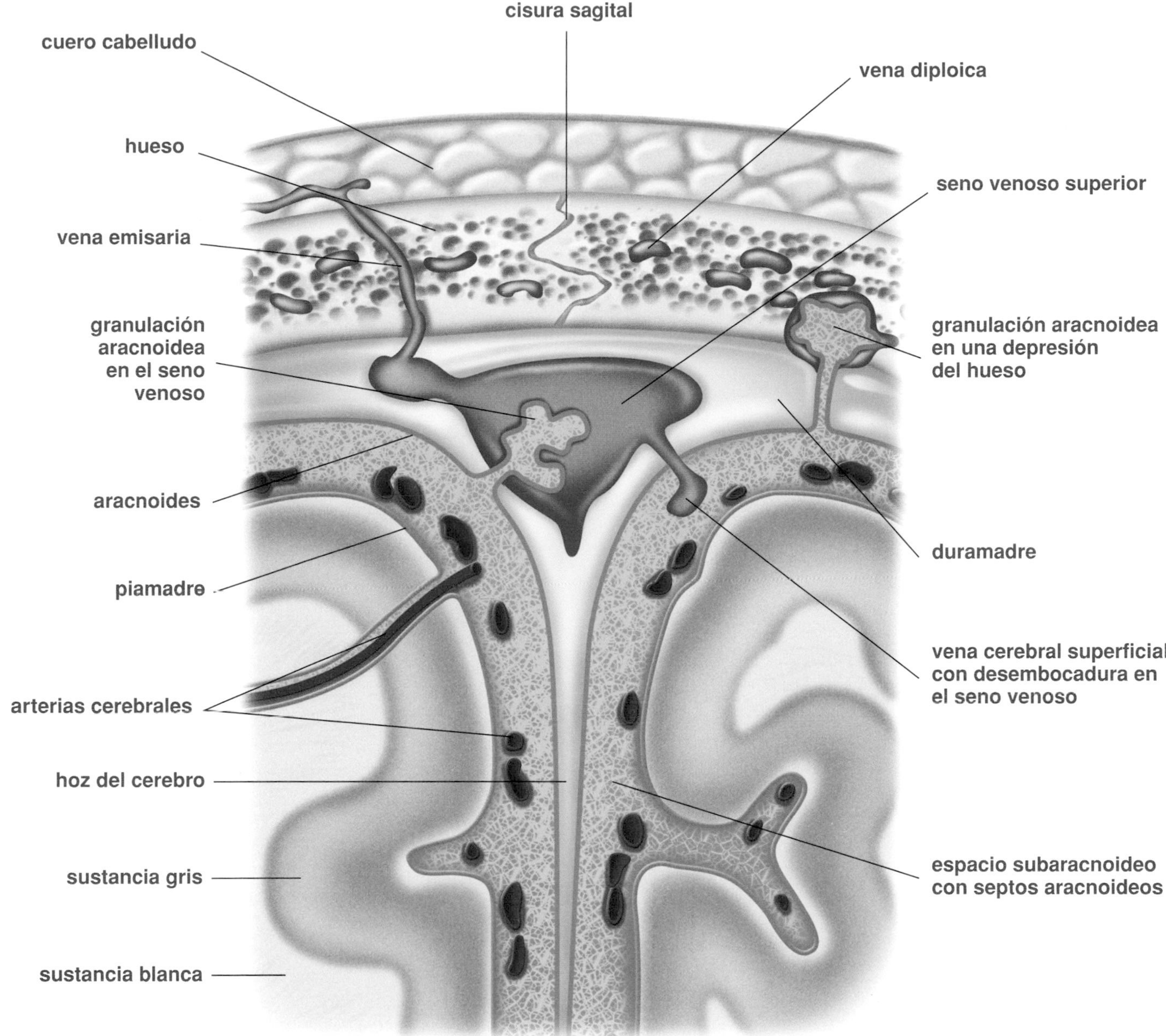
cisura sagital
cuero cabelludo
vena diploica
hueso
seno venoso superior
vena emisaria
granulación aracnoidea en el seno venoso
granulación aracnoidea en una depresión del hueso
aracnoides
duramadre
piamadre
vena cerebral superficial con desembocadura en el seno venoso
arterias cerebrales
hoz del cerebro
sustancia gris
espacio subaracnoideo con septos aracnoideos
sustancia blanca

Meninges cerebrales

El tejido nervioso del encéfalo, extremadamente sensible, está recubierto por tres meninges que lo protegen: inmediatamente por debajo de los huesos del cráneo está la **duramadre**, formada por un fuerte tejido conjuntivo; bajo ella se sitúa el **espacio subdural** y, a continuación, la segunda meninge, la **aracnoides**. Esta última, también constituida por tejido conjuntivo, es atravesada por fibras blancas de tejido conjuntivo que le dan un aspecto de tela de araña. Bajo la aracnoides está el **espacio subaracnoideo** lleno de líquido cefalorraquídeo, delimitado más profundamente por la **piamadre**. Esta meninge, pegada al encéfalo, está surcada por muchos vasos sanguíneos.

Meninges espinales

La médula espinal también está rodeada por las meninges, que a este nivel reciben el nombre de **meninges espinales**. La duramadre se divide en dos hojas: una se halla pegada a las vértebras del conducto vertebral, mientras que la otra rodea las otras dos meninges y la médula espinal. Entre estas dos capas de la duramadre espinal se encuentra el **espacio epidural**, ocupado básicamente por tejido adiposo. La **aracnoides espinal** se localiza justo por debajo de la duramadre espinal; inmediatamente después está el **espacio subaracnoideo**, seguido de la piamadre espinal, que está en contacto directo con la médula espinal.

Conducto vertebral

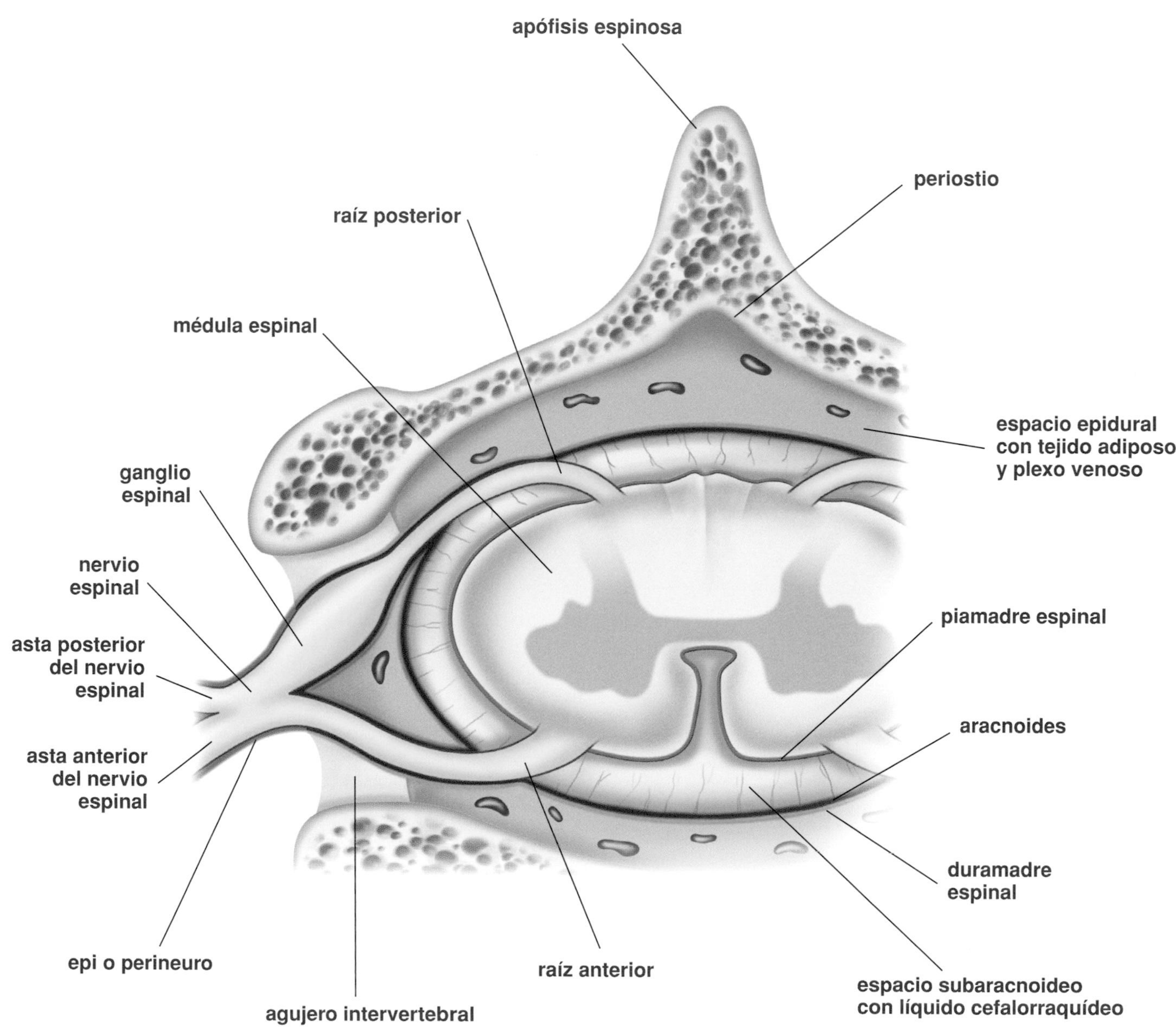
apófisis espinosa
periostio
raíz posterior
médula espinal
espacio epidural con tejido adiposo y plexo venoso
ganglio espinal
nervio espinal
asta posterior del nervio espinal
piamadre espinal
aracnoides
asta anterior del nervio espinal
duramadre espinal
epi o perineuro
raíz anterior
agujero intervertebral
espacio subaracnoideo con líquido cefalorraquídeo

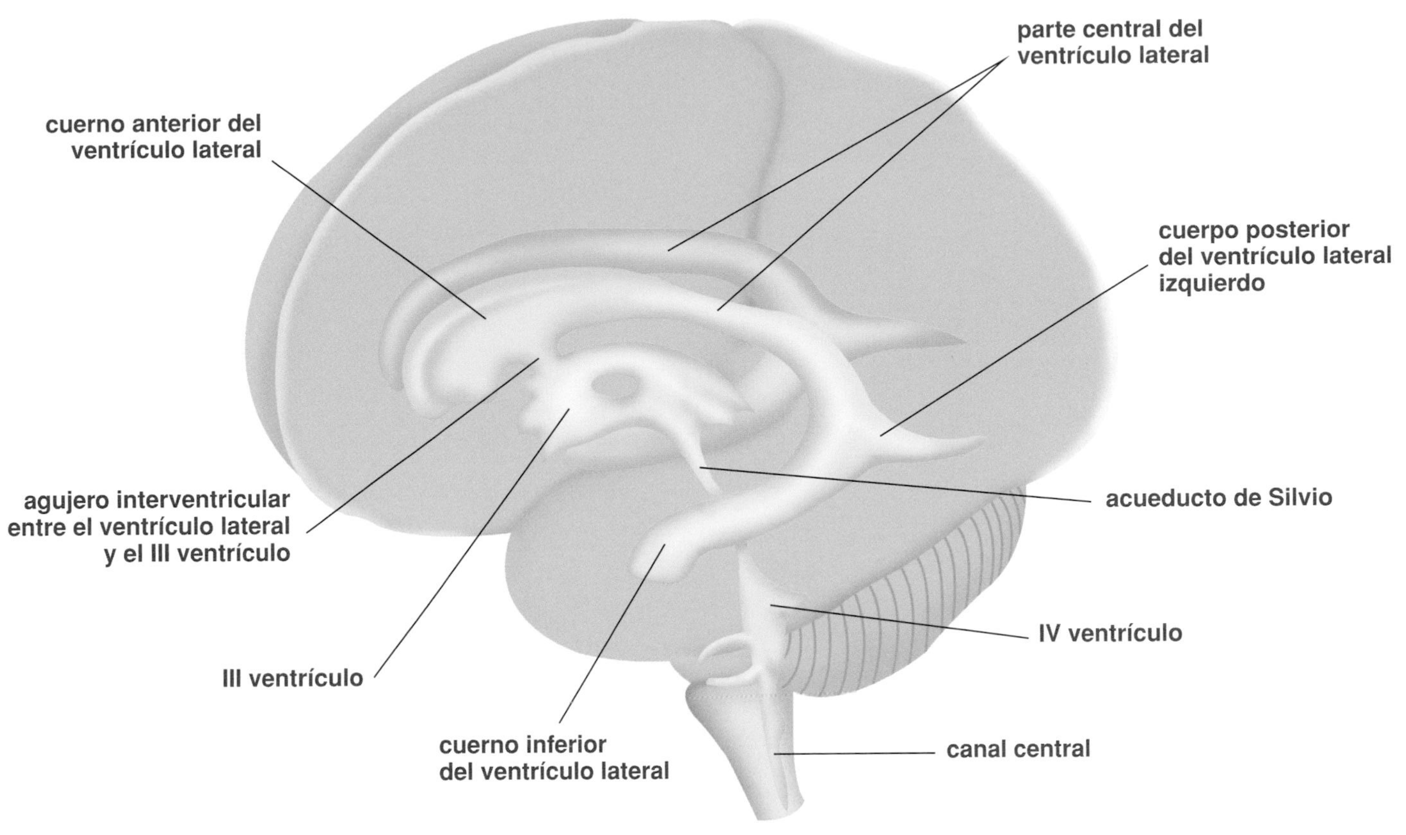
parte central del
ventrículo lateral
cuerno anterior del
ventrículo lateral
cuerpo posterior
del ventrículo lateral
izquierdo
agujero interventricular
entre el ventrículo lateral
y el III ventrículo
acueducto de Silvio
IV ventrículo
III ventrículo
cuerno inferior
del ventrículo lateral
canal central

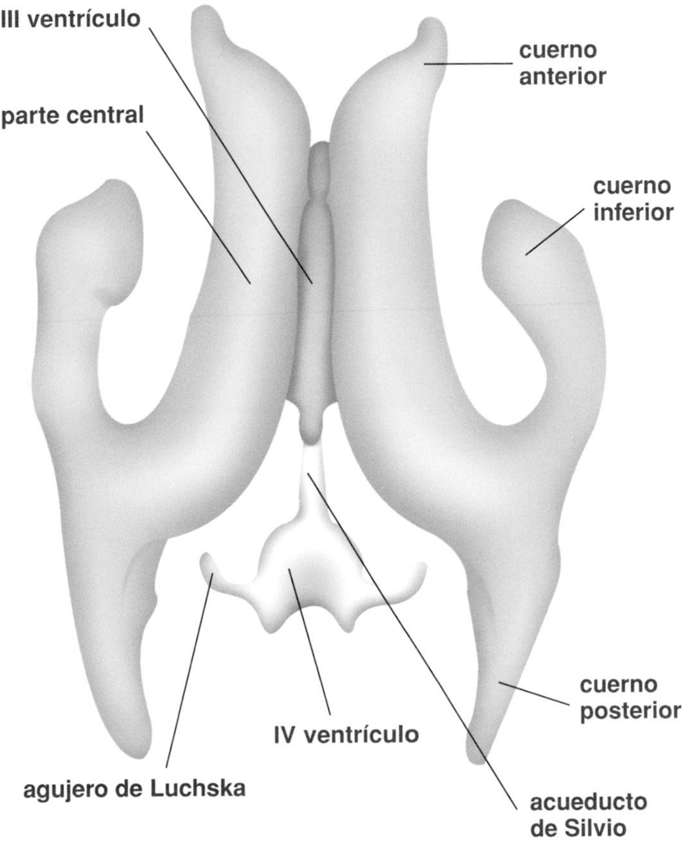
III ventrículo
cuerno
anterior
parte central
cuerno
inferior
cuerno
posterior
IV ventrículo
agujero de Luchska
acueducto
de Silvio

Ventrículos cerebrales

El cerebro dispone de ventrículos, los cuales producen y contienen el líquido cefalorraquídeo (LCR). Otros espacios huecos también almacenan LCR. Los ventrículos cerebrales y el canal medular se llaman **espacios cefalorraquídeos internos**. La principal función del LCR consiste en proteger frente a los golpes del encéfalo y la médula espinal, y es probable que también los preserve con determinadas sustancias. Existen cuatro ventrículos: los dos **ventrículos laterales** del cerebro, el **III ventrículo** en el diencéfalo y el **IV ventrículo**, todos ellos conectados directa e indirectamente. En los ventrículos se sitúa el plexo coroideo, perteneciente a la piamadre y productor del LCR.

Espacios cefalorraquídeos y punción lumbar

Además de los internos existen espacios cefalorraquídeos externos, como el espacio subaracnoideo, entre la aracnoides y la piamadre cerebral y espinal. A través de las granulaciones aracnoideas, el **exceso de LCR** se deriva a la circulación venosa. En la médula espinal, el sobrante de LCR sale por los puntos de salida de los nervios espinales hacia la linfa. El drenaje del LCR es crucial para evitar un aumento de la presión intracraneal, situación que provoca graves daños cerebrales.

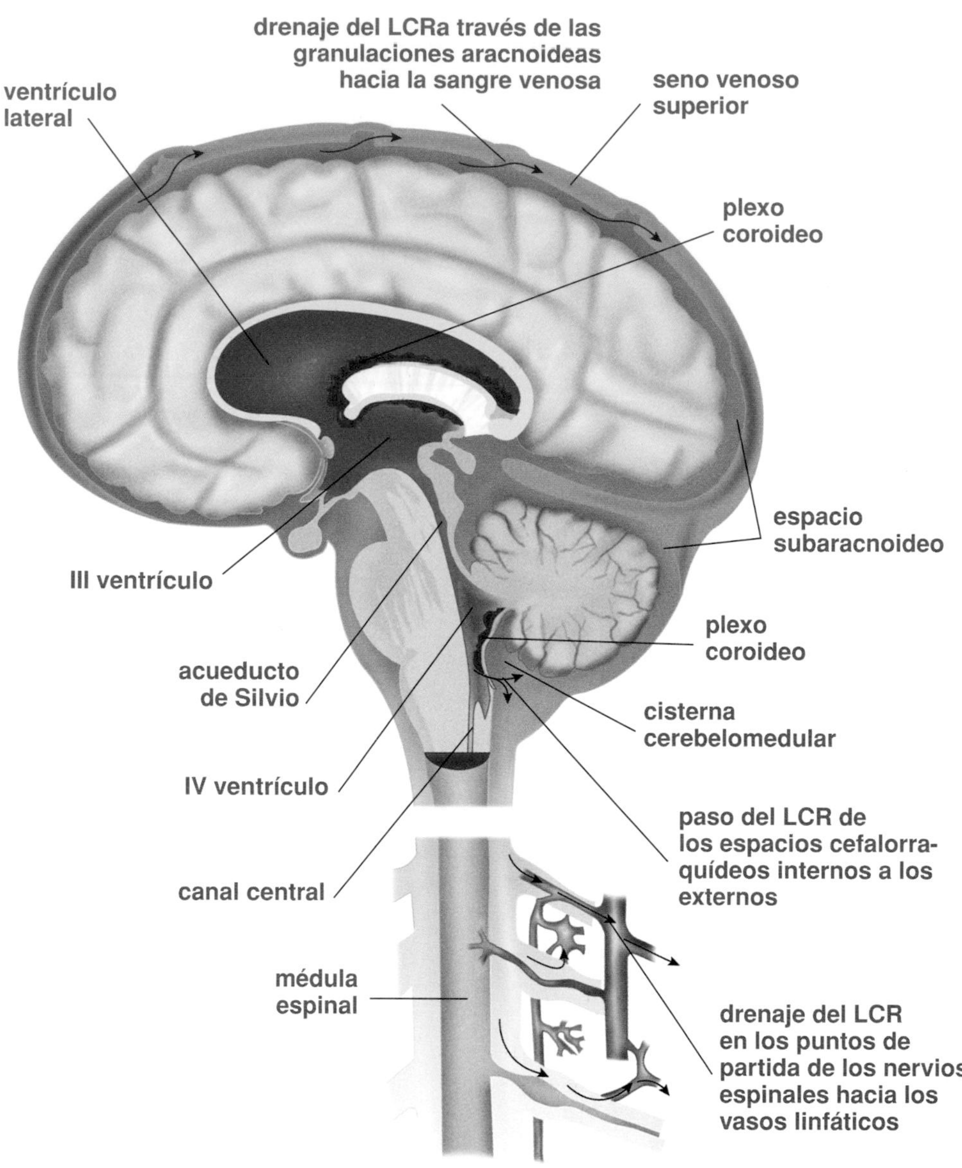
drenaje del LCRa través de las granulaciones aracnoideas hacia la sangre venosa
ventrículo lateral
seno venoso superior
plexo coroideo
espacio subaracnoideo
III ventrículo
plexo coroideo
acueducto de Silvio
cisterna cerebelomedular
IV ventrículo
paso del LCR de los espacios cefalorraquídeos internos a los externos
canal central
médula espinal
drenaje del LCR en los puntos de partida de los nervios espinales hacia los vasos linfáticos

PUNCIÓN LUMBAR

Ante la sospecha de determinadas enfermedades, debe extraerse LCR mediante una punción lumbar para estudiar la posible presencia de agentes patógenos. Con la ayuda de una aguja especial, el LCR se retira del espacio subaracnoideo del canal espinal, a la altura de la columna lumbar.

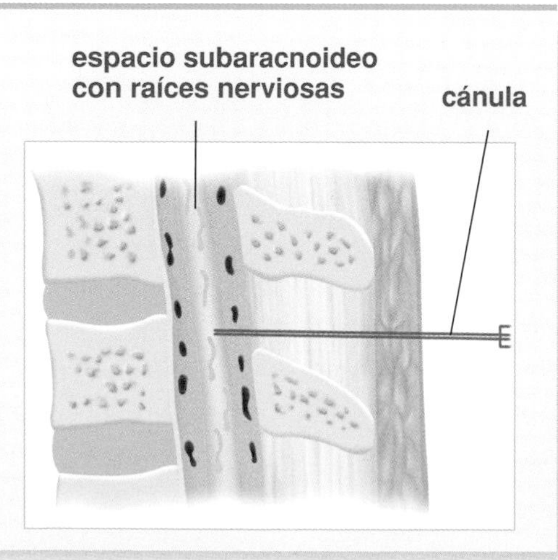
espacio subaracnoideo con raíces nerviosas
cánula

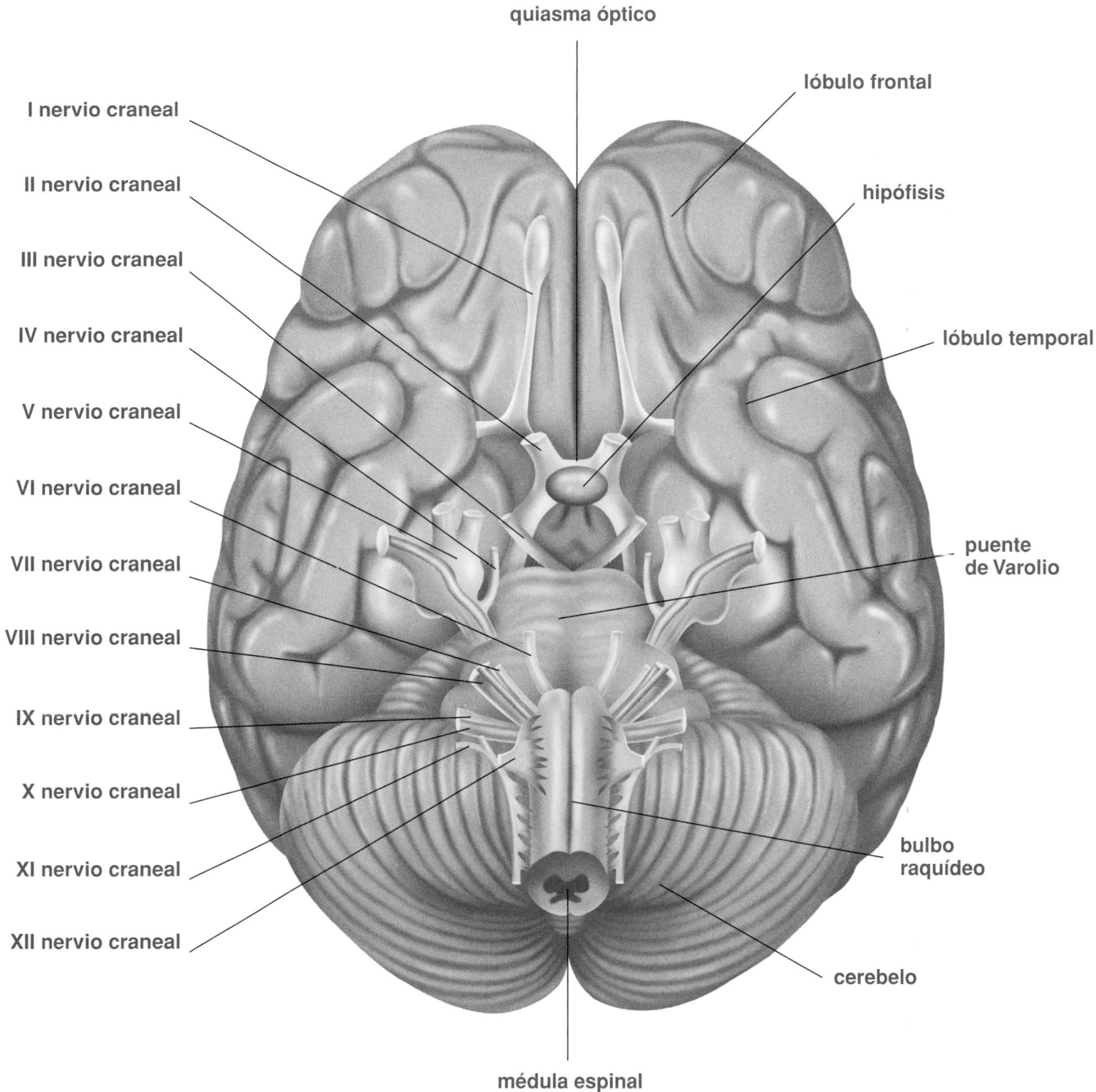
quiasma óptico
lóbulo frontal
I nervio craneal
II nervio craneal
hipófisis
III nervio craneal
IV nervio craneal
lóbulo temporal
V nervio craneal
VI nervio craneal
puente
de Varolio
VII nervio craneal
VIII nervio craneal
IX nervio craneal
X nervio craneal
bulbo
raquídeo
XI nervio craneal
XII nervio craneal
cerebelo
médula espinal

Nervios craneales

Los nervios craneales se originan en grupos celulares del encéfalo, mientras que el resto de los nervios del cuerpo (nervios espinales) tienen su origen en la médula espinal. Los nervios craneales inervan la **musculatura** de la cabeza y el cuello, aunque existen nervios craneales como el olfatorio que, en sentido estricto, no son un nervio sino una parte del cerebro cuya función consiste en captar los olores. Por el contrario, el nervio vago u X nervio craneal tiene una función importante en el sistema nervioso vegetativo (es decir, el sistema nervioso involuntario).

Tronco cerebral

La mayor parte de los **nervios craneales** tienen su origen en el tronco cerebral. Solo los dos primeros nervios craneales, el olfatorio y el óptico, son en realidad partes del cerebro. El III y el IV nervios craneales, encargados de los movimientos oculares, se originan en el mesencéfalo, el cual forma parte del tronco cerebral. Asimismo, el VI nervio craneal (con origen en el puente de Varolio) participa en la movilidad ocular. El V y el VII nervios craneales se encargan de la mímica y de la sensibilidad de la cara. El VIII nervio craneal se ocupa de la audición y del equilibrio; el IX nervio craneal, de la percepción de los sabores; el XI mueve los músculos cervicales, y el XII nervio craneal, la lengua.

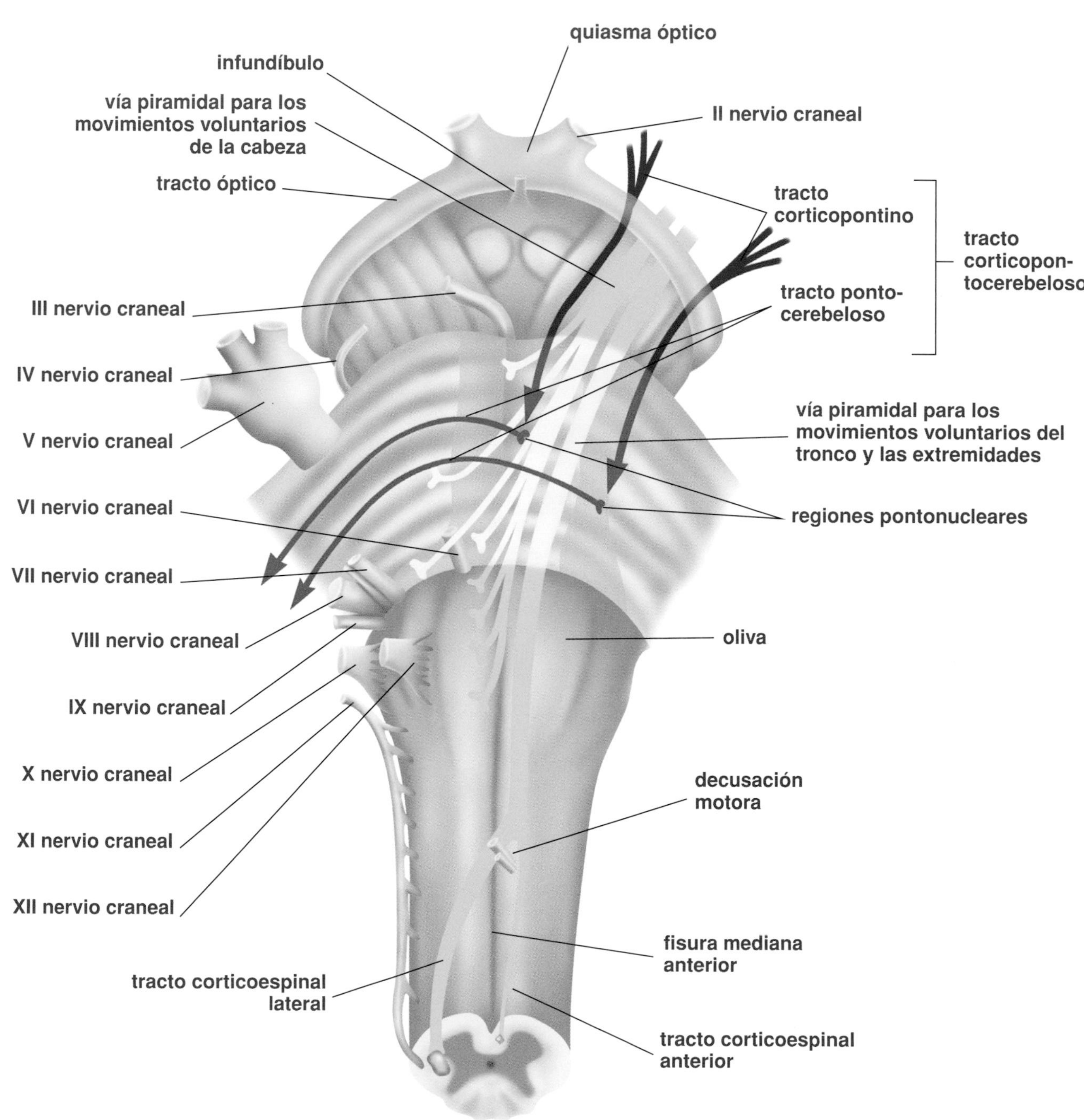
quiasma óptico
infundíbulo
vía piramidal para los movimientos voluntarios de la cabeza
II nervio craneal
tracto óptico
tracto corticopontino
tracto corticopontocerebeloso
tracto pontocerebeloso
III nervio craneal
IV nervio craneal
V nervio craneal
vía piramidal para los movimientos voluntarios del tronco y las extremidades
VI nervio craneal
regiones pontonucleares
VII nervio craneal
VIII nervio craneal
oliva
IX nervio craneal
X nervio craneal
decusación motora
XI nervio craneal
XII nervio craneal
fisura mediana anterior
tracto corticoespinal lateral
tracto corticoespinal anterior

Una de las estructuras más destacadas del tronco cerebral es la **fosa romboidea**, formada por la porción inferior del cuarto ventrículo. En esta zona se encuentran agrupaciones de nervios que desempeñan un importante papel en la regulación de la circulación. Además, en la fosa romboidea se localiza el triángulo del nervio vago, con el núcleo del nervio vago, que controla la función de la mayoría de los órganos internos.

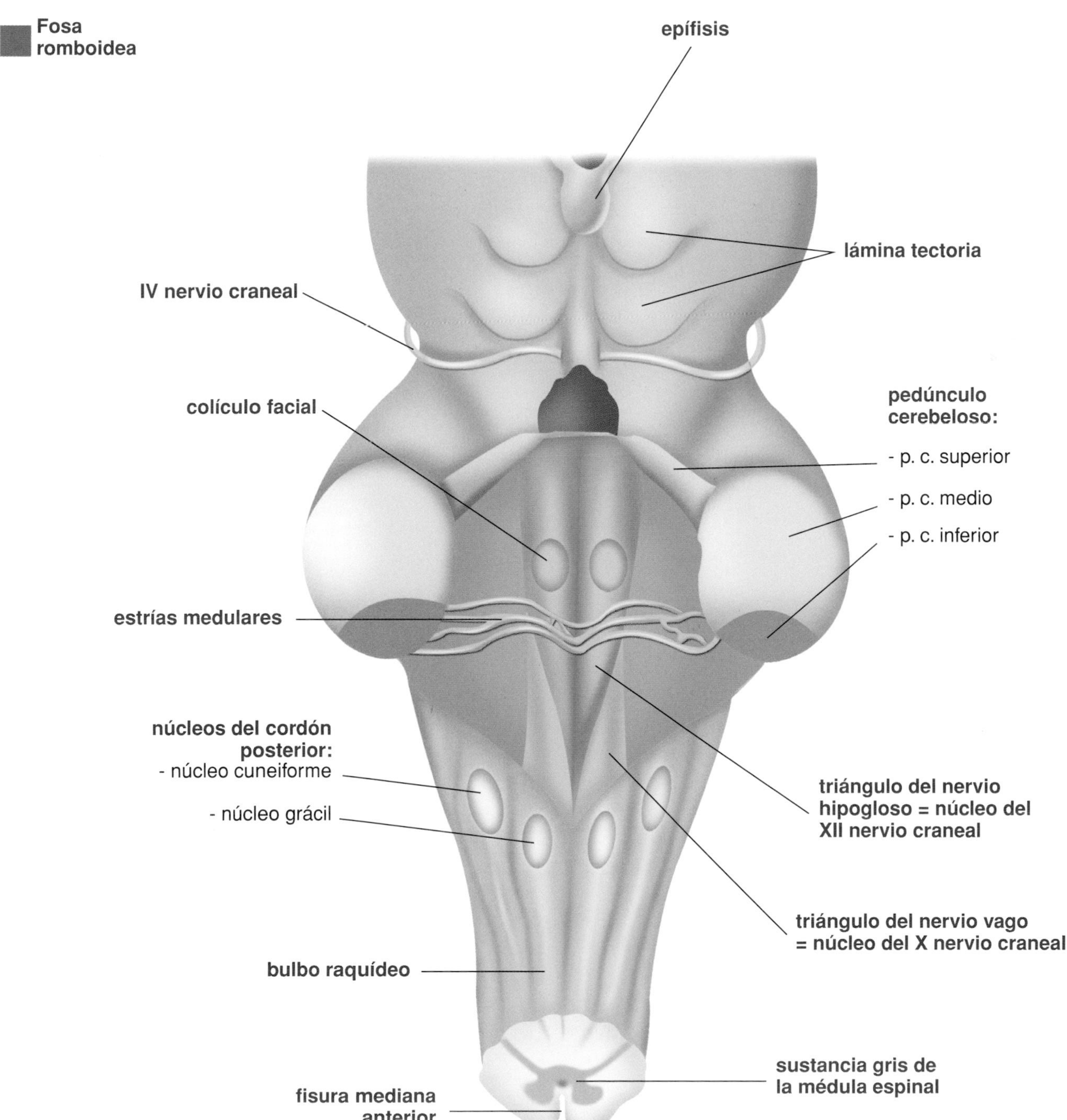
Fosa romboidea
epífisis
lámina tectoria
IV nervio craneal
colículo facial
pedúnculo cerebeloso:
- p. c. superior
- p. c. medio
- p. c. inferior
estrías medulares
núcleos del cordón posterior:
- núcleo cuneiforme
- núcleo grácil
triángulo del nervio hipogloso = núcleo del XII nervio craneal
triángulo del nervio vago = núcleo del X nervio craneal
bulbo raquídeo
sustancia gris de la médula espinal
fisura mediana anterior

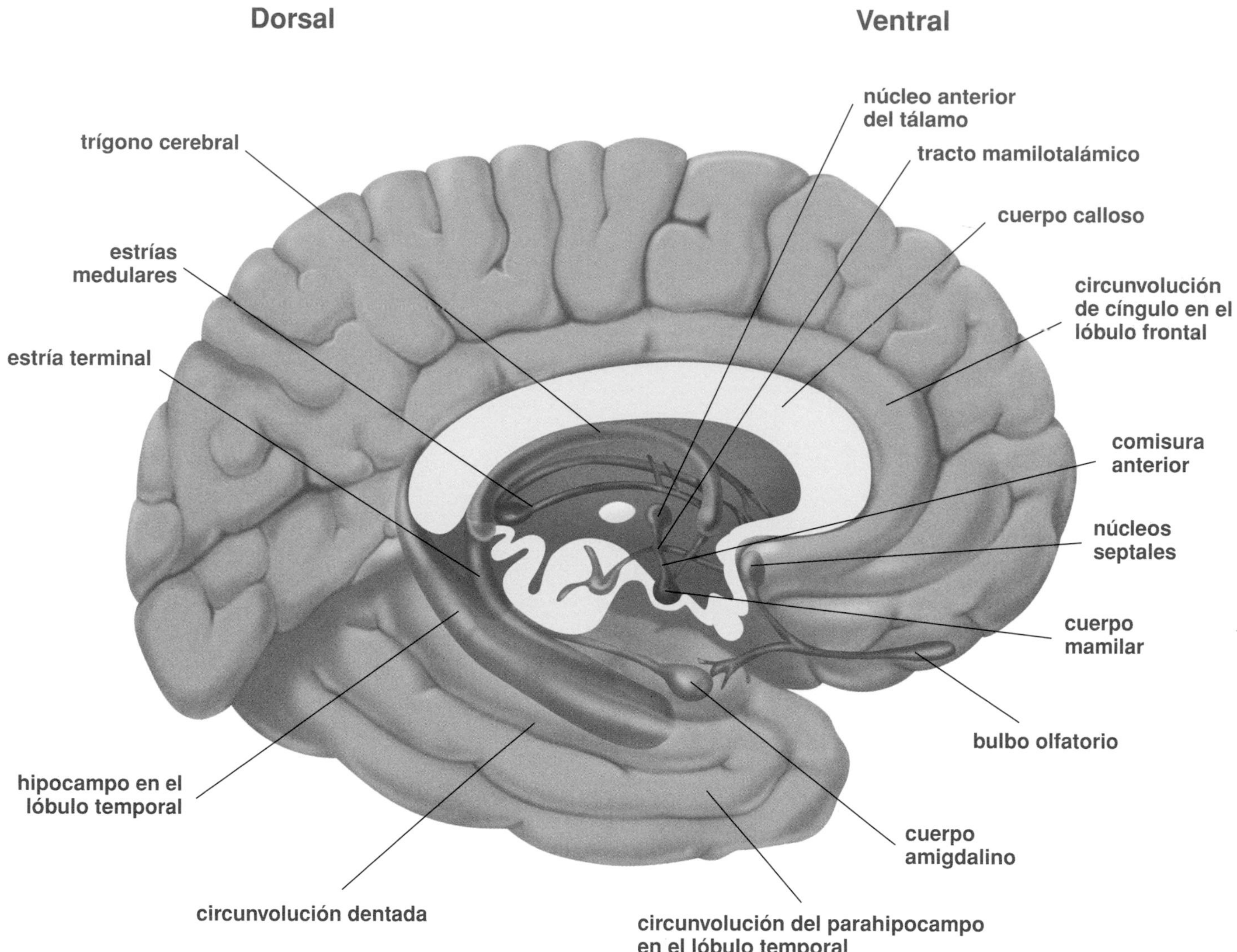
Corte sagital
Dorsal
Ventral
trígono cerebral
estrías medulares
estría terminal
núcleo anterior del tálamo
tracto mamilotalámico
cuerpo calloso
circunvolución de cíngulo en el lóbulo frontal
comisura anterior
núcleos septales
cuerpo mamilar
bulbo olfatorio
hipocampo en el lóbulo temporal
cuerpo amigdalino
circunvolución dentada
circunvolución del parahipocampo en el lóbulo temporal

Sistema límbico

El sistema límbico se entrelaza a modo de un círculo doble alrededor del tálamo y los ganglios basales. Se trata de una parte evolutivamente muy antigua del cerebro que constituye el lugar donde se originan las sensaciones y los comportamientos instintivos. El sistema límbico está formado por el **hipocampo**, necesario para el almacenamiento de los recuerdos; el **trígono cerebral**, situado en el telencéfalo y que desempeña un papel importante en la capacidad de aprendizaje, y la **amígdala**, el cuerpo o núcleo amigdalino responsable de la sensación de miedo.

Cerebelo

El cerebelo está situado en la fosa craneal posterior, por debajo de parte del cerebro. Igual que el cerebro, se divide en dos **hemisferios** y dos **lóbulos**. La sustancia encefálica está rodeada de una corteza y dentro de cada hemisferio hay cuatro núcleos. Entre los dos hemisferios existe una estructura que, debido a su aspecto, se conoce como vermis. La función del cerebelo consiste básicamente en coordinar los movimientos de los distintos músculos, aunque también toma parte en los procesos de aprendizaje. La parte del cerebelo más antigua desde el punto de vista evolutivo es el archicerebelo.

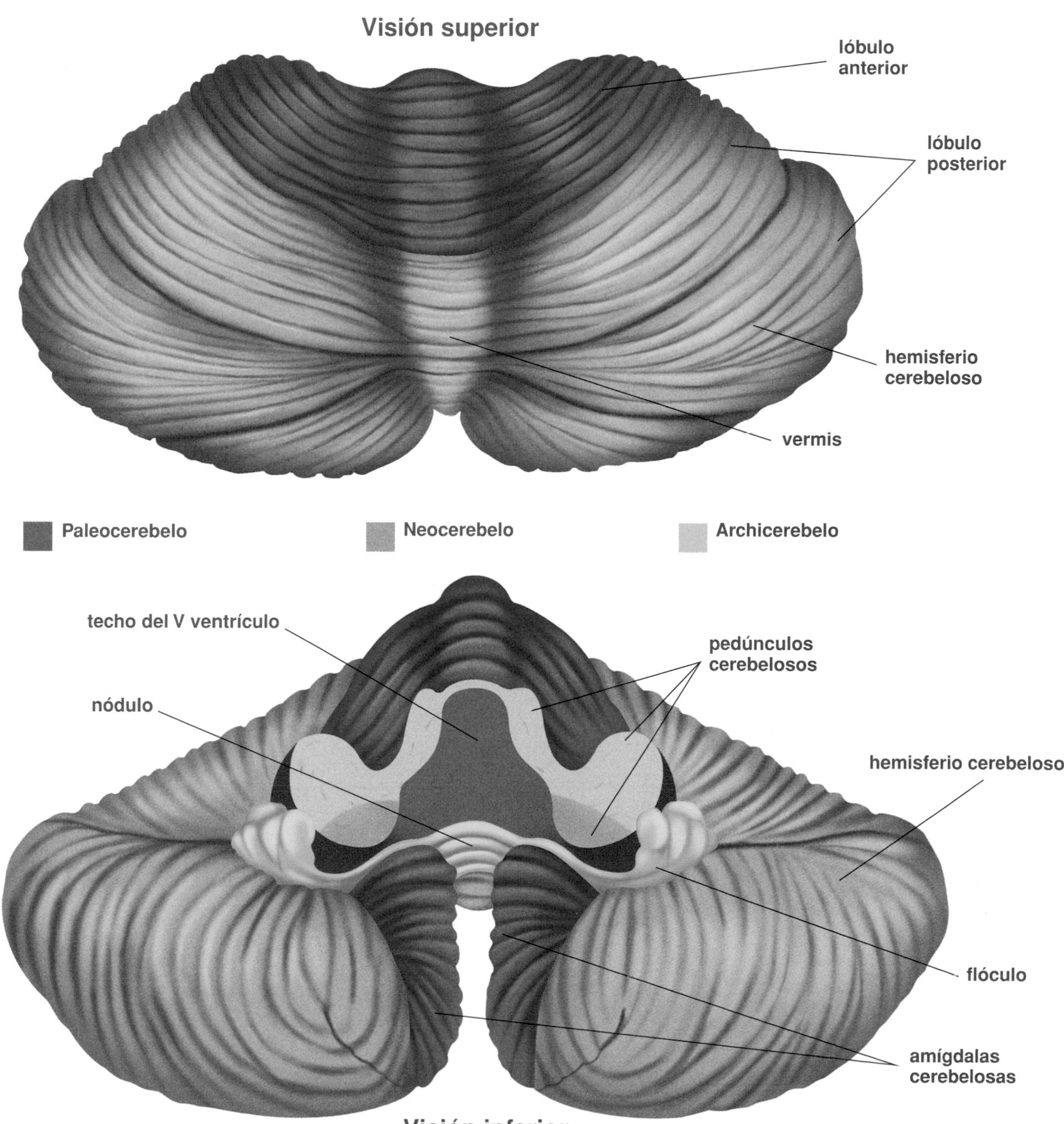
Visión superior
lóbulo anterior
lóbulo posterior
hemisferio cerebeloso
vermis
Paleocerebelo
Neocerebelo
Archicerebelo
techo del V ventrículo
pedúnculos cerebelosos
nódulo
hemisferio cerebeloso
flóculo
amígdalas cerebelosas
Visión inferior

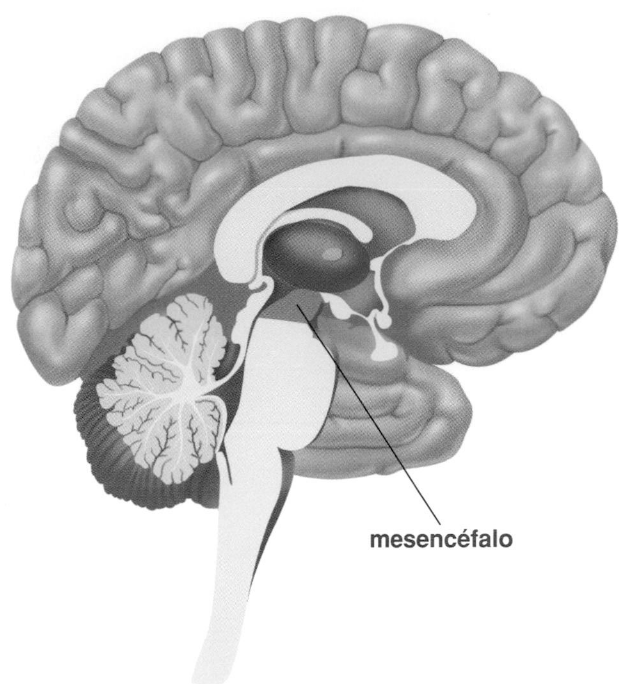
mesencéfalo

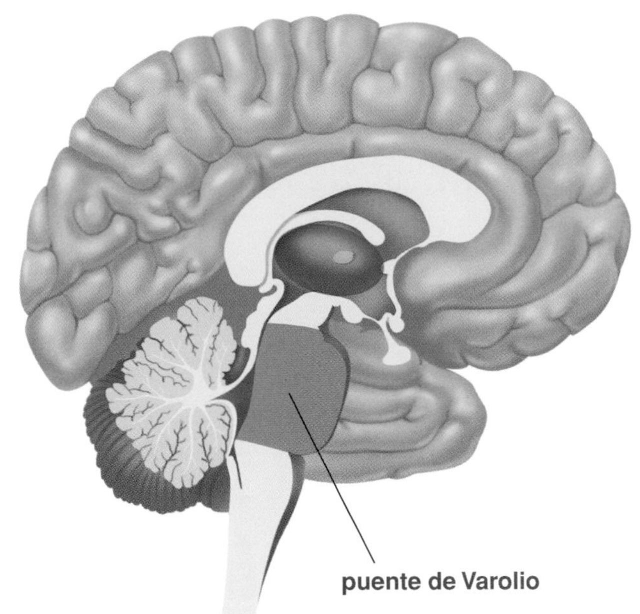
puente de Varolio

Función de las áreas cerebrales más importantes

El **mesencéfalo**, el **puente de Varolio** y el **bulbo raquídeo** forman el tronco encefálico. En el mesencéfalo tienen su origen los nervios craneales que se encargan de los movimientos oculares. Además, el mesencéfalo desempeña un papel importante en los movimientos que no son controlados por el sistema piramidal, sino por el extrapiramidal. En el puente de Varolio varios grupos de neuronas establecen conexiones entre el cerebro y el cerebelo. Básicamente en el bulbo raquídeo se sitúan vías nerviosas que conectan la médula espinal y el encéfalo. El bulbo raquídeo aloja también los centros respiratorio y de la deglución, así como el cardiocirculatorio.

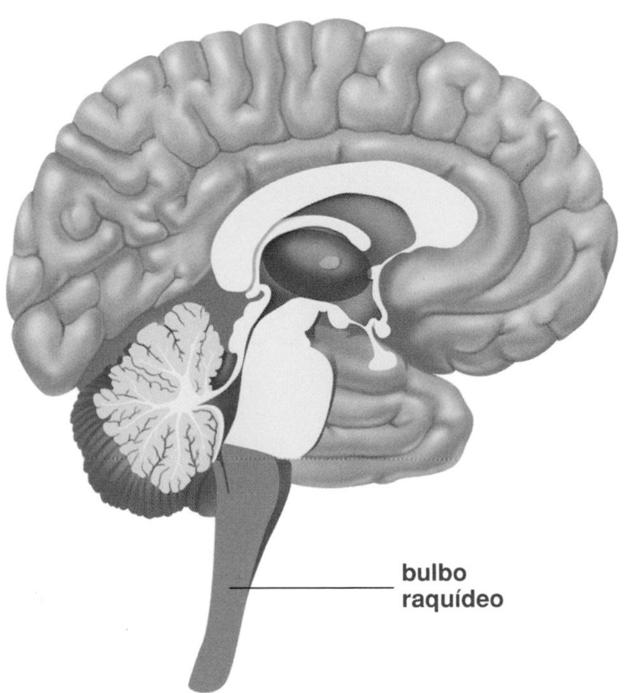
bulbo
raquídeo

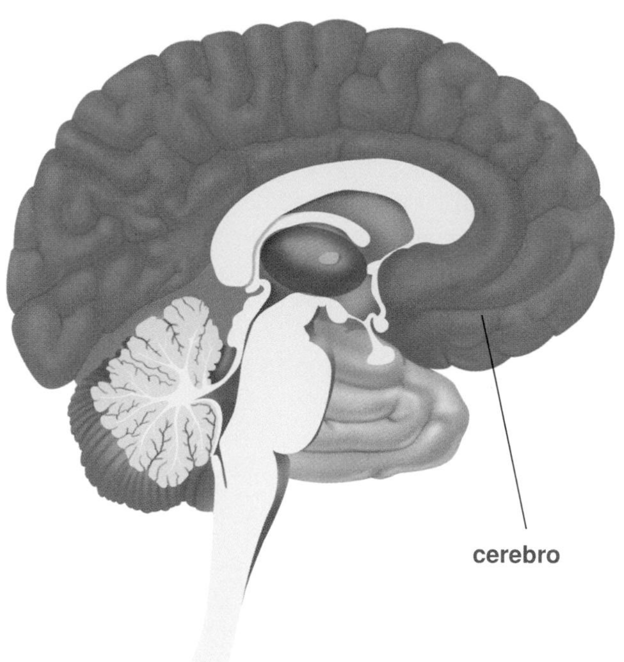
cerebro

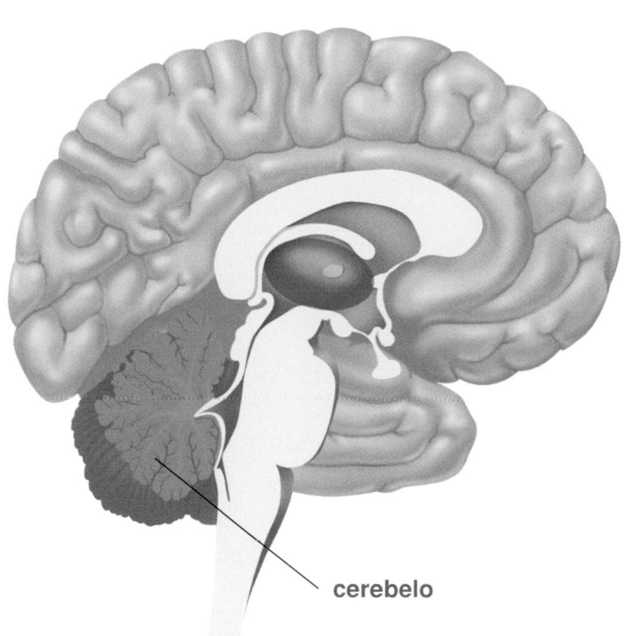
cerebelo

El tálamo, la parte más grande del **diencéfalo**, se encarga de discernir entre las distintas señales del cuerpo y de transmitir los impulsos más importantes hacia el telencéfalo. El hipotálamo forma parte del diencéfalo y controla numerosas funciones del sistema nervioso vegetativo, es decir, los procesos involuntarios del organismo (p. ej., la temperatura corporal). El epitálamo, otra parte del diencéfalo, está formado entre otros por la epífisis, la cual regula el ritmo de sueño-vigilia.

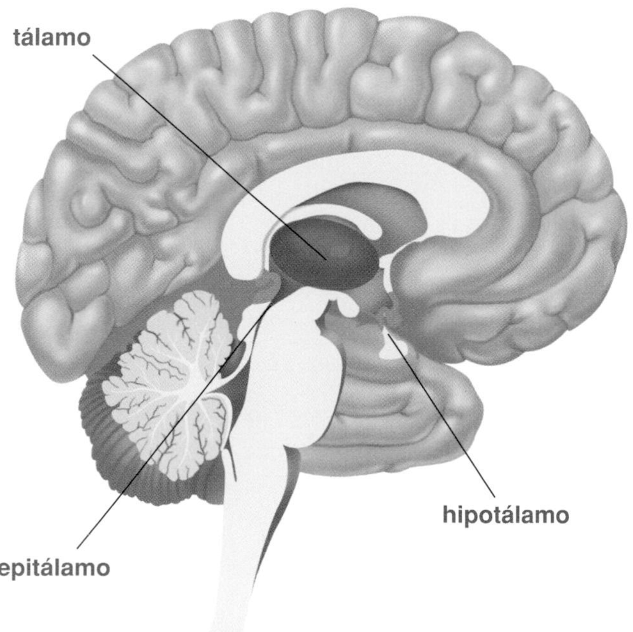
tálamo
hipotálamo
epitálamo

Nervio trigémino

En su trayecto, el trigémino o V nervio craneal se divide en tres ramas que inervan la **cara**: el nervio oftálmico, el nervio maxilar superior y el nervio mandibular. El nervio oftálmico es el encargado de la sensibilidad de la región ocular; el nervio maxilar superior es el responsable de la sensibilidad de la región anterosuperior de la cabeza, y la tercera rama, el nervio mandibular, se ocupa de la sensibilidad de la porción inferior de la cara y de la lengua. Además, mueve los músculos masticatorios.

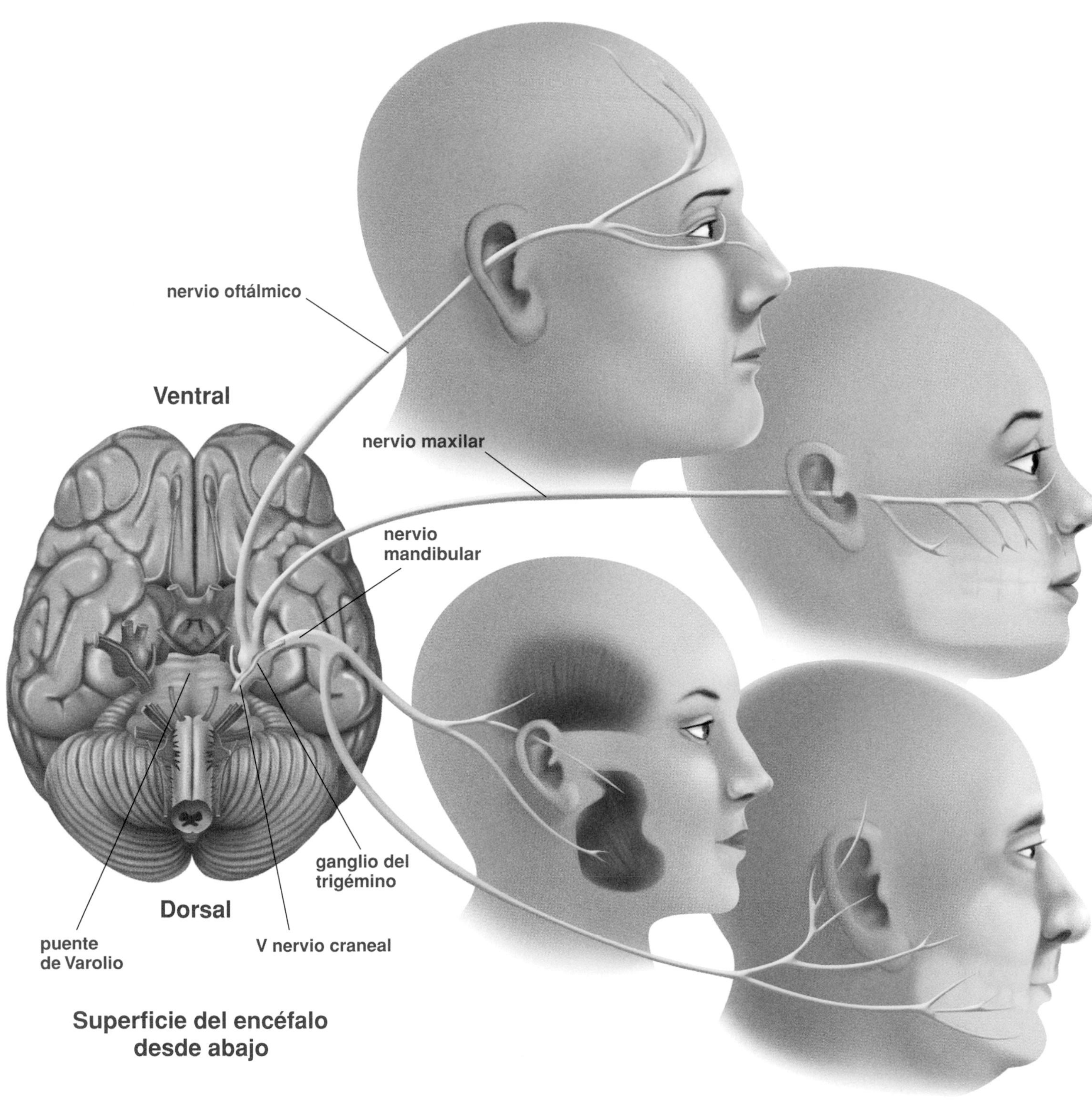
nervio oftálmico
Ventral
nervio maxilar
nervio mandibular
ganglio del trigémino
Dorsal
puente de Varolio
V nervio craneal

Superficie del encéfalo desde abajo

Nervio facial

El VII nervio craneal, conocido también como nervio facial, es multifuncional porque contiene tanto partes **sensitivas** como **motoras, sensibles** y **parasimpáticas**. Así pues, percibe sensaciones y otros estímulos (como los gustativos), que transmite hasta el cerebro, y además controla determinados músculos y procesos involuntarios. Para poder llegar a todas las zonas de la cara, el nervio facial se ramifica varias veces, entre otros en el nervio intermedio. Este es el encargado de todos los estímulos sensitivos y gustativos, aunque también participa en procesos como la emisión de las secreciones nasales.

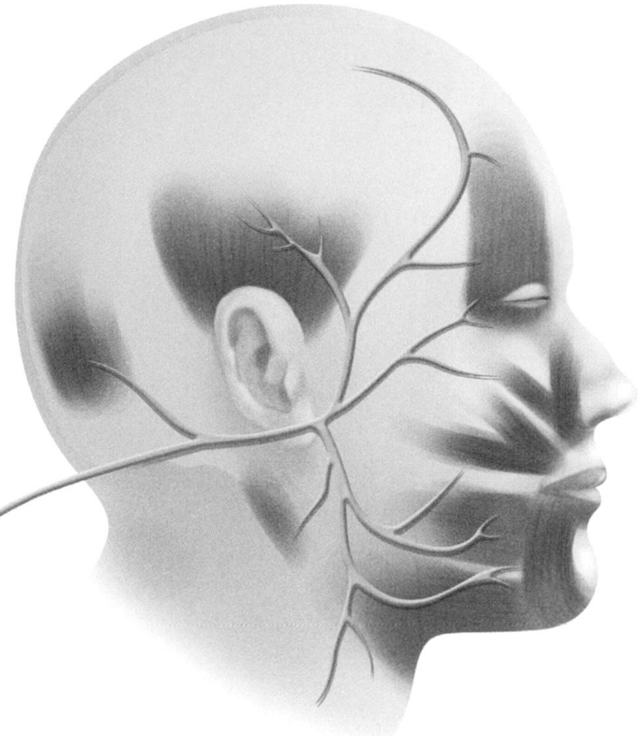

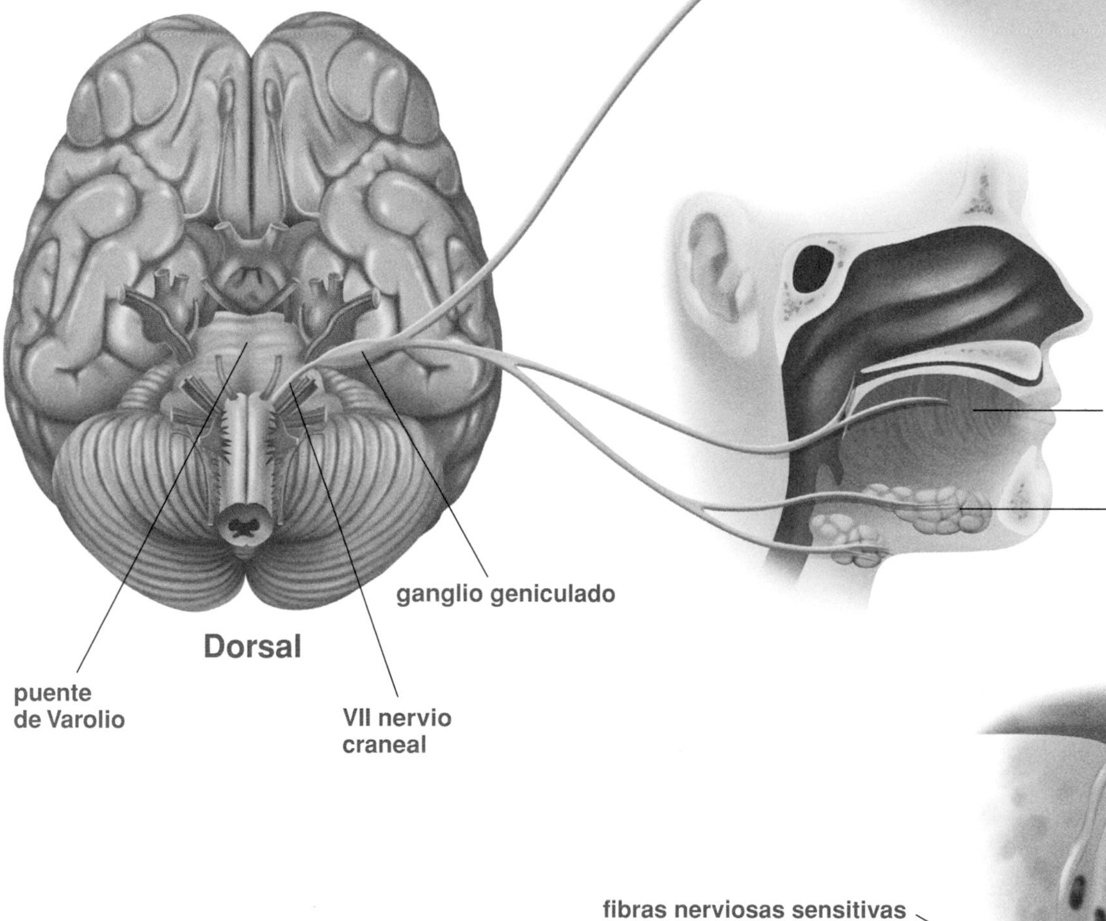

Ventral

Dorsal

puente de Varolio

VII nervio craneal

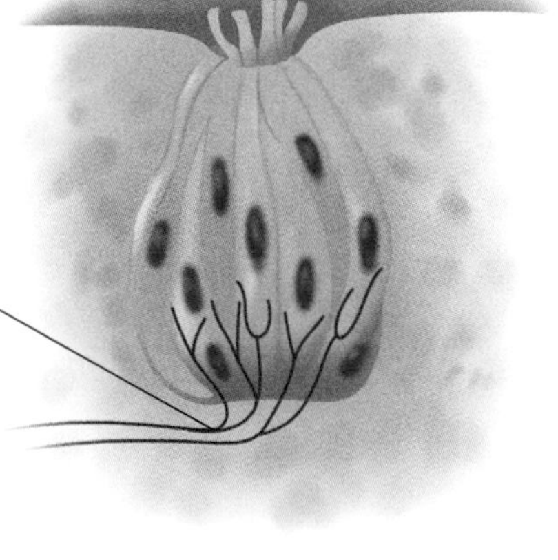

ganglio geniculado

lengua

glándulas salivales

fibras nerviosas sensitivas

Botones gustativos de la lengua

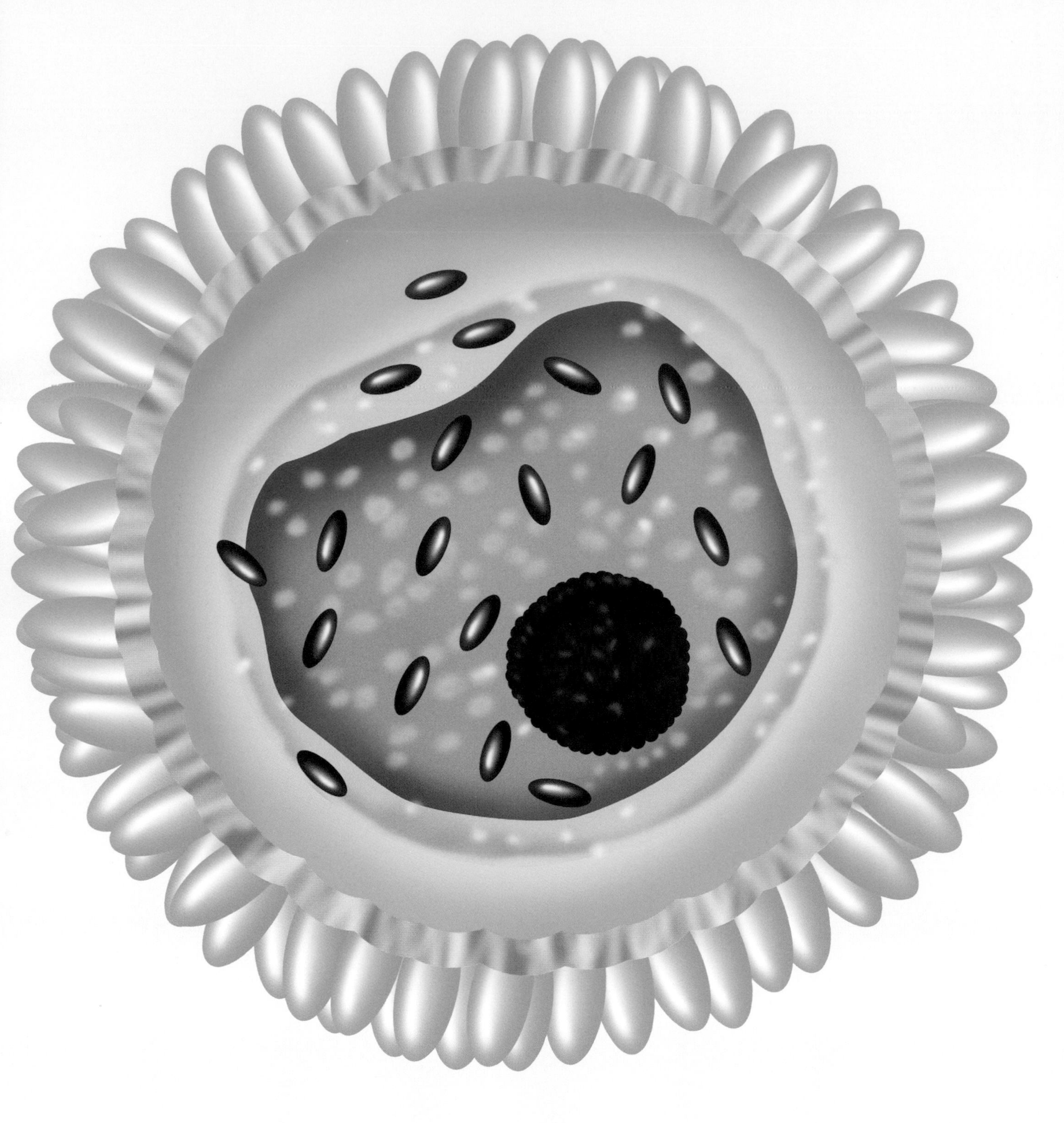

Capítulo 9
Órganos sexuales

Los órganos sexuales incluyen órganos reproductores externos (pene, testículos y vagina) e internos (próstata, conductos deferentes, útero, trompas de Falopio y ovarios). La hormona sexual masculina y los espermatozoides necesarios para la fecundación son producidos en los testículos; pero para llegar al cuerpo de la mujer deben pasar por las vesículas seminales, las cuales les sirven de fuente de energía, y por los conductos deferentes. En una única eyaculación, un hombre pierde entre 20 y 150 millones de espermatozoides. Las hormonas sexuales femeninas y los óvulos, que luego serán los embriones, son producidos en los ovarios. El óvulo humano tiene un tamaño de 0,11-0,14 mm.

Órganos sexuales masculinos

Los órganos sexuales masculinos se dividen en **órganos sexuales externos**, es decir, el pene y el saco escrotal, y **órganos sexuales internos**, los cuales se sitúan dentro del cuerpo y, por tanto, no son visibles externamente. A este grupo pertenecen la próstata, los testículos y el epidídimo, las vesículas seminales, los conductos deferentes y el cordón espermático, además de las glándulas de Cowper o bulbouretrales, que desembocan en la uretra y aportan un fluido antes de la verdadera eyaculación.

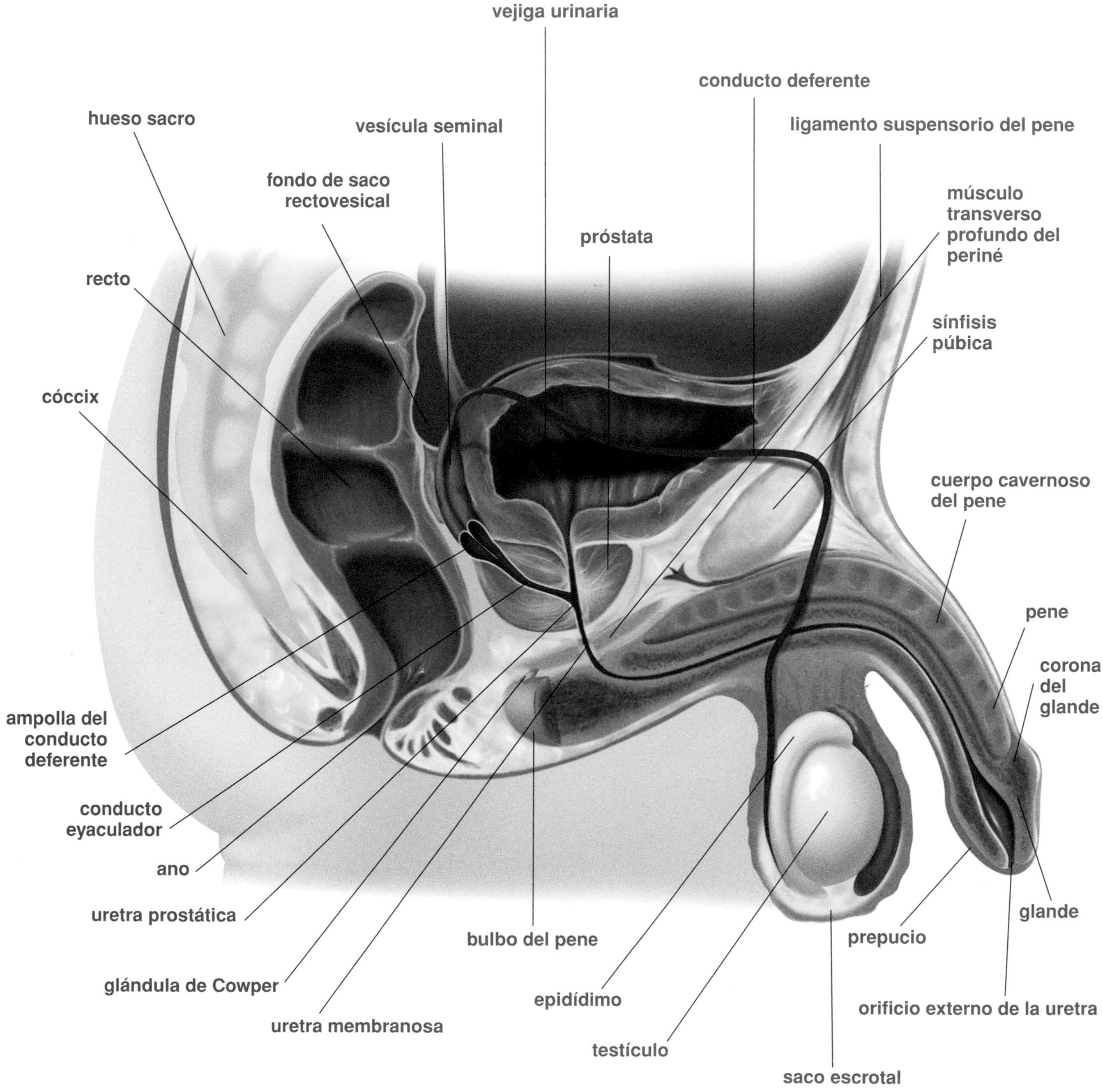

vejiga urinaria
conducto deferente
hueso sacro
vesícula seminal
ligamento suspensorio del pene
fondo de saco rectovesical
músculo transverso profundo del periné
próstata
recto
sínfisis púbica
cóccix
cuerpo cavernoso del pene
pene
corona del glande
ampolla del conducto deferente
conducto eyaculador
ano
uretra prostática
glande
bulbo del pene
prepucio
glándula de Cowper
epidídimo
orificio externo de la uretra
uretra membranosa
testículo
saco escrotal

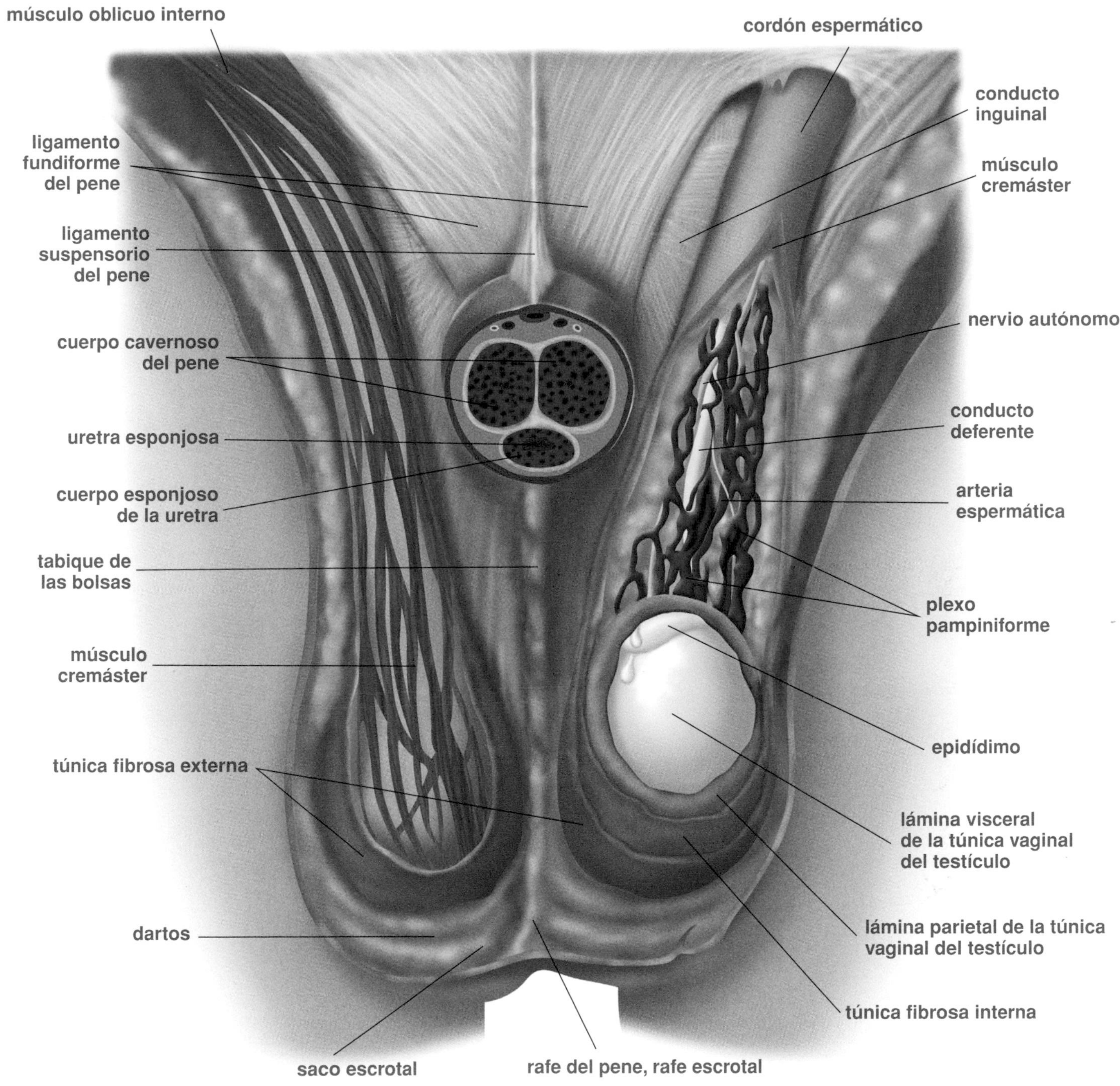
músculo oblicuo interno
cordón espermático
conducto inguinal
ligamento fundiforme del pene
músculo cremáster
ligamento suspensorio del pene
nervio autónomo
cuerpo cavernoso del pene
conducto deferente
uretra esponjosa
arteria espermática
cuerpo esponjoso de la uretra
tabique de las bolsas
plexo pampiniforme
músculo cremáster
epidídimo
túnica fibrosa externa
lámina visceral de la túnica vaginal del testículo
dartos
lámina parietal de la túnica vaginal del testículo
túnica fibrosa interna
saco escrotal
rafe del pene, rafe escrotal

Saco escrotal: visión anterior

El saco escrotal envuelve los dos testículos que producen los **espermatozoides**. Esta cavidad no solo protege a los testículos, sino que, manteniéndolos algo alejados del resto del cuerpo, consigue que estén a una temperatura 2-5 °C por debajo de la del resto del cuerpo. De esta manera se asegura la producción de **espermatozoides** sanos y que los ya producidos se mantengan «frescos». Los espermatozoides formados en los testículos son almacenados en el epidídimo, donde siguen madurando hasta que en el momento de la eyaculación salen de este órgano y pasan al conducto deferente.

Pene

El pene permite la introducción de los **espermatozoides** dentro del cuerpo de la mujer y, al mismo tiempo, la excreción de la **orina**, ya que la uretra del hombre sirve tanto para expulsar el semen como la orina. El pene está constituido por el **cuerpo** y el **glande**, sobre el que se extiende una piel que puede ser desplazada, el **prepucio**. El órgano cuenta con diversos cuerpos cavernosos, cuyos espacios huecos se llenan de sangre ante la estimulación. De este modo, durante la erección, se dilata y endurece para poder introducirse en la vagina de la mujer.

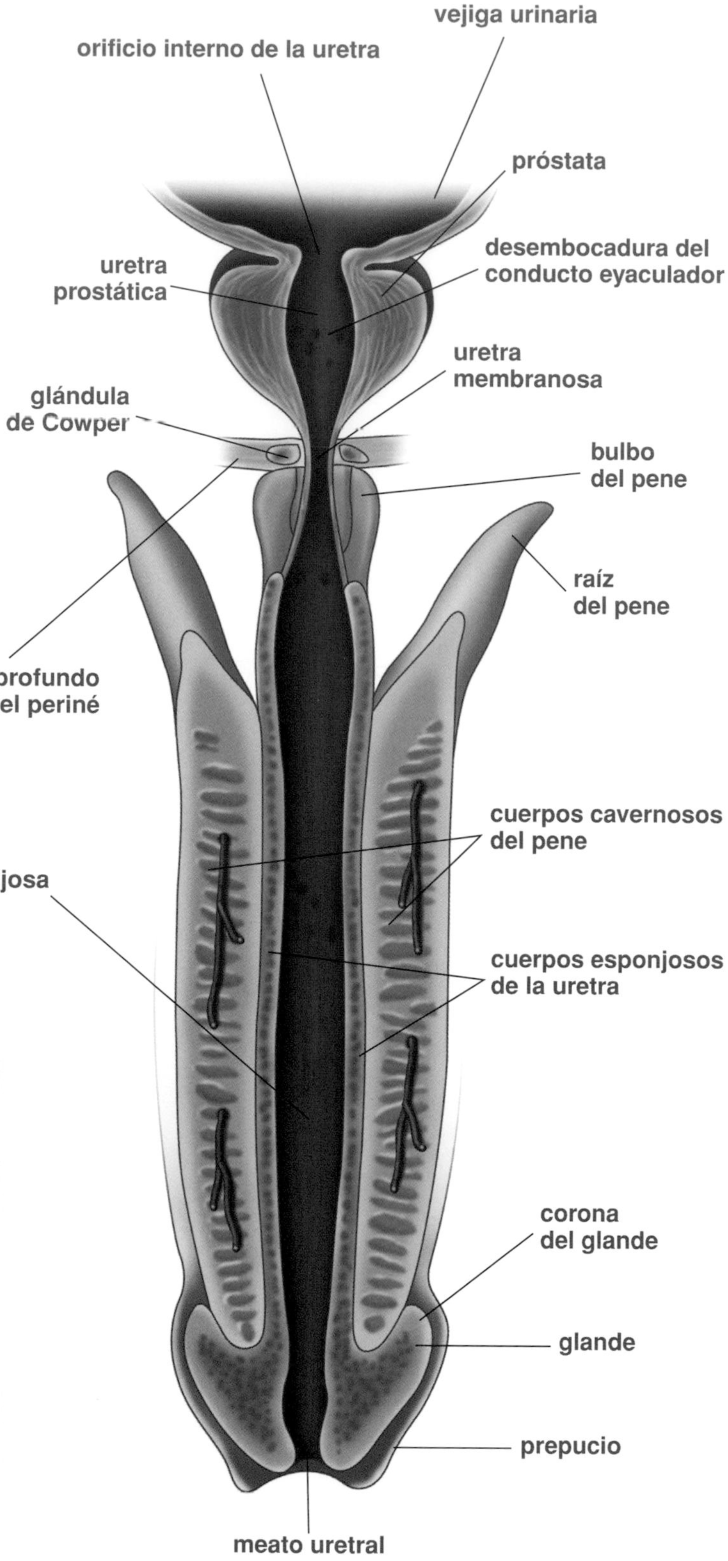

vejiga urinaria
orificio interno de la uretra
próstata
desembocadura del conducto eyaculador
uretra prostática
uretra membranosa
glándula de Cowper
bulbo del pene
raíz del pene
músculo transverso profundo del periné
cuerpos cavernosos del pene
uretra esponjosa
cuerpos esponjosos de la uretra
corona del glande
glande
prepucio
meato uretral

CIRCUNCISIÓN

Cuando existe fimosis, es decir, un estrechamiento del prepucio, este no puede deslizarse sobre el glande. Con el fin de evitar la aparición de procesos inflamatorios en esta zona, el prepucio debe extirparse en su totalidad o en parte. En este procedimiento, que recibe el nombre de circuncisión y se lleva a cabo bajo anestesia local o general, la piel del prepucio se separa (total o parcialmente) del glande y se extirpa, y a continuación se suturan los bordes de la herida.

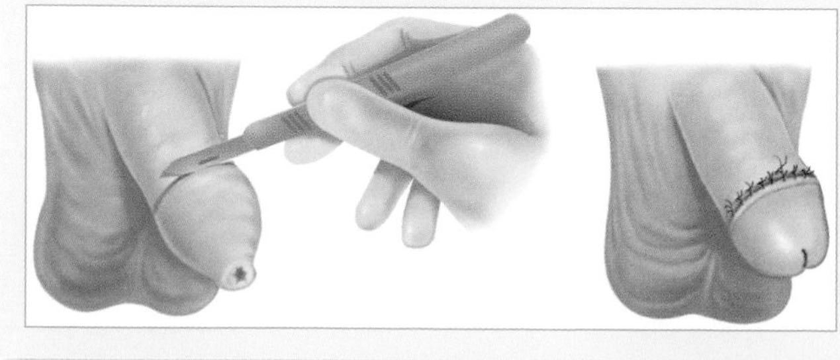

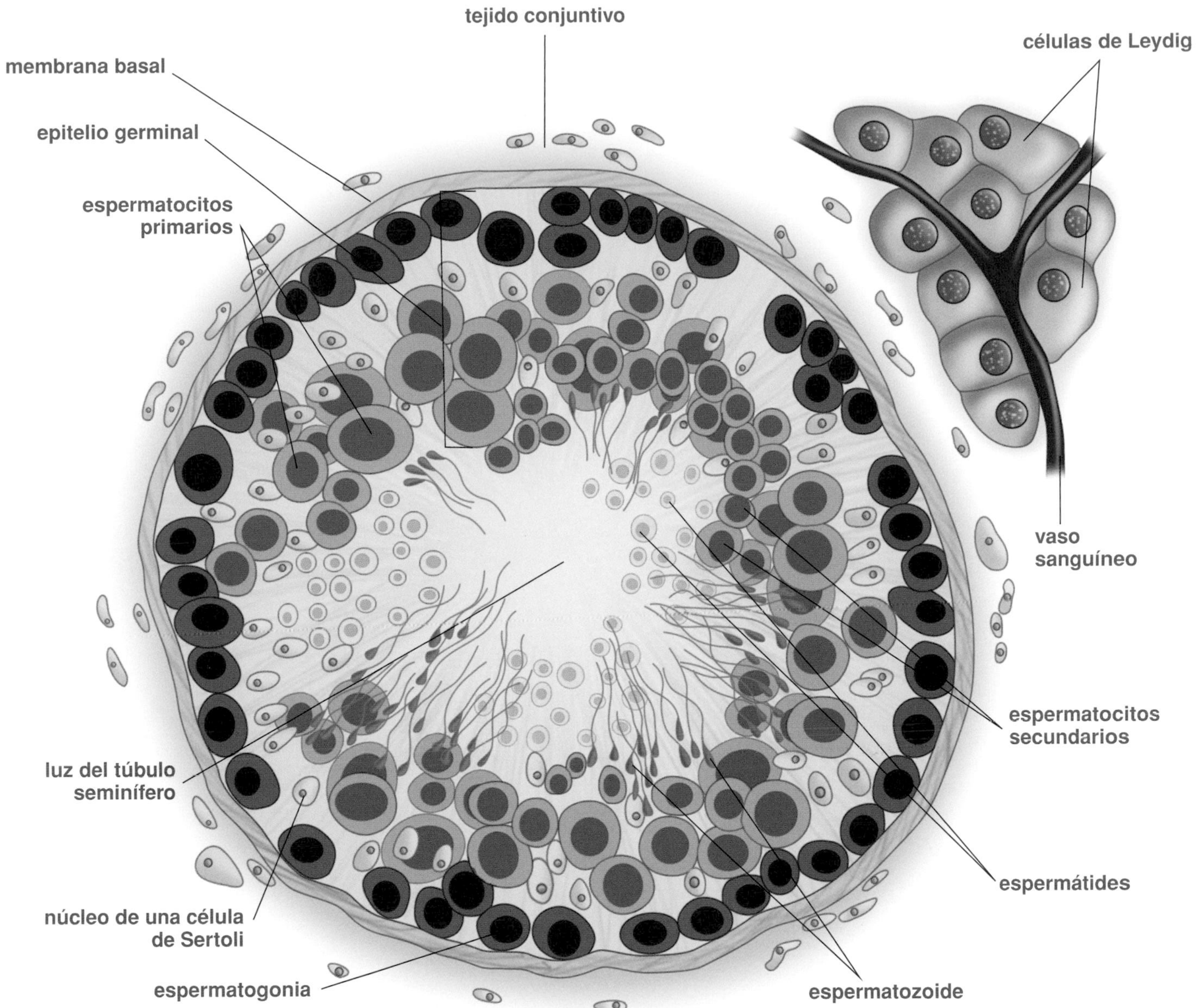
tejido conjuntivo
células de Leydig
membrana basal
epitelio germinal
espermatocitos primarios
vaso sanguíneo
espermatocitos secundarios
luz del túbulo seminífero
espermátides
núcleo de una célula de Sertoli
espermatogonia
espermatozoide

Túbulos seminíferos

Los testículos del hombre están formados por numerosos lobulillos, en los que se localizan diminutos túbulos seminíferos dispuestos en pequeños ovillos. En estos conductos se forman los **espermatozoides** a partir de células germinales especiales del epitelio germinal. Los **espermatocitos** (primarios) cuentan todavía con una dotación cromosómica doble de 46 cromosomas, pero evolucionan hasta formar dos espermatocitos secundarios, los cuales a su vez se dividen nuevamente. El resultado son cuatro espermatozoides con una dotación simple de 23 cromosomas. Las células germinales se nutren a través de las células de Sertoli, que también se localizan en el epitelio germinal de los túbulos seminíferos.

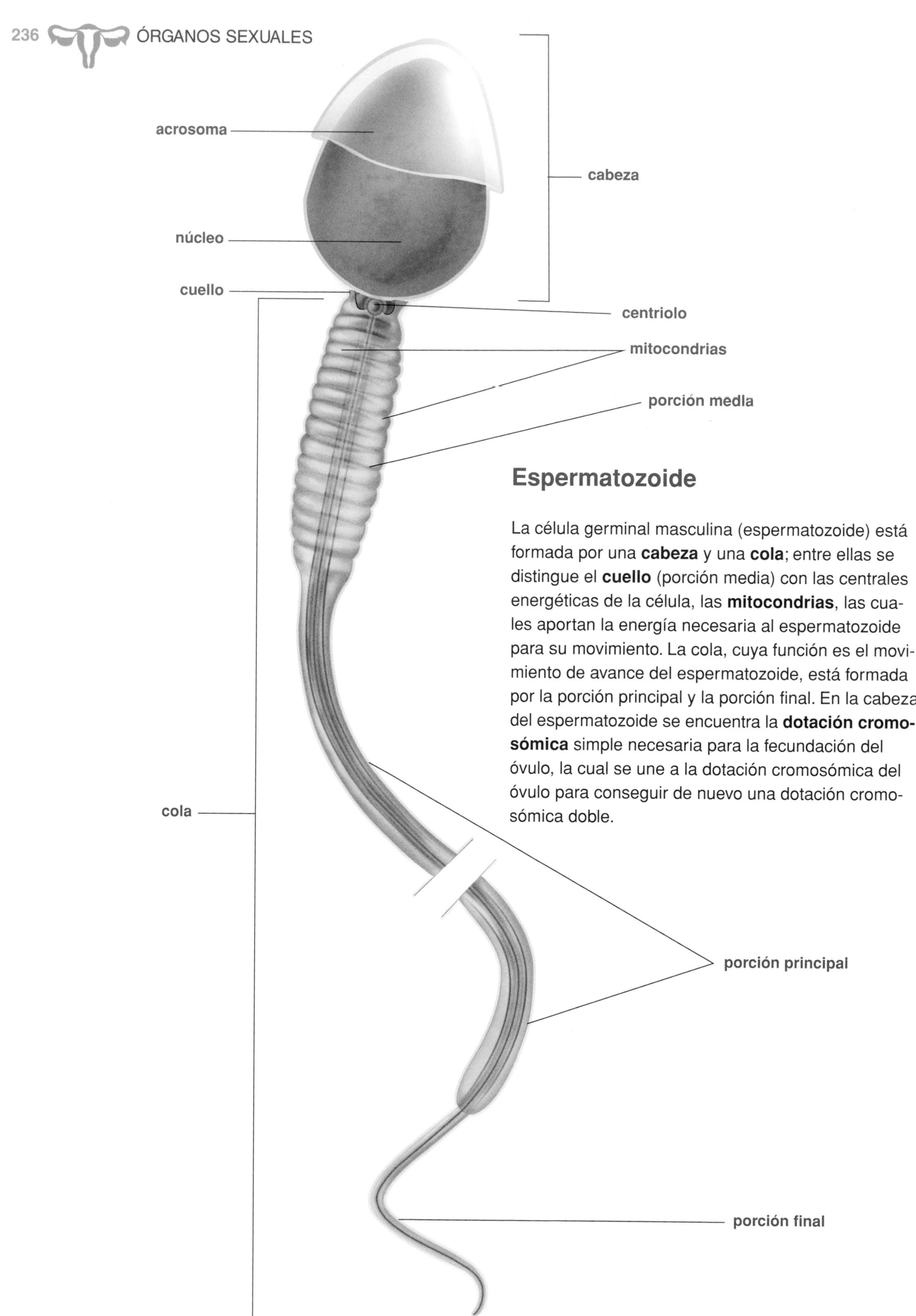
acrosoma
núcleo
cuello
cabeza
centriolo
mitocondrias
porción medla
cola
porción principal
porción final

Espermatozoide

La célula germinal masculina (espermatozoide) está formada por una **cabeza** y una **cola**; entre ellas se distingue el **cuello** (porción media) con las centrales energéticas de la célula, las **mitocondrias**, las cuales aportan la energía necesaria al espermatozoide para su movimiento. La cola, cuya función es el movimiento de avance del espermatozoide, está formada por la porción principal y la porción final. En la cabeza del espermatozoide se encuentra la **dotación cromosómica** simple necesaria para la fecundación del óvulo, la cual se une a la dotación cromosómica del óvulo para conseguir de nuevo una dotación cromosómica doble.

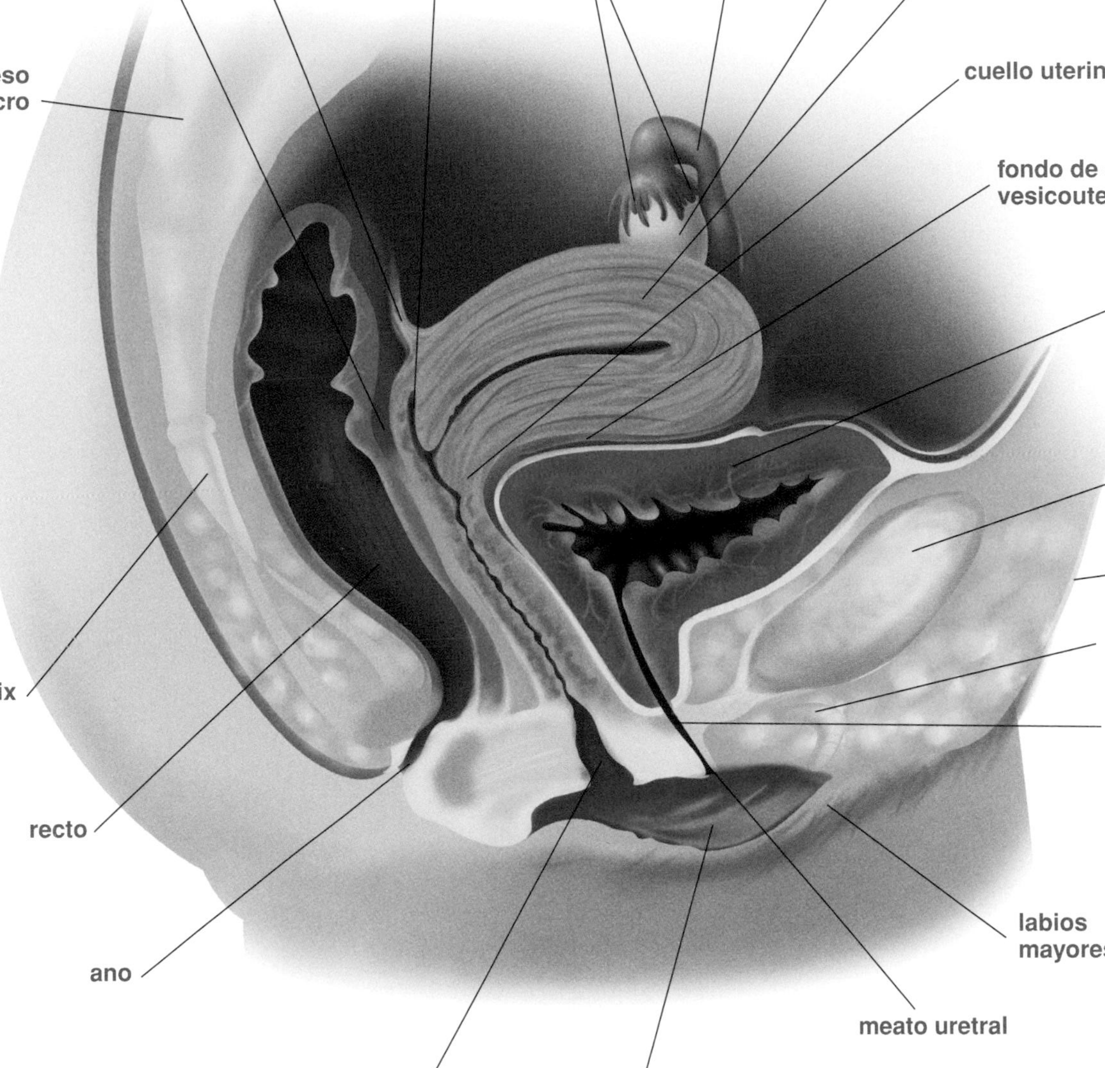

fondo de saco vaginal posterior
ligamento sacrouterino
fondo de saco de Douglas
trompa de Falopio
ovario
fimbrias
útero
hueso sacro
cuello uterino
fondo de saco vesicouterino
vejiga urinaria
sínfisis púbica
monte de Venus
clítoris
cóccix
uretra
recto
labios mayores
ano
meato uretral
vagina
labios menores

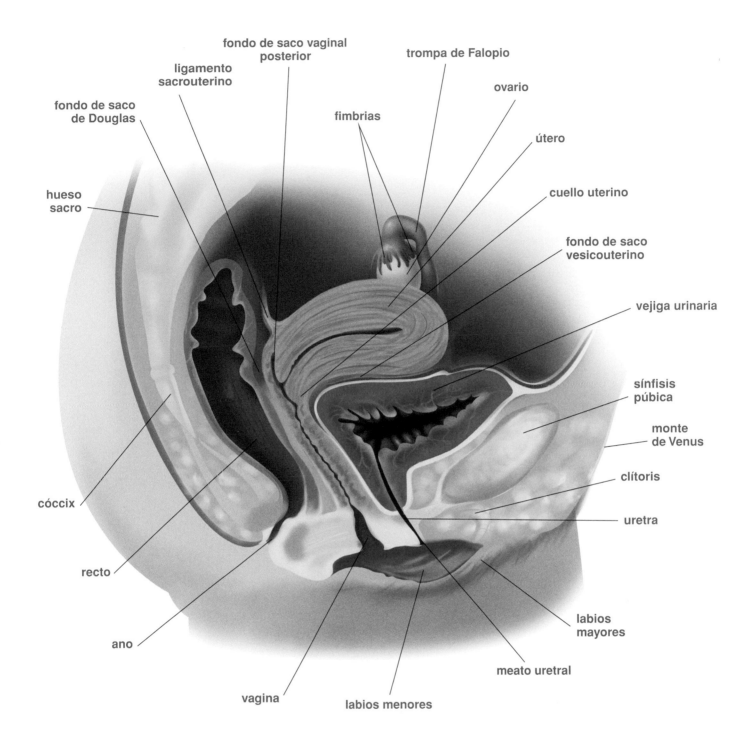

Órganos sexuales femeninos

Igual que en el hombre, en la mujer se distingue entre **órganos sexuales internos** y **externos**. En el primer grupo se encuentran el útero, los ovarios y las trompas de Falopio, así como la vagina. Los órganos sexuales externos o vulva están formados por el monte de Venus, los labios mayores y menores, el orificio de la vagina y el clítoris. Al contrario que en el hombre, en la mujer los órganos sexuales no comparten la salida con el tracto urinario.

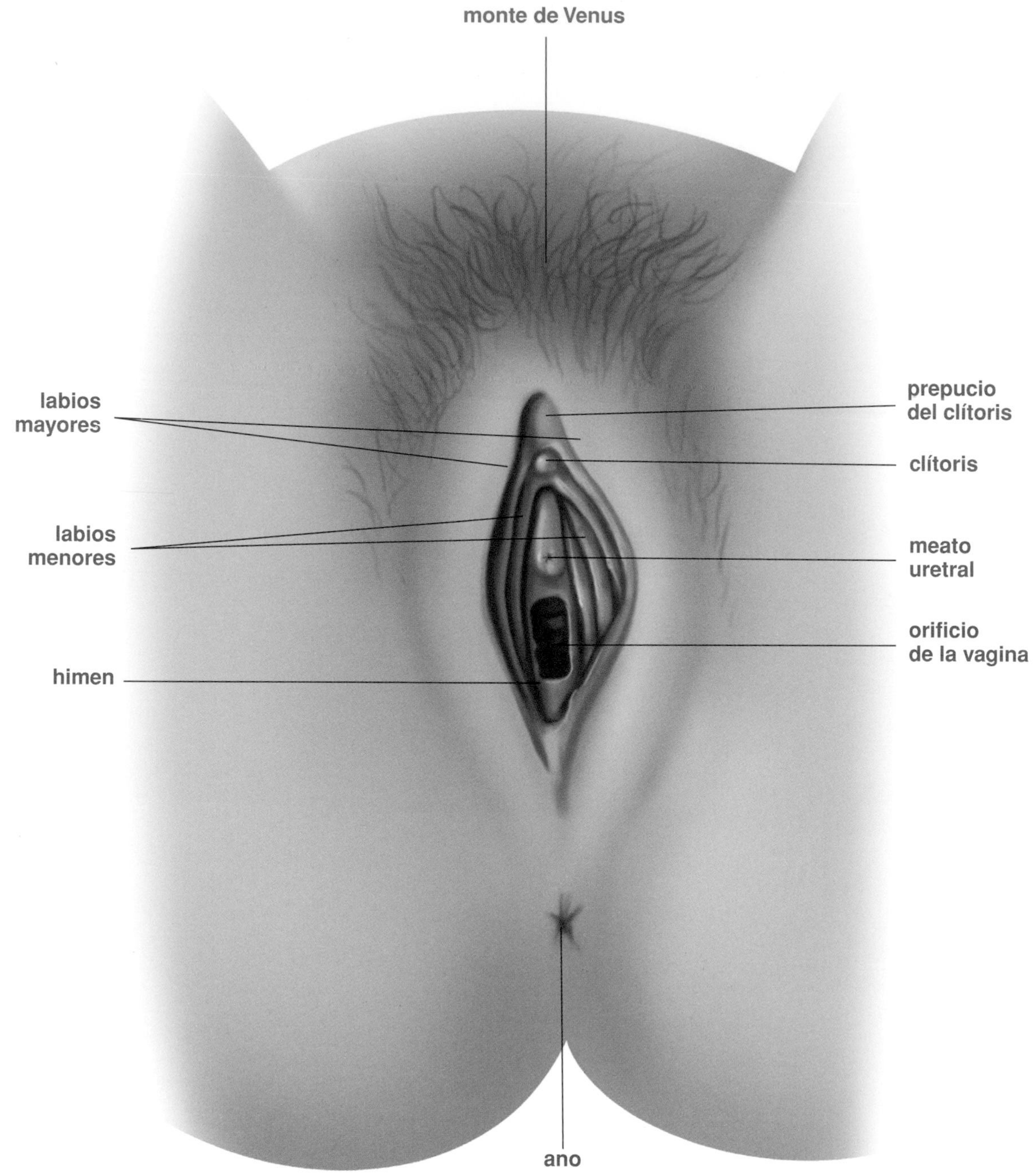
monte de Venus
labios mayores
prepucio del clítoris
clítoris
labios menores
meato uretral
orificio de la vagina
himen
ano

Vulva

La vagina es un tubo muscular con un orificio que da al exterior por donde es introducido el miembro masculino y también por donde sale el bebé del útero. El agujero vaginal forma parte de la vulva, los órganos sexuales externos de la mujer; por delante de él se sitúan el meato de la **uretra** y el **clítoris**, el cual proporciona placer sexual durante el coito. Antes de las primeras relaciones sexuales, el orificio vaginal se encuentra parcialmente cerrado por el **himen**. Los **labios menores** tapan tanto el orificio vaginal como el meato urinario y el clítoris, y estos, a su vez, son cubiertos por los **labios mayores**, que hacia delante desembocan en el **monte de Venus**.

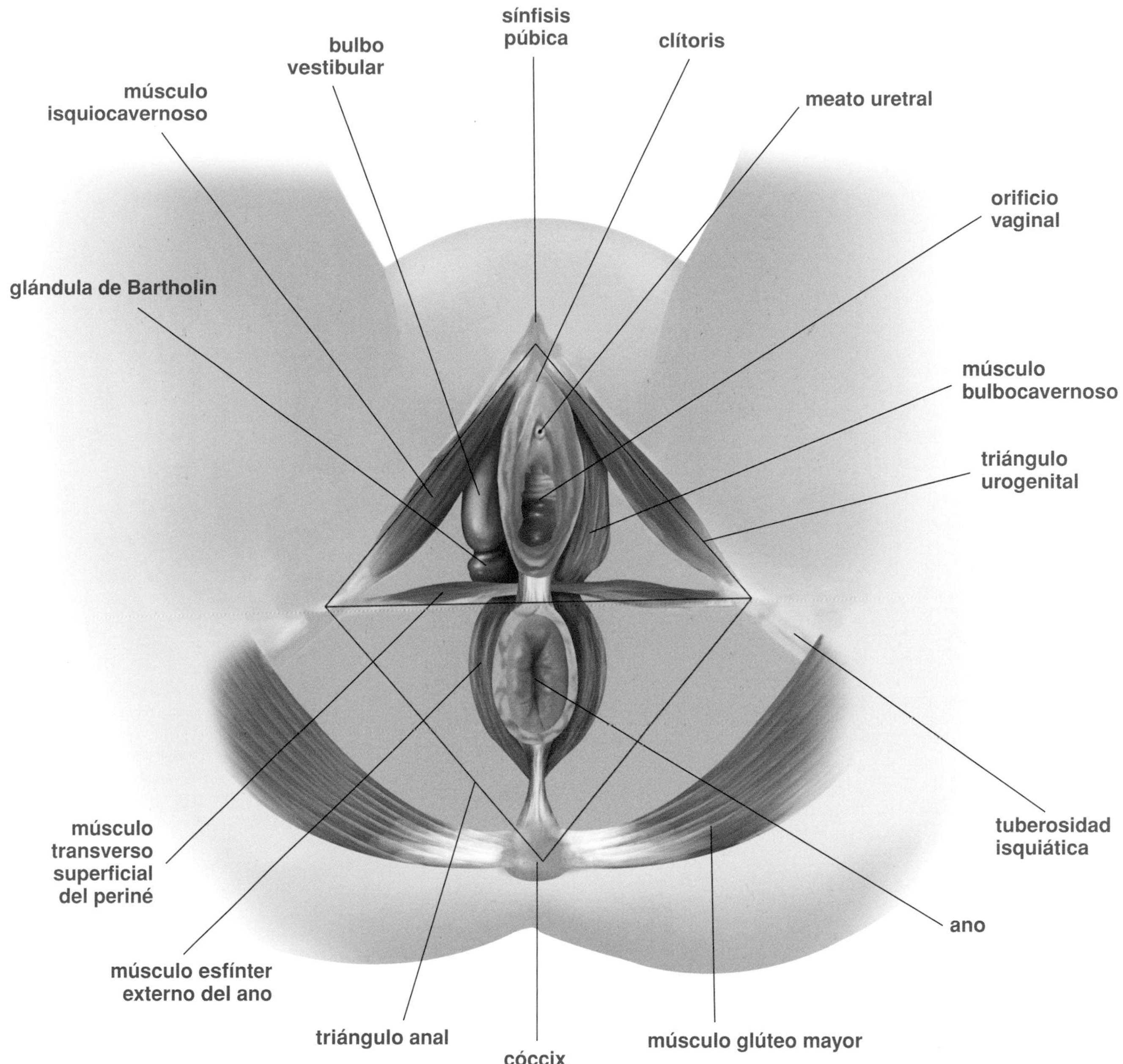
sínfisis
púbica
bulbo
vestibular
clítoris
músculo
isquiocavernoso
meato uretral
orificio
vaginal
glándula de Bartholin
músculo
bulbocavernoso
triángulo
urogenital
músculo
transverso
superficial
del periné
tuberosidad
isquiática
ano
músculo esfínter
externo del ano
triángulo anal
cóccix
músculo glúteo mayor

Periné

La zona situada entre el ano y los órganos sexuales externos se conoce como periné, tanto en el hombre como en la mujer. A él pertenece también la **musculatura del suelo de la pelvis**, la cual delimita el canal del parto por el que pasa el bebé. A consecuencia de la enorme dilatación que sufre durante el parto, en determinadas circunstancias pueden producirse lesiones del suelo de la pelvis. En el vestíbulo vaginal, las **glándulas de Bartholin** secretan un fluido que, entre otras funciones, lubrifica la zona para facilitar la entrada del pene en la vagina cuando la mujer está excitada sexualmente.

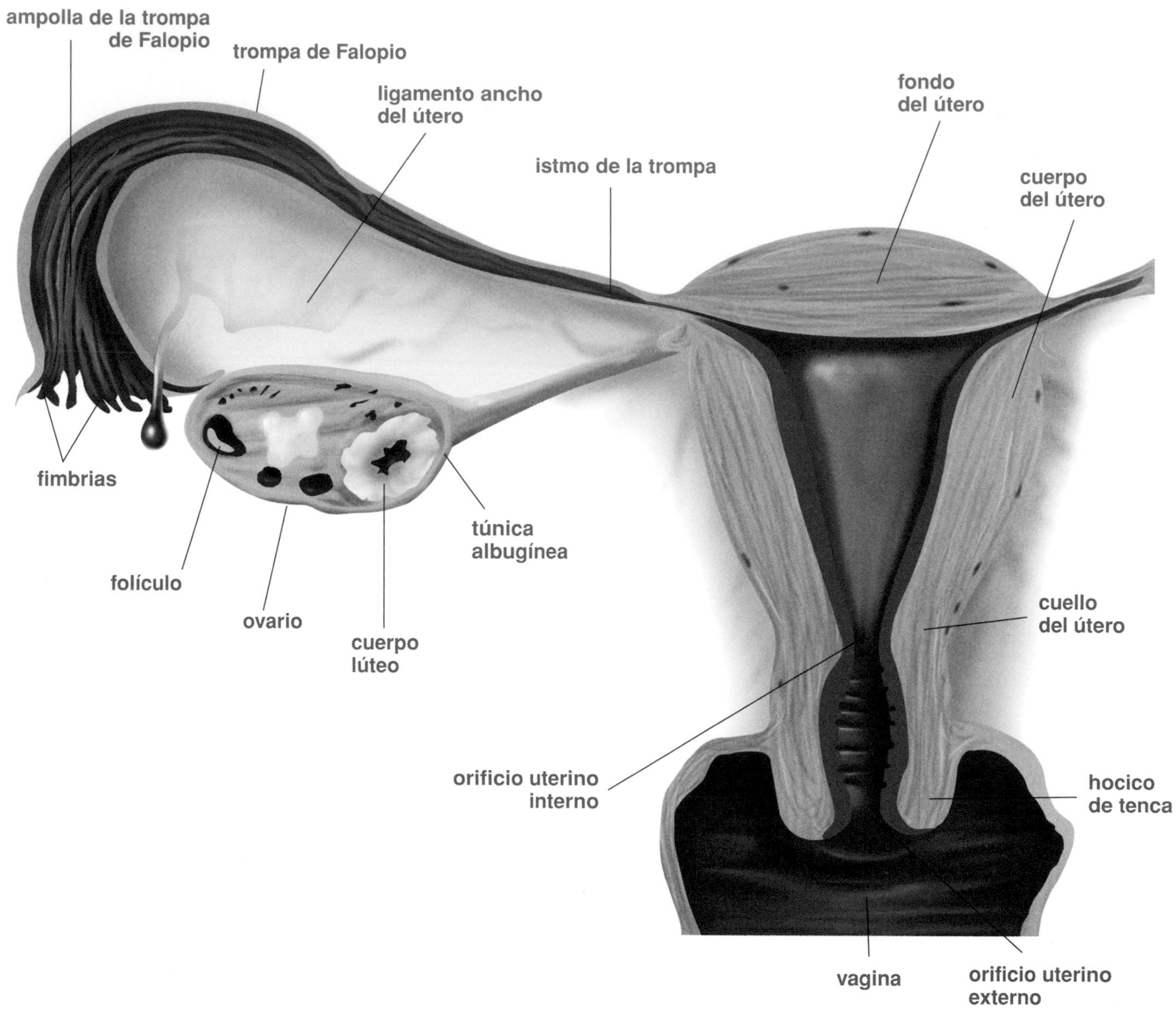
ampolla de la trompa de Falopio
trompa de Falopio
ligamento ancho del útero
fondo del útero
istmo de la trompa
cuerpo del útero
fimbrias
túnica albugínea
folículo
ovario
cuerpo lúteo
cuello del útero
orificio uterino interno
hocico de tenca
vagina
orificio uterino externo

Útero

En el útero anida el embrión, formado por un **óvulo**, que ha sido producido en un ovario y fecundado en la trompa de Falopio por un espermatozoide. Para que las **trompas de Falopio** puedan recoger el óvulo, una vez producida la ovulación y liberado un óvulo maduro, estos conductos poseen un **sistema de dirección** que lo capta. Finalmente, los movimientos musculares de las trompas transportan el embrión hasta el útero. Aquí anidará en la **mucosa uterina**, la cual, bajo la influencia de las hormonas sexuales, se ha engrosado para darle cabida. Si ningún embrión anida en el útero, la mucosa uterina es expulsada a través de la menstruación, y vuelve a ponerse en marcha todo el ciclo. Cuando se produce un aborto, con frecuencia debe realizarse un raspado o **legrado** de la mucosa uterina para evitar una inflamación.

Estado normal

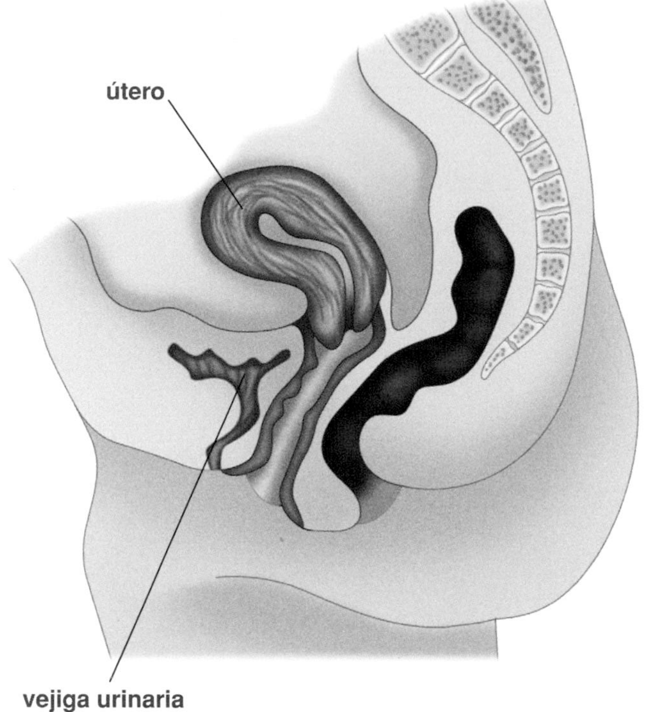
útero
vejiga urinaria

Prolapso en fase inicial

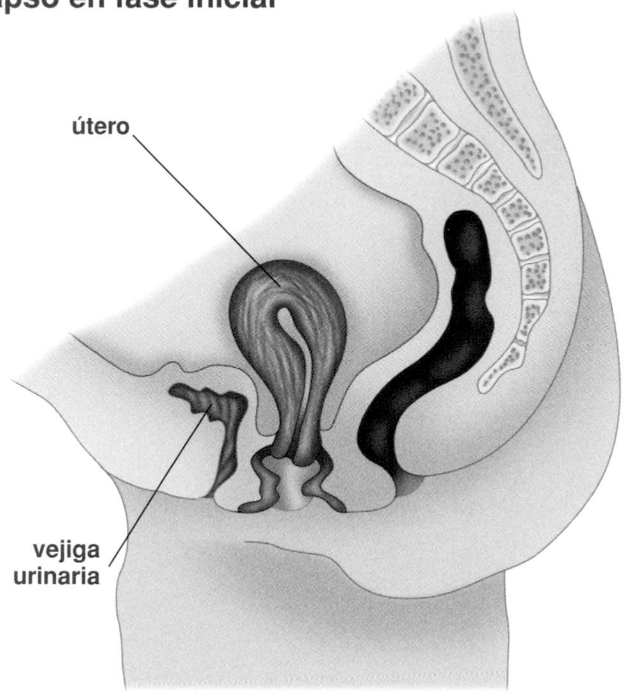
útero
vejiga
urinaria

Prolapso completo

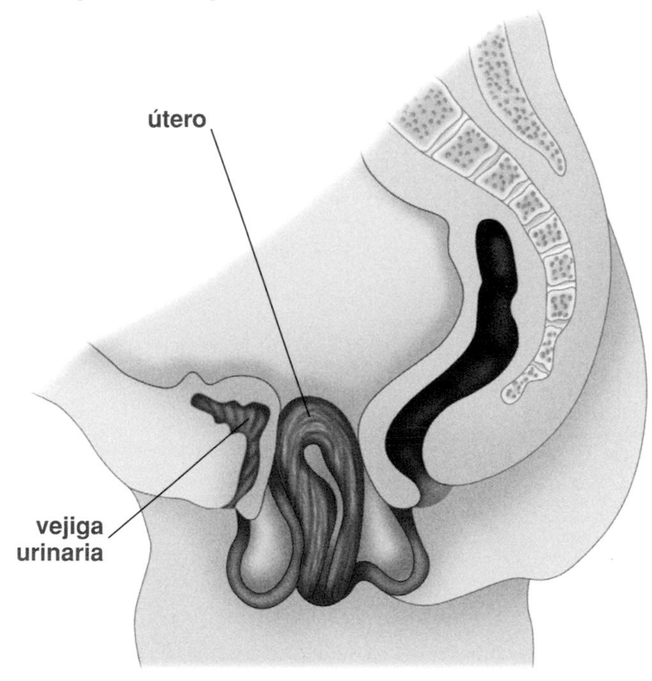
útero
vejiga
urinaria

Prolapso uterino

Como consecuencia de una **debilidad del suelo de la pelvis** (p. ej., debida a varios partos), en muchas mujeres generalmente de edad avanzada se produce un prolapso uterino. El suelo de la pelvis no es capaz de sostener adecuadamente el útero, de manera que este se mueve dentro de la vagina. Este desplazamiento puede llegar a ser tan acusado, que el útero se asome a través del orificio vaginal y, como consecuencia, la vejiga urinaria y el recto también desciendan. En este caso se recomienda la extirpación quirúrgica del útero.

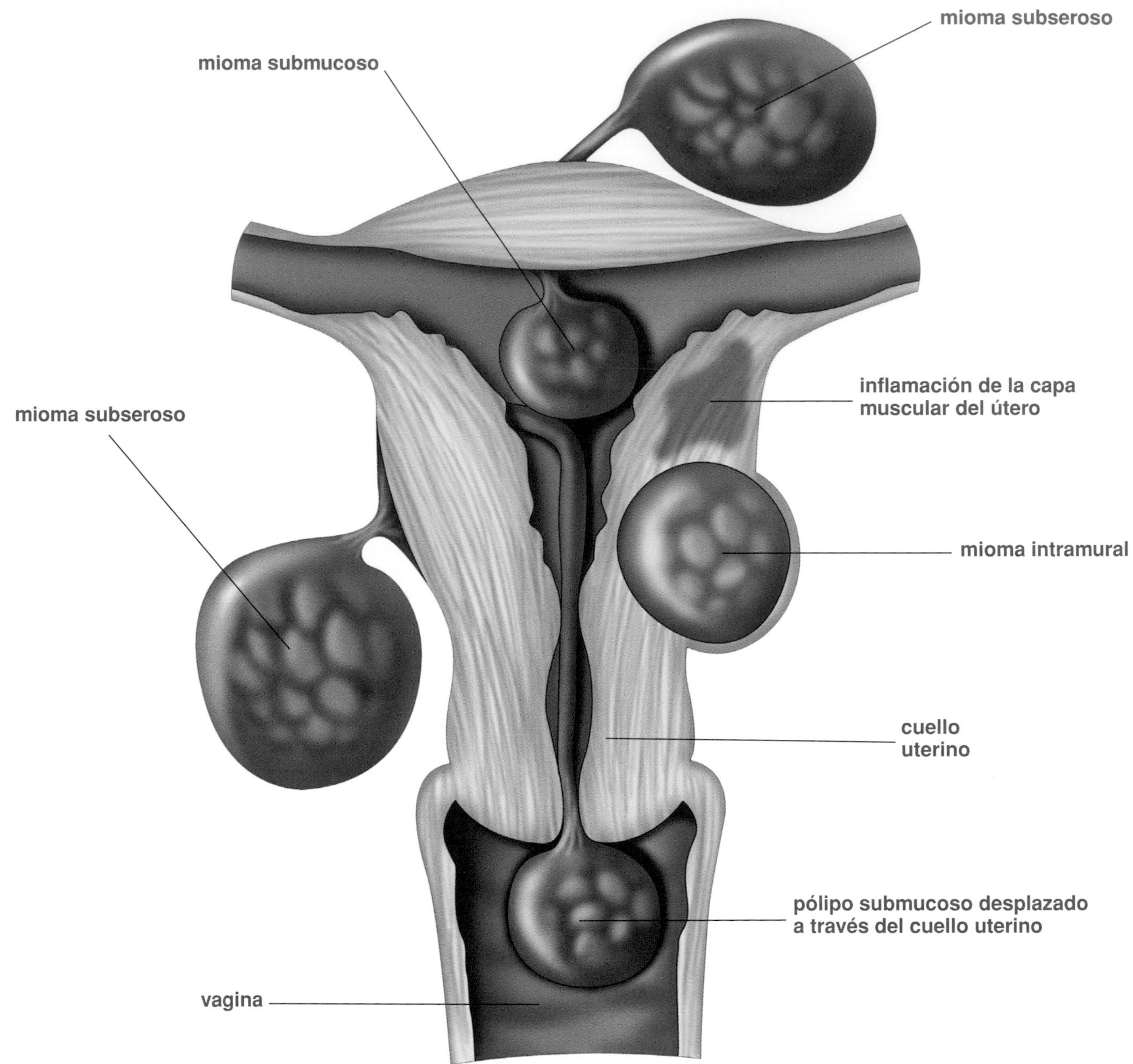
mioma subseroso
mioma submucoso
inflamación de la capa muscular del útero
mioma subseroso
mioma intramural
cuello uterino
pólipo submucoso desplazado a través del cuello uterino
vagina

Miomas uterinos

Los miomas son **tumores benignos** de la musculatura uterina. Crecen dentro de la pared uterina (mioma intramural), dentro del propio útero (mioma submucoso) o bien fuera del útero, en el interior de la cavidad peritoneal (mioma subseroso). El tratamiento de los miomas, que suele ser sencillo, consiste en la administración de preparados hormonales o en su extirpación quirúrgica.

Estructura de la placenta

La placenta está constituida por células del **corion** y de la **mucosa uterina**. Es un órgano formado exclusivamente para nutrir al futuro niño y para producir hormonas durante el embarazo. A través de las cámaras intervellosas, la sangre materna del útero alcanza la placenta, donde se filtran los nutrientes y los gases a lo largo de los pequeños vasos sanguíneos de las vellosidades coriónicas. Seguidamente, la **vena umbilical** los lleva hasta el feto, mientras que la **arteria umbilical** conduce los productos de desecho nuevamente hasta la placenta para que sean transportados y eliminados a través de la sangre materna. Durante todo el proceso, la sangre del niño y la de la madre nunca se mezclan.

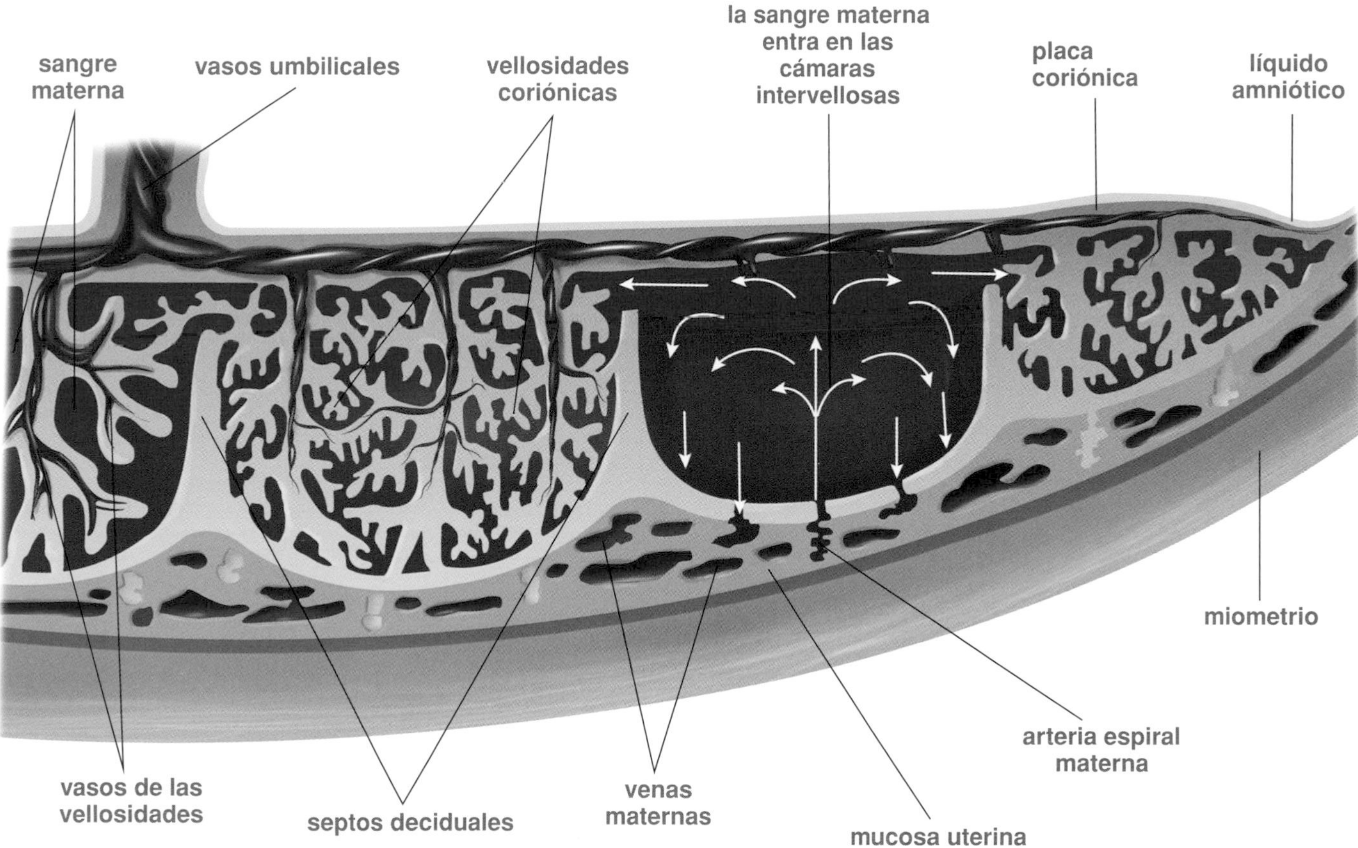
sangre materna
vasos umbilicales
vellosidades coriónicas
la sangre materna entra en las cámaras intervellosas
placa coriónica
líquido amniótico
miometrio
arteria espiral materna
vasos de las vellosidades
septos deciduales
venas maternas
mucosa uterina

Posición del feto

Al inicio de un embarazo, cuando el embrión anida en el útero, a partir de la bolsa que lo envuelve se forma el **corion**. En su interior este forma el **espacio coriónico**, dentro del cual se halla el embrión en el **espacio amniótico**, el futuro **saco amniótico**. Las vellosidades del corion crecen en la mucosa uterina y formarán parte de la placenta. El espacio coriónico se une al espacio amniótico. Durante el embarazo, el feto (nombre que recibe el futuro niño a partir de aproximadamente la novena semana de gestación) recibirá los nutrientes a través de la placenta.

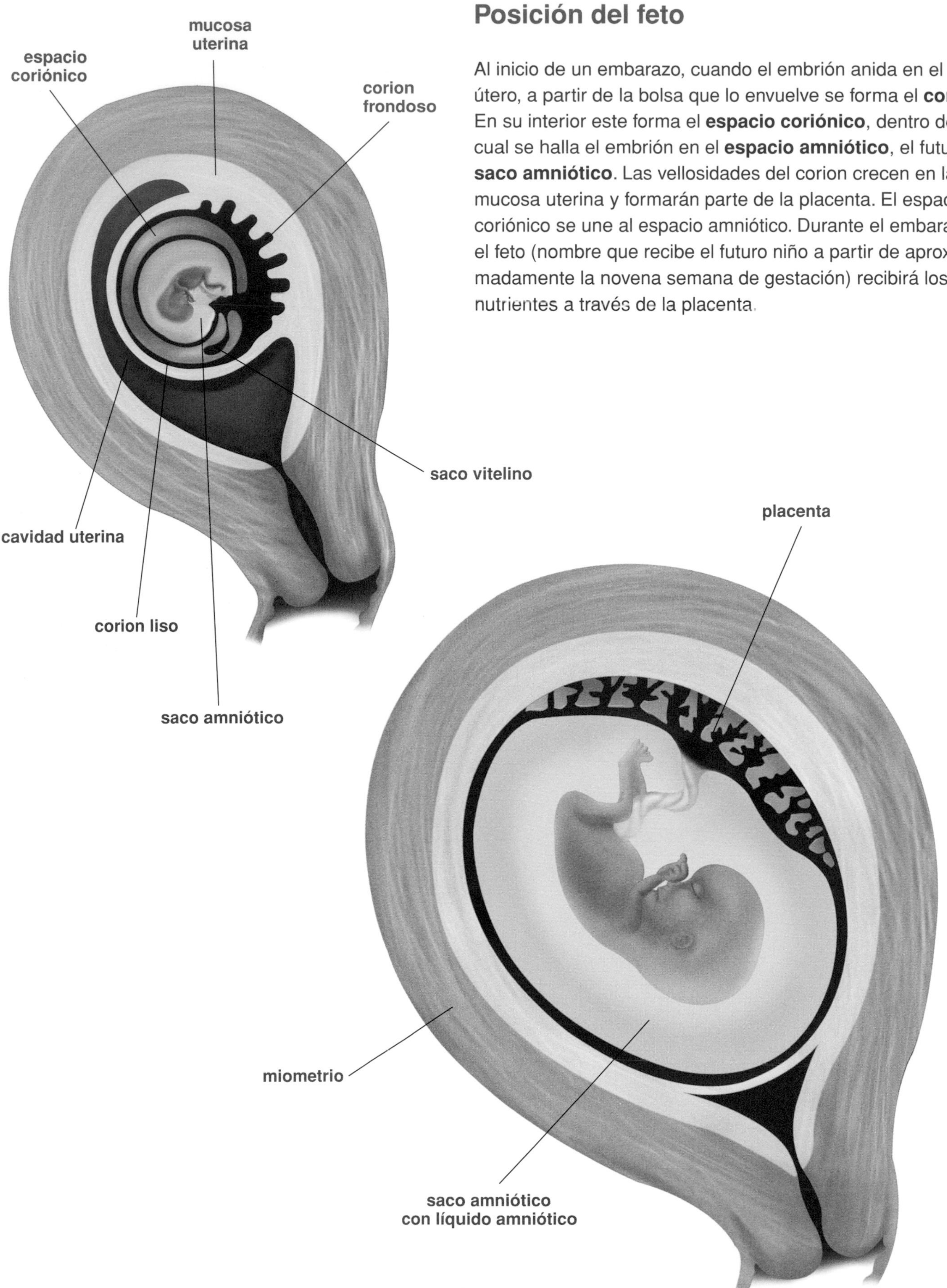
mucosa uterina
espacio coriónico
corion frondoso
saco vitelino
cavidad uterina
corion liso
saco amniótico
placenta
miometrio
saco amniótico con líquido amniótico

En el octavo mes de embarazo, la mayoría de los niños adoptan su posición de parto, es decir, se giran con la cabeza hacia abajo y con el occipucio hacia la parte anterior de la madre (**posición cefálica** o **de vértice**). Esta es la mejor postura para un parto natural, ya que la cabeza (grande en comparación con el resto del cuerpo y dura, aunque ligeramente deformable gracias a las fontanelas) ensancha el canal del parto para que el resto del cuerpo salga sin problemas. Si alcanzadas las 36 semanas de gestación el niño sigue con la cabeza hacia arriba (**presentación de pelvis**), el médico puede intentar darle la vuelta dentro del útero. Si no lo consigue, con frecuencia es necesaria una cesárea, es decir, una intervención quirúrgica que facilita el nacimiento del niño.

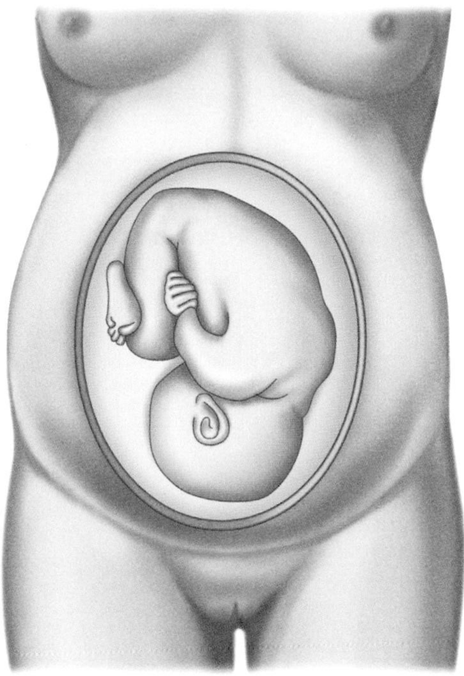

Presentación cefálica o de vértice

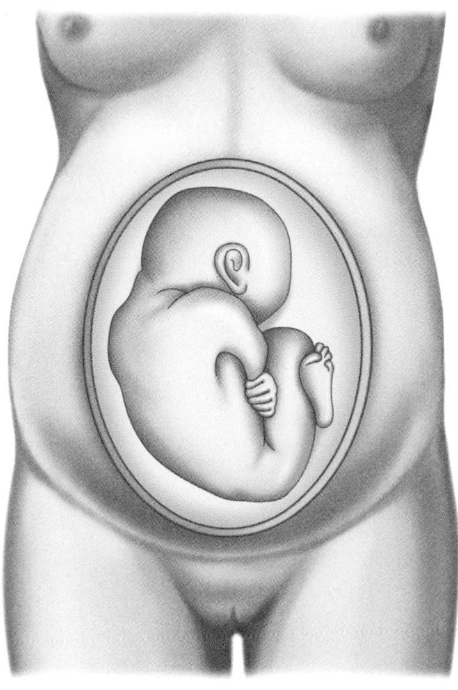

Presentación de pelvis

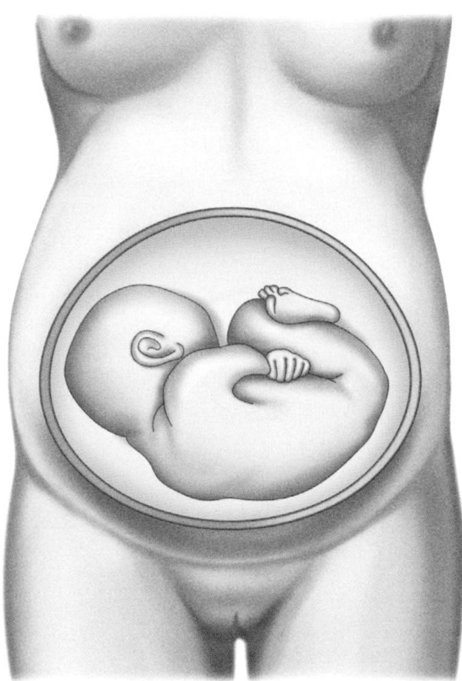

Presentación transversa

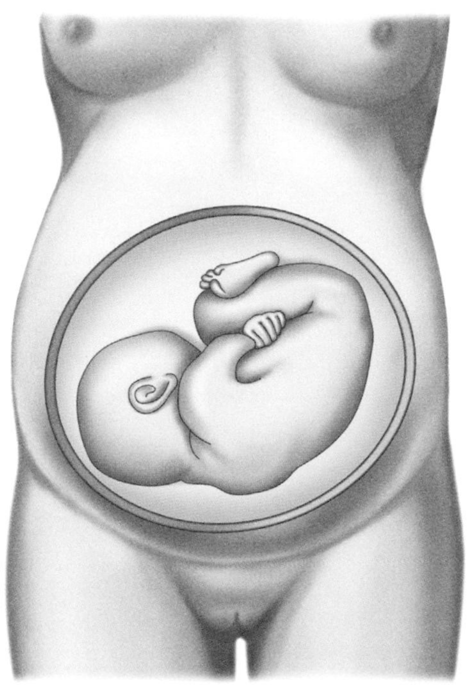

Presentación oblicua

Desarrollo del feto

Al final del **primer trimestre del embarazo** (1.ª-12.ª semana de gestación) el óvulo fecundado se ha desarrollado de tal manera que en la ecografía puede distinguirse el feto con todas sus extremidades (aunque cortas). Aproximadamente hacia la 7.ª semana de gestación su corazón empieza a latir, y alrededor de la 10.ª semana los órganos sexuales internos se forman. En el **segundo trimestre del embarazo** (13.ª-26.ª semana de gestación), por regla general, se notan los primeros movimientos del feto, y se desarrollan los sentidos del oído, la vista, el gusto y el tacto. En el **último trimestre del embarazo**, a partir de la 27.ª semana de gestación, el feto principalmente aumenta de tamaño. Sus pulmones maduran y su cuerpo adopta la posición para el parto (a finales del tercer trimestre la mayoría de los fetos están situados con la cabeza hacia abajo, en la zona del útero más estrecha).

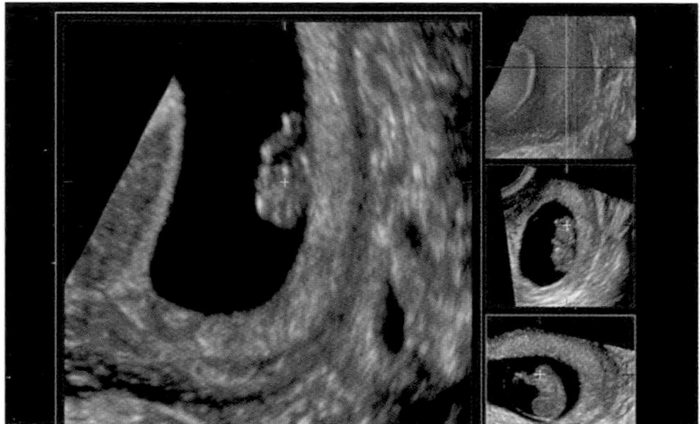

8.ª semana de gestación

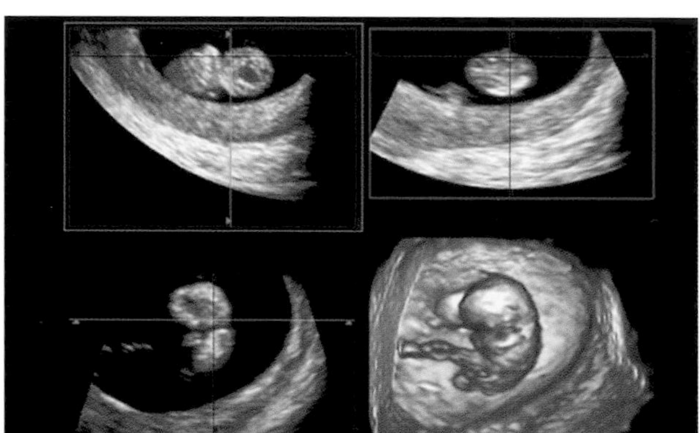

10.ª semana de gestación

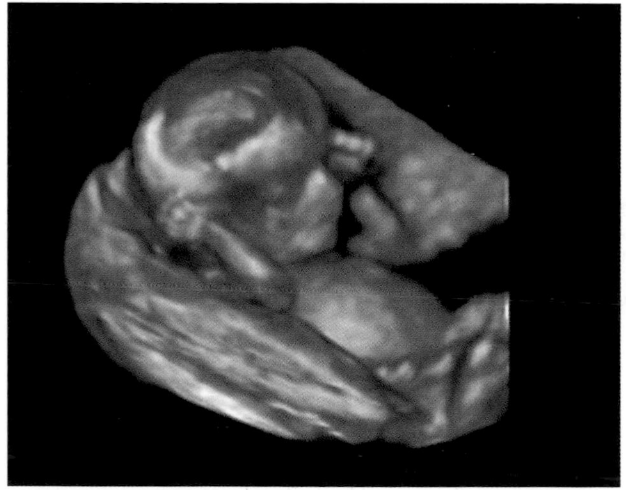

13.ªsemana de gestación

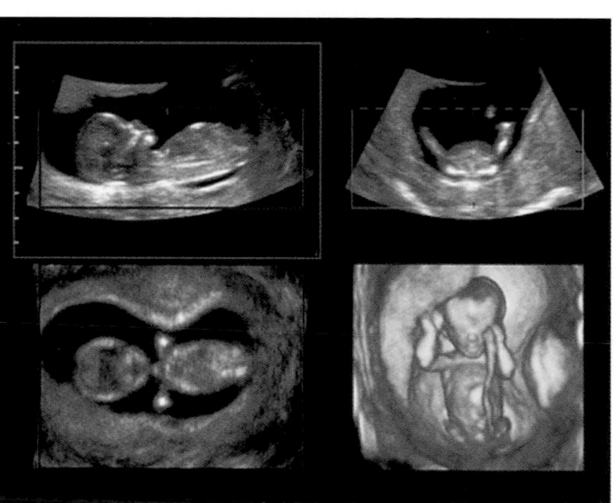

13.ª semana de gestación

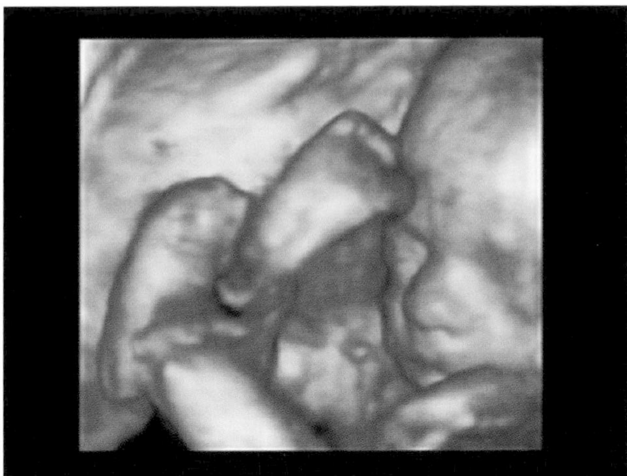

26.ª semana de gestación

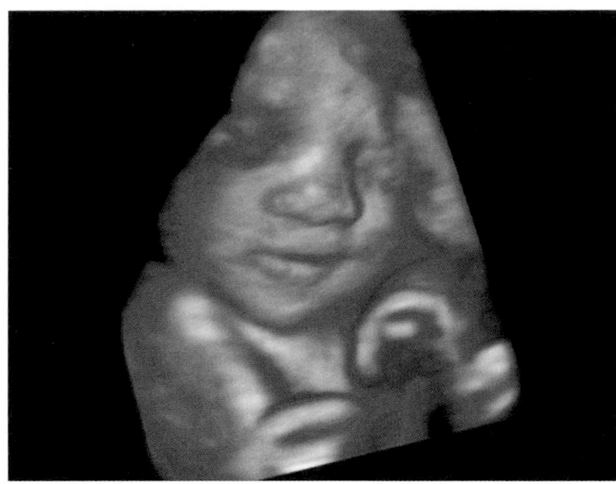

27.ª semana de gestación

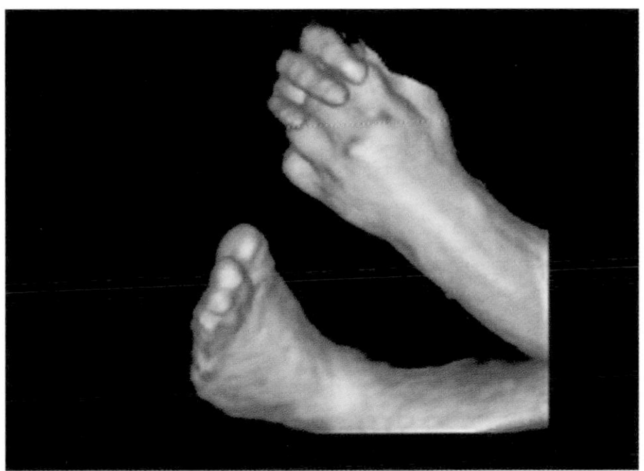

31.ª semana de gestación

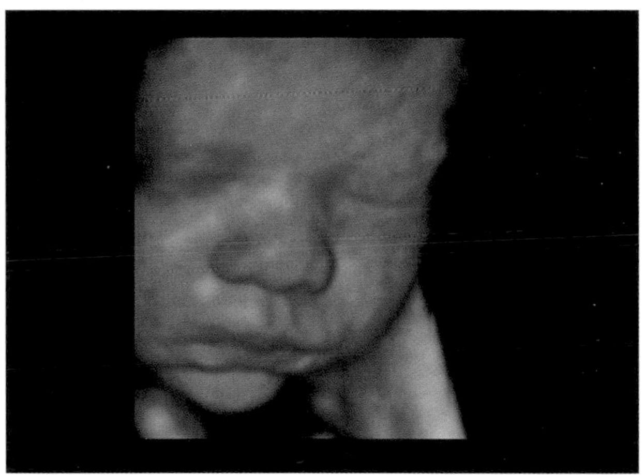

31.ª semana de gestación

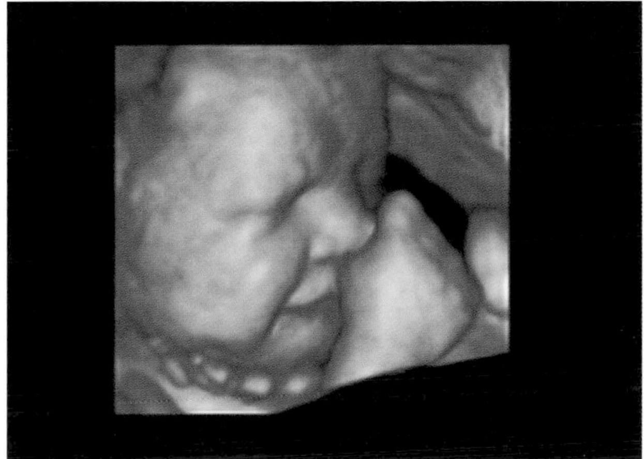

32.ª semana de gestación

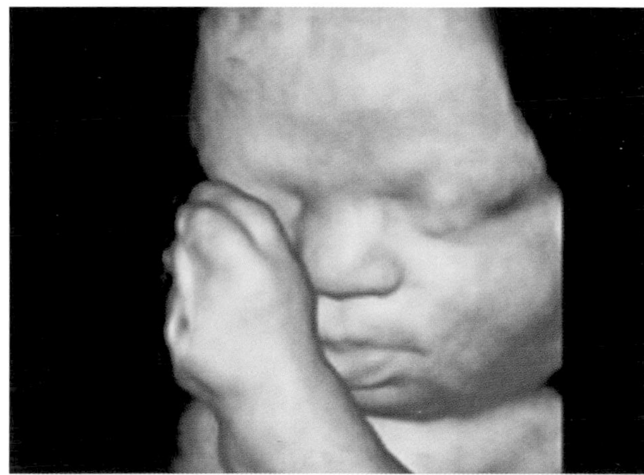

34.ª semana de gestación

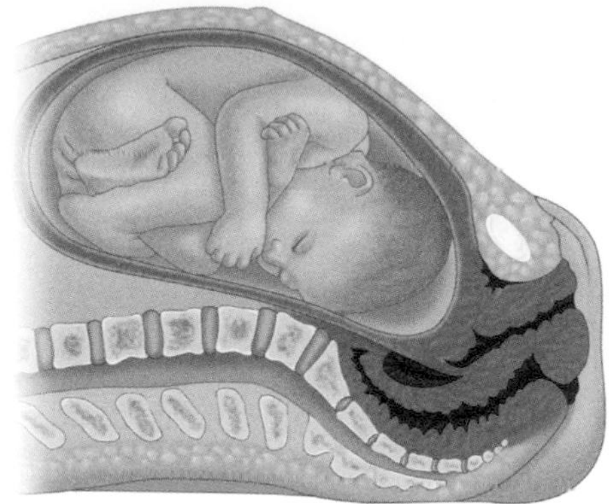

1

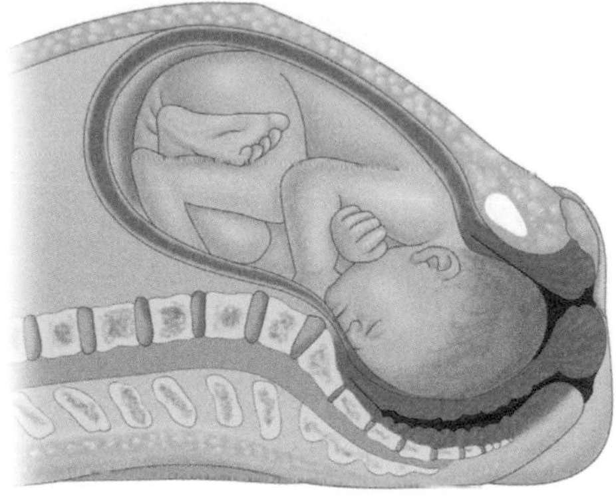

2

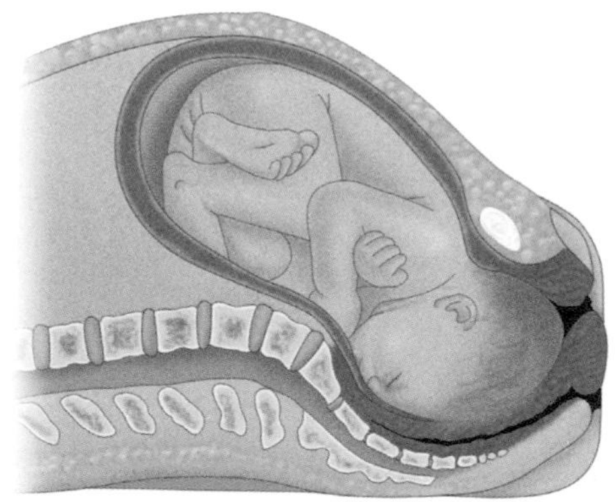

3

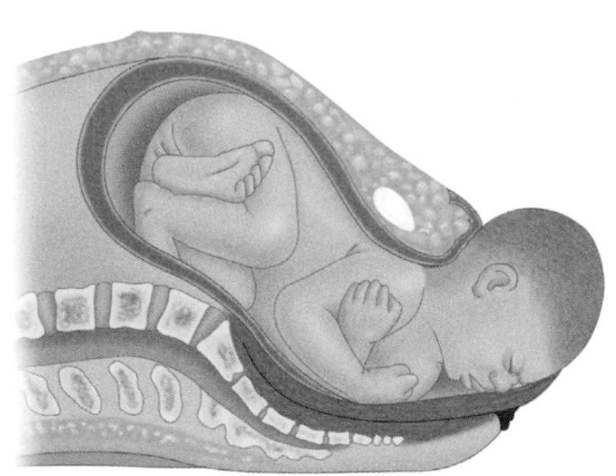

4

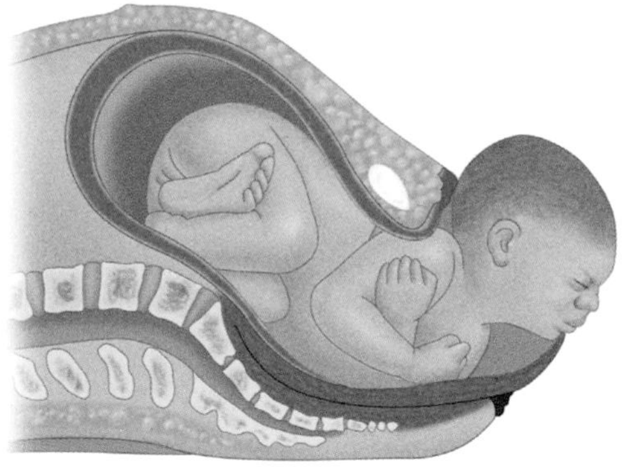

5

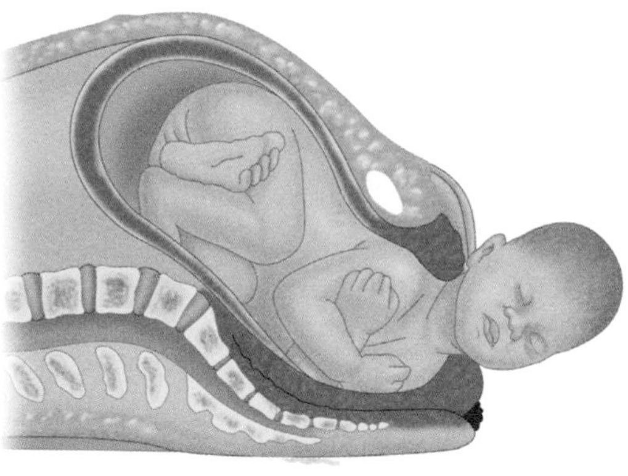

6

Parto

1. **El útero todavía está relajado.**
2. **Aparecen las contracciones.**
3. **El niño es empujado hacia abajo.**
4. **Se ve la cabeza.**
5. **La cabeza sale prácticamente por completo.**
6. **El cuerpo sale.**

Fases del parto

El parto se divide en tres fases: la **dilatación**, el **expulsivo** y el **alumbramiento**. Durante la fase de dilatación el cuello uterino se abre, de manera que se hace sitio para que la cabeza entre en el canal del parto. Las contracciones de la fase de dilatación aparecen al principio cada diez minutos aproximadamente, pero este intervalo va acortándose poco a poco. En el expulsivo las contracciones se hacen cada vez más intensas, de manera que el niño es empujado en el canal del parto. Finalmente, las contracciones empujan hacia fuera la cabeza del niño, que es seguida por el resto del cuerpo. En la fase de alumbramiento, como consecuencia de contracciones más suaves, se expulsa la placenta.

1

Tratamiento de la infertilidad

Cuando se desea tener hijos pero el embarazo no es posible por las vías normales (p. ej., debido a la mala calidad del semen del hombre), existe la posibilidad de realizar una **inseminación intrauterina**. Para ello, los espermatozoides, preparados previamente y fuera del cuerpo masculino, son introducidos en el útero de la mujer en el momento de la ovulación. En la **fertilización in vitro**, el óvulo y el espermatozoide son reunidos en una placa de laboratorio. A continuación, el embrión es introducido en el útero de la mujer con la esperanza de que anide y se desarrolle en él.

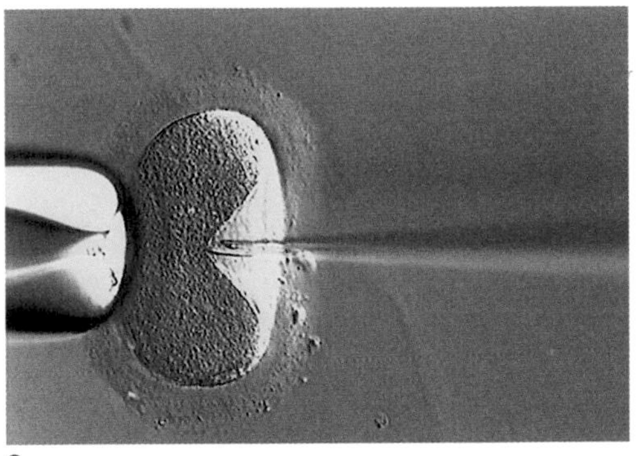

2

Inyección espermática intracitoplasmática (ICSI)

1. Óvulo antes de la inyección de un espermatozoide

2. Óvulo al inicio de la inyección

3. Óvulo durante la inyección

4. Embrión en el estadio de 4 células

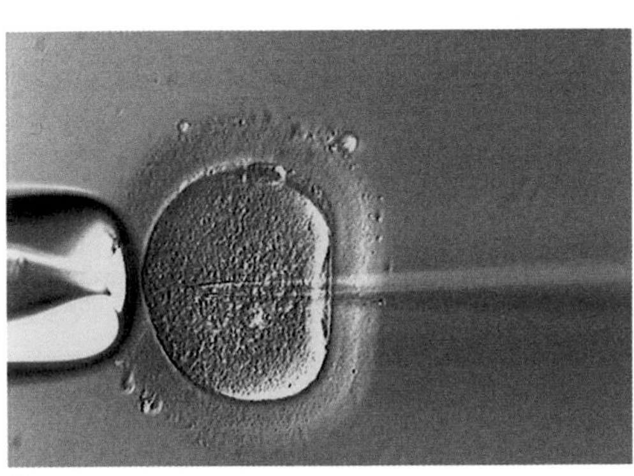

3

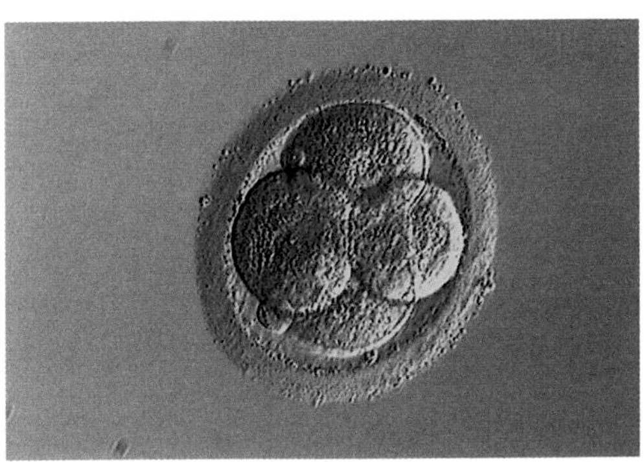

4

▸▸ TÉCNICAS DE FERTILIZACIÓN ARTIFICIAL

Inseminación artificial: los espermatozoides, previamente preparados, son introducidos directamente en el útero de la mujer.

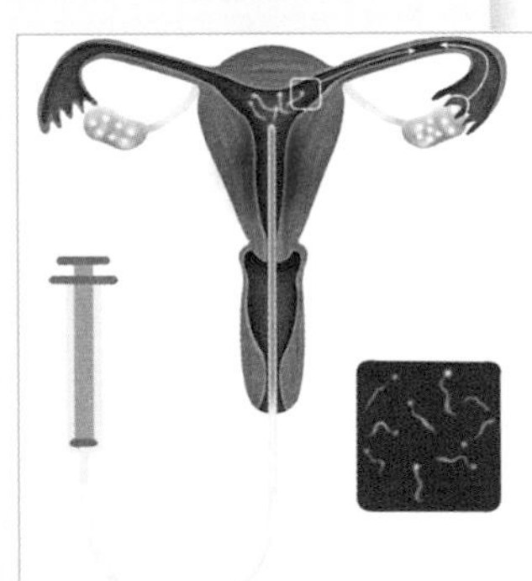

Fertilización in vitro: el óvulo es fecundado en el laboratorio por el espermatozoide. Transcurridas 48 horas, el embrión formado por tres o cuatro células es introducido en el útero de la mujer a través de una cánula de plástico.

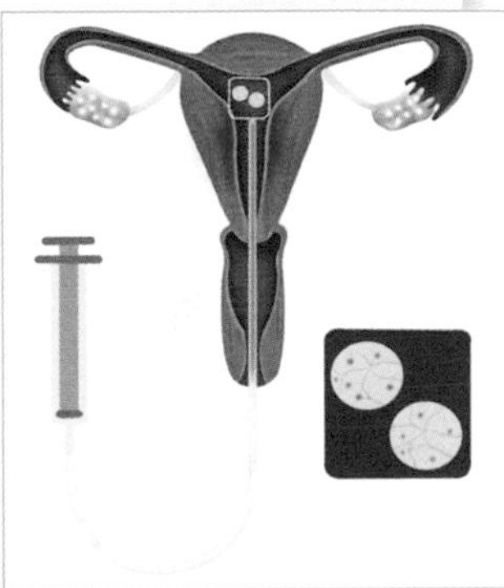

Estructura de la mama

Las mamas de la mujer son glándulas productoras de leche sometidas a la influencia hormonal. En su interior hay lóbulos con glándulas mamarias, las cuales después del parto empiezan a producir **leche** para alimentar al bebé. La composición de la leche, que sale de la mama a través de un orificio del pezón, se adecua a las necesidades del bebé.

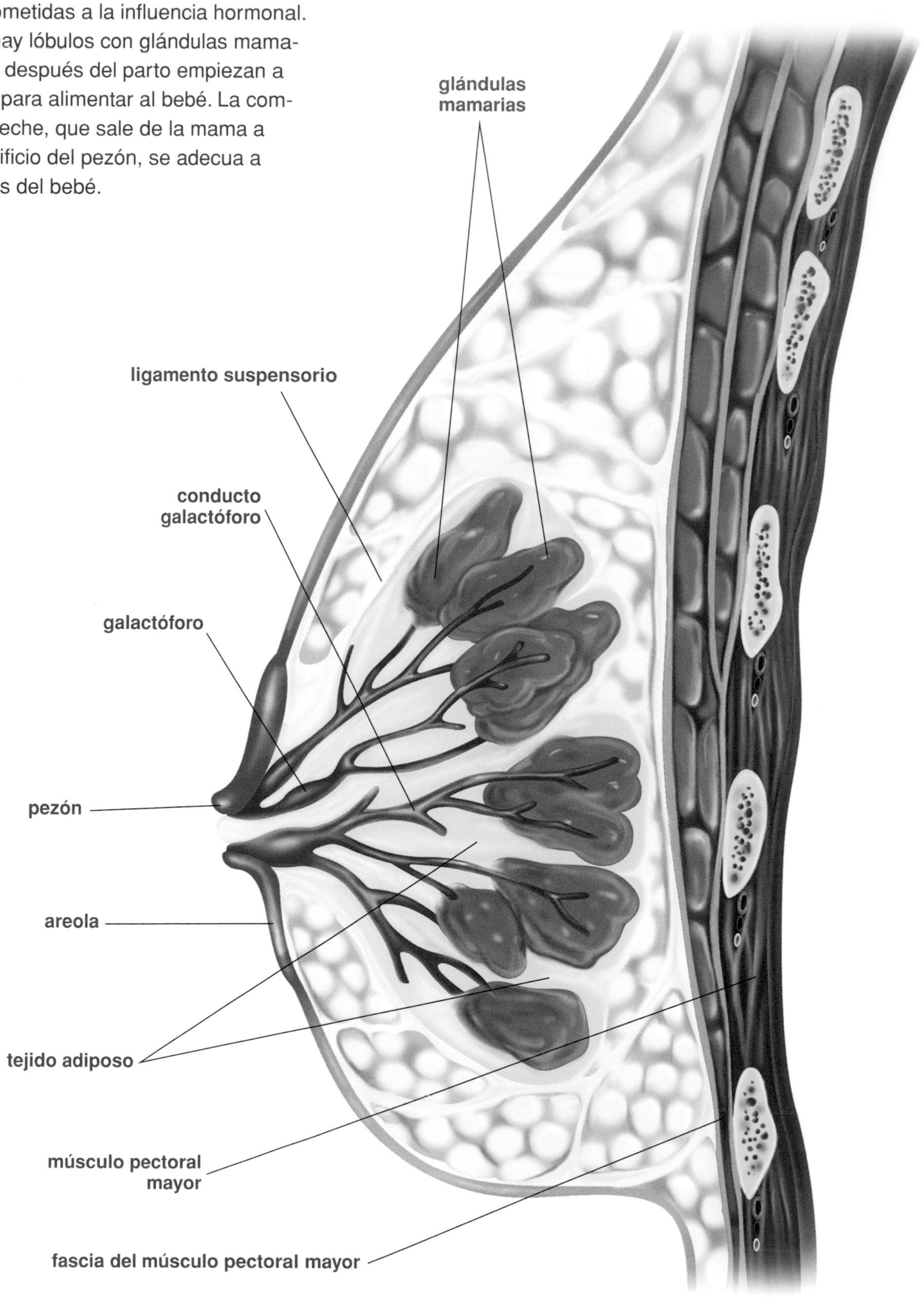

glándulas mamarias
ligamento suspensorio
conducto galactóforo
galactóforo
pezón
areola
tejido adiposo
músculo pectoral mayor
fascia del músculo pectoral mayor

Cáncer de mama

En España la incidencia del cáncer de mama es de unos 50.000 casos al año. Por regla general, el primer síntoma es la detección de un **nódulo** en el pecho u otras alteraciones (como enrojecimiento o cambios en la piel) no dolorosas. Detectado precozmente, por ejemplo mediante una mamografía (radiografía de la mama), el cáncer de mama puede curarse mediante la extirpación parcial o completa del órgano.

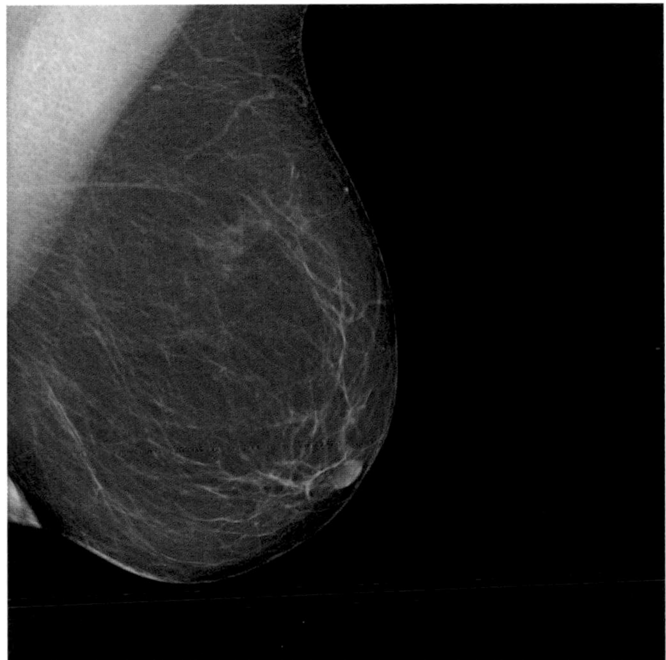

Mama sana

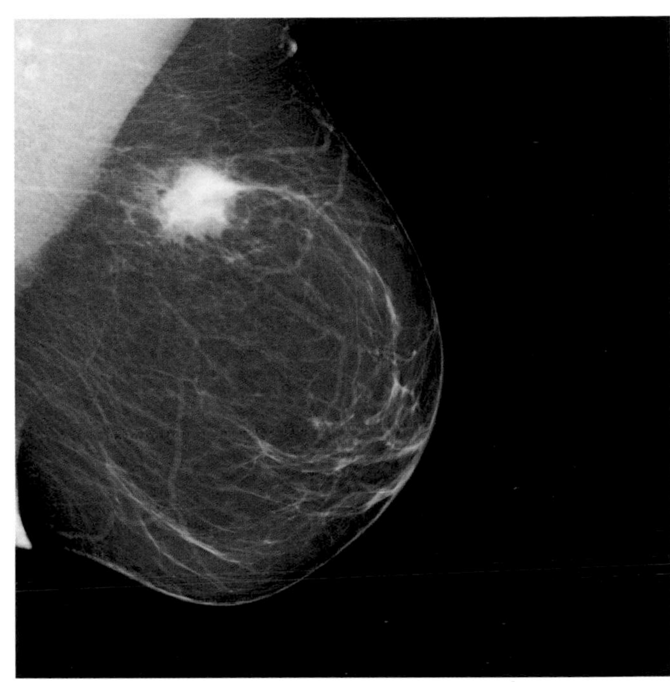

Mama con nódulos cancerosos

▸▸ MAMOGRAFÍA

La mamografía es la exploración radiográfica de la mama con la que pueden distinguirse nódulos de incluso solo 5 mm de diámetro (es decir, en un estadio en que con frecuencia no son palpables). También pueden identificarse pequeñas calcificaciones (con frecuencia el primer signo del cáncer) incluso a partir de 0,1 mm de diámetro. Para realizar la prueba, la mujer se sitúa frente a un aparato con la parte superior del cuerpo descubierta, y a continuación su mama es presionada entre dos planchas de plexiglás radiotransparentes. Cuanto más aplastada quede la mama, tanto mayor será la fiabilidad de la imagen radiográfica. Generalmente se toman dos radiografías, una de arriba a abajo y otra oblicua desde el centro hacia el lado.

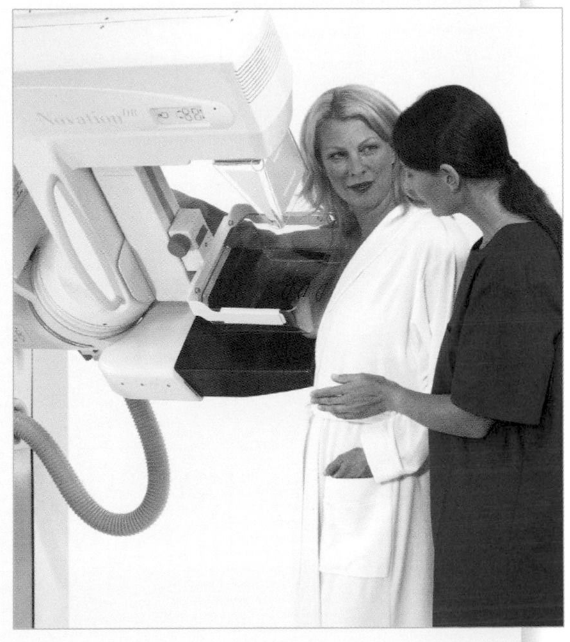

Capítulo 10

La piel

La piel es un órgano plano que está formado por diversas capas, órganos anexos (uñas, pelo, etc.), numerosas terminaciones nerviosas, vasos sanguíneos y receptores de temperatura y de tacto. Con una superficie de unos 1,8 m^2 y un peso total de 3,5-10 kg, la piel protege al organismo de los agentes ambientales, como gérmenes, la luz solar y la deshidratación. Además, nuestro órgano sensorial más grande se encarga de la sensibilidad táctil, así como de la percepción y regulación de la temperatura corporal. Por otra parte, gracias a la gran cantidad de grasa que almacena, sirve de reserva energética.

Estructura de la piel

La piel está formada por tres membranas: la **epidermis**, cuya capa córnea es visible externamente, la **dermis** y la **hipodermis**. Dado que la epidermis no cuenta con vasos sanguíneos, esta capa de la piel se nutre a través de la dermis. En esta última se encuentran también las glándulas sebáceas y sudoríparas, así como los folículos pilosos y los receptores sensoriales, los cuales, por ejemplo, detectan el roce. A ellos pertenecen los **discos de Merkel**, los **corpúsculos de Meissner** y los **corpúsculos de Vater-Pacini**. La hipodermis, conocida también como tejido subcutáneo, está constituida básicamente por tejido adiposo, aunque también alberga receptores sensoriales.

pelo
corpúsculo de Meissner
corpúsculo de Krause
estrato córneo
estrato basal
glándula sebácea
vaina del folículo piloso
bulbo piloso
papila dérmica
tejido adiposo subcutáneo
epidermis
dermis
vasos sanguíneos
hipodermis
músculo erector del pelo
glándula sudorípara merocrina
nervio
corpúsculo de Vater-Pacini

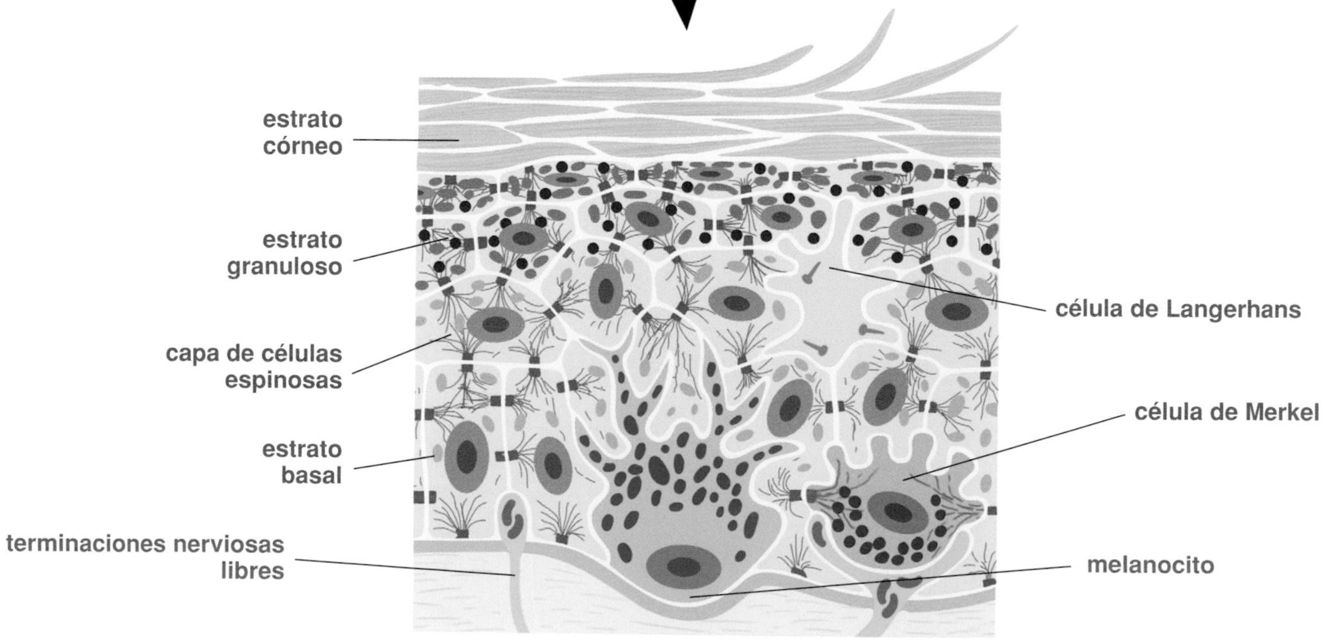

estrato córneo
estrato granuloso
capa de células espinosas
estrato basal
terminaciones nerviosas libres
célula de Langerhans
célula de Merkel
melanocito

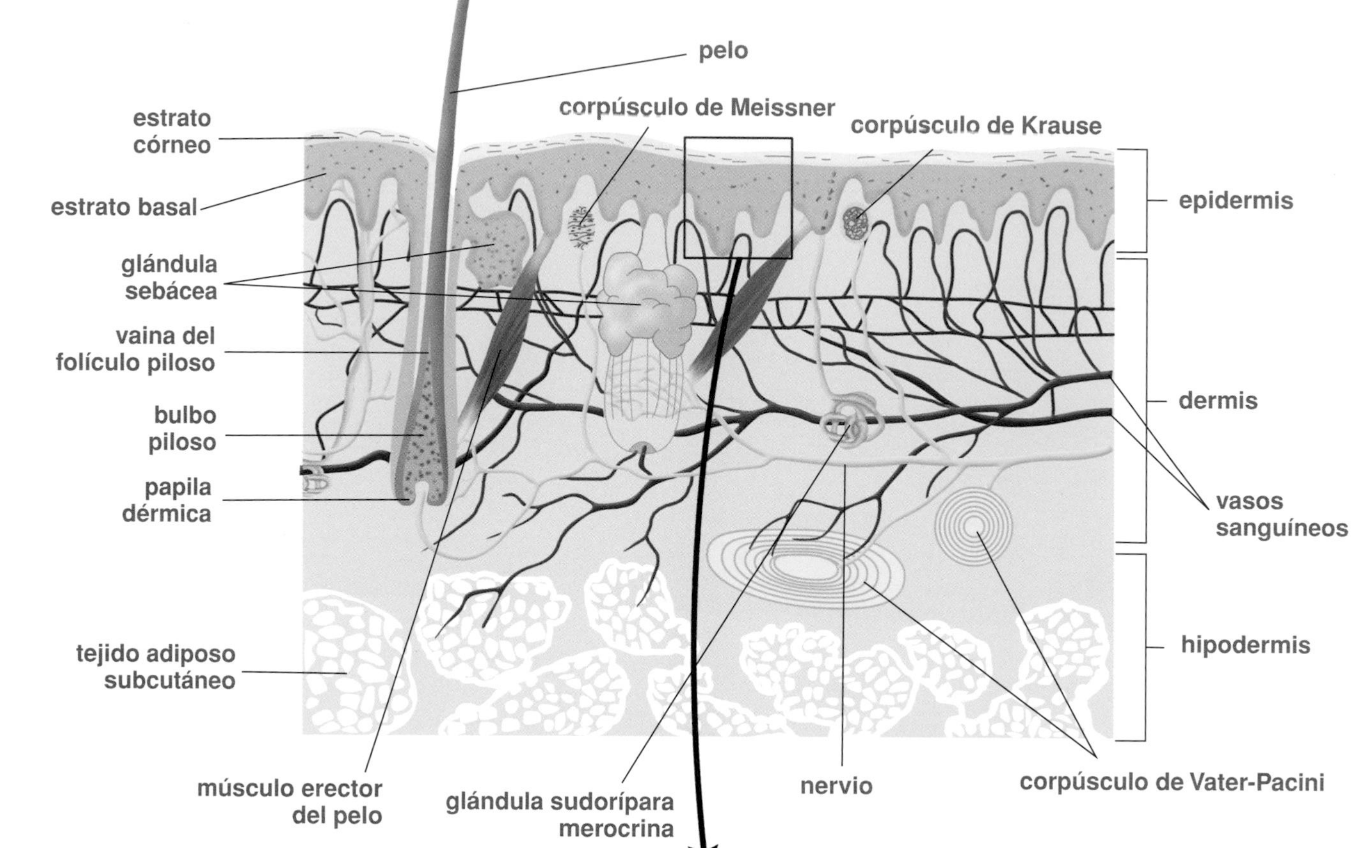

Glándulas sebáceas y glándulas sudoríparas merocrinas y apocrinas

Las **glándulas sebáceas** suelen localizarse en las inmediaciones del folículo piloso. Producen una secreción grasa que tiene como función que tanto la capa más superficial de la piel como el vello no se vuelvan quebradizos. Además, la grasa impide la entrada de microorganismos o sustancias nocivas en el cuerpo. Las **glándulas sudoríparas merocrinas** secretan un líquido que contribuye a la regulación de la temperatura corporal a través de la piel, ya que su evaporación lo refresca. Las **glándulas sudoríparas apocrinas** producen un fluido responsable del olor corporal específico de cada persona y que provoca la atracción sexual. El **acné**, una enfermedad cutánea que aparece básicamente durante la pubertad y que se caracteriza por la formación de numerosos granos y pústulas, se debe a una alteración de las glándulas sebáceas.

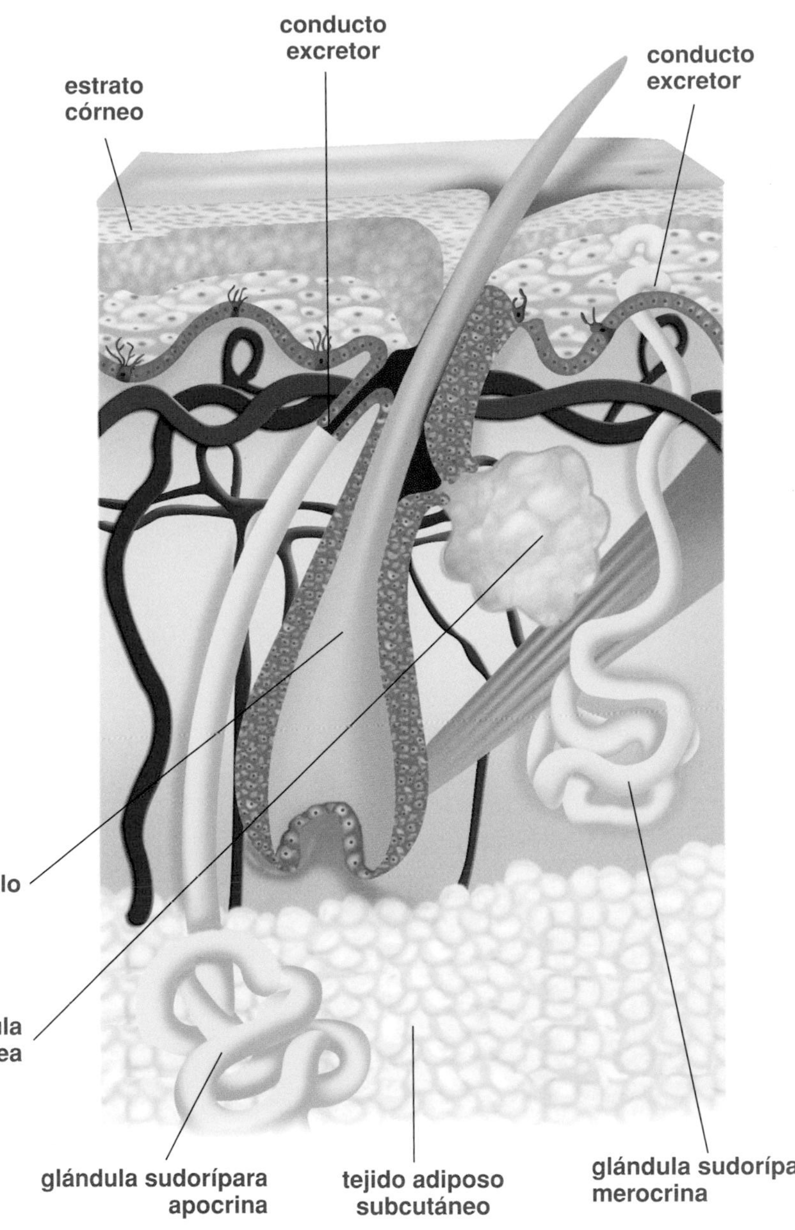
conducto excretor
estrato córneo
conducto excretor
pelo
glándula sebácea
glándula sudorípara apocrina
tejido adiposo subcutáneo
glándula sudorípara merocrina

Aparición del acné

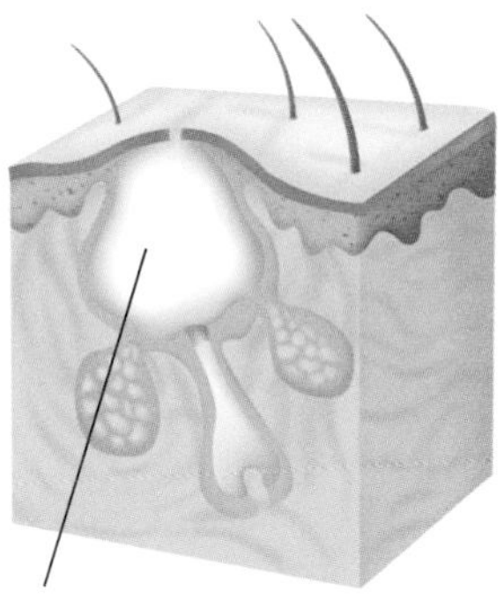
Los restos de grasa y piel forman un tapón.

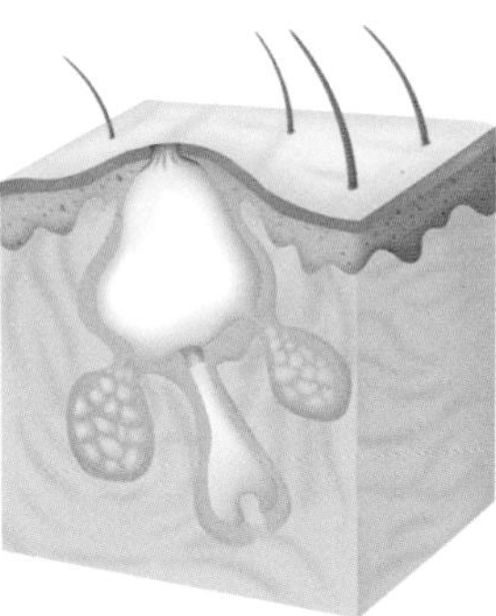
Entran bacterias y aparece el pus.

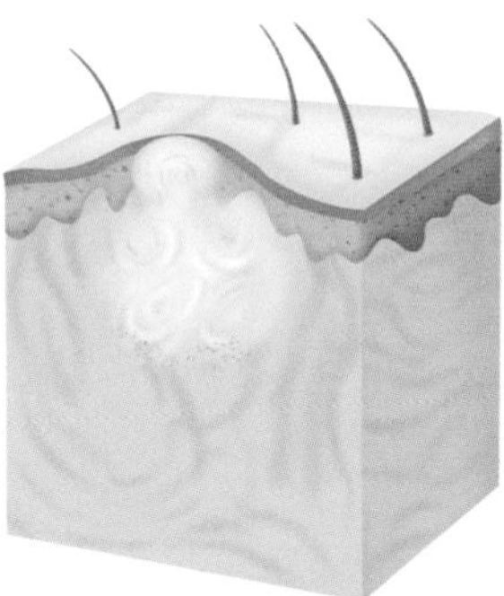
La piel (cutis) se inflama y el acné se extiende.

La uña

Las uñas están formadas por células prensadas de la piel. Su principal función es proteger la punta de los dedos (p. ej., de golpes), aunque también se encargan de que seamos capaces de coger con mayor facilidad los objetos más pequeños. La uña limita por debajo con el **eponiquio** y a los lados con el **paroniquio**, una capa de piel que se superpone ligeramente a la uña. La parte principal de la uña se conoce como **cuerpo ungueal**, por debajo del cual se sitúa el **lecho ungueal**. En ocasiones, los hongos presentes en la piel pueden infectar la uña, de manera que esta presente grietas y poros e incluso puede llegar a engrosarse. La infección por hongos de la uña suele manifestarse por un cambio de coloración.

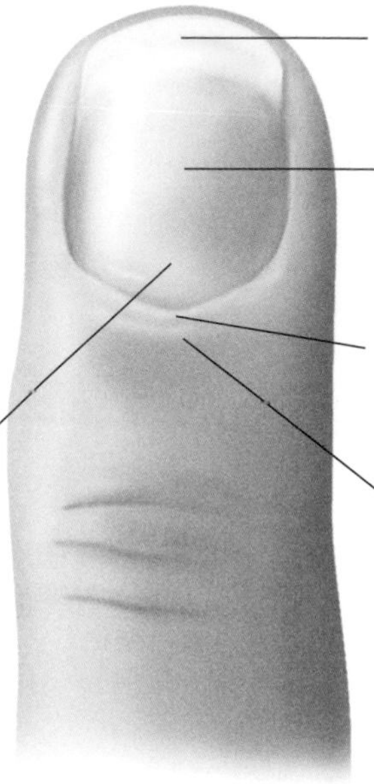

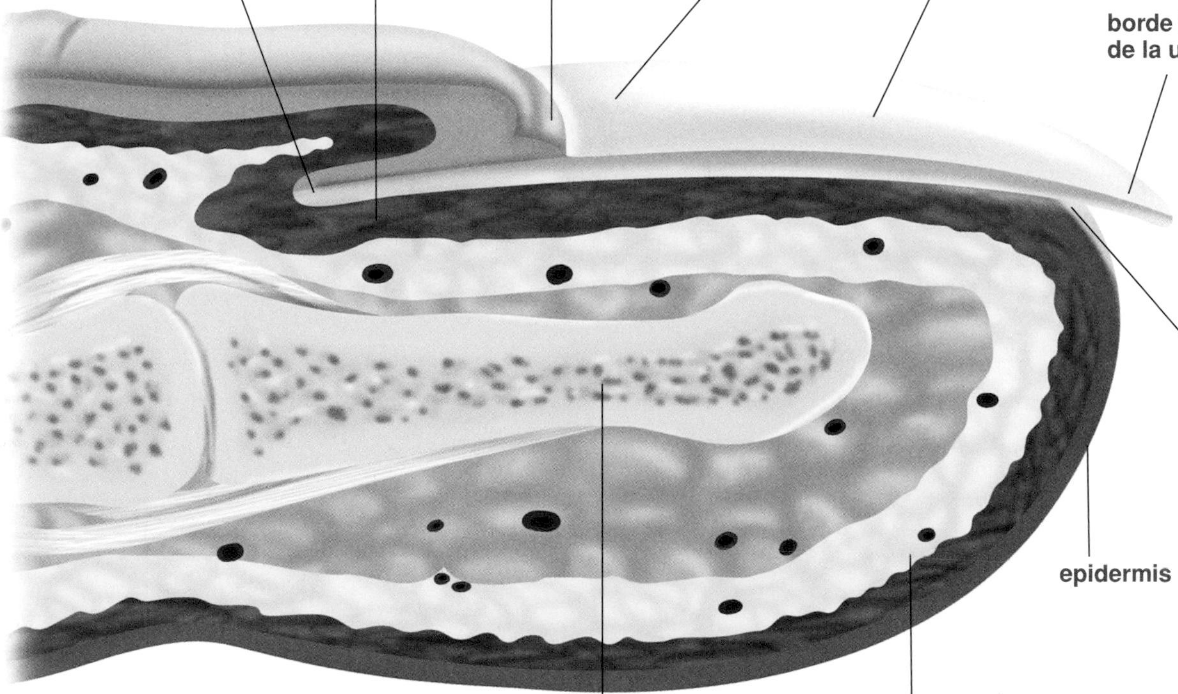

borde libre de la uña
cuerpo de la uña
eponiquio
lúnula
raíz ungueal

matriz ungueal
raíz ungueal
eponiquio
lúnula
cuerpo de la uña
borde libre de la uña
lecho ungueal
epidermis
dermis
falange

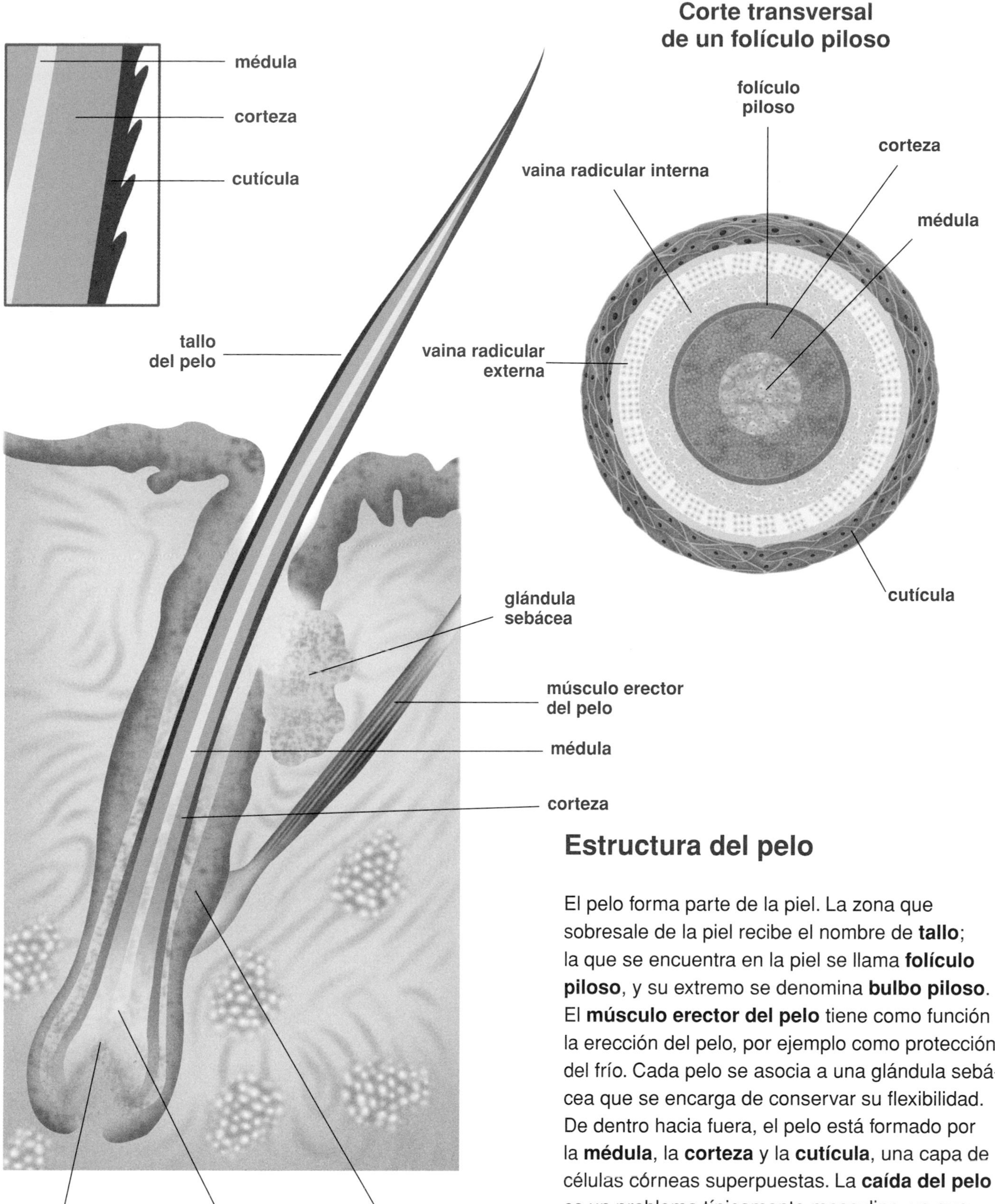
Corte transversal de un folículo piloso
folículo piloso
corteza
vaina radicular interna
médula
vaina radicular externa
cutícula
médula
corteza
cutícula
tallo del pelo
glándula sebácea
músculo erector del pelo
médula
corteza
papila pilosa
bulbo piloso
vaina radicular

Estructura del pelo

El pelo forma parte de la piel. La zona que sobresale de la piel recibe el nombre de **tallo**; la que se encuentra en la piel se llama **folículo piloso**, y su extremo se denomina **bulbo piloso**. El **músculo erector del pelo** tiene como función la erección del pelo, por ejemplo como protección del frío. Cada pelo se asocia a una glándula sebácea que se encarga de conservar su flexibilidad. De dentro hacia fuera, el pelo está formado por la **médula**, la **corteza** y la **cutícula**, una capa de células córneas superpuestas. La **caída del pelo** es un problema típicamente masculino, ya que bajo ciertas circunstancias un nivel elevado de testosterona puede provocar una caída excesiva.

Lesiones cutáneas (eflorescencias) patológicas primarias

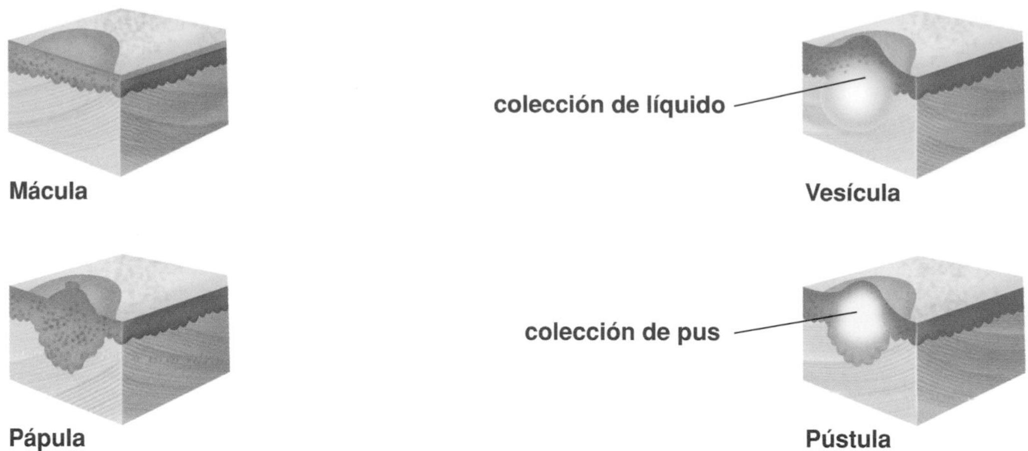
colección de líquido
Mácula
Vesícula
colección de pus
Pápula
Pústula

Lesiones cutáneas (eflorescencias) patológicas secundarias

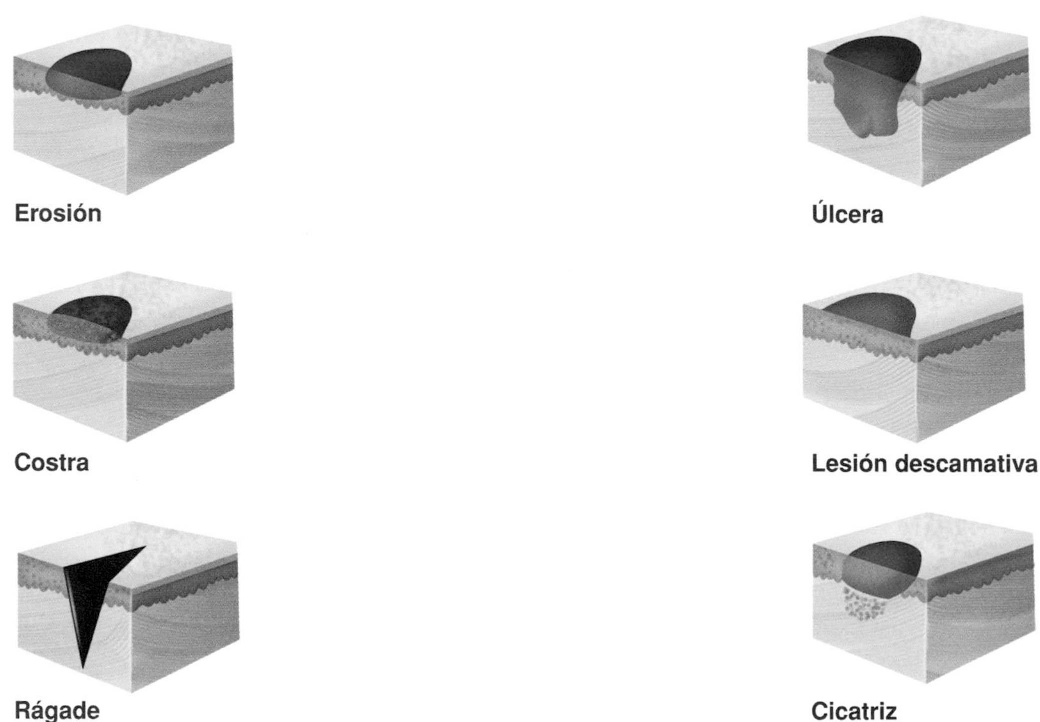
Erosión
Úlcera
Costra
Lesión descamativa
Rágade
Cicatriz

Lesiones cutáneas

Existen muchos tipos de lesiones cutáneas. Pueden estar producidas por una **enfermedad** propia de la piel, aunque con frecuencia aparecen de manera **accidental**. En ocasiones son el signo de otra enfermedad, por ejemplo la varicela. Se distingue entre una mancha simple (como las pecas), una lesión sobreelevada, una lesión superficial o profundizada (erosión o úlcera), una pústula llena de pus, una rágade, una herida cutánea, una cicatriz (en la que las células cutáneas han sido sustituidas por tejido conjuntivo funcional), una costra o una lesión descamativa (la capa superficial de la piel se descama).

Enfermedades cutáneas

Entre las lesiones cutáneas que pueden ser dolorosas o peligrosas se distinguen los **forúnculos**, una inflamación purulenta del folículo piloso generalmente de causa bacteriana, y el **carbunco**, en el que están afectados varios folículos pilosos. Con frecuencia, las **verrugas**, los **angiomas planos** y los **hemangiomas** son lesiones cutáneas antiestéticas pero no peligrosas. Lo mismo ocurre con los **lunares**, aunque pueden degenerar en una lesión cancerosa. Dentro del **carcinoma cutáneo** se diferencia entre tumores cutáneos blancos (p. ej., el carcinoma basocelular), de crecimiento lento y buen pronóstico, y el melanoma (pigmentado). Este último también responde bien al tratamiento siempre que se detecte precozmente, aunque metastatiza con frecuencia.

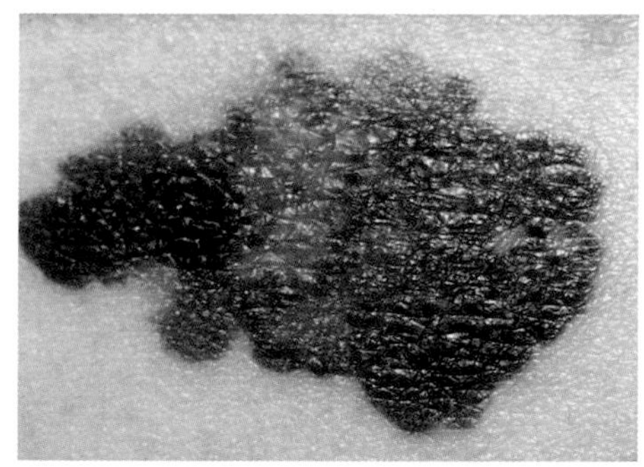
Melanoma

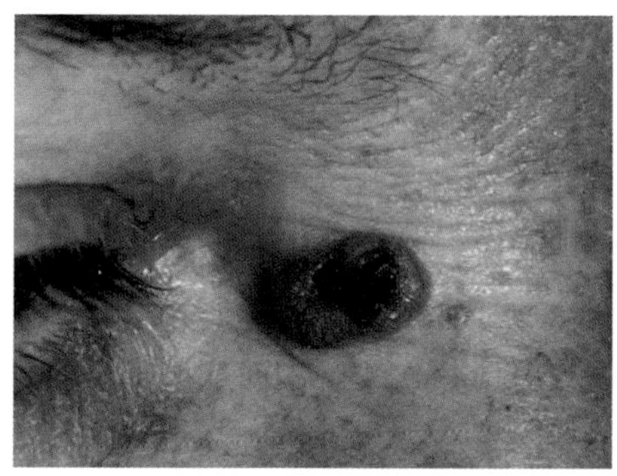
Carcinoma basocelular

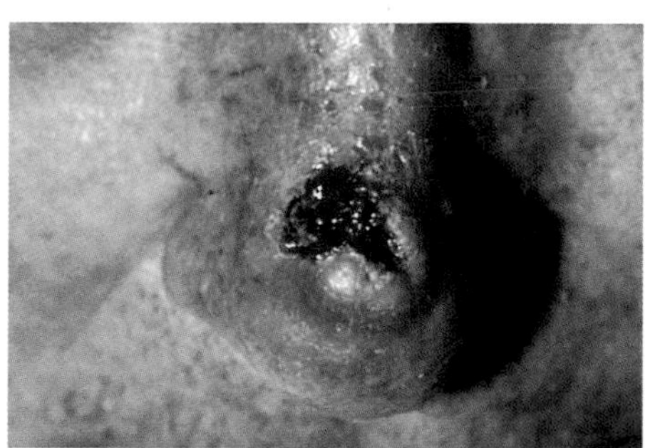
Carcinoma espinocelular

Forúnculo

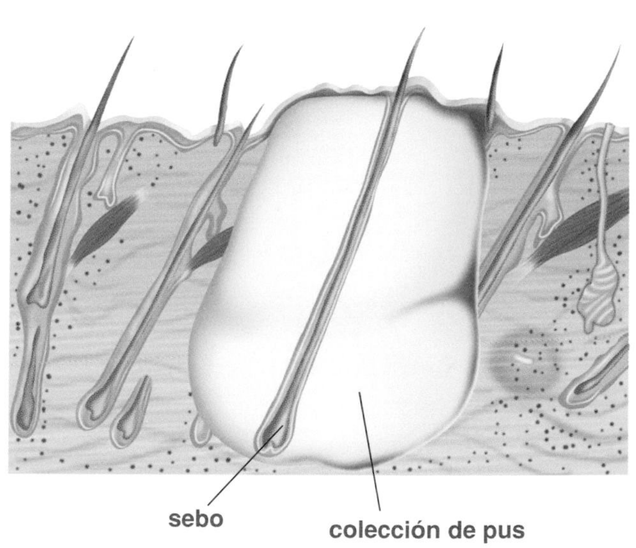
sebo
colección de pus

Carbunco

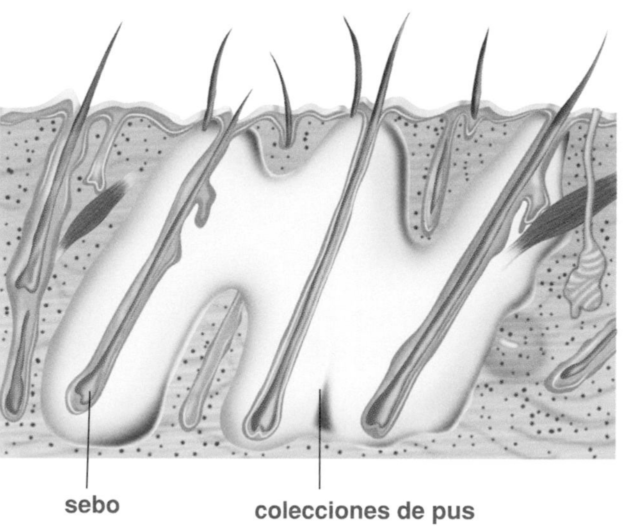
sebo
colecciones de pus

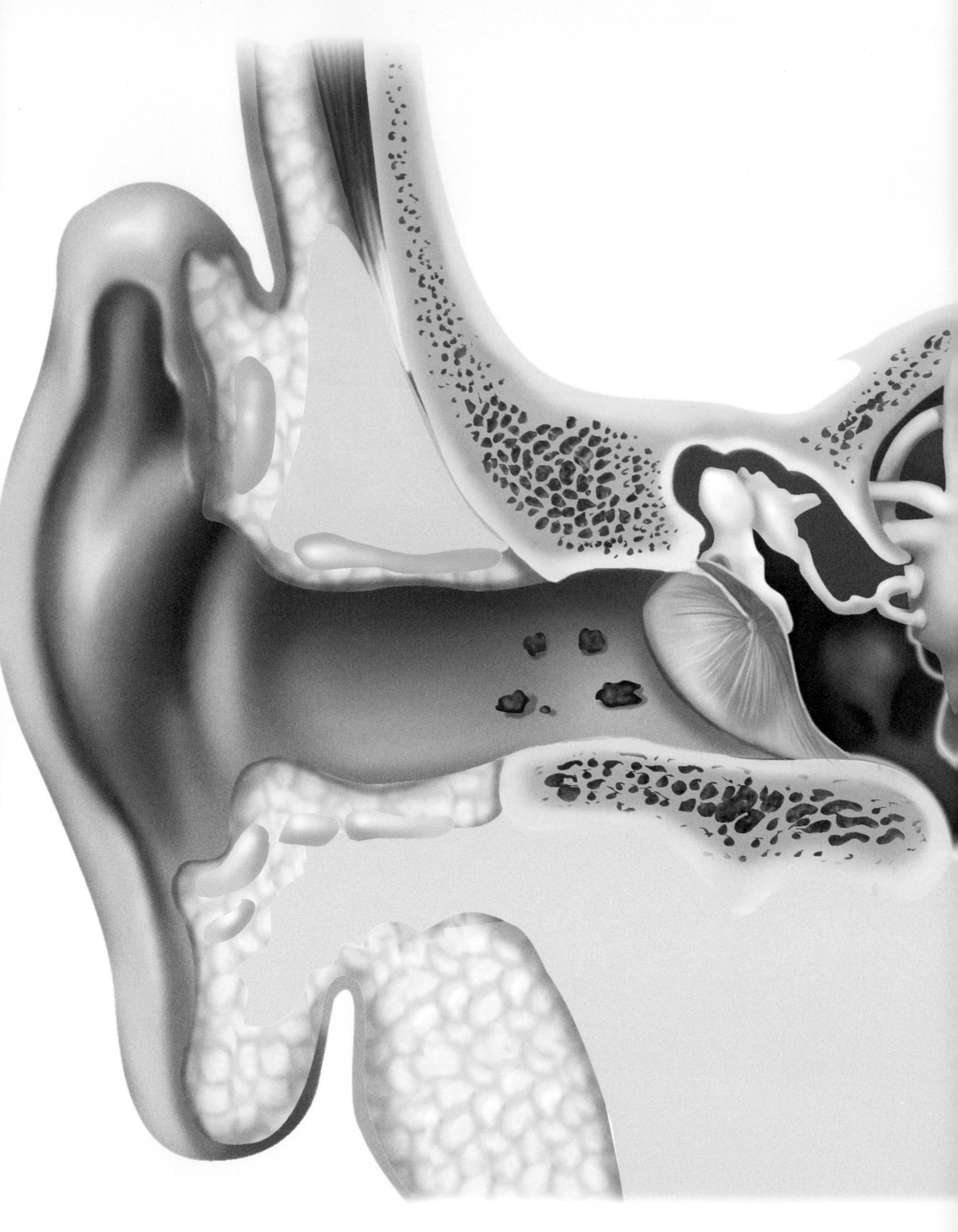

Capítulo 11

Órganos de los sentidos

A través de los órganos de los sentidos somos capaces de percibir la información de nuestro entorno en forma de estímulos externos (luz, olores, sonidos) y de transformarla en impulsos eléctricos. Para que se hagan conscientes, primero tienen que ser transformados por receptores o ser transportados hasta el cerebro a través de las fibras nerviosas. Solo entonces oímos, olemos, notamos el sabor, etc. El ser humano tiene cinco órganos de los sentidos y seis sentidos. Si uno solo de estos no funciona correctamente, el equilibrio de todo el organismo se resiente.

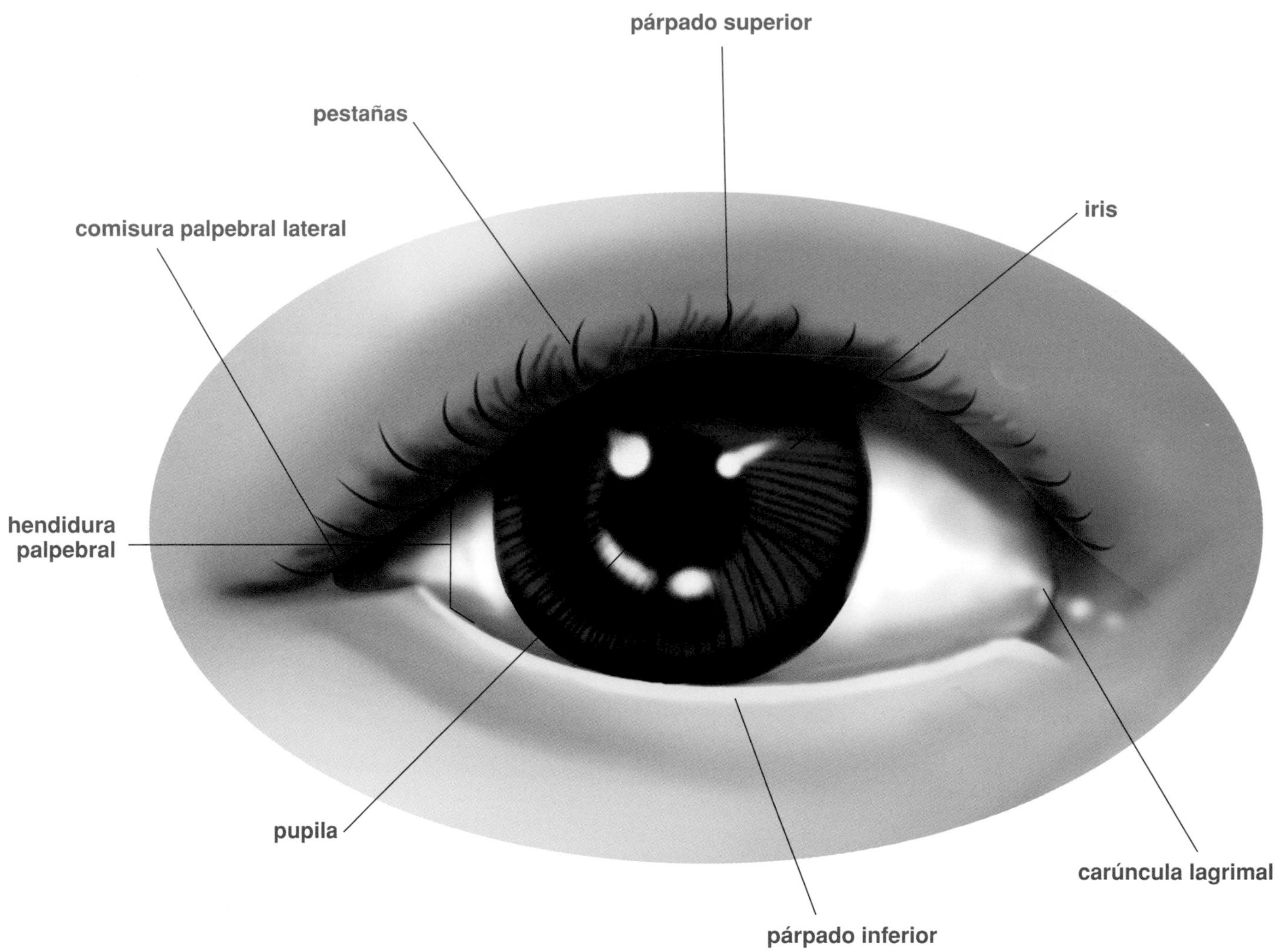

párpado superior
pestañas
comisura palpebral lateral
iris
hendidura palpebral
pupila
carúncula lagrimal
párpado inferior

Ojo: visión externa

El ojo, uno de los órganos de los sentidos más importantes del ser humano, está formado por el **globo ocular**; la **órbita**, donde este se aloja; los **músculos oculares**, que lo mantienen en su sitio y permiten variar el ángulo de visión; el **aparato lagrimal**; los **párpados** y el **nervio óptico**, el cual transporta los estímulos visuales hasta el cerebro. Por su parte, el globo ocular está formado por la **esclerótica**, que se distingue como la parte blanca del ojo y a la que también pertenece la **córnea**, así como el **cristalino** y la **retina**, que posibilita la percepción de las imágenes.

Vías ópticas

Las vías ópticas, formadas por todas las neuronas que van del ojo al cerebro, se ocupan de que la información que capta el ojo sea ordenada y procesada. Dentro de la retina existen neuronas que perciben las imágenes (conos y bastones) y constituyen la **primera neurona** (la primera fibra nerviosa) de la vía óptica. Por detrás, todavía en la retina, se encuentra la **segunda neurona** a la que llega la información. Seguidamente, esta es transmitida hasta el nervio óptico. Las dos ramas del nervio óptico que van hasta los ojos se entrecruzan en el **quiasma óptico**, de manera que las imágenes captadas son transmitidas al lado contrario, lo que aumenta la percepción espacial. Por último, el tracto óptico conduce la información hasta las zonas neuronales de la visión situadas en el cerebro.

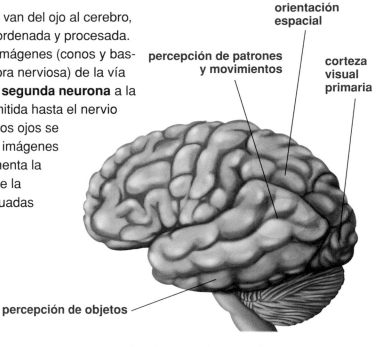

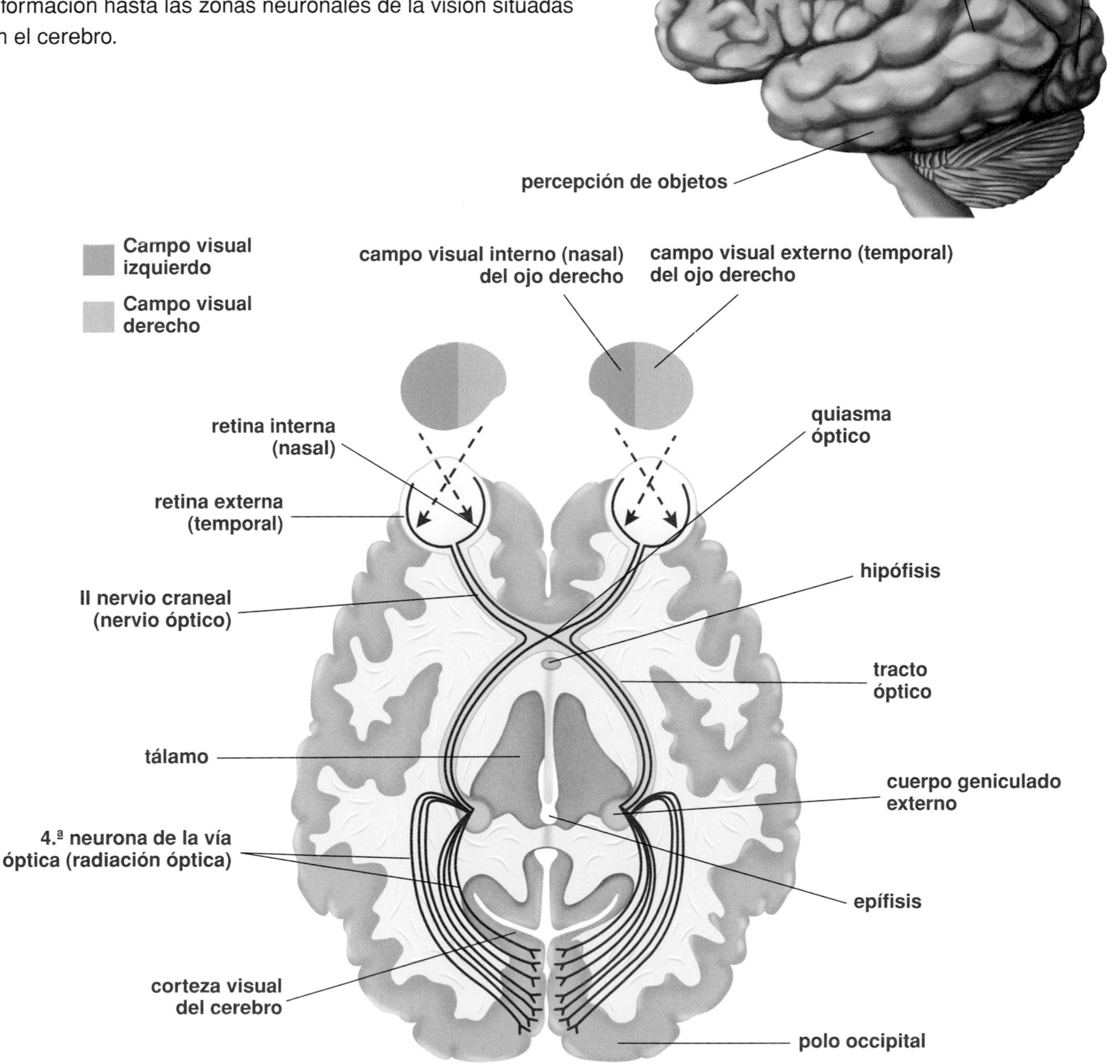
orientación espacial
percepción de patrones y movimientos
corteza visual primaria
percepción de objetos
Campo visual izquierdo
Campo visual derecho
campo visual interno (nasal) del ojo derecho
campo visual externo (temporal) del ojo derecho
retina interna (nasal)
retina externa (temporal)
quiasma óptico
II nervio craneal (nervio óptico)
hipófisis
tracto óptico
tálamo
cuerpo geniculado externo
4.ª neurona de la vía óptica (radiación óptica)
epífisis
corteza visual del cerebro
polo occipital

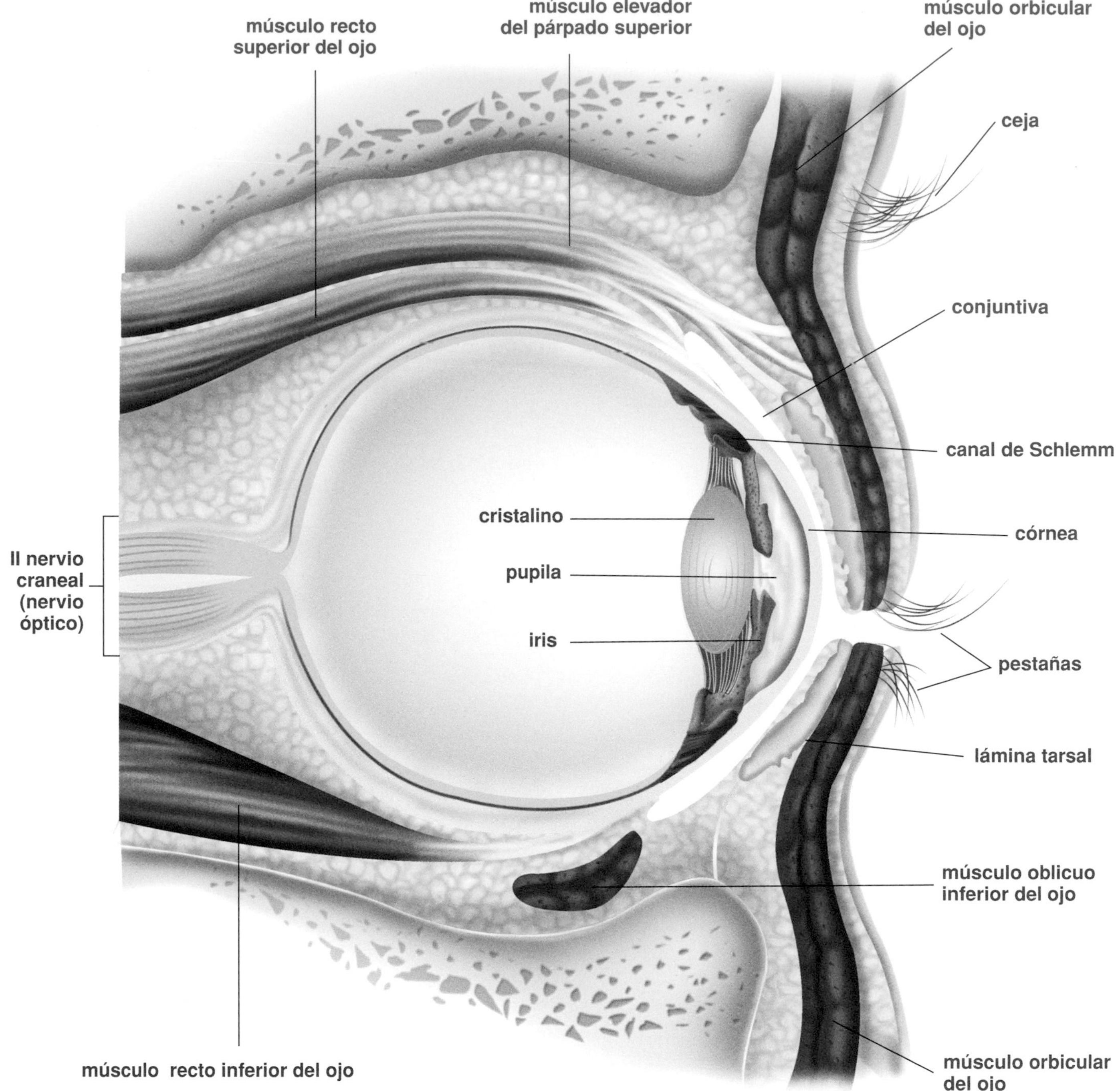
músculo recto superior del ojo
músculo elevador del párpado superior
músculo orbicular del ojo
ceja
conjuntiva
canal de Schlemm
córnea
cristalino
pupila
iris
II nervio craneal (nervio óptico)
pestañas
lámina tarsal
músculo oblicuo inferior del ojo
músculo recto inferior del ojo
músculo orbicular del ojo

Corte longitudinal de la órbita

En un corte a través de la órbita pueden verse bien los componentes del ojo: el aparato de sostén y motor del **globo ocular**, los seis **músculos oculares** y el **nervio óptico** que parte de la retina. También se observan la **córnea** y la **pupila**, la abertura en el iris del globo ocular que se abre o cierra dependiendo de la intensidad de la luz, así como el **cristalino**. Este, que se haya sujeto por fibras de tejido conjuntivo, concentra la luz en un haz para que en la retina se forme una imagen nítida.

Aparato lagrimal

Incluso aunque no seamos conscientes de ello, el ojo produce constantemente lágrimas, que mantienen la humedad del ojo y aportan nutrientes a la córnea. Además, son las encargadas de eliminar los cuerpos extraños del ojo.
Las **glándulas lagrimales** fabrican lágrimas en todo momento y las secretan a la **conjuntiva**. En la **comisura del ojo**, el exceso de lágrimas entra en los **canalículos lagrimales** a través de unas pequeñas aberturas, los **puntos lagrimales**, y de ahí pasan al **saco lagrimal**, desde donde el fluido llega al **conducto nasolagrimal**. El fluido lagrimal humedece la nariz y finalmente es eliminado.

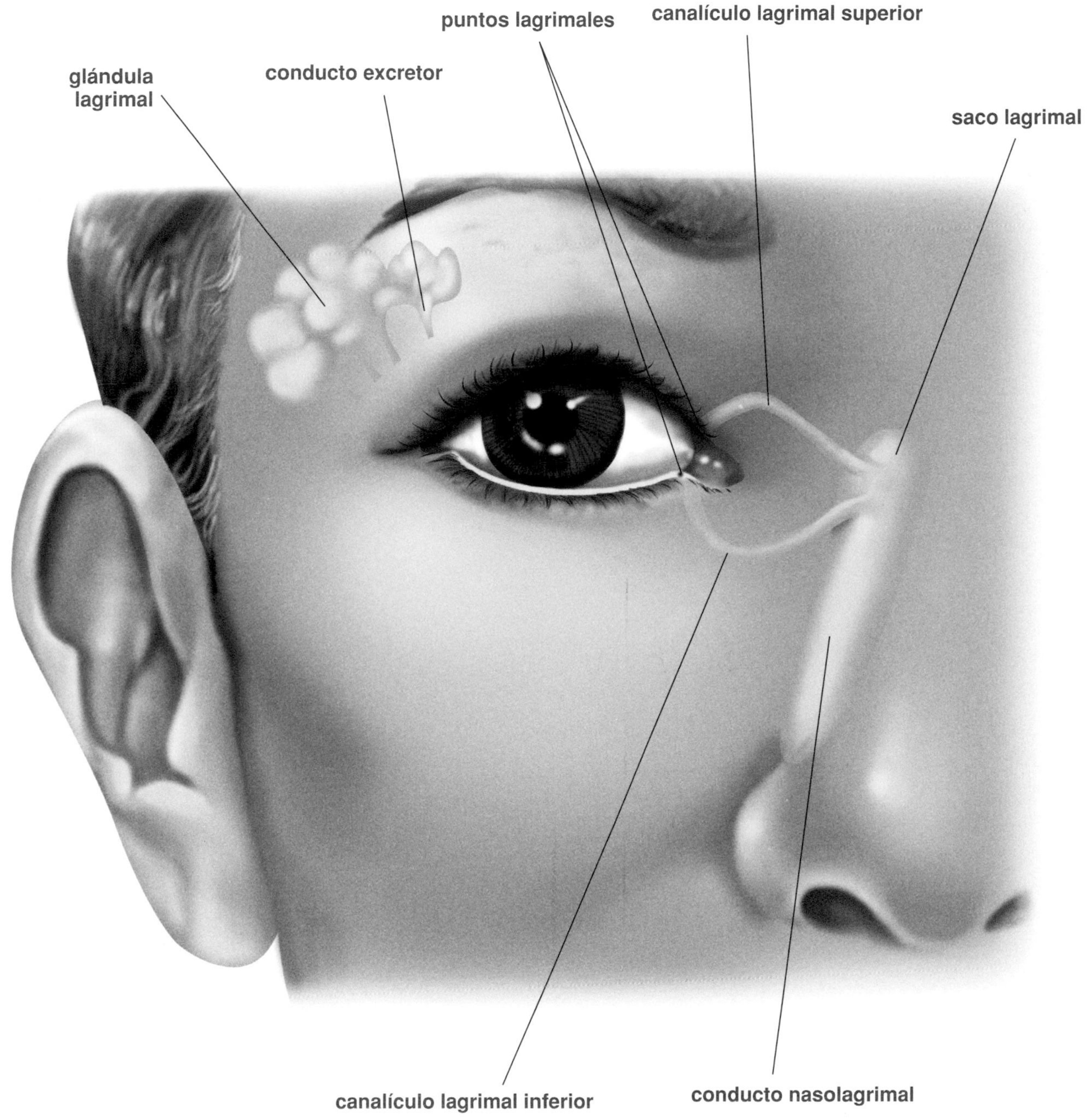
puntos lagrimales
canalículo lagrimal superior
glándula lagrimal
conducto excretor
saco lagrimal
canalículo lagrimal inferior
conducto nasolagrimal

Globo ocular

El globo ocular está formado por tres **capas**: interna, intermedia y externa. La capa externa está constituida a su vez por dos capas, la **esclerótica** y la **córnea**, esta última sólo delante del cristalino. La capa media está formada por la **coroides**, el **cuerpo ciliar** y el **iris**. La membrana interna es la **retina**. Entre la esclerótica y la coroides se localiza la **cámara anterior** del ojo, que, al igual que la cámara posterior, está bañada por el **humor acuoso**. Este, que se obtiene a partir de la sangre y es rico en nutrientes, aporta oxígeno y nutrientes a la córnea y al cristalino, que carecen de vasos sanguíneos. El humor acuoso puede fluir a través del **canal de Schlemm** y reincorporarse así a la circulación sanguínea.

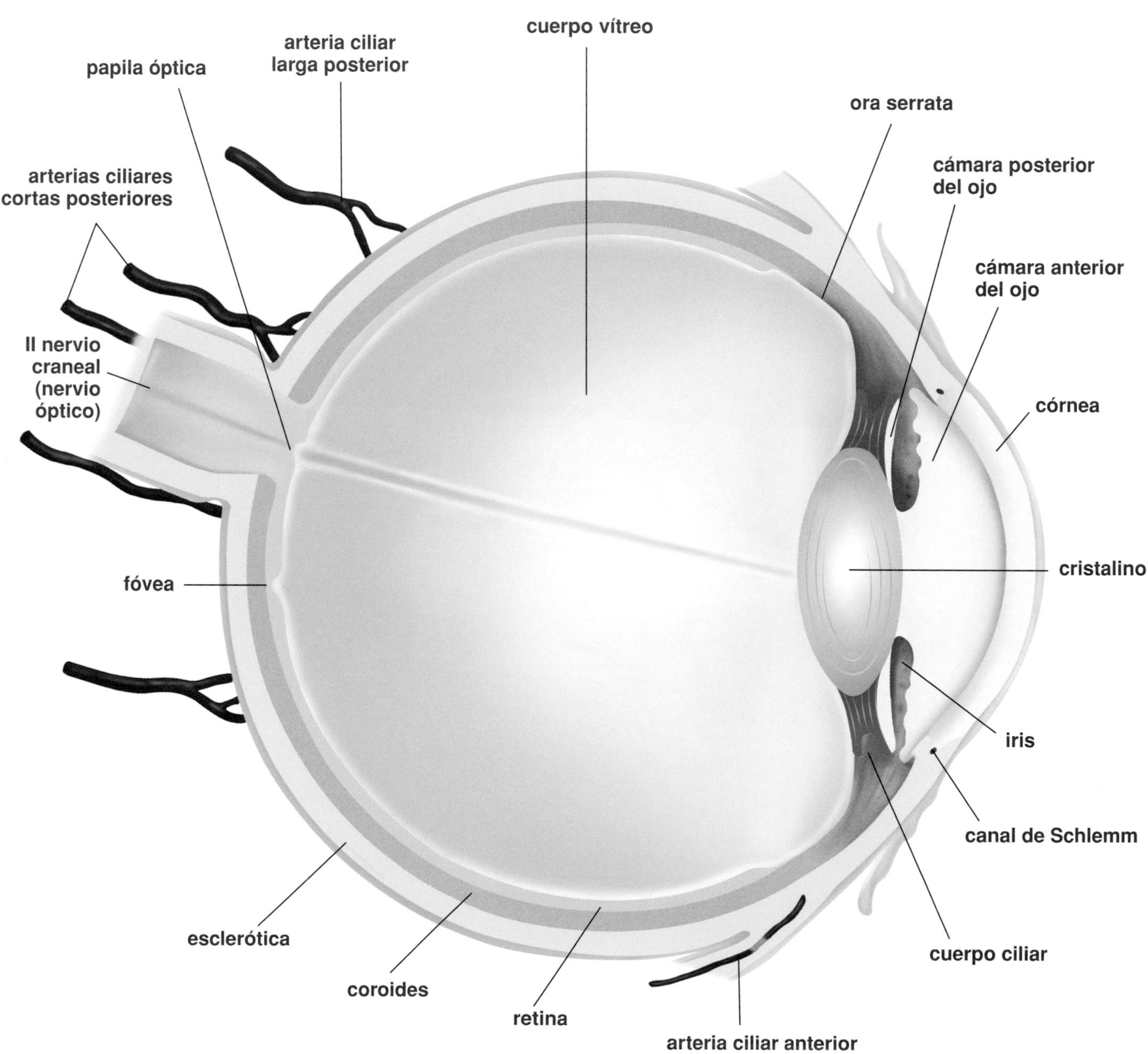
cuerpo vítreo
arteria ciliar larga posterior
papila óptica
ora serrata
arterias ciliares cortas posteriores
cámara posterior del ojo
cámara anterior del ojo
II nervio craneal (nervio óptico)
córnea
cristalino
fóvea
iris
canal de Schlemm
cuerpo ciliar
esclerótica
coroides
retina
arteria ciliar anterior

Función de los músculos oculares

Seis músculos son los encargados del **movimiento del globo ocular**. El músculo oblicuo inferior hace posible que el globo ocular pueda girar hacia la nariz y ligeramente hacia arriba. El músculo oblicuo superior gira el globo ocular hacia la nariz y lo mueve ligeramente hacia abajo. El músculo recto superior es el encargado básicamente del movimiento hacia arriba del ojo y el músculo recto inferior, del movimiento hacia abajo. El músculo recto lateral se encarga esencialmente de mover el globo ocular hacia fuera, alejándose de la nariz, y el músculo recto interno lo desplaza hacia la nariz. Cuando existe estrabismo, el movimiento de los ojos no es paralelo.

Función de cada músculo

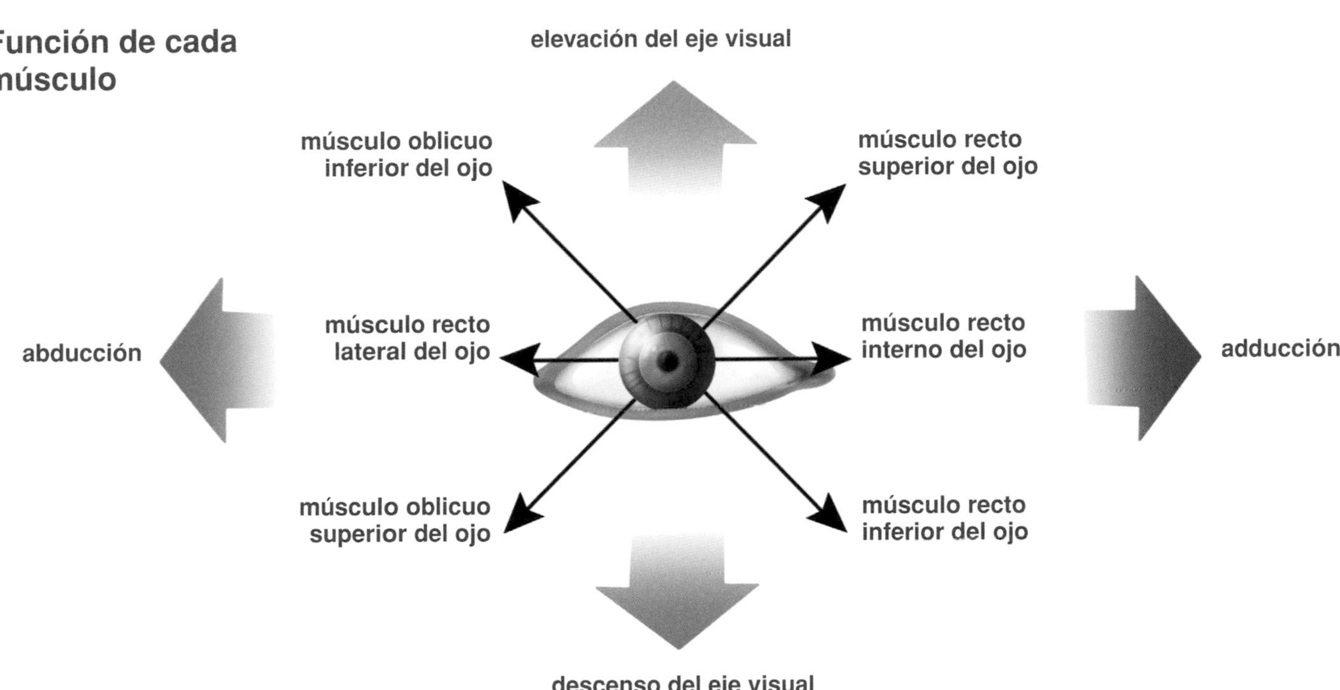
elevación del eje visual
músculo oblicuo inferior del ojo
músculo recto superior del ojo
abducción
músculo recto lateral del ojo
músculo recto interno del ojo
adducción
músculo oblicuo superior del ojo
músculo recto inferior del ojo
descenso del eje visual

Movimientos oculares de cada músculo

Mirada lateral hacia arriba

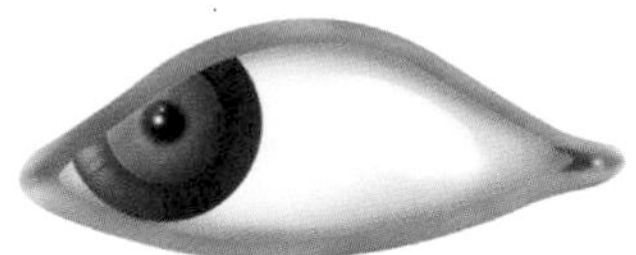

Músculo recto superior del ojo

Mirada lateral hacia abajo

Músculo recto inferior del ojo

Mirada lateral

Músculo recto externo

Mirada hacia dentro

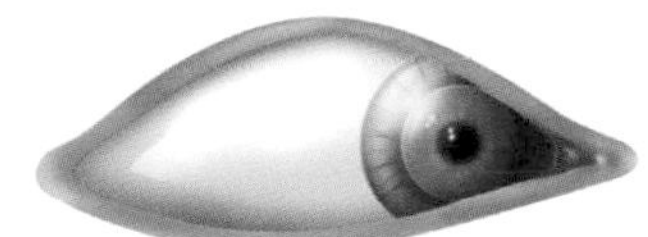

Músculo recto interno del ojo

Mirada hacia dentro y arriba

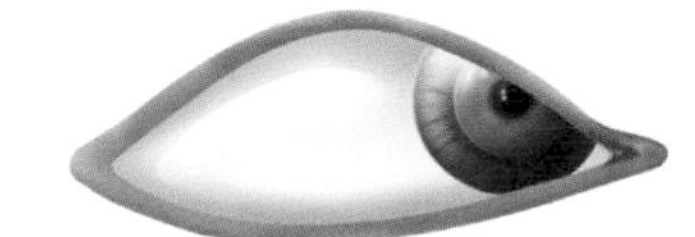

Músculo oblicuo inferior del ojo

Mirada hacia dentro y abajo

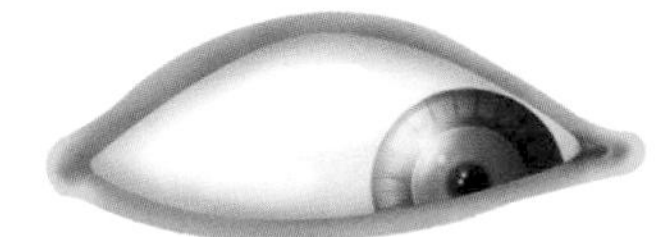

Músculo oblicuo superior del ojo

Iris y pupila

El nombre de «iris» se debe a que a este nivel el globo ocular emula los **colores** del arco iris. En su centro se encuentra la pupila, una abertura a través de la cual la luz entra hasta la retina. Cuando la luminosidad es intensa (p. ej., luz solar intensa) la pupila se contrae, de manera que se reduce la cantidad de luz que llega a la retina. Por el contrario, cuando disminuye la intensidad lumínica la pupila se dilata para poder aprovechar toda la luz posible. La contracción y dilatación de la pupila corre a cargo de dos músculos, los cuales son activados por el sistema nervioso simpático o bien por el parasimpático.

cristalino

músculo ciliar

nervios ciliares

borde de la pupila

retículo trabecular

iris

coroides

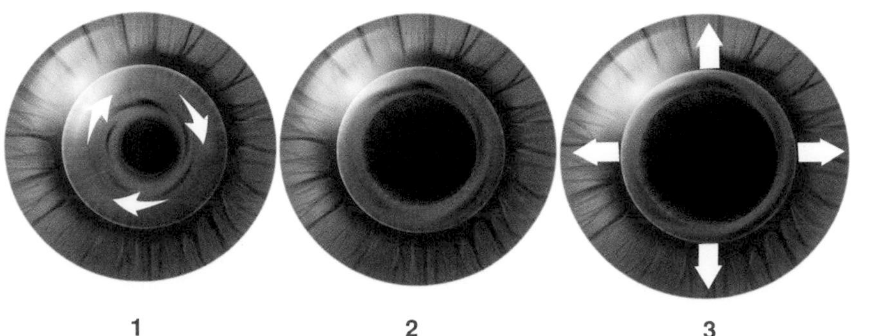
1
2
3

1. luz intensa = la pupila se contrae al contraerse los músculos circulares del Iris

2. luz normal = la pupila adopta un tamaño normal

3. luz tenue = la pupila se dilata al contraerse los músculos radiales de la pupila

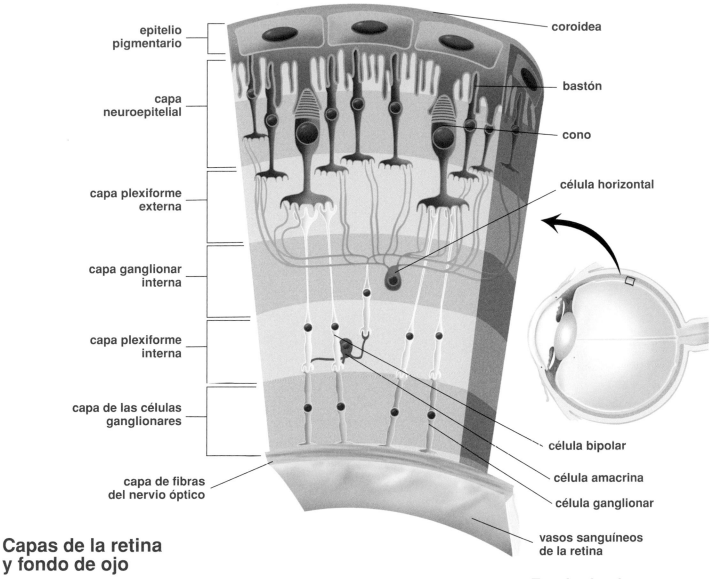

epitelio pigmentario
capa neuroepitelial
capa plexiforme externa
capa ganglionar interna
capa plexiforme interna
capa de las células ganglionares
capa de fibras del nervio óptico
coroidea
bastón
cono
célula horizontal
célula bipolar
célula amacrina
célula ganglionar
vasos sanguíneos de la retina

Capas de la retina y fondo de ojo

La **retina** y el **epitelio pigmentario** situado encima de ella forman la capa interna del globo ocular. La retina es la membrana que permite la visión y da cabida a las células sensoriales, llamadas **conos** y **bastones**, que perciben lo que vemos. Por el contrario, el epitelio pigmentario tiene la función de evitar que se produzca el reflejo de la luz en el interior del globo ocular, lo que alteraría la visión. El **nervio óptico** penetra en la retina a través de la **papila**, también llamada punto ciego. La capa interna del ojo también se conoce como **fondo de ojo**, que puede explorarse oftalmológicamente para detectar alteraciones a nivel de la retina. Normalmente, al realizar la exploración se observan vasos sanguíneos, el **punto ciego** y la **mácula**, el lugar donde la luz incide en la retina. La **fóvea** de la mácula es la zona de la retina donde la visión es más nítida.

Fondo de ojo

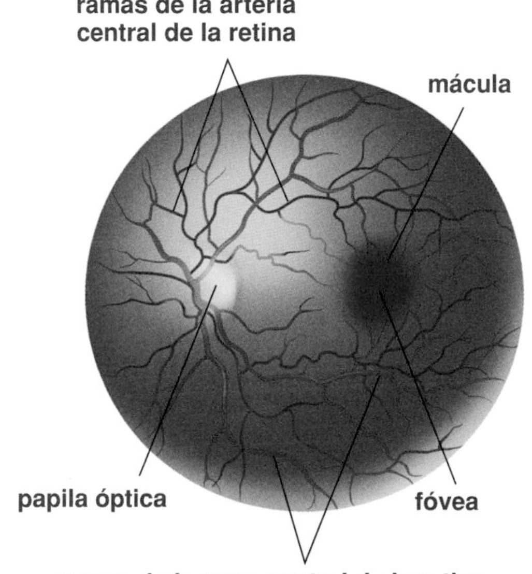
ramas de la arteria central de la retina
mácula
papila óptica
fóvea
ramas de la vena central de la retina

Cristalino

El cristalino del ojo sano, junto con la córnea, el humor acuoso y el cuerpo vítreo focalizan la luz, de manera que la retina percibe una **imagen nítida**. Con el fin de que los objetos alejados se vean bien y también se vean con claridad los más cercanos, la **capacidad de refracción** del cristalino debe variar constantemente. Para ello, el **músculo ciliar** se contrae cuando se mira un objeto cercano, de manera que el cristalino se abomba. Cuando se trata de objetos alejados, el músculo ciliar se relaja y con ello el cristalino recupera su forma original.

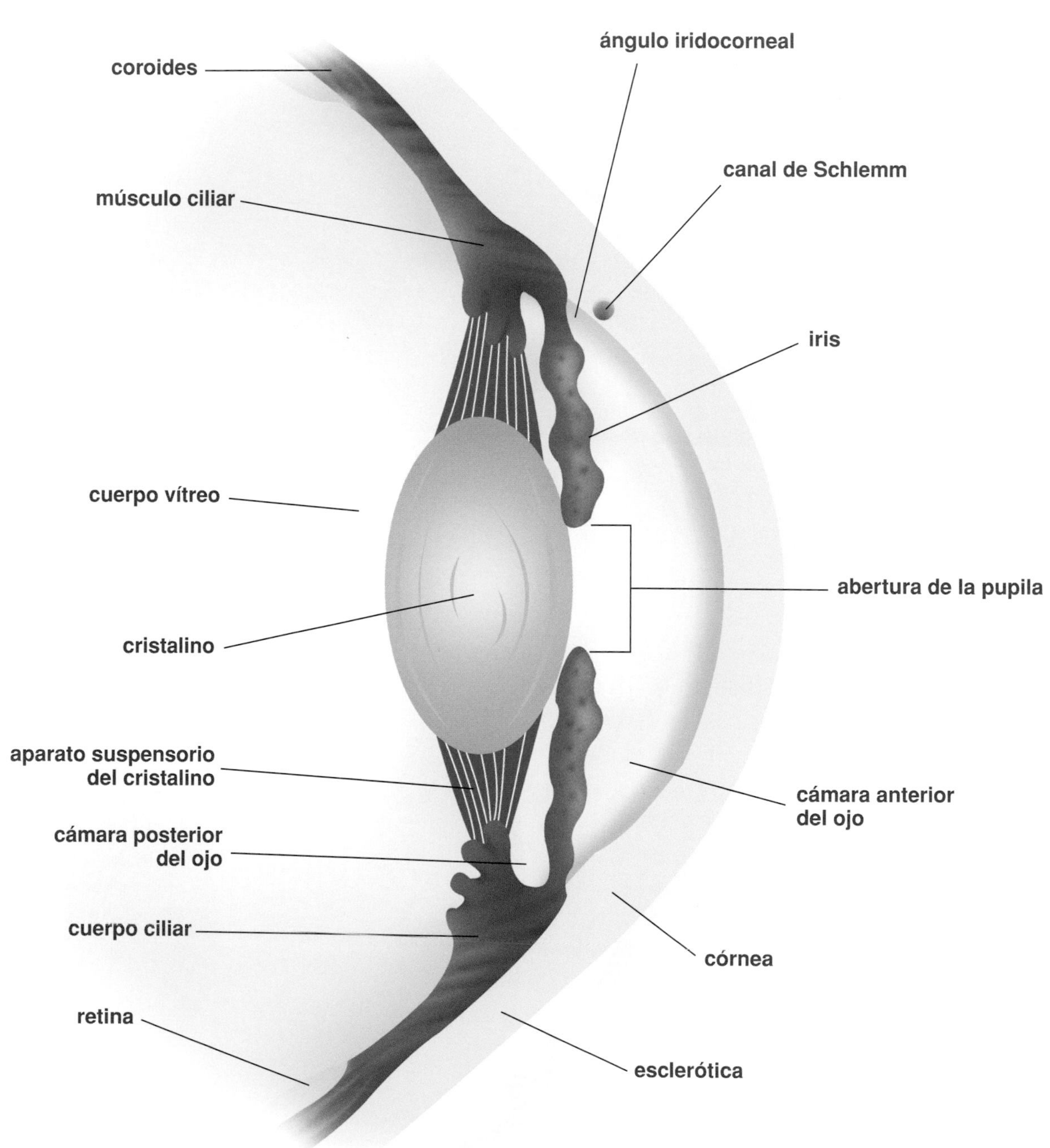
ángulo iridocorneal
coroides
canal de Schlemm
músculo ciliar
iris
cuerpo vítreo
abertura de la pupila
cristalino
aparato suspensorio del cristalino
cámara anterior del ojo
cámara posterior del ojo
cuerpo ciliar
córnea
retina
esclerótica

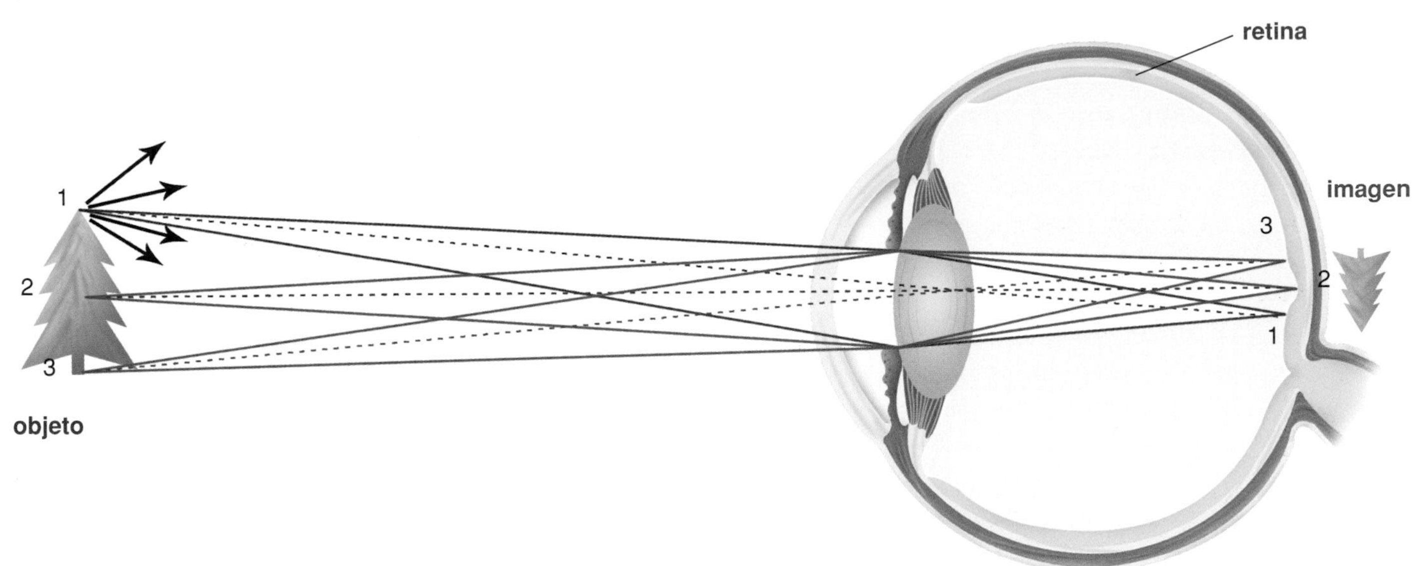
retina
imagen
1
2
3
objeto
3
2
1

Defectos visuales

La imagen que se forma en la retina está **invertida**. Las células nerviosas y el cerebro se ocupan de crear una réplica fidedigna de lo visto. En el ojo sano, la imagen se sitúa exactamente sobre la retina. Sin embargo, en la **miopía**, debido al defecto del globo ocular, la imagen se proyecta por delante de la retina; en la **hipermetropía**, por el contrario, la imagen se sitúa por detrás de la retina. Debido a ello, las personas miopes no son capaces de ver correctamente los objetos alejados, mientras que para las personas con hipermetropía el problema reside en los objetos cercanos.

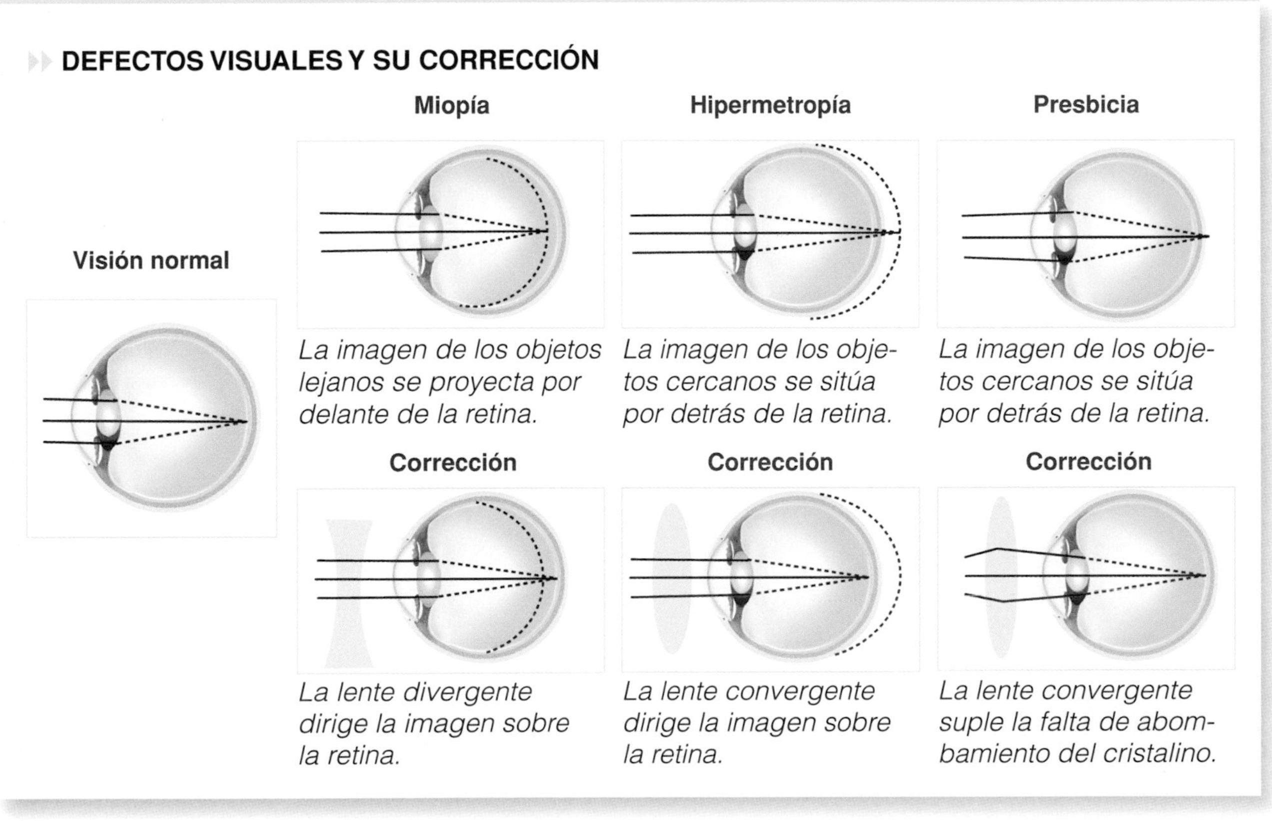
DEFECTOS VISUALES Y SU CORRECCIÓN
Miopía
Hipermetropía
Presbicia
Visión normal
La imagen de los objetos lejanos se proyecta por delante de la retina.
La imagen de los objetos cercanos se sitúa por detrás de la retina.
La imagen de los objetos cercanos se sitúa por detrás de la retina.
Corrección
Corrección
Corrección
La lente divergente dirige la imagen sobre la retina.
La lente convergente dirige la imagen sobre la retina.
La lente convergente suple la falta de abombamiento del cristalino.

Adaptación a la luz y a la oscuridad

Los **conos** y los **bastones** de la retina son los encargados de adaptar el ojo a las variaciones de la intensidad de la luz. Existen sustancias fotosensibles que se descomponen por acción de la luz y provocan la estimulación de las células nerviosas. Cuando la intensidad de la luz es muy elevada, los conos son los principales encargados de que veamos bien, mientras que en condiciones de oscuridad los responsables de la visión son los bastones. Los conos también permiten distinguir los colores; así, dependiendo de la longitud de onda de la luz, determinados conos de la retina se activan y nos permiten distinguir las distintas tonalidades.

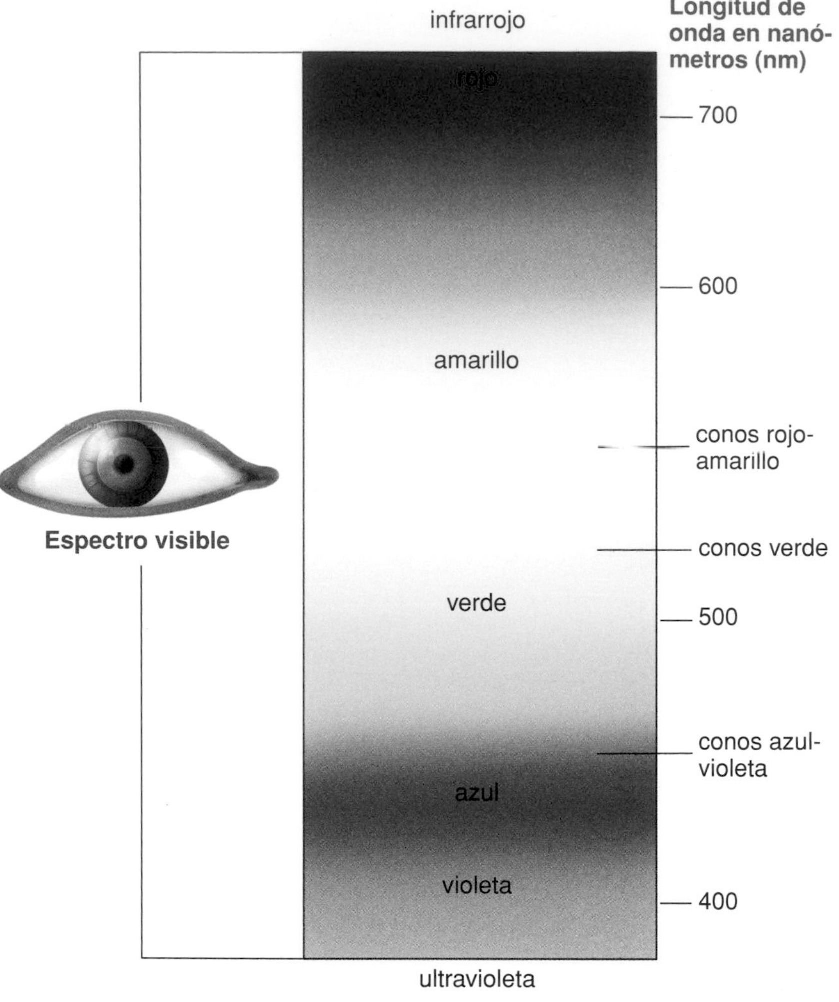
infrarrojo
Longitud de onda en nanómetros (nm)
rojo
700
600
amarillo
conos rojo-amarillo
Espectro visible
conos verde
verde
500
conos azul-violeta
azul
violeta
400
ultravioleta

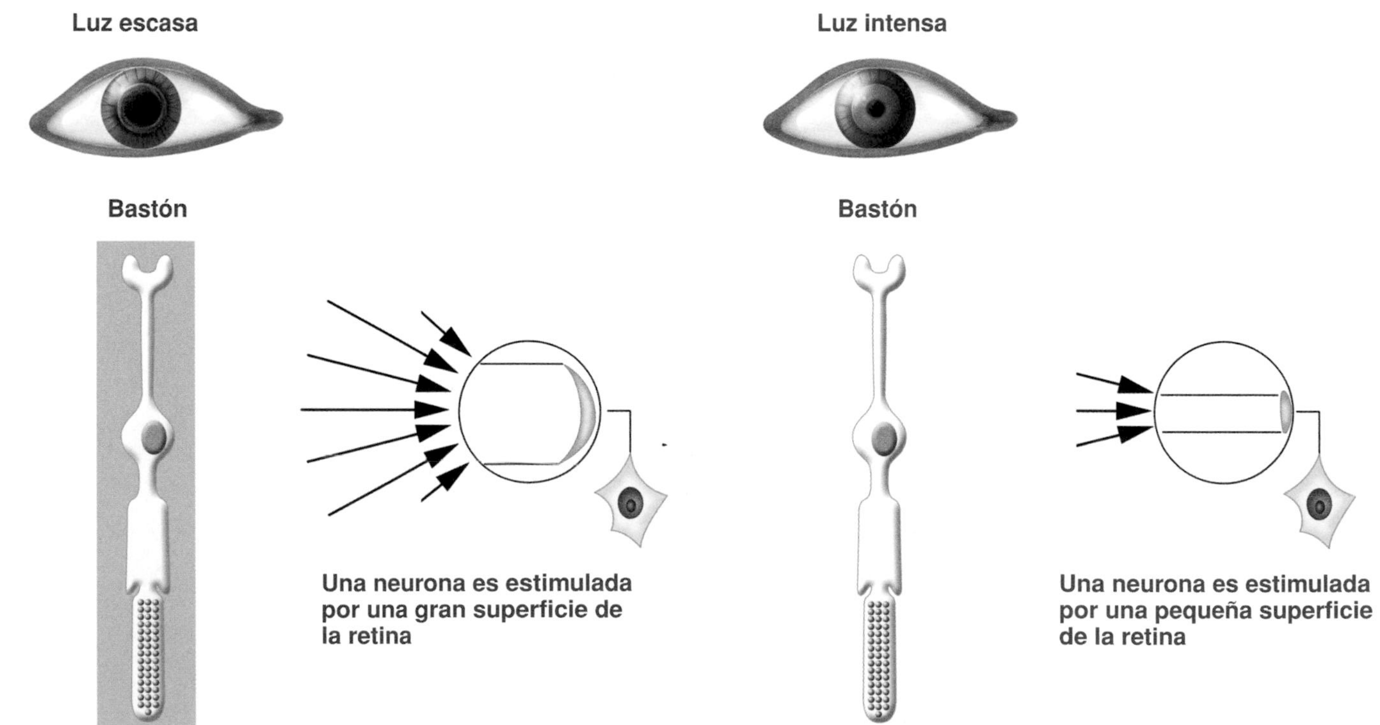
Luz escasa
Bastón
Una neurona es estimulada por una gran superficie de la retina
Mucho pigmento visual disponible
Luz intensa
Bastón
Una neurona es estimulada por una pequeña superficie de la retina
Poco pigmento visual disponible

Enfermedades de los ojos

El **fondo de ojo**, es decir, la retina y el epitelio pigmentario, pueden sufrir alteraciones por enfermedades como la diabetes mellitus. También puede diagnosticarse un **desprendimiento de retina**, situación que precisa un tratamiento urgente. En las cataratas el cristalino se enturbia, lo que dificulta la visión. En el glaucoma la presión intraocular aumenta, generalmente por un exceso de humor acuoso, lo que puede provocar lesiones en el nervio óptico.

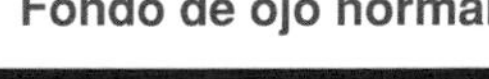

Fondo de ojo normal

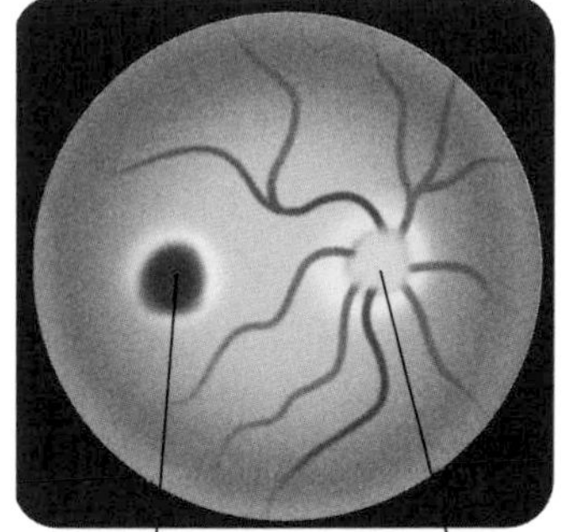
mácula
papila óptica

Desprendimiento de retina

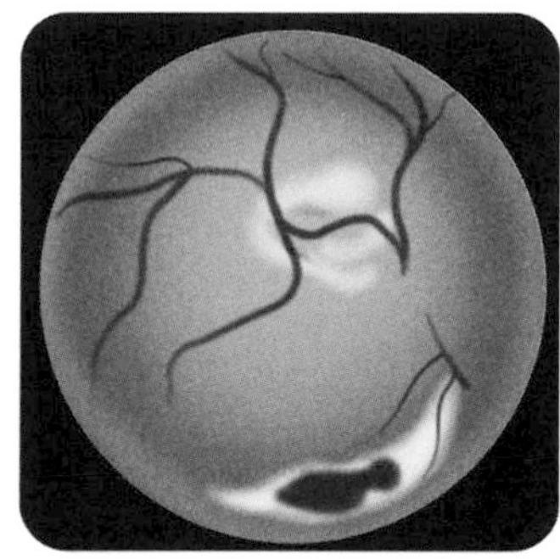

Diabetes mellitus

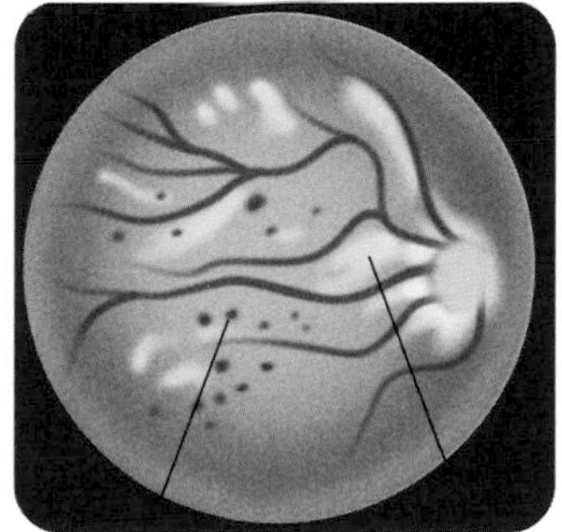
hemorragia puntiforme
depósito de grasa

Edema de papila

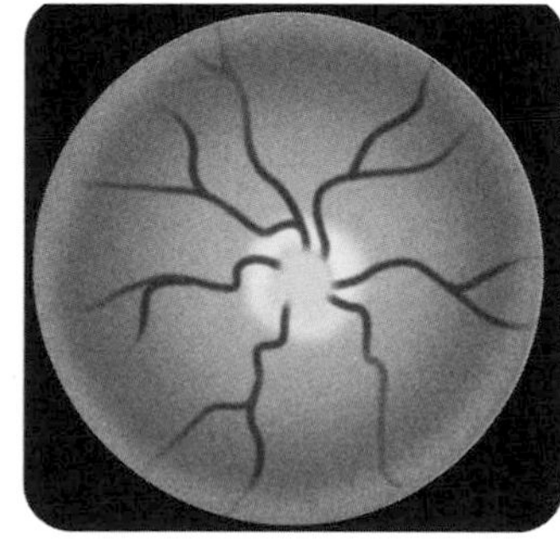

OPERACIÓN DE CATARATAS

En caso de cataratas, el cristalino debe sustituirse por uno artificial (operación de cataratas extracapsular) o bien extirparse parte de él (operación de cataratas intracapsular). La agudeza visual se recupera con una lente.

Operación de cataratas intracapsular

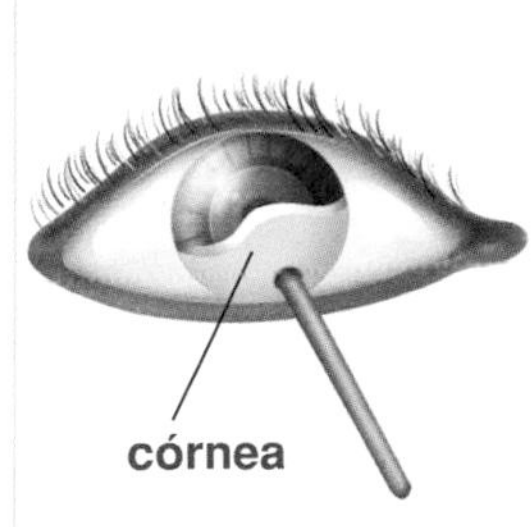
córnea

operación de cataratas extracapsular

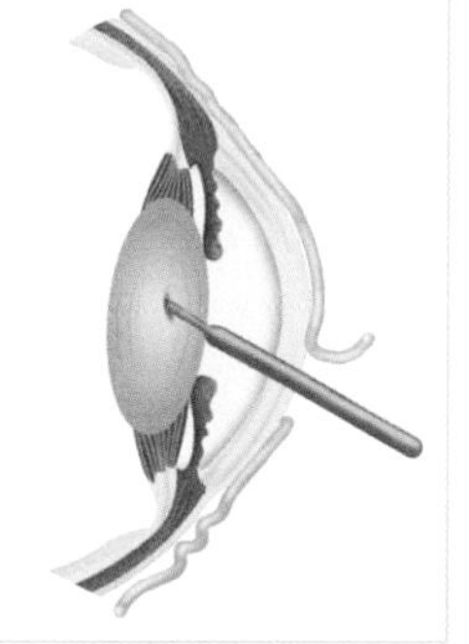

Glaucoma

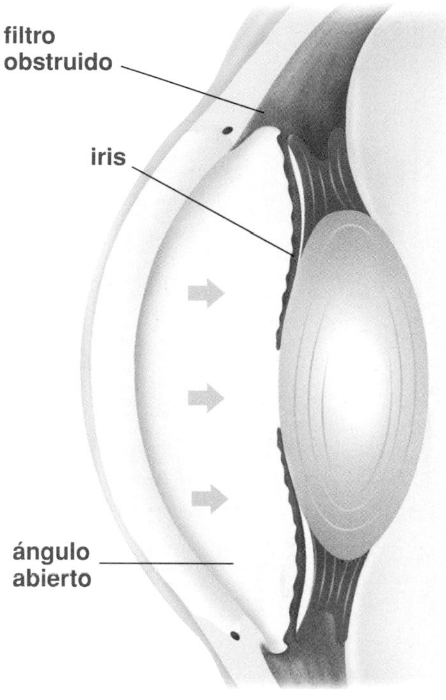
filtro obstruido
iris
ángulo abierto

Glaucoma de ángulo abierto: el filtro de drenaje se ve obstruido poco a poco

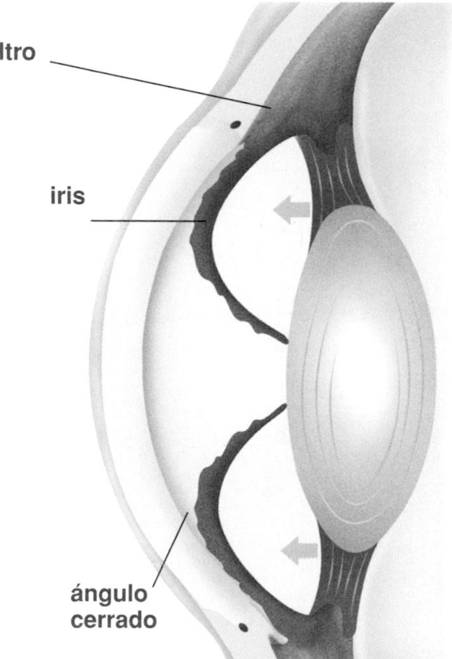
filtro
iris
ángulo cerrado

Glaucoma de ángulo cerrado: el iris obstruye el filtro de drenaje del humor acuoso

Estructura del oído

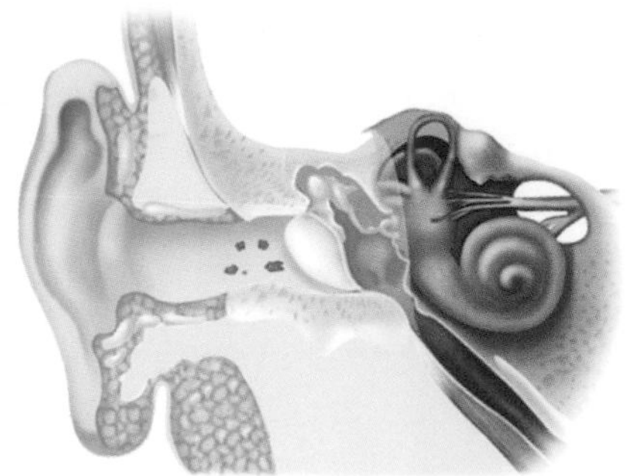

Oído externo
Oído medio
Oído interno

El oído tiene tres partes. El **oído externo** abarca la oreja y el conducto auditivo externo, los cuales conducen las ondas sonoras hacia el tímpano, que separa el oído externo del oído medio. El **oído medio** está formado por la caja timpánica, un espacio lleno de aire dentro de la parte ósea del cráneo. En su interior se localizan tres huesecillos que transmiten las ondas sonoras que llegan en forma de vibraciones hacia la tercera porción del oído, el **oído interno**. En la cóclea del oído interno se encuentra el «verdadero» órgano auditivo, conocido como órgano de Corti. Otras partes del oído interno son los conductos semicirculares y el vestíbulo, encargados del equilibrio.

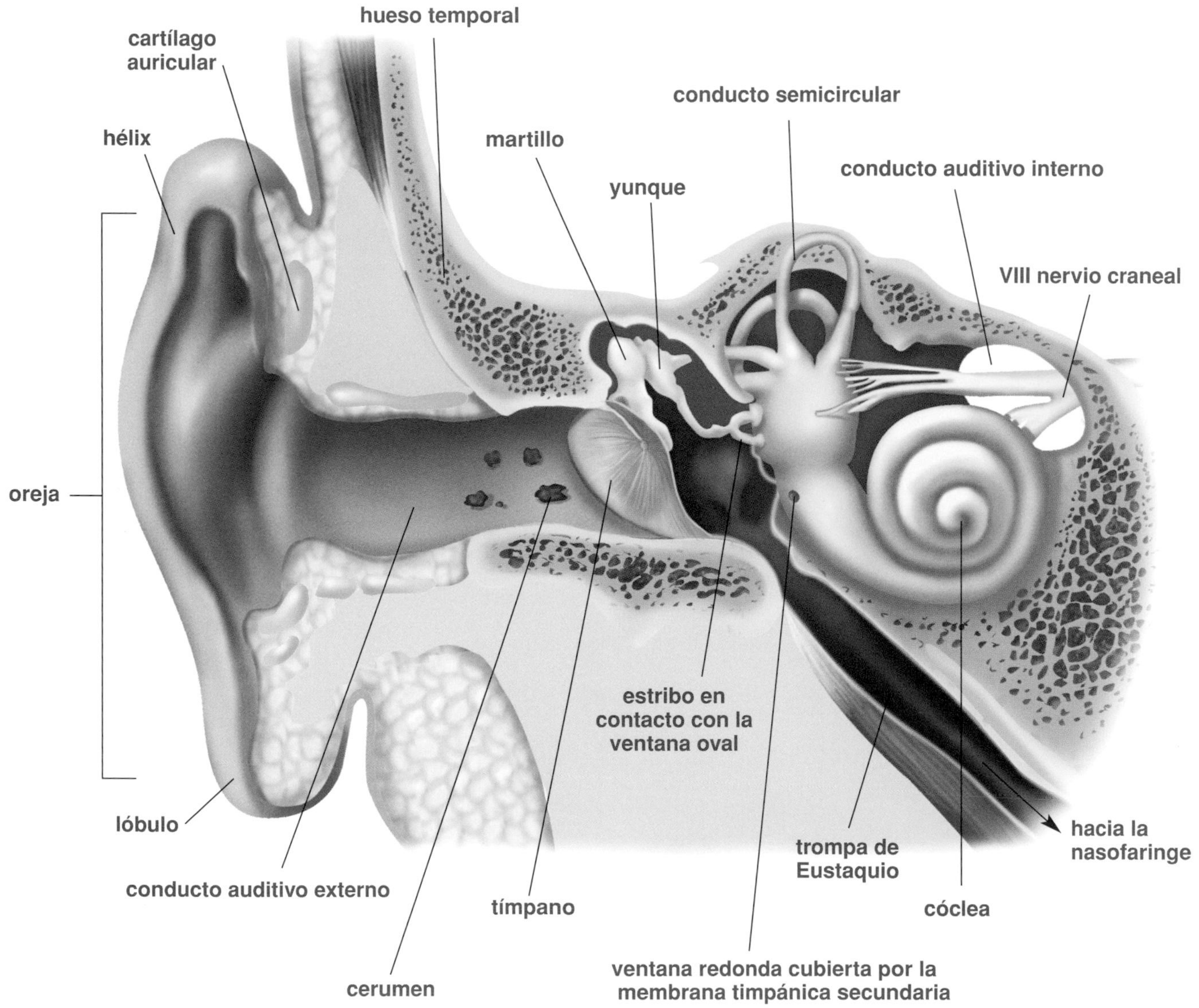

hueso temporal
cartílago auricular
conducto semicircular
hélix
martillo
conducto auditivo interno
yunque
VIII nervio craneal
oreja
estribo en contacto con la ventana oval
lóbulo
trompa de Eustaquio
hacia la nasofaringe
conducto auditivo externo
tímpano
cóclea
ventana redonda cubierta por la membrana timpánica secundaria
cerumen

Oído medio

El tímpano transmite las ondas sonoras en forma de vibraciones al oído medio. Para que estas puedan producirse, el oído medio se comunica con la nasofaringe a través de la trompa de Eustaquio, de manera que la caja timpánica permanece aireada. Los tres huesecillos, **martillo**, **yunque** y **estribo**, están unidos entre sí a través de articulaciones; la vibración los pone en movimiento, de manera que la oscilación es transmitida nuevamente a la ventana oval y de aquí al oído interno, lleno de líquido.

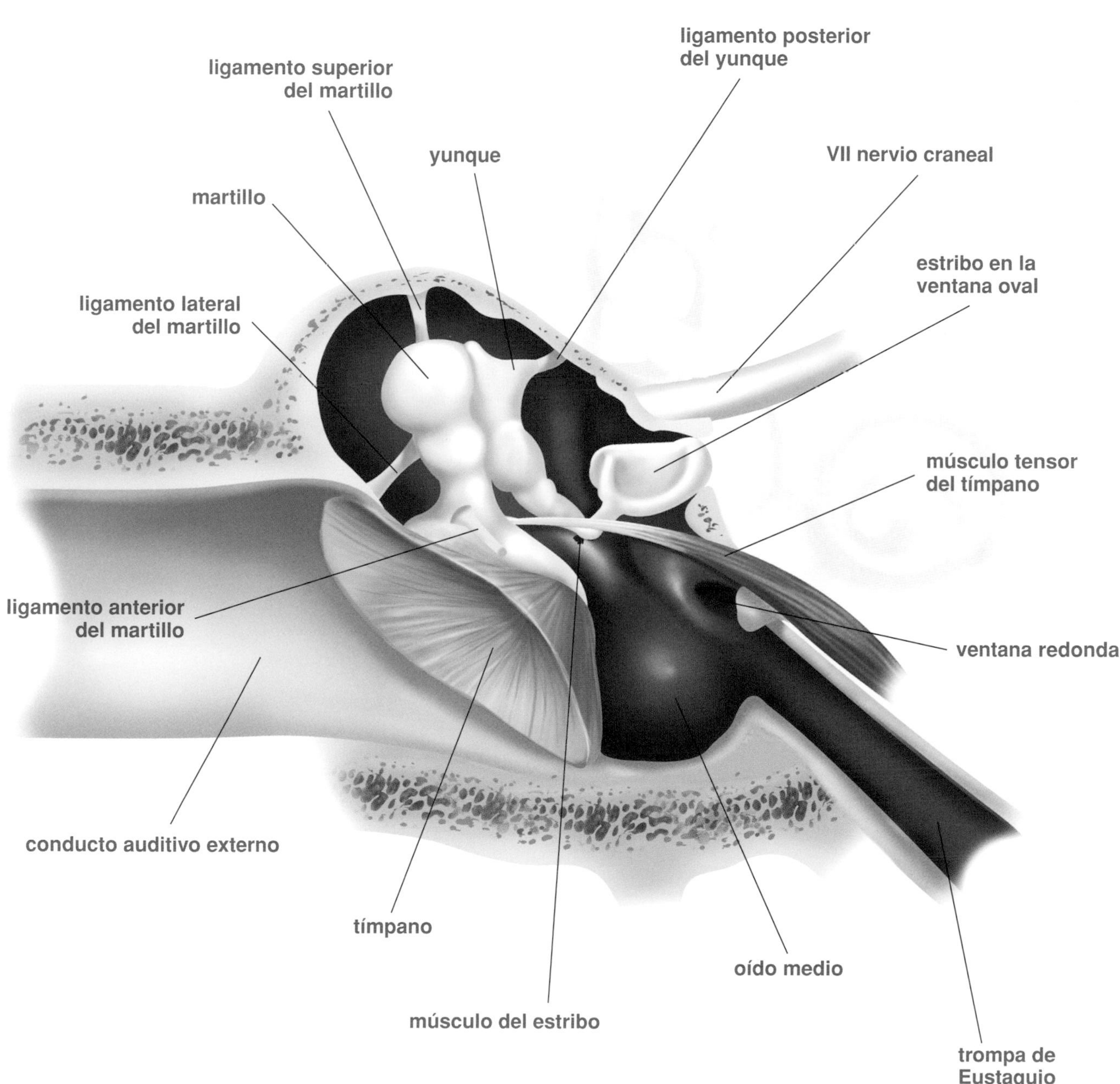
ligamento superior del martillo
ligamento posterior del yunque
yunque
VII nervio craneal
martillo
estribo en la ventana oval
ligamento lateral del martillo
músculo tensor del tímpano
ligamento anterior del martillo
ventana redonda
conducto auditivo externo
tímpano
oído medio
músculo del estribo
trompa de Eustaquio

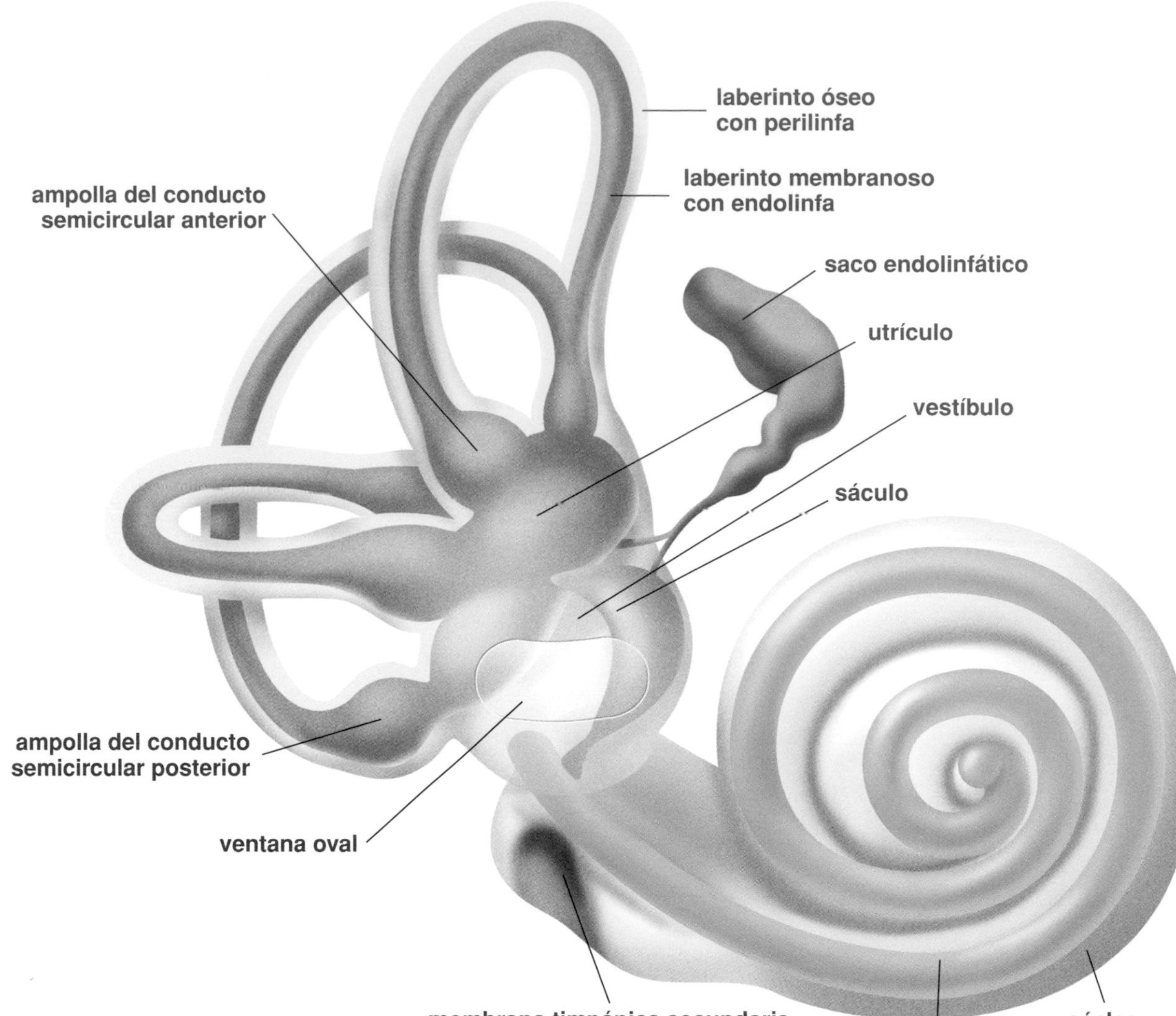

laberinto óseo con perilinfa
laberinto membranoso con endolinfa
ampolla del conducto semicircular anterior
saco endolinfático
utrículo
vestíbulo
sáculo
ampolla del conducto semicircular posterior
ventana oval
membrana timpánica secundaria en la ventana redonda
canal coclear
cóclea

Oído interno

La **cóclea** es la verdadera encargada de la audición. Está formada por una parte ósea llena de líquido,que forma el canal coclear y se divide en la escala timpánica, situada en la zona inferior, y la escala vestibular, de posición superior. Entre estos dos «pisos» se localiza la cóclea membranosa; está separada de la parte ósea por dos membranas (la basilar y la de Reissner), entre las que también hay líquido. En la membrana basal se sitúa el órgano de Corti con las células sensoriales; estas perciben las vibraciones que entran en el oído y las transmiten hasta el cerebro a través del VIII nervio craneal, donde la información se traduce en sonidos. El vestíbulo y los canales semicirculares tienen como función el mantenimiento del **equilibrio**.

Corte transversal de la cóclea

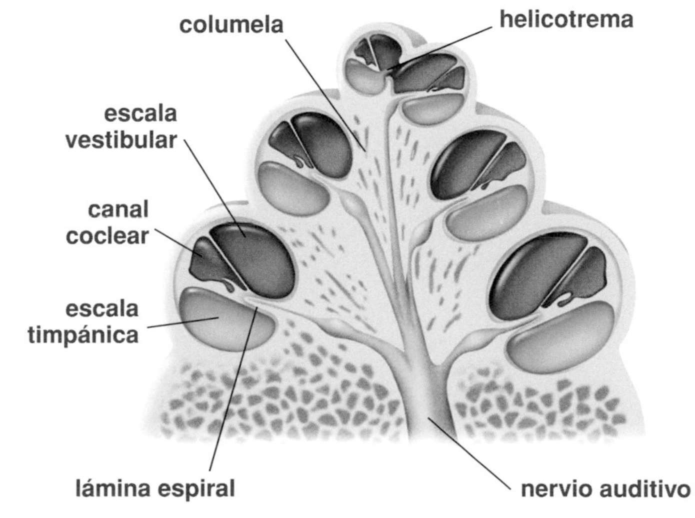
columela
helicotrema
escala vestibular
canal coclear
escala timpánica
lámina espiral
nervio auditivo

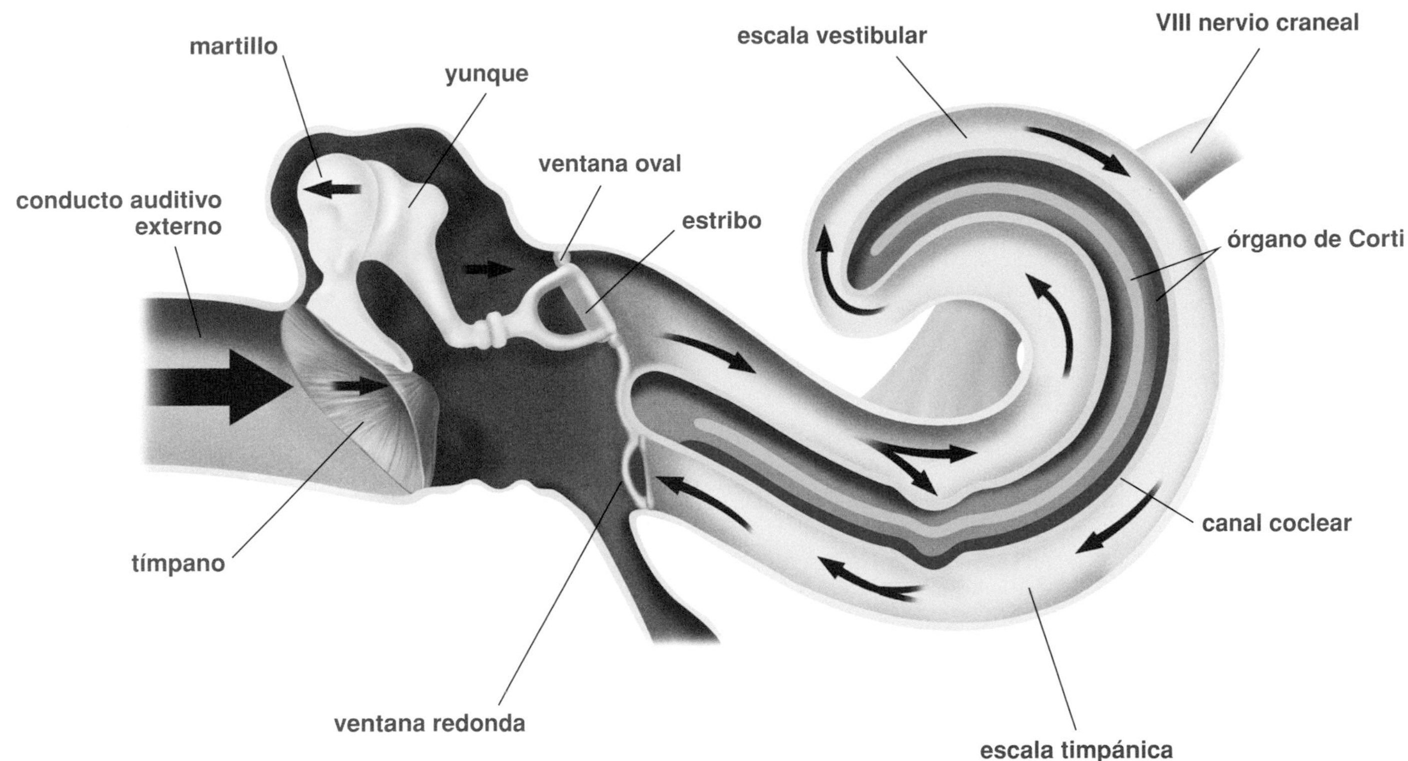
martillo
yunque
escala vestibular
VIII nervio craneal
conducto auditivo externo
ventana oval
estribo
órgano de Corti
tímpano
canal coclear
ventana redonda
escala timpánica

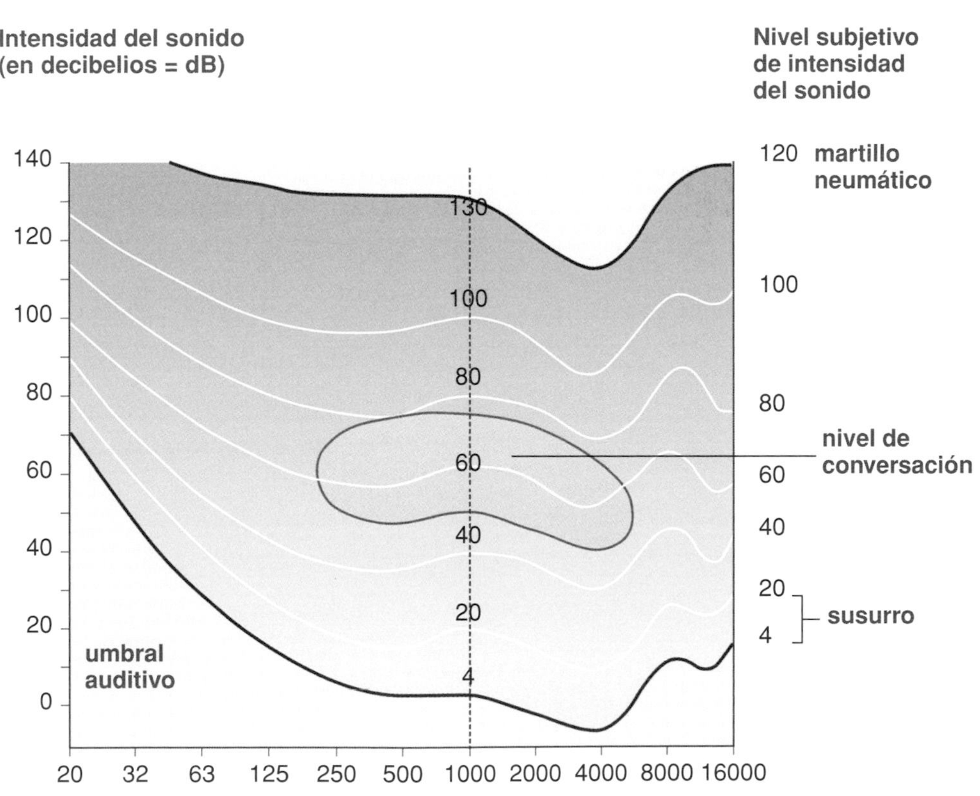
Intensidad del sonido (en decibelios = dB)
Nivel subjetivo de intensidad del sonido
140
120
100
80
60
40
20
0
130
100
80
60
40
20
4
120 martillo neumático
100
80
nivel de conversación
60
40
20
4
susurro
umbral auditivo
20 32 63 125 250 500 1000 2000 4000 8000 16000
Frecuencia (en herzios = Hz)

Procesamiento de la señal

El **proceso auditivo** comienza cuando los sonidos llegan en forma de ondas sonoras al conducto auditivo externo y son transmitidos por el tímpano al oído medio. Con sus vibraciones, los huesecillos del oído medio ponen en movimiento el líquido del oído interno, lo que provoca que las células sensoriales del órgano de Corti también vibren. De esta manera se excitan, estímulo que transmiten al nervio craneal encargado de la audición. El cerebro recibe la información y la procesa. Los tonos muy altos pueden lesionar las células sensoriales del oído interno y llegar a producir un **déficit auditivo**.

Estructura del órgano del equilibrio

El órgano del equilibrio del oído interno está formado por el **vestíbulo**, donde se encuentran el utrículo y el sáculo, y los tres **conductos semicirculares**. Tanto el vestíbulo como los conductos semicirculares están rodeados de hueso y llenos de líquido. Sin embargo, todos tienen una parte membranosa, que, por ejemplo, recubre el utrículo y el sáculo. Dentro de los conductos semicirculares óseos se hallan los membranosos y en el extremo de cada uno de ellos una ampolla alberga las células sensoriales. Estas poseen pequeños cilios que finalizan en una sustancia gelatinosa conocida como cúpula. Al girar la cabeza se produce el movimiento del líquido de los conductos semicirculares, lo que provoca la excitación de las células sensoriales. La información es transmitida al VIII nervio craneal, el cual a su vez la envía al cerebro. Este ordena movimientos musculares de compensación cuando existe un problema de equilibrio.

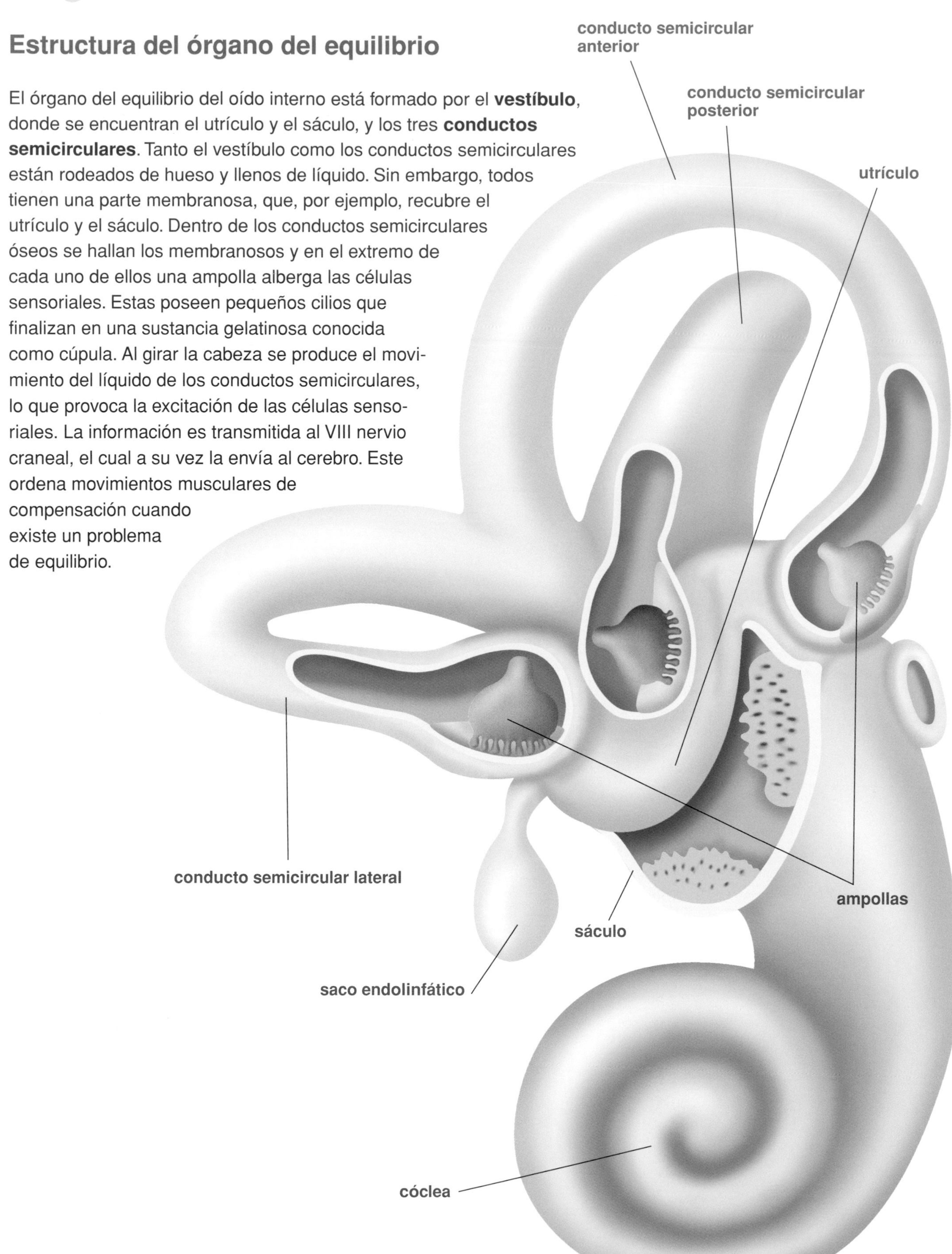
conducto semicircular anterior
conducto semicircular posterior
utrículo
conducto semicircular lateral
ampollas
sáculo
saco endolinfático
cóclea

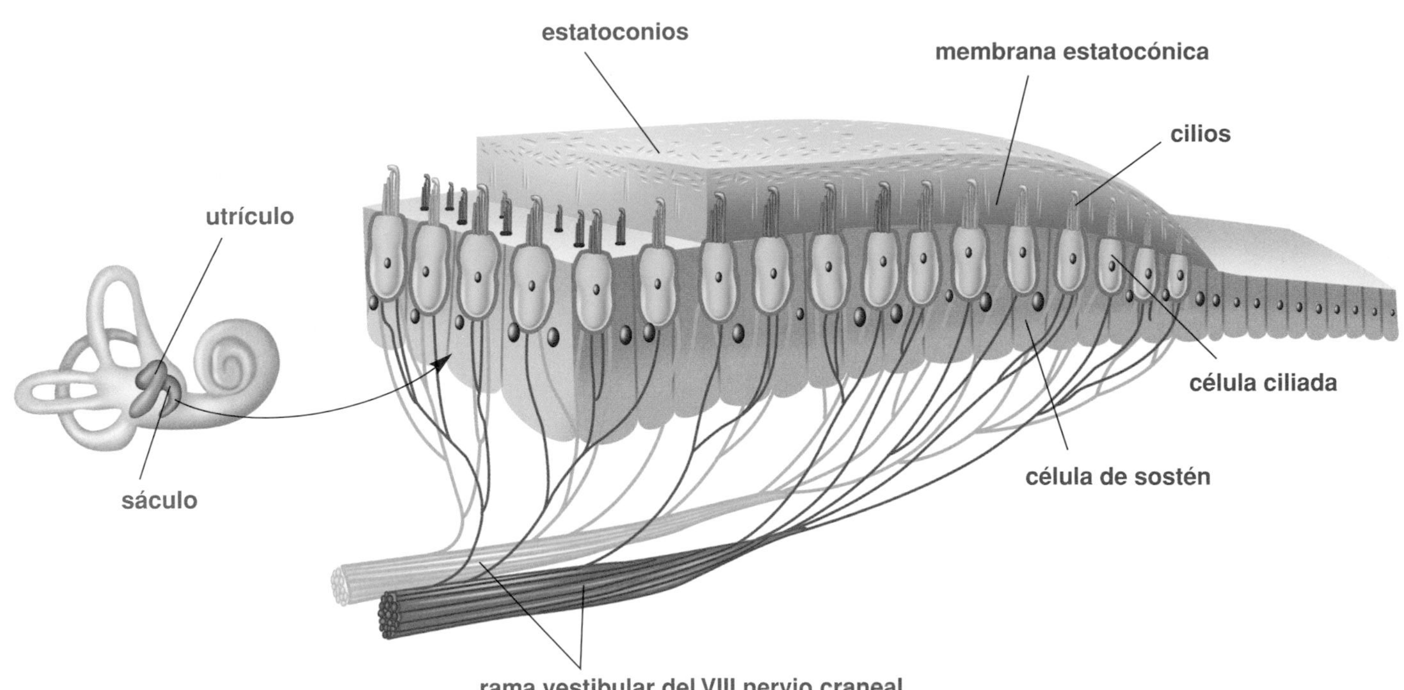
estatoconios
membrana estatocónica
cilios
utrículo
célula ciliada
célula de sostén
sáculo
rama vestibular del VIII nervio craneal

Función del órgano del equilibrio

En el **utrículo** y en el **sáculo** también existen células sensoriales ciliadas. Estas acaban en una capa gelatinosa, la membrana estatocónica, donde se localizan unas piedrecillas calcáreas, los estatoconios, que permiten la acción de la fuerza de la gravedad sobre la membrana estatocónica cuando movemos la cabeza. Estos movimientos excitan las células sensoriales, de manera que los impulsos son enviados al VIII nervio craneal y de aquí transmitidos al cerebro. Mientras que los vestíbulos se encargan básicamente de los movimientos de la cabeza hacia arriba y abajo para mantener el equilibrio, los conductos semicirculares envían al cerebro la información de los movimientos de rotación de la cabeza. Las oscilaciones intensas (p. ej., turbulencias durante un vuelo) pueden estimular al sistema nervioso vegetativo, lo que provoca sensación de **mareo** y **náuseas**. En estas situaciones se habla de cinetosis (mareo del viajero).

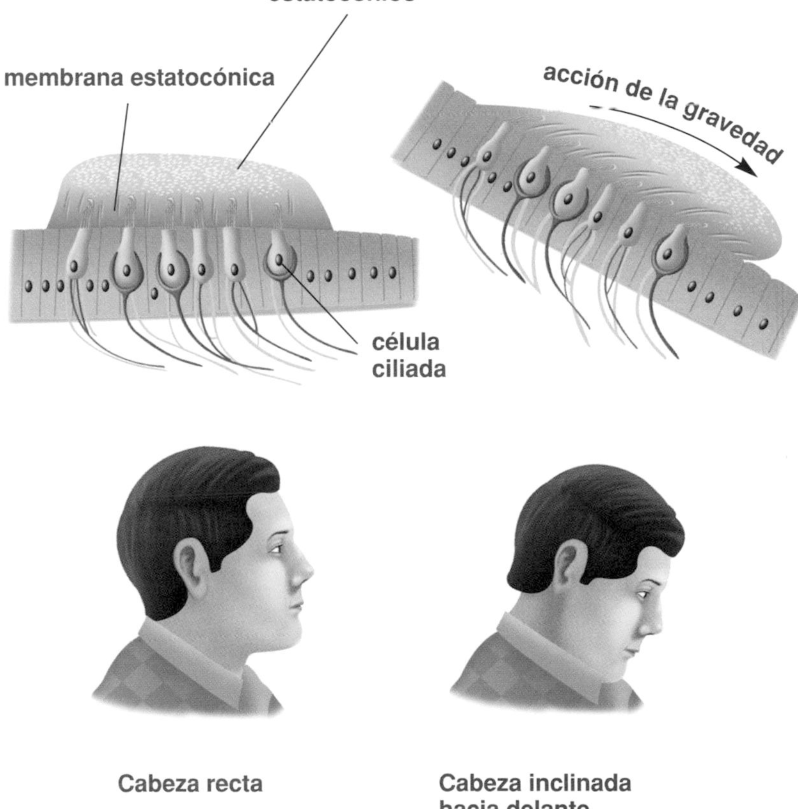
estatoconios
membrana estatocónica
acción de la gravedad
célula ciliada

Cabeza recta

Cabeza inclinada hacia delante

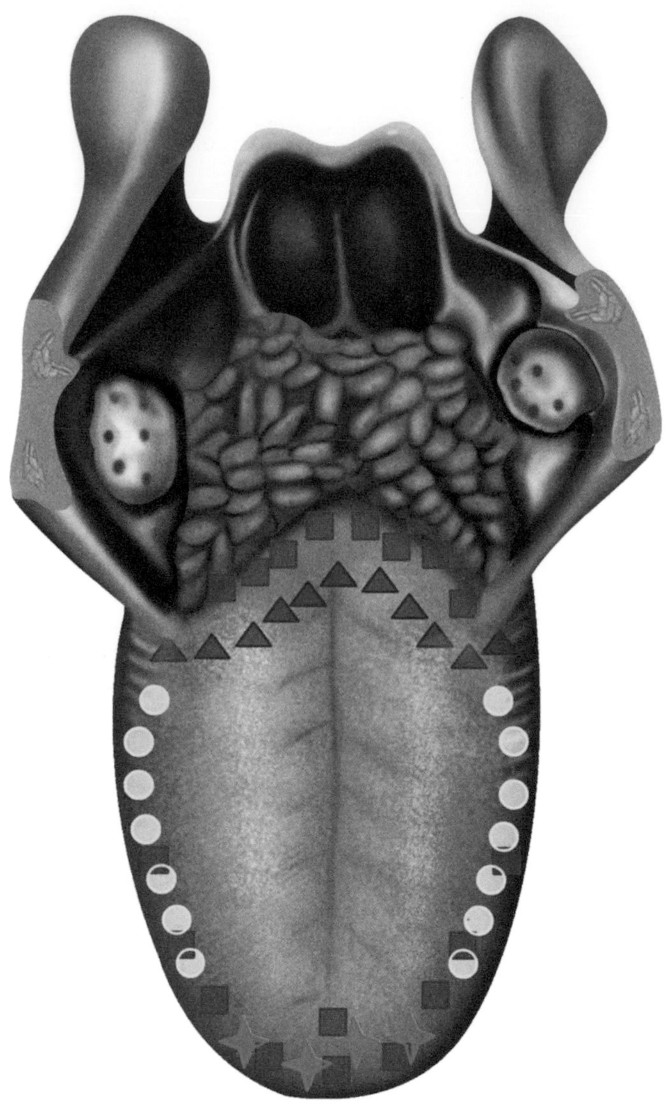

Papilas gustativas de la lengua

Sobre la superficie de la lengua se localizan las papilas gustativas que se encargan de percibir el sabor de las comidas y de enviar la señal al VII y al IX nervio craneal. Estos, a su vez, transmiten la información del gusto a las áreas cerebrales correspondientes. Sobre la lengua hay pequeños orificios, los **poros gustativos**, a los que acceden, mezcladas con la saliva, las sustancias responsables del sabor. Estas son captadas por los **cilios gustativos** y conducidas hasta las **células gustativas**, las células sensoriales, que como consecuencia de ello se excitan. Los impulsos son transmitidos entonces a las fibras nerviosas de los nervios gustativos y finalmente llegan a los nervios craneales correspondientes.

Amargo

Salado

Dulce

Agrio

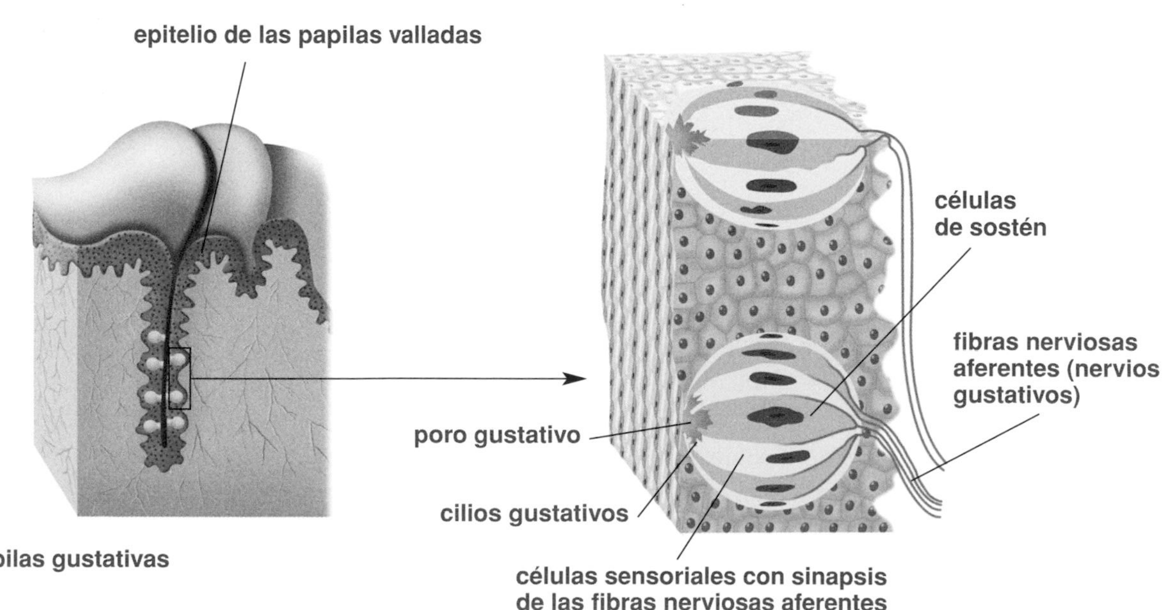
epitelio de las papilas valladas
células
de sostén
fibras nerviosas
aferentes (nervios
gustativos)
poro gustativo
cilios gustativos
células sensoriales con sinapsis
de las fibras nerviosas aferentes

Papilas gustativas

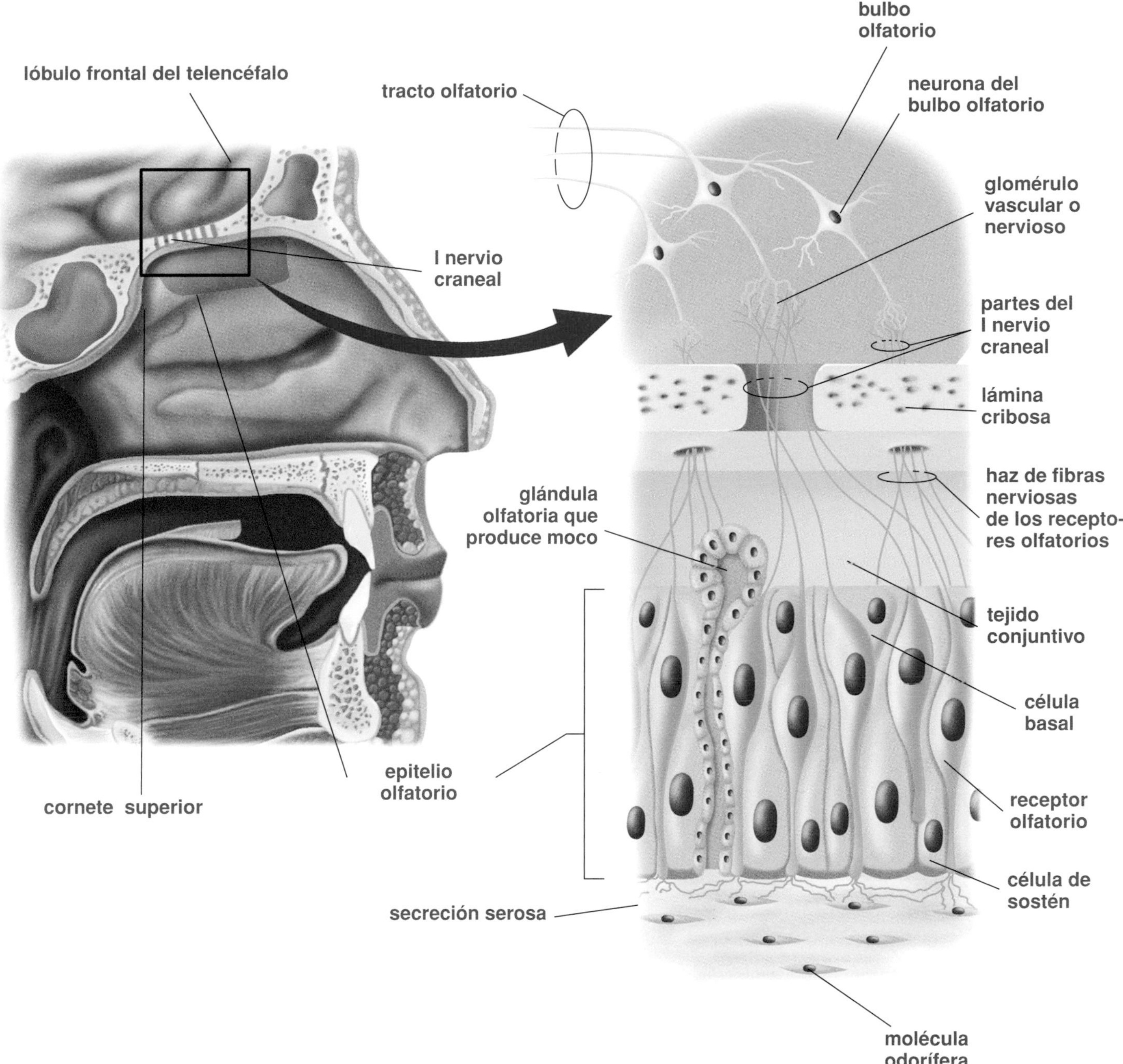
lóbulo frontal del telencéfalo
tracto olfatorio
I nervio craneal
cornete superior
epitelio olfatorio
bulbo olfatorio
neurona del bulbo olfatorio
glomérulo vascular o nervioso
partes del I nervio craneal
lámina cribosa
haz de fibras nerviosas de los recepto-res olfatorios
glándula olfatoria que produce moco
tejido conjuntivo
célula basal
receptor olfatorio
célula de sostén
secreción serosa
molécula odorífera

Mucosa olfativa

En las fosas nasales se encuentra el epitelio olfativo, conocido también como mucosa olfativa, donde se localizan las células sensoriales. En la cara superior de estas células, que filtran los **olores** que flotan en el aire, se encuentran los cilios olfativos y los receptores olfativos, los cuales captan las moléculas odoríferas. Cuando un olor llega a estos receptores, las células sensoriales crean un impulso que transmiten a las fibras nerviosas del I nervio craneal. Este lo envía a los bulbos olfatorios, desde donde la información es conducida hasta el centro olfatorio a través de otras fibras nerviosas. Allí, por último, las señales son filtradas y transmitidas hasta el cerebro.

Receptores sensoriales de la piel, los músculos y las articulaciones

Sobre todo en la piel, aunque también en los músculos y las articulaciones, existen receptores táctiles y mecánicos, que responden ante el roce; receptores del dolor, que ante roces fuertes o golpes transmiten las sensaciones hasta el cerebro para que el cuerpo pueda reaccionar, así como receptores térmicos, que perciben los estímulos de calor y frío. Entre los receptores mecánicos se distinguen los **discos de Merkel** y los **corpúsculos de Meissner**, que reaccionan ante la deformación de la piel y envían esta información hasta el cerebro a través de fibras nerviosas, así como los **corpúsculos de Vater-Pacini**, que perciben las vibraciones. Los receptores de los músculos y de las articulaciones se encargan sobre todo de la sensibilidad profunda, es decir, registran de manera involuntaria todas las percepciones de músculos y articulaciones (p. ej., la contracción muscular).

Discos de Merkel

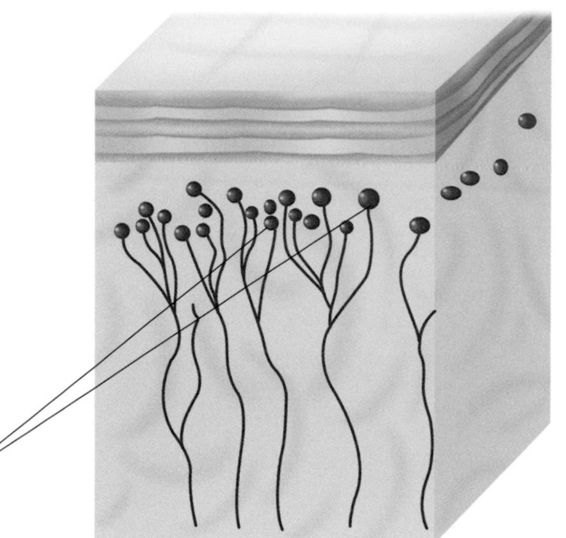
discos de Merkel
(receptores táctiles)

Corpúsculos de Meissner

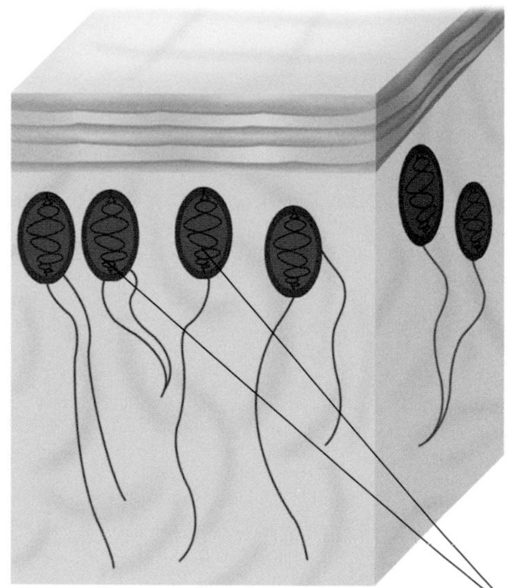
corpúsculos de Meissner
(receptores táctiles)

Corpúsculos de Vater-Pacini

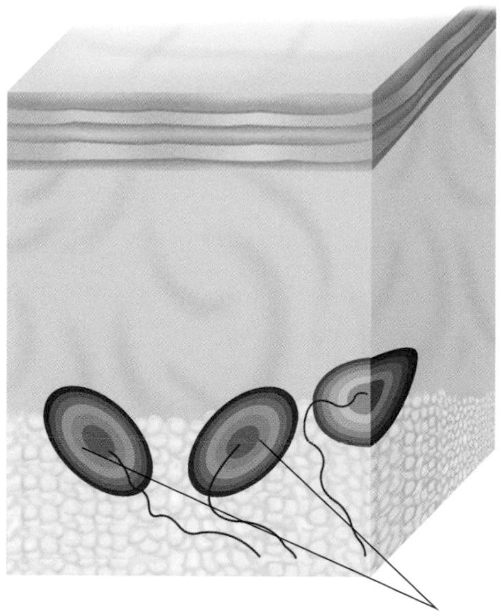
corpúsculos de Vater-Pacini
(receptores táctiles)

Memoria del dolor y cefalea

Los **dolores viscerales**, es decir, internos, pueden irradiar a las zonas cutáneas circundantes. Por regla general, son menos intensos que los de tipo neurálgico, aunque con frecuencia duran más. Los científicos han constatado que los dolores de larga duración pueden afectar tan intensamente al organismo que incluso pueden perdurar aun cuando el verdadero desencadenante haya desaparecido (**memoria del dolor**). Las **cefaleas** que aparecen en distintas zonas de la cabeza y que cursan con la sensibilidad a la presión de distintos músculos son especialmente agotadoras.

Cefalea tensional

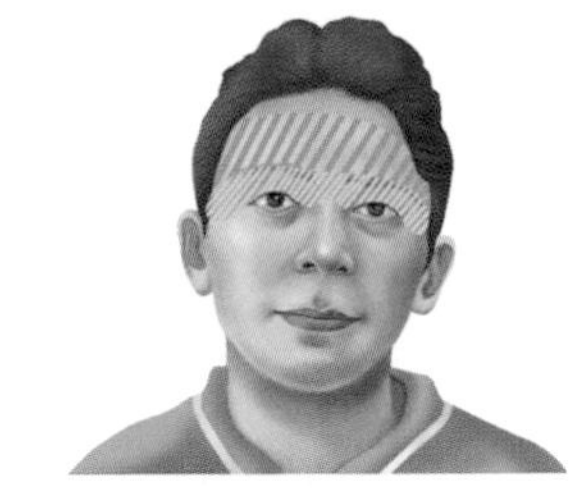

Dolor frontal

Musculatura frontal sensible a la presión

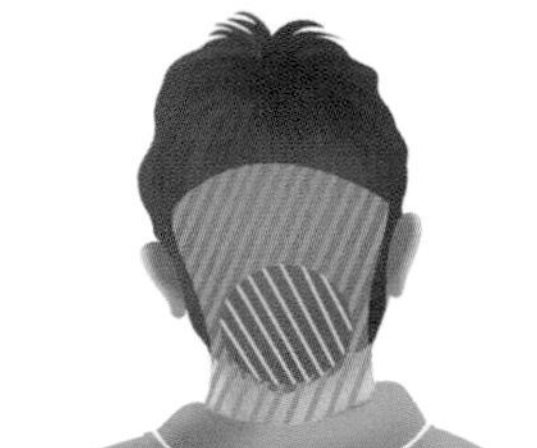

Dolor cervical

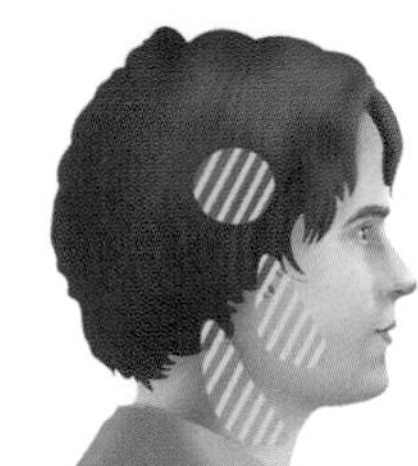

Músculo masetero sensible a la presión

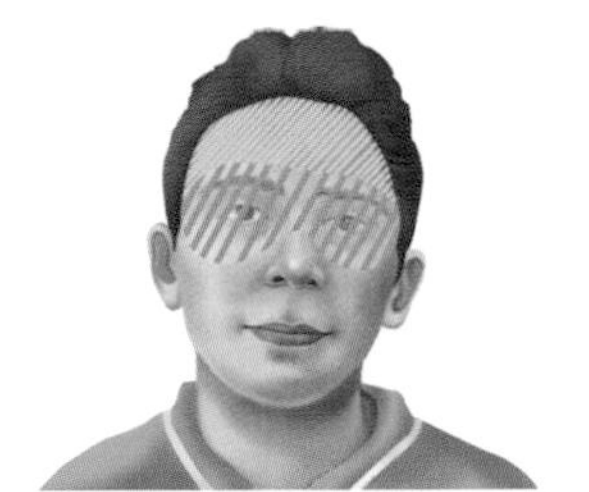

El dolor se nota como una capucha sobre la cabeza

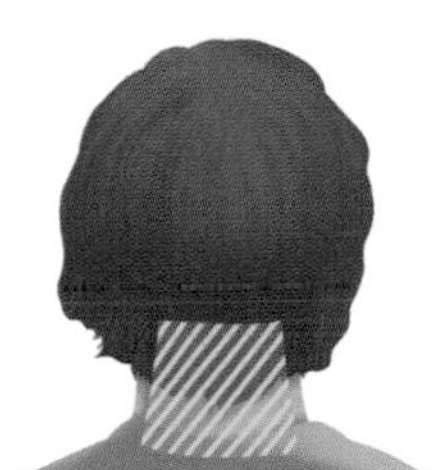

Musculatura cervical sensible a la presión

Irradiación del dolor visceral

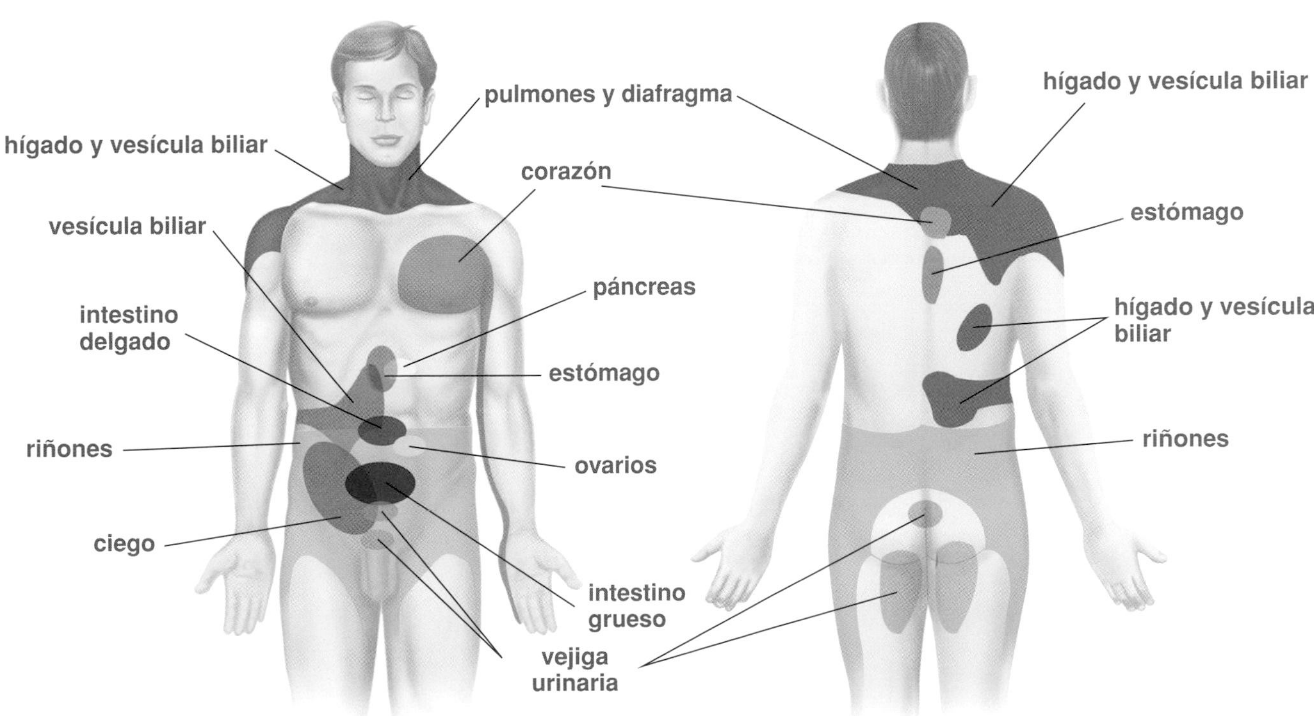
hígado y vesícula biliar
vesícula biliar
intestino delgado
riñones
ciego
pulmones y diafragma
corazón
páncreas
estómago
ovarios
intestino grueso
vejiga urinaria
hígado y vesícula biliar
estómago
hígado y vesícula biliar
riñones

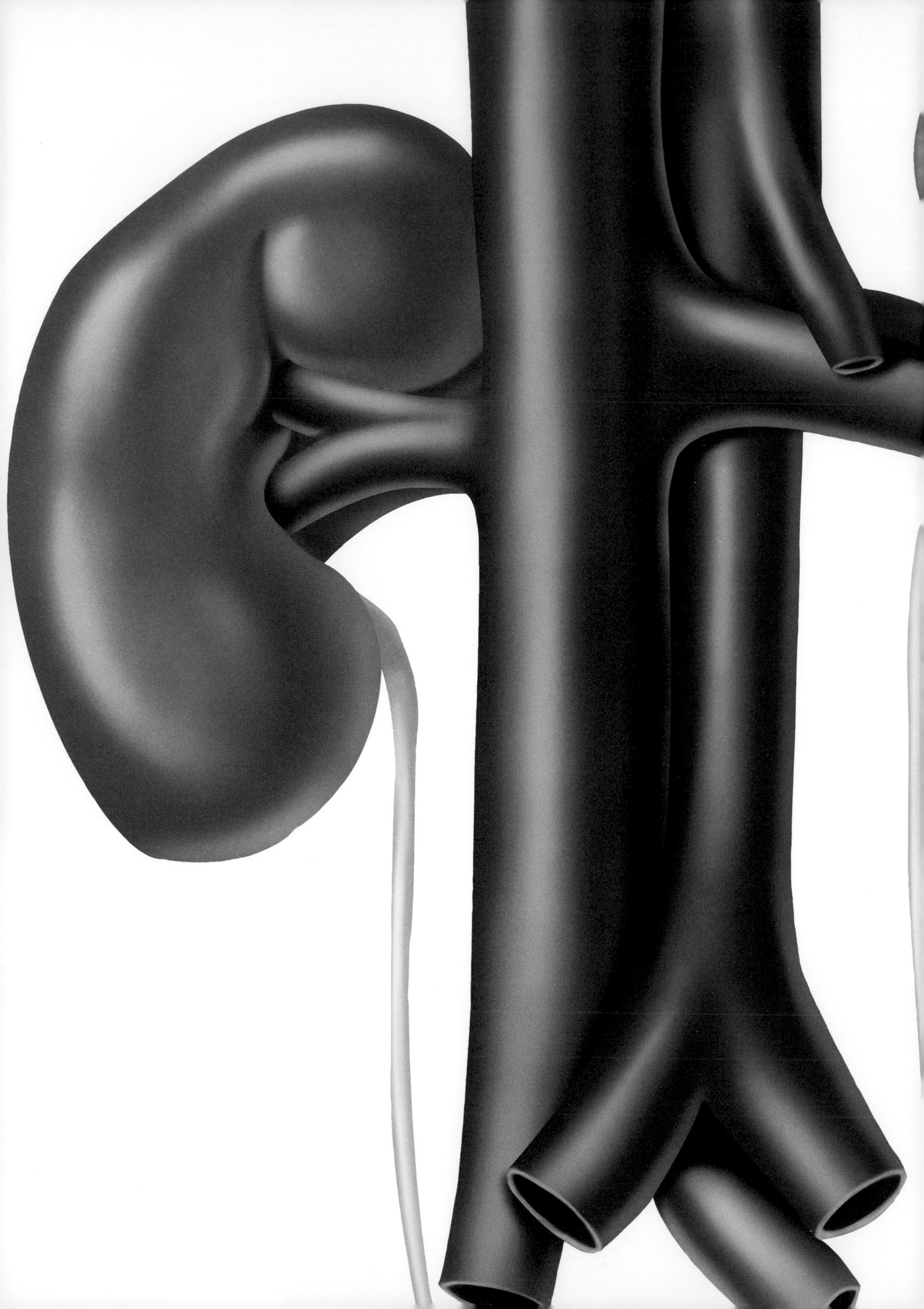

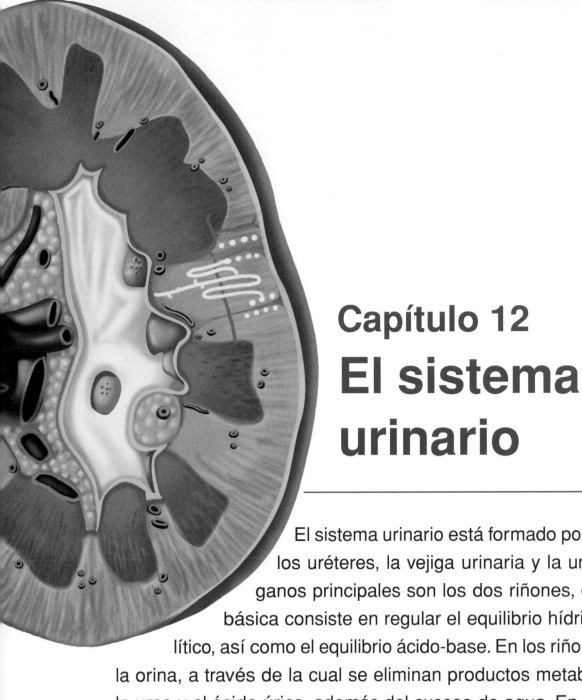

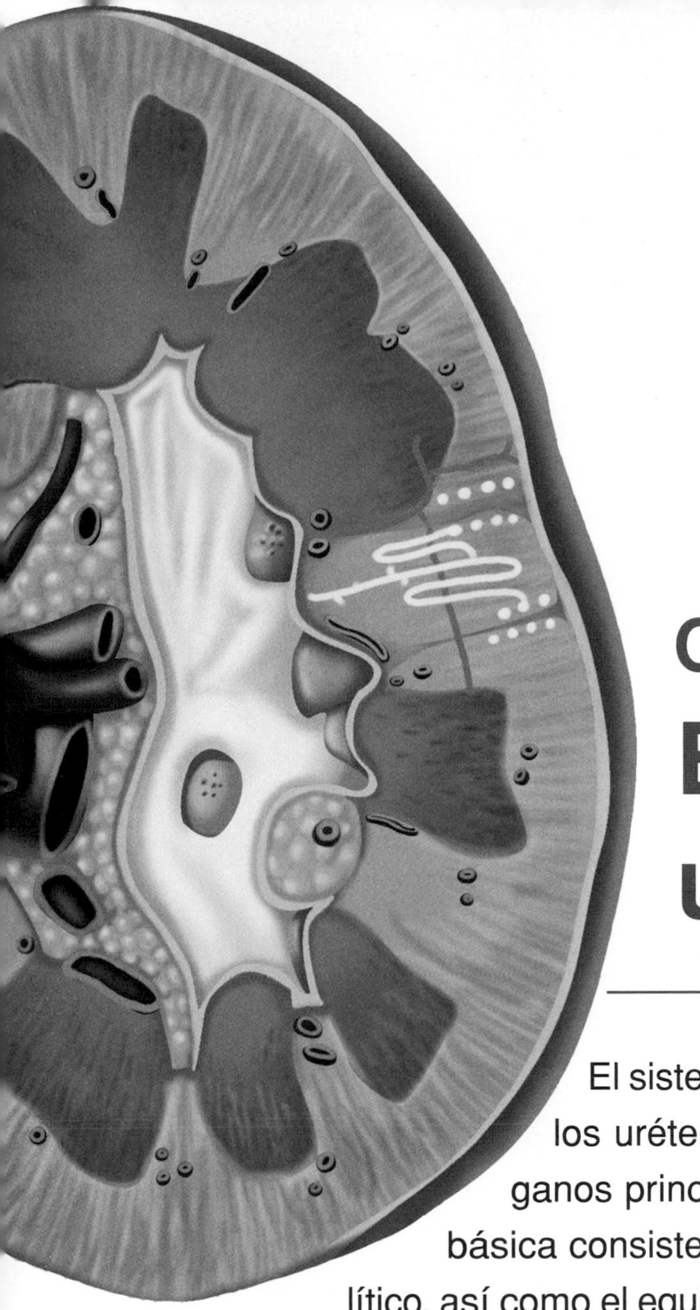

Capítulo 12
El sistema urinario

El sistema urinario está formado por los riñones, los uréteres, la vejiga urinaria y la uretra. Los órganos principales son los dos riñones, cuya función básica consiste en regular el equilibrio hídrico y electrolítico, así como el equilibrio ácido-base. En los riñones se forma la orina, a través de la cual se eliminan productos metabólicos como la urea y el ácido úrico, además del exceso de agua. En una persona sana, la orina que se acumula en la vejiga urinaria está libre de gérmenes y solo se contamina una vez pasa a la uretra. La cavidad uretral del hombre tiene una longitud de 17-20 cm, mientras que la de la mujer tan solo ocupa unos 3 cm.

Localización de los riñones

La función de los riñones no solo consiste en **eliminar el exceso de líquido y productos de desecho** del organismo a través de la orina. Con su capacidad excretora también contribuyen a la regulación del **equilibrio hidroelectrolítico** del cuerpo y producen importantes hormonas. Los riñones se sitúan a derecha e izquierda de la columna vertebral, por debajo del diafragma, y su vascularización corre a cargo de las arterias y las venas renales.

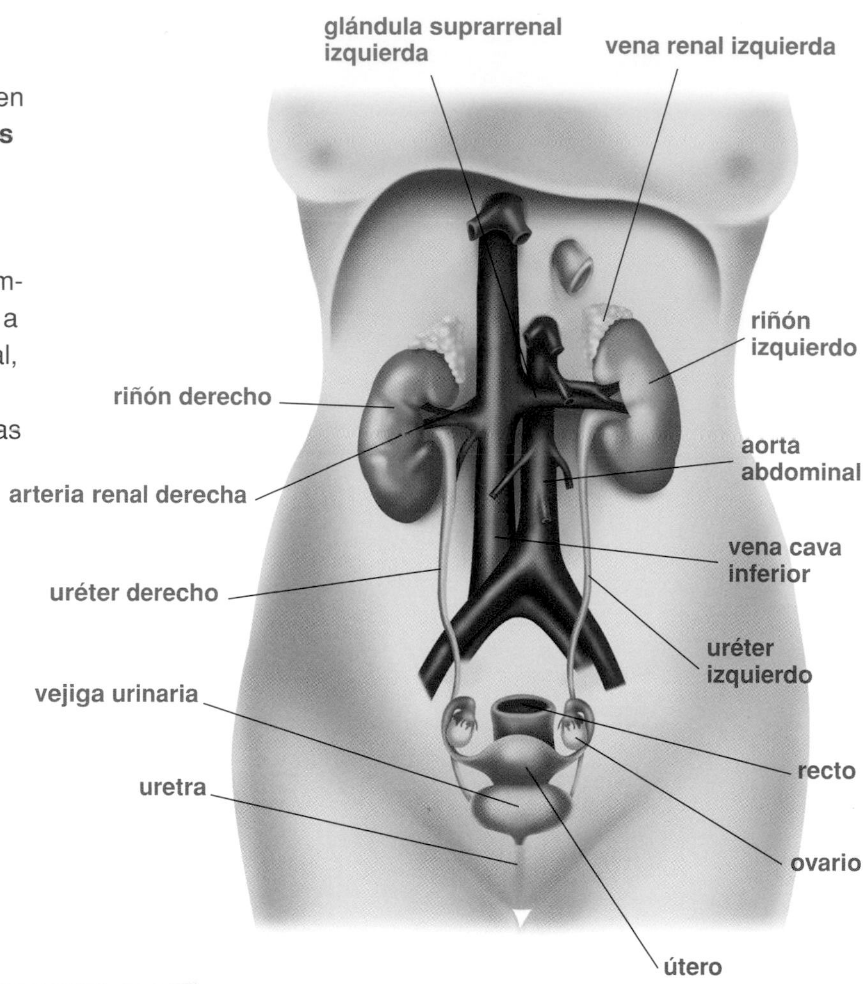
glándula suprarrenal izquierda
vena renal izquierda
riñón izquierdo
riñón derecho
aorta abdominal
arteria renal derecha
vena cava inferior
uréter derecho
uréter izquierdo
vejiga urinaria
recto
uretra
ovario
útero

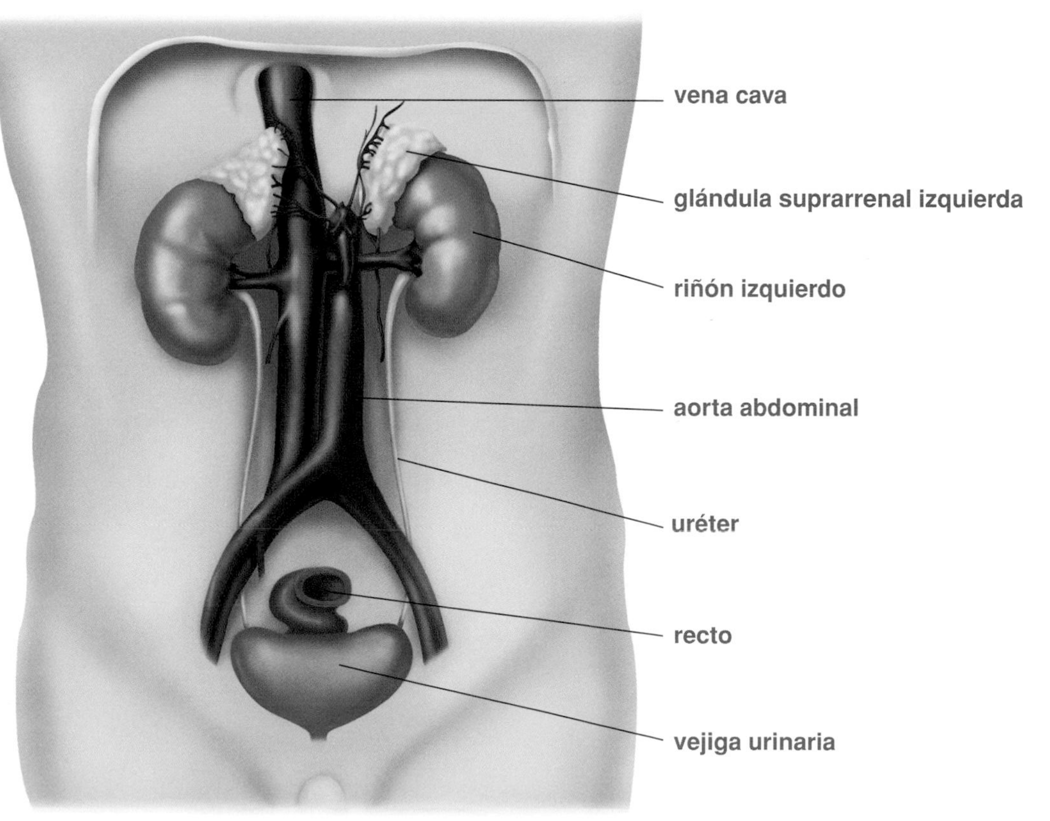
vena cava
glándula suprarrenal izquierda
riñón izquierdo
aorta abdominal
uréter
recto
vejiga urinaria

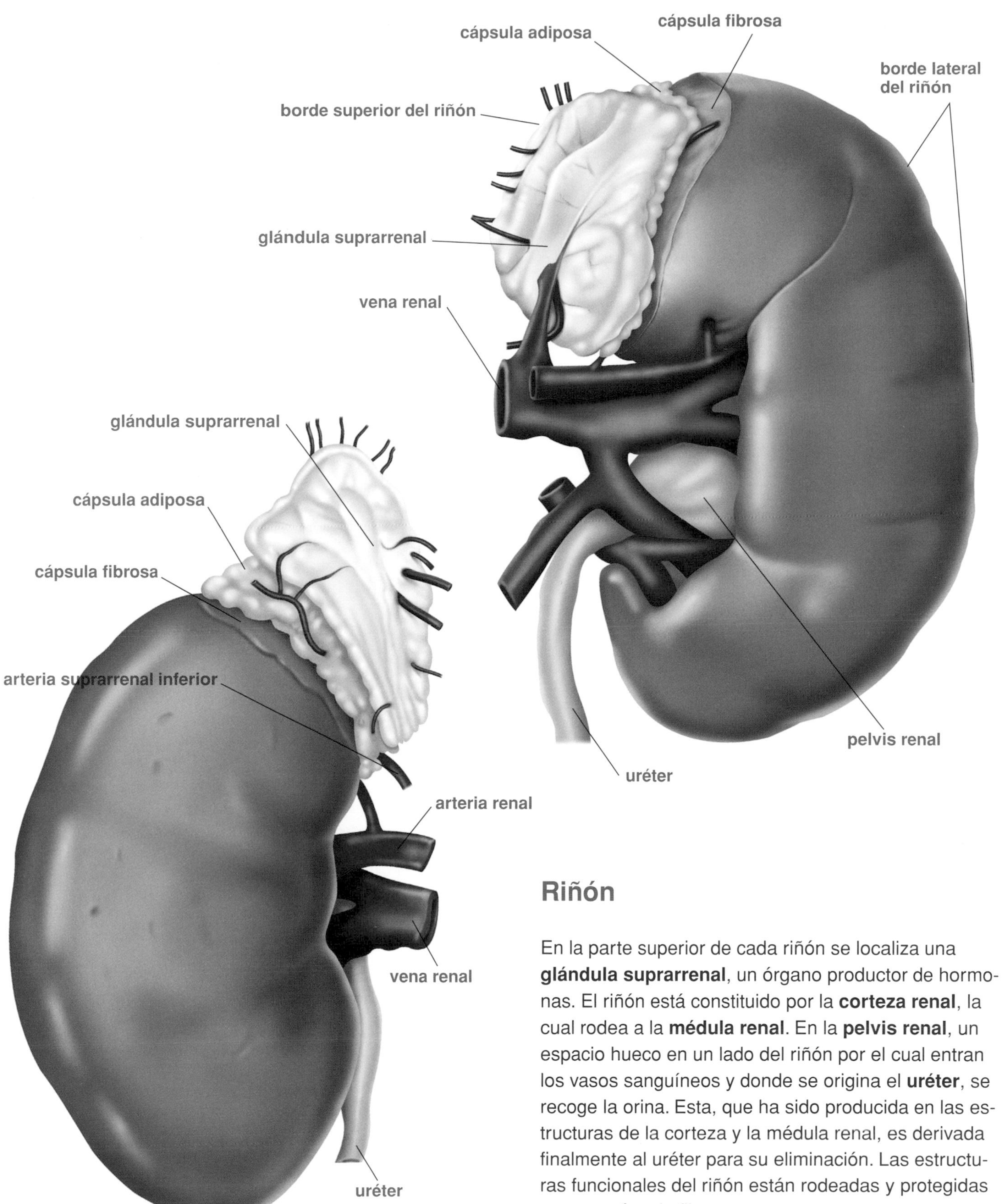
cápsula adiposa
cápsula fibrosa
borde lateral del riñón
borde superior del riñón
glándula suprarrenal
vena renal
glándula suprarrenal
cápsula adiposa
cápsula fibrosa
arteria suprarrenal inferior
pelvis renal
uréter
arteria renal
vena renal
uréter

Riñón

En la parte superior de cada riñón se localiza una **glándula suprarrenal**, un órgano productor de hormonas. El riñón está constituido por la **corteza renal**, la cual rodea a la **médula renal**. En la **pelvis renal**, un espacio hueco en un lado del riñón por el cual entran los vasos sanguíneos y donde se origina el **uréter**, se recoge la orina. Esta, que ha sido producida en las estructuras de la corteza y la médula renal, es derivada finalmente al uréter para su eliminación. Las estructuras funcionales del riñón están rodeadas y protegidas por una cápsula fibrosa.

Corte transversal del riñón y corpúsculos renales

Los **corpúsculos renales** de la corteza renal filtran la sangre y forman la así llamada orina primaria, la cual es conducida al **aparato tubular**. Este y los corpúsculos renales constituyen la unidad funcional más pequeña del riñón, la **nefrona**. Seguidamente, en el aparato tubular, la orina primaria es enriquecida con los productos de desecho del organismo; el agua necesaria para el cuerpo regresa a la sangre, y la orina secundaria, ahora muy concentrada, es conducida hasta los conductos recolectores. Tras recorrerlos, el producto final llega a la pelvis renal y a través de los uréteres a la vejiga urinaria, la cual almacena la orina hasta que es eliminada.

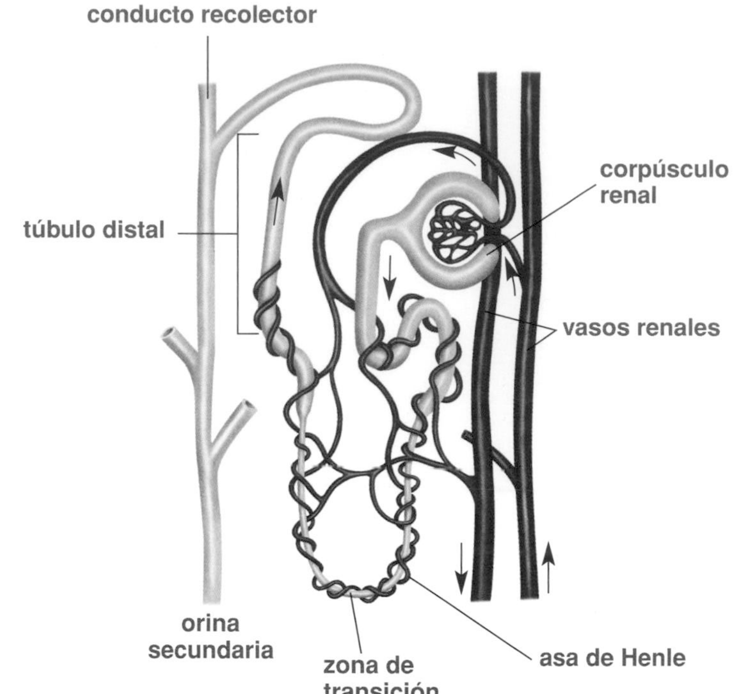
conducto recolector
corpúsculo renal
túbulo distal
vasos renales
orina secundaria
zona de transición
asa de Henle

Sección frontal del riñón derecho

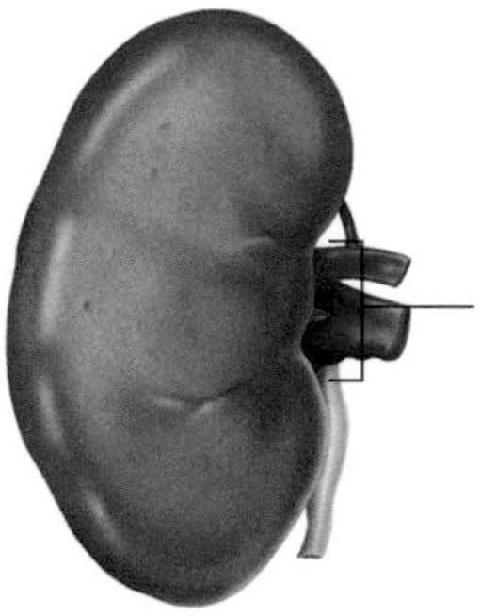

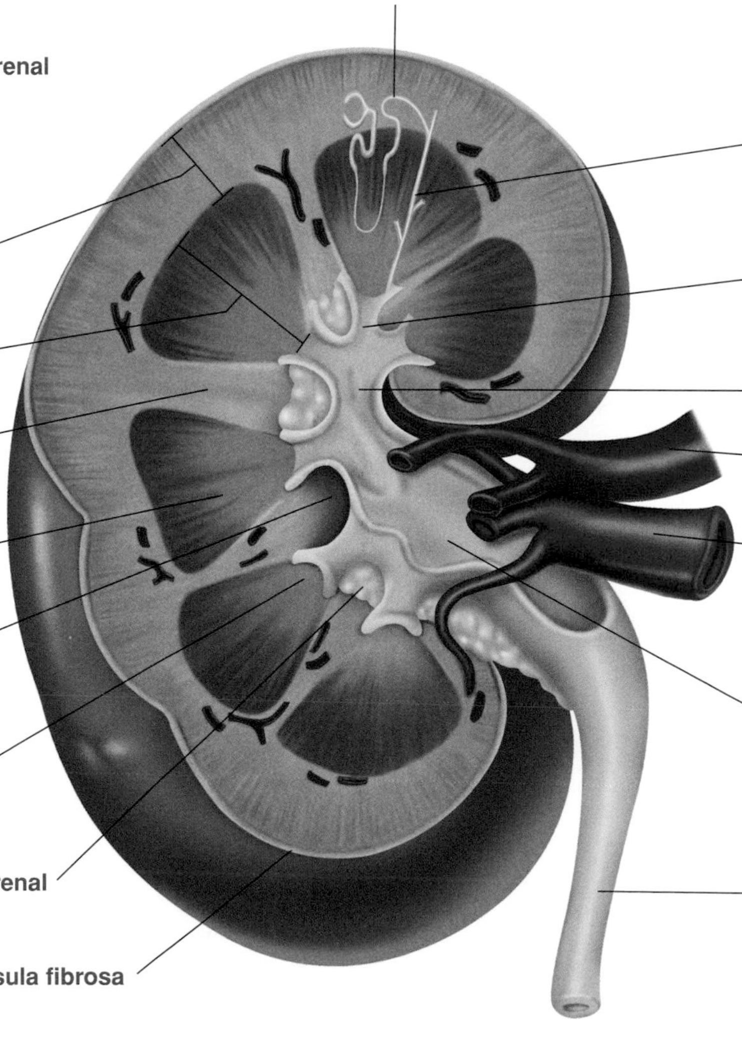

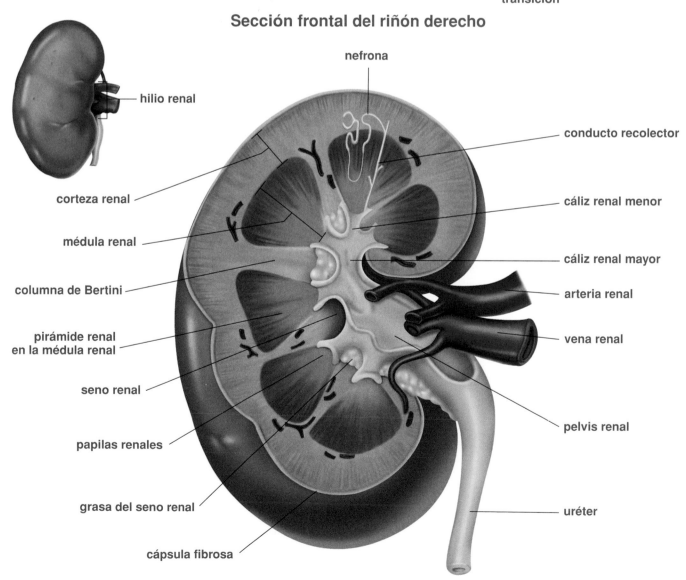

hilio renal
nefrona
conducto recolector
corteza renal
cáliz renal menor
médula renal
cáliz renal mayor
columna de Bertini
arteria renal
pirámide renal en la médula renal
vena renal
seno renal
pelvis renal
papilas renales
grasa del seno renal
uréter
cápsula fibrosa

Diálisis y trasplante renal

Si, debido a una enfermedad, los riñones ya no son capaces de limpiar bien la sangre de sustancias nocivas, la persona afectada debe conectarse a intervalos regulares a un riñón artificial (aparato de diálisis). Así se consigue purificar la sangre y eliminar el exceso de líquido del organismo. Otra opción es someterse a un **trasplante de riñón**. En el caso de la diálisis, la sangre es filtrada varias veces a través de una membrana. El trasplante consiste en la implantación del riñón de un donante al paciente. El riñón del donante se coloca por debajo de los dos riñones del enfermo y se conecta a la circulación sanguínea.

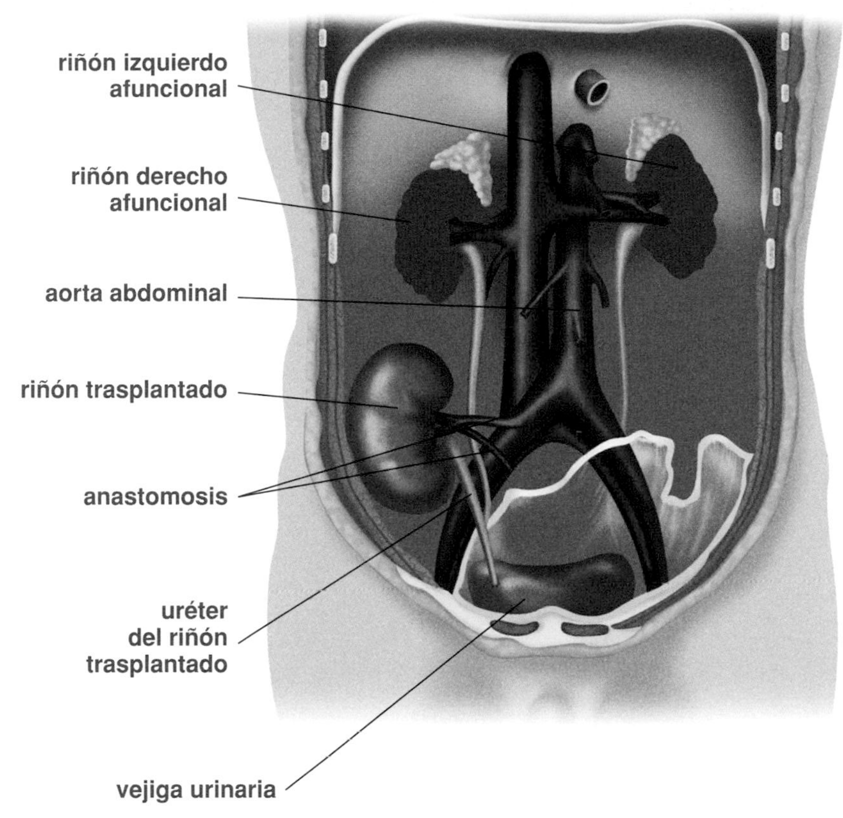
riñón izquierdo afuncional
riñón derecho afuncional
aorta abdominal
riñón trasplantado
anastomosis
uréter del riñón trasplantado
vejiga urinaria

DIÁLISIS

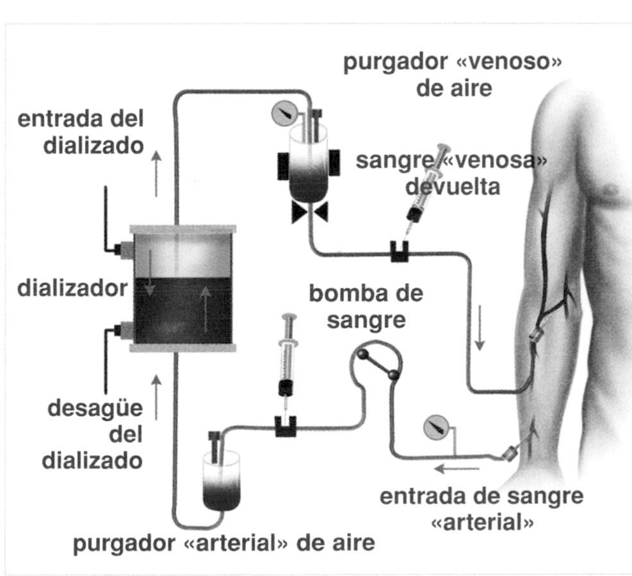
purgador «venoso» de aire
entrada del dializado
sangre «venosa» devuelta
dializador
bomba de sangre
desagüe del dializado
entrada de sangre «arterial»
purgador «arterial» de aire

Existen diversos procedimientos de diálisis. Uno de los más utilizados es la hemodiálisis, que consiste en bombear la sangre del paciente, pasarla por la membrana de diálisis en el dializador y, una vez ya limpia, devolverla al cuerpo del paciente. de este modo, las sustancias tóxicas son filtradas y eliminadas de la sangre del paciente. En el dializador circula constantemente dializado fresco (aprox. 500 ml/min). El tratamiento de hemodiálisis dura 4-5 horas por sesión y se realiza un máximo de tres veces por semana.

Vejiga urinaria

La vejiga urinaria es el órgano donde se acumula la **orina** producida en los riñones. Los uréteres transportan la orina hasta la vejiga urinaria y desembocan en el trígono vesical, en la parte posterior de la vejiga. Se trata de un saco muscular con una capacidad de alrededor de 0,5 litros de orina. En la salida de la vejiga se sitúa la uretra, por donde pasará la orina para su eliminación. La vejiga urinaria se cierra por un esfínter interno y un esfínter externo, de manera que normalmente la orina no se escapa involuntariamente.

Vejiga urinaria en la mujer

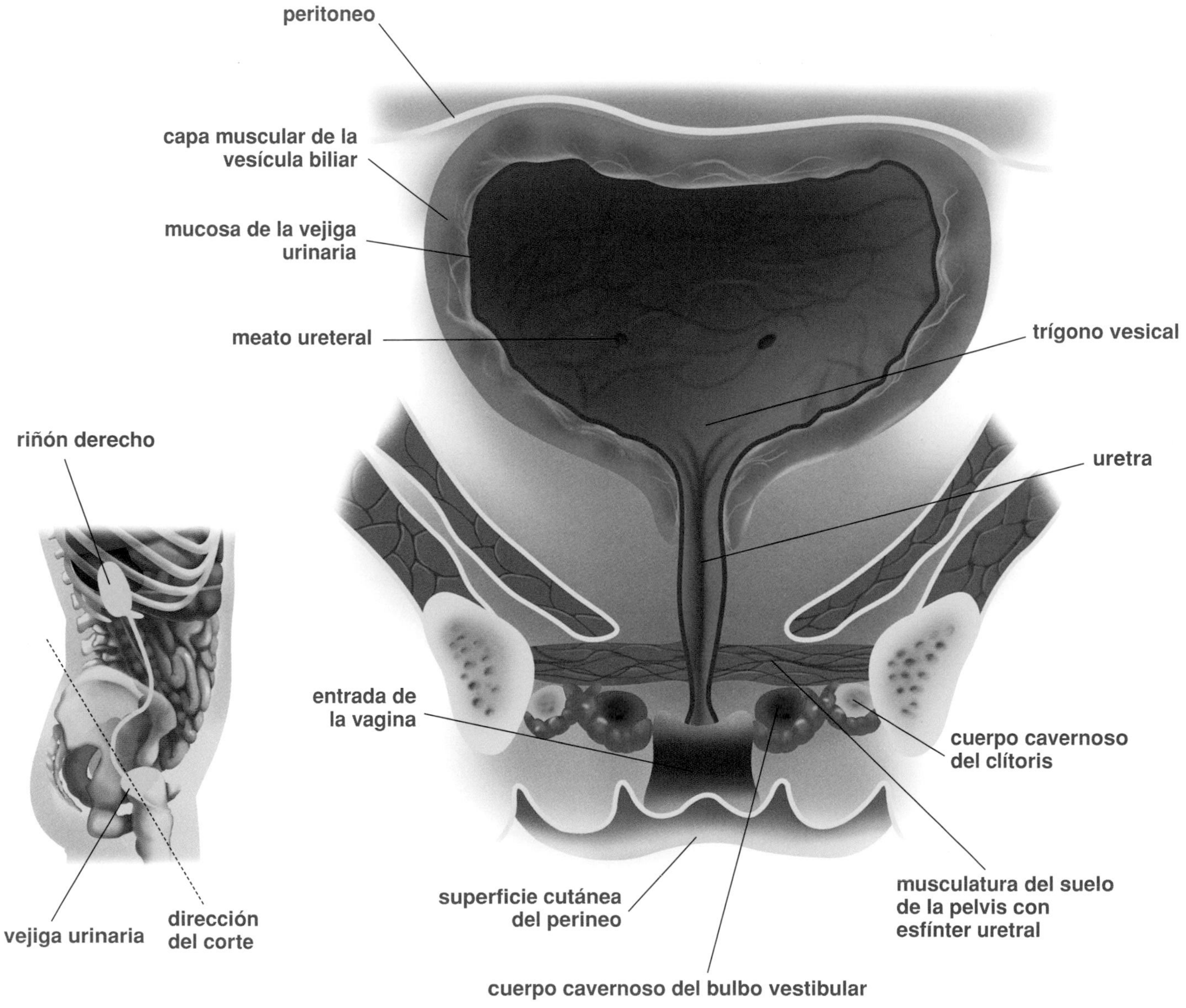

peritoneo
capa muscular de la vesícula biliar
mucosa de la vejiga urinaria
meato ureteral
trígono vesical
uretra
riñón derecho
entrada de la vagina
cuerpo cavernoso del clítoris
vejiga urinaria
dirección del corte
superficie cutánea del perineo
musculatura del suelo de la pelvis con esfínter uretral
cuerpo cavernoso del bulbo vestibular

En el hombre la próstata rodea la uretra, mientras que en la mujer la uretra va a parar directamente al suelo de la pelvis. Cuando, a causa de los partos, el suelo de la pelvis está débil, con frecuencia el esfínter externo no funciona correctamente, de manera que puede aparecer **incontinencia urinaria**. El vaciado de la vejiga urinaria se pone en marcha cuando los receptores de la vejiga notan que esta está llena y envían la información al cerebro. Como consecuencia, este da la orden de vaciar la vejiga, esta se contrae, los esfínteres interno y externo se relajan y la orina puede fluir hacia el exterior a través de la uretra.

Vejiga urinaria en el hombre

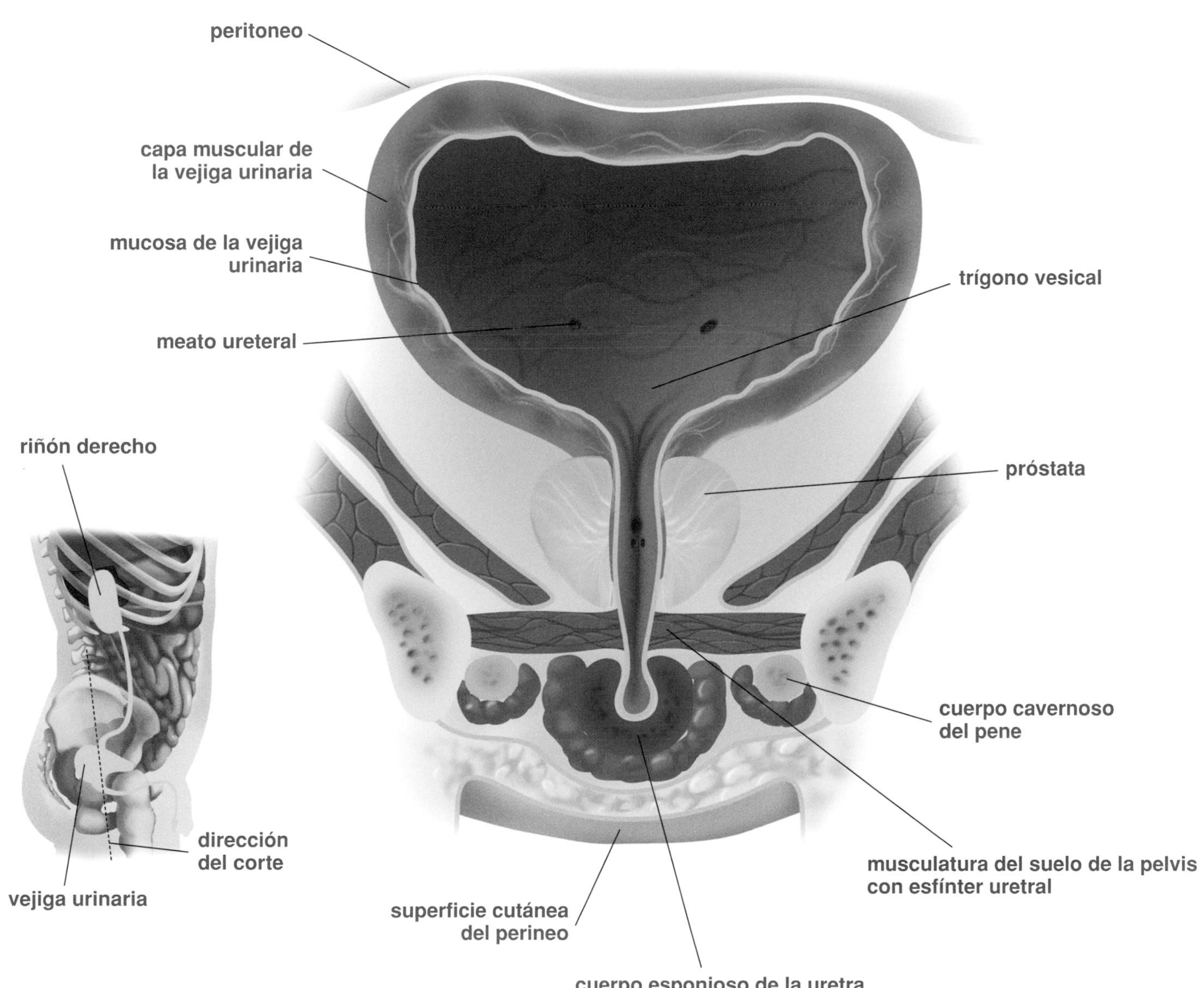
peritoneo
capa muscular de la vejiga urinaria
mucosa de la vejiga urinaria
meato ureteral
trígono vesical
riñón derecho
próstata
cuerpo cavernoso del pene
dirección del corte
vejiga urinaria
musculatura del suelo de la pelvis con esfínter uretral
superficie cutánea del perineo
cuerpo esponjoso de la uretra

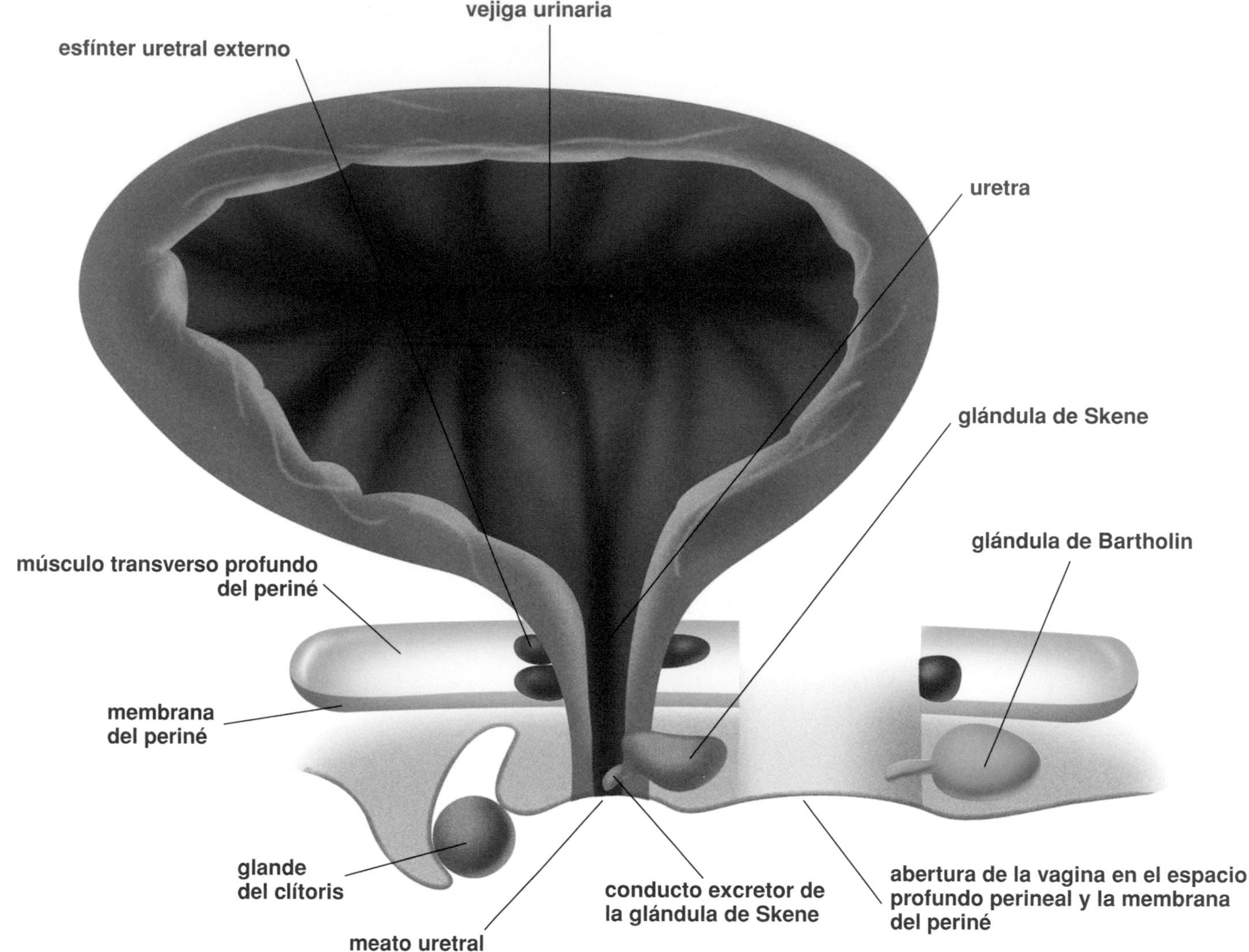
vejiga urinaria
esfínter uretral externo
uretra
glándula de Skene
glándula de Bartholin
músculo transverso profundo
del periné
membrana
del periné
glande
del clítoris
conducto excretor de
la glándula de Skene
abertura de la vagina en el espacio
profundo perineal y la membrana
del periné
meato uretral

Uretra del hombre y de la mujer

La uretra, a través de la cual la orina es expulsada hacia el exterior, es bastante más corta en la **mujer** que en el **hombre**. Mientras que en este último el semen y la orina son excretados al exterior a través de la uretra, en la mujer el tracto urinario y el vaginal están separados. La corta extensión de la uretra de la mujer favorece las infecciones, porque para las **bacterias** es más fácil llegar a la vejiga urinaria y producir allí una **cistitis**. Si los patógenos llegan hasta los riñones a través de los uréteres, también pueden producir una pielonefritis y, en el peor de los casos, una nefritis.

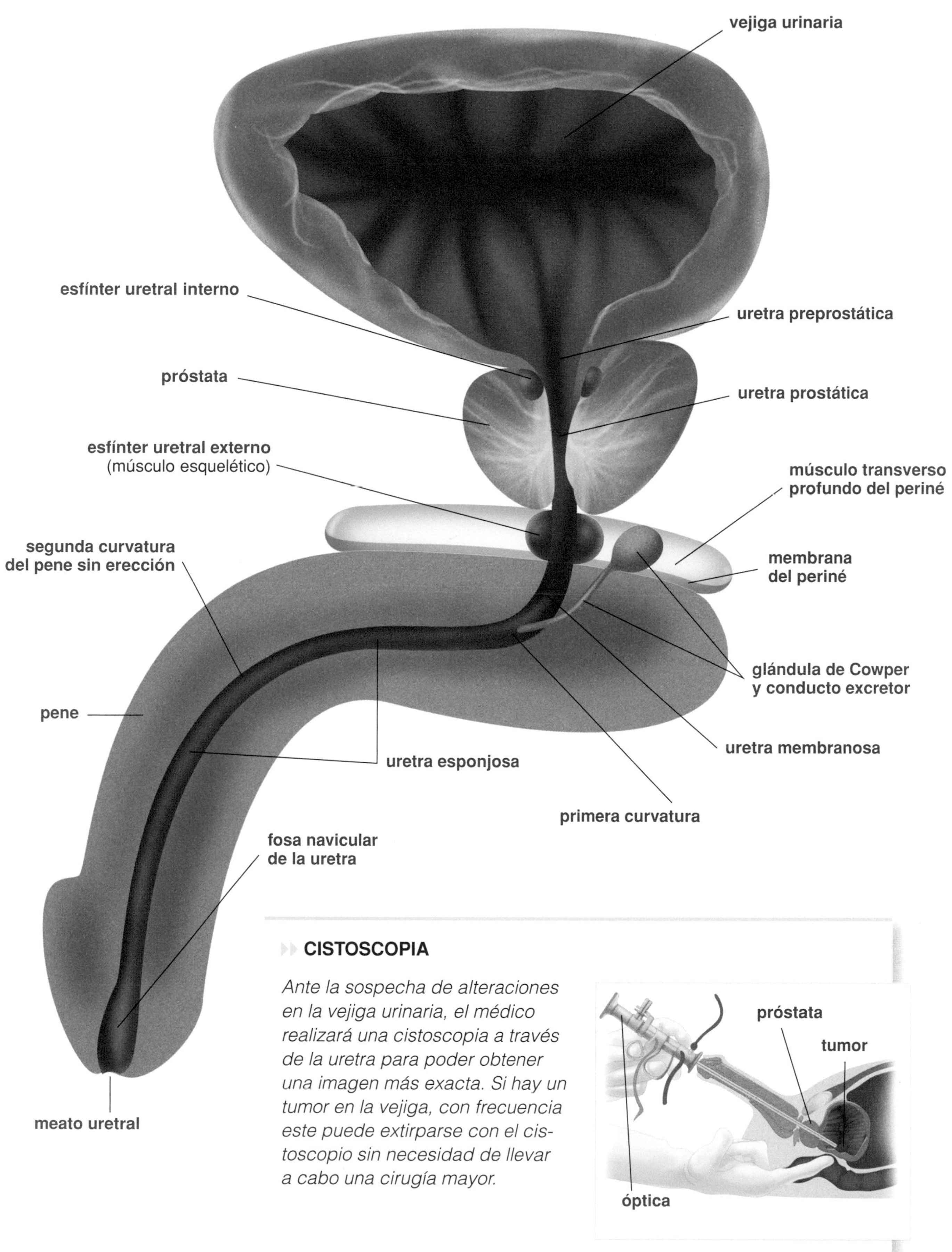
vejiga urinaria
esfínter uretral interno
uretra preprostática
próstata
uretra prostática
esfínter uretral externo
(músculo esquelético)
músculo transverso
profundo del periné
segunda curvatura
del pene sin erección
membrana
del periné
glándula de Cowper
y conducto excretor
pene
uretra membranosa
uretra esponjosa
primera curvatura
fosa navicular
de la uretra
meato uretral
próstata
tumor
óptica

CISTOSCOPIA

Ante la sospecha de alteraciones en la vejiga urinaria, el médico realizará una cistoscopia a través de la uretra para poder obtener una imagen más exacta. Si hay un tumor en la vejiga, con frecuencia este puede extirparse con el cistoscopio sin necesidad de llevar a cabo una cirugía mayor.

Próstata

La próstata del hombre rodea la uretra. Esta glándula aporta un fluido al semen que nutre a los espermatozoides. Además, durante la micción cierra los conductos deferentes. A partir de los 50 años de edad, debe realizarse una exploración preventiva de la próstata. A esta edad es relativamente frecuente la aparición del **aumento benigno del tamaño de la próstata**, en el que el tejido glandular crece y provoca una estenosis de la uretra. También son frecuentes los procesos malignos de la próstata.

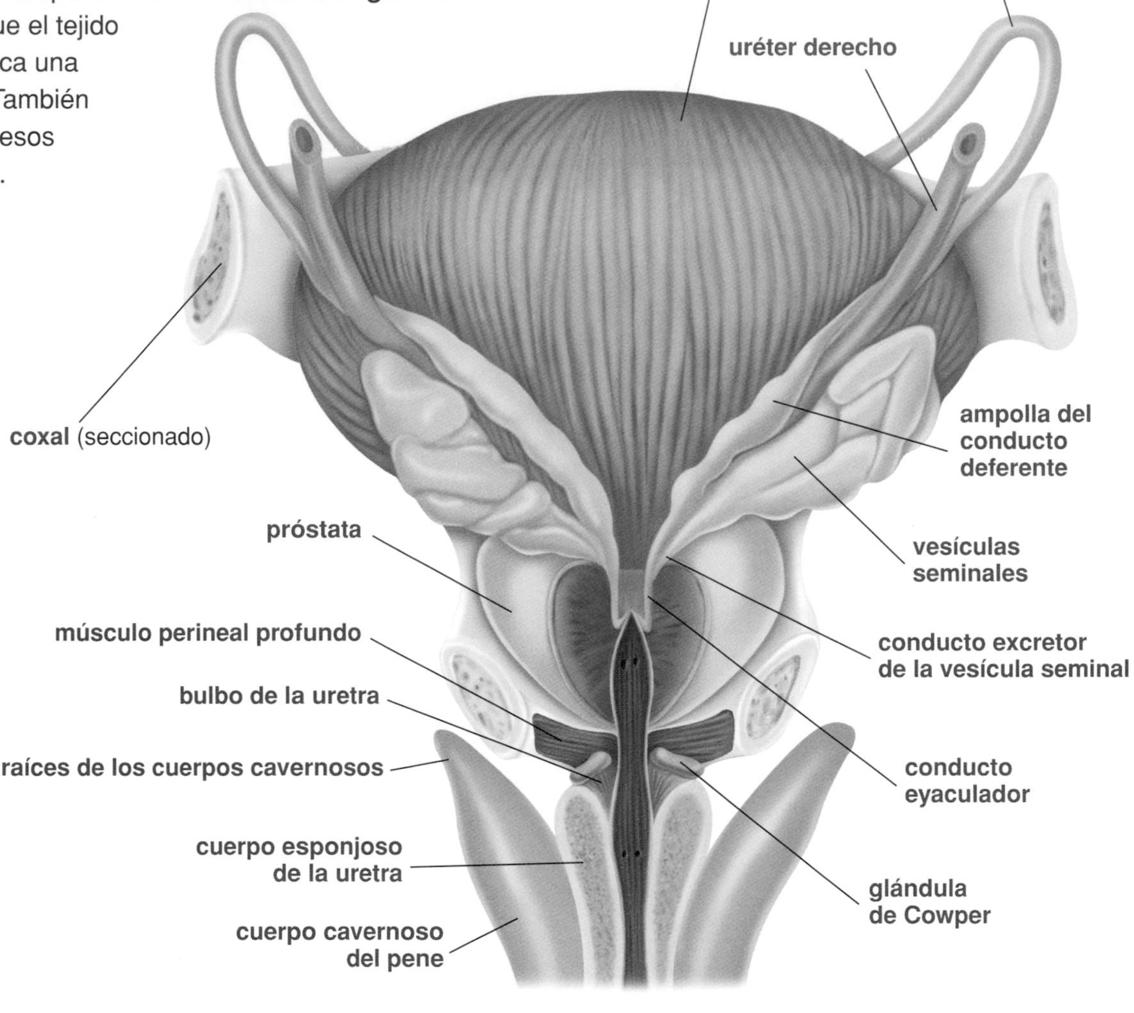

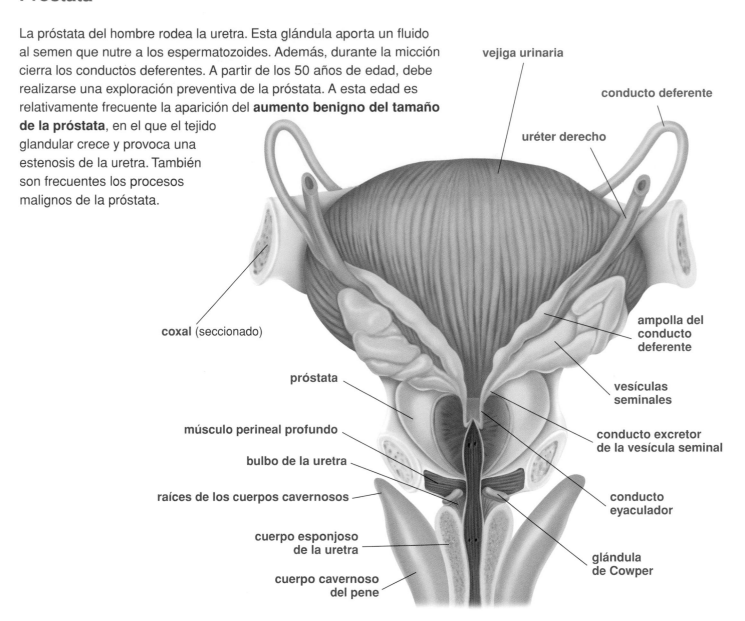

vejiga urinaria
conducto deferente
uréter derecho
coxal (seccionado)
ampolla del conducto deferente
vesículas seminales
próstata
músculo perineal profundo
conducto excretor de la vesícula seminal
bulbo de la uretra
raíces de los cuerpos cavernosos
conducto eyaculador
cuerpo esponjoso de la uretra
glándula de Cowper
cuerpo cavernoso del pene

TACTO RECTAL

La palpación de la próstata forma parte del tacto rectal. Se valoran sobre todo el tamaño, la forma, los límites, la consistencia, la existencia de nódulos, zonas duras y fluctuaciones (movimiento de líquidos). A través del recto se palpa con el dedo la pared de la próstata que limita con la pared del recto. Si se detectara alguna anomalía, podría tratarse de cáncer, aunque no necesariamente.

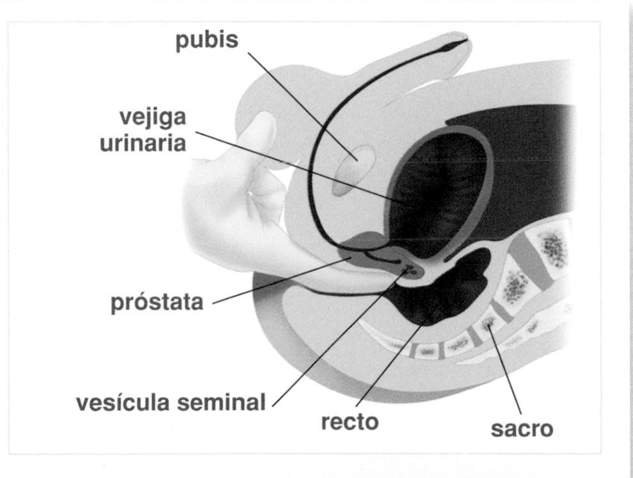

pubis
vejiga urinaria
próstata
vesícula seminal
recto
sacro

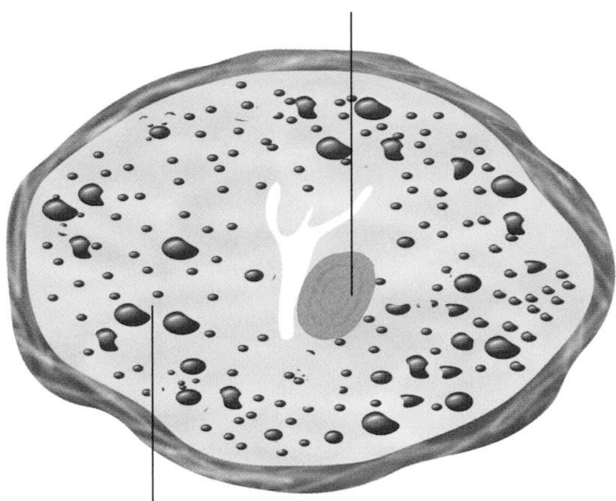
la uretra se ve comprimida por la formación de nuevo tejido (inicio de la hiperplasia prostática benigna)
tejido prostático normal

la uretra se ve comprimida por la hiperplasia

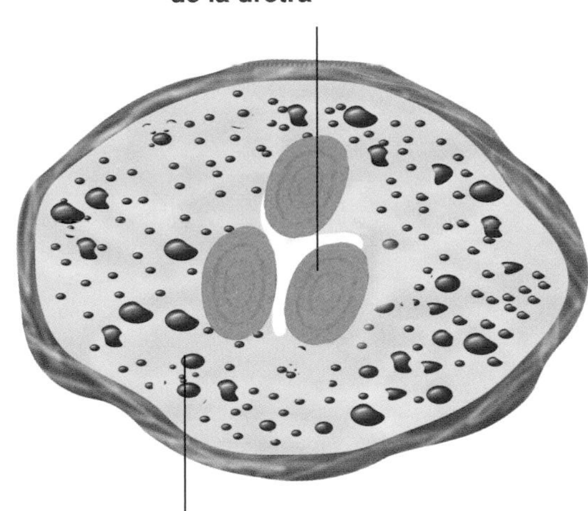
el crecimiento excesivo del tejido provoca una importante estenosis de la uretra
forma grave de hiperplasia prostática benigna

RESECCIÓN TRANSURETRAL DE LA PRÓSTATA

El tamaño de la próstata puede reducirse mediante un resectoscopio (un tipo especial de cistoscopio o endoscopio vesical) introducido por la uretra bajo anestesia general o espinal. Para ello se utiliza un bisturí eléctrico que puede cortar al tiempo que cauteriza la herida. Los trozos reseccionados son limpiados a través del resectoscopio.

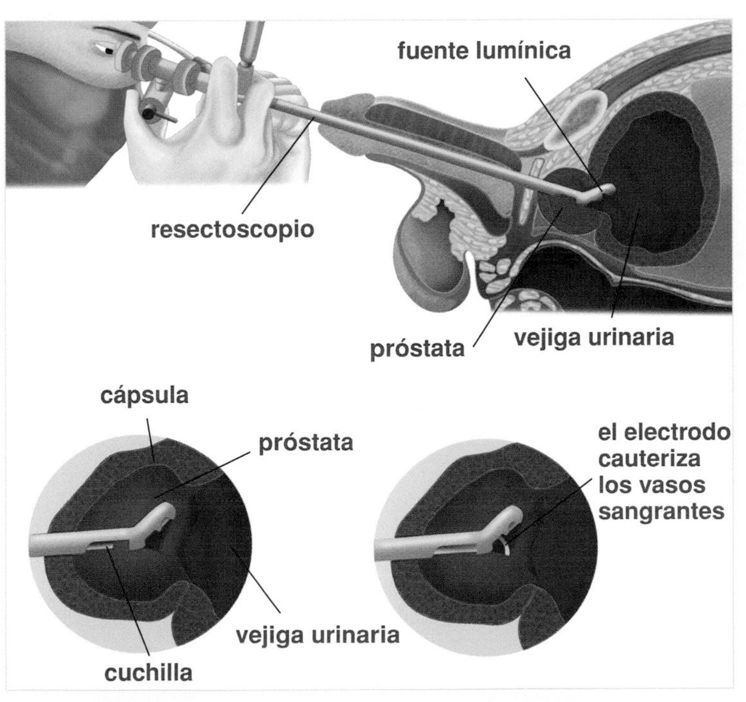
fuente lumínica
resectoscopio
próstata
vejiga urinaria
cápsula
próstata
el electrodo cauteriza los vasos sangrantes
vejiga urinaria
cuchilla

Hiperplasia prostática benigna y cáncer de próstata

Como consecuencia del aumento de tamaño de la próstata, puede producirse una importante estenosis de la uretra que impida que la vejiga urinaria se vacíe correctamente. Por ello, incluso después de la micción, en la vejiga queda una cantidad más o menos considerable de orina. A veces puede llegarse a una total incapacidad de vaciar la vejiga (retención de orina) o a una **incontinencia**. La hiperplasia prostática benigna puede tratarse con una prostatectomía transuretral. Por regla general, en caso de cáncer de próstata debe procederse a la extirpación quirúrgica completa de la próstata.

A

B

D

E

F

Y

Z

Créditos de las ilustraciones

págs. 2, 11: Sebastian Kaulitzki/shutterstock.com; págs. 5, 7: nlm.nih.gov; pág. 6: Rembrand/zeno.org; pág. 9: Sebastian Kaulitzki/fotolia.com; pág. 13: shutterstock.com; pág. 30: Pros. Andrik Aschoff, Kempten; pág 31: B. Hayden/istock.com; págs. 32, 35, 118: Siemens AG; págs. 33, 246, 247: Philips Deutschland GmbH; págs. 34, 98, 99, 100, 163, 164, 172, 173, 181, 208: MediText Dr. Antonic; pág. 109: photka/fotolia.com; pág. 115 superior Medtronic GmbH; pág. 115 centro: St. Jude Medical GmbH; pág. 115 inferior: Universitätsklinikum Erlangen; pág. 116: BVmed/Arrow Deutschland GmbH; pág. 117 superior: SynCardia Systems, inc.; pág. 117 inferior: www.businesswire.com; pág. 152: proDente e. V.; pág. 169: Given Imaging GmbH; pág. 249: Pros. Dr. Cosima Brucker, Dr. rer. nat. Bernd Rosenbusch; pág. 251: ksass/istock.com; pág. 259 superior: National Can-cer Institut; pág. 259 centro superior, centro inferior: Dr. Prümmer, Kempten